KB118516

플로어타임 임상교육과정으로

특별한 요구를 가진 아동의
지능과 정서적 성장 지원하기

Stanley I. Greenspan · Serena Wieder · Robin Simons 공저 | 정희승 역

학지사

The Child with Special Needs:
Encouraging Intellectual and Emotional Growth

Copyright ⓒ 1998 by Stanley I. Greenspan, M.D.
Korean Translation Copyright ⓒ **2023** by Hakjisa Publisher, Inc.

This edition published by arrangement with Da Capo Press, an imprint of
Perseus Books, LLC, a subsidiary of Hachette Book Group, Inc., New York,
New York, USA through Duran Kim Agency, Seoul.

All rights reserved.

이 책의 한국어판 저작권은 듀란킴 에이전시를 통한
Perseus Book Group과의 독점계약으로 학지사에 있습니다.
저작권법에 의하여 한국 내에서 보호를 받는 저작물이므로
무단전재와 무단복제를 금합니다.

역자 서문

'특별한 요구를 가진 아동'은 발달지연·신경발달장애 아동이라고 불리기도 한다. 그들의 뇌는 정상발달아동의 뇌와 차이가 있으며 신경학적 연결에 독특성을 가지고 있다. 이 부분은 아동의 강점과 도전을 만든다.

한국에서는 신경발달장애아동이 진단적 기준에 의해서 그들이 가진 발달적 잠재 가능성에 기초해서 사회정서적인 뇌를 만드는 과정보다는 발달적 도전에 대해서 교육과 훈련, 다양한 보상체계로 이뤄진 치료를 받는 경향이 더 큰 것으로 보인다. 그러나 이 책의 저자들은 교육과 학습에 대한 인지적 성장 이전에 배움과 학습의 견인차 역할을 하는 사회정서적인 뇌의 성장에 관심을 가질 필요가 있다고 주장한다. 아동이 생각하고 학습하며 무언가를 기억하고 발달에 필요한 성장을 통해 삶의 학습과정을 모두 받아들이기 위해서 필요한 것은 기능적 사회정서 발달 역량을 아동이 가지게 하는 것이다. 이 책은 기능적 정서발달 단계의 성숙을 위해서 만들어졌다.

이 책은 플로어타임 치료 접근을 위한 가장 기본적이고도 중요한 필독서이다. 제1부에서는 발달적 도전을 경험하고 있는 아동들에 대해서, 제2부에서는 정서 및 지적 성장을 위한 플로어타임에 대해서, 제3부에서는 가정, 치료, 학교 현장에서 이 플로어타임 치료 이론을 어떻게 하면 더 잘 사용할 수 있는지에 대해서 이론적 설명과 평가 단계 및 플로어타임 치료 적용을 위한 전략을 제시하고 있다. 이 내용은 플로어타임 치료를 실시하고 아동의 잠재적 발달 역량을 지원하기 위해 발달지연아동, 신경발달장애아동과 함께하는 부모님, 임상가, 전문가에게 훌륭한 안내서가 될 것이다.

나는 발달지연·신경발달장애 아동을 위한 발달 평가 도구와 진단적 도구가 신뢰도와 타당도 측면에서 언제나 진단적 오류를 일으킬 수 있음을 많은 부모님과 임상가가 알아주기를 진심으로 바란다. 우리가 아이들을 위해서 기억해야 하는 것은 그들의 신경학적 성숙에 기초한 사회화의 여정에서 그들을 만난다는 것이다. 즉, 아동에 대한 진단과 평가로부터 벗어나서 아동의 강점과 도전을 상호작용과 의사소통에 기초하여 스스로의 힘으로 성장시킬 수 있도록 사회정서적인 뇌 기능의 강화를 돕는 것이 중요하다.

플로어타임 치료는 아동의 신경학적 배경을 이해하고 자기 조절과 사회적 상호작용, 의사소통에 기초하여 적응행동을 발달시켜 나가는 발달치료 모델이다. 나는 이 번역의 과정이 미숙하고 어려운 과정이었지만, 앞으로 점점 더 보완해서 좀 더 독자가 더 잘 이해할 수 있도록 겸손한 마음으로 수정해 나갈 것을 약속드린다.

현재 한국 플로어타임의 역사와 여정에서 플로어타임클래시스의 연구원들과 함께 이 아름답고 존중 어린 플로어타임 치료의 한국적 임상 적용을 위해서 헌신할 수 있는 모든 상황과 여건에 대해서 진심으로 하나님께 영광을 드린다. 백석대학교 장종현 총장님과 보건학부 작업치료학과 동료 교수님들과 사랑하는 제자들에게도 감사한 마음을 전하고 싶다. 언제나 그들로부터 많은 것을 배우고 익힐 수 있음에 감사한다.

나는 이 책을 소장하고 플로어타임을 적용, 실시하는 부모님, 임상가, 전문가가 무엇보다도 사랑에 기초한 정동반응으로 가득 찬 시간으로 플로어타임 시간을 만들어야 한다는 것을 잊지 않기를 소망한다. 이 마음을 대표하는 성경 구절을 공유하고 싶다.

> 사랑은 오래 참고 사랑은 온유하며 투기하는 자가 되지 아니하며 사랑은 자랑하지 아니하며 교만하지 아니하며 무례히 행치 아니하며 자기의 유익을 구치 아니하며 성내지 아니하며 악한 것을 생각지 아니하며 불의를 기뻐하지 아니하며 진리와 함께 기뻐하고 모든 것을 참으며 모든 것을 믿으며 모든 것을 바라며 모든 것을 견디느니라. 사랑은 언제까지든지 떨어지지 아니하나 예언도 폐하고 방언도 그치고 지식도 폐하리라(고린도전서 13:4-8 KRV).

나는 플로어타임치료가 언제나 사랑과 관용으로 가득 찬 시간이길 진심으로 바란다. 당신과 아동, 당신과 자녀의 시간이 풍성한 관계 맺기를 통해 모든 것을 함께공유하고, 아동의 리드를 존중하고 따르며, 그들의 흥미와 관심에서 시작하여 사회적 세상을 인도하는 그 길이 언제나 변치 않는 하나님의 말씀처럼 지극한 사랑이 실천되는 장이길 기도하고 싶다.

끝으로, 오랜 시간 책의 출판에 많은 관심과 도움을 주신 학지사 김진환 사장님과 편집부 차형근 선생님께 진정한 감사의 말씀을 드린다. 또한 한국형 플로어타임 발달치료 모델을 함께 연구하고 늘 학문과 인생의 멘토가 되어 주시는 연세대학교 세브란스병원 소아정신과 신의진 교수님께도 깊은 감사의 마음을 전하고 싶다. 늘 바쁜 엄마를 사랑해 주는 나의 아들 김태인과 무엇보다 인생에서 진정한 사랑과 존중의 의미, 삶의 성장과 관용을 알게 해 준 진실한 친구이자 키다리 아저씨께 존경, 사랑, 감사를 전하고 싶다. 정말 고맙습니다. 나의 키다리 아저씨!

2023년 3월
백석대학교 보건학부 작업치료학과 조형관 연구실에서
한국 최초 국제공인 플로어타임 트레이너 및 전문가
플로어타임클래시스 대표
정희승 교수(KAOT, Ph.D)

저자 서문

　발달적 어려움을 가진 아동을 대상으로 한 최근의 임상 연구에서 특별한 요구(자폐 스펙트럼 장애 및 지적장애와 같은 제한적인 증후군을 포함한 장애)가 있는 많은 아동은 이전에 우리가 가능하다고 생각했던 것보다 훨씬 많은 성취를 이뤄 냈다. 동시에 상호작용 경험이 실제로 두뇌의 물리적 구조를 변화시킬 수 있다는 연구가 여럿 발표되었다. 예를 들어, 인생 초기의 청각 경험은 소리와 단어를 처리하는 데 사용되는 신경 연결을 증가시킨다. 비록 개인의 잠재력이 제한되어 있기는 하지만 대부분의 아동은 다양한 범위의 역량을 가지고 있다. 하지만 아동이 어떻게 성장하는지는 그 아동이 어떤 경험에 참여해 왔는지에 달려 있다.

　우리는 건강한 발달에 가장 중요한 여섯 가지의 기본적인 유형의 경험을 알아냈다. 우리가 마주하는 어려움은 신경계의 기능 및 의사소통, 공감하기에 눈에 띄게 차이가 나는 아동이 상호작용 경험에 완전히 참여할 수 있도록 돕는 것이다.

　지난 20년 동안 우리는 수많은 아동, 가족과 함께 발달 단계의 사다리에 올라갈 방법을 연구했다. 우리는 아동이 자신의 현재 기능 수준에서 관계에 참여하고, 아동의 신경계의 고유한 기능을 다루고, 집중적인 상호작용 경험을 활용하는 발달적 접근 방식을 만들었다. 이는 아동이 새로운 역량을 완전히 익힐 수 있게 하기 위함이다. 이 접근법은 부모, 교육자, 치료사가 각각의 아동에게 지적이고 정서적인 성장을 촉진하는 포괄적인 프로그램을 구성하게 해 준다.

　일반적으로 우리는 증후군이라는 측면에서 특별한 요구를 가진 아동들을 살펴보았다. 우리는 '자폐증' '자폐 스펙트럼' '전반적 발달장애' '지적장애' '다운증후군' 등과 같은 일반적인 명칭을 사용하면서 예후를 함께 제시했다. 예를 들어, 우리는 자폐 아동이 제한된 삶을 살아갈 것이라고 예상해 왔다.

　많은 사람이 자폐 아동은 대학에 진학하지 못하고 독립적으로 살지 못할 것이라고 생각했다. 지적장애는 수준에 따라 분류되었고, 각각 예상 가능한 지적 수준의 연령대에 도달할 것이라는 예측을 안고 살아갔다.

대부분의 진단명은 만성적이고 평생 동안 장애를 동반하며, 이러한 진단명에 대한 설명과 예후는 전문가의 조언뿐만 아니라 부모의 기대치에 대한 안내자 역할을 해 왔다.

이러한 가정의 근원에는 각 증후군에 분류된 아동들 서로가 매우 유사하다는 믿음이 존재한다. 서로 다른 정도의 차이보다는 비슷할 거라고 믿어 온 것이다. 하지만 최근 영아와 아동의 발달을 살펴본 결과, 몇 년간 이 증후군을 앓고 있는 아동에게서 이제 막 문제를 보이기 시작한 1~3세의 영아에게로 초점이 옮겨졌다. 우리는 이 다양한 도전의 본질에 대한 색다른 그림을 구성했다. 우리는 일반적으로 같은 진단명으로 묶여 있는 아동이 서로 꽤나 다르다는 것을 발견했다. 어떤 경우에는 유사점보다 차이점이 더 컸다. 우리는 각 아동이 자신만의 독특한 신경계와 자기만의 방식으로 발달하는 사고를 가지고 있다는 것을 발견했다. 각 아동은 하나의 분류된 범주인 것이다. 이러한 이유로 우리는 특별한 요구를 가진 아동을 관찰하고 치료하는 새로운 접근법을 개발했다.

이 접근법은 부모와 각 아동의 신경계 기능을 연구하는 전문가의 능력에 달려 있다. 이는 동일한 진단을 받은 모든 아동을 위해 설계된 표준 프로그램을 따르기보다는 아동 특유의 독특성에 기반을 둔 치료 접근성을 만들기 위함이다. 이를 위해 부모와 전문가들은 아동의 독특한 패턴을 이해해야만 한다. 이 패턴은 아동의 생물학적 특징뿐만 아니라 아동이 어떻게 세상이나 주변인과 관계 맺는지를 포함한다. 이러한 패턴을 이해하면 각 아동의 필요에 따라 치료법을 달리하는 것이 가능하다.

이 접근법은 아동의 예후와 진전에 눈에 띄는 영향을 미쳤다. 자폐 스펙트럼 장애가 있는 많은 아동이 타인과 따뜻하게 연결되고 즐거움이 많아졌다. 이것은 자폐의 정의에 상반되는 특성이기도 하다. 지적장애 진단을 받은 많은 아동은 의사소통, 추론 및 문제 해결 능력을 발달시켰다.

1. 중재에 대한 발달적 접근법

우리는 많은 유형의 아동이 영아였을 때부터 8~10세가 될 때까지 함께 치료를 해 오며 발달 모델을 발전시켰다.

이 접근법은 각 아동이 발달 단계의 사다리에 오르는 것을 돕는 데 초점을 둔다. 구체적으로 말하자면, 아동이 지능과 상호작용의 기초가 되는 여섯 가지의 기본 발달 기술을 습득하는 것을 돕는 것이다. 이러한 각 기술의 성취는 발달의 새로운 단계 또는 이정표를 나타낸다.

1) 여섯 가지의 기본 발달 기술

우리가 기능적 이정표라고 부르는 여섯 가지의 기본 발달 기술은 학습과 발달을 위한 기반이 된다. 일반 아동은 이러한 기술을 비교적 쉽게 익힌다. 반면, 어려운 문제를 안고 있는 아동은 그렇지 않다. 그렇게 할 수 없어서가 아니라 그들의 생물학적 어려움이 기술을 숙달하는 것을 더욱 어렵게 만들기 때문이다. 이러한 기술들과 그들에게 영향을 미치는 요소들을 이해하고 그들을 직접적으로 연구함으로써 주양육자, 교육자, 치료사는 종종 만성질환을 가진 것으로 생각되는 어린이들조차도 발달 기술을 숙달하도록 도울 수 있다.

① 세상의 시야, 소리, 감각에 관심을 가지고 스스로를 가라앉히는 능력
유아들은 자신이 보고, 듣고, 느끼는 것을 처리하려고 노력하고, 본능적으로 기분 좋은 얼굴이나 편안한 목소리로 방향을 돌린다. 그들은 그런 기분 좋은 감각을 즐기고, 이해하고, 자신을 침착하게 가라앉히는 데 이용할 수 있는 방법을 배운다. 자기 규제를 할 수 있는 이 능력은 우리 주변의 환경을 받아들이고 대응할 수 있게 해 준다.

② 다른 사람들과의 관계에 참여하는 능력
부모와의 초기 경험에서 우리는 사랑에 빠지는 법을 배운다. 아동은 부모님이 자신을 양육하고, 기쁨을 주는 존재라고 인식하고, 그들에게 손을 뻗고, 그들을 신뢰한다. 친밀감을 느낄 수 있는 이 능력은 우리 삶 전체에 걸쳐 따뜻한 신뢰 관계를 형성할 수 있게 해 준다.

③ 양방향 의사소통 능력
'엄마가 나를 보고 웃으면 나도 미소 짓는다.' '아빠가 내게 공을 굴리면 나도 열심히 아빠에게 공을 굴린다.' 이러한 양방향 의사소통에서의 초기 노력은 우리 자신의 의도에 대해 가르쳐 주고, 어떤 일이 일어나게 만들 수 있다는 최초의 인과 관계라는 감각을 제공하며, 우리의 자아에 대한 감각을 형성한다. 이러한 초기 상호작용이 더욱 복잡해지면서 동작을 통해 다른 사람들과 의사소통하는 법과 타인의 의도, 소통을 이해하는 법을 배운다. 이는 나중에 보다 정교한 대화에 참여할 수 있는 토대를 마련한다.

④ 복잡한 동작을 만들어 내는 능력

일련의 행동을 엮어서 정교하고 신중한 문제 해결로 순서화시키는 능력을 말한다. "아빠, 아빠가 집에 와서 기뻐요. 어서 날 안아 주고 이젠 저를 쫓아와 주세요!" 아장아장 걷는 아기는 아빠를 맞이하기 위해 달려가 포옹해 달라고 팔을 들더니, 그런 다음에는 장난스럽게 달아나며 자신의 행동을 통해 말한다.

⑤ 아이디어를 창조하는 능력

블록쌓기와 같은 단순한 놀이는 복잡한 상상 놀이로 바뀐다. 블록은 착한 사람들과 나쁜 사람들이 전투를 벌이는 요새가 될 수 있다. 아동은 자신의 세상이 커질수록 발견해 가는 다양한 생각과 넓은 범위의 감정을 놀이를 통해 실험한다. 또한 "주스 마실래!"와 같이 욕구와 흥미를 나타내는 단어를 사용한다.

⑥ 현실적이고 논리적인 생각을 위해 여러 아이디어를 연결하는 능력

아동은 "네가 내 장난감 가져가서 화가 나!"라는 식으로 자신의 생각을 놀이와 말로 표현하고, 그것을 행동으로 옮기는 대신에 자신의 감정을 묘사하며, 논리적이고 독창적인 생각으로 엮어 낸다.

이러한 기본적인 기술은 형태를 구별하고, 글자를 쓰고, 숫자를 세는 일반적인 인지 능력이 아니다. 순서를 지키거나 가만히 앉아 있는 일반적인 사회성 기술도 아니다. 이들은 더 근본적이다. 우리는 이를 '기능적·정서적 기술'이라고 부르는데, 그 이유는 이것이 초기의 감정적 상호작용에 기초하며, 우리의 지능과 자아감뿐 아니라 우리에게 익숙한 숫자 세기나 순서 지키는 것과 같은 기술에 대한 기반을 마련해 주기 때문이다. 이러한 기본적인 기술은 모든 심화된 사고, 문제 해결 능력, 대처 능력의 기반이 된다.

또한 이 능력은 아동의 세상에서 세 가지 측면이 모여 이런 기능적·정서적 기술을 얼마나 잘 습득하게 하는지 영향을 준다. 세 가지 측면을 살펴보면 다음과 같다. 첫째, 기능을 강화 혹은 방해하는 아동의 생물학적 상태, 신경학적 잠재력 혹은 안고 있는 도전이다. 둘째, 부모, 교사, 조부모 혹은 타인과 함께 상호작용을 하는 아동의 상호작용 패턴이다. 셋째, 가족, 문화 그리고 더 큰 환경의 패턴이다.

2) 생물학적 도전

특별한 요구를 가진 아동은 기능을 방해하는 다양한 생물학적 도전을 받고 있다. 이러한 생물학적 도전을 설명할 수 있는 방법이 많기는 하지만, 이 문제가 어떻게 발달에 영향을 미치는가를 고려할 때 세 가지 유형으로 나누는 것이 유용하다.

① 감각 반응의 어려움
아동은 시각, 청각, 촉각, 후각, 미각, 신체 인식을 통해 세상으로부터 제공받는 정보를 조절하는 것에 어려움을 겪을 수 있다(즉, 아동이 지나치게 둔하거나 과민해질 수 있다).

② 신경학적 감각 운동 처리의 어려움
아동은 자신이 받는 감각 정보를 이해하는 데 어려움을 겪을지도 모른다.

③ 반응 생성 및 순서화 계획의 어려움
아동은 자신의 몸을 원하는 대로 움직이는 데 있어서 어려움을 겪을 수도 있다.

각각의 문제 유형은 아동이 자신의 부모와 자신을 돌봐 주는 사람들과의 의사소통을 어렵게 하며, 그렇기 때문에 배우고, 대처하고, 성장하는 능력을 저해한다. 따라서 아동의 성장을 돕기 위해 우리는 이러한 각각의 영역에서 아동이 어떻게 작용하는지 이해해야만 한다. 일단 우리가 아동의 구체적인 문제를 찾고 나면 우리는 문제를 개선하기 위해 치료 프로그램을 만들 수 있다. 더욱 중요한 것은, 우리는 부모와 양육자가 어떻게 이런 어려움에 대응하여 아동이 배우고, 공감하고, 성장하게 할 수 있는지 그 방법을 가르칠 수 있다(특별 요구 증후군에 관한 내용은 제15장 참조).

3) 아동의 상호작용 유형

아동의 생물학적 과제는 다른 사람들과의 상호작용에 영향을 미친다. 소리에 잘 반응하지 못하는 아동은 엄마의 따뜻한 목소리를 듣지 못할 것이다. 촉각에 과민한 아동은 아빠가 아동을 안으려고 할 때 몸을 웅크리거나 심지어 비명을 지르는 반응을 보일 수도 있다. 이러한 반응이 아동의 발달에 어떤 영향을 미칠지 이해하는 것은 어렵지 않다. 만약 아동이 엄마로부터 계속해서 멀어진다면, 엄마는 아동의 환심을 사려는 상호작용의 시도를 줄일 수 있다. 아동의 엄마는 혼란스러워하며 아동이 혼자 남겨지는 것을 선호한다고 생각할지도 모른다. 반면에, 아동의 무반응에 대해 이해하는 것이 부모로 하여금 아동의 생물학적 도전을 중심으로 생각하게 하며, 그럼으로써 자기 아동이 관계를 맺고 상호작용과 소통을 시작하게 해 줄 수 있다. 따라서 다양한 상호작용이 가능해진다.

4) 가족과 사회적 유형

모든 부모는 양육에 있어서 특정한 경향을 가지고 있다. 우리 중 몇몇은 선천적으로 지시를 많이 하고, 감정적으로 민감하기도 하며, 내성적이기도 하다. 또한 누구는 수다쟁이로 태어났고, 누구는 타고나길 조용하다. 이러한 개인의 경향은 일부는 타고나고 일부는 가족이나 문화적인 환경을 통해 습득되는데, 이는 우리가 아동과 어떻게 관계를 맺는지에 영향을 미친다. 우리가 가진 경향은 아동이 정서적 이정표를 습득하는 것을 더 쉽게 만들어 주거나 더 어렵게 만들 수 있다.

아주 세심하고 잘 달래는 가족은 민감하고 과잉 반응을 보이는 아동에게 이상적일 수 있다. 하지만 예를 들어, 낮은 근긴장도를 가진 아동과 반응이 없고 보수적인 부모를 상상해 보라. 아기도, 부모도 서로를 끌어당길 만한 상호작용을 자연스럽게 하지 않을 확률이 높다. 아기가 조용히 부모를 바라보면 부모가 마주 보며 웃어 줄지도 모른다. 하지만 아동이 친밀감을 느끼도록 해 줄 수 있는 간지럽히기나 함께 웃기, 생동감 있는 몸짓과 같은 적극적인 구애는 아마 일어나지 않을 것이다.

다행히도 그들 특유의 상호작용적인 성향을 인식함으로써 부모들은 아동의 독특한 신경계 체계를 중심으로 작업이 가능하도록, 발달 단계를 촉진하도록 본인의 방식을 바꿀 수 있다. 본질적인 문제는 생물학적인 것이지만, 부모의 상호작용 방식은 아동이 자신의 신체적 기질을 능숙히 숙달하도록 도울 수 있다. 여기에서 부모와 나누는 아주 중요한 원칙이 있다. 그것은 아동의 행동이 아동의 생물학적 도전과는 아무 상관이 없지만, 해결책의 중요한 부분이라는 점이다.

아동의 생물학적 도전, 아동이 보호자와 어떻게 관계를 맺는지, 보호자는 아동과 어떻게 관계를 맺는지 등 모든 요소가 아동이 발달 능력을 어떻게 잘 발달시키는지에 영향을 준다. 중재를 위한 우리의 발달적 접근법에서는 아동의 성장을 돕기 위해 이 세 가지 영역 모두에서 연구하고 있다. 우리는 각 아동의 고유한 생물학적 프로필을 평가하고, 그 프로필이 양육자와의 상호작용에 영향을 미치는 방식을 관찰하며, 양육자들의 양육 패턴이 아동의 발달 과정에 영향을 미치는 방식을 알아본다. 그제야 비로소 우리는 세 영역 모두를 강화하기 위한 치료 프로그램을 개발한다. 이 책은 이러한 각 영역에 대해 자세히 설명하고, 독자가 자신의 아동을 위한 개별 치료 계획을 수립하는 데 도움을 준다.

2. 일반적인 특별 요구 증후군에 대한 발달적 접근법

특별 요구 증후군에서 발달 역량과 개인의 차이를 찾아보면 이 진단명을 가진 아동을 다양한 방식으로 생각할 수 있다. 비슷한 치료 프로그램을 필요로 하는 대상으로 보는 대신에 우리는 아동을 하나의 독특하고 다른 개체로 볼 수 있고, 개개인의 아동이 가진 발달 요구에 맞게 치료 프로그램을 조정할 수 있다. 비교적 일반적인 증후군 일부에 대한 우리의 접근법의 의미를 살펴보자(제15장 참조).

1) 자폐증, 자폐 스펙트럼 장애, 전반적 발달장애

아직 확실하진 않은(그러나 조기 치료 서비스를 넘어설 수도 있는) 이유로 영아와 아동을 대상으로 하는 프로그램들은 관계 맺기와 의사소통에 심각한 문제가 있는 아동의 수가 증가하고 있다고 보고하고 있다. 이 아동들은 보통 18개월 또는 24개월이 될 때까지는 정상적으로 보였다. 부모들은 아동이 포용을 즐겨 하고, 목적이 있는 몸짓을 하기 시작했고, 가족 비디오로 이러한 것을 기록했다. 하지만 12~15개월 사이에는 이전에 발달한 만큼 의사소통 체계가 발달하지 않았다. 예를 들어, 아기는 아버지의 손을 잡지도, 부엌으로 데려가지도, 특정 음식에 대해 말하거나 손짓하지도 않았다.

동시에 그 아동은 특정한 소리와 접촉에 대해 과잉 반응을 보이거나 또는 반응을 잘 보이지 않았다. 자녀는 더는 간단한 말이나 몸짓조차 이해하지 못하고, 언어 발달도 멈추었다. 부모들은 서서히 자녀가 점점 더 내성적으로 변해 가고 목표가 없다는 것을 알아챘고, 자주 반복적인 행동을 하는 것을 발견했다.

이러한 행동 중 많은 것이 1943년에 소아과 의사였던 레오 카너(Leo Kanner)가 만든 자폐증의 묘사에 들어맞는다. 카너에 의하면, 자폐아의 "근본적인 장애는 삶의 시작부터 관계를 맺지 못하게 한다. …… 외부로부터 차단된 극도의 외로움…… 무시할 수 없는 것"이다. 이러한 행동은 전반적 발달장애(Pervasive Development Disorder: PDD) 범주에서 정신질환의 진단 및 통계 편람(DSM-Ⅳ)에 체계화되어 있다. PDD는 자폐증 장애(더 고전적이고 심한 형태)와 달리 명시되지 않은 전반적 발달장애(Pervasive Developmental Disorder Not Otherwise Specified: PDDNOS)를 포함하여 여러 가지의 하위 유형이 있다. PDDNOS는 관계 맺는 것과 의사소통에 기본적인 장애가 있는 경우에 진단되는 것이 더 일반적인 유형이지만 자폐증 장애의 형식적인 범주는 충족되지 않는다.

어린 연령대에서 더 많은 아동이 PDD로 진단되는데, 기존의 개념적 틀에 도전하는 임상적 특징이 있다. 아동이 관계를 맺고, 의사소통하고, 감정을 표현하는 것은 하나의 구별된 유형이 아닌 연속적인 것으로 보인다. 보다 적절한 진단 범주의 부족 때문에 임상에서는 다양한 사회적·언어적·인지적 장애가 있는 많은 어린이에게 PDDNOS의 진단을 사용한다. 그러나 대부분의 부모는 자폐증과 PDDNOS가 동일하게 광범위한 PDD 범주의 일부임을 알고 있다.

대다수의 아동에게 관계 문제는 카너가 생각한 것처럼 인생의 초기에 분명하게 나타나지는 않지만, 감각을 처리하는 데 어려움이 있는 아동은 2~3년 후에 나타난다. 다른 연구들과는 달리 우리는 대부분의 아동이 인생의 2~3년 후에 명확한 증상을 나타냄을 발견했다(부록 3 참조). 또한 각 아동은 감각을 처리하기 위해 자신만의 고유한 프로필을 가지고 있다. 이 프로필은 감각 반응(예: 촉각, 청각, 시각), 감각 처리(예: 청각-언어, 시공간), 근긴장도 및 운동 계획의 순서화, 그리고 (DSM-Ⅳ에서 언급한 것처럼) PDD를 가진 아동들이 다른 사람들과 관계를 맺지 않고, 융통성 없고, 기계적이며, 특이하다는 가정은 최근 임상 경험에 의해 뒷받침되지 않는다. 조기 진단, 종합적이고 통합적이며 발달적인 관계를 기반으로 한 치료 접근법을 통해 PDD로 진단된 많은 아동은 따뜻함, 공감, 정서적 유연성을 가지고 다른 사람과 관계 맺는 법을 배운다. 우리는 18~30개월 사이에 자폐증이나 PDDNOS로 진단받은 많은 아동과 함께했고, 나이가 들면서 완전히 말을 하고(복잡한 문장을 잘 사용하면서), 창조적이고, 사랑스럽고, 즐거운 마음을 가지는 것을 볼 수 있었다. 정규 학교에 다니고, 학업 과제를 하고, 우정을 즐기며, 특히 상상력이 풍부한 놀이에 능숙해졌다. 우리는 의사소통을 하는 데 문제가 있고 고집을 부리지만 관계를 가질 수 있는 잠재력이 있는 아동의 특성을 알기 위해서 다체계 신경장애라는 용어를 도입했다(연구 결과 및 진단 문제에 대한 자세한 내용은 부록 3 참조). 친밀감과 의존감을 편안하게 느끼고 기쁨을 경험할 수 있는 능력은 종종 치료 프로그램 초기에 달성 가능한 것처럼 보인다. 또한 인지 잠재력은 대화를 하는 경험이 일상화되기 전까지는 연구할 수 없다.

PDD에 대한 일반적이고 비관적인 예후는 개인차, 관계, 영향 및 정서적 치유에 근거하지 않고 치료 프로그램이 기계적 및 구조적 경향이 있는 아동의 경험을 기반으로 한다. 아동을 자발적이고 즐거운 관계 패턴으로 끌어들이지 않는 접근법은 어려움을 개선하기보다는 오히려 악화시킬 수 있다. 우리는 청소년 PPD에서도 정서적으로 활발한 몸짓 또는 언어적 상호작용에 근거한 자발적 상호작용이 진행됨에 따라 집요하게 반복적이고, 특이한 행동이 감소하고, 관계 맺는 것이 증가하는 것을 관찰했다.

많은 종류의 관계와 의사소통 문제, 아동 간의 개인차, 이전에 생각했던 것보다 더 큰 지적이고 정서적인 성장에 대한 잠재력은 우리가 PDD에 대한 오랫동안 가지고 있었던 가설을 다시 한번 생각해 보게 한다. 다른 사람들과 관계를 맺고, 기쁨, 행복, 궁극적으로 공감하는 것을 방해하는 고정된 생물학적 결점의 개념을 다시 생각해 보는 것이 특히 중요하다. 근거를 보면 생물학적 처리 결함이 아동들마다 다른 방법으로 처리될 수 있고, 치료의 특정 유형이 기쁨과 창의성을 포함하여 적응 결과를 향상시킬 수 있다는 것을 알 수 있다.

2) 지적장애와 인지장애

지적장애는 일반적으로 예상된 평균보다 두 표준편차가 큰 인지의 지연 또는 결함이 있는 경우, 즉 표준 IQ 테스트 75점 이하인 경우에 진단된다. 일반적으로 지적장애 아동은 언어, 인지, 운동 능력, 청각적 처리 및 시각적 공간 처리에서 전반적으로 발달이 지연되어 있다고 생각한다. 우리는 지적장애로 진단된 많은 아동을 평가했다. 그들의 개인 프로필에는 청각적 처리, 시각적 공간 처리, 근육 기능 및 운동 계획의 강점과 약점이 모두 포함되어 있다.

또한 한 가지의 결함이 다른 것들의 발달을 제대로 하지 못하게 한다는 것이 발견됐다. 때로 심한 운동장애가 다른 영역에서의 강점을 가린다. 예를 들어, 혀만 움직일 수 있는 아동은 매우 심각한 인지 지연을 보이거나, 의사소통 능력이 전혀 없다고 생각한다. 우리가 아동에게 '예' 또는 '아니요'를 표현하게 하기 위해 혀의 움직임을 사용하도록 가르쳤을 때, 아동은 양방향 의사소통에 대한 잠재력이 있음을 드러냈다. 상당히 짧은 시간에 아동은 자신이 원하는 것과 의도를 나타내기 위해 혀를 사용했고, 이러한 능력은 의사들이 이전에 아동의 능력 밖이라고 가정한 것이었다. 섬세한 운동 순서화나 계획 문제조차도(예: 일련의 제스처를 조합) 의사소통 능력을 훼손할 수 있으므로 지능적이거나 정서적 성장을 촉진할 수 있는 상호작용 유형의 감소를 초래할 수 있다.

근긴장도가 낮거나 운동 계획에 문제가 있는 아동들은 종종 형식적인 시험에 잘 참여하지 못하여 그들의 인지능력이 부정확하게 나타날 수 있다. 그래서 아동의 능력은 사실과 다르게 모든 부분에서 낮게 나올 수 있다.

이 모든 것이 지적장애로 진단된 모든 아동이 엄청난 잠재력을 가지고 있다는 것을 의미하지는 않지만, 일부는 가지고 있고 많은 아동이 발달되지 못한 잠재력을 어느 정도 가지고 있음을 의미한다. 우리의 과제는 우리가 아동의 능력이 다 동일하다고 믿고 있고, 아동이 성장을 최대화할 수 있는 기회를 주고 있지 않은 만큼 각 아동의 유일한 강점과 약점을 살펴보는 것이다.

3) 뇌성마비

지적장애와 마찬가지로 뇌성마비의 한 가지 결함이 다른 영역의 능력을 가릴 수 있다. 예를 들어, 심한 운동장애가 있는 뇌성마비 아동은 언어능력, 사고력 또는 문제 해결 능력을 발달시킬 기회가 없었을지도 모른다. 왜냐하면 그는 그러한 기술을 향상시키는 활동에 참여할 수 없었기 때문이다.

하지만 우리는 지적장애 진단을 받은 수많은 뇌성마비 아동이 그들의 자기주장과 대화식 의사소통 능력을 발달시키는 도움을 받았을 때 엄청난 성취를 이뤄 낸 것을 알고 있다. 상호작용은 학습을 위해 필요하다. 환경을 바꾸거나 다른 사람들의 반응을 끌어낼 기회가 없다면 학습을 구성하는 패턴을 짜는 것은 어렵다. 우리는 많은 아동이 지능을 현저하게 증가시키는 것을 관찰했다. 각각의 아동이 그의 잠재력을 발휘할 수 있는 유일한 방법은 개개인의 차이점을 관찰하고, 개인화된 발달 치료 프로그램을 연구하는 것이다.

4) 조절장애

자폐 스펙트럼 장애 및 다체계 발달장애 문제, 지적장애와 관련된 인지장애 이외에도 또 다른 어려움이 조절장애 범주로 분류된다. 조절장애는 감각 및 운동 계획에서 반응성에 차이가 있다. 학습장애를 가진 많은 아동은 행동 문제, 주의 집중, 조직 문제, 수면 및 식사 문제에 어떻게 반응해야 하는지, 언어 또는 시각적 공간 패턴을 이해하고, 운동을 계획하는 데 있어서 근본적인 어려움이 있다. 이러한 근본적인 문제가 존재할 때 우리는 이 증상을 조절장애라고 부른다. 조절장애는 자폐 스펙트럼 장애와 달리 조절장애 아동이 다른 사람들과 따뜻하게 관계를 맺는다는 점에서 다르다. 조절장애아동이 종종 이러한 분야에서 어려움을 겪을지라도 중요한 인지기능이나 언어적 결함이 없다는 점에서 지적장애와 다르다. 조절장애의 문제는 아동이 어떻게 관계를 형성하고, 의사소통을 하고, 생각할 수 있는 기본적인 능력보다는 정보를 처리하고 학습하는 방식뿐만 아니라, 공유하거나 협동하거나 화를 내거나 공격적으로 행동하는 방식과 관련이 있다. 우리는 다음과 같은 다섯 종류의 조절장애를 확인했다.

- 민감함 / 두려워함
- 도전적임
- 자기에게 열중함
- 적극적임 / 욕구적임
- 부주의함

5) 주의력결핍장애

DSM에는 기능장애로 나와 있지만, 주의력결핍장애(Attention Deficit Disorder: ADD)는 운동 계획 및 순서화 문제와 관련된 조절장애의 한 유형에 포함된다. 때로는 감각 조절이나 처리의 어려움도 포함된다. 자폐증 및 지적장애와 마찬가지로, 주의력결핍장애는 각 아동의 독특한 패턴이 치료 프로그램의 기초가 될 수 있도록 개개인의 차이점 측면에서 볼 때 가장 잘 관찰된다. 다른 근본적인 개개인의 패턴은 일반적인 증상처럼 주의의 문제를 가지고 있다. 예를 들어, 과소 반응과 욕구는 아동들을 활발하게 하거나 산만하게 만들 수 있다. 낮은 운동 계획 능력은 아동들을 절망에 빠지거나 무질서하게 만들 수 있다. 청각적 또는 시각적 처리 문제는 지시나 규칙을 따르는 데 있어서 단편화된 행동과 어려움을 초래할 수 있다.

소리, 시각 또는 접촉의 과민성은 아동이 쉽게 반응하고, 집중을 잃고, 과부하가 걸리고, 어쩔 줄 모르게 만들 수 있다. 심각한 조절 및 주의력 문제를 가진 많은 아동이 특수 교육에 포함되어 있으며, 특별한 필요가 있는 것으로 간주된다.

6) 또 다른 특별한 요구 상태

취약X증후군, 다운증후군 및 기타 유전 증후군, 태아 알코올 증후군, 임신 중 엄마의 약물 남용, 다양한 종류의 인지 또는 지각 결손을 비롯한 기타 장애는 다양한 주의력 및 조절하는 문제를 포함한다. 이러한 증후군 중 많은 부분이 인지, 운동 및 처리 문제를 동반하지만, 개개인의 차이점(즉, 특정 어려움에서 어떻게 나타나는지) 측면에서 볼 때 가장 잘 관찰된다.

청각과 시각에 결함이 있는 아동들이 자신만의 어려움을 처리하는 것을 돕기 위해 여러 가지 훌륭한 프로그램을 이용할 수 있다. 그러나 이 아동들도 조절에 어려움을 겪고 있는 아동들과 같은 어려움을 가지고 있고, 관계를 맺고, 의사소통 및 사고의 기초로서 우세 감각을 강조시키기 위해 치료가 필요하다. 나중에 우리는 전반적인 적응을 촉진하기 위해 시각적 또는 청각적 장애가 있는 아동을 위한 일반적인 프로그램에 추가할 수 있는 몇 가지 상호작용 경험을 설명할 것이다.

7) 개인 프로필

이 책의 전반부에서는 아동 개개인의 차이점을 강조하는 프로필을 어떻게 만들어야 하는지 설명한다. 아동 개개인의 차이는, 첫째, 어떻게 아동이 감각에 반응하고, 정보를 처리하고, 행동을 계획하고, 행동과 생각을 순서화시키는지, 둘째, 기능적·정서적·사회적·지적 능력의 수준, 셋째, 전형적이면서 필요한 상호작용 패턴, 넷째, 가족 패턴에서의 차이이다. 이 프로필을 통해 부모 및 전문가는 각 아동의 개인적 특성에 맞는 계획을 조정할 수 있다.

여기에 나열된 증후군은 다른 것들과 마찬가지로 아동의 발달 수준과 촉각 및 소리에 대한 반응, 청각적 처리, 운동 계획 및 지각 운동 능력과 같은 기능적 능력과 기술을 통해 표현된다. 증후군이나 다른 증후군의 일부를 가지고 있는 아동은 개인 프로필에 따라 비슷하거나 다를 수 있다. 증후군보다는 개인 프로필이 적절한 치료 프로그램을 결정한다. 단, 증후군의 근본 원인인 특정 생물학적 결함이 투약 또는 의료 절차를 통해 교정될 수 있는 경우는 예외이다. 그러나 대부분의 발달 문제에는 포괄적인 치료 프로그램이 필요하며, 특정 약물이나 절차가 포함될 수 있다.

이 책의 후반부에서는 우리가 수년 동안 개발해 온 '플로어타임'이라고 부르는 접근법과 관련된 아동의 프로필을 기반으로 한 집중 치료 프로그램을 어떻게 만드는지 보여준다. 사례 논의가 일반적인 증후군 중 일부 독특한 치료 특징을 설명하기는 하지만, 우리의 목표는 기능적 능력을 포함하는 아동의 독특한 프로필을 구성하는 방법을 논의함으로써 많은 발달장애와 함께 작업하는 방법을 보여 주는 것이다. 증후군의 진단명 및 심층적 토론은 DSM-IV 및 기타 전문 텍스트에서 찾을 수 있다. 우리는 대신 아동의 발달 수준과 고유한 처리 역량을 확인하고 진보하는 데 필요한 기능적 기술을 강화하는 수단에 중점을 둔다. 우리는 상대적으로 알려져 있는 발달장애(자폐 스펙트럼 장애)와 다체계 발달장애를 가진 아동을 많은 예로 사용한다. 왜냐하면 이러한 장애는 여러 가지 발달 단계의 어려움과 모든 종류의 특별한 필요를 동반하는 대부분의 처리 결함을 포함하기 때문이다.

3. 평가

평가는 자녀의 현재의 기능, 과거력 및 양육자와 아동을 30분 이상 관찰하여 평가를 시작해야 한다. 표준화된 평가가 평가의 초석이 되어서는 안 된다. 오히려 필요하다면 아동이 양육자와 상호작용하면서 노는 것을 관찰한 후에 사용해야 한다. 주요 진단 센터의 200건 이상의 많은 사례(부록 3 참조)를 검토한 결과, 90% 이상이 부모-자녀 상호작용을 직접 관찰하지 않았다. 이러한 상호작용은 아동의 관계성과 상호작용 능력을 보여 주며, 아동이 가장 높은 수준에서 수행할 수 있는 단계이다. 아동이 평가를 실시하는 사람과 어떻게 관계 맺는지, 아동이 갖지 못한 운동 계획(주의력) 기술을 필요로 하는 고도로 구조화된 과제에 어떻게 대하는지를 강조하는 경향이 있다. 이 관계와 과제는 새로운 것이고, 아마 두려운 것일 수도 있기 때문에 아동은 더 낮은 수준으로 기능하기 쉽다. 결과적으로 평가는 아동이 어떻게 관계 맺고, 가장 소중한 양육자와 함께 자신의 독특한 능력을 사용하는 그림보다는 아동의 전체적인 모습을 지지한다. 이러한 상황에서 많은 어린이가 자폐 스펙트럼 장애로 부정확하게 진단받았다는 것은 놀라운 일이 아니다. 그들은 평가에 참여한 사람에게 따뜻하고 자연스럽게 관계 맺지 않았기 때문에 아동이 가정에서도 비슷한 상호작용의 결함이 있다고 여기는 것이다. 그리고 부모와 자녀 간의 상호작용은 여섯 가지의 정서적 이정표의 발달을 촉진하기 위한 주요 상호작용이기 때문에 표준화된 검사의 결과는 특히 아동의 치료과정에 대한 좋지 않은 예측변수가 될 수 있다.

각 아동의 강점과 약점에 대한 개인차를 규명하려면 평가 접근법을 사용하는 것이 좋다. 이것은 아동의 감각 처리 및 운동 프로필을 검사하는 것을 의미한다. 양육자와의 상호작용 패턴, 아동과 양육자와의 상호작용 패턴, 아동의 언어와 인지 능력 그리고 전반적인 건강 상태를 평가한다. 이 정보는 우리가 아동의 기능적 능력과 어려움을 이해하고, 이러한 어려움을 개선하고 해결하며 아동의 장점을 키우는 치료 프로그램을 설계하는 데 도움이 된다.

최상의 평가는 하루보다는 긴 기간에 걸쳐 수행된다. 사실 평가는 치료의 필수적인 부분이어야 한다. 우리는 개인차를 고려하여 아동을 연구하며, 그들의 능력과 보호자의 능력을 지속적으로 평가하며, 일반적으로 모든 분야에서의 개선을 본다. 예를 들어, 모든 분야에서 인지가 심하게 지연된 것으로 진단된 아동의 치료 첫 3~4개월 동안에 아동이 더 적극적으로(즉, 필요에 따라 부모와 더 의도적으로 의사소통을 하기 위해 협상하면서) 배웠을 때, 우리는 초기 평가나 관찰에서 분명하지 않았던 시각적 이해와 문제 해결에서 강점을 관찰할 수 있었다. 이 아동들은 초기에 생각했던 것보다 훨씬 많은 것을 할 수 있었다. 표준화된 치료 프로그램보다는 이러한 아동의 개인차를 평가하고 그다음 작업하는 것이 핵심이었다.

개인차에 초점을 맞춤으로써 우리는 두 가지 일이 일어나는 것을 발견했다. 첫째, 아동은 더 나은 발달을 한다. 둘째, 아동의 개인적 차이는 지속적으로 변하는데, 발달의 비약마다 프로필이 바뀌었다는 것을 의미한다.

따라서 평가는 계속되어야 하고, 그에 따라 치료 프로그램이 수정되어야 한다. 한꺼번에 행해지는 일반적인 평가와는 달리 특별한 필요를 가진 아동에 대한 효과적인 평가는 순차적이어야 하며, 치료는 지속적으로 수정되어야 한다.

4. 정서의 중요성

아동의 개인차 및 발달 수준을 다루는 과정에서 우리는 진전의 결정적인 요소가 자신의 정서, 욕구 또는 의도를 이용하여 행동을 유도하고 나중에 생각할 수 있는 능력에 있다는 것을 관찰했다. 이것은 그들의 자연스러운 욕구를 이용하여 그들의 몸짓과 그들의 언어의 의미에 목적을 부여하는 것을 의미한다. 우리는 아동이 원하는 쿠키를 들고 그들에게 잡도록 도전시킨다. 그리고 나중에는 "쿠키 먹고 싶어."라고 스스로 말할 수 있도록 도전시킨다. 또는 상징 놀이 중에 아동이 좋아하는 인형을 사용한다. 단순한 제스처(웃음, 찌푸리기, 회피하기)에서 더 복잡한 행동(소리 모방, 장난감 찾는 데 도움을 받기 위해 부모의 손을 잡는 것), 단어와 개념 사용 등으로 아동의 행동은 아동의 관심사에 따른 감정, 소원 그리고 욕망에 의해 좌우된다.

여러 특별한 요구를 가진 아동은 내적 동기에 반응하여 스스로 활동을 시작하기보다는 다른 사람에 의해 활동하는 것으로 보인다. 아동 자신의 욕망과 관심사가 아동 자신에게 중요한 부분이기 때문에 주양육자와 치료사는 아동이 자신의 주도성과 필요한 기술 중 일부를 연습하도록 유인할 수 있을 때 가장 잘하는 것 같다. 우리가 아동에게 주도권을 줘서 도전하게 하면 아동은 자신이 누구이며, 원하는 것과 자신이 할 수 있는 것을 조금 더 이해하게 된다. 부모와 치료사가 아동과 함께 이러한 방법으로 일을 할 때, 아동은 의심할 여지없이 새로운 기술로 부모와 치료사를 놀라게 한다.

5. 이 책에 대하여

이 책은 중재에 대한 개인차, 관계 기반, 발달적 접근을 자세하게 설명한다.

제1부에서는 생물학적 도전으로 시작하여 아동의 개인적인 차이점을 탐구한다. 아동의 각 발달 단계에서 양육자와의 상호작용 패턴을 살펴본다. 관찰 차트를 통해 독자는 자녀의 개인 프로필을 평가하기 위해 아동과 양육자를 모두 관찰할 수 있다(양육 경향은 제16장과 제17장 참조).

제2부에서는 행동에서의 발달적 접근법을 보여 준다. 치료의 핵심인 플로어타임에서 부모(치료사)들은 정서적 이정표의 발달을 증가시키는 방법으로 아동과 문자 그대로 또는 비유적으로 '플로어'를 바탕으로 상호작용한다. 우리는 아동이 각자의 발달 단계에서 자신이 어려워하는 영역을 향상시키고, 고유한 장점들을 최대화시키는 경험을 만들어 내기 위해 어떻게 플로어타임이 사용되는지 보게 된다.

제3부에서는 개인차 모델이 아동을 치료하는 팀과 아동이 다니는 학교의 노력을 조직화하기 위하여 개인별차 모델이 어떻게 사용될 수 있는지 묘사한다. 또한 우리는 아동이 특별한 필요가 있을 때 공통적으로 가족에게서 나타나는 어려움을 논의한다.

그렇다면 누가 이 책을 읽어야 하는가? 이 책은 발달장애가 있는 아동의 부모를 위한 책으로, 여기서 말하는 발달장애란 다음과 같은 경우에만 국한되지는 않는다.

- 자폐증
- 자폐 스펙트럼 장애
- 전반적 발달장애
- 달리 명시되지 않은 전반적 발달장애
- 다체계 발달장애
- 지적장애

- 뇌성마비
- 다운증후군
- 인지 지연 및 결손
- 언어 지연 및 결손
- 낮은 근긴장도
- 감각 통합 장애
- 주의력결핍장애(주의력결핍과잉행동장애 포함)
- 염색체, 대시성 및 아동의 중추 신경계와 정신 기능에 대한 도전이 점진적이지는 않지만 관련이 있는 의사소통 및 학습 능력을 방해하는 장애

비록 이 책이 청력 손실 또는 시각장애를 가진, 특별한 요구를 가진 아동들에 대해 논의하지는 않지만, 대부분의 치료 접근법은 이러한 아동들에게 적용될 수 있다.

이 책은 또한 이러한 질환으로 진단받은 아동들과 함께 일하는 전문가들에게 유용하도록 만들어졌다. 언어치료사, 물리치료사, 작업치료사, 임상 사회복지사, 아동 심리학자, 아동 정신과 의사, 발달 및 행동 소아과 의사, 간호사, 교육자, 특수 교사, 상담사, 놀이 치료사, 운동, 무용 및 예술 치료사, 가족 생활과 레크리에이션 치료사는 이 책에 설명된 원리가 아동과의 작업에 도움이 된다는 것을 알게 될 것이다.

차례

제1부

각 어린이의 고유한 강점, 발달적 역량 및 도전 발견

제1장 진단명을 넘어서 생각하기

2세의 벤은 전반적 발달장애(pervasive developmental disorder: PDD) 진단을 받았고, 벤의 부모인 사라와 마크는 당황스러웠다. 그들은 벤을 추가적인 평가를 위해 불렀다. 처음에 벤은 치료사에게 등을 돌린 채 어머니의 무릎에 앉아 있었다. 하지만 15분이 지나자 벤은 서서히 몸을 돌렸다. 벤이 치료사를 보고 있을 때, 치료사도 빠르게 등을 돌렸다. 시간이 지나며 치료사는 벤에게 부드럽게 말하기 시작했고, 그의 이름을 부르며 재미있는 얼굴을 만들기 시작했다. 약 5분 후 벤은 망설이면서 치료사에게 미소를 지었다. 몇 분 후 벤은 치료사의 재미있는 얼굴을 보며 웃고, 수줍어하며, 어머니에게 두 살짜리가 표현할 수 있는 가장 기쁜 미소 중 하나를 지으며 포옹했다. 벤은 마크와 사라가 벤의 치료사와 이야기를 하고 있는 동안에 치료실 주변을 신기하게 보고 있었다. 평가를 실시한 지 약 30분이 지나자 벤은 어머니의 무릎에서 내려와 어머니의 손을 잡아당겼다. 벤은 어머니를 문 쪽으로 끌고 가면서 불안정하게 머리를 숙이더니(균형 감각이 불확실해 보였다.) 쾅쾅 소리를 내며 소리를 질렀다. 벤은 떠날 준비가 되었다! 어머니는 참을성 있게 벤에게 조금 더 머물러 있어야 한다고 설명했다. 그러자 벤은 바닥에 누워 주먹으로 바닥을 반복적으로 두드렸다. 벤이 실망감에 발을 차고 소리를 지르며 떼를 쓸 때, 아버지는 벤을 들어 올리려고 했다. 부모는 10분 동안 벤을 꽉 붙잡고 어르면서 벤을 진정시켰다. 벤은 남은 회기 동안, 엄마 무릎 위에 안겨 있으며 누구와도 눈을 마주치려고 하지 않았다.

벤은 종종 자폐증(autistic)으로 묘사되는 많은 특징을 가지고 있다. 벤은 언어 지연과 인지 능력에 문제가 있는 것처럼 보였다. 벤의 운동 시스템은 낮은 발달 상태로 보였고, 반복적인 운동 행동을 보였다. 그러나 벤은 자폐증의 핵심적인 특징인 무관심이 결여되어 있었다. 자폐증의 고전적 정의에 따르면, 자폐 아동은 영구적으로 다른 사람들과 인간관계를 맺을 수 없다. 그들은 인간관계에 대한 노력이 없다. 그들은 사람을 의자와 다를 바 없다고 생각한다. 자폐증의 정의가 관계성의 상대적인 결함을 포함하도록 수년 동안 변화했지만, 친밀감과 기쁨을 위한 능력에 대한 결함이 핵심적인 특징으로 남아 있다. 분명히 이 부분은 벤에게 적용되지 않았다. 벤은 따뜻하고, 엄마와 있는 것을 즐거워했으며, 안정감을 얻기 위해 엄마에게 향했다. 벤은 치료사에게 미소를 짓고 웃었다. 벤은 비록 제한된 방법이기는 했지만, 또래 아동들보다 사람들과 꽤나 잘 어울렸다. 다음 몇 차례의 관찰 회기(평가의 일부) 동안 벤은 자기 자신에게 몰두된 상태로 엄마에게 즐거운 포옹을 하는 것, 쿠키에 대한 몸짓 및 문 밖으로 나가는 것, 반복적으로 장난감을 일렬로 세우는 것, 창틀을 만지는 것 사이에서 마음이 흔들렸다.

치료사는 벤의 부모에게 아들이 자폐증이라고 믿지 않는 것 같다고 말했다. 벤은 다양한 감각, 처리 및 운동 문제를 가지고 있는 것처럼 보였는데, 이것은 벤이 받아들이고, 처리하고, 세상의 정보에 대응하는 것을 방해할 뿐이었다. 벤의 문제는 치료할 수 있었고, 집중 치료 프로그램은 벤의 처리 문제를 해결하는 데 도움이 되며, 더 관계성이 있고 더 완전히 의사소통하는 방법을 배우는 데 도움이 된다.

전반적 발달장애 진단을 받자마자 벤의 부모는 서둘러 나가 그 장애에 대한 책을 샀는데, 그 책들은 모두 미래에 대한 암울한 그림을 그리고 있었다. 그들은 부정했다. "우리 아들은 아니에요! 우리 아들은 그것보다 잘할 거예요!" 벤이 자폐증을 진단받지 않도록 그들이 사랑, 분노, 의지를 가지고 양육한 결과 관계에 미묘한 변화가 생기기 시작했다. 그들은 벤의 이름을 부르는 매순간마다 벤이 돌아보기를 더 이상 기대하지 않았다. 그들은 벤을 들어 올릴 때 웃을 것이라고 더 이상 기대하지 않았다. 그들은 속으로 '벤은 응답하지 않을 것이다. 벤에게 응답을 기대하지 않을 것이다. 벤은 전반적 발달장애를 가지고 있다'고 생각했다. 비록 그들이 진단에 영향을 받지 않으려고 했지만, 진단이 함축하는 제한점들을 조금씩 받아들이고 있었다.

이제 그 파괴적인 진단명에서 벗어났다. 그들의 아들은 전반적 발달장애로 진단받은 아동에게서 예상되는 것에 국한되지 않았다. 벤은 점차적으로 향상될 수 있는 다양한 감각, 운동 및 처리 문제를 가지고 있었다. 비록 그들은 앞으로 갈 길이 멀다는 것을 이해했지만, 그들의 기대는 높아졌다. 가장 중요한 것은 그들은 감정적인 반응을 찾기 시작했다. 그들은 더 생동적이고 반응적으로 되었다. 벤의 생물학적 도전에 종사한 작업치료사와 언어치료사 및 마크와 사라가 벤과의 상호작용을 치료의 필요에 맞게 수정하는 데 도움을 주고 집중 치료 프로그램을 확립하는 것을 도왔다. 치료 첫 6개월 동안 벤은 중요한 개선을 시작했다. 벤은 몇 분 동안 자신의 인생에서 중요한 사람들과 즐겁게 프로그램에 참여할 수 있었다. 벤은 더 자주 친밀감을 얻기 위해 부모님을 찾았고, 덜 반복적이었으며, 자기에 덜 몰두했다. 벤은 더 많은 표정과 몸짓을 보이기 시작했고, 적절한 몸짓을 통해 부모의 간단한 질문에 응답했다. 벤은 네다섯 단어의 말하기 어휘를 만들었으며, 새로운 소리를 보다 쉽게 모방했다. 벤은 발달 사다리에서 올라가기 시작했다.

벤 말고도 또 다른 사례들도 있다. 오늘날 많은 아동이 오해의 소지가 있는 진단명을 받는다. 이런 진단명은 아동의 고유한 강점과 도전 과제를 찾아내는 대신, 강점과 도전 과제를 모호하게 만들고, 부모와 치료사, 교사의 입장에서 사기를 꺾으며, 부정적인 기대를 만들어 낸다.

1. 진단명 문제

현재의 진단 범주는 일반적으로 아동의 증상을 요약하지만, 아동이 어떻게 세상에서 오는 정보를 받아들이고, 처리하고, 응답하는지에 대한 아동의 도전에 기초한 과정에 대해서는 충분히 말해 주지 않는다. 이 세 가지의 생물학적인 관점은 아동이 생각하고, 느끼고, 상호작용할 수 있는 능력의 중심에 놓여 있다. 그들의 근본적인 관점에서 같은 진단명이 있는 아동이라도 그들이 비슷하게 보는 것보다 사실 더 다를지도 모르고, 다른 진단명이 있는 아동이라도 그들이 다르게 보는 것보다 실제로는 더 비슷할지도 모른다.

예를 들어, 아동의 근본적인 문제가 실제로 더 구체적이고 청각 정보를 처리하는 데 어려움을 겪고 소리에 대한 반응이 과도하게 심한 경우에 다른 사람과 관계 맺는 것에 어려움을 겪기 때문에 아동은 자폐증으로 진단될지도 모른다. 이러한 도전의 결과로 주위 사람들의 말은 혼란스럽고, 괴로우며, 아동을 육체적으로나 정서적으로 불편하게 만든다. 자신을 보호하기 위해 아동은 뒤로 물러서고, 행동에 목적이 없으므로 자폐증 진단을 받는다. 비슷한 생물학적 도전을 가진 또 다른 아동은 다른 진단명을 받을 수 있다. 아동의 청각 반응 및 처리 문제가 다소 덜 심각하다면 아동이 말을 듣고 해석하는 게 어려울 수 있지만, 말 자체의 소리는 압도적이지 않다. 이 아동은 다른 사람들과 따뜻한 관계를 맺을 수 있지만, 지시에 천천히 반응하거나 혼동할 수 있다. 따라서 아동은 다른 사람들과 가깝게 지낼 수 있지만, 인지 발달을 촉진하는 상호작용은 피할 수 있다. 만약 이 아동이 운동 계획이나 움직임에 문제가 있으면 '인지 지연' 또는 '경미한 지적장애'로 진단받을 수 있다.

비슷하게 지적장애로 진단받은 아동은 시각적 장애 아동과 함께 언어적 도전을 통해 조금 더 나아질 수 있다. 전반적 발달장애로 진단받은 일부 아동은 시각적인 처리가 특히 강하다(그들은 어디에 있는지를 파악하고 복잡한 퍼즐을 조합할 수 있다. 다른 아동들은 시각적 처리 과정에서 심각한 손상을 가지고 있다). 예를 들어, 그들은 옷장 문이 어디에 있는지 알아내거나, 친숙한 동물의 그림을 인식하는 것을 망설이거나 아예 하지 못했다.

아동을 너무 일반적인 진단 범주로 분류함으로써 우리는 그들의 문제와 관련된 기본적인 생물학적 처리상의 차이점을 모호하게 만들 수 있으며, 치료 방법에 대한 단서도 얻을 수 없다. 그러나 만약 각 아동이 세상의 정보를 어떻게 받아들이고, 처리하고, 응답하는지를 살펴본다면 아동의 문제의 근본적인 측면을 정확히 찾아낼 수 있으며, 그들을 위한 치료 계획을 발달시킬 수 있다.

일반적인 진단명의 또 다른 문제점은 아동들이 발달적으로 어디에 있는지를 알려 주지 않는다는 것이다. 예를 들어, 자폐증으로 진단된 일부 아동은 모든 사람과의 접촉을 피하는 반면에, 벤과 같은 아동들은 마음이 따뜻하고, 사랑스럽고, 반응이 좋으며, 제스처로 의사소통을 한다. 지적장애로 진단받은 일부 아동은 가상놀이, 추상적으로 생각을 표현하는 놀이를 할 수 있지만, 다른 아동들은 구체적으로 놀이하고, 인형을 안고 있지만 연극을 조직하지는 않는다. 또 어떤 아동들은 미소나 소리와 함께 의도적으로 몸짓하는 법을 학습한다. 많은 치료사와 교육자가 증언하듯이, 아동의 발달 촉진을 위한 연구에서는 아동이 감정적·사회적·기능적 기술의 발달 사다리에서 어디에 있는지를 아는 것이 중요하다. 이 기술은 아동이 숙달했다는 이정표이고, 숙달하고 있는 기술이다. 우리는 제4장과 제5장에서 제시될 전반적인 기능 발달상의 사다리가 어디에 있는지를 알아내는 독특한 방법을 개발했다.

비록 대부분의 부모와 전문가는 진단명의 한계를 인식하고, 아동의 노력을 유도하기 위해 그들의 발달 능력에 대한 이해를 사용하고 있지만, 관련된 사전 대화 및 창조적 추론과 관련된 중요한 몇 가지 사항은 종종 빠뜨린다.

2. 개인적 차이 규명하기

우리는 평가와 치료에 대한 개인차 접근법을 지지한다. 이것은 각 아동의 독특한 프로필, 즉 아동의 독특한 생물학적 도전, 가족 패턴, 아동의 발달상의 사다리에서의 위치를 파악한 다음에 부모님, 치료사, 그리고 교육자가 참여하는 중재 계획을 수립하는 것을 의미한다.

제1부의 후반부에는 아동의 독특한 프로필을 발견하기 위해서 아동을 관찰하는 새로운 방법을 소개하고, 제2부에서는 아동의 발달을 촉진하기 위해 이 지식을 사용하는 방법을 설명한다.

대부분의 특별한 요구를 가진 아동은 하나 이상의 문제가 있다. 예를 들어, '언어 지연'이라는 진단명은 언어 처리 및 단어 형성의 문제를 의미하지만, 이 진단명을 가진 많은 아동은 감각 처리의 측면에 미묘한 문제가 있다. 지적장애로 진단받은 아동은 감각 처리와 운동 계획에 문제가 있다. 우리는 아동이 포괄적인 치료를 받을 수 있도록 모든 근본적인 도전에서 우리에게 단서를 줄 수 있도록 분류해야 한다.

만약 우리가 특별한 요구를 가진 아동을 평가하는 방식을 바꾼다면 가정의 발생을 최소화할 수 있을 것이다. 오늘날 대부분의 평가는 의사소통과 추론에서 아동의 역량을 결정하기 위해 양육자와 아동의 상호작용에 대한 관찰보다는 표준화된 검사를 사용한다. 그러나 검사 동안에 아동의 행동은 집에서의 행동과는 다를 수 있다. 장기간에 걸쳐 아동과 부모 사이, 아동과 치료사 사이의 상호작용을 관찰하는 것은 현재 기능의 재검토와 자세한 이력과 함께 평가 과정의 첫 단계가 되어야 한다(우리가 나중에 논의하듯이, 표준화된 검사는 평가 과정에서 선택적 역할을 수행할 수도 있다). 벤을 진단한 임상가가 벤이 그의 부모님과 상호작용하는 것을 지켜보는 데 충분한 시간을 보냈다면 임상가는 따뜻하고 정서적으로 사용할 수 있는 아동을 보았을 것이다. 벤은 미소 짓기, 얼굴 찡그리기, 히죽히죽 웃기, 폭소를 터뜨리는 제스처 어휘를 통해 자신의 감정과 의도를 전달할 수 있고, 어머니와 놀이에 참여하며 창의성을 보여 주었다. 치료사가 벤과 참여하는 시간을 더욱 많이 보냈다면 그는 벤이 따뜻하기도 하고, 사교적이라는 것을 발견했을 것이다. 간단히 말해서, 치료사가 자폐증을 가진 아동이 아니라 감각, 운동, 인지 지연이 있는 아동을 발견했을 것이다.

발달 소아과 의사는 진단을 위해 자신이 본 아동을 묘사했다. 이 아동은 낯선 사람을 피했지만 마음이 상당히 따뜻했으며, 부모와의 상호작용이 있었다. 그의 제스처와 언어 능력은 다른 사람들에 비해 1년 정도 뒤처져 있었다. 소아과 의사는 "20년 전, 우리는 이 아동을 '어려움이 있고, 수줍음이 많으며, 언어 지연이 있는 느린 학습자'라고 불렀다. 하지만 오늘날은 '개선'되었다고 한다."라고 말했다. 의사는 "우리는 그를 '자폐 스펙트럼'이라고 부른다."라고 한숨을 쉬며 말했다. 앞서 지적한 것처럼, 최근의 연구에서 자폐 스펙트럼 장애(Autism spectrum disorder: ASD)로 진단된 아동의 90% 이상에게 부모와의 자연스러운 상호작용이 관찰되지 않는다는 것이 발견됐다.

진단명을 넘어선 개인차 접근법으로 이동하면 아동을 위한 새로운 가능성을 열 수 있다. 이것은 아동이 얼마나 많은 성취를 할 수 있는지 예측하기엔 너무 이르다. 대부분의 아동이 상당한 이득을 얻을 수 있는가? 어떤 요인이 아동의 개선 정도를 결정하는가? 우리는 아직 해답을 알지 못한다. 하지만 우리는 우리가 보았던 것에 의해 매우 힘을 얻고 있다. 아동의 개인차에 맞춘 최적의 치료 프로그램을 사용한다면 우리가 생각했던 것보다 가능성이 훨씬 더 클 것으로 보인다.

다음의 이야기는 어떻게 발달적 접근법이 가족을 초기의 고정된 진단명 이상으로 데려다 주는지를 보여 준다.

3. 오스틴의 사례

파울라 주거는 임신 6개월 때 세 번째 아이 오스틴을 출산했다. 오스틴은 3주 동안 그의 연약한 생명을 지탱하기 위해 튜브와 전선이 이어져 있는 인큐베이터에 누워있었다. 마침내 몇 주 후에 기계로부터 벗어날 수 있었고, 신생아 모자가 헐렁할 만큼 작은 머리를 가진 아기는 3개의 담요로 둘러싸인 채 집으로 돌아왔다. 오스틴의 부모님과 형제는 아동의 짧은 손가락과 발가락, 잔물결이 인 다리, 어둡고 빛나는 머리카락을 조심스럽게 검사한 후 아동이 완벽하다고 확언했다.

오스틴이 4개월이 되었을 때, 파울라와 커트는 무언가 잘못되었다는 것을 느꼈다. 오스틴은 그들의 아동들이 그랬던 것처럼 부모에게 관심이 있는 것 같지 않았다. 오스틴은 부모에게 팔을 뻗거나 목소리를 향해 몸을 돌리지 않았다. 그리고 아동은 뒤집기를 바라지 않는 것처럼 보였다. 그래서 파울라와 커트는 오스틴을 아동 발달 전문의에게 데려갔다. 전문가는 아기가 천천히 발달하고 있는 것이라며 걱정하지 말라고 했다.

그러나 오스틴이 9개월 된 시점에서 부모는 걱정이 되었다. 오스틴은 많은 노력으로 뒤집을 수 있게 되었지만, 스스로 앉을 수 없었으며, 기어갈 기미를 보이지 않았다. 더욱 염려스러운 것은 아동의 무응답이 증가하는 것처럼 보이는 것이었다. 파울라는 "오스틴의 움직임이 줄어들었고, 내가 오스틴의 얼굴을 만지면 나를 쳐다보지만 우리의 목소리에 반응하지 않아요. 아동은 우리가 거기에 있든 없든 신경 쓰지 않아요."라고 말했다. 아동의 이상한 행동에 겁을 먹은 파울라와 커트는 그를 아동 병원으로 데려가서 평가를 받았다. 평가가 끝나자 의사는 그들을 진료실로 안내하여 책상에 마주앉아 그들을 응시하며, "아동이 뇌성마비를 앓고 있는 것을 안 지 얼마나 되었나요?" 라고 물었다.

파울라와 커트는 엄청난 충격을 받았다. 그들은 뇌성마비의 아동을 형제나 친구들로부터 단절되어서 휠체어에만 앉아 있어야 하는 절망에 빠진 아동으로 묘사했다. 그들은 집으로 운전하면서 오면서 울기에는 너무나 무감각해져서 침묵했다. 오직 오스틴만이 자동차 좌석에서 소란스러운 상황이 가족의 고통을 표현하는 것처럼 보였다.

몇 달 동안 파울라와 커트는 의사의 방문과 치료가 끝없는 여정처럼 보였다. 각각은 오스틴의 뇌성마비의 일부 양상을 교정하기 위해 고안되었다. 새로운 단계가 시작되기 전에 그들은 '이제 모든 것이 정상이 될 거야'라고 생각했다. 그러나 각각의 치료 이후 정상화가 실현되지 않을 때 부모는 낙담했다.

부모의 슬픔을 더하는 것은 오스틴의 냉담함이었다. 놀라울 정도로 상냥함과 인내심을 가진 파울라는 많이 쓰다듬고 애정을 주어 아이로부터 작은 미소를 끌어낼 수 있었다. 그러나 커트는 아들과 아무런 관계도 맺지 못했다. 그는 그의 다른 아동들이 좋아했던 놀이인 간지럽히고 공중에 던지기를 했다. 그러나 오스틴은 다른 아동들이 웃을 때 울기만 했다. 다른 아동들이 게임을 더해 달라고 조를 때 오스틴은 돌아섰다. 오스틴이 15개월이 되었을 때, 파울라와 커트는 아동에게 다른 평가를 받게 했다. 그 평가에서는 오스틴이 상당한 자폐적 특징으로 정신이 지연되었다고 결론지었다. 의사는 40~50%의 발달 비율로, 오스틴이 (신체장애자를 돌보는) 수용시설에서 살아야 할지도 모른다고 말했다. 파울라와 커트는 다시 한번 큰 충격을 받은 채 집으로 갔다. 그들에게 지적장애라는 용어는 사형선고 같았다.

처음 평가된 이후 몇 달 동안 오스틴은 신체적·직업적·언어적 치료를 제공하는 공립학교에 의해 운영되는 조기 중재 프로그램에 참여했지만 거의 진전을 이루지 못했다. 여름 학기가 끝났을 때, 물리치료사는 파울라와 커트에게 오스틴을 평가에 데려올 것을 제안했다. 오스틴을 주의 깊게 관찰한 결과, 그의 운동 시스템과 인지능력에 심각한 문제가 있는 것 외에도 대부분의 소리와 촉각을 포함하여 많은 감각에 매우 민감하지 못하다는 것을 발견했다. 오스틴은 엔진 모터나 낮은 목소리에 지나치게 민감했으며, 그는 유해한 감각을 만날 때 스스로에게 더 몰두하게 되었다. 아동은 극도로 자신에게 몰두했으며, 거의 웃지도 않았고, 어떤 방식으로든 양육자에게 관심을 보이거나 제스처를 나타내지도 않았다. 아동은 행동에 목적이 없었다. 관찰을 통해 아동의 낮은 근긴장도와 가장 간단한 행동도 실행할 수 없는 능력이 아동이 가진 어려움에 크게 기여했다는 것을 알 수 있었다. 하지만 이에 못지않게 중요한 것은 아동의 자기몰입과 부모님의 커져 가는 절망이었다.

신체적·직업적·언어적 치료와 관련된 종합 중재 프로그램의 첫 번째 목표는 오스틴의 참여 능력, 일관성 있고 애정 어린 정서적인 접촉을 할 수 있는 능력을 향상시키는 것이었다. 겉으로 보기에는 무의미한 오스틴의 행동을 관찰하는 동안에 우리는 아동이 가끔 특정 장난감을 보고 왼손으로 그것들을 어느 정도 흔드는지에 주목했다. 우리는 아동의 집중을 사기 위해 이 잠깐의 흥미를 이용했다. 파울라는 그것이 아동의 시선을 사로잡을 동안에 아동의 얼굴 앞에서 그것을 흔들다가 느리게 움직였다. 잠시 후에 파울라는 이 행동을 다시 했다. 오스틴은 움직이는 장난감에 더 관심을 가졌고, 아동의 눈으로 따라오기 시작했다. 파울라는 자신의 얼굴 앞에서 그것을 붙들고 오스틴의 시선을 자신에게로 유인했다. 엄마가 아동의 시선을 4~5초 동안 잡을 수 있었을 때, 엄마의 표정을 바꿈으로써 그에게 새로운 것을 보여 주었다. 조금씩, 조금씩 시선 접촉에 대한 관심이 커지자마자 오스틴은 한 번에 최대 1분 동안 엄마의 얼굴을 볼 수 있었다.

파울라는 치료사가 아동과 함께 작업하도록 도우려는 것을 당황스럽게 생각했다. 파울라는 자신의 다른 자녀들에게는 자신이 좋은 엄말라고 생각했지만, 오스틴의 냉담함은 자신의 능력에 의문을 갖게 했다. 치료사 앞에서 수행하는 것은 자신을 더 불확실하게 만들었다.

"당신은 훌륭하고 재능 있는 어머니예요."라고 치료사는 파울라를 안심시켰다. "하지만 장애가 있는 일부 아동은 부모님이 기대하는 대로 반응하지 않아요. 보통의 자극(빛, 소리, 접촉)은 때로는 그들의 주의를 집중시키거나 동요시키는 것에 실패해요. 그것은 아동이 무엇을 좋아하고 싫어하는지 그리고 어떤 종류의 놀이가 아동을 성장시키는 데 도움을 주는지 파악하는 것은 종종 어려워요."

실제로 파울라는 치료사로부터 치료법을 배우면서 오스틴의 주의를 집중시켰으며, 점차 아들과 함께 더욱 자신감이 생겼고 치료 기간 동안에 더욱 편해졌다.

처음에 커트의 노력은 그의 목소리를 조절하는 데 집중되었다. 성공한 변호사였던 그는 힘차고 책임 있는 태도와 힘차고 깊은 목소리를 갖고 있었다. 작업치료사는 커트가 강하게 말할 때 시끄럽고 낮은 소음을 싫어하는 오스틴이 멀리 기어갔다고 지적했다. 커트는 더 부드럽고 높은 음조로 오스틴에게 말하는 연습을 했다. 이것은 쉬운 일이 아니었지만 파울라에게 자주 손 신호 도움을 받으며 점차 배워 갔다. 그 노력은 성과를 거두었다. 오스틴은 높은 음조의 소리에 더 나은 반응을 보였고, 커트의 새로운 목소리로부터 시선을 돌리지 않았다. 몇 주 후에 아버지와 아들은 서로를 더 자주 마주볼 수 있었다.

커트는 감격했다. 아들이 가끔씩 커트를 보면서 자신의 방향으로 팔을 뻗으면 커트의 마음에서 사랑의 물결이 일었다. 이전에는 이해하기 너무 두려웠던 감정이었다. 이제 커트는 오스틴의 목소리와 관련된 것을 대신해 거대한 곰 포옹을 하며 소년을 껴안고 장난스러운 레슬링을 시작했다. 안타깝게도 신체적 불안정과 움직임에 대한 민감성 때문에 쉽게 압도당하는 오스틴에게 이러한 크고 빠른 움직임은 너무 과했다. 그래서 아빠가 오스틴과 놀려고 할 때마다 오스틴은 다시 자신에게만 몰두하게 되었다. 커트는 아동의 거부감을 참았지만, 아동에게 마음을 터놓는 것은 힘들었고, 몇 주 후에 커트 역시 서서히 멀어지기 시작했다. 치료사는 커트가 상호작용할 수 있는 보다 부드러운 방법을 찾도록 도우려고 했다.

치료사는 "자신의 새로운 놀이를 소개하는 대신에 현재 하고 있는 일에 동참하세요."라고 말했다. 커트는 "하지만 오스틴은 아무것도 하지 않고 있어요."라고 대답했고, 이에 "오스틴은 항상 뭔가를 하고 있어요."라고 치료사는 대답했다. 그리고 다음과 같이 덧붙였다. "만약 오스틴이 바닥의 장난감 자동차를 보고 있다면 당신은 그것을 더 자세히 보고, 더 가까이 움직이고, 오스틴이 그것을 향해 그의 팔을 움직일 것인지 보세요."

커트는 치료사의 조언을 따르려고 했지만, 모든 제의를 거절하는 아동과 노는 것은 힘든 일이었다. 커트가 오스틴의 근처에서 차를 굴렸을 때, 오스틴은 종종 등을 돌렸다. 커트는 치료 2개월 후에는 사기가 떨어졌다. 커트는 그의 아들과 상호작용하기는 불가능한 것처럼 보였다.

그러던 어느 날 치료 3개월 만에 불가능한 일이 일어났다. 오스틴은 치료사 사무실에서 의자의 바퀴를 반복적으로 돌리고 있었다. 오스틴에게 이러한 형태의 의도적인 행동은 새롭고 유망한 발달이었다. 아동의 안내를 따라갈 방법을 찾고, 커트는 바퀴를 다른 방향으로 부드럽게 돌렸다. 오스틴은 즉시 바퀴를 뒤로 돌렸다. 커트의 손이 허공에서 얼어붙었다. 오스틴은 의도적으로 반응했다. 커트는 재빠르게 바퀴를 다시 돌렸지만, 오스틴은 이미 다른 무언가를 찾고 있었다. 커트는 아동의 모습을 지켜보면서 아동에 대한 사랑이 북받침을 느꼈다. 그것은 단순한 일이지만 바퀴를 앞뒤로 돌림으로써 아빠와 아동은 처음으로 비언어적인 대화를 나눴다.

그 대화는 더 많은 것을 이끌었고, 또 3개월 만에 오스틴은 의도적이고 고의적인 두 가지 반응을 연속적으로 낼 수 있었다. 아동이 더 의도적으로 되었을 때, 우리가 반복행동이라고 부르는 아동의 반복적인 움직임은 더 큰 목적을 갖기 시작했다. 게다가 아동의 신체적·작업적 치료의 진보는 빨라졌고, 넘어지지 않고 앉아서 기어가는 동작으로 넘어가는 그의 능력이 향상되었다.

오스틴은 여전히 집요하게 장난감 자동차를 앞뒤로 굴리고 문을 열고 닫았다. 커트와 파울라는 오스틴의 이상한 행동 때문에 괴로웠지만, 다른 많은 부모처럼 이 행동이 아들을 행복하게 만드는 것처럼 보였기 때문에 도전하기를 꺼려 했다. 다른 아동들이 젖꼭지를 사용했던 것처럼, 부모는 이 강박적인 반복을 사용했다. 치료사는 반복 행동만으로 위로가 될지 모르겠지만 반복 행동이 아동을 상호작용에 참여시키는 데도 사용될 수 있다고 설명했다.

"오스틴이 바닥에서 차를 앞뒤로 굴릴 때, 당신의 손을 차가 가려고 하는 길 위에 놓고 당신과 상호작용을 하게 하세요. 만약 당신이 즐겁다면 당신은 아동의 반복 행동을 두 사람이 하는 게임으로 바꿀 수 있어요."라고 치료사가 말했다.

그래서 부모는 그렇게 했다. 커트는 오스틴의 차를 손으로 막기 시작했고, 오스틴은 그럴 때마다 커트의 손을 밀어내기 위해 애를 썼다. 파울라는 오스틴이 문을 열고 닫으려고 할 때, 문 뒤에 붙어 있거나 뒤로 밀기 시작했다. 모든 반복 행동은 상호작용을 위한 기회가 되었고, 곧 오스틴은 계획적인 반응을 연속적으로 만들어 냈다. 물론 반응은 좀처럼 따뜻하지 않고 즐겁지 않았지만, 반응이 존재했다. "비록 오스틴이 많이 화를 냈지만, 그것은 전혀 반응이 없는 것보다 훨씬 나아요."라고 파울라는 말했다. 또한 파울라와 커트는 처음으로 그들이 실제로 아들과 대화하고 있다고 느꼈다.

시간이 지남에 따라 오스틴은 보다 많은 상호작용과 목적의식, 보다 많은 참여와 표현력을 바탕으로 모든 영역에서 진전을 이루었다. 오스틴의 세 번째 생일 바로 전날에 그는 엄청난 성장을 보였다. 보행 보조기를 사용하는 것을 배우면서 아동의 더 큰 목적성과 관계성이 물리치료에 도움이 된 것이었다. 그가 움직임에 있어 느낀 새로운 자유와 의도는 학습의 큰 파도를 촉발하는 것처럼 보였다. 아동은 점점 더 부모님을 인식하게 되었다. "아동이 일어나서 우리가 거기에 있었다는 것을 깨달은 것 같아요."라고 파울라가 이야기했다. 오스틴은 그들을 따뜻하게 바라보고, 포옹하기 위해 오고, 상호작용하기 시작했다. 동시에 오스틴은 부모의 말을 모방하기 시작했다. 비장애 아동들이 의미를 가진 단어를 알게 됐을 때 보이는 동일한 열정으로 그는 자신의 신체 부위, 부모님, 자신의 개, 자신이 가장 좋아하는 음식을 말하기 시작했다. 잠시 후, 오스틴은 글자, 숫자, 색깔을 말할 수 있었다.

이 시기에 파울라에게 중요한 사건이 일어났다. 오스틴이 파울라의 코를 때렸고, 파울라는 "나를 때리지 마, 오스틴!"이라고 꾸짖었다. 즉시 아동은 부드럽게 다시 코를 만졌고, 마치 신체 부위를 명명하는 연습을 하는 것처럼 "코."라고 말했다. 파울라는 깜짝 놀랐다. 파울라는 '오스틴이 자신의 행동을 연습으로 위장하여 자신의 행동을 숨겼다'고 생각했다. 오스틴은 엄마가 화내는 것을 피하기 위해 전략을 세웠다. 그날 밤 파울라는 참을 수 없이 울었다. 처음으로 파울라는 자신의 아동이 단어를 반복하는 앵무새가 아니라 생각하는 사람이 될 것이라는 것을 알게 되었다.

아동의 생각을 장려하고 의사소통을 강화하기 위해 오스틴의 치료사들은 파울라와 커트에게 아동과 '장난스럽게 협상할 것'을 촉구했다. 치료사는 "그가 원하는 것을 너무 빨리 주지 마세요."라고 말했다. "아동이 원하는 것을 얻기 위해 논쟁하는 것을 즐기세요. 이것을 장난스럽게 행동하세요." 그것은 쉽지 않았다. 아동은 정말 큰 어려움을 겪어 왔다. 이제 마침내 아동은 자신의 욕구를 표현하는 것을 배웠는데, 부모가 어떻게 아동의 소원을 부인할 수 있겠는가? 그리고 어째서 부모가 아동의 노여움을 키우려고 하겠는가? 그러나 부모는 시도했다. 오스틴이 주스를 원할 때, 즉시 주스를 주는 대신에 부모는 주저 없이 다음과 같은 질문을 했다. '어떤 종류를?' '얼마나 많이?' '어떤 유리컵을 원하니?' 아동이 특정한 장난감을 가져오기를 원할 때, 아동이 원하는 것을 수많은 방법으로 의사소통할 수 있을 때까지 일부러 잘못된 것을 가져다주었다. 아동이 불쾌한 비명을 표출했을 때, 부모는 이해하지 못하는 척하면서 아동이 부모에게 직접 무엇이 잘못되었는지 말할 수 있는 단어와 제스처를 사용할 수 있도록 도왔다. 그 후 몇 달 동안 오스틴의 말하기 능력은 크게 향상되었다. 아동이 원하는 것을 얻으려는 동기는 아동에게 강력한 교훈을 가르쳐 주었다. 단어는 단순히 명칭이 아니라 의사소통 도구라는 것이다.

이것이 진행되는 동안에 오스틴은 또한 상징화 놀이 및 시각화의 세상에 소개되었다. 그가 주스를 원할 때, 테디베어도 목이 마르고, 테디는 엄마에게 "나는 주스가 필요해요."라고 말할 것이다. 처음에 오스틴은 엄마를 모방했다. 그리고 나서 오스틴은 테디에게 음식을 주기 시작했다. 나중에 그는 다른 동물 인형에게도 음식을 먹였다. 상징화 놀이는 일상 활동의 중요한 부분이 되었고, 그것과 함께 상상력이 성장했고, 새로운 아이디어를 창출할 수 있는 역량이 점차 꽃을 피웠다.

오스틴은 가족과 의사소통하는 법을 배웠으므로 다음으로는 또래들과 실제 연습을 할 차례였다. 커트와 파울라는 그들의 심각하게 지연된 아동과 함께 놀 아동들을 찾는 것이 어려울 것이라고 걱정했다. 자신들이 오스틴과 함께 노는 것이 훨씬 쉬웠다. 하지만 치료사들은 주장했고, 차츰 차츰 부모는 같이 놀 가족들을 초대했다. 다른 아동이 장난감을 가지고 노는 동안에 오스틴은 구석에 앉아 있었다.

마지못해 부모는 일주일에 한 번, 두 번 그리고 마지막으로 세 번에서 네 번까지 놀이를 준비했다. 오스틴은 시간이 지나면서 향상되었다. 정기적 만남이 이루어지고 6개월 후, 엄마 또는 아빠가 중재자로 그들 사이에 앉아 있다면 아동은 기꺼이 다른 아동과 놀았다.

오스틴이 네 살이 되었을 때, 부모는 아동이 사립 보육원의 아동 소그룹에 들어갈 준비가 되었다고 느꼈다. 아동이 노는 것이 초기에는 상호작용이라기보다는 평행적이었지만, 도우미의 도움으로 아동은 보육원의 여러 일상을 따라갈 수 있었다. 자극적인 환경은 학습의 또 다른 자극을 유발하는 것으로 보였고, 그해에 언어 능력이 발달했다. 연말에 오스틴은 문장 하나당 두 가지 생각을 복잡한 문장으로 말하기 시작했다(예: "나는 셰필드 부인을 좋아해요. 선생님이 나에게 별을 주었어요."). 다음 해에 그는 일련의 명령을 따르기 시작했다(예: "가서 너의 카우보이 모자를 써 봐"). 아동은 정교하고 추상적인 질문에 답변하기 시작했다(예: "왜 우리는 차를 가져갈 수 없을까?" "왜냐하면 차가 고장 났기 때문이에요." "우리는 무엇을 해야 하니?" "고쳐야 해요"). 아동의 사고가 더욱 논리적이고 추상적으로 변함에 따라 파울라는 장난감 자동차로 놀면서 아동과 놀라운 교류를 했다. 오스틴은 자신이 탐내는 지프를 타고 하얀 차를 엄마에게 건네주었고, 파울라는 항의했다.

"아니요." 오스틴이 고개를 흔들며 하얀 차를 가리키며 말했다. "이건 엄마차예요."

"하지만 너는 항상 지프를 가지고 있었어."

"엄마는 하얀 차를 가져야만 해요."라고 오스틴은 단호히 대답했다.

"나는 지프를 운전할 기회가 전혀 없었어."라고 파울라는 주장했다.

"아마도 나중에 지프를 탈 수 있을 거예요."라고 오스틴이 대답했다.

옆방에 있는 커트가 "오스틴은 지프를 원해. 그에게 지프를 줘."라고 말했다. 하지만 파울라는 입장을 고수했다.

10분간의 논쟁 끝에 파울라는 다음번에 엄마가 지프를 탈 수 있다는 약속을 얻어 낸 후에야 비로소 마음이 누그러졌다. 오스틴은 자신의 인형을 차에 넣고 자신의 엄마에게 만족스러운 미소를 지어 보였다. 파울라도 웃었다. 다른 네 살짜리 아동들은 그것을 더 유연하게 주장할 수 있었을 것이다.

오스틴이 여섯 살이 되어 유치원 생활을 시작했을 때 일상생활은 더 어려워졌다. 학급은 더 크고 혼란스러웠다. 숫자와 글자를 식별하는 것과 같은 일은 어려웠다. 오스틴의 사회성은 향상되었지만, 다른 아동들은 더 발달하여 길고, 논리적이며, 거의 성인과 같은 대화를 할 수 있었기 때문에 부분적으로는 친구를 사귀는 것이 어려워 보였다. 오스틴은 가끔 누군가를 초대했지만 아동에 응답하여 오스틴을 초대하는 사람은 아무도 없었다.

커트는 "다른 아동들의 부모님들이 두려워했어요."라고 이야기했다. "그들은 뇌성마비가 있는 아동을 보고 '그 아동은 계단을 올라갈 수 있나요?' '화장실에 갈 수 있나요?' '무슨 일이 생기면 어떻게 하죠?'라고 생각해요." 처음으로 가족은 용감하고 유능한 소년을 보았던 곳에서 다른 이들은 장애를 보았다는 사실을 직면하게 되었다.

오스틴이 한 살이었을 때 부모가 느꼈던 우울증의 일부가 돌아왔다. 커트와 파울라 사이에 긴장감이 고조되었다. 때때로 부모는 그들이 해낼 수 없다고 느꼈다. 그러나 오스틴의 발달은 신체적, 사회적, 정서적, 학업적으로 계속해서 이어졌고, 궁극적으로 이것들을 이루었다. 종종 아동이 탁월한 진보를 이루어 낼 때에도 다른 아동들이 이해하기 어려운 미취학 아동에서 논리적이고 학령기 아동으로 성장함에 따라 특별한 요구가 필요한 아동과 일반 아동 사이의 차이가 커지는 것처럼 보인다. 한 그룹이 새 이정표에 도달하면 다른 그룹은 여전히 이정표에 달하기 위해 고군분투 중이다.

다행히도 유치원의 후반부는 훨씬 쉬웠다. 올해 초, 오스틴은 제시라는 아동과 가장 친한 친구가 되었고, 그들은 나머지 일 년 동안 거의 모든 주말에 함께 지냈다. 봄이 오면서 오스틴은 한 여자 아동과 가까워졌다. 이 시기 동안에 오스틴은 큰 공감대를 보이기 시작했다. 새로운 아동이 교실에 들어왔을 때, 오스틴은 새로운 아동을 제일 처음 집으로 초대했다. 파울라가 넘어져서 다리를 다쳤을 때, 오스틴은 "나는 엄마가 어떻게 느끼는지 알아요."라고 위로를 해 줬다. 파울라와 커트는 그의 이전에 사람에 대한 배척경험이 다른 사람들의 감정에 더 깊은 공감을 가져다주었다고 느꼈다. 치료사들은 그것을 엄청난 발전의 신호라고 여겼다. 오스틴처럼 내향적인 아동은 다른 사람들의 감정에 공감하는 것을 배우는 데 어려움을 겪었다. 오스틴의 감성은 그가 중요한 고비를 넘겼다는 것을 보여 주었다.

오스틴의 다른 사람들의 감정에 대한 자각은 치료사들이 아동이 자신의 자각을 넓힐 준비가 되었다는 것을 믿게끔 이끌었다. 다른 장애 아동처럼 오스틴도 사랑과 애정 어린 양육과 같은 긍정적인 감정에는 편안해했지만 분노나 공격성 같은 부정적인 감정에는 겁을 먹었다. 자신을 보호하기 위해 오스틴은 문제를 일으켰을 때 주제를 바꿈으로써 그러한 감정을 피했다. 치료사들은 파울라와 커트에게 오스틴의 상상의 놀이를 사용하여 그 무서운 감정을 실험해 보도록 도왔다.

치료사들은 "오스틴은 자신의 장난감을 가지고 이야기를 지어낼 때마다 자신의 감정을 표현하고 있는 거예요. 당신의 캐릭터로 하여금 아동에게 자신의 캐릭터가 어떻게 느끼고 있는지에 관해 이야기하는 데 도움이 되는 자유로운 질문을 하세요."라고 말했다.

어느 날 오스틴은 아기 인형을 침대에 넣고는 연극을 시작했다. "엄마와 아빠 역할을 해요."라고 오스틴은 부모에게 지시했다. "아기에게 '침대에 있어'라고 말해 주세요." 파울라와 커트는 오스틴이 말한 대로 행동했다. 그런 다음, 오스틴은 아기를 침대에서 내려오게 했다.

"아기에게 '다시 들어가'라고 말해 주세요." 오스틴은 지시했고, 다시 부모는 오스틴의 안내를 따랐다. 하지만 오스틴은 다시 한번 아기에게 내려오게 했다.

파울라는 "오스틴, 아기가 침대에 계속 있어야 하는 것에 대해 아기는 어떤 감정을 느끼니?"라고 물어봤다.

"매우 화가 나요."라고 오스틴이 대답했다.

"이게 바로 우리가 너에게 '침대에 있어'라고 말할 때 네가 느끼는 감정이니?"라고 묻자 오스틴은 시선을 돌렸다. 오스틴은 "아기는 여행을 떠나야 해요."라고 말하고, 아기를 차에 넣었다.

파울라와 커트는 대화의 주제를 바꾸려고 시도하는 오스틴를 보며 눈길을 주고받았지만, 아동이 분노를 얼마나 두려워하는지 알기 때문에 그들은 잠시 동안 동조하는 척했다. 부모는 오스틴이 직접 이야기하는 것보다 자신의 감정을 역할극으로 표현하는 것이 더 쉬울 수도 있다는 것을 깨달았다.

오스틴은 퉁명스럽게 다른 인형을 아기침대에 넣고, 불쑥 "엄마 인형을 침대에 넣어 주세요!"라고 말했다.

파울라와 커트는 웃었다. 오스틴은 분노를 표출할 뿐만 아니라 심지어 엄마가 자신에게 한 일을 하고 있었다. 파울라가 엄마 인형에게 "나는 아기 침대에 있는 것이 싫어요. 나를 풀어 줘요!"라고 말했다.

오스틴은 만족스럽게 웃으며 엄마 인형을 아래로 내렸다. "해야 해." 처음으로 그는 근육을 과시하는 모습을 취하며, 그것을 즐기는 것처럼 보였다.

다음 해에도 커트와 파울라는 오스틴의 분노와 공격성을 시험하고, 자기주장을 신장시키는 것을 돕기 위해 가상놀이를 계속해서 사용했다. 운동 문제를 가진 다른 아동들과 마찬가지로, 오스틴도 마치 자신의 몸이 자신의 자립을 지지하지 않을까 봐 무서워서 자신의 의지를 주장하는 것에 대해 부끄러워했다.

"아동이 이 드라마를 연출하도록 하세요." 치료사가 말했다. "하지만 당신의 캐릭터들이 때때로 아동의 명령을 어길 수 있어요. 이렇게 하는 것이 아동이 분노를 표출하고 의지를 주장하는 것을 힘들게 할 거예요."

그래서 오스틴이 커트의 군대에게 특정한 방법으로 싸울 것을 지시했을 때, 커트는 때때로 자신만의 전투 계획을 세웠다. 오스틴이 파울라에게 해적들을 배 안에 놓으라고 할 때, 파울라는 때때로 해적들을 성안에 두었다. 처음에는 이러한 위반 행위들에 화를 내거나 게임을 떠남으로써 대응했다. 하지만 시간이 지남에 따라 아동의 부모님은 아동을 살살 구슬려 게임에 돌아오게 만들었고, 아동은 자신이 원하는 것에 대해 점점 더 많이 언어로 표현하게 되었다.

"안 돼, 안 돼, 안 돼!" 한번은 아동이 언덕 꼭대기에 흑인 군대를 배치하려는 오스틴의 지시를 '오해'한 커트에게 소리쳤다. "거기 놓아요. 거기 놓으라고 했어요!"

"오스틴, 너 나한테 화가 난 것 같아." 커트가 말했다. "나는 네가 원하는 곳에 군대를 두는 것이 중요하다고 생각해."

"맞아요." 오스틴이 주장했다. "저는 아빠가 제 명령을 듣지 않아서 화가 나 있어요!"라며 커트는 그의 군대를 언덕 꼭대기로 옮기면서 미소를 감추었다. 오스틴이 자신감 있게 자신의 분노를 인정하면서 아동은 또 다른 주요 업적을 인지했다.

오스틴이 1학년에 입학할 무렵에 3명의 친구가 포함된 안정적인 그룹이 있었다. 그들은 나이가 많거나 한 살 더 어렸다. 아동은 나이에 맞는 방식으로 상호작용했다. 아동은 또한 학문적으로 강해졌다. 그해 중간 무렵에 아동은 2학년 통합 학습서를 독서 과제로 다루고 있었다. 아동에게 수학은 어려웠지만, 아동은 수업을 따라가고 있었다. 오스틴의 부족한 운동능력 때문에 글쓰기와 같은 소근육 활동은 더 힘들었다. 그래도 보조기에 의지하여 걷기를 숙달하는 중이었고, 스포츠 게임은 다음으로 미루어 두었다. 아동의 발전을 기쁘게 생각한 파울라와 커트는 오스틴을 다시 검사하기로 결정했다. 이번에는 아동의 말하기 IQ가 수년 전에 검사했던 40~50과는 거리가 먼 110이라는 기록을 세웠다.

하지만 학업의 강도가 높아지면서 또 다른 문제가 제기되었다. 오스틴은 여전히 일주일에 두 번씩 물리치료 및 작업치료를 통해 운동 조절력을 크게 향상시켰지만, 필기의 어려움을 비롯한 학업을 방해하는 많은 결함이 남아 있었다. 오스틴의 선생님은 아동에게 컴퓨터를 사용할 것을 제안했다. 선생님은 또한 아동의 수학 문제를 복사해서 확대하여 아동에게 답을 쓸 더 넓은 공간을 주었다. 그에게 새로운 자아 인식을 가져다주었지만, 오스틴은 이러한 적응을 거부했다. 아동은 또래들과 다르고 싶지 않았다.

동시에 오스틴은 자신의 다리 보조기에 대해 신경을 쓰기 시작했다. 아동들이 보조기에 대해 물었을 때, 오스틴은 그 질문들을 호기심이 아니라 자신을 괴롭히는 것이라고 받아들였다.

파울라는 "저는 아동에게 아무도 교정기에 대해 신경 쓰지 않는다고 말해요."라고 말했다. 그리고 "오히려 사람들의 이목을 끄는 것은 너의 식습관이야."라고 오스틴에게 말했다.

오스틴은 현재 8세 6개월이 되었으며 2학년을 즐겁게 지내고 있다. 오스틴은 모든 것에 대해 오랫동안 대화하는 것을 좋아하고, 따뜻하고, 매력적이고, 창의적이며 논리적이다. 아동의 성적은 모든 과목에서 학년 수준 이상이고, 그의 말하기 IQ는 우월한 수준이다. 아동은 보조기로 오랫동안 걸을 수 있으며, 난간 없이 한 번에 두 계단씩 내려가서 놀이터에서 친구들과 천천히 달리기도 한다. (그는 자주 넘어지지만 언제나 바로 다시 일어선다) 아동의 필체는 여전히 좋지 않으며, 이것이 그의 작업치료의 주요 초점이다.

아동의 부모는 아동의 엄청난 발전과 미래에 대해 어떻게 생각하는가?

"오스틴은 내년에 새로운 학교에 갈 예정이며, 그것에 대해 걱정을 하고 있어요."라고 파울라는 말했다. "지금은 쉽게 친구를 만들고, 그 일에 어려움을 겪지 않지만 그는 항상 새로운 상황에서 수줍음을 타요. 아동이 나이가 들면서 사회적으로 더 어려운 상황이 될 것 같아 걱정이 되지만, 특히 사춘기는 정말 재미있는 시간이 되어야 해요! 우리는 그가 대학에 갈 것이라는 것과 좋은 직장을 얻을 것이라는 것을 알고 있고, 우리는 아동이 두 살이었을 때보다 훨씬 더 미래에 대해 낙관적입니다. 앞으로 힘든 시기가 올 것 같긴 한데, 결국엔 괜찮을 거예요."라고 부모는 말했다.

오스틴의 진전을 돕는 프로그램은, 첫째, 그의 고유한 생물학적 또는 육체적인 기질, 둘째, 각기 다른 발달 단계에서의 상호작용 패턴, 셋째, 양육자와 가족의 패턴이라는 아동의 지적·감정적 성장에 기여하는 세 가지 과정을 이해하는 것에 기초를 두었다.

오스틴은 자신이 어떻게 환경과 소리에 반응하는지를 포함한 신체적 차이를 자신의 상호작용 패턴으로 만들었다. 아동의 양육자는 아동의 개성과 더 큰 가족, 문화 및 지역 사회 패턴을 상호작용으로 가져왔다. 그것은 아동과 양육자가 어떻게 행동하고 기능하는지를 결정하는 상호작용이다. 오스틴의 경우, 그의 신체적인 차이는 상호작용하는 것을 어렵게 만들었고, 아동의 양육자는 당황스럽고 좌절했다. 오스틴과 상호작용하고, 관계 맺고, 의도적으로 행동하도록 유도할 수 있는 방법을 찾았을 때 우리는 아동의 신체적 차이가 원래의 인식만큼 제한적이지는 않다는 것을 알았다.

아동의 신체적 또는 가족의 패턴은 다소 제한적일 수 있다. 발달 사다리에서 상호작용의 여정을 시작할 때만이 우리는 아동의 잠재력이 어디에 있는지 알 수 있다. 상호작용 여정은 그 자체의 목적지를 결정한다. 아동의 여정을 돕기 위해 우리는 세 가지 기여 과정을 모두 이해해야 한다. 다음 장에서는 하나씩 차례로 살펴본다.

제2장 생물학적 도전

미숙아로 태어나거나, 저체중이거나, 출생 시 산소가 충분하지 않거나, 신경 체계에 상해를 입은 아동은 종종 발달을 저해하는 생물학적 도전이 있을 수 있다. 유아 또는 아동의 차이점은 특정하거나 또는 특정하지 않은 원인이 있을 수 있다. 이러한 신체적 차이는 여러 가지로 묘사될 수 있다. 일상생활에서 자신을 어떻게 표현하는지에 따라 이러한 차이를 분류하는 것이 유용하다는 것을 알게 되었다. 이 기능적 범주는 중추신경계 기능의 세 가지 광범위한 영역을 포함하며, 어떻게 세상을 감지하고 이해하며 반응하는지를 결정한다.

- 감각 반응성: 감각을 통해 정보를 얻는 방식
- 감각 처리하기: 받아들이는 정보에 대해 드는 생각
- 근긴장도, 운동 계획 및 순서화: 몸을 사용하는 방식, 정보에 대한 응답을 계획하고 실행하는 생각

이 세 가지 체계가 원활하게 작동할 때, 이것은 시각이나 청각과 같은 감각을 느끼게 하고, 감정에 반응하고, 그것들을 처리하고 이해하려고 시도하고, 그리고 나서 생각과 행동을 조직하고, 세상과 원활하게 상호작용하게 만든다. 그러나 이러한 체계 중 하나 이상이 잘못되면 기능을 제대로 수행할 수 없다. 취약X증후군(fragile X syndrome), 출산 중 부상, 미숙아 또는 불특정 구성상 어려움과 같은 유전적 이상을 포함하여 여러 가지 원인이 이러한 어려움을 설명할 수 있다. 치료란 도전의 대상이 되는 체계의 부분을 찾아내고, 이를 개선하기 위해 피드백 루프를 작동 순서에 두는 것을 의미한다. 이 세 영

역은 매우 중요하기 때문에 한 번에 하나씩 다룬다.

1. 감각 체계

　우리는 세상에 대한 정보를 제공하는 측면에서 오감이 얼마나 중요한지에 대해 좀처럼 생각을 멈추지 않는다. 듣고, 만지고, 냄새를 맡고, 맛을 볼 수 있는 능력이 없다면 완전히 고립되어 살 뿐만 아니라 생각할 수도 없다. 왜냐하면 생각을 발전시킬 수 있는 경험이 부족하게 될 것이기 때문이다. 이 다섯 가지의 일반적인 감각 이외에 중력과 운동에 민감하고 근력, 균형 및 각성에 영향을 주는 전정 체계, 공간에서의 신체의 움직임과 위치에 대한 인식을 제공하고 운동 제어 및 신체 도식에 영향을 주는 고유 수용체 체계가 있다. 이 체계는 공간에서 우리 몸의 확신을 느끼는 우리의 능력을 말한다. 이것은 움직이고, 앉고, 서고, 다른 사람들이 가까이 다가오는 것을 느끼고, 위험에 처했을 때 자신을 보호하기 위해 균형 잡힌 안전한 느낌을 느끼게 한다. 또한 우리의 정서나 감정은 우리 주변에서 일어나는 일을 감지하는 방법으로도 작용한다. 자극은 동시에 힘들고 무서울 수 있다. 우리는 나중에 감정의 특별한 역할에 대해 얘기할 것이다.

　이러한 각각의 감각에서 사람들은 감각 역치에 따라 과소 반응하거나 과잉 반응을 보일 수 있다(그 역치는 결합된 감각 입력이 중추신경계를 활성화시키는 지점이며, 우리는 그 반응을 보게 된다).

　과소 반응을 보이는 사람들은 그들의 감각 영역에서 작거나 평균적인 자극에 대해서 반응하지 않는다. 과잉 반응을 보이는 사람들은 작거나 보통 정도의 자극 과다 또는 자극을 찾아낸다. 예를 들어, 소리에 대해 과소 반응을 보이는 사람들은 보통의 담화에 응답하지 못할 수 있다. 그들의 시선을 끌기 위해서는 시끄럽고 높은 리듬감 있는 소리가 필요하다. 소리에 극도로 반응이 저조한 사람들은 소음에 전혀 반응하지 않는다. 반면에 과잉 반응을 보이는 사람들은 담화나 텔레비전 소리를 칠판에 손톱을 긁는 것처럼 짜증난다고 생각한다. 진공청소기 및 주방용품은 특히 문제가 될 수 있다. 이러한 사람들은 가장 조용하고 부드러운 소리만 견딜 수 있다.

　촉각에 대해 과소 반응을 보이는 사람들은 포옹이나 다리 아래 의자의 압력과 같은 촉각 자극을 간신히 인식할 수 있다. 그들은 통증에 무감각할 수 있다. 촉각 자극에 과잉 반응을 보이는 사람들은 약한 접촉에도 고통스럽게 느낄 수 있다. 부드러운 두드림이나 피부에 대한 특정 직물의 느낌을 심한 자극으로 받아들일 수 있다. 시각적 자극에 민감한 아동은 조명과 색상에 과잉 반응을 일으키거나 색상, 모양 및 세부 정보로 인해 과부하가 걸려 큰 그림을 보지 못할 수도 있다. 다른 아동은 세부 사항을 놓치고 숲은 보지만 나무를 보지 못한다. 이러한 방법으로 세상을 잘못 이해하면 모든 아동의 상호 작용에 영향을 미친다.

아동들은 과소 반응이나 과잉 반응에 대해 종종 보완하려고 할 것이다. 어떤 자극에 과잉 반응을 보이는 아동은 그러한 감정을 피하려고 할지도 모르고, 반면에 반응이 낮은 아동은 그 자극을 찾을지도 모른다. 소리에 과민한 아동은 압도당하지 않을 만큼의 조용한 곳으로 피신할 수 있다. 촉각에 과소 반응이거나 운동감각 혹은 고유 수용성 감각이 부족한 아동은 자신이 있는 장소를 인식하지 못하며, 자신에게 알려 줄 감각 입력이라는 것을 가지기 위해 끊임없이 달리거나, 뛰거나, 흔들어야 할지도 모른다. 또는 과소 반응을 보이는 아동이 낮은 근육 긴장도를 지닌다면 아동은 자신에게만 몰두하고, 주위 세계에 무감각해질 수도 있다.

과소 반응과 과잉 반응이 더욱 더 문제로 만드는 것은 감각 입력이 별개가 아닌 사실이라는 점이다. 정보는 우리의 눈과 귀 그리고 우리 몸의 공간으로 한 번에 여러 곳에서 온다. 그것은 시간과 함께 축적된다. 어느 순간에 우리는 몇 초 전에 얻었던 감각 데이터와 결합된다. 따라서 이러한 데이터를 처리할 수 있는 아동의 능력은 상황에 따라 다르다. 예를 들어, 아동이 부모님과 함께 있는 조용한 방에서 노래하면서 즐겁게 반응할 수도 있지만 시끄럽고 활동적인 교실에서 동일한 노래에 전혀 응답하지 않을 수도 있다.

감각 퍼즐을 더욱더 어렵게 만드는 것은 중증 장애 아동이 대개 여러 영역에서 과소 반응 또는 과잉 반응을 보인다는 것이다. 아동은 소리가 나거나 만질 때 과잉 반응을 나타낼 수는 있지만 움직임이 지나치게 약할 수 있다. 이 아동은 소음과 육체적 접촉을 피할 수도 있으나, 회전하고 흔들리는 동작을 원한다. 다른 아동은 시력에 과잉 반응을 보일 수 있지만 소리에는 과소 반응을 보인다. 이 아동은 다가오는 차들을 보고 놀랄 수는 있지만 그의 부모가 경고를 외칠 때는 반응하지 않는다. 설상가상으로 아동의 반응은 매 순간 다를 수도 있다. 스트레스, 피로감, 또는 격앙된 감정은 아동의 반응 패턴을 변화시킬 수 있다.

때때로 반응성은 감각 영역 내에서 다양하다. 예를 들어, 아동은 특정 주파수 범위(예: 진공청소기 및 모터 소리)의 소리에 민감하고 다른 소리(예: 사람들의 목소리)에는 민감하지 않을 수 있다. 그러나 일반적으로 아동들은 과잉 반응과 같은 패턴을 보인다.

감각장애가 있는 사람들이 어떻게 세계에서 많은 정보를 놓칠 수 있는지는 쉽게 알 수 있다. 예를 들어, 많은 사람이 음성언어 또는 차가 빠르게 지나가는 소리와 같은 정보를 위해 청각에 의존할 뿐만 아니라, 진심 어린 걱정과 비꼬는 것 또는 침착함과 성급함 사이의 차이점을 구별해 주는 목소리의 미묘한 차이와 같은 세부적인 정보를 위해서도 청각에 의존한다. 소리의 모든 범위를 구분할 수 있기 때문에 세상을 완전히 이해할 수 있고, 다른 감각 각각에 대해서도 마찬가지이다. 시각은 한 개인을 다른 사람과 구별하는 데 도움을 줄 뿐만 아니라, 사람이 진정으로 관심이 있는지 단순히 관심 있는 척하는 것인지 구별하기 위해 또는 미소가 따뜻하고 사랑스러운 경우와 기계적인 경우를 표정의 미묘한 차이를 감지하는 데 도움이 된다. 시각을 통해 공간의 물체가 언제 한 구성에서 배열되는지를 결정할 수 있다. 촉각은 즐거움과 고통을 식별할 수 있게 해 준다. 그리고 동등한 압력으로 주어진 감각이 장난스러운 접촉인지, 혹은 위험한 충격인지 두 감각 사이의 차이점을 식별할 수 있게 해 준다. 가장 중요한 것은 외부 세계와의 경계를 제공한다는 것이다.

감각이 완벽하게 기능하는 아동은 인간 상호작용 기술을 습득하면서 수십억 개의 작은 감각 단서를 읽고 해석한다. 그러나 감각장애가 있는 아동들은 세상과 상호작용하는 법을 배울 때 이러한 중요한 정보를 놓치거나 오해할 수 있다. 집중을 하는 법, 다른 사람들과 관계 맺는 것을 배우는 것, 의사소통을 하는 법을 배우는 데 모두 영향을 받을 수 있다.

2. 감각 처리 체계

감각 체계는 세계로부터 정보를 '받아들일 수 있게' 하고, 감각 처리 체계는 그 감각을 '이해할 수 있게' 해 준다. 새로운 정보를 처리하지 않으면 의미 없는 데이터의 집합을 갖게 된다. 처리하는 동안에 해당 데이터가 해석된다. 빛의 조각은 색, 그림, 얼굴 및 기타 이해할 수 있는 이미지로 변환된다. 음파는 단어, 음악, 사이렌, 또 다른 의미 있는 소리로 바뀐다. 피부에 있는 신경종말의 자극은 부드러운 애무, 포옹 및 다른 의미 있는 유형의 접촉으로 바뀐다. 관절의 압각, 발아래 바닥의 느낌, 피부에 대한 공기 감각은 몸이 공간에 있는 것을 인식하게 한다. 이러한 모든 방법으로 감각 처리 체계는 수백만 개의 신경 경로가 1초마다 걸리는 감각 정보의 누적된 조각의 수를 해석한다.

감각 처리 과정은 뇌에서 일어나는 가장 기초 과정이다. 신생아는 주로 감각 세계에서 살고 있다. 그들의 가장 큰 과제와 도전은 그들이 받는 모든 감각에 대처하는 것이다. 그러나 거의 즉각적으로 두 번째 종류의 처리가 시작된다. 인지 처리는 패턴들을 보고 그 사이의 연결을 만든다. 유아는 따뜻한 미소와 부드러운 목소리를 들어올리고, 안겨질 때의 행복과 연결하기 시작한다. 유아는 음성 접근 방식을 듣고 그 느낌을 예상하기 시작한다. 유아는 그 얼굴과 목소리로 접촉에 대한 애착을 발전시킨다. 유아가 단어를 사용할 수 있기 훨씬 전에 유아는 이러한 쾌감을 기초적 패턴, 즉 어머니의 패턴으로 연결한다. 패턴을 형성하는 이러한 능력은 인지 처리의 결과이다.

아동들이 성장함에 따라 인지 처리 능력은 훨씬 더 정교해진다. 아이디어 형식으로 4~5세의 나이에 대부분의 아동은 추상적인 아이디어를 조작할 수 있다. 즉, 아동들 앞에서 올바르지 않은 것을 생각할 수 있다. 그들은 과거를 기억하고 미래를 상상할 수 있다. 둘 이상의 추상적인 아이디어를 서로 연결할 수 있다. 언어를 사용하여 아이디어를 단어로 나타낼 수 있다.

감각 처리와 인지 처리는 사람의 처리 능력에 대해 생각할 때 대부분의 사람이 생각하는 것이다. 그러나 똑같이 중요한 세 번째 유형의 처리가 있다. 감정적인 또는 정서적인 처리란 다른 사람들로부터 받는 감정적인 신호를 해석할 수 있는 능력을 말한다. 미소를 보았을 때 그 사람이 우호적인지 또는 우리가 시끄러운 외침을 들었을 때 그것을 경고 또는 고성인지를 구분할 줄 아는 능력이다. 이것은 많은 사람이 정서적 의미의 미묘한 음영을 구별하는 제2의 천성이다. 그러나 발달장애가 있는 사람들에게는 이 능력이 손상되었거나 존재하지 않을 수 있다.

장애 아동이 인지적·정서적 처리에 어려움을 겪는 이유는 두 가지 유형의 처리 모두 감각 입력에 의존하기 때문에 감각 입력이 특히 혼란스러울 수 있다. 도중에 감각 신호는 무시될 수도 있고, 압도적일 수도 있고, 형태 또는 인식할 수 없는 패턴이 있을 수도 있다.

인지 처리 또는 생각은 받아들인 감각을 조작하는 것과 관련이 있다. 수많은 감각을 판단할 수 있는 패턴으로 결합한다. 왜냐하면 우리 대부분은 다른 사람들보다 한 가지 감각에서 더 강하기 때문에 그 감각을 통해 우리가 취하는 정보에 좀 더 의존하는 경향이 있다.

일부 조류 관찰자는 쏜살같이 지나가는 모양을 식별하고, 다른 사람들은 노래를 식별한다. 감각 정보의 특정 유형의 우위는 최고 수준의 사고에서도 발생한다. 알베르트 아인슈타인(Albert Einstein)은 자기중심적인 시각적 사상가였다. 그가 수학 이론을 개념화했을 때, 그는 숫자나 글자로 표현한 것이 아니라 그가 마음속에서 조작한 그림으로 인식했다. 그가 그의 이론을 그림으로 그리고 인식한 후에 그 결과를 수학 기호로 표기했다.

그러나 대부분이 다른 사람들보다 한 가지 감각을 선호함에도 불구하고, 일반적으로 감각적 팀워크에 의지한다. 한 감각을 통해 습득한 정보는 처리되는 대로 다른 감각으로 변환된다. 이 단계를 통해 우리는 무엇인가를 완전히 이해하고, 주위에 마음을 갖게 하며, 여러 관점에서 고려할 수 있게 된다. 장난감을 탐구하는 아기가 장난감을 만지고 맛보고 냄새를 맡는다고 하자. 아기는 장난감에 기댈지도 모르고, 몸을 기대며 눌러 볼지도 모른다. 아동은 자신의 모든 감각을 가지고 장난감을 검사하여 대상에 대한 완전한 인식을 얻는다. 책을 읽는 성인은 시각적으로 정보를 취해 페이지의 정보를 얻는다. 아동이 말에서 단어를 사용할 때 아동은 그 정보를 청각적 정보로 처리한다. 아동이 읽고 있는 것에 대해 생각할 때, 단어의 의미는 다른 감각의 경험을 요구할 수 있다. 아동은 자신이 읽고 있는 책에 등장하는 사람을 시각화할 수 있다. 아동은 찬 공기의 느낌을 상상할 수 있다. 아동은 캐릭터가 폭풍 속에서 숲을 횡단할 때 나무에서 바람 소리가 나는 것들을 들을 수 있다. 아동이 읽는 것을 경험할 수 있도록 아동의 모든 감각이 작동된다. 이러한 방식으로 감각이 겹쳐져서 한 사람이 더 높은 수준의 사고나 인식에 참여할 수 있다.

감각 정보를 처리하는 데 어려움을 겪는 아동은 높은 수준의 인지가 필요한 감각적인 팀워크를 다룰 수 없다. 아동들은 신호를 잘못 이해하는데, 미소를 찡그리는 것으로 오해하거나 부드러운 두드림을 공격적인 것으로 잘못 받아들인다. 또는 아동들이 받아들이는 많은 신호를 유용한 패턴으로 결합하는 데 어려움이 있을 수 있다. 예를 들어, 엄마가 하는 일을 묘사할 수는 있지만, 엄마의 목소리를 해석하거나 엄마가 무엇을 말하는지 알아채는 것에 어려움을 겪을 수 있다. 결과적으로 엄마의 이미지는 제한되거나 혼란스러울 수 있다. 아동들의 약한 감각은 그들이 모든 상황을 해결하지 못하게 한다. 엄마가 코트를 들고 갈 시간이 되었다고 성급하게 알리는 것이다.

감정적인 정보는 무수한 시각적, 청각적, 촉각적 및 기타 감각적 신호를 통해 습득된다. 따라서 이 정보를 처리하는 데 어려움을 겪고 있는 아동은 정서적으로도 문제가 있다. 한 커플이 처음 만나는 것을 상상해 보라. 그 여자가 우호적인 것처럼 보인다. 아마도 그런 인상을 주는 것은 그녀의 미소, 목소리, 그녀가 손을 내미는 방식에 뭔가가 있기 때문이다. 대조적으로, 그녀의 파트너는 냉담하게 느껴졌다. 따뜻한 인사가 아닌, 눈을 마주치지 않고, 뻣뻣한 자세나 마지못해하는 듯한 끄덕임 때문일 수 있다. 어떤 이유에서든 감각 데이터가 그 감각적 인식을 만들어 냈다. 이처럼 감각 기관은 민감한 신호로 작용하여 감정적인 신호를 수용할 수 있게 해 준다.

인지 처리와 마찬가지로 감정적인 데이터를 습득할 때, 대부분 가장 강한 감각에 의지한다. 그리고 감정적인 정보를 처리할 때 감각적인 데이터를 먼저 고려한다. 예를 들어, 배우자에게 화가 난 두 사람은 두 가지 방식으로 그들의 고충을 생각할 것이다. 청력이 강한 사람은 마음속으로 자신의 주장을 연습할 때 배우자의 가혹한 음성과 불친절한 말을 생각할 것이다. 시각적으로 강한 사람은 언어적 논증을 전혀 기억하지 못할 수도 있다. 이 사람은 영화를 재생하는 것처럼 배우자의 시선, 신체언어 및 제스처를 시각화할 가능성이 크다. 이처럼 어떤 한 감각이 가장 강하지만, 보는 것을 완전히 해석하기 위해 감각적인 팀워크에 의지한다. 청각 단서, 움직임 및 촉감은 우리가 그것을 감정적으로 처리하고 응답할 때 다같이 작용한다.

감각 처리 장애가 있는 아동은 들어오는 감정적인 데이터를 통합할 수 없고 여러 관점에서 해석할 수 없다. 감정적 처리는 과잉 또는 과소 반응으로 크게 왜곡될 수 있다. 예를 들어, 소리에 과잉 반응을 보이는 아동은 다른 감각을 압도하는 진공청소기 소리에 대해 강한 반응을 나타낼 수 있다. 소음의 원인이 진공청소기일 뿐이라는 시각적 입력 및 처리는 소리에 대한 자신의 과잉 반응 때문에 잊게 된다. 아동은 자신을 산 채로 잡아먹을 듯한 무시무시한 소리를 듣고, 자신이 시각, 촉각, 또는 다른 감각이 느꼈던 인상과 다르다고 생각하기도 전에 두려움에 소리치거나 탈출하려고 한다. 감각적인 반응이나 처리 과정의 문제점은 아동이 주변 사람들과 감정적인 정보를 오해하여 맞지 않거나, 때로는 극단적인 감정적 반응을 일으킬 수 있다.

3. 운동 체계

감각 체계로 세상으로부터 정보를 습득할 수 있게 해 준다. 감각 처리 체계를 그 정보를 해석할 수 있게 해 준다. 그리고 운동 체계는 그것에 대응할 수 있게 해 준다. 아기가 쉽게 껴안을 때, 농담에 웃을 때, 날아오는 공을 잡으려고 할 때, 제기된 질문에 대답할 때 반응을 형성하기 위해 운동 체계를 사용한다. 안기 위해 몸통을 사용하는 것, 단어를 형성하기 위해 입과 혀를 사용하는 것, 달리고 잡기 위해 팔과 다리를 사용하는 것, 웃거나 찡그리거나 고개를 돌리기 위해 얼굴 근육을 사용하는 것 등 이 모든 것은 세상에 대응하게 해 주는 모든 운동 활동이다.

발달 지연이 있는 어린이들에게서 우리는 종종 근긴장도나 운동 계획의 문제를 발견한다. 근긴장도는 노력 없이 우리의 몸을 지탱할 수 있는 근육의 능력을 의미한다. 근육이 매우 위축된 저근긴장도의 아동은 머리를 들고 걷는 데 많은 노력을 기울여야 한다. 근긴장도는 우리가 원하는 방식으로 반응하는 각 근육의 능력에 부분적으로 영향을 끼친다. 운동 계획은 일련의 근육 운동을 계획하고 실행하는 능력을 말한다. 건강한 근긴장도는 사람의 명령에 따라 근육을 구부리고 수축시킬 수 있게 한다. 불완전한 근긴장도는 근육이 너무 단단하거나 느슨해서 사람을 통제하려는 노력에 저항할 수 없다는 것을 의미한다. 건강한 운동 계획은 사람이 어떤 행동이 필요한지를 파악한 다음에 실행할 수 있음을 의미한다. 그것은 한 발을 다른 발 앞에 놓고 체중을 왼쪽에서 오른쪽으로 옮기면서 팔을 들고 균형을 잡을 수 있는 것을 의미한다. 불완전한 운동 계획은 어느 발로 시작할지, 다음으로 움직일 발 그리고 균형을 유지하기 위해 기울기를 결정할 수 없는 것을 의미한다.

운동 계획의 문제점은 가장 간단한 작업조차도 어렵게 만들 수 있다는 것이다. 아빠가 침대에 몸을 기울일 때 아빠를 알아본다는 것은 몸을 돌리면서 눈을 마주치고 몸짓이나 미소를 짓는 동작과 함께 반응하는 것이다. 다양한 움직임을 함께 순서화하기. 운동 계획이 손상되지 않은 많은 유아는 자동적으로 수행할 수 있지만, 운동 계획에 어려움을 겪고 있는 아동은 각 단계를 통해 수행해야 한다. 그 단계 동안 아동이 집중을 잃기 쉽다. 행동이나 행동을 순서화해야 하는 모든 활동은 비슷한 도전 과제를 제시한다. 따라서 먹고, 장난감을 탐구하고, 게임하며 놀고, 사회적으로 상호작용을 하는 것은 운동 계획이나 문제 해결에 어려움을 겪고 있는 어린이에게는 더욱 어렵다. 인생 후반기에 복잡한 사회적 순서화(새로운 사람들과 인사하기, 양방향 의사소통과 같은 주고받는 행동에 참여하기, 스포츠)는 운동 계획과 순서화에서의 능력을 필요로 한다. 심지어 아이디어를 논리적 흐름에 맞게 배열할 수 있는 능력조차도 이 능력과 부분적으로 관련이 있다.

감각 반응, 처리, 운동 계획 및 순서화는 세계에서 아동이 어떻게 기능하는지(그가 어떻게 주위 사람들과 관계를 맺는지, 그가 자신의 바람과 생각을 얼마나 잘 전달하는지, 그가 얼마나 잘 울퉁불퉁한 감정의 세계를 생각하고 대처하는지)에 영향을 미친다. 아동 개개인의 차이점을 볼 때, 이것은 우리가 검토하는 능력 중 하나이다. 아동이 특별한 도움이 필요하다고 생각될 때, 이러한 능력 중 하나 이상이 발달하지 않았거나 최적으로 기능하지 못한다.

4. 체계의 어려움이 야기하는 발달문제

청각 정보를 '수용'하는 데 문제가 있는 아동을 상상해 보자. 일상 담화는 아동에게 영향을 주지 못한다. 그래서 문제가 쉽게 드러나지 않기 때문에 부모는 아동에게 문제가 있다는 것을 깨닫지 못한다. 대신에 아동이 부모의 부름에 응답하지 않을 경우, 부모는 거절당했다고 느낄 것이다. 그들은 조금씩 아동의 환심을 사는 노력을 멈추고, 그 아동은 점점 더 그만의 내면세계에 남겨진다. 아동의 문제가 발견되지 않으면 따뜻하고 사랑스러운 관계를 형성하고 의사소통할 수 있는 능력이 훼손될 수 있다.

이제 청각 정보를 다루는 데 경미한 문제가 있는 아동을 상상해 보자. 그는 청각 신호를 의미 있는 패턴으로 조직할 수 없다. 이 아동은 엄마가 명령 후에 자신의 이름을 부르는 것을 듣지만, 엄마의 의미를 해석할 수는 없다. 여러 차례 반복한 후에도 지시한 대로 하지 못하면 아동의 엄마는 화를 낸다. 엄마는 아동의 문제를 모르고 아동의 행동을 반항으로 오해하고 분노로 아동에게 대응한다. 상호작용을 일으키는 부분에 문제가 있는 아동은 부모와의 관계 형성을 복잡하게 한다.

자신에게 무슨 말을 하는지 대부분 이해하지 못하는 심각한 청각장애(auditory disorder)를 가지고 있는 아동은 상호작용에 있어서 더 큰 문제를 겪을지도 모른다. 아동에게 세상은 요구하는 소리로 가득 찼지만 아동은 그 요구에 반응할 수 없는 적대적인 곳이 될 수 있다. 아동은 사람들의 세상으로부터 외면당했다고 느끼거나 혹은 더 심할 경우, 아동은 너무 자주 사람들을 화나게 만들고 실망시키기 때문에 사람들이 무섭고 항상 소리지르는 것처럼 보일 수도 있다. 아동은 점점 더 자신의 내면에 빠져서 조용하고 무생물의 세계로 빠져들게 될지도 모른다. 적어도 그곳에서 아동은 안심하고 안전함을 느낄 수 있다. 이 아동을 치료사에게 데려갈 때, 아동은 말을 하지 않거나 관련 없는 말을 할 수도 있다. 만약 아동이 안전하다고 느끼더라도 심한 청력 문제를 가진 아동은 다른 사람들의 말을 이해하기가 어려울 수 있고, 그러므로 양방향의 상징적 의사소통과 추상적인 생각을 형성하는 능력이 발전할 수 없을 것이다.

시각 처리 문제가 있는 아동은 매우 다른 유형의 행동을 보일 수 있다. 시각 정보는 사물의 정신적 이미지를 형성하는 데 도움이 되므로 행동을 구성하고 큰 그림을 볼 수 있는 아동의 능력의 중요한 구성 요소이다. 이 능력이 없으면 아동은 쉽게 산만해지거나 세부 사항에서 길을 잃을 수 있다. 아동의 문제 해결 능력과 추상적 사고 능력이 영향을 받을 수 있다. 시각화 능력은 아동이 스스로 진정시키는 것을 돕는다. 스트레스를 받을 때, 아동은 엄마를 마음속에 그려 넣을 수 있고, 정신적인 이미지를 사용하여 자신을 달랠 수 있다. 그러나 시각 정보를 처리할 수 없는 아동은 쉽게 정신적인 이미지를 형성할 수 없다. 그러한 아동에게는 일단 엄마가 방에서 사라지면 자신에게 엄마는 더 이상 존재하지 않을 수도 있다. 결과적으로, 이 아동은 극단적인 분리 불안과 수면 장애로 고통을 겪을 수 있으며, 나중에는 격한 감정과 갈등에 직면했을 때 우울해질 수 있다. 왜냐하면 아동은 사랑과 관련된 내부 이미지를 잃어버리고 쉽게 재구성할 수 없기 때문이다.

또한 인지 수준에서 처리하는 것이 어려울 수 있다. 인지기능장애가 있는 아동은 사고의 영역에서 어려움을 겪을 수 있다. 아동은 추상적 사고를 만들거나(자신의 바로 눈앞에 없는 것을 시각화하기) 사고 간의 연결고리를 만드는 것(2개 이상의 추상적 사고가 관련되어 있을 때 이해하기)을 힘겨워할 수 있다. 아동은 언어를 배우기가 어려울 수 있다. 왜냐하면 언어는 추상적 사고가 필요하고, 말을 사용하여 사물을 표현하기 때문이다. 인지 처리 문제가 있는 아동은 지적장애, 인지적 지연 또는 언어적 지연으로 분류될 수 있다.

가장 간과되는 처리 영역은 감정적이거나 정서적인 과정이다. 정서적으로 어려움을 겪는 아동은 다른 사람들의 감정 신호를 읽는 데 어려움을 겪는다. 선생님이 큰 소리로 말하면 선생님이 분노하여 자신을 처벌할 것이라고 믿으며 아동은 교실에서 겁쟁이가 될 수 있다. 또는 다른 아동의 도움이 되는 제안을 오해할 수도 있다. 휘두르는 행동을 적대적인 행위로 생각하여 다른 아동을 거부하거나 울기 시작할 수도 있다. 아동은 다른 아동의 외침을 공격의 경고로 해석하고 다른 아동을 먼저 공격할 수 있다. 아동에게 세상은 무서운 곳일 수 있다. 포옹에서 쓰다듬기, 미소에서 웃음짓기, 웃음에서 울음까지 아동은 자신이 이해하지 못하는 감정에 사로잡혀 있음을 느낄 수 있다. 그리고 아동이 종종 예상치 못한 방식으로 그의 반응은 그가 상호작용하는 사람이 그에게 반응할 때 더 혼란스러운 입력을 방출한다. 이와 같이 상황을 악화시키는 대화에 빠져들게 되면 아동은 쉽게 통제 불능 상태가 될 수 있으며, 기질 폭발을 자초하거나 부적절한 신체 움직임 또는 도피로 반응할 수 있다.

운동 체계의 문제 또한 상호작용과 의사소통의 문제를 만들 수 있다. 목에 있는 근육이 제대로 통제되지 않아서 부모가 다가올 때, 머리를 돌리는 것이 더딘 아동을 상상해 보자. 이러한 문제를 인식하지 못한 부모는 이 '무관심'을 거부의 표시로 간주한다. 의도와 다르게 부모는 아동의 관심을 얻기 위해 더 이상 열심히 노력하지 않는다. 부모의 격려가 없이는 아동은 친밀하고 사랑스러운 관계를 형성하는 법을 배우는 데 어려움을 겪을 것이다.

때때로 문제는 더욱 교묘하다. 근긴장도가 낮은 아동을 상상해 보자. 이 아동은 걸을 수는 있지만 잘 걷진 못하고, 팔을 사용할 수는 있지만 쉽게 사용할 수 없다. 유치원에 이 아동을 보내보자. 아동들은 자연스럽게 달리고, 밀며, 껴안게 되고, 그러면 이 아동의 자기 감각은 어떻게 될까? 다른 아동들과 잘 지내지 못하거나 폭행으로부터 자신을 방어할 수 없으면 아동은 수동적이고, 피할 수 없으며, 자기 몰입이 될 수 있다. 그 대신에 아동은 지나치게 독단적이고 공격적으로 변할 수 있다. 아동이 보내는 신호는 다른 아동들에게 자신에게서 떨어지라고 말하는 것이며, 동료와의 상호작용을 더 피하게 할지도 모른다.

때로는 아동의 긍정적인 반응조차도 사회적 문제를 유발할 수 있다. 미끄럼틀을 타는 것을 즐거워하는 낮은 운동 조절 능력을 가진 아동은 팔을 흔들거나 머리를 흔들 수도 있다. 다른 아동들에게 이러한 즐거움의 몸짓은 이상하거나 심지어 무섭게 보일 수도 있다. 그래서 다른 아동들은 물러나거나 방어적인 태도를 보일 수 있으며, 또다시 또래와의 관계의 발전을 방해할 수 있다.

5. 일반적 순서화의 도전

운동 계획의 어려움은 종종 일반적인 순서화 장애와 관련이 있다. 아동이 다른 사람의 반응으로 행동의 순서화를 할 수 없는 경우에 상호작용 문제가 발생할 수 있다. 예를 들어, 교사가 앉아서 조용히 할 시간임을 알리는 경우에 아동은 메시지를 이해할 수 있을 뿐만 아니라 신체적으로 반응할 수 있어야 한다. 아동은 자신이 하고 있는 일을 멈추고, 의자에 가서 앉아 있어야 한다. 아동은 앉아 있으면서 자신의 움직임을 통제해야 한다. 운동 계획 문제가 이러한 기본 순서화를 어렵게 만들 수 있다.

아동 사이의 복잡한 사회적 상호작용에는 미묘한 행동의 순서화 유형이 포함된다. 너무 가깝지 않으면서 가까이 지내는 법, 공격적이지 않고 자신감 넘치는 방법, 호전적이거나 위험한 것처럼 보이지 않고 장난치는 법과 같은 사회적 행동은 순서화의 복잡한 패턴을 동반한다.

단어, 생각 또는 개념 사이의 논리적 연결을 생성하는 작업에는 순서화 기능이 포함된다. 주의 집중이나 조직화에 어려움으로 보이는 것은 순서화와 같은 근본적인 문제와 관련이 있다.

이러한 문제는 좀처럼 단독으로 발생하지 않는다. 거의 모든 특수 아동은 둘 이상의 체계에서 문제가 있으며, 당연히 문제가 서로 복합적으로 작용한다. 촉감에 과잉 반응을 보이고, 운동 감각이 좋지 않으며, 운동 계획 문제가 있는 아동을 생각해 보자. 운동 장을 가로지르는 아동의 활동 중에 우연히 다른 아동과 충돌했을 때 아동이 "나를 괴롭히지 마라! 어디 가고 있는지 보고 다녀라!"라는 반응을 보인다면 이는 아동이 비난을 전가하려는 게 아니다. 자신의 몸이 어디에서 멈추고 다른 아동이 출발한 곳에 대해서, 또한 누가 사고를 일으켰는지에 대해서 혼란스러워하고 있는 것이다. 또한 보통 강도의 충돌이 꽤나 불편하게 느껴졌을 수 있다. 결과적으로 그는 다른 아동에게 이 예기치 못한 신호를 보낸다. 그럼으로써 다른 아동은 미래에 그를 피할지도 모른다. 따라서 친구를 사귈 수 있는 기회는 점점 없어질 수 있다.

아동의 생물학적 문제를 이해하면 치료 프로그램을 설계하여 개선할 수 있다. 당신은 또한 아동의 장점을 발휘할 수 있는 방법으로 아동과의 상호작용을 조정할 수도 있고, 더 발달할 때까지 아동의 약한 부분에 대한 요구를 최소화할 수도 있다. 다음의 사례는 부모가 아동만의 차이를 이해하기 위해 어떻게 도움을 받았는지 설명한다.

딜런은 까다로운 아동이었다. 아동은 까다롭고 잠이 부족했다. 딜런을 잘 보살피는 것은 쉽지 않았다. 그리고 딜런은 단단한 음식을 먹을 때 기질을 폭발시키며 사납게 굴었다. 하지만 딜런은 밝고, 민첩하며, 일찍 기었고, 걷고 말하기를 원했다. 무엇보다도 부모와 따뜻하면서 애정이 넘치는 사이였다. 딜런이 어린 시절에 가장 좋아했던 놀이는 부모의 배 위에서 '걷기'였다.

17개월에 딜런은 재잘거리기 시작했다. 19개월만에 딜런은 첫 단어인 '오리'를 말했다. 그 후 즐거움을 발견하곤 딜런은 흥분하여 엄마와 아빠에게 달려가서 "오리! 오리! 오리!" 하며 열 번, 스무 번 소리쳤다. 부모는 흥분했다.

그러나 22개월이 지난 지금, 부모는 잘못된 것이 있는지 궁금해하기 시작했다. 딜런은 숫자, 문자, 색 등의 새로운 단어를 빠르게 습득하고 있었는데, 습득한 단어를 스무 번이나 반복하며 엄마와 아빠 사이를 오갔다. 그렇다고 해서 딜런은 의사소통을 하고 싶어 하는 것은 아니었다. 그것은 개인적인 오락만을 위한 반복이었다.

비슷한 반복이 아동의 모든 행동에 영향을 주고 있었다. 딜런은 시간이 흐른 후에도 똑같은 책과 비디오를 요구했고, 부모가 새로운 것을 제안하면 짜증을 냈다. 딜런은 자신의 장난감 소방차를 끊임없이 갖고 놀았고, 부모가 다른 것을 제안하면 소리를 쳤다. 딜런은 자신의 선반 위에 모든 책을 올려놓는 것을 원했고, 그 요구에서 벗어나면 분노했다. 딜런은 이유식만 먹었고, 다른 것들은 던져 버렸다. 딜런의 부모가 옷을 입히려고 할 때, 딜런은 협조하기를 거절하고 굳어 버렸다. 수백 가지 방법으로 아동은 부모에게 마구 명령하기 시작했다. 딜런은 장난감을 가져가라고 또는 가져다 달라고 징징거렸고, 부모가 그것을 거절했을 때 떼를 썼다. 시간이 지나며 부모는 아이 말을 거절할 수가 없었다.

"아동은 폭압적이었어요."라고 엄마가 말했다. "모든 것이 아동의 방식대로 되어야 하거나 아동에게 잘 맞아야 했어요."

공공장소에 데리고 나가는 것도 불가능했다. 시끄러운 소리가 딜런을 놀라게 했고, 차와 사람들의 얼굴이 딜런을 두려움에 떨게 했다. 모든 여행은 화를 내며 끝났다. 딜런을 데려갈 수 있는 유일한 장소는 다른 아동들이 재미있어 하고 감탄하는 동물원이었는데, 딜런은 일렬로 늘어선 고리들을 주시하더니 체인으로 엮인 울타리 주위를 서성거렸다. 딜런은 20~30분 동안 그곳을 서성거렸고, 부모는 당혹스러워서 벤치에 앉아 지켜보았다. 부모는 아들이 이상하게 행동하고, 아들의 집착을 막아야 하는 것을 알고 있었지만, 그렇게 하면 또 어떤 일이 일어날지도 잘 알고 있었다. 적어도 그 30분 동안은 딜런은 울지 않았다.

비슷한 무반응이 집에서도 일어나고 있었다. 부모가 딜런과 함께 놀이할 때, 딜런은 부모가 없는 것처럼 트럭을 굴리며 무시했다. 부모가 딜런을 부르면 딜런은 대답을 거부했다. 아빠가 공을 굴리면 딜런은 공을 구석에 던지곤 했고, 아무리 애원해도 공을 주고받을 수 없었다.

부모는 담당 소아과 의사와 딜런의 선생님들과 의논했을 때, 부모는 아무것도 잘못된 것이 없다는 것을 확신했다. "딜런은 너무 똑똑해요!"라고 모두가 말했다. 하지만 시간이 지남에 따라 딜런은 점점 더 힘들어지고, 내성적으로 변했고, 이에 부모는 불안해졌다. 딜런은 문자와 숫자를 반복해서 말하면서 더 많은 시간을 보냈고, 딜런에게 다른 사람을 보게 하는 것이 점점 더 어려워졌다.

"내부의 생각의 조각이 없어진 것 같아요."라고 엄마가 말했다. 그래서 부모는 딜런을 아동 심리학자에게 데리고 갔고, 집중적인 세 가지 평가를 실시했다. 심리학자는 딜런이 자폐증을 가지고 있다고 결론지었고, 딜런 가족을 우리에게 보냈다.

부모는 자폐증이라는 말을 듣고 망연자실해 있었고, 딜런의 방해 받고 제한된 미래에 대한 두려움을 가지고 우리를 찾아왔다. 우리는 딜런과 상호작용하려는 다양한 시도에 대한 딜런의 반응을 관찰하는 것을 포함하여 과거 기반 평가와 관찰을 포함한 포괄적인 평가를 시작했다. 딜런이 감각, 계획된 행동, 도움이 되고 방해가 되는 상호작용 패턴을 발견하고 처리하는 데 있어서 중요한 차이점을 발견했으며, 딜런과 부모에게 구체적이면서 생물학적 도전과 함께 결함을 해결하는 데 포괄적인 도움이 되는 치료 계획을 개발했다. 그 프로그램은 일주일에 두 번씩 작업치료와 언어치료를 포함했다. 레지나라는 훌륭하고 온화한 치료사와 일주일에 한 번 대화형 발달 요법, 대화형 작업의 집중적인 홈 프로그램이었다.

레지나가 한 첫 번째 일은 딜런이 왜 그렇게 행동했는지를 부모가 이해할 수 있도록 돕는 것이었다. 레지나는 평가에 근거하여 딜런이 낮은 근긴장도, 낮은 운동 계획 능력 그리고 자신의 몸이 어디에 있는지에 대한 빈약한 감각(고유 수용성 감각)을 가지고 있다고 설명했다. 결과적으로 딜런은 불안정했다. 딜런은 자기가 원하는 대로 몸을 움직이는 방법에 대해 말 그대로 확신이 없었다. 반복적으로 되풀이된 딜런의 의식화된 움직임은 자신을 안전하다고 느끼게 하는 자신만의 방법이었다. 딜런은 또한 청각 정보를 처리하는 데 어려움이 있었다. 딜런은 특정한 소리에 매우 민감했고, 무슨 말을 하는지 들었지만 항상 그 의미를 이해하지 못했다. 이러한 복합적인 결함은 딜런을 불안하게 만들었고, 당연히 자신의 세계에 대처할 수 있는 능력에 대해 걱정했다. 자신을 안심시키기 위해 딜런은 모든 것을 그 자리에 두어야 하고, 모든 것이 익숙해야 하고, 통제하에 있어야 했다. 그리고 딜런은 정보를 수집하는 것보다는 자신을 표현하는 데 문제가 덜했기 때문에 익숙한 단어를 반복하고 명령을 내림으로써 자신이 필요로 하는 통제력을 얻으려고 애썼다.

딜런의 청각적 처리 문제와 불안으로 무엇을 듣고 있는지에 대해 확신할 수 없었으므로 외부 세계를 무시하고 모든 것을 통제한 자신의 내면 세계로 후퇴하는 것이 더 쉬웠다. 거기에서 딜런은 반복적으로 친숙한 단어와 패턴을 사용했다.

첫 번째 치료의 목적은 딜런이 부모와 함께하는 것을 돕고, 자아도취와 반복적인 상호작용에서 헌신적인 상호작용과 의도적인 상호작용을 돕는 것이었다. 이 과정의 일부에는 소통의 순환을 열고 닫는 것, 즉 부모나 치료사가 딜런이 한 일에 반응했을 때 응답하는 것이 포함된다. 딜런의 반복되는 행동은 명백히 평온한 마음을 가져다주었고, 부모는 그것을 방해하는 것을 꺼려했다. 하지만 레지나는 "딜런은 상호작용하는 법을 배워야 하고, 당신들과 교류할 수 있도록 도와야 합니다."라고 설명했다.

딜런은 일반적으로 감각 자극에 대해 과잉반응했고, 자신이 과하게 몰두한 활동의 안전성을 선호했기 때문에 소리와 시각적 이미지를 인식하기 위해 소리와 시각적인 이미지는 부드러우면서도 확실한 것이어야 했다. 레지나는 부모에게 딜런과 상호작용하기 위해 부드러운 목소리와 몸짓을 사용하는 방법을 보여 주었다.

"딜런의 놀이에 반응할 때는 침착하지만 어리석게 행동하세요."라고 그녀가 말했다. "딜런이 장난감 트럭을 줄 세울 때 장난스럽게 놀리세요. 구슬과 요술 지팡이 그리고 다른 형형색색의 장난감들을 딜런의 놀이로 가져오세요. 지팡이를 사용하여 차를 사라지게 하세요. 또 너무 고분고분하게 굴지 마세요. 딜런이 당신을 무시할 때, 장난스럽게 방해하세요. 딜런이 굴리고 있는 트럭의 길에 들어가세요. 그러다가 당신이 그곳에 도착하기 직전에 그가 반대로 갈 수 있도록 천천히 움직이세요. 한 번에 20~30분 정도, 하루에 여러 번 이 방법을 사용하여 상호작용하는 연습을 할 수 있습니다."라고 설명했다. 이 놀이의 핵심은 아동을 진정시키고, 흥미롭게 하고, 느린 동작으로의 도전이었다.

이것은 딜런과 부모가 행동하는 방식과는 완전히 다른 것이었다. 부모 모두 조용한 태도를 취하곤 했다. 둘 다 제스처보다 말에 더 익숙했다. 부모는 놀이 같은 새로운 접근법을 시도했다. 약간의 연습을 통해 아빠는 그것을 매우 잘하게 되었다. 그는 우스꽝스럽지만 차분한 목소리를 내면서 딜런과 대화하고, 딜런을 따라다니면서 딜런이 춤을 추거나 쫓아다니거나 말타기를 원할 때 그가 하는 일을 해 보려고 했다. 때로는 딜런이 자신의 운동 패턴에 휩싸이면서 아빠를 쫓아다니고 말타기를 위해 아빠의 등 뒤로 뛰어 올랐다.

딜런의 길을 방해함으로써 억지로 소통하도록 강요하는 것은 어려웠다. 트럭이 가는 길에 들어갔을 때, 딜런은 화가 나서 울부짖곤 했다.

"장난스럽게 더 천천히 해 주세요."라고 레지나가 말했다. "아빠가 게임을 하고 있고, 그 게임을 아빠가 주도하고 있다는 것을 아동이 보게 하세요."

딜런이 천천히 트럭을 향해 손을 뻗을 때 아빠는 미소를 지었다. 아빠는 놀리듯 트럭을 주머니 안에 넣었고, 딜런이 닿을 수 있도록 주머니를 열어 두었다. 며칠 후, 딜런이 손을 뻗을 때 킥킥 웃기 시작했다. 또 며칠 후 딜런은 더 많이 눈을 마주치기 시작했다. 놀랍게도 아빠의 장난스런 방해는 상호 간의 즐거운 게임으로 진화하고 있었다.

계단 아래로 공을 굴리는 것도 또 다른 좋아하는 게임이 되었다. 딜런은 공을 움직이는 것을 좋아했다. 비록 딜런은 공을 평평한 땅 위에 굴리지는 않았지만, 계단에서의 공의 움직임이 재미있다는 것을 발견했다. 그래서 아빠는 계단 위쪽으로 공을 던지기 시작했고, 딜런은 그 공을 받아 아래쪽으로 굴렸다. 치료 첫 달에 딜런과 아빠는 이 과정을 반복해서 하면서 30분을 보냈다. 그것은 높은 수준의 의사소통은 아니었지만, 두 사람의 가장 지속적인 의사소통이었다.

한편, 딜런의 언어치료사는 딜런이 말하는 것을 돕기 위해 장난스런 장애물을 사용하고 있었다. 치료사는 딜런에게 장난감을 가지고 애태웠고, 일부러 모르는 척 엉뚱하게 대답하여 딜런이 자신이 원하는 것을 치료사에게 말하기 위해 언어를 사용하게끔 했다. 딜런의 징징거리고 우는 것이 점차적으로 언어로 발전해 갔다.

처음에 부모는 "우리는 딜런을 더 나쁘게 만들고, 딜런은 원하는 물건을 가리키며 그 것을 얻었습니다. 딜런은 언어를 사용할 필요가 없었습니다."라고 말했다. 딜런의 처리 및 순서화의 어려움으로 인해 의사소통이 어려워지고, 다른 아동보다 더 높은 동기 부여가 필요했다.

작업치료사는 딜런의 낮은 근긴장도와 공간에서의 불안정을 스윙, 점프, 롤링과 같은 대근육 운동 활동에 참여시킴으로써 해결했다. 딜런은 보통 그러한 활동에 겁을 먹었다. 외부 치료를 할 때 그는 땅바닥에서 1인치도 뛰어넘기를 거부했고, 운동장에 가지 않고 다른 아동들과 놀기를 거부했다. 치료를 받는 동안에 딜런은 그네를 타는 데 오랜 시간을 보냈다. "우리는 딜런이 몇 분 동안 그네 타는 것을 위해 이렇게 많은 돈을 내고 있는 거예요?" 아빠는 불평하곤 했다. 그러나 아빠는 감각과 움직임에 대처하는 딜런의 능력에서 점진적인 진전을 볼 수 있었다.

치료의 처음 몇 개월은 어려웠다. 치료사가 권고한 시간을 지키는 것이 어려웠다. 특히 7시에 직장에서 퇴근해야 한다는 것 때문에 아빠는 피곤했다. 레지나는 아빠에게 집에 일찍 와야 한다고 말했지만, 아빠는 새로운 직업을 막 시작한지라 그것을 따를 수 없다고 느꼈다. 그 놀이는 또한 체력이 요구되었다. "이것은 규칙적인 놀이와는 달라요." 라고 엄마가 말했다. "'어떻게 하면 딜런의 관심을 끌 수 있을까? 어떻게 이 관심을 지속되게 할 수 있을까?'에 대해 '항상 애쓰셔야 해요.' 만약 잠시라도 방심하거나 느슨해지시면 아동의 관심을 사지 못합니다."라고 치료사는 말했다.

치료의 셋째 달까지 딜런은 좋은 진전을 이루고 있었다. 딜런은 부모님과 치료사와 눈 맞춤을 유지할 수 있었고, 모든 제스처에 반응했다. 딜런의 어휘는 급속히 확장되고 있었다. 딜런은 말과 사랑에 빠졌다. 딜런은 자신이 본 모든 것을 열정적으로 분류하기 시작했다. 딜런은 도로에서 차량들이 지나갈 때, "굴삭기, 시멘트 혼합기, 쓰레기 수거통."이라고 말했고, 아빠가 상자 안에 공구들을 집어넣을 때 "스크류 드라이버, 펜치, 몽키 스패너."라고 주문처럼 외웠다. 매우 꼼꼼히, 딜런은 자신이 좋아하는 것들의 목록을 암기했다. 그러나 딜런은 아직도 의사소통하는 것보다는 자신을 즐겁게 하기 위해 말하는 것처럼, 아동의 언어에는 독특한 개인적 특징이 있었다. 딜런은 모순되거나 방해를 받으면 발끈 화를 냈다. 아동은 질문에 대답하지 않았고, 자신이 놀이하는 동안에 자주 잡담을 했지만, 딜런의 말은 행동과는 아무런 관계가 없었다.

"정말 낙담스러웠어요."라고 엄마가 말했다. "딜런이 마침내 이야기를 나누기 시작했고, 그것은 미친 사람의 고함 소리처럼 들렸어요."

언어치료사는 딜런이 예전에 자동차를 줄 지어 왔던 것처럼 말을 사용하고 있다고 설명했다. 딜런은 자기가 무슨 말을 하고 싶은지 알고 있었지만, 다른 사람들을 이해하지는 못했다. 딜런은 분열과 반복이 자신의 혼란스러운 세계를 통제하는 방법이자 그 세계를 폐쇄하는 방법이었다. 또한 딜런은 일련의 행동과 단어를 순서화하는 데 어려움이 있었기 때문에 새로운 순서를 만드는 것보다는 단일 순서를 반복하는 것이 훨씬 쉬웠다. 진행을 위해 딜런은 단어를 좀 더 대화식으로 사용하는 법을 배워야 했다.

이제 딜런의 행동은 상황과 좀 더 관련이 있고 의도적이어서 치료의 목적은 의사소통을 하는 다른 사람들에게 자신의 생각을 연결하는 것을 돕는 것이었다. 딜런의 생각을 이끌어 내는 것은 엄청난 인내심을 요구했다. 어머니는 여러 차례 물었다. "집이나 소방서에 갈까?" 어머니는 다시 한번 시도해 보면서 질문을 하곤 했다.

딜런은 "빨간색 트럭, 빨간색…… 빨간색 사과…… 빨간색이군요."라고 하며 자유 연상에 반응할 수도 있었다. "딜런, 소방관들은 빨간색 아이스크림을 원하니?" 어머니는 자신의 생각 사이에 논리적인 연결고리를 만들려고 노력했다. "소방관 아이스크림."이라고 딜런은 대답하고, "소방관이 아이스크림을 원하니?"라고 어머니는 물었다.

딜런은 마침내 "소방관들은 아이스크림을 원해요."라고 말할지도 모른다. 천천히 딜런은 의미 있는 목록에서 언어의 순환을 닫을 단어를 선택하는 방법을 배웠다. 이 대화는 각각 '이를 뽑는 것 같이' 피곤했다. 두 순환에는 15분이 걸릴 수 있다. 30분이 걸릴 쯤에 어머니는 거의 쓰러질 것 같았다. 하지만 딜런이 발전하고 있다는 데는 의문의 여지가 없었다. 집중치료를 받은 지 3개월 후, 아동은 두 번에 한 번꼴로 자신의 단어와 다른 사람의 단어의 연결고리를 만들어서 소통의 순환을 닫았다. 딜런이 동기 부여를 받았을 때, 딜런은 대부분 무엇 또는 어디에 관한 간단한 질문에 대답할 수 있었다.

계속해서 논리를 자극하고, 딜런의 숫자를 늘리기 위해 치료사들은 장난을 지속할 것을 제안했다. "딜런이 소방차가 한 방향으로 가기를 원하면 다른 길로 가세요. 아동이 원하는 것을 주장하도록 가급적이면 덜 협조적으로 참여하세요." 그래서 마지못해 부모는 다시 덜 협조적인 놀이 파트너가 되었다.

"나는 그걸 원해!" 부모는 딜런이 좋아하는 소방차를 갖고 말했다. 딜런은 "싫어!"라고 고함을 치며 "더 작은 것을 가리켰다. "아니, 이건 아니야!"라고 부모는 주장했다. 이어서 "싫어! 싫어! 내 거야!" "네가 작은 걸 가져." "큰 게 내 거야."라며 다투다가 "알겠어."라며 부모는 결국 포기했다. "그러나 만약 내가 그걸 가질 수 없다면, 나는 이걸 가져갈 거야!"라는 식으로 부모는 다른 장난감을 선택하며 항의를 이끌어 낼 것이다.

비록 그러한 도전들이 딜런의 분노를 초래했지만, 딜런이 닫을 수 있는 소통의 순환 수는 꾸준히 증가하고 있었다. 아동의 부모는 격렬한 논쟁보다는 협력과 기쁨을 포함한 많은 장난스러운 상호작용이 있다는 것을 확신했다. 예를 들면, 딜런은 엄마에게 등의 어느 부분을 긁어 달라고 말하는 것을 좋아했다.

이 무렵 부모는 딜런을 공립 어린이집에 보내고 있었다. 첫 주는 순조롭게 진행되었지만, 2주째가 되자 딜런은 가고 싶지 않아 했다. 3주째가 되자 교사들은 딜런이 다른 아동들을 마구 찌른다며 불평했다. 레지나는 딜런이 다니는 어린이집에 방문하여 신속하게 문제를 확인했다. 구조화된 프로그램에는 이야기 나누는 활동이 많은데, 그때 아동들은 얌전히 있어야 했다. 아동들은 손가락 놀이와 관련된 노래를 불렀다. 딜런의 낮은 근긴장도와 자세 불안으로 인해 딜런은 자주 친구의 매트에 기대어 다른 아동을 방해했다. 딜런의 운동 계획 능력 부족은 다른 아동들이 〈버스의 바퀴〉 노래를 부를 때 다른 아동들이 하는 것처럼 손을 움직일 수 없다는 것을 의미했다. 딜런은 무심코 옆에 있는 친구를 찔렀다. 소음의 수준이 딜런을 화나게 하고 그곳을 떠나고 싶게 만들어 그는 멀리 떠나려고 했다. 어린이집이 더 이상 지원을 해 줄 수 없다는 것을 알게 된 이후, 부모는 더 많은 선생님과 유연함을 가진 어린이집으로 딜런을 옮겼고, 그곳에서 딜런은 빠르게 좋아지기 시작했다. 딜런은 다른 아동들과 신체적으로 상호작용하는 것에 대해 여전히 긴장하고 있었고, 누군가 예기치 않게 만진 경우에는 방어를 하였지만, 딜런은 친구들과 대화할 때 그들과 동등했으며 자신을 붙들 수 있었다. 딜런의 치료사들은 부모에게 더 많은 상호작용을 장려하기 위해 놀이 약속을 잡으라고 촉구했다. 그러나 허락 없이 장난감을 가져가면 딜런이 고함을 치기 때문에 쉽지 않은 일이었다.

치료를 시작한지 약 12개월 후에 딜런은 운동 능력을 제외한 모든 영역에서 급속한 발전을 이루었다. 부모는 얼마 동안 작업치료사의 능력에 대해 의문을 가졌다. 치료사는 환자인 딜런에게 조금도 동정심이 없는 것으로 보였다. 치료사는 부모가 이해하기 쉬운 활동들을 하지 않았고, 이미 평온한 상태였음에도 평온함을 유지하기 위해 종종 딜런의 치료 시간 절반을 독서하는 것으로 보냈다. 어머니는 "모든 치료사가 나보다 더 나았기 때문에 나는 그분들께 배울 수 있었어요. 그러나 이 치료사의 직감은 나의 직감보다 훨씬 더 좋지 않다는 것을 깨달았어요."라고 말했다. 몇 달 후 부모는 마침내 치료사를 바꾸기로 결심했다. 새로운 치료사는 새로운 것을 시도하기 위해 딜런을 밀어붙여야 할 때와 뒤로 물러서야 할 때를 알았고, 딜런이 두려워했던 장비로 아동을 끌어들이는 직관적인 능력을 가지고 있었다. 변화가 일어난 지 몇 주 만에 딜런의 신체 활동에 대한 내성이 눈에 띄게 증가했다. 두 달 후 딜런은 놀면서 웃고 있었다.

새로운 치료사는 집에서 작업치료를 하기 위해 다음과 같이 부모에게 힌트를 주었다. "놀이터로 데려가세요." "아동이 언덕을 내려가게 하세요. 리더를 따라 뛰고, 아동이 점프와 깡충깡충 뛰게 하세요. 이러한 모든 활동은 아동의 운동 능력을 키울 것입니다." 부모는 운동장에 가기 시작했고, 곧 딜런은 놀이터에 가려고 하기 시작했다. 초기에는 두려워서 그네 곁에 가지도 않았던 딜런에게 이것은 엄청난 발전이었다.

다음 과제는 딜런이 더 상상력을 갖도록 돕는 것이었다. 대부분의 3세 아동은 인형과 공룡으로 복잡한 이야기를 만들어 내는 가상놀이를 잘하지만, 딜런의 놀이는 이미 몇 번에 걸쳐서 놀이를 했던 네다섯 가지의 시나리오로 제한되어 있었다. 딜런의 놀이는 인형 하나가 낮잠을 자고, 깨고, 다시 낮잠을 잔다. 인형이 미끄러져서 떨어지면 반창고를 붙이는 시나리오가 또다시 반복한다. 소방관들은 불을 끄고, 사람은 창문 밖으로 뛰어내리고, 소방관들은 바삐 움직인다. 이러한 반복은 딜런에게 위안이 되었지만, 문제가 있었다. 딜런의 오래된 강직성과 대비되는 새로운 형태는 딜런이 자유롭게 생각하거나 새로운 아이디어로 놀이하는 것을 막았다.

딜런을 반복에서 꾀어내기 위해 치료사는 부모에게 줄거리를 쌓을 수 있는 방법을 보여 주었다.

"인형이 다치면 의사가 되십시오."라고 치료사는 제안했다. "소방차가 떠날 때, 불의 일부가 여전히 타오르는 것을 알아채십시오. 딜런의 이야기에 머무르기 위해 할 수 있는 일이라면 무엇이든 하세요. 그러나 새로운 방향으로 드라마를 만드세요."

부모는 노력했지만 쉽지 않았다. 딜런은 자신의 시나리오를 바꿀 때 소리를 질렀다. 아동은 등을 돌리고 혼자서 놀았다. 부모는 딜런을 새로운 무언가에 끌어들이기 위한 방법을 머리에서 쥐어짰다. 아버지는 딜런이 의사소통의 순환을 닫는 것을 포기할 때 끽끽거리는 소리를 사용하는 것이 원을 잘 닫는 것에 도움을 준다는 것을 발견했다. 더 나아가 어니 인형을 이용하는 것이 도움이 된다는 사실도 발견했다. 어니 인형을 사용해 드라마를 바꾸는 것을 제안했을 때 딜런은 어니와 함께했다.

부모와 딜런이 함께 놀이하는 가장 쉬운 방법은 부모 자신을 또 다른 세 살이라고 생각하는 것이었다. 미취학 아동이라면 이 상황에서 어떤 것을 할지 자문하는 것이 몸짓으로 더 많이 표현하고, 상호작용적이며, 덜 협조적일 수 있게 했다. "어른으로서 나는 아동에게 모든 것을 너무 쉽게 해 줬어요. 나는 아동이 원하는 방법으로 놀기를 허락했어요. 다른 친구들은 아동에게 다르게 놀자고 강요했어요."

딜런에게 새로운 것을 시도하게 하려는 그녀의 노력이 정말 좌절되었을 때, 엄마는 분해해서 새로운 장난감을 사곤 했다.

"집에 있는 3개의 새로운 장난감을 보고 아내가 힘든 날을 보냈다는 것을 알았습니다." 아버지가 농담을 했고, "치료에 많은 돈을 쓰고 있는데, 새 장난감을 사는 데 쓴

30달러는 아무것도 아니지."라고 엄마가 대답했다.

조금씩 딜런의 놀이가 확장되었다. 낮잠과 불은 정글에서 동물들과 군인들의 행진을 방해했다. 하지만 놀이는 아직도 질이 낮았다. 사람과 동물은 감정이 없이 기계적으로 보행을 했다. 잠을 자고, 밥을 먹고, 학교에 가거나, 집에 갔다. 결코 싸우지 않았고, 두려워하지도 않았다. 거기에는 좋은 사람들과 나쁜 사람들, 무서운 괴물들이 없었고, 아동들의 놀이에서 많이 등장하고 그래서 아동들의 감정을 다루는 현실 시험을 발달시킬 수 있는 판타지적 요소들이 없었다. 마치 딜런이 자신의 감정을 놀이에 드러나게 하기 위해 통제하는 것처럼 행동하는 것 같았다. 딜런은 인생에서 비슷한 통제력을 발휘했다. 딜런은 좀처럼 자기주장을 굽히지 않았다. 만약 다른 아동이 딜런의 장난감을 가져갔다면 딜런은 그 아동과 맞서기보다는 부모에게로 달려갈 것이었다. 만약 딜런이 화가 났다면 딜런은 화를 표출하기보다는 울음을 터뜨리거나 자제력을 잃을 것이었다.

이러한 통제를 완화하기 위해 레지나는 딜런이 쾌활하고 감정적인 놀이를 할 수 있도록 장려하자고 부모에게 제안했다. "딜런이 강한 감정을 느끼는 것처럼 보일 때 아동과 함께 그것을 알아보세요. 부모님의 성격을 인정하거나 그 감정을 표현하도록 해 주세요. 아동에게 강한 감정을 가져도 괜찮다는 것을 보여 주세요."

부모에게는 이것이 어려웠다. "우리 둘 다 대립을 일삼는 사람이 아니에요."라고 어머니가 인정했다. "상처 입은 감정과 분노를 가라앉히려고 하는 것이 감정을 표현하는 것보다 쉽습니다. 주변에 나쁜 성격을 가진 사람이 있을 때마다 나는 그가 떠나길 원해요."

그러나 부모는 노력했다. 베개 싸움은 게임뿐만 아니라 분노를 실험하는 방법으로 주로 사용되었다. 어머니는 고무로 된 검을 몇 개 샀고, 어머니와 딜런은 가짜 싸움을 벌였다. 아버지는 딜런의 역할놀이 안에서 공격적인 주제를 도입하려고 노력했으나 항상 긍정적인 결과를 가져오는 것은 아니었다. 아버지의 코끼리가 딜런의 기사를 공격했을 때, 딜런은 겁을 먹었다. 딜런은 코끼리를 옷장 깊숙이 던졌다. "그는 결코 나가지 않을 거야!" 딜런은 비명을 지르며 주먹으로 아버지를 때렸다. 레지나는 딜런이 현실과 판타지를 아직 구분할 수 없는 상황임을 설명했다. 딜런에게는 그러한 공격은 무서운 것이었다. "그래도 연습으로나마…… 차이를 배울 거예요."라고 그녀는 말했다.

두세 달이 지났는데도 별다른 진전이 없었다. 그러더니 놀이치료에서 딜런은 무서운 장난감들이 들어 있는 바구니를 향해 용감하게 다가갔다. 딜런은 으르렁거리는 호랑이와 칼을 든 액션 피겨를 피해 왔지만, 이날은 느닷없이 상어를 끌어내어 공중에서 흔들어 댔다. 잠시 후 딜런은 그것을 다시 돌려 놓았고, 몇 주 동안 그것을 다시 만지지 않았다. 레지나는 웃으며 딜런이 고비를 넘기고 있다고 말했다. 한 달 후 그는 바구니에 돌아와 트럭이 정글로 들어가 악어를 보는 장면을 연출했다.

약 15개월 동안 치료는 되돌아가는 듯했고, 그것은 부모에게도 보였다. 딜런은 짜증을 부렸고, 요구가 많았고, 자신을 위해 아무것도 하지 않으려고 했다. 딜런은 치료 전에 그랬던 것처럼 가눌 수 없을 정도로 떼를 쓰기 시작했다. 딜런가 참는 것을 배우고 있다는 것이 눈물로 드러났다. 부모는 깜짝 놀랐다. 어머니는 다시 한번 그 기관에서 딜런에 대한 환상을 가졌다. "성장하고 있어요."라고 레지나는 안심시켰다. "딜런은 더 많은 감정을 들이고 있고 그것은 불안감을 느끼게 해요. 그래서 딜런은 세상을 안전하게 보이게 하기 위해서 모든 것을 통제하고 싶어 합니다. 딜런이 무언가를 통제할 수 없을 때마다 딜런은 겁을 먹어요."

딜런이 떼를 써서 화가 난 부모는 신경질적으로 아동을 보호했고, 기질 폭발이 딜런을 위협할 때마다 딜런을 달래려고 애썼다.

"딜런이 좌절감을 극복하는 능력을 펼칠 수 있게 도와주세요. 부드러우면서 장난스럽게 대하세요."라고 레지나는 조언했다. "딜런이 계단을 내려가자고 말할 때 '알겠습니다, 대장님! 대장님 말씀대로 하겠습니다! 또 다른 것은 없으세요, 대장님!'" 이렇게 농담을 하고 동시에 내려가는 것을 멈추고 딜런이 도울 수 있도록 격려하세요. '대장님, 제 등에 엎힐 수 있나요?' 그러고는 몇 걸음 걸은 후에 '저는 이제 쉬어야겠어요.' 그리고 나서 '한 번 밀어 주실 수 있나요?' 라고 말하세요."

미심쩍었지만 부모는 레지나의 조언을 따랐다. 딜런은 처음에 예상했던 것처럼 떼 쓰고 울부짖으며 반응했다. 그러나 며칠 후, 딜런의 울화의 심각성과 횟수는 줄어들었다. 딜런은 더 적극적이고 자신의 소유가 된 새로운 종류의 연극을 즐기는 것처럼 보였다.

레지나는 이 기회로 딜런의 부모가 문제 해결을 돕도록 격려했다. 딜런의 근긴장도 감소 및 운동 계획 문제로 인해 문제를 해결하는 데 필요한 단계를 시각화하기가 어려웠다. 따라서 장난감이 탁자 아래에 떨어지거나 자신의 벙어리장갑이 손에서 떨어졌을 때, 딜런은 그 상황을 고칠 수 없다고 느꼈다.

레지나는 "딜런에게 물건을 주워 주는 대신에 그 과정을 통해 딜런에게 스스로 할 수 있다는 것을 보여 주세요."라고 이야기했다.

그러나 딜런이 "왜 안 갖다 줘요? 갖다 달란 말이에요!"라며 울 때 부모는 죄책감을 느꼈다. 레지나는 부모가 감정을 탐구하도록 도왔다. 부모는 다시 한번 그들의 죄의식, 보호 의식, 두려움 그리고 이전의 도전과의 연관성을 극복해야 했다. 부모는 딜런이 자신들의 관계에 어떤 영향을 주었는지, 딜런의 필요를 지속적으로 받아 줌으로써 어떻게 변화되었는지에 대해 해결해야 했다.

이러한 지원을 받으면서 부모는 딜런의 없어진 장난감과 옷을 찾기 위해 딜런을 코치하기 시작했다. 처음에 딜런은 부모가 자신을 위해 물건을 찾아 주지 않을 때, 미친 듯이 날뛰었고, 부모는 포기하고 싶은 충동과 싸워야만 했다. 그러나 서서히 딜런의 분노가 가라앉았다. 3개월 후에도 딜런은 여전히 부모에게 자신을 위해 무언가를 찾으라고 요구했지만, 대신에 딜런은 부모의 말에 더 이상 항의하지 않았다. 딜런은 자신이 할 수 있는 일에 자부심과 안도감을 느끼기 시작했다.

18개월 동안의 치료로 딜런의 말은 반응적이며, 논리적이 되었다. 아동은 거의 모든 언어 소통의 순환을 닫았다. 하지만 딜런의 말은 여전히 독특한 형식을 지니고 있다. 마치 아버지가 영어를 제2외국어로 배우고 있는 것처럼 말이다. 딜런에게 공이 어디에 있느냐고 물으면 "저기!"라고 말하지 않고, "노란 공은 빨간 덤프 트럭 뒤에 있어요."라고 말할 것만 같다. 자신의 선생님에 대해 묘사해 달라고 했을 때 딜런은 "로우스 선생님은 친절하세요." 또는 "로우스 선생님은 저에게 책을 읽어 주세요."라고 말하면서 어린이집에서 있었던 모든 사건을 분류할 것이다. 레지나는 딜런이 아직 구체적인 대답을 할 수 없다고 설명했다. 모든 세부 사항을 기록하고 보고하는 것은 딜런의 과제를 해결하는데 있어서 딜런의 어려움과 관련이 있다. 딜런은 관련된 정보만을 추상화하기 위해 새로운 순서를 빨리 만들어야 했다. 딜런이 쉽게 과부화되고 불안해하는 것도 이러한 형태의 질에 기여했다. 레지나는 부모가 더 이상 걱정하지 않아야 한다고 말했다. 딜런이 자신의 환경에서 감정적으로 융통성 있고, 자신감 있으며, 추상화된 정보로 성장함에 따라 딜런의 말은 자연스럽게 좋아질 것이기 때문이다.

딜런은 이제 거의 4세 6개월이 되었고, 2년째 치료를 받고 있다. 딜런은 이쁜 미소와 예의가 바르고, 따뜻하고, 매력적이고, 관계를 잘 맺는다. 딜런을 처음 만난 사람들은 딜런의 정확한 말과 방대한 어휘에 의해 아동에게 매료될 것이다. 딜런은 이제 놀이터와 대근육을 사용하는 게임을 좋아하고, 다른 아동들과 노는 것을 즐긴다. 딜런은 작업치료사를 일주일에 두 번이 아닌 한 번씩만 보면서 소근육 운동 순서화 기술을 계속 개선하고 있다.

딜런의 말은 정확하며, 논리적, 직관적 그리고 미묘한 감정적 상호작용을 할 수 있다. 딜런의 부모가 아동을 위해 무언가를 거부하면 실망하고 울기보다는 딜런은 종종 바라보며 묻는다. "왜 나를 위해 그것을 하지 않죠? 나의 부모님이잖아요. 이거 해 줘요." 딜런은 문제의 핵심을 또래들보다 훨씬 더 많이 정확히 지적하고, 내면의 감정을 표현하고, 변호사처럼 논쟁할 수 있게 되었다.

딜런의 부모 또한 진전을 보였다. 부모는 이제 상상력이 풍부한 연극을 지지하고, 길게 대화를 나누고, 연기를 하고, 공감하고, 제한을 만들고, 딜런이 화를 낼 때에도 잘 참는다. 또한 딜런의 독립성을 격려하는 것을 더 잘한다.

딜런은 문제 해결 능력을 향상시키고 있다. 최근에 그가 원했던 장난감들이 담긴 상자가 탁자 뒤에 떨어져서 딜런은 울음을 터뜨렸다. 치료사가 아무 말도 하지 않자 몇 분 후에 딜런은 상자를 찾기 시작했다. 처음으로 딜런은 문제 해결 활동을 시작했다.

또한 자신감의 중요한 시연에서 딜런은 친구의 집에서 밤을 보냈다. 이번 일은 처음 하는 경험이었다. 처음으로 딜런이 부모와 떨어져서 지내 본 것이다.

지난 2년은 돌아보면 부모는 아들의 발전에 의해 안심할 수 있게 되었다. "우리는 정말 끔찍한 시간을 지나왔어요."라고 어머니가 말했다. "이제 우리는 딜런이 괜찮을 거라는 걸 알고 있어요." 하지만 부모는 그 여정이 항상 쉽지는 않을 것이고, 여전히 어려운 점이 있다는 것을 안다. "마치 롤러코스터를 타는 것만 같았어." 아버지가 말했다. 치료 과정은 개선되다가 퇴행하기를 반복하면서 많은 진행 후에 당신은 갑자기 둔화에 부딪히고 절망감을 느낀다.

"한때 우리가 딜런을 언어 평가에 데려갔을 때, 아동이 정말 많은 진보를 해서 이번 테스트를 통해 아동이 어느 정도 나이 단계인지 보여 줄 수 있을 거라고 확신했었어요. 하지만 그게 아니였죠. 충격 먹었어요."

"우리는 딜런이 무언가를 배우기를 바랄 때가 많았어요. 말하는 것, 소방차 이상의 것과 노는 것……. 우리는 우리 아동이 그렇게 할 것이고, 여느 또래나 다름없이 될 거라고 생각했어요. 하지만 그런 일은 일어나지 않았어요. 항상 제가 생각하지 못했던 반전이 있었고, 그 일들은 제가 희망하고 기도했던 일들과는 거리가 멀었어요."

부모가 낙담할 때마다 레지나는 딜런이 얼마만큼 발전해 왔고, 앞으로 나아가야 할 일이 어디인지를 상기시켰다. 레지나는 그동안의 그들의 업적을 인정할 수 있게 도와줬다. 짧은 기간 동안 딜런은 엄청난 발전을 이루었다. 딜런은 어린이집에서 활동적이고, 창의적이며, 세심한 구성원이며, 인기 있는 친구이기도 하다. 딜런의 성장률이 그대로 유지되거나 심지어 개선되지 않을 것이라고 생각할 이유가 이젠 없다.

레지나는 딜런이 자신의 학업을 끝마치고, 직업을 선택하고, 가까운 관계를 유지하고, 의미 있는 관계를 즐길 것이라고 확신한다. 딜런은 자신의 강도와 통제력을 조절하기 위해 다른 사람들보다 열심히 노력해야 할 수도 있다. 딜런은 다른 사람들보다 그림과 글쓰기에 있어서 더 많은 어려움에 직면할 수도 있다. 그러나 딜런의 발전적인 도전의 역사는 딜런이 완전하고 만족스러운 삶을 영위하는 것을 막지 못할 것이다.

딜런의 부모와 치료사는 감각에 반응하고 이해하는 데 있어 아동의 개인차를 이해함으로써 딜런이 발달상의 사다리에서 단계를 숙달하는 것을 도울 수 있었다. 처음에는 딜런의 처리 어려움이 철회와 반복을 초래했다. 딜런의 부모와 치료사는 딜런이 자신의 초기 발달 단계를 재협상하는 것을 도울 수 있었고, 목적 있는 참여를 가능하게 했으며, 그 후의 과정을 숙달할 수 있게 하였고, 딜런은 가족과 친구들과의 상호작용에서 상상력이 풍부하고 언어적이고 논리적이며 융통성 있게 학습할 수 있게 되었다.

제3장 아동 각각을 관찰하기: 생물학적 도전과 강점

아동과 상호작용할 때마다 당신은 아동의 문제가 있는 부분을 너무 많이 느낄 것이다. 이러한 도전에 직면하다가 보면, 쉽게 아동의 강점을 간과하게 된다. 이 장에서는 그 둘 모두를 주의 깊게 보는 것을 도울 것이다. 아동과 세상의 상호작용에 문제를 일으키는 생물학적 문제를 정확하게 지적할 뿐만 아니라 자신이 원활하게 기능하는 분야를 높이 평가할 수 있으므로 당신과 아동이 함께하면서 성장하도록 도울 수 있다.

몇몇 아동의 생물학적 도전은 이미 당신에게 분명하게 보일지도 모르지만, 다른 어떤 아동들의 생물학적 도전은 숨겨져 있을지도 모른다. 예를 들어, 냄새에 대한 민감성은 좀처럼 알아차리지 못하지만, 특정한 사람, 장소, 음식에 대해서는 아동의 인내심에 큰 영향을 미칠 수 있다. 처리 과정에서 많은 차이점을 발견하기 어렵지만, 아동들의 행동에 큰 영향을 끼칠 수 있다.

아동들의 강점과 약점을 평가하는 것은 놀이 중에, 아동이 당신과의 활동에 빠져 있는 동안에, 집 주변에 있을 때, 아동이 외출할 때 관찰하는 것을 포함한다. 아동에게 많은 시간을 들여 조심스럽게 관찰함으로써 필요한 많은 정보를 얻게 될 것이다. 각각의 감각 양식은 격리된 상태에서 나타나지 않고 환경의 맥락에서 나타난다는 것을 기억하라. 한 가지 환경에서 강한 반응이 나타나는 것은 다른 환경에서는 미세한 반응이 나타나거나 반응이 나타나지 않는 것을 유발할 수 있다. 게다가 모든 감각과 운동 체계는 함께 작동한다.

당신이 아동의 강점과 약점을 잘 알고 있다고 생각할 때, 당신은 그것들을 메모하기 원할 것이다. 플로어타임에서 아동과 함께하면서 그 메모를 참조하여 당신이 나아가야 할 길을 상기시켜 줄 뿐 아니라 그곳에 도달하기 위해 사용할 수 있는 도구를 알려 줄 수 있다.

1. 일상적인 감각을 조절하기 위해 아동의 능력을 평가하기

1) 소리 민감도

대부분의 아동은 높은 울음소리부터 낮은 울음소리, 목이 쉰 듯한 으르렁 소리, 엔진이 달린 청소기부터 날카로운 호루라기 소리, 갑작스러운 소리부터 조용한 속삭임까지 다양한 소리를 참을 수 있다. 하지만 특별한 요구가 필요한 많은 아동은 소리에 과잉 또는 과소 반응을 보인다. 만약 아동이 크고 높은 소음에 강하게 싫어하는 반응을 보인다면 아동이 그러한 것을 싫어하는 것이라고 당신은 인식할 수 있다. 하지만 아동이 소리에 대해 적당한 정도의 싫어함과 과소 반응을 보인다면 당신은 그것을 알아채기가 어렵다.

당신이 아주 부드러운 목소리로 아동에게 말할 때, 아동은 어떻게 반응하는가? 아동이 그 목소리를 좋아하는가? 보통의 말하는 소리 수준으로 높이면 어떤가? 아동의 반응이 바뀌는가? 소리를 지르지는 않지만 (불필요하게 아동을 겁주지 않는 것이 좋다.) 당신이 목소리를 높일 때, 아동은 어떻게 반응하는가? 아동이 부드러운 목소리에 긍정적인 반응을 하지만 큰 목소리를 피한다면 아동은 아마도 소리에 지나치게 민감한 것이다. 반대로, 아동이 부드러운 목소리를 무시하고 큰 목소리에 기울인다면 아동은 아마도 반응이 둔한 것이다. 아마도 아동은 더 부드러운 소리에 반응하지 않을 것이다. 다른 유형의 소리를 사용하여 실험해 보라. 예를 들어, 휘파람, 악기나 취사도구 등을 들 수 있다. 또한 말의 속도와 강도를 바꾸어 시도해 보라.

이어서 음악으로 실험하라. 클래식, 락 그리고 다른 유형의 음악을 들려 주고 아동이 무엇을 선호하는지 보라. 다른 음악의 종류를 낮은 소리, 중간 소리, 높은 소리로 들려 준다. 아동은 부드럽고 선율적인 음악을 좋아하는가, 아니면 더 큰 소리를 내는 것을 좋아하는가? 아동은 언어가 있는 노래를 좋아하는가, 기악을 좋아하는가? 아동은 빠른 리듬을 좋아하는가, 느린 리듬을 좋아하는가? 복잡한 리듬인가, 단순한 리듬인가? 새로운 소리인가, 반복된 것인가? 환경적인 소리에 대한 아동의 반응을 관찰하라. 사이렌, 알람, 학교 종소리에 대해 아동은 어떻게 반응하는가? 청소기가 커졌을 때 아동은 어떻게 반응하는가? 믹서기를 켰을 때 어떻게 하는가? 취사도구에서 쨍그랑 소리가 났을 때 어떻게 하는가? 아동은 특정한 소리를 즐기거나 세탁기나 드라이어 소리를 듣기 위해 앉혀 달라고 요청하는가?

관찰할 때, 소리는 독단적으로 일어나지 않고 누적된 효과를 가질 수 있다는 것을 기억하라. 잠깐 동안은 괜찮았던 것이 오래 지속된다면 짜증이 날 수 있다. 예를 들어, 교실의 소음은 아동이 다른 소리에 더 민감하게 만들 수 있다.

아동으로부터 좋은 반응을 이끌어 내는 소리의 유형을 분류한 후에는 놀이 시간에 그 소리들을 사용하라. 만약 아동이 감각에 반응이 없다면 소리로 아동을 이끌어 내라. 부드럽게 말하면서 목소리의 억양을 변화시키라. 당신은 드럼, 뿔, 시끄러운 장난감 소리를 사용할 수 있다. 소리의 수준을 이해하지 못할 수도 있지만, 이것은 아동을 기쁘게 하거나 집중을 얻는 데 사용될 수 있다.

2) 접촉 민감도

어떤 아동들은 무언가를 만지는 것을 싫어한다. 특히 가볍고 깃털 같은 촉감을 싫어할 수도 있다. 사랑하는 부모와의 부드러운 접촉이라도 아동을 불안하게 할 수 있다. 특정 직물의 느낌은 옷을 재빨리 벗어 버리게 만든다. 아동들은 할 수만 있다면 옷을 입지 않기를 원한다. 다른 아동들은 자신의 손에 물이 닿았을 때 고통스럽게 울부짖는다. 또 다른 아동들은 감각을 갈망한다. 아동들을 꼭 잡거나 쓰다듬어 줄 필요가 있다. 아동들은 끊임없이 사물에 기대거나 문지른다. 아동들은 긴팔의 셔츠와 바지를 입는 것을 원한다. 아동들은 신체에 대한 촉각과 압박감을 잃어버린 느낌을 가지고 있다.

당신은 이미 아동이 촉감에 어떻게 반응하는지를 알고 있지만, 아동과 상호작용하는 데 도움이 될 수 있는 미묘한 요소를 모르고 있을 수도 있다. 예를 들어, 거의 모든 유형의 접촉에 과잉 반응을 보이는 아동이 있다. 대부분의 사람은 특정한 촉각을 견디거나 심지어 즐길 수도 있다. 가벼운 접촉에 민감한 많은 아동은 부드러운 곰 인형을 포옹하는 것과 같은 강한 압력을 즐긴다. 아동이 즐기는 감각을 아는 것은 아동과 육체적인 관계를 형성하는 능력을 만드는 데 도움이 된다.

모든 접촉에 동등하게 미지근한 반응을 보이는 아동은 거의 없다. 대부분의 사람은 특정 유형에 대하여 강한 선호를 가지고 있다. 다시 말하자면, 이러한 선호도를 알면 아동이 당신에게 주의를 기울일 수 있도록 감각을 사용할 수 있다. 여러 가지 체계적인 실험을 통해 아동이 어디에서 어떻게 만지는 것을 좋아하는지 접촉의 유형을 정확하게 결정하는 것을 도울 수 있다.

먼저, 아동이 껴안거나 쓰다듬는 것에 어떻게 반응하는지 생각해 보라. 목욕을 하는 것과 아동의 머리카락을 빗는 것, 옷을 갈아입는 것을 생각해 보라. 아동이 만질 때 즐거움을 느끼는 것처럼 보이는가? 아동은 접촉을 통해 친밀감을 얻는가? 스스로 긴장을 푸는가? 세상을 탐구하는가? 아동이 어떻게 세상을 탐구하는지 생각해 보라. 아동은 손으로 물건을 만지는 것을 좋아하는가? 어떤 아동들은 발을 사용하는 것을 선호하기도 한다.

다양한 유형의 접촉과 신체의 다른 부분을 사용한 실험이 있다고 생각해 보라. 과잉 반응이 있는 아동들조차도 특정 분야의 특정한 유형의 접촉을 인내할 수 있다. 가볍게 만지라(아동의 몸과 신체를 손으로 쓰다듬으로써). 중간 정도의 접촉을 시도하라. 그리고 강한 압력을 줘 보자. 아동이 팔과 다리, 손과 발, 등, 가슴과 배를 만지면 어떤 반응을 하는지 보라.

다음으로, 리듬 실험을 한다. 어떤 아동들은 깊고, 지속적인 움직임을 선호한다. 다른 아동들은 짧고 튀는 움직임을 선호한다. 몇몇은 무거운 압력과 함께 움직이지 않는 것을 선호한다. 가능한 한 많은 다른 유형의 접촉을 시도하는 것을 게임으로 만들고, 가장 좋아하는 것을 기록하라. 이러한 치료를 통해 아동이 다른 것들에 대한 인내의 폭을 넓히는 것을 도울 수 있다.

부모로서 아동을 포옹하고 쓰다듬고 싶어 하기 때문에 아동이 싫어할 때 좌절감을 느낀다. 아동은 포옹하기 위해 당신에게 다가가는 대신에 소파나 탁자와 같은 보호 장벽 뒤에 서서 당신을 보고 있을지도 모른다. 아니면 아동은 소파와 벽 사이의 좁은 공간에 바짝 붙어서 당신이 어디에 있는지 감각 정보를 수집해야 할 수도 있고, 그곳에서 편하게 당신의 표정과 말에 집중할 수도 있다.

아동이 촉각에 과잉 반응을 보여도 절망하지 말라. 목소리와 함께 다가가 보라. 당신의 목소리를 사용하여 당신이 얼마나 아동을 사랑하는지 말하고, 긴밀한 관계로 이끌라. 눈을 사용하라. 표정으로 얘기할 수 있다. 가벼운 접촉 대신에 눈 맞춤을 이용하여 당신의 아동에게 따뜻한 느낌을 말하라. 얼굴 표정과 신체 언어를 사용하여 의사소통하라. 눈을 크게 뜨고, 흥미에 관심을 가지면 그의 필요에 대해서 이해할 수 있고 또한 친밀감을 확립할 수 있다. 친밀감이 없는 아동을 당신과 친밀해지게 하려면 놀이에 접촉을 늘리고, 압력을 사용하여 아동의 행동을 제어할 수 있게 놓아 두라. 많은 아동이 활동에 참여하고 있을 때 접촉을 잘 참아 낸다.

3) 시각적 자극 민감도

대부분의 아동은 다양한 시각적 자극을 받아들인다. 그들은 밝은 빛과 부드러운 빛, 선명한 색과 파스텔색, 동적인 이미지와 정적인 이미지, 바쁜 것과 조용한 것을 인내할 수 있다. 그러나 특별한 도움이 필요한 아동은 종종 과잉 반응을 보이거나 시각적 입력에 덜 민감하다. 깜빡거리는 TV는 감각이 예민한 아동에게 불편함을 주기 때문에 그것을 숨길 필요가 있다. 그러나 민감하지 않은 아동은 전혀 눈치채지 못할 수도 있다. 감각이 예민한 아동에게 밝은 부엌 조명을 보이면 흥분할 수 있지만, 과소 반응을 보이는 아동에게는 같은 조명으로 엄마와의 대화에 집중하게 도울 수 있다. 특이한 생김새와 밝은 색상의 장난감은 아동을 놀라게 할 수 있지만, 다른 아동들은 그 장난감을 좋아할 수도 있다.

아동의 시각적 민감성을 결정하기 위해 아동을 다양한 환경에 노출시키고 각각에 대한 반응을 관찰하라. 먼저 밝은 조명의 방에서 반응하는 것과 차분한 조명에서의 반응을 비교하라. 시각 자극에 과잉 반응을 보이는 아동은 밝게 빛나는 방에서 종종 불편함을 느낀다. 아동은 불편함을 극복할 방법을 모색하면서 혼란스러워 하고, 흥분되어 보이고, 산만해 보일 수 있다. 불안한 아동은 밝은 빛에 긍정적인 자극을 받을 수 있다. 아동은 당신에게 더 주의를 기울이고 집중할 수 있게 될 것이다.

다양한 색상과 움직임에 대한 아동의 반응을 관찰하라. 당신이 아동과 춤추고 있을 때, 아동은 당신이나 주위를 둘러보는 것을 즐거워하는가? 아동이 과잉 반응을 보일 경우에 당신의 움직임은 아동을 불편하게 만들 것이다. 반대로 아동이 감각 저하 반응을 보인다면 당신의 움직임은 아동에게 즐거운 자극이 될 것이다.

아동이 눈을 마주치지 않는가? 그렇다면 아동 앞에 서서 그네를 밀라. 혹은 눈을 바라보면서 야단스럽게 간질이면서 바닥에서 게임을 즐기라. 움직임은 눈 맞춤을 더 쉽게 할 수 있도록 도와줄 수 있다. 왜냐하면 운동은 아동이 더 조직적으로 느끼도록 도와 주기 때문이다. 그네나 바닥은 몸을 기댈 수 있는 압력을 주어 아동이 몸을 지탱할 필요가 없다. 결과적으로, 아동은 자유롭게 당신을 보고 상호작용할 수 있다.

아동은 이러한 시각적 자극에 극단적인 반응을 보이지 않을 수도 있다. 시각적인 자극에 지나치게 민감하거나 민감하지 않을 수도 있다. 이 경우에 시각적 정보(제스처, 그림, 사진)를 사용하여 다른 약한 감각을 보완할 수 있다. 시각 정보는 청각 처리가 지연될 때 의사소통을 도와준다.

4) 움직임에 대한 민감도

어떤 아동들은 움직임에 너무 민감하지 않아서 결과적으로 움직임을 갈망하기 때문에 단순한 움직임을 자주 해야 한다. 그러한 욕구를 충족시키기 위해 그들은 계속해서 달리고, 점프하고, 꼼지락거리고, 가구의 일부를 한쪽에서 다른 쪽으로 계속 흔든다. 일부 아동은 대담하게 새로운 것을 찾으며, 다른 아동은 같은 동작을 계속해서 반복한다.

다른 아동들은 운동에 과잉 반응을 보인다. 조심스러운 움직임(침대에서 들어 올리는 것, 너무 빠르게 흔들리는 것, 엄마의 팔의 지지가 없는 것)은 아동들을 깜짝 놀라게 하고, 불안감을 느끼게 하며, 불편함을 느끼게 한다. 이 아동들은 때로 낮은 근긴장도를 가지고 있다. 자신의 몸에 대한 느낌이 거의 없기 때문에 움직이는 것을 꺼려하고 안전하게 앉아 있거나 누워 있는 것을 선호한다. 그들은 그것을 피함으로써 움직임에 대한 민감성을 보완한다.

아동이 움직임에 어떻게 반응하는지를 측정하려면 움직임의 패턴을 생각하라. 아동이 움직임을 시작하려고 하는가? 아동은 가만히 앉아서 당신을 기다리는가? 당신은 아동을 활발한 아동으로 생각하는가? 혹은 아동은 조용하고 주로 앉아서 활동하는가? 아동이 놀이터에 갔을 때 회전목마와 그네에 직행하는가, 아니면 모래에서 조용히 놀고 있는가? 아동은 매달려 다니기를 좋아하는가, 아니면 바닥에 누워 있는 것을 더 좋아하는가?

아동이 즐기는 움직임의 유형을 생각해 보라. 그는 회전목마의 원형 움직임, 유모차의 직선 움직임, 포고 스틱이나 베이비 바운서의 상하 움직임 또는 그네의 앞뒤 움직임을 선호하는가?

과소 반응을 보이는 대부분의 아동은 오랜 시간 동안 그네를 타는 것을 좋아한다. 그 시간은 당신이 어지러움을 느낄 거라고 생각하는 또는 충분히 오래 그네를 탔다고 생각하는 그 지점을 훨씬 넘은 시간이다. 아동이 얼마나 오랫동안 그네를 즐겼는지 확인하라. 또한 아동이 빠르거나 느리게, 높게 또는 낮게, 또는 둥글게 가장 좋아하는 그네의 유형을 확인하라. 아동의 선호도를 잘 알수록 그네를 사용하여 아동을 더 도울 수 있게 된다. 그네를 타는 건 그 자체로 끝이 나기 시작할 수도 있지만, 그것은 아동이 좀 더 구조적으로 느끼도록 돕는 수단이 될 수 있다. 그것은 아동을 보다 더 복잡한 방식으로 놀이할 수 있게 해 준다. 그네는 눈을 마주치고 노래하며 자신의 소망에 대한 소통을 할 수 있게 감각 정보를 처리하는 데 도움이 될 수 있다("빨리!" "천천히!" "더 높게!" "그만!"). 전정 감각의 입력은 근긴장도, 균형, 주의력, 감정적 반응을 향상시킬 수 있다.

아동이 움직이는 것을 지켜보라. 아동은 공간에서 자신의 몸을 확신하는 것 같은가? 소파에서 의자로 쉽게 이동할 수 있는가? 앉기에서 서기까지 할 수 있는가? 아니면 자신이 이동할 수 있다는 것을 확신하지 못하는 것처럼 긴장되어 보이는가?

아동의 움직임에 대한 민감도를 정확히 아는 것은 아동의 민감도를 그만의 강점으로 도움이 된다. 아동이 움직임을 간절히 원한다면 그것과 싸우지 말라. 깡충 뛰게 하고, 달리고, 흔들고, 점프하게 놔두고, 그러는 동안에 당신은 "준비, 시작!" 또는 "멈춰!"라고 말할 수 있다. 아동의 목적지에서 아동을 만나거나 손을 잡고 함께 노래를 부를 수 있다. 이러한 움직임은 신체가 어디에 있는지에 대한 피드백을 제공함으로써 조직화하고 주의를 기울일 수 있게 도움을 준다.

아동의 움직임의 요구를 충족시키는 것은 아동의 에너지가 다른 일을 할 수 있도록 아껴 줄 수 있다. (대부분의 학교에서는 유감스럽게도 강제로 움직이려고 노력한다. 배고픈 아동들을 앉아 있게 하고, 그들을 조직하는 데 도움이 될 만한 움직임을 허락하는 것보다는 배울 준비를 할 수 있게 하면서 몇몇 아동은 앉아 있는 데 너무 많은 에너지를 사용하여 공부하고 배우는 데 거의 남아 있지 않다. 만약 가만히 앉아 있어야 하지 않는다면 많은 아동은 더 많은 것을 배우고 수업에 덜 지장을 줄 것이다.) 빠르게, 중간, 느린 속도로 뛰거나 빠르게, 중간, 느린 속도로 손을 두드리는 것은 아동에게 움직임을 조절하고 궁극적으로 더 큰 통제력을 행사하도록 가르칠 수 있다. 핵심은 움직임을 억제하는 것이 아니라 그것을 조절하는 것이다.

만약 아동이 움직이는 것을 싫어한다면(예: 아동이 깜짝 놀라서 균형을 잃거나 다음 동작을 만드는 것을 혼란스러워 함) 퍼즐이나 블록 쌓기와 같이 손만 사용하는 활동에 집중하라. 점차적으로 당신의 놀이에 부드러운 움직임을 포함시키라. 예를 들어, 시소 또는 흔들리는 동작을 하는 동안에 노래하라. 거의 지각할 수 없는 움직임이 있는 활동과 결부시키는 것부터 시작한다면, 상호적인 움직임을 위한 아동의 인내력을 천천히 형성할 수 있다.

5) 냄새와 맛의 민감도

냄새와 맛의 민감도는 두 감각이 생리학적으로 서로 얽혀 있기 때문에 관련되어 있다. 냄새는 아동이 사람과 장소에 반응하는 방식에 영향을 미칠 수 있으며, 냄새와 맛을 함께 고려하면 아동이 음식에 어떻게 반응하는지 결정할 수 있다.

냄새에 대한 과민성은 확인하기 쉽다. 당신의 집에서 향수, 로션, 가정용 세척제 그리고 다른 화학약품 등 강력한 냄새의 종류를 제공하라. 그리고 어떤 냄새에 피하거나, 과하게 좋아하거나, 짜증내는지 기록하라. 아동이 단지 향수냄새를 단순히 맡는 것이 아니라, 향수를 너무 심하게 맡아서 몸에 들어가지 않도록 하라.

감각저하는 인식하기 어렵다. 음식과 관련하여 음식의 냄새를 맡고 아동들이 어떻게 반응하는지 보기 위해 다른 음식들과 함께 음식을 제공해 보라. 맛이나 냄새에 민감하지 않은 일부 아동은 특정 음식을 선호할 수 있다.

매일 아동과 함께 살기는 하지만 아동의 감정을 파악하는 것이 항상 쉬운 것은 아니다. 감각 통합 훈련을 받은 작업 및 물리 치료사는 이러한 관찰을 하고 알맞은 치료를 계획하는 데 도움을 줄 수 있다.

아동의 감각 반응을 이해하는 것은 아동의 행동을 해석하는 데 도움이 될 수 있다. 왜냐하면 행동은 어려움에 대응하기 위한 시도이기 때문이다. 예를 들어, 시끄러운 소리에 민감한 아동은 누군가 들어와서 큰 소리로 인사하면 방에 들어가거나 문을 닫거나 혼란스러워할 수 있다. 아동이 반사회적인 것이 아니다. 아동은 불편한 육체적 감각에 아동이 할 수 있는 유일한 방법으로 반응하는 것이다. 소리에 민감하지 않은 아동은 조용히 질문을 하면 무시하거나 고의로 그러는 것처럼 보일 수 있다. 아동이 대답하기를 원하지 않는 것이 아니다. 아동의 감각 시스템이 그 인사를 처리하지 못하기 때문이다. 문자 그대로 그가 질문을 받았는지 알지 못하는 것이다. 뛰는 것 또는 압박을 갈망하는 아동은 공간에서 자신의 몸을 찾아내는 입력을 구하는 것이다.

아동의 감각적인 프로필을 알게 되면 그 지식을 사용하여 모든 상호작용을 향상시킬 수 있다. 아동들은 자신의 감각 욕구가 충족되면 주의를 더 잘 기울이고, 의사소통을 더 잘하며, 더 잘 배우고 행복해진다. 아동이 접촉을 갈망하고 있음을, 특히 구강 자극을 갈망하고 있음을 안다면 아동이 입에서 손가락을 뗄 것이라고 기대하지 말라. 아동을 (고무 튜브로 된 목걸이 또는 풍선껌과 같은 대안으로) 빨아서 먹게 하는 것은 집중하고 관계 맺을 수 있는 능력을 향상시킬 수 있다. 아동이 자신의 몸에 손을 대는 것에 민감한 경우, 아동이 옷을 벗을 때마다 옷을 입으라고 강요하지 말라. 아동의 직물에 대한 느낌은 긍정적인 상호작용에서의 노력을 방해하기에 충분하다. 대신에 아동이 인내할 수 있는 직물을 찾아 다양한 종류의 접촉을 둔감하게 만드는 프로그램을 시작하라. 아동의 감각적 필요를 충족시키고 아동의 어려움을 극복하도록 돕는 당신의 노력은 아동이 즐겁고 학습할 수 능력에 변화를 가져올 것이다.

2. 아동의 감각 처리 과정 평가하기

당신이 아동을 주의 깊게 관찰한다면 아동 자신의 감각을 통해 정보를 수집하고 처리하는 방법을 이해하는 데 필요한 단서를 얻을 수 있다. 당신은 아동이 어떻게 배우는지, 아동이 해석하거나 행동할 수 없는 정보를 알게 될 것이다. 아동의 처리 과정을 지원하고 향상시키는 프로그램을 계획하는 데 도움을 줄 수 있는 전문가들과 이것에 대해 얘기를 나누고 싶어 할 것이다.

1) 청각 처리

청각 처리란 청각 정보를 해석하는 능력을 말한다.

데이비드는 모든 사람의 소리를 들을 수 있다. 아동은 어머니가 준 음악 테이프를 듣고 장난감 악기를 연주하는 것을 좋아한다. 단어가 음악에 삽입되어 있고 노래에서 동일할 때, 아동은 패턴을 인식하게 되었다. 아동은 하루 종일 들려오는 수많은 말소리를 이해할 수 없었기 때문에 익숙한 소리를 즐겼다. 아동의 부모님은 동요와 노래로 아동을 편안하게 할 수 있었지만 아동은 사람의 말에 결코 반응하지 않는 것처럼 보였다. 오랫동안 부모는 아동이 독립적이라고 생각했다. 그들은 많은 것을 스스로 할 수 있는 능력에 감탄했다. 그러나 데이비드가 말을 배우는 것이 느린 것 같아 걱정이 되었다. 수많은 평가를 거친 후에 부모는 데이비드가 청각 정보를 처리하는 데 어려움을 겪는 것을 알게 되었다. 아동의 청력은 괜찮았다. 아동은 그저 자신이 들었던 정보를 이해할 수 없었다. 아동은 부모님의 소리를 들었지만, 그 소리를 단어로 배열하고 의미를 부여할 수 없었다. 자신을 표현할 수 없다는 것도 놀라울 게 아니었다.

아동의 청각 처리 능력을 관찰하기 위해 덤, 덤…… 덤, 덤, 덤…… 덤, 덤, 덤과 같은 간단한 패턴을 노래하라. 당신이 패턴을 여러 번 부르고 난 후, 아동이 마지막 덤을 예상하는 것 같은가? 덤을 다 말하지 않았을 때, 아동이 당신을 의아해하며 쳐다보는가?

패턴을 변경할 때 어떤 일이 발생하는지 확인하라. 패턴으로 시작하며, 아동이 지금 예상하고 있는 세 번째 덤을 강조하는 대신에 세 번째에 강조하지 않고 네 번째에 강조해 보라. 아동이 이 변화에 어떤 방식으로든 반응하는가? 그것은 아동이 복잡한 청각 패턴을 인식하고 있다는 것을 알려 주는 단서이다.

아동이 패턴 변화에 반응한다면 패턴을 잘 처리하고 있는 것이다. 이제 몇 가지 음절을 더 추가하여 약간 더 복잡한 패턴을 시도해 보라. 덤, 덤, 드-덤, 덤…… 덤, 덤, 드-덤, 덤…… 아동은 여전히 변화에 반응하는가? 아동은 이전의 단순한 것과 마찬가지로 이 패턴에 관심이 있는 것처럼 보이는가? 청각 처리에 어려움을 겪는 아동은 패턴이 너무 복잡해지면 이것을 무시할 것이다. 당신은 또한 실로폰이나 피아노를 사용하여 아동이 패턴을 따라하거나 완성하는지 확인할 수 있다.

시각적 단서뿐만 아니라 서로 다른 음조와 어조는 아동이 소리를 보다 쉽게 처리하는 데 도움이 될 수 있다.

어린아동이 일상생활에서 소리에 어떻게 반응하는지 생각함으로써 청각 정보를 처리할 수 있는 능력을 측정할 수 있다. 그 아동은 당신이 자신에게 하는 말의 대부분을 이해하는가? 아니면 자신의 욕구와 관련이 있는 친숙하고 자주 반복되는 "밖으로 나가자." "간식 시간이야." "목욕 시간이야." 혹은 "TV 볼 시간이야."와 같은 말에만 반응하는가? 아동은 당신이 말하는 의미를 이해하기 위해 시각적 단서가 필요한가? 예를 들어, 당신이 아동에게 주스를 원하는지 물어보면 그가 무엇을 의미하는지 단어에서 알 수 있는가, 아니면 그가 주스를 봐야 하는가? 아동은 여기서 2개의 의미가 담긴 말을 따를 수 있는가? 혹은 한 가지 의미가 한계인가? 흔히 우리가 말할 때 제스처, 행동 그리고 감정적인 단서들이 동반되기 때문에 당신은 아동이 단어에 반응하지 않는다는 것을 쉽게 알아채지 못할 수도 있다.

아동이 당신의 목소리 어조에 어떻게 반응하는지 관찰하라. 아동에게 무언가를 경고하기 위해 목소리를 1에서 10까지 확대한다면 레벨 10의 목소리와 레벨 5의 목소리에서 다르게 반응하는가? 아니면 아동은 단계적 차이를 모르는 것처럼 보이는가? 당신이 화가 난 목소리로 아동을 부를 때, 아동은 멀리 머물러 있는가? 그리고 당신이 장난스럽게 부르면 다가오는가?

만약 아동이 좀 더 나이가 있다면(3~4세 정도), "무엇을 하고 싶니?" "어디로 가고 싶니?" "언제 해야 할까요?" "왜 밖에 나가고 싶어?"와 같은 추상적인 질문을 이해할 수 있는가?

2) 인지 및 정서 처리

인지 및 정서 처리는 감각을 통해 받아들이고 보다 추상적인 수준으로 취해진 정보를 기반으로 한다는 점에서 감각 처리보다 정교한 형태이다. 시각 및 청각 처리 문제로 인해 이 두 영역에서 문제가 발생한다고 가정할 수 있다. 나중에 아동의 시각 및 청각 처리 기술을 강화하기 위해 노력하면서 인지 및 정서 정보를 처리할 수 있는 능력을 강화하게 될 것이다. 아동이 정서적인 신호를 어떻게 처리하는지 보라. 아동은 당신의 얼굴 표정을 읽을 수 있는가? 당신 목소리에 있는 신호를 알아채는가? 분노, 슬픔 또는 기쁨을 표현하는 것을 아는가? 아동이 어떻게 문제를 해결하는지 관찰하라. 숨겨 놓은 물건을 찾을 수 있는가? 블록을 쌓은 것이 떨어지거나 장난감이 고장났을 때 문제를 해결할 수 있는가? 아동은 자신이 필요한 물건을 요구하기 위해 제스처를 사용하여 물건을 표현할 수 있는가? 아동은 양(더 혹은 덜)의 개념과 숫자, 시간을 이해하기 시작했는가? 왜라는 질문에 답하는 것이 더 추상적이고, 하나가 아닌 2~3개의 답을 제공하는가?

3) 시각 및 공간 처리

시각 처리란 시각적 정보를 식별하고 해독할 수 있는 능력을 말한다. 시각적 정보를 사용하도록 요구하는 어려움에 직면했을 때의 아동을 관찰하라. 아동이 일이 어떻게 진행되는지에 관심이 있는지를 확인하라. 아동이 장난감을 따로따로 가지고 가서 다시 끼울 수 있는가? 장난감을 치울 때가 되면 어느 바구니에 어떤 것들이 속하고, 어느 바구니가 어떤 선반이 있는지 알 수 있는가? 새 집에 있을 때 당신이 있는 방을 찾을 수 있는가?

아동의 행동에서 아동이 시각적 정보에 어떻게 반응하는지 단서를 찾아보라. 예를 들면, 모양을 부드럽게 만들기 위해 삼각형을 집어 넣기, 자신이 원하는 사물의 그림을 고르기, 장소와 사람의 사진을 보여 주며 어디에 가고 싶고 누굴 보고 싶은지 이해하기가 있다.

성공을 방해하는 운동 행동에 대한 문제를 인식하라. 시각장애가 있는 아동은 퍼즐의 모든 조각을 살펴보는 데 어려움을 겪을 수 있다. 퍼즐의 한 조각을 다른 퍼즐과 일치시키기 위해 시각적 단서를 사용하지 않거나, 퍼즐의 조각이 어떻게 보였는지 기억하기 어려울 수 있다. 반대로 운동장애가 있는 아동은 시각 정보를 잘 처리할 수 있지만 조각을 서로 밀거나 삽입하거나 움직임을 조율할 수 없다.

모양별로 장난감을 분류하려면 시각 및 운동 처리 모두가 필요하다. 조각 퍼즐을 해결하는 것도 이런 과정이 필요하다. 어떤 아동들은 친숙한 퍼즐을 암기하고, 암기를 통해 맞추기 때문에 새로운 퍼즐로 아동을 관찰해야 한다. 어떤 아동들은 수수께끼의 디자인을 해석하거나 유연한 시행 착오 전략을 사용하여 퍼즐을 조립한다. 또한 블록이나 레고를 사용하여 여러 개의 방이 있는 집이나 통로, 골목, 건물이 있는 복잡한 구조를 만들 수 있다. 개념화하고 처음부터 새로 만드는 능력은 다른 사람이 만든 것을 모방하는 능력과 다를 수 있다.

시각 정보의 사용은 아동이 세상을 어떻게 탐색하는지에 영향을 미친다. 아동은 방향 감각이 좋은가? 아동은 어느 방향이 집인지, 어느 방향이 친구의 집인지 직관적으로 알고 있는가? 일부 아동은 이러한 시각적 정보에 주의를 기울이므로 다른 경로로 집을 가거나 좋아하는 장난감의 위치를 변경하면 걱정한다. 그들은 안정감을 느끼기 위해 항상 모든 것이 똑같기를 원하며, 눈으로 봐야지만 어떤 일이 일어나고 있는지 안다. 일부 아동은 청각적 처리가 일관성이 없거나 손상되었기 때문에 시각적 처리에 의존한다. 시각적 공간 처리가 손상되었다면 그들은 융통성이 없고 반복적으로 될 가능성이 크다.

시각적 처리에는 대상 영속성이 포함되어 있어서 보이지 않는 경우에도 물체를 기억할 수 있다. 손에 물건을 숨기면 아동이 그것을 찾을 수 있는가? 3개의 냅킨 중 하나 아래에 작은 물건을 숨기는 3개의 몬스터 카드 버전으로 아동을 시험해 보라. 냅킨에서 냅킨으로 옮기면 그것을 찾을 수 있는가? 아니면 혼란스러워하는가? 아동은 그것이 거기에 있다는 것을 잊어버린 것 같은가?

아동이 자신의 환경에서 시각적 정보에 어떻게 반응하는지 생각해 보라. 아동은 시각적인 단서를 알아채는 것처럼 보이는가, 아니면 단서를 이해하지 못하는 것처럼 보이는가? 아동은 같은 물체를 반복해서 가지고 노는 것을 선호하는가, 아니면 새로운 장난감을 열심히 탐구하는가? 물건이 제자리에 없을 때 알아채는가? 새로운 장소에 있다는 상상을 해도 화내지 않는가? 아동은 큰 그림을 그리고 상상을 할 수 있는가?

3. 아동의 운동 시스템 평가하기

1) 근긴장도

아동이 매우 낮은 근긴장도와 같이 근긴장도에 심각한 문제가 있는 경우에 대부분 이를 잘 알고 있으며, 의학적 및 생리학적 평가를 요구한다. 그러나 미묘한 근긴장도 문제는 인식하지 못할 수도 있다.

아동이 당신과 포용할 때 어떤 일이 발생하는가? 아동의 몸이 굳어 있으면서 편안하지 않은가? 아동의 몸이 늘어졌는가? 단단하고 딱딱한가? 아동이 무릎에 앉아 팔과 다리를 움직일 때, 아주 최소의 저항감을 표현할 수 있는가? 그들은 마치 젤리로 만든 것처럼 쉽게 움직일 수 있는가, 아니면 근육의 움직임을 따르기를 원하지 않는 것처럼 너무 경직된 채로 움직이는가? 느슨함은 낮은 근긴장도를 나타낼 수 있다. 경직됨은 높은 근긴장도를 나타낼 수 있다.

당신이 아동을 대면하여 그의 손을 잡고 있다면 아동은 무릎을 굽힘으로써 당신을 모방할 수 있는가? 아동은 다리의 근육을 사용하여 몸을 높이거나 낮출 수 있는가? 아동은 웅크리는 자세로 자신의 체중을 지지할 수 있는가? 아동은 이 게임을 하는 동안에 유동적이고 편안하게 느껴지는가, 아니면 불안정하여 자신을 조절할 수 없는가? 다리로 자신을 밀어낼 수 있는 어린 아동의 능력은 전반적인 근긴장도를 나타내는 좋은 지표이다. 예를 들어, 아동이 자동차나 기차를 밀거나 놀면서 바닥에 누워 있는 경우, 아동은 자신의 머리를 똑바로 세우기 위해 팔을 사용하여 바닥에 지지해 있을지도 모른다. 어떤 아동들은 머리를 들기가 어려울 수 있고, 놀이를 하는 동안에 한 팔에 의지할 수도 있다. 아동이 팔로 목표물을 가리킬 만큼 충분히 오랫동안 공중에 두지 못하면 근긴장도가 낮을 수 있다. 아동이 원하는 것을 정확하게 가리킬 수 있는가? 팔의 근육을 얼마나 잘 제어할 수 있는가?

2) 소근육 운동 능력

정상적인 근긴장도는 미세한 근육 기술을 위해서 필요하다. 만일 아동이 18개월이라면 표시하기 위해 크레용이나 연필을 쥘 수 있는지 확인하라. 아동이 2세이면 크레용을 사용하여 낙서하고 한 획을 그릴 수 있는가? 아동이 2세 6개월이면 크레용으로 직선을 그릴 수 있는가? 2세 6개월이 되면 동그란 손잡이를 돌리고, 모자를 벗고, 8개 이상의 블록을 만들 수 있어야 한다. 3~4세가 된 아동은 세 손가락으로 크레용이나 연필을 잡아 동그라미, 가위표, 사각형을 그릴 수 있다고 기대한다.

3) 운동 계획

특정한 소근육, 대근육 운동 능력과 더불어 지각과 인지 과정은 더 나은 목표 지향적 행동을 위해 필요하다. 무언가를 한다는 것은 먼저 생각을 가지고 그것을 구현하는 데 필요한 단계들을 모으고 계획을 실행하는 것이다. 목표를 달성하는 데 필요한 움직임을 계획하는 능력은 학습에서 중요하다.

당신 아동의 움직임 순서 능력을 평가하려면 관찰해야 한다. 아동은 과제를 성취하기 위해 두세 개의 움직임을 연속해서 할 수 있는가? 만일 아동이 몇 피트 떨어져 있는 곳에 있는 장난감을 원해서 그것을 향해 걸어가거나 그것을 향해 손을 뻗어 집어 드는가? 아동은 그것을 가지고 놀거나, 그냥 떨어뜨리는가? 풍선을 분 다음 만져 볼 수 있는가? 계단을 내려가거나 아니면 각각의 다리를 어디에 두어야 하는지를 말해 줘야 하는가? 만일 아동이 2세가 넘었다면 팔과 손을 이용하여 큰 공을 잡을 수 있는가? '파티케이크'나 '거미가 줄을 타고 올라갑니다'와 같은 동요를 모방할 수 있는가? 유치원에서 연속된 행동들을 따라 할 수 있는가? 연속된 모양을 따라 그릴 수 있는가? 어느 방향으로 연필을 이동해야 하는지 알고, 올바른 방향으로 바꿀 수 있는가?

목적 없이 방황하는 경향이 있는 아동은 장난감으로 가득 찬 방에서 장난감을 선택하고 탐색하는 데 필요한 행동을 계획하는 방법을 알지 못할 수 있다. 때론 장난감을 집어 들고는 바닥에 떨어뜨리는 아동이 있다. 장난감을 사용하거나 선반에 다시 올려놓는 데 필요한 두 단계 이상의 순서를 지정할 수 없기 때문이다. 운동 계획에 어려움이 있는 아동은 당신이 해 놓은 것을 무효로 만들지도 모른다. 왜냐하면 무효로 만드는 것이 더 쉽기 때문이다. 아동은 장난감을 바구니에 넣을 수 있는가? 방금 묶은 2개의 장난감에서 고무줄을 벗길 수 있는가? 덜 심각한 운동 계획에 어려움이 있는 아동은 버튼을 누르면 장난감이 튀어나오게 만들거나, 피아노의 건반을 치는 것과 같은 효과적 행동과 같은 단순한 인과관계 행동을 수행할 수 있다.

아동의 수행을 도우려고 손을 잡고 있는 것은 당신 아동의 운동 계획의 어려움을 보완하고 있는 것이다. 아동은 연습을 통해 스스로 하는 법을 배운다. 때로는 어려운 행동을 시작하고, 스스로 다음 순서를 순서화할 수 있다. 아동에게 물건을 주며 그가 물건을 가져가서 사용하는지 보라.

가상놀이 또한 운동 계획 능력을 요구한다. 만약 아동이 차와 기차를 다른 곳으로 이동하지 않고 단지 앞뒤로 밀기만 한다면 다음 행동 순서를 할 수 없다는 것이다. 아동은 인형을 사용하거나 차를 운전할 수 없을지 모른다. 왜냐하면 여기에는 두 가지 과정이 필요하기 때문이다(이것은 추상적 생각의 높은 수준을 요구한다).

심지어 더 복잡한 가상놀이는 더 높은 운동 계획 능력을 요구한다. 아동이 파티를 구성해서 당신에게 음식을 제공하고, 접시를 치울 수 있는가? 그는 그의 차를 운전해서 가상의 수영장에 가서 수영을 하고, 말린 다음 집에 올 수 있는가? 이러한 생각들을 표현하는 데 있어 행동의 긴 순서화를 필요로 한다. 생각은 행동을 유도한다. 생각을 가지고 있는 어떤 아동들은 행동을 수행하는 데 서투를 수 있고, 생각에 대해 얘기하는 것을 더 선호할지도 모른다. 다른 아동들은 행동을 시도하지 않고 수동적으로 보는 것을 선호할 수 있다. 운동 계획에 어려움이 있는 아동들은 운동 계획을 필요로 하는 활동들을 피할지 모른다. 예를 들어, 몇몇 아동은 페이지를 넘기는 행동만 요구되기 때문에 책을 읽는 것을 매우 좋아한다. 아동들에게 행동을 연습하게 하는 것은 숙지할 수 있게 도와줄 수 있지만, 어떤 아동은 자연스럽게 유사한 행동을 하지 못하기 때문에 행동하는 순서를 따로 배워야 한다.

목적 없는 행동과 단일의 반복적인 행동들(종종 운동 계획에 어려움을 보이는 아동들)로부터 나오는 운동 계획 능력 진전은 2~3개의 순서를 포함하는 운동 동작 문제를 해결해 준다. 선반에서 장난감을 꺼내기 위해 의자를 타고 올라가는 것 같이 긴 문제 해결 순서화는 복잡한 모방과 가상놀이, 블록을 사용해 6개의 방이 있는 집을 만드는 공간적 관계를 포함하는 더 복잡한 문제 해결을 이끈다. 또한 운동 계획은 더 일반적인 순서화 능력에 연관되어 있다.

4. 다른 중요한 능력

차례를 지키면서 활동과 협력적으로 노는 것, 운동장에서 활동들을 협동적으로 하며, 성인으로서 파티를 즐기는 것과 같은 사회적 행동 순서의 능력 또한 순서를 만들어 내는 핵심 능력과 연관되어 있다. 논리적인 말을 만들기 위해서 단어를 문장과 문장에 집어넣는 능력조차도 우리의 행동 및 사고를 순서화하는 핵심 역량과 관련이 있다. 이 중요한 능력에 대해서는 나중에 토론한다.

또 다른 중요한 처리능력은 우리의 욕망, 감정, 의도를 우리의 다른 처리능력에 목적, 방법, 의미를 연결시키는 것을 포함한다. 특히 제7장은 이 중요한 능력과 관련되어 있다.

5. 전문가 상담

당신은 자신의 관찰을 통해 여기 보이는 모든 질문에 답을 할 수 있다. 하지만 당신은 아동들의 치료사, 전문가와 상담하기를 원할지 모른다. 이 평가의 부분으로서 당신의 아동이 병력 기록이 완료되지 않았다면 완전한 진단을 받아야 한다. 전문적인 평가에는 신체 질환을 의심하는 소아과 평가 및 대사성 또는 유전적 장애에 대한 조사가 포함된다. 소아과 의사는 의심되는 신경계 질환이 있는지 아동을 검사해야 한다. 언어 문제는 언어 치료사와 자문해야 하고, 운동과 감각 기능에 대한 질문은 물리치료사나 작업치료사에게 해야 한다. 자녀의 인지 능력에 대한 질문은 심리학자 또는 특수교육자와 상담하고 정서적 또는 심리적인 우려에 대한 질문은 소아정신과 의사 또는 아동심리학자와 상담하는 것이 좋을 것이다. 정신과의사, 심리학자, 사회복지사와 같은 정신건강전문가들은 특별한 필요가 있는 아이들의 가정에서 흔히 볼 수 있는 부모와 배우자 사이의 스트레스를 해결하는 것을 도울 수 있다. 몇몇 평가는 팀 평가를 포함한다. 팀끼리 만나서 그 결과를 논의한다. 아동의 생물학적 도전의 천성을 이해하는 것은 아동의 치료를

평가하는 데 유리하게 만들어 주는 것처럼, 일상생활에서 아동을 계속 관찰하면서 치료
를 받고 치료사와 얘기하는 것은 중요하다.

제4장 6개의 발달이정표

제3장에서는 아동의 생물학적 문제를 파악하는 것이 어떻게 상호작용으로 이끄는지에 대해 다루었다. 이 장에서는 여섯 가지 초기 단계로 구성되는 정서적 상호작용의 여섯 가지 유형을 묘사한다. 각 단계에서의 적절한 정서적 경험은 비판적 인지, 사회적 감정, 언어 및 운동 기술뿐 아니라 감각을 발달시키는 데 도움이 된다.

초기 단계에서는 주로 물리적인 것, 예를 들어 가스, 물방울, 움직임, 빛과 소리, 질감 그리고 다른 감각들로부터의 반응을 통해 안다. 특히 자신의 부모, 목소리, 웃음, 특별한 냄새로 반응한다. 운동 패턴은 나누는 기쁨을 만든다. 4~8개월이 되면 아기는 딸랑이를 가지고 놀다가 돌려주거나 좌절감에 던질 수도 있다. 아기는 웃음으로 소리를 만들고, 미소를 짓거나 찌푸리거나 하면서 소리 보상을 받는 것을 기대할 수 있다. 처음으로 아동은 자신이 어떤 행동을 시작하고 세상에 영향을 미칠 수 있는 자유의지를 가진 사람으로서, 다른 사람들과 부분적으로 구별된다는 것을 알게 된다. 시간이 경과함에 따라 정서적 제스처들은 복잡해진다. 아빠가 12~16개월 아동에게 장난감을 주면 아기는 장난감에 손을 뻗지 않을 수도 있고, 자기가 진짜 원하는 장난감을 얻기 위해 아빠를 선반으로 데려갈 수도 있다. 아동은 자신의 의도대로 다른 사람과 의사소통하기 위한 행동이 연속으로 이어질 수 있다는 것을 알고 있다. 수개월이 지나면서 아동의 행동은 더 복잡해진다. 18~20개월의 아기는 자신의 인형을 껴안는 것 대신에 음식을 주며 "돌리, 먹어."라고 말하는 자신의 행동을 설명한다. 이제 아기는 생각이라는 것에 대해 알게 된다. 그리고 자신의 마음속으로 자신과 다른 사람을 상상할 수 있다. 또 아이디어를 낼 수 있고, 자신의 말로 아이디어를 말할 수 있다. 더 많은 시간이 지나면 아기는 더 복잡하게 자란다.

36개월이 된 아기는 당신에게 "자전거를 타러 가자."라고 말할 수 있다. 밖이 추운지 보기 위해 문 앞에서 서서 밖이 춥다면 아동은 "코트를 입는 게 좋겠어."라고 말한다. 이제 아동은 논리적으로 화합하고 생각하는 사람이다.

아동의 정서적 · 사회적 · 인지적 기술은 모두 이 단계를 통해 자라고, 자신의 감각 또한 점점 더 복잡해진다. 이 자아감은 아동이 나이가 들 때까지 계속 확장될 것이고, 새로운 경험들은 아동의 흥미와 능력을 새로운 방향으로 움직여 준다. 아동의 더 많은 학습을 위해서 기초를 형성하는 핵심인 정서적 감각은 기능적 감각에 속한다. 주로 부모와 매일 수백만 건의 상호작용을 하면서 양육되고, 흘깃 보고, 웃고, 간지러워하고, 질문을 하면서 인지에 대한 자신의 감각을 만들어 낸다. 이 상호작용 덕분에 아동이 살아가는 동안에 도움이 되는 인지, 지능, 사회적 기술이 만들어진다. 아동은 자신의 발전과 세계를 위한 더 많은 도전에 준비하고 있다.

이러한 여섯 가지의 기본 단계는 발달의 사다리를 만든다. 각 단계의 새로운 능력은 이전 단계 후에 만들어진다. 이 단계를 6개의 이정표라고 한다. 왜냐하면 아동들의 삶에서 각 단계는 주요한 터닝 포인트가 되기 때문이다.

온화한 육아를 받고 발달상 어려움을 겪지 않은 아동은 4~5세에 자동적으로 이러한 이정표를 세운다. 하지만 어려움을 가진 아동들은 부모나 치료사로부터 도움이 필요하고, 습득하는 시간이 오래 걸린다. 8~9개월에 집기 위해서 팔 뻗기를 하는 대신에 운동장애가 있는 아동은 14개월 또는 15개월에 집기를 할 수 있다. 보통 10개월에 엄마의 목소리 톤을 따라하고 서로 재잘거리는 대신 청각처리장애가 있는 아동은 17개월이나 18개월에 그렇게 할 수 있다. 3세에 추상적 생각을 연결하지 못하고, 많은 어려움을 가진 아동들은 5~7세에 그 일을 할 수 있다. 물론 괜찮다. 45개월인 아기가 8~17개월에 횡설수설하거나 6~10세에 글을 쓰는 법을 배웠는지는 중요하지 않다. 얼마나 잘 학습했고, 진보가 계속되었는지가 몇 세에 특정 기술을 학습했는지보다 더 중요하다. 이 기본적 기술은 삶에서 일찍 배우게 되고, 더 많이 하게 되면 그것들을 더 쉽게 습득하게 해 준다. 이 기본적 능력은 아동의 삶에서 미래의 학습과 발달에 기초가 되기 때문에 필수적이다. 이 능력들은 80층 건물의 토대와 같다. 빌딩을 높게 지을수록 기초는 더 단단해야 한다.

다음 절에서는 각 이정표의 개요를 서술하고, 아동이 발달 사다리에 올라가면서 마주하는 어려움을 부모가 어떻게 도와주는지 묘사했다. 또한 아동이 이런 이정표를 습득하려면 어떻게 도와주어야 하는지 설명했다. 이 내용을 바탕으로 아동이 정서, 인지, 운동, 언어와 사회 기술을 발달시키도록 도울 수 있다.

1. 1단계 발달이정표: 자기 조절과 세상에 대한 흥미

어두컴컴한 데에서 9개월을 보낸 후에 아기는 세상에 태어난다. 갑자기 빛, 소리, 움직임, 촉감, 맛의 세상으로 떨어지게 된다. 관능적 환호성! 모든 정보는 아동에게 흥미롭게 지속된다. 하지만 그와 동시에 아기는 압도당하지 않는 법을 배운다. 아기의 첫 번째 도전 과제는 반응과 잔잔한 평온함을 조절하면서 이 감각적인 파노라마를 습득하는 것이다.

점차적으로 아동은 자신의 관심사에 초점을 맞추는 동시에 자신을 진정시키는 데 사용할 수 있는 것(예: 엄마 얼굴, 아빠 목소리, 자신의 피부, 부드러운 담요의 질감 등)을 알아낸다. 아기는 서서히 진정을 유지시키는 감각 인식을 균형 있게 배운다. 이 기술은 정서적·사회적·지적 건강의 가장 기본적인 단계이다. 우리는 이 배움 없이는 다른 사람과 관계를 발달시킬 수 없고, 매우 자극적인 세상에서 살아남을 수 없다. 아동이 어떻게 감각을 조절하고 처리하는지가 첫 번째 이정표를 얻는 데 중요하다.

피터는 애초부터 민감한 아이였다. 그는 잠을 조금 자고 계속해서 울었지만, 아무것도 그를 달래지 못하는 것 같았다. 부모가 노래를 불러 주며 그의 몸을 흔들자 아동은 불편한 내색을 표하며 팔다리를 흔들었다. 부모가 들어 올려서 안아 주자 아동은 등을 구부리며 소리를 질렀다. 그의 부모는 침울해졌다. 아동과 함께 살기가 힘들고, 어려웠으며, 아동을 돕기 위한 부모의 모든 노력은 상황을 악화시켰다. 지치고 슬픈 나머지 서서히 실망하면서 부모는 노력하는 것을 멈췄다. 그들은 피터를 점점 더 오랜 시간 동안 홀로 남겨 두었고, 아동은 혼자 울다가 지쳐 자곤 했다. 생후 6개월이 되었을 때, 아동은 대부분의 시간을 자거나 자신에게만 몰두했다. 아동은 이미 정서의 첫 번째 이정표를 습득하는 것을 실패했다. 이 단계를 습득하기 전까지는 다음 단계의 친밀감을 습득하지 못한다.

피터의 부모는 소아과 의사에게 도움을 구했다. 피터가 촉각, 소리, 움직임에 과민 반응한다는 것이 평가에 의해 밝혀졌다. 이 정보로 부모는 피터의 세계를 더 편안하게 만들어 줄 수 있다. 부모는 피터를 세게 흔들고 간지럼 태우는 것을 멈췄다. 부모는 피터에게 얘기할 때, 목소리와 얼굴 표정을 부드럽게 했고, 천천히 얘기했다. 곧 피터는 한 번에 몇 번씩 부모의 얼굴을 볼 수 있게 되었다. 그들이 사용한 부드러운 목소리는 피터의 주의를 끌고 진정을 유지하는 데 도움을 주었다. 실험을 통해 특히 낮은 음조를 통해 증상이 완화된다는 것을 알아냈다. 부모는 피터가 움직이는 데 즐거움을 강화시키기 위해 간단한 움직임 패턴을 시작할 수 있었다. 부모는 피터를 바닥에 놓고 팔과 다리를 움 직였다.

부모는 강한 압력으로 피터의 팔과 다리를 마사지했다. 서서히 아동의 움직임과 감각 에 대한 인내가 증가되었고, 부모가 자신을 드는 것에 대해 허락했다. 부모로부터 도움 을 받으면서 피터는 세상을 좀 더 안전한 곳으로 생각했다. 그리고 피터는 잠들지 않고 도 스스로 진정하는 법을 배웠다. 한 살 무렵이 되었을 때, 피터의 개인적 감각들에 대 해 연구하면서 피터가 첫 번째 감정적 이정표를 습득하는 것을 도와주었다.

피터와 달리 앤지는 게으른 아이처럼 보였다. 부모가 얼마나 많이 아동에게 말하거나 웃는지는 상관없이 아동은 무관심했다. 부모가 아동을 보아도 눈 맞춤이 드물었고, 밝 아지지 않았다. 부모가 접근하면 그 방향으로 돌리지도 않았다. 아동은 그들의 제스처 에 (동일하게) 무관심했다. 그들이 아동을 들어 올리거나 간지럽히면 팔짱을 꼈다. 앤지 의 부모는 앤지의 관심을 이해할 수 없었고, 아동이 행복하게 보였으며, 적어도 조용한 것처럼 보였으므로 오랜 기간 동안 아동을 홀로 남겨 두기 시작했다. 앤지는 자신을 진 정시키는 데 아무런 문제가 없었다. 아동의 문제는 오히려 그 반대였다. 세상에 관심이 없다. 아무것도 아동을 자신만의 조용한 세계에 끌어내지 못했다. 또한 첫 번째 정서 발 달이정표를 습득하는 데 실패했다. 앤지의 조부모가 무언가 잘못되었다는 사실을 알고 부모에게 치료를 권했다. 앤지가 반응, 특히 소리, 접촉, 움직임에 대한 감각이 미약하 다는 평가가 나왔다. 치료사와 상담을 했고, 앤지의 부모는 딸의 주의를 끌 다른 방법을 알아냈다. 앤지는 시각적 자극에 반응하므로 부모는 생동감 있는 표현을 사용하여 아동 의 관심을 샀다. 또한 목소리를 높이고 활발한 움직임을 사용했다. 앤지는 부모의 우스 꽝스러운 얼굴을 좋아했고, 자신에게 높은 톤으로 말을 할 때 웃기 시작했다. 또한 밝 은색 물건에 반응했고, 사진을 앤지 앞으로 놓았고, 앤지의 부모가 물건들을 앞뒤로 흔 들면 앤지는 미소를 지었다. 부모는 앤지가 공중에서 빠르게 움직이는 것을 좋아한다는 것과 활기차게 팔을 휘두르는 것을 좋아한다는 것을 알게 되었다. 앤지는 평소 약한 근 육의 조절을 대항하면서 발을 차는 것으로 근육을 긴장시켰다. 손가락, 발가락 게임으 로 앤지의 과다한 반응을 보상하기 위해 점진적으로 지속적인 시각 사용과 움직임을 활 발히 사용하면서 앤지의 부모는 세상에 대한 흥미를 보여 줄 수 있게 되었다.

부모는 소음에 대한 연구를 시작했다. 빠르고 느린 리듬에 앤지가 어떤 반응을 일으 킬 것인지 시도해 보았다. 그들은 중간 범위 정도의 매우 활기찬 음성이 앤지가 청각 정 보를 다시 찾는 데 도움이 된다는 것을 발견했다. 소리를 처리하는 것은 힘든 일이었지만, 앤지가 6개월이 되었을 때 세상을 즐겁고 자극적인 곳으로 보는 듯했다. 부모의 도움으로 아동은 1단계 발달이정표를 습득할 수 있었고, 다음도 습득할 준비가 되어 있다.

2. 2단계 발달이정표: 친밀감

세상에 대한 관심과 함께 인간관계에 특별한 사랑이 온다. 그냥 단순한 관계를 얘기하는 것이 아니다! 아기는 주된 양육자나 부모를 원한다. 아기는 부모를 자신의 세상에서 가장 중요한 요소로 꼽았고, 부모에게 부모가 특별한 사람이라는 것을 알게 했다. 아동의 시야에 그들이 보이면 아기는 밝게 빛나는 눈으로 그들을 보며 웃는다. 그리고 미소와 기쁨을 나누는 그 순간에도 부모와 아기는 계속해서 사랑에 빠진다. 그들은 함께 그들의 친밀함을 발견하고 심화시킨다.

친밀감은 미래의 모든 관계의 기본을 이룬다. 이것은 아기에게 따뜻하며 사람들의 관계가 즐거울 수 있으며, 사랑할 수 있다는 것을 가르쳐 준다. 부모에게 이것을 배운 아기는 자신의 삶을 통해 사람의 관계에 대해 배우는 기반을 만든다.

이 발달 단계의 습득 또한 운동, 인지와 언어 기술을 접합시킨다. 아기는 자신의 몸을 사용하여 얼굴을 찾고, 부모를 만지면서 배운다. 눈 맞춤과 파고드는 걸 통해서 아기는 익숙한 물체와 얼굴을 살피고 서른 가지 이상의 소리에 대해 주의를 기울이는 법을 배운다. 아기는 소리와 말을 인식하는데, 특히 부모의 말을 더 잘 인식한다. 이 모든 기술은 나중에 아기가 움직이고, 생각하고, 말하는 능력을 만들어 준다.

태어날 때부터 제니는 소리와 촉각에 민감했다(후에 의사는 제니에게 청각에 문제가 있다는 것을 알아냈다). 휴대 전화 소리, 개 짖는 소리, 남동생의 울음소리에는 반응하지 않았다. 하지만 엄마의 부드러운 목소리는 제니를 짜증나게 했다. 부모가 제니를 진정시키기 위해 안아 노래를 불러 주면 청각과 촉각 자극의 결합이 제니를 더 혼란스럽게 하거나, 스스로를 완전히 통제 불가능하게 했다. 제니의 부모는 무엇을 해야 할지 알지 못했다. 그들의 다른 자녀는 양육하기가 아주 쉬웠다. 조금만 찔러도 달콤하게 속삭이고, 웃고, 미소지었다. 이 아동에게 무슨 문제가 있는 것인가? 거절당한 느낌을 받으면서 그들은 점차 첫째와 더 많은 시간을 보냈고, '화난 제니'와는 적은 시간을 보내기 시작했다. 그렇다고 해서 그들의 딸을 무시한다는 게 아니다. 부모는 단지 뭘해야 할지 몰랐던 것이다. 제니가 부모를 보고 미소를 짓기보다는 원하는 더 많은 것이 있었지만, 제니는 할 수 없는 것 중 하나였다. 대부분의 아기가 7개월에 부모의 사랑에 빠지는 시점을 넘어서는데 제니는 여전히 쉽게 미소 짓거나 즐거워하지 않았다.

제니의 할머니는 근처에 살았는데 매우 인내심이 강한 여성이었고, 그녀는 그 까다로운 아기와 오랜 시간을 보냈다. 할머니는 제니를 의자에 앉혀 테이블에 올려놓고는 뒤, 아래, 왼쪽 또는 오른쪽 제니의 시야에 들어오는 '까꿍' 놀이를 하곤 했다. 할머니는 제니가 장난감을 보며 콧노래를 부르고, 그림책을 보는 걸 보았다.

때때로 할머니는 바닥에 제니를 앉히고는 소파에 앉아 뜨개질을 할 때 자신의 발을 부드럽게 흔들었다. 그렇게 하는 동안, 할머니는 사랑스러운 눈으로 제니를 내려다보며 행복하고 우스꽝스러운 얼굴을 만들곤 했다. 제니는 이러한 몸짓에 반응했다. 할머니는 제니를 앉힌 다음 온화한 움직임으로 진정시켰다. 제니는 할머니의 우스꽝스러운 얼굴과 밝은 색상의 사진을 좋아했다. 할머니는 직감적으로 복잡한 노래보다는 단조로운 목소리를 사용했고, '바, 바, 바' 같은 간단한 소리를 반복했다. 시간이 지날수록 제니는 할머니를 더 오랜 기간 동안 봤으며, 나중에는 웃기 시작했다. 제니의 더 강한 감각들을 자극하고, 과민 반응을 피함으로써 할머니는 제니와 더 친해졌다. 할머니는 제니의 감각적 어려움을 해결할 수 있는 방법을 본능적으로 찾았다. 이것은 두 번째 정서적 발달이정표를 습득하는 데 도움이 된다. 제니가 반응하는 것을 지켜보던 제니의 부모는 제니 할머니의 행동을 따라하면서 비슷한 노력을 격려했다.

친밀감을 배워야 하는 것은 아동뿐만이 아니다. 나이가 많은 대부분의 아동은 이 기술을 습득하는 데 실패한다. 왜냐하면 처리의 어려움은 그들의 양육자와의 애정 어린 접촉을 혼란스럽고, 무섭고, 고통스럽게 만들기 때문이다.

2세 6개월이 되었을 때, 제이는 트럭과 노는 것을 좋아하는 것처럼 보였다. 아동이 혼자 반복적으로 놀면서 말하지 않을 때 부모는 당연히 걱정했다. 제이의 아버지는 제이와 같이하려고 노력했지만, 제이는 아버지의 손에 있는 트럭을 움켜잡고 도전적으로 등을 돌렸다. 제이의 아버지는 당연히 슬펐고, 강제로 놀이에 반응했다. 그는 제이와 협상할 트럭을 위한 터널과 다리를 짓고 측선으로부터 "여기에 주차하세요."라고 지시했다. 제이는 아버지의 진전을 거절했다. 아버지가 열심히 노력할수록 제이는 그를 거부했다. 결국에 제이는 아버지를 피하기 시작했다.

초기 평가에서 제이는 전반적 발달장애로 진단받았다. 평가 중 포함되는 부분으로 왜 회피하고 방어적인지 알아냈다. 관찰에 따르면, 제이가 접촉에 극도로 민감하고 운동 계획을 세우는 데 어려움과 청각장애를 겪고 있었다. 제이는 필사적으로 조직을 유지하고, 상호작용을 통제하고 회피함으로써 압도당하지 않도록 노력했다. 다양한 치료를 통해 제이는 아버지는 관계를 맺기 시작했다.

제이의 아버지는 상호작용을 강요하기보다는 제이가 자신에게 접근하는 것이 안전하다는 것을 느끼도록 만들어야 했다. 먼저, 제이의 아버지는 제이가 트럭을 가지고 노는 동안에 옆에서 조용히 지켜보도록 배웠다. 아버지는 자신의 자동차로 열광적인 논평을 할 수 있었지만 지시를 내리거나 가져가지 않았다. 아버지는 호소했고, 유도하려고 했다.

아버지는 제이가 어떤 물건을 필요로 하는지 예측하면서 다루는 것이 최선이라고 배웠다. 몇 주 후 제이가 노는 동안에 아버지를 보기 시작했다. 그러자 아버지는 상호작용하는 데 트럭을 사용했다. 하지만 제이는 여전히 혼자 놀았고, 제이의 움직임을 모방하며 "네가 차를 가져와 줄래?"라며 비강요적인 말을 했다. 제이는 수시로 아버지를 바라보았지만 대부분 혼자 놀았다. 그러나 제이는 자신의 차를 아버지의 옆으로 놓거나, 아버지의 차가 자신의 차를 따르게 했다.

그러던 어느 날 제이가 놀면서 아버지 가까이에 앉았다. 놀이 중간에 그는 아버지에게 잠시 기댔다. 제이의 아버지는 감격했으나 제이에게 손을 내밀어 만지는 것 대신에 물러나 "안녕!"이라고 말하며 미소를 지었다. 앞으로 몇 주 동안 제이는 때로 아버지에게 기대는 것을 계속할 것이고, 때때로 아버지는 트럭이 어디로 가는지 보여 줄 것이다. 그런데 또 어느 날 갑자기 제이가 트럭을 아버지 머리에 쾅 부딪혔다. "들어와!" 아버지는 자신의 트럭을 제이 차에 박았다. 제이는 웃었다. 그리고 나서 아버지는 예기치 못한 일을 했다. 아버지는 제이를 향해 자신의 트럭을 굴렸다. 하지만 마지막 순간에 다시 당겼다. 제이는 다시 웃었다. 아동은 그런 놀라움을 좋아했다. 몇 달 후에도 이 놀이는 반복되었고, 아버지는 제이를 놀래키려고 했다. 자신의 트럭을 굴리고, 멈추고, 그의 틈으로 숨겼다가 다시 바깥으로 당기고, 몇 달 후에 아버지는 트럭을 제이에게 주었는데, 놀랍게도 트럭을 가져가는 대신에 제이는 트럭을 보려고 아버지 무릎에 올랐다. 그들은 장난감을 시험하면서 처음으로 친밀한 순간을 경험했다. 참을성 있게(때론 아프다!) 제이의 안내를 따라가면서 제이의 아버지는 제이가 자신에게 다가올 수 있도록 안전하게 만들었다. 제이의 꺼리는 일을 해결함으로써 제이가 2단계 발달이정표를 경험하도록 도왔다.

제이는 다른 어려움이 있었다. 제이는 언어의 어려움을 해결하기 위해 언어치료사가 필요했고, 운동 계획을 돕기 위해 작업치료가 필요했다. 제이가 더 정리되도록 돕는 것은 발달 도전 과제와 감각 조절 문제를 해결하는 데 있어 중요한 첫걸음이었다.

3. 3단계 발달이정표: 양방향 의사소통

아동이 부모와 사랑에 빠지면 흥미로운 일이 일어난다. 아동이 부모에게 영향을 끼칠 것이라는 것을 깨닫는다. 아동이 어머니에게 미소를 지으면 어머니는 미소를 짓는다. 아동이 아버지에게 손을 내밀면 아버지도 손을 내민다. 아동이 감정이나 의도를 표현하면 그를 돌봐 주는 사람은 반응한다. 이것은 대화의 시작이다. 아동과 어른들은 대화를 나누고 있다.

우리는 이러한 대화를 소통의 순환을 열고 닫는 것이라고 생각한다. 예를 들어, 아동이 표정을 지으며 손을 뻗을 때, 그는 얘기를 시작한다. 부모가 뒤를 돌아보면서 반응을 보일 때, 부모는 아동의 행동에 기초를 둔다. 우리는 이러한 대화를 의사소통의 순환을 열고 닫는 것이라고 생각한다. 아동이 부모에게 미소짓거나, 발성하거나, 다가오거나, 심지어 도망감으로써 응답할 때, 아동은 순환을 닫아 버린다. 부모가 아동의 반응에 응답할 때 장난감을 들고 "놀고 싶지 않아?"라고 말하면서 아동의 발성을 되풀이하면 아동은 다른 몸짓(외모, 미소 또는 손의 움직임)으로 반응한다. 그들은 또 다른 순환을 시작하고 끝낸다.

아동은 경험으로부터 상당히 빨리 추론한다. 아동은 부모가 반응할 수 있도록 촉진시킬 뿐 아니라 다른 반응도 일으킬 수 있다. 아동은 장난감을 두드리고, 장난감은 소리를 만들어 낸다! 아동이 블록을 손에서 놓으면 바닥에 떨어진다. 아동은 세상에 영향을 끼치고 자신이 행동의 결과를 초래할 것이라는 것을 알면서도 적극적으로 일을 하고자 하는 의지의 사람이 된다. 그렇게 아동은 기본적인 감정, 인지 및 운동 학습을 배운다.

양방향 의사소통은 상호작용에 필수적이다. 그것은 또한 아동들이 자신과 세상에 대해 배울 수 있게 해 준다. 더 성장한 아동이 선생님을 안으면 선생님도 포용한다. 그 아동은 자신이 인정받았다는 것을 알게 된다. 아동이 다른 아동을 밀치면, 그 아동은 울기 시작한다. 아동은 자신의 행동이 누군가를 울릴 수 있다는 것을 깨닫는다. 이러한 본질적인 상호작용에 대한 필수적인 경험이 없다면 아동은 고의성이라는 기본 감각을 형성할 수 없고, 자신이 누구인지에 대한 감각을 형성할 수 없고, 세상이 논리적이라는 것을 볼 수 없다.

스콧은 난산으로 인해 관계 맺기가 어려워 보였다. 스콧은 많은 감각이 부족했고, 근 긴장도는 낮았으며, 운동 능력은 느리게 발달했다. 스콧의 왼쪽은 오른쪽보다 약했다. 생후 8개월이 되었을 때 스콧의 부모는 스콧이 뇌성마비를 앓고 있고, 팔과 다리에 힘을 주거나 조절하는 법을 배우려면 물리치료와 작업치료가 필요하다는 말을 들었다. 치료에도 불구하고 스콧은 세상에 별로 관심을 보이지 않았고, 활동을 거의 시작하지 못했다. 스콧의 어머니는 스콧에게 미소를 짓고 속삭이면서 스콧이 다시 자신에게 미소 짓길 바랐지만, 스콧은 고개를 돌리고, 눈길을 피했다.

자신의 관심사를 얻고 친밀감을 구축하기 위해(앞에서 설명한 방법을 사용하여) 노력한 후, 스콧의 어머니는 스콧의 세 번째 비판적 기술인 양방향 의사소통을 돕기 시작했다. 스콧이 부모에게 관심을 갖게 하는 것만으로는 더 이상 충분하지 않았다. 스콧은 이제 부모의 제스처에 대해 반응을 보일 필요가 있었다.

스콧의 부모는 스콧에게 제스처의 힘을 보여 주기 시작했다. 스콧이 경미한 소음이나 움직임을 만들 때마다 스콧의 부모는 '우와!'라고 하며 과장된 방식으로 대답했다. 보거나, 혀와 머리를 움직이는 것처럼 스콧이 쉽게 할 수 있는 운동 동작을 신중하게 세웠다. 곧 스콧은 제스처가 부모에게 반응을 일으킨다는 사실을 알게 되었다. 스콧의 세상에 영향을 미쳤다! 점차적으로 스콧의 부모는 이러한 행동을 대화로 바꾸어 놓았다.

스콧이 팔을 살짝 뻗거나 겉으로 보기에 살짝 움직였을 때마다 스콧의 아버지는 팔을 흔들었다. 그러자 스콧은 팔을 다시 움직였다. 스콧은 하나의 소통의 순환을 마쳤다.

스콧은 일을 일으킬 수 있다는 힘을 인지하게 되면서 솔선해서 주도권을 잡기 시작했다. 스콧은 높은 의자에서 장난감을 떨어뜨리곤 했다. '뚱땅!' 이제 스콧의 부모는 그가 더 많은 의사소통을 하도록 유인하기 위해 장난감을 사용할 수 있다. 부모는 스콧과 함께 바닥에 엎드려, 얼굴을 마주보고 스콧이 장난감을 담으려고 손을 뻗을지 보기 위해 스콧이 보고 있던 장난감을 잡곤 했다. 또는 그들은 스콧이 만지고 있는 장난감을 그의 손이 닿지 않는 곳에 놓고 그에게 미끄러지라고 도전했다. 또는 스콧이 가지고 놀던 장난감을 정리하는 것을 성공했을 때, 스콧의 부모는 스콧에게 진심으로 축하를 보냈다. 이런 식으로 스콧의 자연스런 관심과 기존의 운동 능력을 이용함으로써 부모는 발달 과정을 다시 시작했다. 스콧의 부모는 3단계 발달이정표를 익히는 데 도움을 주었다. 집에서 일을 하면서 스콧의 물리치료사와 작업치료사 또한 더 많은 진전을 보고했다.

4. 4단계 발달이정표: 복잡한 의사소통

일단 아동이 양방향 의사소통의 기초를 습득했다면 아동이 펼칠 수 있는 순환의 수는 급격히 증가한다. 그리고 순환의 수로 인해 의사소통의 복잡성이 증가한다. 이전에 아동은 한 번의 제스처로 모든 것에 반응했으나, 이제는 제스처를 복잡한 응답으로 연결할 수 있다. 어머니의 부재 후에 아동이 어머니를 다시 봤을 때, 달려 들고, 팔을 올리고, 기쁨으로 비명을 질렀다. 그것은 초기 단계에서는 불가능했던 일련의 제스처였다.

아동은 태어나서 처음으로 소망을 표현하는 어휘를 가지게 되었다. 그것은 단어가 아닌 제스처의 어휘이지만, 함께 연결함으로써 상당히 복잡한 생각을 전달할 수 있다. 예를 들어, 아동이 배고플 때 아버지의 손을 잡고 냉장고로 데려가서 원하는 것을 가리킬 수 있다. 더 이상 아버지가 음식을 제공할 필요가 없다. 아동의 장난감을 가져간 형제에게 화가 났을 때, 단순히 우는 대신에 형제를 때리거나 차거나 장난감을 가져갈 수 있다. 아동이 자기 방에서 장난감을 들고 놀이 공간으로 가져갈 수도 있다. 아동이 부모와 행복하게 지낼 때, 아동은 단순히 미소 짓기보다는 부모에게 달려가서 그들을 껴안고 뽀뽀하면서 상호작용할 수 있다. 반대로, 아동은 실망했을 때 부모에게 찡그린 표정을 짓거나, 용서할 수 없는 듯한 냉정함으로 벌을 줄 수 있다.

날로 증가하는 제스처로 아동은 더욱 복잡한 표현의 방법을 제공하고, 이 표현은 자신의 창의력을 발휘하게 된다. 아동은 더 이상 부모님이 하는 방식대로 할 필요가 없다. 아동은 술래잡기에서 자신만의 요인을 추가할 수 있고, 이제는 자신만의 역할을 하는 동안에 어머니의 제스처를 흉내 낼 수 있다. 아동의 새로운 제스처와 의사소통 기술은 자신의 개성을 표현할 수 있는 무수한 방법을 제공한다. 아동의 성격이 드러남과 동시에 자아감은 훨씬 더 복잡해지고 있다.

아동은 이제 행동의 패턴인 스무 가지 또는 서른 가지의 행동이 누군가와 가까워지거나 화를 내는 것과 관련되어 있음을 이해한다. 아동은 다양한 감정과 그것을 표현할 수 있는 어휘를 사용한다.

자신의 많은 감정과 의도를 표현하기 위해 더 많은 어휘를 사용하면서, 부모의 복잡한 제스처에 반응하면서 아동과 부모는 긴 제스처를 통해 오래 대화를 한다. 스무 가지, 서른 가지, 마흔 가지의 대화를 끝내게 되면 각 소통의 순환은 아동의 자아의식을 형성한다. 아동은 '자신'이 단순한 고립된 반응이 아니라 의도적인 행동 패턴으로 만들어져 있음을 이해한다.

한편, 아동은 다른 사람들의 패턴을 이해하기 시작한다. 아동은 부모님의 제스처를 통해 자신이 안전한지 위험한지, 동의를 받고 있는지 동의를 받고 있지 않은지, 받아들이고 있는지 거절되는지, 존중받는지 모욕하는지 등을 파악할 수 있다. 아동이 어느 정도 단어를 사용하기 전에 아동과 부모는 삶의 주요한 주제에 관해 대화를 한다. 아동은 성격 패턴, 다른 사람에 대한 기대, 자아감을 형성한다. 무력감이나 자기주장에 대한 패턴, 사랑과 존중, 해와 모욕에 대한 기대가 나타난다.

이러한 대화의 성장은 언어의 시작이다. 의사소통에 대한 풍부한 경험을 통해 아동은 언어의 토대를 마련한다. 이 단계에서 아동은 부모의 소리를 모방하기 시작할 수 있다. 의사소통의 어려움은 자녀의 어려움이 분명하게 드러나기 훨씬 전에 이 단계를 숙달하는 어려움에 의해 처음으로 드러난다. 12~20개월 사이의 아동이 집 밖에서 놀기 위해 문을 여는 등 또는 장난감을 찾는 데 도움이 되도록 복잡한 제스처를 하지 않으면 전체 평가가 필요하다. 아동이 단어를 사용하지 않을 때 부모와 전문가들은 기다려야 할지, 또는 전체 평가를 할 것인지 고민에 빠진다. 아동이 말을 하지 않으면 문이나 장난감 가게로 데려다 주는 등 복잡한 문제 해결을 보여 주면서 기다려 볼 수 있다. 만약 아동이 그러한 사전 예방적 패턴에 관여하지 않는다면 기다리는 것은 현명하지 못하다.

복잡한 제스처를 통해 자신을 표현하는 능력은 아동의 운동 및 운동 계획 기술을 구축한다. 아동의 희망과 의도를 전하기 위해서 먼저 자신의 행동을 논리적인 순서로 조직해야 하며, 다른 사람들의 순서화된 행동을 읽는 법을 배워야 한다. 아동이 세상을 이용하고 즐길 수 있는 능력이 증가하면서 세상을 이해하는 능력도 커진다. 이제 아동은 아빠가 커튼 뒤에 숨어 있을 때 아빠가 사라지지 않았음을 알고 있다. 커튼을 옆으로 당겨서 그를 찾을 수 있다.

3세 때, 앤드루는 목적 없는 아이였다. 그는 장난감을 집어 들고 나서 떨어뜨리고는 다른 장난감으로 가서 그것을 보다가 창문을 향해 뛰어가더니 밖을 향해 소리쳤다. 만약 앤드루의 어머니가 앤드루를 밖으로 내보내기를 거부한다면 앤드루는 비통하고 가눌 수 없는 눈물을 흘렸을 것이다. 이런 종류의 무작위적이고 단편적인 활동은 앤드루의 행동을 특징지었다. 그러나 앤드루의 부모에게 가장 혼란스러운 것은 앤드루가 그들에게 지속적인 관심을 보이지 않는다는 것이었다. 앤드루는 엄마와 아빠를 껴안기 위해 다가갈 것이지만 몇 초 이상 계속되지 않았다. 그럴 경우, 2~3개의 소통의 순환을 닫을 것이다. 아마도 아버지의 시선을 돌리거나, 무릎에 머리를 대거나, 허락을 받은 장난감을 가지고 어머니의 제스처에 반응하지만 앤드루가 도망가기 전에 그의 목적 없는 방황을 재개한다. 3분 후 아동은 돌아올지 모르지만 단지 몇 초 동안 일 수 있다. 앤드루의 부모 또한 앤드루의 어휘가 제한되어 있기 때문에 어려움을 겪었고, 앤드루는 어색하고 신체적으로 불안정한 것처럼 보이는 행동 때문에 어려움을 겪었다.

앤드루에게는 취약X증후군이 있음이 밝혀졌다. 앤드루는 소리를 해석하기 어려운 청각장애를 겪고 있었다. 앤드루는 부모의 말을 이해할 수 없었다. 그들의 열광적인 만세

소리, 그들의 위로의 속삭임, 그들의 경고 소리는 앤드루가 이해하기 어려웠다. 앤드루는 또한 운동 계획 문제가 있어서 운동 순서를 구성하기가 어려웠지만, 소리나 움직임의 순서를 해석하는 것도 그에 대한 도전이었다. 앤드루의 부모가 앤드루가 저녁 먹으러 오라고 하는 말이나 장난감을 치우라는 말을 이해할 수 없을 때, 말 그대로 앤드루는 부모를 이해하지 못했다. 앤드루와 부모의 의사소통은 혼란스러웠다. 앤드루은 부모님을 사랑했고, 부모의 애정을 원하면서 다가갔다. 앤드루가 다가가자마자 부모가 혼란스러운 (약간 압도적인) 소리와 제스처를 만들기 시작했을 때 앤드루는 물러나야 할 필요성을 느꼈다.

평가 후에 앤드루의 치료사는 부모와 아동의 접촉 시간을 점차 늘리기 위해 앤드루가 겪고 있는 문제를 다루는 법을 부모에게 보여 줬다. 치료사는 부모에게 앤드루에게 지나치지 않을 정도로 제스처를 계속하라고 지시했다. 앤드루가 포옹을 하기 위해 다가오면 부모는 따뜻하게 미소를 지으며 안아 줘야 한다고 했다. 앤드루와 헤어질 때는 부모는 미소를 지으며 "포옹 한 번 더!"라고 말하도록 했다. 그러면서 한 번 더 포옹을 하기 위해 부드럽게 손, 소리, 얼굴 표정을 사용하도록 했다.

앤드루의 부모는 이런 지시를 연습했고, 다음 몇 달 동안 앤드루는 포옹을 하러 오기 시작했고, 도망가다가 다시 재빨리 돌아오기도 했다. "포옹 한 번 더!"는 앤드루가 통제할 수 있는 즐거운 놀이가 되었다. 앤드루는 부모에게 미소를 지으며 부모가 팔을 활짝 펴게 하기 위해 "포옹 한 번 더!"라고 말했다. 그러면서 부모의 품으로 달려갈 것이다.

치료사는 놀이의 확장을 제안했다. "세 가지 소통의 순환에서 열 가지로 시도하려고 합니다. 앤드루가 당신에게 안기면 '다리 포옹'이라고 말하며 다리를 가리키세요. 아이가 당신의 다리에 포옹하는지 보세요. 아이가 그렇게 하려고 한다면 아이를 안아 주세요. 얼마나 오랫동안 이러한 의사소통이 진행되는지 지켜보세요. 아마도 아이는 당신을 안으려고 다리를 가리키면서 웃으며, '아니야.'라고 말할 거예요. 어느 쪽이든 대화는 이어집니다."

몇 달 동안 앤드루와 그의 부모는 팔과 다리, 무릎, 발로 '포옹' 놀이를 펼쳤다. 그들은 한 번에 8개, 9개, 10개의 순환을 닫았다. 그동안 앤드루의 부모는 그들의 발성과 제스처를 활발하게 유지하기 위해 노력하고 있었다. "앤드루야, 저녁 먹으러 내려 가거라." "앤드루야, 먹자." "샌드위치에 치즈를 넣을래?"라고 그들은 치즈를 가리키며 말했다. "오, 저기, 치즈!" 또한 가능한 한 생동감 있게 단어, 얼굴 표정, 제스처를 취하려고 했다.

앤드루는 부모의 새로운 어휘에 즉각적으로 반응했다. 6개월 동안 앤드루는 부모와 전보다 더 많은 접촉을 했고, 부모의 무릎에 앉아 조용한 포옹 놀이를 하면서 그들의 간단한 제스처에 반응했다. 앤드루는 더 깊은 관계 맺기, 더 많은 즐거움 그리고 더 긴 제스처를 가지고 연속적으로 10~12개의 소통의 순환을 이어 나갔다. 앤드루는 또한 좀 더 다양한 종류의 부모님의 소리를 흉내 내기 시작했다. 앤드루는 복잡한 제스처로 의사소통을 할 뿐만 아니라 더 풍부한 말하기를 이끌어 낼 수 있는 기술을 개발하고 있었다.

  루시는 3세 때 앤드루보다 훨씬 더 어려운 아이였다. 루시는 쾌활하고 활기차서 루시의 부모가 통제하기 힘들었다. 루시 역시 목적 없이 이 물건 저 물건 훑어보았고, 조용히 물건을 훑어보는 게 아니라 물건들을 찢어 버리거나 깨뜨리곤 했다. 말하기가 부족한 루시는 부모의 요구와 포옹을 무시하고 달려가며 시끄러운 소리를 냈다. 루시는 그의 부모와 제한된 의사소통을 했다. 루시는 부모의 물건을 가져가곤 했다. 루시는 자신의 바람을 나타내기 위해 문, 텔레비전, 냉장고를 가리키곤 했다. 하지만 루시가 원하는 것을 가지게 된다면 또 다시 흥분해서 산만한 움직임을 일으킬 것이었다.

  루시는 주의력결핍장애와 언어장애를 앓고 있다는 진단을 받았다. 루시의 개인적인 차이에 초점을 맞춘 작업치료사는 루시의 부모에게 루시의 지속적인 움직임은 감각 입력에서부터 과소 반응이 기인한 것이라고 설명했다. 루시의 몸은 자극을 갈망했기 때문에 그것을 찾기 위한 지속적인 임무를 갖고 있었다. 달리기, 만지기, 쥐어짜기는 루시의 몸의 촉각과 고유 수용성 자극에 대한 욕구를 충족시키는 방법들이었다. 치료사는 루시의 부모에게 뛰기, 달리기, 만지기, 레슬링 그리고 공간으로 이동하는 놀이를 함으로써 이러한 종류의 감각들을 상호작용에 집어넣자고 제안했다. 이 접근법은 루시가 적절한 감각 수준을 경험하는 데 도움이 될 것이었다.

  치료사는 또한 루시의 부모에게 루시와의 길게 접촉하라고 격려했다. "루시가 문 밖으로 나가서 문을 두드리면 바로 문을 열지 마세요. 3개의 순환에서 10개의 순환을 할 때까지 아이가 원하는 것을 더 많이 보여 줄 수 있게 이해 못한 척하세요."

  그래서 루시가 문을 두드리려고 바깥으로 나갈 때마다 루시의 부모는 바보처럼 굴었다. "응? 루시야 뭘 원하는 거야?" 루시는 다시 문을 두드렸다. 루시는 더 세게 문을 두드렸다. 그러면 루시의 부모는 여전히 무지한 체했다. 마침내 루시는 부모의 손을 잡아 손잡이에 놓았다. "오!" 루시의 부모는 "내가 문을 열어 주길 바라는 거니?"라고 말했다. 루시는 펄쩍펄쩍 뛰었다. 하지만 루시의 부모는 루시가 손잡이를 잡고 올바른 방향으로 돌리려고 할 때까지 기다려 주지 않았다.

  처음에는 이 운동이 모두에게 좌절감을 안겨 주었다. 루시는 통제력을 잃을 준비가 된 것처럼 보였고, 부모는 루시를 불편하게 만드는 것을 싫어했다. 그러나 루시의 부모는 전략이 작동하고 있음을 알 수 있었다. 루시는 매번 8~10개의 순환을 연속으로 달았다. 루시의 부모는 전략을 다른 경우에도 적용하기 시작했다. 루시가 특정 장난감이나 쿠키를 원할 때 루시가 자신의 바람을 전하는 데 7, 8, 9개의 순환을 달을 때까지 상자를 여는 방법을 알지 못하는 척하거나, 허위로 제공하거나, 루시의 말을 이해하지 못하는 척했다. 루시의 부모는 항상 따뜻하고 루시를 지원하고, 루시와 얘기하는 동안에 그들의 눈을 밝게 빛냈다. 그리고 그들 자신의 의사소통을 매우 생생하게 만들었다. 부모는 루시에 대한 사랑을 전달하면서 루시가 조금 더 노력하게 했다.

몇 달 후 루시는 이 긴 대화에서 부모님과 일상적으로 대화를 나눴다. 동시에 루시의 부모는 가까이에 있는 활동에 대해 루시와 이야기하고 있었다. "쿠키를 원하니? 좋아, 오, 이 쿠키가 아니야? 오, 초콜릿 칩 쿠키……." 때때로 루시는 부모님에게서 들었던 소리를 모방했다. '우~ 우~'는 '쿠키'의 소리를 그대로 재현한 것이다. 루시에게 의사소통과 함께 많은 상호작용적인 감정 경험을 줌으로써 그녀의 부모는 언어의 기초를 닦고 있었다. 의사소통의 순환을 펼치는 데 있어 그들의 끈기는 루시의 4단계 발달이정표를 습득하는 데 도움이 되었고, 아동은 더 집중적이고 세심해졌다.

5. 5단계 발달이정표: 정서적인 사고

사고를 형성하는 아동의 능력은 놀면서 발달한다. 그 아동은 이야기를 짜기 위해 장난감을 사용한다. 그리고 그 이야기를 통해 자신이 느끼는 의도와 희망의 범위를 실험한다. '엄마 인형이 아기 인형에게 먹여 준다.' '집 안의 사람들은 거대한 곰들에 의해 위협을 받는다.' '자동차가 다른 차들과 충돌한다.'는 식이다.

이러한 관념적인 놀이와 더불어 단어의 사용이 늘어난다. 처음에 아동은 단지 그의 세계의 중요한 요소(그가 의지하는 사람들, 그가 가장 좋아하는 음식과 장난감)에 이름을 붙이거나 혹은 자기가 원하는 물건을 가리키며 "저것!"이라고 오만하게 지시한다. 시간이 지나면 아동은 자신의 연극에 대화를 추가한다. 나중에 부모의 도움으로 아동은 자신의 의도, 소망 그리고 감정에 이름을 붙인다.

사고가 가득한 놀이와 단어의 사용 확대를 통해 아동은 기호가 사물을 의미한다는 것을 배우고 있다. 아동이 인형을 목욕시키는 빈 상자는 욕조의 상징이다. 목욕이라는 단어는 욕조에서의 아동의 활동을 상징한다. 분노란 아동이 안고 있는 가슴속의 폭발적인 느낌의 상징이다. 각 상징은 아동이 염려하는 구체적인 것, 활동 또는 감정의 추상화인 사고이다. 아동은 놀이와 말을 더 많이 실험하면서 사고의 세상에 점점 더 능숙해진다.

결국 아동은 사고를 조작하고 자신의 필요를 충족시키는 방식으로 사고를 사용할 수 있게 된다. 예를 들어, 엄마가 없을 때 엄마를 보고, 듣고, 느낄 수 있다. 아동을 잠에서 깨울 때, 우는 대신에 엄마를 부를 수 있다. 때때로 주스에 대해 생각하고 "엄마, 주스!"라고 말하면서 원하는 것을 알기를 바랄 뿐이다. 상징의 세상을 조작할 수 있는 이 새로운 기능을 통해 아동은 훨씬 높은 수준의 의사소통과 인식으로 도약했다.

라이언은 어렸을 때부터 수많은 의학적 문제가 있어서 수술을 받았는데, 2세 6개월까지는 건강한 상태였으나 힘들고 파괴적인 행동을 했다. 라이언은 한 번도 3시간 이상 잠을 자지 못했다. 라이언은 대부분의 음식을 거절하여 저체중이었고, 활동적이고 과민했다.

예비 평가에서 라이언은 가장 이른 이정표를 습득했음을 보여 주었다. 라이언은 치료실의 장난감에 열광적인 관심을 표명하면서 자신을 차분하게 유지할 수 있었다. 친밀감과 양방향 의사소통 능력은 간헐적이었다. 라이언은 종종 부모님의 말과 몸짓을 무시하지만, 동기를 부여하기 위해 수많은 몸짓을 취할 수 있었다. 예를 들어, 라이언은 선반 위의 인형 집을 가리켜 바닥으로 내려놓게 하더니 체계적으로 인형 집의 모든 문과 창문을 열고 닫았다. 그러나 라이언은 어떤 아이디어를 내기 위해 집을 사용하는 경향이 별로 없었다. 어떤 인형을 주면 기계적으로 인형을 넣었지만 이야기를 만들지는 않았다. 라이언의 말의 사용 또한 제한적이었다.

라이언은 문과 같은 단 하나의 단어를 사용했지만 가끔은 "아니요." 또는 "밖으로."라고 말하기를 제외하고는 다른 사람들과 상호작용하기 위해 단어를 사용하지 않았다. 라이언은 이전의 발달이정표를 완벽하게 습득하지 못한 것처럼 보였고, 5단계 발달이정표를 다루는 능력이 손상된 것처럼 보였다.

라이언을 관찰한 결과, 라이언에게 뭔가 다른 점이 나타났다. 라이언의 감정 범위는 한정되어 있었다. 일이 잘못되었을 때 라이언은 화를 내지 않았다. 일이 잘되었을 때도 웃지 않았다. 라이언은 치료실의 장난감에 관심이 있었지만 호기심을 거의 나타내지 않았다. 그리고 라이언의 부모님이 자신을 껴안거나 격려하면 따뜻함이나 기쁨의 표현을 보여 주지 않았다. 라이언의 어머니는 라이언을 '항상 부정적'이라고 묘사했고, 라이언은 항상 시무룩한 것처럼 보이기 쉬웠다.

평가의 일환으로 작업치료사는 라이언이 입안과 입 주위에서 촉각적으로 과민 반응을 일으킨다는 사실을 발견했으며, 이는 라이언이 편식을 가지고 있는 이유였다. 라이언은 또한 신체적으로 안전하지 못했다. 즉, 몸이 공간을 통과할 때의 느낌에 대해 편안해하지 않았다. 발이 땅바닥에 닿을 때 라이언은 불확실하고 불균형해졌다.

라이언과 부모가 함께 노는 모습을 관찰한 결과, 라이언의 감각적 어려움은 부분적으로 라이언의 문제에 대한 책임이라는 것을 알 수 있었다. 라이언의 부모가 라이언과 함께했던 방식도 기여했다. 라이언과 관계를 맺으려는 노력에서 라이언의 부모는 너무 빨리 자신들의 생각을 전달했다. 결과적으로, 라이언이 자신만의 생각을 개발할 수 있는 능력이 저해되었다. 예를 들어, 라이언의 어머니가 라이언에게 인형을 건네주며 "이게 뭐야?"라고 물었다. 라이언이 즉시 대답하지 않으면 "이게 소년 인형이야. 이게 뭐야?"라고 하고 다른 인형을 보여 주며 묻자 라이언은 즉시 대답하지 않았다. "이게 소녀 인형이야." 어머니가 대신 대답했다. "그들과 함께 무엇을 하고 싶니?" 다시 한번 어머니가 물었다. 라이언은 등을 돌리는 것으로 응답했다. 라이언의 어머니는 "인형에게 뭐라고 말할 거야?"라고 말했다. 라이언이 응답하지 않자 어머니는 "인형에게 인사해, 안녕!"이라고 말했다. 라이언은 돌아서서 블록을 가져와 다른 블록에 올려놓고 쓰러뜨렸다. 라이언의 아버지는 아들과 비슷하게 행동했다. 무엇보다 라이언은 더 지시적이었고, 라이언의 제스처와 반응은 훨씬 제한되었다.

라이언은 나아갈 여지를 주지 않았고, 거절하고, 부정적인 제스처를 하는 것이 자신을 단정적으로 주장하는 유일한 방법이 되었다! 이러한 감정적 경향은 라이언의 감각 패턴에 의해 강화되었다. 자세가 불안한 것이 수동적으로 부정적인 태도를 갖게 했고(때리거나 차기보다 거절하기), 입 주위의 예민성은 라이언이 음식에 대해 부정적이게 만들었다. 라이언이 잠을 잘 자지 못하는 것은 그의 부모에게 자신을 주장할 수 있는 유일한 다른 방법이었을지도 모른다. 라이언은 부모를 외면함으로써 스스로를 위한 공간을 얻었지만, 그 과정에서 자신만의 사고를 개발할 기회를 제한했다.

치료 프로그램은 라이언의 구강 과민성 및 근육 조절에 대한 작업 외에도 아동과 상호작용하는 부모도 대상이 되었다. 부모는 자신의 생각을 말하기 전에 라이언에게 대답할 수 있는 시간을 주는 법을 배워야 했다. 부모는 라이언에게 놀이를 시작할 수 있는 여지를 주어야 했다. 점차적으로 부모가 놀이를 할 때 라이언도 참여했지만 방해되지 않게 하는 방법을 배웠다. 라이언의 부모는 그렇게 함으로써 라이언과 더 친해졌다. 라이언은 약간의 리더십을 보여 주기 시작했다. 몇 달 후에 라이언은 한 치료 회기에서 고래 인형을 손에 쥐더니 고래 입을 벌렸다. 과거의 라이언의 엄마라면 고래 인형을 지시했겠지만, 라이언 어머니는 손에 인형을 쥐고 인형이 말하도록 했다. "무엇을 원하니, 고래야?" 어머니는 라이언의 대답을 끈기 있게 기다렸다. 라이언은 고래가 배고프다고 말했다. 라이언의 어머니가 고래에게 먹이를 주는 대신에 "무엇을 먹고 싶어?"라고 물었다. 라이언은 언어적으로 많은 주도권을 쥐며 고래가 원하는 음식 목록을 만들어 냈다. 이 작은 상호작용이 간단한 것처럼, 그것은 가족의 역동적인 발전이었다. 라이언의 어머니는 매 순간마다 라이언에게 무엇을 하라고 지시하지 않았고, 라이언의 어머니는 라이언의 연극을 연출한 후 자신의 연기로 영감을 불어넣어 주었다. 어머니는 그 드라마에서 참여자가 되었지만, 라이언은 감독이었다.

몇 주 후에 어머니와 라이언은 또 고래 인형을 가지고 놀았다. 이번에는 고래가 먹이를 내뱉는다. "고래가 음식을 뱉을 때 어떻게 느껴?" 어머니가 물었다. 라이언은 대답하지 않았다. "고래는 무엇을 하고 싶어?" 라고 어머니가 묻자 라이언은 고래가 방 안의 모든 것을 깨물게 했다. 고래가 깨무는 것을 다했을 때, 라이언은 장난감 몇 개를 쓰러뜨렸다. 라이언의 어머니는 지켜보았다. 라이언이 행동을 멈추었을 때 어머니는 말했다. "고래가 화났어? 아니면 행복해?" "화가 났어요." 라이언이 대답했다. 그리고 그는 웃었다. 라이언이 사고의 형태로 분노를 표출한 것은 이번이 처음이었다.

라이언의 아버지도 비슷한 진보를 보였다. 아버지와 참석하는 회기에서 라이언은 손전등을 발견했다. "이게 뭐예요?" 라이언이 물었다. 손전등을 쥐어 주지 않고 아버지는 "무엇인지 한번 알아내 보자."라고 대답했다. 라이언은 스위치를 가리키며 말했다. 라이언은 스위치를 누르기 시작했고, 몇 번이나 손전등이 켜졌다가 꺼졌다. 라이언이 낄낄대며 웃었다. 라이언이 아버지에게 그것을 비추자 라이언의 아버지는 우스운 얼굴을 만들었다. 이번에는 라이언의 아버지가 라이언에게 빛을 비추자 라이언이 우스운 얼굴을 만들었다. 이 작은 교환을 통해 라이언과 아버지는 웃었다. 그들의 교환은 따뜻하고, 친밀했으며, 처음으로 라이언을 즐겁게 해 주었다.

갑자기 라이언에게 아이디어가 떠올랐다. 그는 아버지에게 "나!"라고 말하면서 손전등을 가리켰다. 아버지가 빛을 라이언에게 비추자 아동은 빛의 중앙 부분에 서서 마치 무대에 있는 척했다. 모두가 지켜보는 가운데 라이언은 활보하고 다녔고, 우쭐거렸다. 라이언에게 청중이 박수 갈채를 보내자 라이언은 더 많은 것을 보여 줬다. 이것은 엄청난 발전이었다. 라이언은 처음으로 부모와 치료사가 중요한 역할을 하는 복잡한 드라마를 시작했다. 부모의 도움으로 라이언은 정서적인 사고의 세상에 마음을 열고, 친밀감과 의사소통 능력을 향상시켰다. 라이언은 이전의 발달이정표에서 자신의 영향력을 굳히고 있었고, 5단계 발달이정표에서 좋은 진전을 이루고 있었다.

6. 6단계 발달이정표: 정서적으로 생각하기

이전 단계에서 아동의 감정 표현은 연관성이 없는 섬들과 같다. 놀이는 행복하고 재미있는 파티에서 몇 분 안에 집을 파괴하겠다고 위협하는 괴물과 자동차의 성난 충돌로 이어진다. 아동은 감정적인 주제를 다룰 때 자신의 시선을 사로잡는다. 이 6단계 발달이정표에서 아동은 그 섬 사이에 다리를 만든다. 사고는 논리적인 순서와 연극으로 연결되어 있으며, 상상력은 논리적으로 더 연결되어 있다. 5단계 발달이정표에서 아동은 인형에게 옷을 입히고, 크레파스를 보면 낙서하고, 드럼을 보면 드러머인양 하지만, 감정적인 생각의 단계에 있는 아동은 그 조각들을 함께 연결짓는다. 예를 들어, 아동은 여자아동을 위해 드러머가 연주한다고 설정하고는 초대장을 만들기 위해 크레파스를 사용한다. 또는 인형이 파티를 열어 친구들을 초대하고, 먹을 것을 준비하고, 좌석의 위치를 결정한다.

이 단계에서 아동은 놀이를 통해 다양한 감정을 표현할 수 있으며, 점점 더 '나를' 만드는 것을 인식하게 된다. 아동은 자신의 감정을 예측할 수도 있다(예: "엄마가 떠나면 나는 겁이 날 것이다"). 그리고 아동은 자신의 감정과 행동이 다른 사람들에게 영향을 미친다는 것을 알기 시작한다. 만약 아동이 화가 나서 때린다면 아빠는 화를 낼 것이다.

아동은 또한 개인적이고 감정적인 방법으로 공간과 시간에 대한 새로운 개념을 이해하기 시작한다(예: 엄마는 다른 방이 아닌 다른 도시에 있다. 내가 토미를 때린다면 토미는 나를 때릴지도 모른다). 공간과 시간을 개념화하고, 행동과 감정을 연결하는 능력은 서로 다른 인식, 생각, 감정 사이에 논리적인 다리를 가진 자아감을 키울 수 있게 해 준다. 아동은 또한 공간적이고 언어적인 문제들의 관점에서 아이디어를 연결할 수 있다. 블록 탑을 별개의 구조물로 보는 것이 아니라, 아동은 그것들을 하나의 큰 집으로 만들기 위해 블록 탑들을 연결할 수 있다. 아동은 언제, 왜라는 질문에 답을 하고, 논쟁을 즐기고, 논리적으로 의견을 표명하고, 더 높은 수준의 추상적 사고에 대해 긴 여정을 시작할 수 있다. 언어적 및 공간적 문제 해결 능력은 정서적 문제 해결 능력에 달려 있다. 초기 단계와 마찬가지로, 정서적 상호작용은 보다 개인적인 세계에 적용되는 사고 전략을 창출한다.

이 단계에서 아동은 점점 더 말을 하게 된다. 아동은 여전히 자신의 감정, 특히 분노와 공격성 같은 부정적인 느낌을 표현하기 위해 제스처에 의지한다. 그러나 아동은 이제 말의 영역에 편안한 생각과 느낌이 구두로 전달될 수 있음을 이해한다.

처음에 우리는 아동이 정서적 사고의 섬들을 습득하는 것을 본다. 시간이 지남에 따라 섬들은 대륙으로 합쳐져서 아동의 견해가 더욱 응집되어 더 많은 경험을 자아와 문제 해결 능력의 감각으로 통합한다. 높은 수준의 사고력은 이 기초 위에 구축된다.

로비가 1세였을 때, 낮은 근긴장도와 오른쪽이 약한 뇌성마비를 앓고 있는 것으로 진단받았다. 그러나 로비는 좋은 진전을 이루었다. 4세 6개월 때의 로비는 운동장애가 있는 어린이의 들쭉날쭉 한 걷기와 의도하지 않은 팔의 움직임을 가지고 있는 매력적인 어린 소년이었다. 그러나 로비는 따뜻한 미소를 지으며 간헐적으로 눈을 마주쳤다. 로비의 어머니는 로비를 이해하기 쉽지 않았고, '현실적'이 아니었기 때문에 그를 "신비스럽다."라고 묘사했다. 로비의 발화는 자신의 나이에 비해 미숙했다. 로비는 단순한 단어는 이해했지만 개념이나 추상적인 문구는 이해하지 못했고, 종종 질문에 어리석고 비논리적인 답변을 했다. 무엇을 먹었냐는 질문에 "달이 초록빛."이라고 하거나 자신에게 비논리적인 말을 속삭였다. 그러나 때때로 장난감과 관련된 질문에는 논리적이고 현실과 연결되어 있었다. 로비의 부모는 로비가 또래들과 놀지 않고, '환상에서 길을 잃은' 것처럼 보여서 걱정했다. 로비는 초기의 정서적 발달이정표의 대부분을 달성했지만 완전히 습득하지는 않았다. 이정표들은 로비가 스트레스를 받으면 다 무너졌다. 예를 들어, 로비는 치료실에서 장난감과 물건들을 가지고 놀고 싶어 했지만, 로비의 엄마가 로비에게서 장난감을 빼앗으려고 하자 15분 동안 비명을 질렀다. 때때로 로비는 내면으로 돌아서서 마치 내면의 생각들만이 자신을 위로하는 것처럼 혼자서 중얼거렸다. 많은 경우에 로비는 부모와 연결되어 있었다. 로비가 좀처럼 미소 짓지 않아도 부모의 눈을 보며 질문에 답할 것이다. 그러다가 갑자기 분명한 이유 없이 고의적으로 부모를 무시할 것이다. 로비는 몸짓과 말로 양방향 의사소통이 가능했다. 로비의 단어 이해력과 아이디어 사용은 때때로 매우 정교했다. 하지만 또 아무 이유 없이 로비는 갑작스럽게 원을 그리는 것을 멈추지 않았고, 어리석고 비논리적인 문구들로 대답하곤 했다. 로비의 놀이는 기계적이었다. 로비는 드라마를 연기하기보다는 인형 집의 아래에 인형을 놓는 것을 즐겼으며, 로비가 드라마를 시작했을 때 등장한 것은 통일된 이야기가 아닌 연결되지 않은 행동이었다. 로비의 감정 범위는 좁았다. 일반적으로 로비는 사고, 대화, 감정을 몇 초 이상 지속할 수 없는 것처럼 보였다. 그 후 로비는 내면 세상의 위안을 얻기 위해 후퇴해야 했다. 초기 발달이정표에 대한 로비의 불완전한 숙달은 6단계 발달이정표에서 필요한 로비의 능력을 약화시켰다.

더 많은 평가 결과, 로비의 문제에 기여한 여러 요인이 밝혀졌다. 로비는 청각 처리 및 단어 인출 문제가 있었다. 로비는 들은 내용을 이해할 수 없으며, 원하는 단어를 떠올릴 수 없는 것이다. 이것이 어떻게 아동이 순환을 닫을 수 없게 하는지 쉽게 알 수 있었다. 로비는 자신의 물리치료에서 큰 발전을 이루었지만, 여전히 대근육·소근육 운동에 약화가 있다. 로비의 자세와 균형은 불안정했고, 움직임을 계획하고 실행하는 것이 어려웠다. 이 난이도는 들쭉날쭉한 걷기, 의도하지 않은 팔을 움직임 및 일반적인 협동 부족을 야기했다. 이러한 장애를 해결하기 위해 로비의 치료 프로그램에는 물리치료와 함께 언어 및 작업 치료가 포함되었다.

치료에 동일하게 중요했던 것은 로비의 부모를 위해 개발된 프로그램이다. 부모와 로비가 함께 노는 모습을 관찰하면서 부모는 로비가 더욱 더 계층화되고 통합되는 것을 도울 수 있다는 것이 드러났다. 로비의 엄마는 자신의 대화를 현실로 되돌려 놓기보다는 로비의 자기도취적인 생각에 길을 잃었다. 로비의 엄마는 조각난 사고를 '그의 시'라고 불렀지만, 그것을 이해하려고 시도하지 않았다. "단지 로비만 알 수 있다."고 설명했다. 로비의 아빠는 비교적 로비에게 무관심하고 가족 활동을 피했다. 현실에 구애받지 않고 로비는 점점 더 자신만의 세계로 나아가고 있었다. 시간이 흘러도 상황이 변하지 않는다면 다른 사람들과 덜 어울릴 것이었다.

치료 프로그램의 일환으로 로비의 부모는 로비과 함께 바닥에서 놀면서 소통의 순환을 닫도록 권유했다. 그들의 목표는 로비가 자신의 입장을 철회하고 조율하는 것을 막는 것이었다. 로비이 어리석은 대답을 할 때마다 로비는 놀이에 참여함으로써 그 설명을 현실에 연결해야 했다. 언어 순환을 닫을 수 있게 도와줌으로써 자신의 세계를 그들과 공유할 수 있게 도와주었고, 자신만의 세계에서 계속 살아가기보다는 세상을 공유하도록 도울 것이다. 예를 들어, 로비가 인형 집의 미끄럼틀 아래로 인형을 밀어넣고 "인형이 달에서 튀어나와 있다."고 말할 때 부모는 "달이 어디 있어?"라고 말할 수 있다. 부모는 로비의 생각을 현실에 묶어 주는 의미로 "미끄러지는 달인가?"라고 말할 수도 있다. 만약 그들이 아무런 반응을 보이지 않는다면 "달에서 뛰어내리는 것을 어떻게 도울 수 있어?" 또는 "어떻게 우리가 달에 도착해?"라고 물으면 미끄럼틀이 우주선으로 바뀌고, 그들은 사라질 것이다. 부모는 로비와 놀 때마다 아동이 자신의 생각을 부모의 생각과 연관시키도록 돕는다. 그렇게 되면 자신이 만든 것과 자신이 아닌 사람이 만든 것 사이의 논리적 다리가 생길 것이다.

로비의 부모는 또한 현실에 기반한 대화를 실천했다. 로비의 부모가 로비에게 그날 유치원에서 한 일을 물었을 때 "굴뚝에 물이 들어 있어요."와 같은 어리석은 말을 했다면 현실적인 무언가로 바꾸었다. 로비의 부모는 "굴뚝에서 아니면 물에서 뭐가 일어났어?"라고 대답했다. 로비가 부모에게 논리적인 대답을 줄 수 있을 때까지 참을성 있게 지속적으로 반응했다. 로비의 치료사는 로비 자신의 말을 끝맺는 것을 도울 수 있도록 격려했다.

로비의 부모는 로비가 짜증을 낼 때, 제한을 설정하는 것이 도움이 되었다. 과거에는 로비가 주변을 휘젓고 다니는 것을 내버려 두거나, 로비의 요구를 들어 줬다. 이제 부모는 로비가 진정하는 것을 돕기 위해 단단히 붙잡고, 점차적으로 문제에 관해 이야기하는 것을 도왔다. 몇 주 후에 그들은 로비의 작업치료에서 배운 운동을 사용하여 로비를 진정시키는 데 도움을 주었다.

시간이 지나면서 로비는 느리지만 꾸준한 발전을 이루었다. 몇 달 동안의 치료로 로비는 더 오랜 기간 동안 양방향 의사소통을 유지할 수 있었고, 가정에서 짜증을 덜 내고 있었다. 로비의 부모가 문제를 보상하기 위해 많은 노력을 기울였기 때문에 유치원에서 자신의 하루 일과를 더 잘 묘사하고 있었다.

몇 달 후, 로비의 흉내 놀이는 완전히 새로운 정서적인 수준을 띄었다. 로비는 선량한 사람들이 끊임없이 악당들에 의해 압도당하고 스스로를 방어하는 정교한 드라마를 개발하기 시작했다. 때때로 로비는 놀고 있는 동안에 언니나 친구에게 화를 냈다. "걔네가 내 물건 망쳤어!" 이렇게 말하는 것은 로비의 내적 감정의 감각을 제공하기 시작했다. 분명히 로비는 다른 사람들에게 압도당했고, 자신을 해치려는 것에 대해 화가 났으며, 역습에 대해 환상을 나타냈다. 로비는 현실 세계와 연극 사이에서 다리를 만들기 시작했다.

1년 반 후 로비는 엄청난 발전을 이루었다. 로비는 상대방이 원하는 정도의 논리적인 대화를 가질 수 있었다. 로비의 불쾌감은 사실상 사라졌으며, 로비는 자신의 기분을 조절할 수 있게 되었다. 로비는 행복에서 슬픔에 이르기까지 폭넓은 범위의 감정을 표현할 수 있게 되었다. 로비는 자기 내면의 세상에 틀어박혀 있다가 이제는 현실에 뿌리를 두고 있다. 과거 로비는 다른 사람들의 사고를 처리하고 단어를 찾는 것이 특정 감정에 대한 갈등으로 인해 부분적으로 어려웠기 때문에 환상으로 탈출하기 위해 영리함과 창의력을 발휘했다. 이제 로비는 창의성을 발휘하여 양방향 의사소통에 참여하고, 사고 사이에 논리적인 다리를 만들고, 문제를 해결하고, 청력 처리와 단어 회수의 문제를 해결할 수 있게 되었다. 여전히 로비는 어떤 부분에서 문제가 있고, 그의 부모와 함께 계속 노력해야 한다. 하지만 전반적인 로비의 발전은 훌륭했다. 로비는 현재 모든 기본 분야에서 연령에 맞는 수준을 기능하고 있다. 부모님의 도움으로 로비는 여섯 가지의 정서적 및 지적 발달이정표를 숙달했다.

아동들은 여러 연령대에서 이러한 발달이정표를 달성한다. 큰 어려움 없이 아동 사이에서도 다양한 변화가 있다. 중요한 것은 아동들이 각각의 기술을 습득하는 것이 아니라 기술 하나하나가 다음 기술의 기초가 된다는 것이다.

아동은 여섯 가지 발달이정표를 모두 습득했으므로 의사소통, 사고 및 정서적 대처를 위한 중요한 기본 도구를 갖추고 있다. 아동은 자기 자신에 대해 긍정적인 감각을 가지고 있다. 아동은 따뜻하고 사랑하는 관계가 가능하다. 아동은 논리적으로 외부 세계와 연관될 수 있다. 아동은 다양한 감정(사랑, 행복, 분노, 좌절, 공포, 불안, 질투 등)을 표현할 수 있으며, 통제력을 잃지 않고 강한 감정에서 회복할 수 있다. 아동은 새로운 사고를 창출하기 위해 자신의 상상력을 사용할 수 있다. 아동은 사람과 상황에 대해 유연하게 대처할 수 있으며, 변화와 일부 실망감을 견디고 다시 되돌아갈 수 있다. 분명한 것은 모든 아동이 이 모든 것을 똑같이 잘하는 것은 아니지만, 발달이정표를 습득한 아동들은 사랑하고 배우기 위한 중요한 기초를 가질 것이다.

| 제5장 | 아동 각각을 관찰하기: 6개의 발달이정표 |

제3장에서는 아동의 발달 지연을 관찰하는 방법에 대해 설명했으므로 아동의 장점과 어려움을 정확히 파악하고, 상호작용에 미치는 영향을 알 수 있다. 우선, 아동의 발달 단계(아동이 이미 습득한 발달 단계, 강화가 필요한 것 그리고 앞으로 나아가야 할 것들)를 관찰할 필요가 있다. 이와 같은 관찰은 아동의 프로필을 만들 것이다. 그런 다음 프로필을 통해 아동의 특별한 요구에 맞춰 치료 방법을 조정할 수 있다.

다른 사람들과 마찬가지로 관찰을 할 수 있다. 아동의 놀이를 지켜보고 아동과 다른 사람들과의 상호작용 및 일상 활동에 대해 지켜봐야 한다.

1. 관찰 리스트

다음의 표를 이용하여 아동에게 숙달되고 아직 작업이 필요한 이정표를 결정한다. 각 발달이정표의 숙달도를 나타내는 능력은 왼쪽에 나열되어 있다. 척도 점수를 사용하여 현재 아동의 숙달도를 평가할 수 있다. 만약 기술이 항상 나타난다면 그것이 몇 세에 얼마나 숙달되었는지를 기록한다.

척도 점수(Rating Scale)	N (None)	능력 없음
	S (Seldom)	가끔 나타나는 능력
	A (Always)	항상 존재하는 능력
	L (Limit)	아동이 스트레스를 받는 능력(배고픔, 분노, 피로 등)을 잃는다.

역량	현재 점수	성취한 연령
1단계 발달이정표: 자기 조절과 세상을 향한 관심		
1. 다양한 감각에 3초 이상 관심을 보인다.		
2. 2분 이상 침착하게 집중한다.		
3. 당신의 도움을 받아 20분 내 괴로움에서 회복 가능하다.		
4. 당신에게 관심을 보인다(즉, 물체에만 관심을 보이는 것이 아님).		
2단계 발달이정표: 친밀감		
1. 당신의 접근에 반응한다(미소, 얼굴 찡그림, 팔 뻗기, 음성 및 다른 의도적 행동).		
2. 당신의 접근에 명백한 즐거움으로 반응한다.		
3. 당신의 접근에 호기심과 강한 흥미로 반응한다(예: 당신의 얼굴을 관찰함).		
4. 보여 준 뒤 숨긴 물체를 기대한다(예: 흥미를 보이기 위한 미소나 옹알이).		
5. 당신이 30초 이상 놀이에 참여하지 않으면 속상해한다.		
6. 답답하거나 좌절할 때 항의하고 화를 낸다.		
7. 당신의 도움을 받아 15분 이내로 괴로움을 회복한다.		
3단계 발달이정표: 양방향 소통		
1. 당신의 제스처에 의도적인 제스처로 반응한다(당신의 이 손을 뻗을 때 마찬가지로 손을 뻗거나 당신의 음성이나 눈빛에 화답한다).		
2. 당신과의 상호작용을 개시한다(예: 당신의 코나 머리나 장난감을 향해, 혹은 안아 올려 달라 손을 뻗음).		
3. 다음의 감정을 보인다.		
• 친밀감(예: 안아 줄 때 마주 안아 줌, 안아 올려 달라고 손을 뻗음)		
• 즐거움과 흥분(예: 손가락을 당신의 입에 넣으며 혹은 당신의 입에 있던 장난감을 가져가 자기 입에 넣으며 행복하게 웃음)		
• 강한 호기심(예: 당신의 머리를 만지고 탐색)		

• 항의나 분노(예: 식탁의 음식을 밀어 내거나 원하는 장난감을 가져다주지 않을 때 소리를 지름)		
• 두려움(예: 모르는 사람이 빠르게 다가올 때 시선을 돌리거나 무서워하는 표정을 짓거나 움)		
4. 사회적인 상호작용에 참여하는 것으로 10분 이내 괴로움을 회복한다.		
4단계 발달이정표: 복잡한 상호작용		
1. 연달아 10개 이상의 소통 순환을 닫는다(예: 당신의 손을 잡아 냉장고 앞까지 데려간 뒤 손으로 가리키며 음성을 내고 당신의 질문에 더 많은 음성과 제스처로 답한 뒤 당신이 냉장고 문을 열고 원하는 것을 줄 때까지 제스처 교환을 유지).		
2. 당신의 행동을 의도적인 방식으로 모방한다(예: 아빠 모자를 쓰고 반응해 줄 때까지 집 안 곳곳을 돌아다님).		
3. 다음을 사용하여 10개 이상의 순환을 닫는다.		
• 음성이나 단어		
• 얼굴 표정		
• 주고받는 식의 접촉이나 포옹		
• 공간 내에서의 움직임(예: 거친 놀이)		
• 대근육 운동 활동(예: 술래잡기, 높은 곳 오르기 놀이)		
• 공간을 가로지르는 소통(예: 방 안에서 거리를 둔 당신과 10개의 순환을 닫을 수 있음)		
4. 다음의 감정을 느끼는 동시에 연달아 3개 이상의 순환을 닫는다.		
• 친밀감(예: 얼굴 표정, 제스처 그리고 음성을 이용해 포옹, 뽀뽀를 하려 하거나 당신이 통화 중일 때 장난감 전화기에 말을 하며 모방을 함)		
• 즐거움과 흥분(눈빛과 음성을 이용해 다른 사람과 흥분의 상태를 나누려고 함, 다른 아이나 성인과 함께 어느 순간 웃는 것으로 '농담'을 나눔)		
• 강한 호기심(독립적으로 탐색을 함, 혼자 놀거나 탐색 중에 당신과 가까이 있다는 것을 느끼기 위해 소통 능력 사용)		

• 두려움(예: "안 돼!"라고 말하고 당신 뒤에 숨는 식으로 자신을 보호하는 법을 알려 줌)		
• 분노(예: 화를 표현하기 위해 의도적으로 때리고 꼬집고 소리 지르며 바닥 등을 손으로 치고 바닥에 누움. 때때로 냉담하거나 화난 눈빛을 보임)		
• 제한 설정(당신이 "안 돼, 그만해."와 같은 언어나 제스처, 즉 손가락을 흔들거나 화난 얼굴로 설정하는 제한을 이해하고 그에 반응한다)		
5. 괴로움을 대처하고 회복하기 위해 모방을 한다(예: 아동에게 소리치면 아이도 바닥을 치며 마찬가지로 소리침).		
5단계 발달이정표: 정서적 아이디어		
1. 2개 이상의 아이디어로 가상 드라마를 만든다(예: 트럭이 충돌한 뒤 돌을 주움, 인형들이 서로 안아 주고 티파티를 함. 아이디어들은 연관성이 없어도 괜찮음).		
2. 언어, 그림, 제스처를 사용해 동시에 2개 이상의 아이디어를 전달한다(예: "안 자. 놀래." 아이디어들은 서로 연관성이 없어도 괜찮음).		
3. 다음을 사용하여 소망, 의도와 감정을 소통한다.		
• 단어		
• 연달아 여러 제스처		
• 접촉(예: 많이 꺼안거나 거친 놀이)		
4. 규칙이 있는 단순한 운동 놀이를 한다(예: 순서를 바꿔가며 공 던지기).		
5. 가상놀이나 단어를 사용해 2개 이상의 아이디어를 표현하며 다음의 감정을 소통한다.		
• 친밀감(예: 인형이 "안아 줘."라고 말하게 한 뒤 아동이 "뽀뽀해 줄게."라고 함)		
• 즐거움과 흥분(예: 웃긴 단어를 만든 뒤 웃음)		
• 강한 호기심(예: 가상 비행기가 방 안을 날아다닌다고 하며 달에 갈 거라고 함)		
• 두려움(예: 인형이 큰 소리를 무서워해 엄마를 부르는 드라마를 연출함)		

• 제한 설정(예: 인형은 티파티에서 규칙이나 예의를 지켜야 함)		
6. 괴로움을 대처하고 회복하기 위해 가상놀이 사용한다 (예: 못 먹은 쿠키를 먹는 가상놀이를 함).		
6단계 발달이정표: 정서적 사고		
1. 가상놀이에서 2개 이상의 아이디어가 논리적으로 연결된다. 아이디어들은 비현실적일 수 있다(예: 자동차가 달에 갈 예정이고 아주 빠르게 날아서 감).		
2. 부모의 가상놀이 아이디어를 기반으로 새로 쌓아 간다 (예: 아동이 국을 끓이고 있는데 부모가 그 안에 무엇이 들었냐고 물어봄. 아동은 "돌과 흙."이라 대답함).		
3. 말을 할 때 아이디어를 논리적으로 연결하며 아이디어들은 현실에 기반을 둔다(예: "잠 안 자. TV 볼래").		
4. 소통의 순환을 언어적으로 두 개 이상 닫는다(예: "나가서 놀래." 어른이 "왜?"라고 물음. "놀러"라고 대답함).		
5. 논리적으로 소통하고 2개 이상의 아이디어를 다음을 사용해 의도, 소망, 욕구나 감정을 나타낸다.		
• 단어		
• 연달아 보이는 여러 제스처(예: 화난 강아지인 척함)		
• 접촉(예: 아동이 아빠 역할을 하는 놀이에서 여러 번 껴안음)		
6. 규칙이 있는 공간과 운동 놀이를 한다(예: 차례를 지켜 미끄럼틀을 내려감)		
7. 가상놀이나 단어로 다음의 감정을 다루며 2개 이상의 논리적으로 연결된 아이디어를 소통한다.		
• 친밀감(예: 인형이 다쳐 엄마가 치료해 줌)		
• 즐거움과 흥분(예: '똥'과 같은 화장실 용어를 사용하고 웃음)		
• 강한 호기심(예: 착한 군인들이 실종된 공주를 찾음)		
• 두려움(예: 괴물이 아기 인형을 무섭게 함)		
• 분노(예: 착한 군인이 나쁜 군인과 싸움)		

• 제한 설정(예: 규칙 때문에 착한 군인은 악당만 때릴 수 있음)		
8. 괴로움을 회복하기 위해 아이디어들이 논리적으로 순서를 갖는 가상놀이를 이용하며 그 놀이는 종종 괴로움에 대처하는 법을 제시한다(예: 아동은 놀이에서 선생님이 되어 학급 아동들에게 마음대로 지시함).		

제6장 부모 관찰하기

저자 서문에서 설명했듯이, 아동의 발달은 땋은 끈과 같다. 한 가닥은 아동의 생물학적 구성이다. 다른 한 가닥은 6개의 발달이정표를 익히기 위해 아동이 당신 및 다른 사람들과 상호작용하는 방식이다. 또 다른 한 가닥은 그러한 상호작용에 가져오는 감정, 가치, 기대, 행동, 가족 및 문화적 패턴이다. 우리는 아동과 우리의 관계에 영향을 끼치는 감정과 행동 양식을 가지고 있는 방식을 가지고 있다. 우리는 삶을 살아가면서 그리고 우리가 살고 있는 문화, 가족으로부터 이러한 방법들을 배웠다. 대부분은 너무 깊숙이 박혀 있어서 우리에게는 보이지 않는다. 우리는 아동들, 특히 특별한 보살핌이 필요한 아동을 가장 잘 키우는 방법을 찾고 있다. 따라서 매번 만나서 하는 교육에서 어떤식으로 발전적 성장을 이룰 수 있게 할 것인지를 찾고 있으므로 아동들과 같이하고 말하는 모든 것이 가능한 한 가장 교육적이고 발전적인 일이 되게 하기 위해서 아동들로부터 숨겨진 것을 끄집어내려고 하는 것과 이러한 자동적으로 생각하고, 느끼고, 반응하는 과정을 검토하는 것은 의미가 있다.

예를 들어, 부모들은 아이 또는 자신의 유년기를 바탕으로 부모로서 자신에 대한 두려움이나 환상을 가지고 있을지도 모른다. 자신의 어머니처럼 통제하는 걸 두려워하는 한 어머니는 아동에게 너무 많이 간섭하는 것을 걱정하여 지나치게 수동적이거나 냉담할 수도 있다. 어렸을 때 놀림 당한 것을 기억하는 아버지는 아동의 조용한 성격이 불편하게 느껴져서 아동을 더 활발하게 만들기 위해 통제하려고 할지도 모른다.

부모들은 또한 감정적이고 행동이 풍부한 경향이 있다. 어떤 부모들은 좀 더 외향적이고 지시적인 반면, 다른 부모들은 수줍음을 타고 내성적인 경향이 있다. 모든 부모가 어떤 특정 감정에서 남들보다 더 편하게 느끼며, 자신만이 느끼는 불편함이 무심코 자녀의 감정 표현을 더 어렵게 만들 수도 있다.

분노에 불편한 어머니는 아들의 화를 느낄 때 반사적으로 대화를 다른 방향으로 조종할 수 있다. 온화한 양육에 불편한 아버지는 딸과의 관계를 어렵게 만든다. 그들이 성장하는 동안에 다른 발달이정표들을 어떻게 습득해 왔는지가 그들의 자녀에 대한 접근 방식에 영향을 미친다. 역할놀이를 경험해 본 적이 없는 아버지는 자녀가 인형 역할놀이를 시작하면 혼란스러워할 것이다. 아버지는 자신에게 친근한 쪽으로 역할놀이를 이끌어 갈 지도 모른다. 깊은 친밀감을 느낀 적이 없는 어머니는 2단계 발달이정표를 이루는 완전한 애착을 발휘하는 데 어려움을 경험할 수도 있다. 약간의 자아 성찰과 도움을 줄 수 있는 배우자 또는 치료사는 부모 또한 자녀와 함께 성장할 수 있게 한다. 그들은 아직까지 숙달되지 않은 단계들을 협상할 수 있고, 그들의 자녀의 성장과 잠재력은 이 노력에 대한 우대와 에너지를 제공할 수 있다.

부모들은 자신이 자란 가족과 문화의 가치 및 기대를 반영한다. 온순하고 조용한 환경에서 자란 아버지는 그의 딸의 주장을 부추기는 데 어려움을 겪을 수 있다. 분노의 감정을 표현하는 경험이 부족한 어머니는 자녀에게 분노의 감정 표현을 부추기는 데 어려움을 겪을 수 있다.

부모의 행동은 특별한 도움이 필요한 아동과 함께 있는 것만으로도 영향을 받을 수 있다. 부모들은 자신의 아동이 어려움을 겪고 있다는 것을 알았을 때 충격을 받을 수 있고, 종종 가족이 그 충격으로부터 회복하는 데 오랜 시간이 걸린다. 그 과정의 초기 단계에서 부모들은 우울하고 압도당할 수도 있다. 그들은 도움이 되지 않는다고 느낄 수도 있고, 스스로 위기에 처하게 될 것이다. 죄책감과 슬픔, 분노와 탈진은 그들을 마비시킬 수도 있다. 그들은 가족의 가장 기본적인 욕구를 충족시키기 위해 모든 에너지를 다 쓸 수도 있고, 사랑하지만 혼란스러운 아동을 관계 맺고 양방향 의사소통에 참여시킬 에너지가 남아 있지 않을 수도 있다. 대신에 그들은 너무 걱정을 해서 행동하는 데 모든 에너지를 동원하고, 전문가로부터 가장 최고의 도움을 얻기 위해서 에너지를 사용해서 일상에서 양육하는 데 드는 힘이 고갈될 수 있다. 이 모든 미묘하면서 눈에 보이지 않는 요소들은 아동이 정서적인 발달 단계를 습득하는 데 영향을 미칠 수 있다.

비록 그들이 아동와 직접적으로 연관되지 않더라도 집안의 주요 사건들은 아동의 발달에 영향을 미칠 수 있다. 형제자매의 병, 실업, 혹은 형제자매는 가족의 패턴을 바꿀 수 있고, 부모의 관심을 돌릴 수 있다. 특별한 도움이 필요한 아동들은 특히 일상적인 변화에 취약하다. 가족의 패턴을 바꾸는 가정들은 그들의 발전에 쉽게 타격을 입힐 수 있다.

이어지는 질문들은 당신 아동의 발달에 영향을 미칠 수 있는 정서와 습관을 검사하는 데 도움이 될 것이다. 이 질문들은 이정표에 따라 조직되어 있다. 당신의 반응이 발달 사다리의 각 단계에 있는 아동의 성장을 어떻게 촉진시키는지 또는 저해시키는지 생각해 볼 수 있다. 우리는 알고 있는 최선의 방법으로 부모가 된다. 우리가 인간으로 느낄 수 있는 감정들은 우리를 불완전하게 만들기도 한다. 이러한 감정들이 없다면 우리는 친밀감이나 많은 종류의 상호작용을 할 수 없을 것이다. 우리가 추구하는 이상적인 것은 지속적인 학습 과정이다. 돌이켜 생각해 보면 우리는 어떻게 우리가 더 잘할 수 있었는지를 알 수 있을지도 모른다. 미래의 학습을 돕기 위해 이 자기 평가를 이용하라.

1. 자신을 관찰하는 데 도움이 되는 질문

1) 1단계 발달이정표: 자기 조절과 세상에 대한 흥미

아기가 태어난 지 몇 달이 지난 후에 그때 기분이 어땠는지 떠올려 보자. 이제 갓 태어난 아기와 사는 것(특히나 도움이 필요한 아기와 사는 것)은 극도로 어려운 일이며, 모든 가족은 과도기를 겪는다. 그 당시에 어땠는가? 우울증, 슬픔, 분노 그리고 과거의 삶에 대한 갈망은 흔하고 기대되는 감정이며, 그것들은 종종 아동에 대한 따뜻한 감정과 함께 섞여 있다. 가정에 아기가 생긴다는 것은 부부의 긴장을 유발한다. 당신과 당신의 배우자는 당신 가족의 변화에 어떻게 대처했는가? 만약 당신이 이미 더 큰 아동들을 키우고 있다면 의심할 여지 없이 당신의 걱정거리는 더 커질 것이다. 이미 큰 아동들은 아기가 태어난 것을 어떻게 받아들였는가?

당신 가족이 이런 변화를 어떻게 대처하는가가 아동의 발달에 큰 차이를 만든다. 당신은 아동의 독특한 개인차, 감정에 대한 반응, 차분함 또는 자극에 대한 반응에 집중할 수 있었는가? 아니면 당신은 아동이 당신의 기대에 부응하기를 원하는 경향이 있는가?

자신의 감정을 이해하면 서로를 양육하고 온 가족이 안정감을 만들 수 있도록 도와준다. 이를 통해 당신은 모든 아동, 특히 도전에 직면한 아동들이 발전하기 위해 필요로 하는 편안하면서도 대응적인 가정 환경을 제공할 수 있을 것이다.

2) 2단계 발달이정표: 친밀감

육아에 관한 잘못된 믿음 중 하나는 처음 몇 분 또는 며칠 이내로 부모가 아기와 사랑에 빠진다는 것이다. 많은 사람이 그렇지만, 그렇지 않은 사람들도 있다. 갓 태어난 아기를 갖는 것에 대한 스트레스를 포함하여 많은 요인이 부모가 아동과 사랑에 빠지는 걸 방해할 수 있다. 형제자매들의 질투나 실업과 같은 외부 스트레스는 부모의 양면성에 기여할 수 있다. 자녀가 특별한 도움을 필요로 함을 인식함으로써 가져온 실망감 때문에 부모와 자녀 사이의 유대감이 낮아지기도 하지만, 때때로 반대의 영향을 미칠 수도 있다. 아동과의 첫 몇 달 동안의 삶과 그 이후로 당신의 감정을 되돌아보자. 당신이 아동의 외모와 목소리에 어떻게 반응했는지 그리고 아동에 대한 자신의 관심 표현에 대해 반성해 보자.

3) 3단계 발달이정표: 양방향 의사소통

이 단계에서는 아동의 주도성이 발달한다. 당신은 이 방법으로 아동을 격려한 적이 있었는가? 부모와 주 양육자의 아동의 주도성의 즐거움이 다르다. 몇몇은 더 순응적인 아동을 원하고, 또 어떤 부모나 주 양육자는 더욱 주장적인 아동을 원한다. 주장적인 태도에 관해 당신의 태도는 어떠한가? 당신과 놀이할 때 당신 스스로 놀이를 시작하기보다는 아동이 놀이를 시작하도록 기다려 주는가? 멀리 있는 장난감에 손뻗기, 스스로 먹기, 시도하기와 같이 아동이 새롭거나 어려운 무엇을 시도하려고 할 때 당신은 아동이 실패할 수도 있다는 것을 알더라도 아동의 노력을 격려하는가? 아기가 기어 다니거나 가정의 여러 물건을 다루기 위해 세상을 탐색할 때, 당신은 아동이 문제를 두려워하더라도 아동의 자유를 보장할 수 있는가? 아동이 멀리 있는 장난감에 손을 뻗거나 스스로 음식을 먹으려고 할 때, 당신은 아동의 노력이 실패할 수도 있다는 것을 알면서도 아동의 노력을 격려할 수 있는가? 아동이 무엇인가를 시작하려고 할 때 아동이 혼자서 할 수 있다고 생각하며 물러서는가, 아니면 더 큰 도전 과제를 주는가? 주도성을 강화하는 것은 쉽지 않다. 몇몇의 부모는 의존적인 아동을 키우는 것이 익숙해서 아동이 주도성을 주장하기 시작할 때 부모 양육의 장비의 변화가 필요하다. 하지만 아동의 주도성을 증진시키는 것은 후기 발달을 위해서 중요하다.

4) 4단계 발달이정표: 복잡한 의사소통

당신이 당신의 행동을 봄으로써 어떻게 반응해야 아동이 독립과 자기 주도성을 가지는지 고려하라. 이러한 질적 변화는 꼭 껴안아 주고 싶은 아동의 단계를 놓친 부모에게는 어렵다. 아동이 원하는 것을 가리키거나 또는 당신의 의자를 잡아당기거나 할 때, 당신은 대화를 통해 격려할 수 있는가? 당신은 아동이 더 복잡한 제스처로 반응할 수 있도록 아동이 원하는 것이 무엇인지, 왜 그것을 원하는지 질문하는가? 긴 대화보다는 해당 과제가 끝나기를 원하고, 빠른 접근으로 격려하는가?

아동의 성장 능력은 때때로 부모가 결혼 생활에 대해 각각 다르게 반응할 때 스트레스를 일으킨다. 부모 중 한 사람은 앉아 주기, 읽어 주기와 같은 것들을 좋아하지 않을 수도 있는 반면에, 나머지 한 사람은 각각의 안내를 따른다. 또는 한 부모는 나머지 부모에게만 아동의 새로운 요구와 과제에 지속적으로 관련되는 것에 질투를 느낄 수 있다. 이러한 느낌들은 결혼 생활에 긴장을 야기하고 자녀에게 영향을 줄 수 있다. 이 단계에 대한 당신 아동의 발달에 대해 생각해 봄으로써 당신의 느낌을 생각해 볼 수 있다. 배우자와의 관계성, 비동의 또는 약속과 마찬가지로 동의에 대해 대화하는 것을 생각해 보라. 자비, 상호작용, 의사소통의 측면에서 전체 가족의 요구가 얼마나 충족되는지 생각하라.

5) 5단계 발달이정표: 정서적인 사고

아동이 자신의 생각과 느낌을 표현할수록 부모에 대한 반항이 촉발되는 것을 볼 수 있다. 예를 들어, 많은 부모는 아동이 분노에 대한 언어적 표현을 할 때 불편해하면서 화를 내거나 징벌적으로 반응한다. 친밀한 관계를 요구하는 자녀의 언어적 요청에 어려움을 겪고 아동을 밀어내는 방식으로 대응하는 부모도 있다. 아동의 세계에 존재하는 모든 것에 이름을 붙이는 성장의 기쁨과 빗발치는 새로운 질문은 부모를 기쁘게 하기도 하고 불편하게 하기도 한다. 대부분의 부모는 아동의 새로운 요구나 느낌에 움찔거린다. 그러나 부모가 모든 느낌과 새로운 기쁨에 똑같이 정서적으로 균형 잡기는 어렵다. 그래서 당신은 소리를 지르거나 방어적이었던 상황이나 편안했던 아동의 요구와 감정에 대한 표현을 검사해야 한다. 또한 어떻게 당신이 배우자에게 감정 표현을 하는지 생각하라. 당신은 열려 있는 태도의 경향성을 보이는가? 당신은 당신의 감정에 대해서 보호적인가? 사람들은 같은 감정이라도 자신의 감정이 더 좋은 것으로 보는 경향이 있고, 그래서 아동들이 강한 정서를 언어화할 때 불편해한다. 역설적이게도 아동이 대화를 하는 것을 원했을지라도 아동이 우리를 불편하게 하는 감정이나 바람에 대해 얘기를 한다면 우리를 힘들게 할 수도 있다.

당신의 아동이 역할놀이를 통해 세상을 이해하고자 하는 것을 확장시키고, 감정을 언어화하기 위해 아동을 실험시킬 사람이 필요하다. 어떤 부모는 역할 놀이를 지루해한다. 다른 부모들은 인형의 몸에 대해 탐색하는 것과 사람들을 싸우게 만드는 특정 주제에 대해 역할놀이를 할 때 불편해한다. 그 불편한 감정을 없애기 위해서 그들은 뒤로 물러나기나, 역할놀이를 재선정하거나, 게임을 끝내기도 한다. 당신의 아동이 연출한 역할놀이가 당신을 불편하게 하면 어떻게 하겠는가? 당신은 그 상태를 유지하겠는가? 이 놀이를 변화시키겠는가?

당신 아동의 어려움은 감정과 사고의 세계를 다양한 배출구를 통해 가능한 한 많이 탐색하는 것이다. 만약 당신과 당신 아동에 대해 객관적인 감정으로 볼 수 있다면 당신 아동이 자신의 감정을 다룰 수 있는 기술들을 발달시키는 것을 도울 수 있을 것이다.

6) 6단계 발달이정표: 정서적으로 생각하기

당신 아동의 어려움은 사고를 연결하고 세상을 논리적으로 다루도록 배우는 것이다. 당신은 아동이 비논리적인 말을 할 때마다 아동을 현실로 되돌아 갈 수 있도록 도와주고, 아동의 말을 수정하지 않음으로써 비논리적인 사고를 조장하도록 도와주고 있는가? 당신은 잠자는 것, 쿠키 또는 인형을 꾸미는 것에 대한 논쟁을 즐기는가, 아니면 최소한 감내할 수 있는가? 당신은 아동이 순종을 배우는 것을 확실히 하기 위해 토론을 빨리 중단하는가? 토론은 논리적으로 되기 위한 최선의 방법이다. 당신은 논쟁 후에 한계를 설정할 수 있지만, 당신이 먼저 논쟁을 장려한다면 창조적이고 논리적으로 잘 정돈된 아동을 양육할 수 있다. 당신은 강한 감정에 맞서 논리를 유지할 수 있는가? 아동에게 물어보는 것은 논리적이고 추상적인 사고방식을 향상시킬 것이다. 당신은 명령을 내리는 것을 좋아하는가? 아니면 아동이 당신을 따르는 걸 원하는가? 아니면 아동이 자신의 사고를 탐구하는 것을 좋아하는가? 당신은 아동의 인형이 화나 있을 때나 행복해 있을 때 논리적으로 그리고 침착하게 가장 게임을 계속할 수 있는가? 당신은 아동이 화가 났을 때 논쟁을 중단하는가? 당신은 아동이 표현하는 것에 상관없이 냉정하고 논리정연하게 지낼 수 있다면 당신은 아동의 감정을 이해하고 자제력을 기르는 데 도움을 줄 것이다.

아동이 협상하고 있는 것에 대해 자세히 알아보려면 자신의 감정을 탐색하라. 당신의 이전 패턴을 알아보라. 당신 아동의 성장을 지원하고, 당신이 성장하면서 어려웠을지도 모르는 감정과 발달이정표를 습득하기 위해 당신의 통찰력을 사용하라.

2. 부모를 위한 일반 지침서

당신이 아동과 함께 살고 사랑하고 일할 때, 당신은 아동의 발달을 촉진하기 위한 많은 기초적인 단계를 이용할 수 있다. 당신은 이미 생각조차 하지 않고도 많은 것을 하고 있다. 당신은 다른 것들에게도 관심을 두어야 한다.

- 아동을 편안하게 해 주자. (특히 화가 났을 때) 편안하고, 부드럽고, 확실하게 사용하고, 리듬 있는 목소리나 시각적인 접촉 그리고 다른 이완된 행동을 사용하자. 당신의 걱정이나 긴장은 아동을 더욱 화나게 할 수 있다. 당신은 자신을 진정시키거나 다른 사람들로부터 지원을 받을 수 있는가?
- 아동이 참여하는 데 도움이 되는 상호작용 유형을 제시한다. 당신은 아동의 감각으로 나타나는 얼굴 표정과 소리, 촉각 그리고 게임과 장난감을 사용하는가? 과소평가되거나 지나치게 과장된 방식으로 놀이를 하는 것은 아동이 참여하는 것을 어렵게 만들 수 있다.
- 아동을 사귀는 데 있어 다양한 접근법을 시도해 보라. 어떤 접근법이 가장 재미있게 해 주는지 탐구한다.
- 정서적인 영역에서 당신 아동의 신호를 읽고 반응하라. 단호하거나 독립적이어야 한다는 것에 대한 아동의 열망에 응답할 수 있는가?
- 기쁨과 열정 그리고 흥미를 보여 주라. 당신의 생동감은 아동을 사로잡을 것이고, 그로 인해 아동과 상호작용할 것이다.
- 아동의 신호를 읽으라. 면밀히 주시하면 아동이 원하는 것을 알려 줄 것이다. 자신의 의도를 진행하는 것이 아니라 자신의 단서를 따르도록 노력한다.
- 아동이 발달할 수 있도록 격려해 주라. 예를 들어, 다음과 같다.
  - 자녀가 주도권을 쥐고 자신과의 상호작용에서 배우도록 격려한다.
  - 아동의 노력과 상호작용적인 지원을 구축하기 위해 멀리서 격려한다.
  - 아동이 기호 및 언어 사용에 이르는 것을 돕기 위해 역할놀이와 다양한 정서를 다루는 언어 사용을 격려한다.

−아동이 현실을 직시하고 행동에 책임을 지게 해야 한다.

우리 중 어느 누구도 항상 최고의 부모는 아니다. 다음은 최소화하기 위한 몇 가지 유형과 조치이다.

- 자녀를 과도하게 자극하거나 과소평가하는 것: 아동의 주의를 끌기 위해 필요한 것 이상으로 속도를 내는 것을 피하라. 또한 포기하지 않도록 하며, 아이 곁에 있으며, 아동이 재미를 잃지 않게 하라. 그렇지 않으면 아동은 당신과의 관계에서 흥미를 잃을 수 있다.
- 너무 많은 통제를 행사하는 것: 놀이를 지시하는 대신에 아동의 안내를 따르라.
- 아동이 상징적인 놀이를 할 때 지나치게 구체적으로 하는 것: 아동이 문자 그대로의 행동보다는 아동의 놀이에 대한 생각을 따르라. 만일 아동이 당신에게 돌을 저녁 식사 거리로 준다면 모욕당했다고 느끼지 말라. 아동의 생각에 따라 당신도 그 상상에 함께하라.
- 당신을 불편하게 하는 정서적인 영역을 피하는 것: 아동이 놀이나 대화에 가져온 주제가 당신을 불편하게 할지라도 계속하라.
- 강한 정서에 직면해서 물러나는 것: 아동의 감정이 너무 강할 때, 그런한 감정이 당신을 불편하게 할지라도 차분하게 아동과 관계를 맺으라. 아동이 공격적으로 행동한다면 한계를 설정하되, 차분하면서도 확실하게 아동을 달래며 조절할 수 있어야 한다. 아동이 당신의 간섭에 스스로 조절할 수 있는 법을 알게 도와라.

제7장	정서와 상호작용: 지능 발달의 열쇠, 자아감, 사회적 역량

이 책의 제2부에서는 정서적으로, 사회적으로, 지적으로 발전하도록 아동을 돕는 방법을 설명한다. 두 가지 원칙(당신 아동의 안내와 상호작용)이 계속 반복될 것이다. 아동의 안내를 따르면 아동은 자신의 **감정**을 모든 상호작용의 출발점으로 사용하여 관심과 동기에 호소한다. 상호작용이란 매번의 만남을 평행 활동에 참여하는 것보다 당신과 아동이 서로 반응하는 양방향 교환으로 바꾸는 것을 의미한다. 이 두 원칙은 아동을 성장시키는 데 절대적으로 중요하다. 그것들을 어떻게 구현하는지 이전에 왜 구현해야 하는지 다루고자 한다.

1. 바람과 정서를 행동으로 연결하기

최근까지 아동 발달에 대한 일반적인 견해는 협력, 또래와 놀기, 포옹하기 등과 같은 사회적 능력에 관한 개별 기술 영역에 초점을 맞추었다. 담요 아래에 숨겨 놓은 장난감을 찾는 것과 같은 인지 기술에 관한 것, '바바' 또는 '다다'와 같은 언어 기술, 그리고 원을 그리는 것과 같은 운동 기술에 관한 것이다. 우리는 기술이 발달한 연령대를 살펴보고, 나이 기대에 맞는지의 여부에 따라 발달 과정을 판단했다. 영유아에 대한 관심이 커지면서 개발에 있어 사회적이고 정서적인 기술의 중요성이 드러났으며, 이 기술 중 더 많은 것이 도표화된 기술 목록에 추가되었다. 아동의 첫 미소, 아동이 낯선 사람에게 안겨 있는 것을 처음으로 거부할 때, 우리는 아동의 발달 경로에서 이러한 기술을 찾는다.

그러나 최근까지 우리는 이 모든 조각이 어떻게 더 큰 전체에 들어맞는지에 대한 체계적인 이해가 거의 없었다. 아동은 성장하는 감각, 운동, 인지 및 사회 기술을 어떻게 조화시키고 있는가? 발달기술이 출현 중인 아동의 어떤 부분이 이 단어보다 저 단어를 사용하고, 오른손이 아닌 왼손으로 공을 잡으려 하고, 엄마에게 달려가 숨는 것보다 미소를 짓는 판단을 내리는 것인가? 이러한 결정을 내리는 데는 '나'라는 자아감이 있어야 한다. 독립적인 기술을 도표화하는 것은 이 감각이 어떻게 발전하는지를 밝혀 내지 못한다. 왜냐하면 그것은 개인의 기술보다 크기 때문이다. 그것은 마치 인지, 운동, 감각, 사회적 기술이 오케스트라의 구성원이고, 자신의 감각이 모든 분리된 부분을 조정하는 지휘자인 것처럼 말이다. 아동이 발달함에 따라 자신의 감각도 변한다. 오케스트라가 복잡해짐에 따라 더욱 정교해진다.

그러나 특별한 도움이 필요한 아동의 경우, 이 오케스트라의 지휘자를 효과적으로 이용하는 데 특별한 어려움이 있다. 예를 들어, 자폐(autism) 기능을 가진 것으로 묘사되는 아동은 기본적인 목적의식이 부족한 것처럼 보인다. 이런 아동은 조직적이고 의도적인 방식으로 행동하기가 힘들다. 아동의 행동은 목적이 없거나, 반복적이거나, 무작위적일 수 있다. 부모를 냉장고에 데리고 가서 원하는 음식을 가리킬 수 있는 능력은 다른 사람들과 마찬가지로 16~20개월까지는 분명하지 않다. 많은 부모는 이 능력이 2세, 3세 또는 4세에 발생했거나 전혀 발생하지 않았다고 보고했다.

이미 어느 정도 말을 할 수 있고, 자폐 스펙트럼 문제로 진단받은 나이가 조금 더 있는 아동들은 종종 TV나 라디오에서 나오는 말을 반복하여 사용한다. 그들은 의도적인 방식으로 말하지 않지만, 자유롭게 떠다니는 아이디어의 세상에서 길을 잃은 것처럼 보인다. 아동은 '나비'라고 말하고, 장난감 드럼을 쾅쾅 치며, 재미있는 소리를 내고, 인형을 들고 깔깔거리고, 그리고 나서 만화 '토마스와 친구들'의 문장을 말할 수 있다. 아동은 단어를 사용하여 다른 사람들의 말을 모방할 수는 있지만, 그러한 단어들을 이용해 목적 있고 의도적인 의사소통을 할 수는 없다. 아동은 자신의 필요를 알리고, 다른 사람들의 생각에 반응하고, 일관되고 논리적인 대화를 가질 수 있는 능력이 부족하다. 아동의 행동을 조직하는 기본적인 목적의식이 도전을 받는 것이다.

조직화시키는 능력의 어려움은 심한 운동장애가 있는 아동(예: 뇌성마비가 있는 아동) 또는 언어 표현이 어려울 때 힘든 일일 수 있다. 이 아동들에게는 욕구나 목적의식이 작동하고 있고, 운동 및 언어 시스템과 연결되어 있다. 문제는 운동 또는 언어 시스템을 개선하면서 이 의도 또는 목적을 표현하는 방법을 찾는 것이다. 예를 들어, 운동장애가 있는 아동은 의도를 전달이기 위해 잘 통제할 수 있는 자신의 머리('예' 또는 '아니요'에 고개를 끄덕이는), 혀 또는 팔다리로 운동장애 문제에 도움을 받을 수 있다. 표현-언어 문제가 있는 아동은 몸짓, 신호, 그림 및 자신의 의도를 전달할 수 있는 많은 소리를 사용하는 데 도움이 될 수 있다.

심각한 발달장애(자폐증 패턴, 인지 지연, 표현 및 수용 언어 문제, 심한 운동 계획 장애 포함)를 가진 많은 아동에게는 하나의 가장 큰 어려움(정서적인 문제, 운동 감각 문제 또는 언어 문제보다 큰)은 행동이나 말로 의미 있는 의사소통을 조직할 수 없다는 것이다. 잃어버린 이 능력을 분석함으로써 원인으로 보이는 것들을 발견했다. 많은 아동은 자신의 근본적 소망, 바람, 감정과 이러한 것들을 전달할 수 있는 행동과 단어로 연결하는 능력이 부족하다.

비록 이러한 결손은 자폐 스펙트럼 장애 또는 다체계 발달장애가 있는 아동에게 가장 중요하지만 운동, 인지 또는 언어 장애가 있는 아동들에게도 다른 이유로 도전적이다. 이러한 무질서와 함께 운동 능력, 언어 또는 인지 능력의 결핍이 근본적인 의도, 소원 또는 감정의 완전한 표현을 허용하지 않기 때문에 아동의 목적의식이 강화되고 발전된다. 우리가 표현을 위한 대안 경로를 찾지 못했을 때는 운동을 하지 않는 수용력과 마찬가지로 이러한 연결을 사용하지 않는 것이 옳다.

대부분의 사람은 자신의 감정을 행동과 말로 연결시키는데, 이러한 능력은 반사적이다. 단어, 표정, 신체 자세 및 기타 행동의 기저에 있는 것은 우리의 욕망, 소원 및 성향이다. 직장에서 집으로 온 성인은 단순히 그날의 사건을 나열하는 것이 아니라 그 날에 좋았거나 나쁜 것에 관해 이야기한다. 그녀는 흥미롭거나, 지루하거나, 도전적이거나, 무서운 것을 정서적인 의미를 지닌 무언가를 바탕으로 관련 경험을 선택한다. 그녀는 직장에서 이러한 소망과 감정에 이끌린다. 친구나 직장, 정치적 견해, 영화, 서적 및 음식점 선택, 우리가 아동을 양육하는 방법 등에서 감정에 의해 영향을 받지 않는 일은 거의 없다. 한가한 수다에서부터 결정적인 계획, 로맨틱한 대화에 이르기까지, 우리의 행동과 생각은 우리의 감정적인 관심사에 의해서 거시되고 조정된다. 이러한 정서적인 단서들이 없다면 우리는 더 많은 무의미하고 무작위적인 활동에 빠지게 될 것이다.

2. 의사소통 욕구

과거에 잘 알려지지 않았던 정서적 단서의 필요성은 발달장애가 있는 아동에 대해 우리가 이해하지 못했던 부분을 잘 드러내 준다. 가장 큰 어려움은 떠오르는 감정이나 영향 그리고 그것들을 표현할 수 있는 복잡한 행동과 언어의 구성 사이에서 다른 아동들이 쉽게 만드는 관계를 창조해 내는 것이다. 발달과 사고는 아동이 말을 하기 전 또는 언어의 수준에서 의도적이고 조직적인 상호작용을 할 수 없을 때는 진행될 수 없다.

일반적으로 감정을 의사소통과 연결시키는 이 능력은 생후 첫해에 서서히 나타나며, 아동의 첫해 중간에 쉽게 나타난다. 6개월 된 아기가 무언가에 손을 뻗어 자신의 욕망을 나타내자 부모님이 물건을 건네준다면 그것은 의도적인 상호작용의 시작이다. 10개월쯤에 아동과 부모는 물건을 교환하고, 엿보기를 하고, 서로의 행동을 흉내 낸다. 아동은 18개월 동안 부모 역할을 맡는다. 그들은 또한 더 복잡한 모방에 가담하고, 때로는 의도적인 상호작용의 일부로서 언어의 교환도 한다. 부모와 의도적으로 상호작용할 수 있는 아동의 능력은 나중에 더 정교하고, 정서적·사회적·인지적 발달을 위한 기초 역할을 한다. 18개월 된 아기는 엄마를 선반에 데리고 가서 쿠키를 가리킬 수도 있다. 18개월 된 아기는 엄마를 책장으로 데리고 갈 수는 있다. 엄마가 건포도 과자를 들고 있을 때 아기는 초콜릿 과자를 가리키며 대화에 또 다른 요소를 추가할 수 있다.

목적이나 관심에 느낌이 없거나 의사소통을 할 수 없고 상호작용이 무작위로 지속되는 경우, 의도적인 상호작용에 의존하는 사고의 진행은 발생할 수 없다. 논리적이고 복잡한 문장("나는 잠들고 싶지 않다.")으로 이야기할 수 있는 능력은 선반을 가리키며 "쿠키!"라고 말하는 더 단순한 논리를 바탕으로 한다. 사고 사이에 이상적인 관계를 구축하는 훨씬 더 복잡한 능력 ("나는 지금 피곤하지 않아. 하지만 영화 하나를 더 보게 해 주면 아마도 피곤할 거야.")은 이 초기의 기초 없이는 발생할 수 없다. 감정과 행동 또는 말을 연결하는 능력이 없으면 무엇보다 복잡한 의사소통이 불가능하다.

발달상의 어려움을 겪고 있는 아동에게 이러한 관계를 형성하고 강화시키는 데 도움이 될 수 있다. 감정, 영향 또는 욕구를 전달하는 아동에 대한 관심의 표정을 볼 때마다 아동이 그것에 반응하고 주변 사람들과 상호작용할 때 점차적으로 아동이 더 의도적으로 의사소통을 시작하도록 도울 수 있다. 아동이 자신의 소망이나 의도를 표현할 수 있는 기회가 많을수록 정서와 의사소통의 관계를 형성하는 데 도움을 줄 수 있다.

때때로 심한 운동 또는 청각 처리 문제로 인해 아동이 상호작용을 하기가 어려운 경우가 있다. 목적이 없는 행동이나 말의 소용돌이 속에서 의도적인 자아를 잃거나 아동의 움직임이 심하게 제한될 수 있다. 그러나 의도적으로 목과 머리만 움직일 수 있는 아동조차도 의미 있게 반응할 수 있다. 아동의 눈을 한 번만 보아도 대화의 통로가 될 수 있다. 부모는 아동에게 두 가지 음식을 제공할 수 있다. 하나는 자신이 좋아하는 것이고, 다른 하나는 자신이 원하지 않는 것인데, 아동에게 어떤 것을 원하는지 눈으로 말해 달라고 요청할 수 있다. 아동은 자신이 원하는 것을 의사소통한 것이다! 나중에 아동이 의도적인 행동을 습득했을 때, 부모는 의도적으로 혼란스럽게 행동할 수 있다-아동이 눈으로 말하지 않은 것을 건네며 부모가 이해를 맞게 했는지 아동에게 눈으로 의도를 명확히 해 달라고 도전 과제를 주는 것이다. 그리고 아동이 원하는 것을 진작 주지 않은 것을 사과하라.

우리가 아동을 이해하지 못한 척할 때마다, 아동에게 다시 묻도록 격려할 때마다 의도적으로 의사소통할 수 있는 능력을 키우게 된다. 우리는 자신의 의도적인 자아, 자신의 세계에서 행동할 수 있다는 감각을 강화하는데, 이 자아의식은 보다 복잡한 인지, 감정적·사회적 기술의 토대를 제공한다.

우리가 다른 특정 기술과 함께 이러한 자아의식을 개발하기 위해 적극적으로 노력하지 않았을 때, 불필요하게 어린 나이에 특수한 필요를 가진 아동들이 발달의 최대 한계를 가지게 되는 것을 보았다. 그러나 우리가 서로 다른 운동, 언어 및 인지 능력의 많은 부분을 강화하기 위해 노력하면서 개발 의도와 함께 작업할 때, 우리는 더 큰 진전을 보게 된다. 우리가 지휘자와 오케스트라 단원을 동시에 개발하기 위해 일할 때, 아동들은 일반적인 기대를 훨씬 뛰어넘는 경향이 있다.

3. 학습 기초로서의 정서

감정이 인지 학습의 기초가 된다는 생각은 여전히 급진적인 생각이다. 역사를 통틀어서 우리는 정서가 생각이나 이유에 종속되어 있다고 믿었다. 프로이트(Freud)는 정서를 이성적 자아에 의해 통제된 다루기 힘든 말로 비유했다. 그러나 신생아의 관찰 및 신경과학 연구뿐만 아니라 유아와 어린 아동에 대한 우리의 최근 임상 연구는 이 관점이 부정확하다고 제시한다. 별개의 분리되고 보조적인 사고보다는 오히려 정서가 우리 생각에 책임이 있는 것처럼 보인다. 정서는 우리의 행동에 방향을 제시하고 경험을 의미하기 때문에 행동을 통제하고, 경험을 저장 및 구성하며, 새로운 경험을 구성하여 문제를 해결하며 생각할 수 있게 한다.

우리가 신생아일 때부터 우리의 모든 경험은 신체적이고 정서적인 요소를 둘 다 가지고 있다. 신체적 요소는 경험의 구체적인 내용이다. 정서적 요소는 경험을 의미 있는 것으로 만드는 부분이다. 신생아의 가장 초기 경험 중 하나를 생각해 보라. 어머니와의 경험을 떠올릴 수 있다. 어머니에 대한 아기의 감각, 즉 목소리, 미소, 만지기 등 신체적 감각의 모음이다. 이러한 것들은 아기가 어떻게 느끼는지를 결정하기 때문에 중요하다. 신체적 감각의 조합이 올 때마다 이것은 즐거움, 온기, 안전, 행복의 감정을 가져온다. 아기는 언제든지 어머니의 목소리를 들을 때 곧바로 그 감정을 예상한다. 아기는 자동적으로 이 신체적 감각을 자신이 내면에서 느끼는 즐거움과 연결시킨다. 정서는 가장 강력한 생각인 어머니의 생각을 불러일으킨다.

삶이 지날수록 어머니의 개념은 확장된다. 어머니는 아동이 상처받았을 때 위로를 하고, 배가 고팠을 때 음식을 주고, 잘못된 행동을 했을 때 꾸짖는 사람이 된다. 다시 한번 각 경험은 이중으로 부호화된다. 아동은 경험의 물리적 속성, 즉 어머니의 은신처 같은 손길, 음식의 맛, 화가 난 목소리의 울림을 등록한다. 동시에 아동은 만남에 의해 생성된 정서를 따뜻함과 위안 또는 분노와 두려움의 감정으로 등록한다. 이러한 감정은 경험의 의미와 지속적인 울림을 아동의 마음속에 전달한다. 그들은 또한 엄마라는 성장하는 데이터베이스를 그룹화하여 경험을 체계화한다. 그 데이터베이스를 이용하여 아동은 어머니를 광범위하게 개념화하고, 어머니를 추상적으로 생각하는 다양한 방법을 배운다. 정서는 이러한 경험을 저장, 정리 및 검색할 수 있게 해 준다. 더 중요한 것은 그것은 많은 아동이 다른 유형의 정서적 경험을 가진 어머니를 연결함으로써 추상적인 개념을 형성할 수 있게 해 준다.

경험에 대한 정서적 부호화는 우리의 학습을 안내한다. 아동은 그 단어를 외우는 것이 아니라 피부에 대한 감각을 경험함으로써 뜨거운 것과 차가운 것의 개념을 배우게 된다. 아동의 두뇌가 신체 감각을 등록할 때, 감각이 자극하는 정서를 동시에 기록한다. "아, 뜨겁다!" 또는 "악, 차가워!"로 배운 것을 지키는 것이 정서적인 반응이다.

이것은 시간과 같은 개념에 대해서도 마찬가지이다. 놀라게 하려고 기다릴 때 20분은 일생의 반처럼 느껴지지만, 놀이터에서 노는 시간은 눈 깜빡할 사이에 지나간다. 우리의 초기 개념인 시간과 양, 공간은 정서적인데, 뇌는 단지 기다리거나 노는 신체적인 감각뿐만 아니라 활동에 의해 생성되는 정서적인 감각을 기록한다. 예를 들어, 2년 반이라는 기간은 아동이 기대한 것보다 길 수도 있고 짧을 수도 있다. 감각뿐만 아니라 2년 반쯤 된 활동에 의해 생성된 정서가 더 많기 때문에 아동이 기대하는 것보다 조금 더 적다. 우리는 나이가 들면서 우리의 경험을 체계화하기 위해 논리와 측정의 규칙을 적용한다. 10은 많고, 1은 적다. 그러나 시간과 양에 대한 주관적인 정서적 감각은 결코 우리를 떠나지 않으며, 더 공식적인 체계화에 의미를 부여한다.

공간적 개념은 똑같이 정서적이다. 우리가 식료품을 잔뜩 싣고 습도가 높은 주차장을 가로질러 걷는 것이 10마일의 도보 여행처럼 느껴질 수 있듯이, 아동이 침실을 가로질러 기어가는 것은 아기에게 반 마일 떨어진 것처럼 느껴질 수도 있다. 우리는 이미 알고 있듯, 아동은 실제 거리가 훨씬 짧다는 것을 배울 것이지만 아동과 어른에게 공간 개념은 그것을 통해 탐색할 때 생성된 정서에 의해 배운다. 정서적인 공간 감각은 보다 공식적인 계산을 이해하는 기반을 제공한다. 시간, 공간 또는 쿠키의 수와 관련하여 다소 느낌이 없는 아동은 문제 해결을 위해 나중에 숫자를 적용하는 데 어려움을 겪을 것이다.

생각에 대한 우리의 이해가 정서적으로 기본이 되는 것처럼, 생각하고 문제를 풀 수 있는 능력은 생각의 조작에 불과하다. 그가 여행에서 한 일을 물어보라. 이 질문은 합리적이고 정서적이지 않은 반응을 요구한다. 그는 이 질문에 응답하는 컴퓨터 프로그램이 된 것처럼, 광경과 사건들의 목록을 간단히 이어서 말할 것이다. 그러나 인간은 컴퓨터가 아니다. 인간은 프로그램화되어 있지 않으며, 우리의 대답은 대개 컴퓨터가 대답하는 것과는 전혀 다르다. 단순히 그가 했던 일을 열거하는 대신에 여행자는 여행을 생각하고 특히 좋았거나 그렇지 않은 부분의 정서적 중요성과 관련이 있는 특정 측면을 선택한다. 그의 감정은 여행에 대해 생각할 수 있는 정렬 및 검색 도구가 된다.

정서적 분류 및 차별의 동일한 과정은 보다 복잡한 사고에서 발생한다. 여러 명의 남자아동에게 권위적인 사람에 대한 생각을 물었을 때, 한 아동은 "저는 누가 나한테 명령하는 좋아하지 않아요. 특히나 부모님이 너무 명령하세요. 언제 TV를 볼 수 있는지, 언제 자야 하는지 다 말하시는데, 내가 스스로 결정할 수 있을 만큼 나는 다 컸어요. 내가 만약 동생을 때렸다면 그때가 부모님이 나한테 명령해도 될 때겠죠. 그니까 상황에 따라 달라요."라고 말했다. 이 아동은 권위적인 사람에 대한 경험과 자신이 느꼈던 정서를 되돌아봄으로써 그 질문에 답했다. 그는 정서적인 경험을 바탕으로 정서적 틀을 성립했다. 그런 다음 "이것은 (상황에 따라) 달려 있다."고 말하면서 아동은 자신의 이해에 따라 논리의 규칙을 적용했다("나는 스스로 결정할 만큼 충분히 크다"). 결과는 사려 깊고 창조적인 주장이었다.

발달 지연과 매우 낮은 정서 범위의 아동은 질문에 상당히 다르게 대답했다. "글쎄⋯⋯. 부모와 교사는 상관이고, 유모는 때때로 상관이다. 그것으로 끝!" 창의적 사고나 반성이 없는 훨씬 단순한 대답이다. 또래와 달리 그의 대답에는 정서적인 내용이 부족하다. 이것은 컴퓨터가 생성할 수 있는 목록에 맞는 사람들일 뿐이다. 그 아동은 살아 있는 정서적인 경험을 사용할 수 없었기 때문에 그의 생각은 창의적이고, 선택적이며, 논리적인 것이 아니라 구체적이고 특이한 것이었다. 우리는 상관, 정의의 개념, 또는 다른 추상적인 개념, 지적이고 추상적인 반응이 정서적 경험과 그 정서적 경험에 대한 반영과 관련이 있는 것을 발견했다. 아동이 정서적 경험과 관련된 아이디어를 만들어 내지 못했을 때, 아동의 대답은 구체적이고 기계적인 경향이 있었다. 그러므로 사고는 생산적이고 반사적인 측면을 포함하는 것으로 보인다.

　정서는 우리가 추억을 구성, 저장 및 검색할 수 있게 해 주기 때문에 한 가지 상황에서 경험한 것을 기억하고 다른 상황에 적용할 수 있다. 이것은 학습의 본질이다. 미소 지으며 인사하는 것을 배우는 아동을 생각해 보라. 아동은 선택적으로 이 인사말을 제공하는 법을 배워야 한다. 친구, 친척, 심지어는 낯선 사람에게도 인사해야 하지만, 무시무시하게 생긴 낯선 사람에게는 그렇지 않다. 아동은 차별을 어떻게 배울까? 일련의 규칙은 아동의 부모를 통해 배우는 것이 아니다. 아동은 한 상황에서의 감정과 다른 상황에서의 감정을 비교함으로써 자신을 가르친다. 셀 수 없이 많은 정서적인 경험을 통해 아동은 따뜻하고 친근한 느낌이 인사말이라는 것을 아는 반면, 조심스럽거나 겁먹은 느낌은 엄마의 다리 뒤에 숨고 싶어 하는 갈망을 나타낸다는 것을 안다. 아동의 정서는 학습한 경험에서 다른 경험으로 옮기는 정렬 도구이다.

　정서적 경험을 끌어오는 것은 인지 학습을 가능하게 만든다. 일단 정서적인 기초가 놓이면 인지 기술은 제자리에 떨어진다. 아동은 자신의 미소로 어머니를 미소를 짓게 하여 초기 인과관계를 발전시킨다. 수학에 있어 초기 경험은 개인의 정서적인 경험을 통해 습득된다. 아동은 자신이 필요로 하는 것보다 더 많은 것을 느낀다. 또한 아동은 중요한 또는 추가할 단어가 있기 훨씬 전에 수량 감각을 얻는다. 나중에 아동은 구두법을 익히고, 정서적으로 이미 느끼는 양에 숫자를 사용한다. 그 후에 수량을 신속하게 조작하기 위한 수식을 습득한다. 만약 그 아동이 양보다 많거나 적은, 더 크거나 작은, 정렬하고 분류하는 정서적 경험이 많다면 형식적인 인지기능으로 쉽게 전환할 수 있다. 아동이 수학을 하는 법을 배우는 데 도움이 되는 것은 수식을 암기하는 연습은 아니지만 기본 개념의 정서적 의미를 강조하는 경험에 손을 댄다.

　피아제(J. Piaget)와 그의 추종자들에 대한 이론뿐만 아니라 많은 현대 인지 이론가의 이론과는 달리, 아동은 정서적 경험을 통해 개념이나 인과관계, 양 또는 추상적 논리와 관련하여 세계가 어떻게 작동하는지에 대해 배운다. 이러한 정서적 통찰력은 다른 지적 도전뿐만 아니라 물리적 세계를 이해하는 데 적용된다.

　말하기 또한 초기 정서 발달에 달려 있다. 아동은 말을 배우기 오래 전에 의사소통하는 법을 배운다. 아동은 부모에게 원하는 것을 말하기 위해 소리, 제스처, 몸짓 언어를 사용하고, 아동은 그들이 응답하는 제스처들을 읽는 것을 배운다. 나중에 아동이 말을 중얼거리고 가리키는 것을 풍선이라는 단어로 대체하고자 할 때, 아동은 이미 정서적으로 알고 있는 약칭을 사용할 것이다. 아는 것은 살아 있는 경험으로부터 나온다. 이름 붙이기의 인지 과정은 나중에 일어난다. 만일 아동이 말로 표현하지 않고도 자신의 의도와 소망을 전달하는 법과 다른 사람의 소망을 읽을 수 있는 법을 알게 되면 이 인지 과정은 쉽게 일어난다.

이 과정은 성인들의 학습에도 똑같이 적용된다. 우리가 새로운 상황(직업에 대한 인터뷰 또는 새로운 사고와의 관계 여부)에 처해 있을 때마다 우리는 이전 경험으로 되돌아간 다음에 그 정서적 경험을 추상화한다. 이것은 우리가 그것에 대해 생각한다는 것이다. 우리는 그것들을 마음속으로 조작할 수 있는 사고로 바꾼다. 우리는 논리의 규칙을 적용하고 우리의 경험에 반하여 그것을 시험한다. 우리는 새로운 데이터를 가지고 우리의 이전 경험을 종합하고 생각과 행동의 계획을 공식화한다. 이 모든 것은 자동적이고 순간적으로 일어난다. 모든 경험의 정서적 부호화로 즉각적인 검색, 구성 및 합성이 가능하다. 이 과정을 통해 우리는 창조적으로 사고하고, 우리의 발상을 생각하고, 배울 수 있다.

4. 지능의 뿌리

학습에서 정서의 역할에 대한 이러한 견해는 우리가 지능이라고 생각하는 것과 발전적인 과제를 가진 아동들의 학습에 중요한 영향을 미친다. 우리는 일반적으로 다소 제한된 방법으로 지능을 측정했다. 지능의 표준 척도인 IQ 테스트는 인지, 기억, 운동, 감각, 언어 및 공간 작업의 모음집을 사용한다. 전통적인 IQ 테스트의 많은 항목은 아동의 처리 능력에 영향을 받는다. 잠재적 추론이나 사고 능력을 보기 위해 청각 처리 또는 운동 계획 문제를 보지 않는다. 숙련된 시험관이 때로는 아동의 실제 잠재력을 식별하기도 있지만 시험 자체는 창의적으로 사고하거나 실제 상황에서 문제를 해결할 수 있는 아동의 충분한 능력을 밝혀내지 못한다. 이것은 관계, 가족 생활 또는 사람과 감정을 다루거나 혁신적인 해결책을 제시해야 하는 직업에 필요한 기술에 대해서는 충분한 정보를 제공하지 않는다. 지능은 살아 있는 정서적인 경험에서 생각을 생성하고, 그 생각을 반영하며 구성하는 능력으로 정의하는 것이 훨씬 더 유용하고 정확하다. 이 두 가지 역량을 갖춘 아동들은 자신의 발상에서 사고하고 문제에 대한 혁신적이고 논리적인 해결책을 창출할 수 있다. 이것들은 우리가 아동들에게 주입하기를 원하는 기술이다.

정서적인 경험과 추상적인 경험을 바탕으로 아이디어를 창작하는 능력은 우리를 인간으로 만드는 큰 부분이다. 이러한 기술을 가진 아동은 목표를 추구하고, 목적의식을 가지고 행동하며, 도덕성을 개발하고, 자기 자신을 안다. 이런 종류의 창조적 지능을 가진 아동은 강한 자신감을 갖기 위해 필요한 경험을 해 왔다.

여기에 정의된 지능은 특별한 요구를 가진 많은 아동을 파악하고 있다. 이것은 정서와 인지 능력을 모두 습득하면 점차적으로 구축된다. 아동과 매일 같이 일하면서 수백만 건의 상호작용을 할 때, 당신은 논리적, 창조적 그리고 자발적으로 사고할 수 있는 능력을 강화하게 된다. 옷을 입는 동안에 양말을 건네줄 때마다 욕조에서 비누를 교환할 때마다, 아동이 건네주는 장난감을 갖게 될 때마다, TV 켜는 것에 대해 제스처로 협상할 때마다 또 다른 작은 조각은 아동의 목적의식, 자신이 누구인지 인지하는 것, 정직한 양방향 의사소통의 일부분이 되는 아동의 능력에 추가된다. 이러한 일상적인 상호작용을 통해 자신의 감각을 키울 뿐만 아니라 지능을 높이고, 지능을 키우는 사회적, 정서적, 운동 및 인지 기술을 키울 수 있다.

우리는 지능 개발에서의 영향, 정서, 의도 및 욕구의 역할에 대해 논의했다. 정서는 집중하고, 참여하고, 인과적 및 의도적으로 학습하고, 문제를 비언어적으로 해결하고, 아이디어를 만들고, 아이디어를 사용하여 생각하는 데 중요하다. 정서를 통해 우리는 경험을 분류 및 식별하고, 패턴을 만들거나 경험 그룹을 만들거나(즉, 경험을 분류), 경험을 사용하여 새로운 상황에서 행동하는 법을 파악함으로써, 문제를 해결할 수 있다. 정서는 또한 우리로 하여금 우리의 행동과 의미를 우리의 말에 목적을 부여하고 추상적인 생각과 개념을 형성할 수 있게 한다. 정서는 우리가 읽은 것을 이해하고 양, 시간, 공간 관계 및 인과관계에 대한 기본 개념을 형성할 수 있기 때문에 읽기 및 수학과 같은 학업 과제에 필수적이다. 가장 중요한 정서적인 경험은 우리가 자신감을 갖게 하고, 환상과 현실을 분리하고, 충동을 조절하고, 동료들과 관계를 맺고, 정서적·사회적·지적 발달의 여러 단계를 탐색할 수 있게 해 준다.

5. 특별한 요구를 가진 아동의 정서와 특정한 도전 과제

정서가 우리를 지능적이고 사고력이 있게 만드는 방법을 이해하면 특별한 요구를 가진 아동들에 관해 우리가 가진 수수께끼 같은 질문에 답하는 데 도움이 된다. 왜 그들은 창조적이고 추상적으로 생각하는 법을 배우는 데 어려움을 겪는가? 우리가 어떻게 그들이 발달상의 어려움을 숙달하도록 도울 수 있는가?

인간의 두뇌와 정신이 함께 일을 해야 하고, 어떤 목적에 따라 조직되어야 하는 많은 구성 요소를 가지고 있다고 생각해 보라. 의도, 영향(정서) 또는 욕망(희망)은 우리 마음의 다양한 구성 요소에 방향을 제시하고 구성하는 중요한 목적의식을 제공한다. 대부분의 특별한 요구를 가진 아동의 경우, 행동과 단어의 순서를 정하는 능력을 포함하여 영향과 구성 요소 간의 연결이 존재하지만 충분히 이용되지 않는다. 그것이 충분히 사용되지 않는 데는 이유가 있다. 특별한 요구를 가진 아동들은 운동 계획 또는 순서 행동, 청각 처리(이해의 측면에서 단어의 순서를 포함), 표현 언어 또는 시각적 공간 처리와 관련된 하나 이상의 구성 요소에 문제가 있다. 구성 요소가 잘 작동하지 않으면 덜 사용되는 경향이 있으므로 구성 요소는 목적의식과 영향에 의해 전달된 의도를 적게 표현한다. 의도 또는 정서적인 방향은 언어 또는 운동 패턴을 통해 쉽게 표현될 수 없으므로 영향 또는 의도와 구성 요소 간의 연결은 최대한 완벽하게 발전하지 않는 경향이 있다. 따라서 중재 프로그램은 구성 요소에 대한 의도를 연결하는 데 초점을 맞출 필요가 있다. 제2부에서는 우리가 의도와 다양한 생물학적 능력을 어떻게 사용하는지 설명한다.

l) 정동과 순서화 역량 사이의 연결 결핍을 지닌 자폐증 아동의 특별 사례

전반적인 발달장애를 포함한 자폐 스펙트럼 장애는 의도 또는 영향과는 다른 구성 요소, 특히 운동 패턴(운동 계획), 행동, 단어, 공간 구성을 순서화할 수 있는 능력 사이의 연결에서 이 핵심 역량에 결함이 있는 것처럼 보인다. 자폐 스펙트럼 장애는 인간의 두뇌와 정신의 다른 능력에 의도 또는 영향을 연결하는 능력이 부족할 때 일어나는 일의 극단적인 예를 나타낸다.

자폐 스펙트럼 장애로 진단받은 200명의 아동을 대상으로 연구를 실시했다(부록C 참조). 다양한 메커니즘이 제안되었지만 자폐 스펙트럼 장애와 관련된 근본적인 심리적·생물학적 패턴에 대해서는 합의가 이루어지지 않았다. 이러한 근본적인 처리의 어려움의 역할에 대해 더 잘 이해하기 위해 우리는 매우 성공적이었던 아동과 계속해서 어려움을 겪고 있는 아동의 처리상의 어려움을 살펴봤다.

우리 연구에 참여한 모든 아동은 청각 처리, 운동 계획 및 감각 조절장애를 입증했다. 많은 아동 또한 시각적인 공간 처리에 어려움을 겪었지만 일부 아동들은 이 분야에서 상대적인 강점을 보였다. 많은 연구자는 다른 사람의 마음을 이해하는 것의 어려움(예를 들면, 다른 사람의 마음에 공감할 수 있는 것) 또한 심리적이고 인지적인 메커니즘과 같이 자폐증에 기반한다고 가정해 왔다.

우리는 뛰어난 성과를 내는 집단과 어려움을 겪고 있는 집단 사이의 차이점을 계속해서 탐구했다. 좋지 않은 결과와 심각한 어려움을 가진 집단에는 낮은 근긴장도와 운동 계획에 어려움을 가진 아동이 다수 포함되어 있었다. 이 집단의 아동들은 일반적으로 자신에게만 몰두하고, 더 큰 갈망을 포함하여 감각에 대한 반응이 약했으며, 일반적으로 다른 감각에 대한 반응의 혼합 정도가 적었다.

집단의 아동들은 매우 높은 반응도와 혼합 반응도, 덜 심한 운동 계획 어려움 및 약간의 높은 근긴장도를 갖는 경향이 매우 좋았다. 그러나 상당한 개인차가 있었다. 낮은 음색과 심한 운동 계획 문제로 인해 일부 아동은 진행이 잘되지 않았고, 덜 민감한 운동 계획 문제가 있는 일부 아동은 계속해서 큰 어려움을 겪었다. 이러한 패턴은 자폐 스펙트럼 장애에 기여하는 정도와 유형이 다양함을 시사한다. 이 어려움의 본질과 결과로 초래된 적자는 역할을 나타내며, 증상의 격렬함 또한 결과에서의 역할을 가진다. 특히 흥미로운 점은 가공 프로필에 관계없이 훌륭한 진전을 이룬 아동들의 터닝포인트는 의도, 방향, 행동의 의미를 전달하기 위해 '의도' 또는 정서를 운동 능력과 연결시키는 역량과 순서화시키는 역량을 개발한 것이다. 또한 정서는 아이디어에 의미를 부여하기 위해 청각적 및 시각적 공간 처리에 연결되어야 했다.

이 연구는 우리의 행동과 말에 의미를 부여하고, 추상적 사고를 개발함에 있어서 정서의 핵심 역할을 상세하게 확인시켜 주었다. 따라서 정서와 의도를 우리의 계획 순서화와 처리 능력에 결부시키는 역량이 부족한 것이 자폐 문제의 핵심적인 심리적 결핍이 될 수 있으며, 이러한 장애에서 기저에 놓인 생물학적 메커니즘을 찾는 위치에 대한 중요한 단서를 제공할 수 있다. 이것은 또한 특별한 도움이 필요한 대부분의 아동의 성장을 촉진하는 핵심 역량이다.

제2부

◇◇

정서 및 지적 성장을 촉진시키기

제8장 플로어타임 접근법

이 책의 제1장에서는 아동 문제에 기여하는 요소에 대해 다루었다. 이 부분에서 우리는 문제를 개선하는 방법에 대해 이야기했다. 아동이 발달 사다리를 오르는 데 도움이 되는 체계적인 방법인 플로어타임은 치료에 대한 발달적 접근법의 핵심이라고 할 수 있다. 그것은 아동이 놓칠지도 모를 첫 번째 발달이정표로 돌아가서 발달 과정을 새로 시작하게 한다. 부모와 치료사와 집중적으로 일함으로써 아동은 한 번에 하나씩 발달이정표의 사다리를 타고 올라가 잃어버린 기술을 습득할 수 있다.

대부분의 특별한 요구를 가진 아동들은 발달장애를 해결하도록 돕는 치료사와 교육자들과 관련되어 있다. 그러나 발달상의 사다리를 오르기 위해서는 아동과 일대일 작업이 필요하다. 일상적인 대화나 작업 치료조차도 충분한 연습을 제공하지는 못한다. 어쨌든 아동은 깨어 있는 시간이 12시간 이상이며, 그동안 뭔가를 배우고 있다. 문제는 무엇을 배우는가이다. TV에 대해 배우고 있는가(한방향 의사소통)? 창문을 쳐다보거나, 반복적으로 문을 열고 닫거나, 장난감을 일렬로 세우는 것에 대해 배우고 있는가? 다른 사람들과 관계 맺는 것의 즐거움과 주도권을 쥐고 만족감을 나타내며 희망과 필요를 알리고 반응을 얻는 것을 배우고 있는가? 처음에는 단어 없이 대화를 하고, 궁극적으로 상상하고 생각하는 대화를 배우고 있는가? 플로어타임은 아동이 이러한 중요한 발달 교훈을 배울 수 있는 기회를 제공한다. 그것은 절차, 철학, 가정, 학교 그리고 아동의 다른 치료법의 일부로서 시행될 수 있다. 먼저, 플로어타임을 일대일 경험으로 설명한다. 우리는 치료 팀과 교육적 접근에 관해 논의한다.

발달적 접근법은 세 부분으로 구성된다.

- 부모는 아동과 함께 시간을 보내면서 중요한 발달이정표의 숙달을 촉진하는 다양한 경험을 한다.
- 말하기, 작업 및 물리 치료사, 교육자 또는 심리 치료사는 아동의 구체적인 과제를 다루고 개발을 용이하게 하기 위해 플로어타임 원칙에 따라 정보를 얻은 특수 기술을 사용하여 아동의 장애물을 다루고 발달을 가능하게 한다.
- 부모는 아동과의 상호작용을 극대화하고 모든 가족 구성원의 정서적 성장과 지적 성장을 지원하는 가족 패턴을 창출하기 위해 각기 다른 발달이정표와 관련하여 자신의 반응과 방식을 연구한다.

이 세 가지 과정 모두가 중요하지만, 플로어타임은 주로 플로어타임을 통해 아동들이 성장을 촉진하는 방식으로 상호작용하는 법을 배우기 때문에 다른 두 사람이 중심을 이루는 중추이다. 아동의 특별한 욕구가 치료로 충족될 때, 아동은 스스로 새로운 능력을 플로어타임 상호작용에 가져올 것이다. 반응이 자신에게 미치는 영향을 배우는 동안에 그 학습을 플로어타임에 사용하게 된다. 플로어타임의 상호작용과 자유 놀이에서 아동은 대인관계, 정서적·지적 능력을 키우게 된다.

플로어타임은 정확히 다음과 같다. 20~30분 동안 아동과 함께 바닥에 내려와 상호작용하고 놀아 보라. 어떻게 이 놀이 같은 상호작용이 아동에게 중요한 발달 단계의 숙달을 도와줄 것인가? 대답은 상호작용의 본질과 관련이 있다. 특정 유형인 타인과의 상호작용은 아동의 성장을 촉진한다. 다음 장에서는 이러한 특정 유형에 대해 설명한다. 첫째, 우리는 인간관계의 중요성을 탐구하고 싶다.

인간관계는 아동 발달에 있어서 결정적이다. 인간은 다른 인간과 관련된 맥락에서 배우고 성장하기 위해 창조된 것처럼 보인다. 뇌와 정신은 단순히 인간관계에 의해 양성되지 않고 발전하지 않는다. 아동과의 친밀한 관계가 없으면 자부심, 적극성, 창의성이 발달하지 않는다. 뇌(논리, 판단, 추상적 사고)의 더 많은 지적 기능조차도 지속적인 관계 없이 발생하지 않는다.

조기 학습의 대부분은 다른 사람들과 관련하여 발생한다. 아동은 숟가락을 떨어뜨려서 바닥에 닿는 것을 보고 원인과 결과에 대해 배우게 된다. 그러나 아동은 미소 짓고 미소를 되받으며, 훨씬 더 많이, 훨씬 더 일찍, 더 단단하게 배운다. 나중에 아동은 팔을 뻗음으로써 엄마가 데리러 온다는 것을 배우게 된다. 이 학습에서 기인한 즐거움은 훨씬 더 강렬하다. 엄마의 응답에 대한 중요한 세부 요소들은 훨씬 다양하다. 아동의 정서에 깊이 새겨진 이런 종류의 풍부하고 강렬한 반응은 인간에게만 가능하다. 아동은 이

정서적인 교훈을 인과관계에 적용하여("나는 뭔가를 만들 수 있다.") 실제 세계에 적용한다. 정서적 교훈이 먼저 나오고 인지 학습의 기초가 된다는 것은 인식과 학습의 전통적인 견해와 반대이다. 이 통찰력은 특별한 요구를 가진 아동들이 지적이고 정서적인 성장을 촉진시키는 데 필수적이다.

상호작용을 통해 학습 과정에 아동의 정서를 동원할 수 있다. 이전 장에서 설명한 것처럼, 정서는 모든 학습을 가능하게 한다. 자신의 관심사와 동기에 따라 정서를 활용하는 방식으로 아동과 상호작용함으로써 발달 사다리를 오르는 데 도움이 될 수 있다. 당신은 자녀가 당신에게 다가오게 하는 방법을 배우고 싶을 수 있다. 당신은 아동이 대화에 참여하는 방법을 배우게 도와줄 수 있다. 당신은 아동이 진취성을 갖도록 하고, 인과관계에 대해 배우고, 말하기도 전에 문제를 해결하기 위해 행동하고 아이디어의 세계로 이동할 수 있다. 많은 소통의 순환을 연이어 열거나 닫을 때 당신은 아동의 정서와 의도를 행동(장난감을 가리키는 것과 같은)에 연결하고, 궁극적으로 말과 아이디어("나에게 줘!")를 연결하는 데 도움을 줄 수 있다. 기계적으로 암기하는 학습법 대신에 아동에게 그의 정서와 행동과 단어를 목적에 맞게 연결하는 법을 도와준다면 아동이 세계를 더 의미 있고, 자연스럽고, 유연하고, 따뜻하게 시작하도록 할 수 있다. 아동은 인지 능력을 위한 확고한 토대를 얻는 것이다.

특별한 요구를 가진 아동은 그들의 의도나 정서를 행동에 연결한 다음 단어에 연결하는 데 엄청난 양의 연습이 필요하다. 왼손으로 공을 던지는 것을 배우는 오른손잡이처럼, 그들은 그것을 숙달하기 위해 계속해서 기술을 연습해야 한다. 플로어타임은 아동의 연습 시간이다. 당신이 바닥에 내려와 자발적으로 즐겁게 상호작용할 때마다(아동의 흥미와 동기에 따라) 정서와 행동 그리고 단어 사이의 관계를 형성하고, 그렇게 함으로써 발달 사다리에서의 여정에서 나아갈 수 있다.

1. 플로어타임의 기본 사항

플로어타임은 자연스럽고 흥미가 있는 점에서 일상적인 상호작용과 놀이와 같다. 발달 역할을 한다는 점에서는 평범한 게임과 다르다. 그 역할은 아동의 매우 적극적인 놀이 파트너가 되는 것이다. 당신의 일은 아동의 리드를 따라가면서 관심사가 무엇이든 간에 놀아 주고 아동이 당신과 상호작용하도록 격려하는 것이다. 즉, 차를 굴리거나, 더 빠른 차나 경쟁적인 경주를 제공하거나, 필요하다면 당신의 차로 아동의 차를 부수는 것을 의미한다. 상호작용을 생성하기 위해서는 뭐든지 해야 한다. 만약 아동이 블록을 쌓고 싶어 한다면 당신은 아동의 타워에 블록을 쌓아야 한다. 심지어 아동의 타워를 "맙소사!"라 말하며 망치더라도, 상호작용을 생성하기 위한 것이라면 무엇이든지 해야 한다. 아동이 "맙소사!"라고 말하면서 타워를 다시 쌓아 올리려면 상호작용을 일으키는 데 필요한 모든 작업을 수행해야 한다. 당신의 역할은 적극적인 도우미가 되고, 필요할 때 아동의 활동을 두 사람의 상호작용으로 바꾸는 데 필요한 모든 것을 함으로써 선동하는 자세를 취하는 것이다.

아동의 안내를 따른다는 것은 그의 자연스러운 성향과 관심사를 토대로 함을 의미한다. 그것은 반드시 아동이 하고 싶은 것과 함께 가는 것을 의미하지는 않는다. 많은 부모와 전문가는 순환의 열고 닫기를 발생시키지 않으면서 아동의 안내를 수동적으로 따른다. 적극적으로 아동의 안내를 따르는 것은 아동이 문자 그대로 의사소통의 열고 닫음의 순환 방식으로 행동하는 것을 의미한다. 때로는 아동이 자신의 상호작용을 확장하려는 시도를 쉽게 할 수 있다. 다른 때는 훨씬 더 강경할 필요가 있지만 항상 관심 분야의 맥락에서 해야 한다. 예를 들어, 아동이 장난감 말에 전적으로 집중하면서 당신이 장난감 말에 대해 말하려는 것을 피하려고 문 쪽으로 가서 방황하기 시작할 때, 당신과 당신의 말 블록은 아동에게 제스처 및 말로 협상을 할 것이다. 그렇게 하면 많은 순환을 열고 닫을 수 있다. 당신은 아동의 장난감 말에 대한 관심과 문 밖으로 나가고 싶은 관심을 다루고 있기 때문에 아동의 안내를 적극적이고 도전적이게 따라갈 것이다. 당신은 아동과 함께 가지 않을 것이지만, 아동이 하고 있는 일에 힘을 기울이고 있다.

처음에는 쉽지 않을 것이다. 어려움을 겪고 있는 일부 아동들은 필사적으로 혼자 있으려고 한다. 당신은 상호작용을 만들기 위하여 아동에게 전적으로 아동의 길에 중재함으로써 노력할 수 있다. 그러나 시간이 지남에 따라 아동은 당신의 계획을 예상하고, 심지어 그것들을 좋아할 수도 있다. 그런 일이 발생하면 놀이를 통해 아동에게 많은 소통의 순환을 닫기를 권하며 상호작용을 확장시킬 수 있다. 매력적이고 감정적인 표현, 제스처로 의사소통하는 것에 대한 기쁨이 커지면서 아이디어의 세계를 소개할 수 있다. 인형을 손에 얹거나 굴려서 차에 넣으면 아동이 복잡한 모방을 하고 놀 수도 있다. 드라마에서 등장인물이 됨으로써 단어를 소개하게 되고, 계속해서 상호작용을 촉진할 수 있다. 드라마가 더욱 복잡해지고 언어 능력이 높아짐에 따라 당신은 자신의 감정을 말로 표현할 수 있게 도와준다. 제스처로 말한 것과 마찬가지로 소통의 순환을 닫도록 권할 수 있다. 이런 식으로 점차 아동을 아이디어와 논리적 사고의 세계로 유도할 수 있다.

1) 네 가지 목표

이전에 우리는 정서적 발달이정표를 의사소통, 사고 및 자기 감각을 형성하기 위해 숙달해야 하는 여섯 가지의 개별 기술로 설명했다. 완수 시간 목표는 배울 때 자연스럽게 겹쳐지기 때문에 6개의 발달이정표에 정확히 고정되지 않는다. 따라서 플로어타임의 네 가지 목표로 작업할 것이다.

(1) 목표 1: 관심과 친밀감을 장려하기

아동이 세계를 탐험하면서 침착함을 배우는 동안에 당신은 아동의 세계에서 가장 중요한 사람이기 때문에 당신에 대한 관심을 발전시킬 것이다. 당신은 상호 관심과 관계에 참여를 유지하기 위해 노력할 것이다. 당신의 목표는 아동이 당신의 감정을 알게 돕고, 당신의 존재를 즐기도록 돕는 것이다(이 목표는 1단계, 2단계 발달이정표에 기여한다).

(2) 목표 2: 양방향 의사소통

아동이 소통의 순환을 열고 닫는 법을 배우는 데 도움을 줄 것이다. 처음에는 미묘한 표정과 빛나는 눈으로 대화가 없다. 몸짓 대화를 작성함으로써 상호작용, 논리 및 문제 해결을 구축할 수 있다. 당신의 임무는 아동이 자신의 영향이나 감정, 손, 얼굴, 신체를 사용하여 소원, 필요 및 의도를 전달할 수 있도록 대화를 장려하는 것이다. 시간이 지남에 따라 복잡한 문제 해결 대화를 통해 아동이 많은 소통 순환의 열기, 닫기를 할 수 있게 도와준다(이 성과는 3단계, 4단계 발달이정표와 관련이 있다).

(3) 목표 3: 감정과 아이디어를 사용하여 표현을 장려하기

이제 아동은 단어로 자신의 감정이나 의도를 표현하고 놀이를 하는 것을 배우기 시작한다. 당신의 목표는 아동이 자신의 필요, 소망, 감정을 표현할 수 있도록 드라마와 신념을 장려하는 것이며, 점차적으로 말로 표현할 수 있도록 돕는 것이다(이 목표는 5단계 발달이정표와 일치한다).

(4) 목표 4: 논리적 사고

마지막으로, 아동이 자신의 생각과 느낌을 연결하여 세상에 대한 논리적인 이해를 하도록 도울 수 있다. 당신의 목표는 아동이 자신의 생각을 논리적으로 연결하도록 격려하는 것이다(이 능력은 6단계 발달이정표에 해당한다).

2) 어디서부터 시작해야 할까

플로어타임의 목적은 아동이 숙달하지 못한 정서적인 목표부터 시작하여 순차적으로 감정 발달 단계를 하나씩 숙달하는 것을 돕는 것이다. 특별한 도움이 필요한 많은 아동에게 이것은 평온하고 집중적이며 친밀한 느낌을 주는 것부터 시작된다. 아동이 2~3세 또는 그보다 더 나이가 많다면 아주 기본적인 기술을 익히는 것은 어렵다. 언어 기술, 색채 인식, 또는 다른 연령에 적합한 행동이 그러한데, 그러한 접근법은 효과적이지 않다. 각각의 발달이정표는 그 단계가 따라야 하는 기반에 자리 잡고 있다. 아동이 머리를 흔들거나, 성질을 부리면서 떼를 쓰거나, 반복적으로 문을 열고 닫는 등의 심각한 행동 문제가 있는 경우에도 그것들에 대한 작업을 시작하는 것도 똑같이 유혹적이다. 아동을 안전하게 지키기 위해 그런 행동을 해야 하지만, 주된 목표를 명심하는 것이 중요하다. 일단 기본 기술이 갖추어지면 상호작용을 하며, 대화가 가능한 아동을 다루기 때문에 문제 행동을 작업하는 것이 더 쉬울 것이다. 조용한 게임을 사용하여 차분하고 즐겁고 집중적인 태도를 육성하는 것과 같은 고급 기술의 맥락에서 아동의 가장 기본적인 욕구를 해결할 수 있는 경우가 종종 있다.

아동의 감정이 격할 때도 그 기술을 발휘할 수 있을 때 발달 단계는 완전히 숙달된다. 아동은 화를 낸 직후 양육자와 친밀해질 수 있어야 하고, 화가 난 상태에서도 양방향 의사소통을 유지하고, 좌절감을 느낄 때 단어를 사용하여 감정을 표현하거나, 실망했을 때에도 논리적으로 생각을 연결해야 한다. 대부분의 아동은 정서적인 평형의 시기에 발달이정표를 배운다. 스트레스를 받으면 그것을 유지하는 데 많은 연습이 필요하다. 그러나 아동들이 그렇게 할 수 있게 되면 이후의 모든 학습은 보다 탄탄한 기초 위에 있게 될 것이다.

아동들은 자연스럽게 순차적으로 발달이정표를 숙달하지 않는다. 어느 정도의 언어적 발달 단계는 아동에게 일반적이지만, 아동이 스트레스를 받을 때의 발달이정표는 회피성을 나타내거나 신체적인 소통에서는 일관되지 않는 가상놀이의 상황을 나타낸다.

이러한 이유로 한 번에 여러 가지 발달이정표를 세우는 것을 알게 될 것이다. 그러나 당신의 기본 임무는 아동이 완전히 숙달하지 못한 가장 이른 발달이정표를 확대하고 안정시키는 것이다.

이미 시작해야 할 부분을 알고 직관적으로 생각할 수 있다. 아이디어를 확인하려면 다음과 같은 간단한 연습을 수행해야 한다. 이 질문들을 스스로에게 하고, 아동이 스트레스를 받았을 때와 만족할 때 대답할 방법을 고려하라.

- 아동은 진정될 수 있는가? 아동은 따뜻하고 사랑할 수 있는가?
- 양방향 제스처 의사소통에 참여하고, 미묘한 감정을 표현하며, 연속적으로 많은 순환을 열고 닫기를 할 수 있는가?
- 취향이나 희망을 표현하기 위해 가상놀이에 참여하거나 단어를 사용할 수 있는가? (예: "나는 주스를 원한다.")
- 아동은 자신의 생각을 논리적으로 연결하고 대화를 지속할 수 있는가?

제3장에 근거한 아동의 관찰은 아동이 작업하기를 원하는 분야와 자신이 강한 분야를 결정하는 데 도움이 될 것이다.

3) 플로어타임 지침서

다음 장에서는 각 목표에 대한 플로어타임을 다루지만, 구축하려는 기술에 관계없이 특정 지침이 적용된다.

- 20~30분간 중단 없이 아동에게 줄 수 있는 시간을 정하라. 아동은 전적으로 관심을 기울여야 한다. 바쁜 부모조차도 20~30분 동안 아동에게 집중하도록 주의를 기울일 수 있다. 많은 아동이 20~30분 정도의 회기를 요구할 것이다.
- 인내심과 편안함을 유지하라. 정신이 압박감을 느끼고, 산만하며, 신경을 쓰는 경우, 아동이 침착하게 행동하도록 도울 수 없다. 아동이 4개월 또는 4세이든 간에 아동은 성인이 시간과 인내심을 가지고 있는 때를 안다.
- 아동의 정서적인 어조에 공감하라. 아동이 고민하거나 피곤해하면 보고 이해하도록 한다. 아동에게 따뜻하고 이해하는 목소리로 "오늘 피곤해?"라고 말한다. 언어 습득 능력 이전의 아동에게는 따스한 눈길로 바라보면서 당신의 머리를 기울이거나 손베개를 만들어서 제스처를 표현할 수 있다. 이렇게 하면 아동이 이해하게 되고, 당신과의 관계를 형성하는 데 도움이 된다. 아동과 상호작용할 때, 플로어타임에 참여하는 방식으로 아동의 기분을 이해한다는 것을 보여 준다. 감각에 압도된 피곤한 아동의 경우에는 바닥에 함께 누워서 아동이 자신의 등, 팔, 손가락, 발가락 같이 어디를 문지를 때 좋은지 말하도록 하거나 또는 당신에게 보여 주도록 한다. 힘이 넘치는 아동에게는 플로어타임은 많은 행동을 취하는 가상놀이가 필요할 수 있다. 아동에 공감함으로써 그의 기분에 관계없이 플로어타임을 즐겁고, 의미 있고, 발달적으

로 촉진할 수 있다.

- 당신의 감정은 아동과의 관계에 영향을 미치기 때문에 당신의 감정을 알고 있으라. 당신이 다른 정서적 파장을 가지고 있다면 아동의 감정을 느끼는 것은 힘들어질 것이다. 따라서 플로어타임을 시작하기 전에 자신이 어떤 감정을 가지고 있는지 재고하자. 예를 들어, 짜증을 내거나 화를 내는 것은 여러분을 무뚝뚝하고 까다롭게 만들 수도 있다. 그들의 문장 사이, 그들의 아이의 행동과 그들 자신의 행동 사이에 긴 멈춤이 있다. 그들은 기쁨 없이 말하고, 제스처를 표현할 수 있다. 이런 종류의 행동에 반응하는 것은 대단히 어렵다. 특히 아동을 끌어내야 하는 경우에 그렇다. 우울증은 중대한 어려움을 겪고 있는 아동의 부모에게서 나타난다. 플로어타임을 선택하여 기분이 나아졌거나 기분이 나아지지 않으면 도움을 청한다.

- 목소리의 음색, 제스처를 모니터하라. 아동이 원하는 대로 응답하지 않더라도, 당신은 따뜻하고 매력적이며 지지적인(참을성 있고, 화내지 않으며 요구하지 않는) 사람이 되고 싶을 것이다. 아동이 최선을 다하고 있다는 것을 기억해야 한다. 아동은 의도적으로 당신을 방해하지 않는다. 아동은 자신의 능력과 발달 단계가 허락하는 일을 하고 있다. 당신의 목표는 아동이 당신과 놀기를 격려하는 것이며, 당신은 아동이 함께 놀고 싶어 하는 사람으로 들리게끔 행동할 것이다. 당신은 엄격하고, 비난하고, 성급한 사람과 놀고 싶은가?

- 아동의 안내와 상호작용을 따르라! 아동의 모든 행동이나 행동하지 않는 것처럼 보이는 것을 상호작용으로 바꾸는 방법을 찾아보아야 한다. 양방향 의사소통을 위하여 아동의 모든 행동을 목적의식과 기회로써 다뤄야 한다.

  - 아동이 차를 움직이면 당신의 차를 아동의 근처로 옮기라. 아동이 상호작용을 만들 것인지 확인해야 한다. 그렇지 않다면 경주를 제공하거나 장난스럽게 차를 막아야 한다.

  - 아동이 읽고 싶어 하면 함께 읽으라. 아동에게 그림을 가리키도록 시험하라. 읽거나 읽은 것을 토론하라. 독서를 대화식 게임으로 바꾸라. 아동이 말하기 전 상태인 경우, 책을 거꾸로 들거나 페이지를 뒤집으며 아동을 시험하고, 문제를 해결하기 위하여 당신과 상호작용하도록 하라. 단순히 이야기를 아동에게 읽어 주는 것(토론을 하지 않고, 아동이 이야기를 끝마치도록 기회를 주지 않고, 좋아하는 사진을 가리키게 하지 않는 것) 다른 때는 좋을지도 모르나, 충분한 상호작용을 포함하고 있지 않기 때문에 플로어타임에는 적합하지 않다.

  - 아동이 블록 탑을 만들고 블록을 조립하기를 원한다면 아동이 활동을 지시했는

지 확인하라. 아동의 지시에 응답하면 당신은 상호작용하고 있는 것이다. 아동을 위해 탑을 건설한다면 당신은 상호작용하고 있는 것이 아니다.

– 만약 아동이 아무것도 하지 않고 창밖만 내다보고 싶어 한다면 아동과 함께 창밖을 바라보는 것에 대해 의견을 말하라. 아동이 부모에게 무언가를 보여 주기 위해 지시하거나 소리를 지르는지 보라. 요란하게 지저귀는 새를 가리키라. 지나가는 개를 보고 웃으라. 지나가는 차 소리를 따라 하라. 제스처, 소리 및 얼굴 표정을 이용하여 아동이 듣거나 무시하는 것보다 주도적인 활동을 할 수 있는 공동 활동을 살피라. 외부 활동에 같이 참여하기 어렵다면 〈세서미 스트리트(Sesame Street)〉 또는 디즈니 캐릭터의 다채로운 스티커 방식의 사진이나 가족 사진을 창문에 놓으라. 만약 아동이 그것들을 가지고 간다면 상호작용은 시작된다.

– 부모가 가까이 다가갈 때마다 아동이 방의 반대편으로 달려가는 경우, "준비, 출발!"이라 말하고 부모 방향으로 다시 뛰어올 수 있도록 하는 게임으로 바꾸라. 아동이 하고자 하는 게임을 계속하라.

– 아동의 근처에 갈 때마다 아동이 멀어지면 회피를 상호작용으로 전환하라. 장난스럽게 말하면 "나에게서 멀어질 수 없어!" 또는 "내가 네 자리에 먼저 도착할 거야!" 또는 "나는 고양이야. 나는 너를 쫓고 있어!"라고 말하면서 아동이 부모의 말을 이해하면 부모의 행동은 대화를 유지하는 데 도움이 된다. 거절당한다고 느끼지 말고 아동의 회피를 상호작용의 기회로 보라.

• 아동의 여러 발달 수준에 맞추라. 가능하다면 긴 순서를 포함하여 관심과 참여, 제스처 교환을 촉진하고, 아동이 준비됨에 따라 가상놀이와 토론에서 아이디어를 함께 사용하도록 하라.

• 타격, 파손 또는 상처가 없게 하라. 아동에게 이것은 유일한 플로어타임 규칙이다. 이 기본적인 주의를 존중하는 한 아동이 무엇을 하면서 놀고 싶어 하든 괜찮다. 아동이 지나치게 흥분해 있으면 아동을 진정시키라. 아동이 격렬하게 반응한다면 그를 단단히 붙잡아야 하며, 이것이 허용되지 않는다는 것을 분명히 하면서 자신을 조직하도록 도와야 한다.

4) 얼마나 자주

특별한 도움이 필요한 아동은 하루에 많은 플로어타임 회기가 필요할 수 있다. 많은 가족 구성원뿐만 아니라 친구, 다른 양육자, 또는 학생은 부모의 플로어타임 팀의 일부가 될 수 있다. 활력 넘치고 즐거우며 차분함을 유지할 필요가 있기 때문에 자신의 능력을 넘어서는 것은 현명하지 못하지만, 많은 부모는 그들의 능력이 연습으로 확대되는 것을 찾는다. 일정, 자녀를 도울 수 있는 사람들의 수 및 자녀의 어려운 성격에 따라 가능한 한 자주 플로어타임 기간을 갖도록 노력해야 한다. 많은 어려움을 겪고 있는 아동들, 특히 잠에서 깨는 시간 규칙적인 아동의 경우에 플로어타임을 적용하는 것 외에도 매일 6시부터 10시까지 20~30분 동안 플로어타임을 적용하는 것이 최적이다. 하루에 1~2회의 회기로 충분하지 않을 수 있다.

회기 시간을 규칙적으로 정한 다음 일정을 설정한다. 그렇지 않으면 다른 요구사항, 전화 통화 또는 회피가 대신할 수 있다. 플로어타임은 학교 또는 직장 생활 전후, 목욕 시간 전후에 발생할 수 있다.

때로는 온 가족이 함께 플로어타임을 보낼 수 있다. 플로어타임에 참여하는 것은 다른 아동의 특별한 요구에 따라 형제에게 건설적이고 긍정적인 태도를 보이는 데 도움이 될 것이며, 그들이 당신의 주의를 끌고 있다고 느끼도록 도울 것이다. 각 아동은 15~20분 동안 플로어타임의 지도자가 될 수 있으며, 나머지 아동은 지원 역할을 담당할 수 있다. 당신은 지도자로부터 단서를 얻지만 모든 아동은 상호작용에 이끌린다.

아동과 상호작용하는 모든 사람과 일주일 내내 전화 회의를 한다. 잘된 일과 어려운 일에 대해 토론하고, 속임수와 생각을 나누고, 좌절감과 우려사항을 토론하고, 목표를 재설정할 수 있다. 이와 같은 팀 회의는 모든 사람의 노력을 지원한다.

무엇보다 중요한 것은 당신이 플로어타임 회기에 참여하지 않을 때에도 플로어타임 원칙을 사용할 수 있다는 것이다. 차내에서 운전 중, 저녁 식사 중, 옷을 입을 때, 협상 중인 취침 시간에서의 상호작용 모두는 마이의 발달을 촉진시키는 강화된 상호작용으로 준비된다. 첫째, 이때 기억해야 할 점은 아동의 자연스러운 영향 또는 의도를 끌어내기 위해서 필요하다면 감정, 즐거운 상호작용 그리고 목적이 있고 의도적인 행동을 동원할 수 있는 상황을 만들어 내는 것이다. 둘째, 이러한 의도적인 행동을 하고, 많은 소통의 순환을 연속으로 열고 닫는다. 셋째, 관심, 참여, 양방향 제스처 및 행동 상호작용에서부터 복잡한 모방, 가상놀이, 논리적인 대화, 사고의 패턴을 사용하는 토론에 이르기까지 발달상의 사다리 위로 아동을 이동시킨다. 제4장에서는 아동과의 상호작용을 통해 아동의 발달을 동원하는 방법을 설명했다.

2. 치료사 및 교육자를 위한 플로어타임 접근법

많은 치료사와 교육자는 아동이 관계에 참여하고 동기를 부여하는 방식에 있어 매우 혁신적이다. 많은 사람이 기존의 전략에 플로어타임 원칙이나 그와 유사한 기술을 적용한다. 6개의 발달이정표에 작업치료, 물리치료, 언어치료 및 교육 기술을 시도하면 그 기술로 아동의 학습을 강화할 수 있다.

- 작업치료사는, 예를 들어 아동이 가리키거나 손을 뻗는 것을 배우는 동안에 상자를 사용하지 않고 치료사의 손이나 입에서 물건을 가져가도록 유도하여 아동이 관련성을 갖도록 유도할 수 있다. 아동에게 먼저 원하는 장난감을 제공하고, 장난스럽게 그것을 다시 가져가고, 다시 건네준 다음에 치료사의 등 뒤로 숨기는 방법으로 양방향 의사소통을 연습하는 데 도움을 줄 수 있다. 이 게임을 통해 치료사와 아동은 많은 소통의 순환을 닫을 수 있다.
- 특정 소리에 대해 아동과 협력하는 언어치료사는 이러한 소리를 가상놀이에 포함시켜서 아동의 언어 사용뿐만 아니라 생각을 활용하는 것을 장려할 수 있다. 아동은 원하는 소리가 나오는 놀이 환경을 만들 수 있다. 예를 들어, 자녀가 'ㅍ'을 작업할 때 음식과 '포크'와 '프라이팬'이 있는 주방을 만들 수 있다.
- 크고 작은 것, 많고 적은 것 그리고 위아래의 개념을 가르치는 교육자는 그것을 가상놀이에 포함시키거나 아동이 더 많은 스티커나 쿠키를 얻기 위해 개념을 사용하기를 원하는 상황을 만들 수 있다.

발달 단계에 대한 연결 요법 및 교육 기술은 기술이 정서와 상호작용에 연결되고, 아동의 자아감에 통합되기 때문에 아동의 학습을 더욱 풍부하고 견고하게 만든다(통합 접근법에 대한 더 많은 논의는 제18장을 보라).

제9장 플로어타임 I: 주의, 참여 및 친밀감 – 아동이 세상에 흥미를 갖고 사람들과 연결되도록 돕기

26개월의 맥스는 즐겁게 ABC 노래를 부르며 신이 나서 팔을 흔들고 있었다. 아동은 막 편지 퍼즐을 발견했고, 아동은 사랑하는 편지를 계속해서 불렀다. 아동은 부모에게서 등을 돌렸고, 부모가 아동의 이름을 몇 번이고 부를 때에도 명확히 의식하지 못했다. 아동을 방해할까 봐 불안해하면서도 엄마는 아동을 들어 올렸다. 맥스는 잠시 깜짝 놀랐지만 이내 기쁨의 소리를 질렀다. 잠시 후 엄마가 맥스를 내려놓자(맥스가 너무 무겁다!) 맥스는 ABC 노래를 다시 시작했고, 엄마에게서 다시 등을 돌렸다. 엄마가 다시 아동을 빙빙 돌려 주자 아동은 엄마의 갑작스러운 행동에 당황했는지 노래를 멈추더니 이내 즐거운 동작이 되었다. 그러나 엄마가 아동을 내려놓는 순간 아동은 한 번도 돌아서지 않고 노래를 불렀다.

잠시 후, 엄마는 아이 앞에 서서 "으앙, 알파벳 엄마가 온다!"라고 외쳤다. 이번엔 눈 높이까지 팔을 뻗었다. 맥스는 ABC 노래를 계속하면서 엄마에게서 떨어져 엄마를 둘러보았다. 엄마는 맥스 앞으로 갔다. 아동은 그 자리를 떠났고, 노래 부르는 것을 멈추었다. 엄마는 맥스에게 다시 빙빙 돌려 주는 것을 원하는지 물으며 손을 뻗었더니 노래를 멈추었다. 맥스는 엄마를 회피했고, 엄마가 퍼즐을 건네자 외면하고 떠나버렸다. 맥스는 엄마가 자신을 향해 퍼즐을 계속 건네주려고 하는 것을 보자마자 엄마를 보며 노래 부르는 것을 다시 시작했다. 이번에는 엄마가 아동이 잡고 있는 퍼즐의 다른 쪽을 잡고 아동과 같이 노래를 불렀다. 엄마와 아동은 노래를 하면서 앞뒤로 퍼즐을 흔들기 시작했고, 맥스의 기쁜 목소리가 울려 퍼졌다. 엄마가 멈추었을 때, 아동은 엄마가 계속하기를 상기시켰다. 여러 번 노래를 부른 후, 엄마는 다음 문구를 부르려고 했지만 아무 소용이 없었다. 엄마는 아동과 계속 노래를 불렀다. 잠시 후, 엄마는 맥스에게 알파벳

춤을 추고 싶은지 물어보며 퍼즐을 내려놓았다. 그러자 맥스는 퍼즐을 내려놓으며 엄마를 향해 팔을 들었다. 엄마와 아동은 함께 춤을 추기 시작했다. 엄마는 춤을 추면서 눈맞춤을 계속할 수 있도록 맥스를 좌우로도 흔들었다. 엄마가 속도를 늦추자 맥스도 엄마와 리듬을 맞추어 천천히 노래했다. 엄마와 아동의 친밀한 춤은 맥스가 엄마의 팔에서 미끄러질 때까지 계속되었다. 아동은 알파벳 퍼즐로 도망갔다. 엄마는 따라갔고, 초기의 노력을 반복했다. 이번에 맥스는 알파벳 엄마에게 더 일찍 도달했고, 다시 엄마와 아동은 즐겁게 춤을 추었다.

엄마는 맥스의 알파벳과 관련이 있고, 예측 가능한 만큼 그들은 더 즐거운 춤을 함께 나눴다. 몇 주 안에 엄마와 아동은 함께 노래를 부를 수 있게 되었다. 새로운 의미가 확립되었다. 맥스의 움직임은 엄마가 자신을 들어 올리고 춤추는 행동을 하는 것에 더 다가갈 수 있게 했다. ABC 노래는 이제 공유된 경험이다. 인계 없이 맥스의 안내를 따르면서 얼굴을 맞대고 춤을 추며 운동을 풍성하게 함으로써 맥스가 엄마와의 친밀감을 즐기는 법을 배울 수 있도록 도왔다.

존은 2세 6개월 일 때 부모와 눈을 마주치지 않았고, 놀려고 하면 눈을 돌렸다. 존의 관심을 끄는 것은 쉽지 않았다. 그러나 존의 아빠 랜디는 시도할 수 있는 일이었다. 존이 트럭을 앞뒤로 굴릴 때 랜디가 트럭에 손을 올려놓았다. 존은 즉시 비명을 지르며 자신의 손을 단단히 고정시켰다. 랜디는 겁내지 않고 두 번째 트럭을 존의 차와 충돌시키려고 했다. 존은 아빠에게서 등을 돌리더니 계속 혼자서 놀았다. 이 다소 공격적인 작전은 효과가 없었다. 랜디는 존의 반복 동작을 지배하거나 변경하지 않고 상호작용할 수 있는 방법을 찾아야 했다. 랜디는 잠시 생각하고는 자신의 트럭 밑에 손바닥을 깔았다.

존은 트럭을 아빠의 손에서 떼어 내고는 잠시 멈춰 무엇을 해야 할지 결정하는 것 같더니 바로 트럭을 몰았다. 존은 랜디가 무엇을 하는지 보지 않았지만, 접촉을 피하지 않음으로써 존은 암묵적으로 상호작용했다. 랜디는 손을 그 자리에 두고 돌아오는 길에 존이 트럭을 손에 넘겨주었다. 두 번째 상호작용! 아빠와 존은 대여섯 번의 체험을 통해 이 낮은 수준의 상호작용을 유지할 수 있었으며, 랜디는 위기에서 벗어났다. 랜디는 손을 옆으로 눕혀서 장벽을 형성하여 트럭이 지나갈 수 없도록 했다. 존은 랜디의 손은 트럭을 운전해 지나가면서 활짝 웃었다. 이 회기에서 처음으로 일 년에 몇 번이지만, 존이 아빠의 존재를 인정했다. 다음 몇 주 동안 존과 랜디는 트럭으로 다른 게임을 개발했다. 랜디는 존의 행동을 바꾸려고 시도하는 대신에 존이 해결할 수 있는 문제를 만드는 상호작용 방법을 발견했다. 그들의 게임은 웃음과 약간의 눈 맞춤을 동반했다. 몇 주 후,

존은 트럭을 아빠에게 가지고 오더니 함께 놀자고 했다. 처음으로 랜디는 그들이 관계를 쌓아 가고 있다고 느꼈다.

1. 상호적인 즐거움 발견하기

한 물체를 붙잡고 다른 사람이 좋아하는 것을 발견할 때까지 아동이 방 안을 목적 없이 방황하고, 모든 것을 만지고, 그 물체를 다른 사람에게 떨어뜨린다면 당신은 어떻게 아동의 관심을 끌고 붙잡을 수 있을지 궁금할 것이다. 그것을 하는 방법은 아동에게 즐거움을 주는 무수한 소소한 일에 아동을 참여시키는 것이다. 아동이 유혹하는 것을 제안하거나 주목하라. 아동이 떨어뜨린 것들을 모아서 바구니에 넣으라. 이 소소한 즐거움을 아동과 함께 나눌 수 있다면 이것은 상호작용을 향상시키기 위한 기반을 마련할 것이다. 첫 번째 목표는 상호작용을 강요하는 것이 아니다. 서로 연결되어 즐거움을 공유하고, 함께 기쁨을 나눌 수 있어야 한다. 처음에는 이 공감이 2초 동안 지속되다가 점차 10초로 늘어날 수도 있다. 시간이 지나면 더 오래 지속될 것이다. 무엇보다 먼저 서로 즐거움을 느끼도록 노력하라.

2. 아동의 기분에 적응하기

자녀와 함께할 수 있는 방법을 찾기 전에 자녀의 기분을 기록하라. 아동이 짜증이 났거나, 과도하게 흥분했거나, 졸리거나, 회피하는 경우, 아동을 참여시키는 것은 매우 어려울 수 있다. 첫 번째 목표는 아동을 평온한 상태로 데려오는 것이다. 아동이 흥분했거나 짜증을 낸다면 아동을 진정시키라. 아동을 진정시키는 감각을 생각해 보라. 아동은 특히 당신의 목소리에 어떤 종류의 접촉이나 잡기, 특정한 노래, 또는 음색과 리듬을 즐기는가? 아동이 특정 유형의 운동을 좋아하는가? 완만한 스윙이나 흔들기를 좋아하는가? 아동이 조금 어둡거나 밝은 빛에 있을 때 더 차츰 차분해지는가?

졸리거나 회피하는 경우, 당신은 아동을 더 활성화시키고 싶어 할 것이다. 다시 말하지만 당신이 알고 있는 아동이 좋아하는 감각과 아동에게 활력을 주는 경향이 있는 감각에 호소하라. 어떤 방식으로 말하면 아동의 기분이 좋아지는가? 특정한 노래를 부를 때인가? 빨리 움직이거나 또는 바보 같이 움직일 때인가? 당신이 아동과 얼굴을 마주하거나 스카프 또는 모자를 쓰고 있을 때인가? 어떤 유형의 움직임이 아동을 격려하는가? 흔들거나, 뛰거나, 구르는 것인가?

아동의 감각 운동 프로필(제3장 참조)과 아동을 진정시키거나 활력을 주는 활동에 대해 생각하고, 그것을 사용하여 침착한 경계 상태로 빠져들게 하라.

3. 감각을 통해 아동의 주의를 유지하기

일단 아동이 선호하는 감각과 아동을 자극시키거나 진정시키기 위한 움직임을 했다면 아동을 사로잡기 위해서 그것들을 계속 사용하라. 비록 각각의 감각 양상이 여기에 별도로 설명되어 있지만, 아동은 동시에 보고, 듣고 그리고 움직이기 위해서 정보를 받아들인다는 것을 기억하라.

1) 소리

아동이 가장 좋아하는 소리를 제공하라.

- 아동이 저음보다 고음에 더 주의를 기울이는가? 아동의 주의를 끌기 위해 고음의 목소리로 아동에게 이야기하라.
- 아동은 낮은, 즉 후두음의 소음들을 좋아하는가? 아동에게 호소하는 것처럼 목소리를 더 낮춰라. 더 천천히 말하거나 아동의 행동을 소리로 묘사하라.
- 아동은 건조기의 소리와 같은 특정한 진동 소리에 긍정적으로 반응하는가? 그것이 작동할 때 건조기 옆 또는 위에 아동을 앉히라. 건조기의 소리가 아동을 진정시킨다면 아동의 주의집중은 부모에게 더 유용할 것이다.

아동을 사로잡는 데 도움을 주기 위해 아동이 좋아하는 소리를 내는 물건을 사용하라. 웃으며 아동의 이름을 부르거나, 공을 가지고 놀거나 슬링키(스프링 장난감)를 함께 흔들어 보라. 만약 아동이 특정한 음악 상자를 좋아한다면 아동이 음악 상자를 볼 때 아동이 부모를 쳐다볼 수 있도록 상자를 부모와 같은 위치에 배치하라. 아동이 듣기 원하는 신호를 기다리라. 그리고 상자를 켜라. 아동이 음악 상자의 소리를 즐길 때, 아동뿐만 아니라 부모도 즐길 것이다. 부모와의 상호작용에서 아동이 가장 좋아하는 소리를 가져오는 다른 방법을 찾으라.

마지막으로, "어, 오!" "오, 안 돼!"와 같이 가능한 한 많은 음성 제스처를 사용하라. 과장된 효과는 아동의 주의를 이끌 것이다. 그리고 문제가 무엇인지 알아차릴 수 있는 기회를 아동에게 줄 것이다.

2) 만지기

아동이 어떤 종류의 질감을 만지거나 만지기를 원하는가? 아동의 주의를 당신에게 끌기 위해 이러한 질감을 사용하라.

- 아동은 자신의 피부에 가까운 강한 압박을 좋아하는가? 아동의 옆으로 가까이 간 후 함께 바닥에 누워라. 그리고 당신의 손으로 아동을 단단히 눌러라. 또는 소파 위에 있는 아동의 옆에 엎드려라. 그리고 당신에게 움직이길 원한다는 아동의 신호를 기다려라.
- 아동은 끈적끈적한 질감들을 좋아하는가? 아동에게 점토 또는 고무 장난감을 제공하라. 그리고 아동이 스파게티를 만들기 위해 이것을 펴는 것을 도와라. 또는 큰 냄비에 밀가루와 물을 채우고 반죽을 하라.
- 아동은 콩이나 쌀을 만지는 것을 좋아하는가? 아동의 손이 '밑'에서 만나게 하거나 아동이 찾을 수 있도록 구슬을 숨기라. 야외나 모래 상자에서 놀거나 아동과 같이 어울릴 수 있도록 모래와 인형을 제공하라.

많은 아동은 부모를 짜증나게 하지 않고 음식을 가지고 노는 것을 즐긴다. 왜냐하면 그 활동은 아동에게 촉각의 기쁨을 주기 때문이다. 음식을 엉망진창으로 만드는 것처럼 노는 것을 지켜보는 것 대신에 당신이 아동을 사로잡기 위한 기회를 엿본다고 생각하라. 당신도 아동의 음식을 함께 반죽하라. 만약 아동이 음식의 조각들을 던진다면 그것을 잡기 위해 그릇을 준비하라. 만약 아동이 그릇을 피한다면 놀라지 말라. 아동이 따뜻한 의사소통을 할 때 아동에게 깔끔함을 가르칠 충분한 시간이 있을 것이다. 이 시점에서 당신은 당신의 존재를 아동이 즐길 수 있도록 도움을 줄 수 있는 모든 것을 하길 원할 것이다.

3) 시각

어떤 종류의 시각적 경험이 아동을 끌어당기고 기쁨을 주는가?

• 아동이 밝은 색상을 좋아하는가? 아동이 밝은 것을 응시하고 있는 것을 보았을 때, 당신의 머리에 더 밝은색의 스카프를 얹으라. 그리고 아동과 아동이 응시하고 있는 것 사이에 서라. 아동의 관심을 당신에게 끌기 위해서 아동이 좋아하는 색상을 사용하라.

• 아동은 휴대 전화, 전동 열차 또는 바람개비와 같이 움직이는 물건을 좋아하는가? 다음번에 아동이 휴대폰을 보고 있거나 까꿍놀이를 하고 있을 때, 아동의 뒤에서 나와 이름을 부르고 다시 뒤로 숨으라. 또는 당신이 했던 것처럼 아동의 이름을 부르면서 당신의 얼굴 근처에 바람개비를 잡고 입으로 불라. 아동의 주의를 당신에게 끌기 위해서 움직임에 대한 아동의 관심을 이용하라.

• 2개의 손전등을 가지고 어둠 속에서 아동의 방을 탐험하거나 추격하며 아동의 관심을 잡으라.

4) 냄새와 맛

만약 아동이 특별히 좋아하는 음식을 알고 있다면 그 음식을 다 함께 즐기라. 같은 그릇으로 먹으라. 당신의 손을 사용하라. 만약 아동이 당신을 멈추게 하거나 아동 자신 쪽으로 그릇을 당긴다면 지켜 보라. 아동이 이러한 공유를 가치가 없다고 의심할 때, 아동에게 더 주라. 아동이 먹는 동안, 가능한 한 오랫동안 아동의 집중을 유지하면서 아동에게 당신의 목소리와 행동으로 신호를 보내라. 아동에게 속삭이거나 웃는 얼굴을 지으라. 음식을 먹는 동안 당신도 과정의 일부로 만들라.

5) 운동 경험

많은 아동은 목적 없는 듯이 움직인다. 예를 들어, 손을 펄럭이거나, 점프를 하거나, 회전하거나, 의미 없이 돌아다니거나, 사물에 마찰을 일으키는 것 같이 목적의식이 없는 것처럼 보이는 방식으로 움직인다. 당신은 이러한 행동에 대해 걱정할 수 있지만, 이를 포용하는 또 다른 기회로 보는 것도 중요하다. 만약 특정한 행동이 당신의 아동에게 기쁨을 준다면 이러한 움직임을 아동과 함께 참여할 수 있는 방법을 찾도록 시도하라. 일단 당신이 그렇게 한다면 당신은 이러한 행동들에 새로운 의미를 부여하는 반복적인 상호작용으로부터 더 나은 위치로 갈 수 있다.

- 만약 아동이 자신의 팔을 펄럭인다면 당신의 팔 역시 펄럭이라. 그리고 나는 척을 하라. 만약 아동이 알아차리지 못한다면 더 가까이에서 펄럭이라. 어쩌면 당신은 아동을 부드럽게 만질 수 있다. 필요하다면 당신의 팔을 아동의 겨드랑이 밑에 끼라. 아동이 당신의 침입에 불쾌해 할 것이다. 그리고 도망칠 것이다. 또는 아동이 웃거나 킥킥거릴 것이다. 어느 쪽이든 간에 아동은 상호작용할 것이다.
- 만약 아동이 주위를 돌고 돈다면 아동의 손을 잡고 아동과 함께 속도를 조절하면서 〈둥글게 둥글게〉를 불러라. 잠시 후에 아동은 노래와 행동을 인지하고 다가와 참여할 것이다.
- 만약 아동이 앞뒤로 흔들고 있다면 아동과 함께 얼굴을 마주보고 앉으라. 그리고 아동을 따라 흔들라. 만약 아동이 알아차리지 못한다면 더 가까이에서 흔들라. 당신의 무릎을 만지도록 둬라. 당신은 마찰을 만들기 위해서 반대 방향으로 흔들라. 또는 아동을 약간 옆으로 당기기 위해, 조금 더 세게 흔들라. 아동의 흔들림의 길을 가둬라. 아동이 다른 리듬에 맞춰 당신을 흔들리게 할지 모른다. 부드럽게 두 사람 게임으로 바꿔서 흔드는 것을 시도하라. 당신은 밀고 당기는 행동을 하면서 리듬을 설립하기 위해 〈배 타고 나가는 동요〉 노래를 불러라.
- 만약 아동이 바닥에 누워 있을 때 말하라. "많이 피곤해 보이는 구나. 내가 너의 담요가 될 거야." 그리고 아동의 위에 누워라. 아동이 당신을 밀쳐 낼 수도 있고, 또는 웃을 수도 있고, 강한 압력을 즐길 수도 있다. 또한 자장가를 부르는 동안에 불을 끄고 아동에게 담요와 베개를 건네라. 아동은 이 순서를 알아차릴 것이다. 그리고 무슨 일인지 궁금해 할 것이다. 만약 아동이 일어난다면 "좋은 아침!"이라고 말하라. 그리고 불을 다시 켜라.

아동을 참여시키기 위해서 아동이 가장 좋아하는 움직임을 이용하고, 아동의 기쁨을 공유하는 다른 방법이 있을 것이다.

- 아동은 자신이 점프하길 원한다는 것을 보여 주는가? 아동이 점프할 때, 그의 앞에 웅크리고 앉으라. 그러면 아동은 당신의 얼굴을 보면서 착지할 때마다 즐거울 것이

다. 웃으며 아동의 이름을 불러라. 또는 아동의 주의를 사로잡기 위한 어떠한 다른 시각적 또는 청각적 신호를 사용하라.

- 아동은 공원에서 그네 타는 것을 원한다고 당신에게 말하는가? 아동이 그네를 탈 때 당신과 눈을 마주치기 위해 뒤에서부터가 아니라 앞에서부터 밀라. 더 즐겁게 접촉하기 위해서 아동의 이름을 부르거나, 손뼉을 치거나, 노래를 부르거나, 시각적 및 청각적 선호를 나타내라. 아동이 반응하는지 보기 위해서 가끔은 미는 척만 하라. 당신이 아동을 밀어 줄 때마다 아동은 즐거움에 눈을 깜빡이거나 활짝 웃는가? 그것을 반복하라. 아동이 당신을 더 관찰하는지 확인해 보라. 아동이 휴식을 가져야 할 때가 되었다고 보일 때까지 당신은 가능한 한 많은 시간 동안 하라.

당신과 함께하는 즐거움의 순간을 만들기 위해서 움직임에 당신의 아동의 기쁨을 사용하라. 아동이 계속하길 원하는 상호작용을 중단시키지 말고 아동을 더 복잡하게 만들기 위해서 이전의 상호작용에 덧붙이라. 그렇게 하면 더 많은 반응을 하게 될 것이다. 만약 아동이 칼싸움을 즐긴다면 예상치 못한 자세나, 뒤로 칼을 잡거나, 칼을 내려놓는 것처럼 움직이라. 어쩌면 아동은 "안 돼! 멈춰! 제대로 해!"라고 말하며 당신의 손에 다시 칼을 쥐어 주는 의사소통을 유발할 수 있다.

4. 아동의 장점을 활용해서 도전 과제 해결하기

아동의 관심을 사로잡으려고 할 때, 정보 처리 과정에서 아동의 장점과 어려움들을 기억하라. 아동이 시각적 정보는 쉽게 처리하지만 청각적 정보는 덜 쉽게 처리하는가? 또는 단어와 소리는 반응을 얻는 방면, 시각적 신호는 전혀 받아들이지 않는 것처럼 보이는가? 아동의 강점에 맞춰 구애(관심을 얻기 위해 노력)를 하라. 아동이 많은 표정과 제스처를 사용하면서 시각적인 신호를 잘 받아들인다면 기본적인 단어들을 사용하여 손으로 간단한 신호를 만들라. 아동이 잘 듣는다면 얼굴과 몸의 움직임을 단순하게 유지하면서 다양한 소리와 단어를 사용하여 자신을 호소할 수 있다.

1) 청각 처리의 문제를 가진 아동의 경우

청각 처리 문제는 당신의 일부 신호를 놓치거나 오해하게 할 수 있으므로 당신에게 집중하는 것이 특히 어려울 수 있다. 예를 들어, 당신의 목소리로 위로 받지 못하거나 당신이 아동의 이름을 부를 때 응답하지 않을 수 있다. 천천히 말하고, 소리를 뚜렷하고 활기차게 만들고, 손짓과 얼굴을 많이 사용하여 아동에게 추가적인 단서를 제공함으로써 이 과제를 해결할 수 있다. 만약 아동이 만지는 것을 좋아한다면 당신은 만지는 것을 사용하여 아동의 주의를 끌고 안심을 제공할 수 있다.

아동이 감각에 과잉 반응을 보이는 경우, 당신의 목소리와 제스처가 아동을 압도하지 않도록 (그러나 여전히 뚜렷하고 활기차게) 부드럽게 유지하도록 주의한다. 아동이 귀를 막으면 당신의 목소리 톤을 빠르게 바꾸라. 아동이 미온적인 반응을 보인다면 당신의 음성 및 제스처를 높이라. 아동이 단어를 처리하는 것을 돕기 위해 천천히 말하라 그러나 더 많은 생동감을 대화하고 당신의 제스처를 더 크게 만들라. 아동이 들은 것에 응답을 구성하기 전에 지체가 있을 수 있음을 기억하라. 인내심을 갖고 잠시 기다리라.

청각 장애가 있는 아동들은 감정을 많이 사용해서 표현하거나 특별한 의미를 가진 단어와 소리 패턴을 처리하는 것을 어려워한다. 예를 들어, "준비, 시작!" 또는 "안 돼! 뭐가 잘못됐어?"와 같은 말을 처리하지 못한다. 이러한 단어와 구는 적절할 때에만 사용하라. 아동이 단어를 반복하지 않더라도 당신의 감정적인 톤을 통해서 알아차릴 것이다. 또한 아동의 행동을 한마디로 표현하라. 아동이 움직일 때 "달리다!" "뛰어오르다!" 또는 "올라간다!"라고 말하고 그렇게 할 때 아동의 행동을 모방하라.

2) 운동 처리의 문제를 가진 아동의 경우

아동이 운동 계획에 어려움을 겪는다면 일련의 제스처를 구성하는 것이 어려울 것이다. 당신이 아동에게 공을 굴리면 아동은 당신에게 공을 굴리는 대신에 뒤에서 공을 쳐다보거나, 당신을 바라보고 눈길을 돌릴 것이다. 만약 아동이 근처에 있는 인형을 보고 그것을 집어 들어 움직여 볼지도 모르지만, 그것을 움직이지는 않을 것이다. 이 명백한 예측이 불가능하다면 아동이 쉽게 산만해지고 주의를 끌기가 어렵다는 것을 당신에게 알려 주는 것이다. 그러나 이 예측이 불가능한 근원은 관심 부족이 아니다. 그것은 연속된 행동을 어렵게 흐르도록 하는 것이다. 공에 도달하여 그것을 앞뒤로 움직이는 동작은 겉으로는 단순한 움직임이 요구되지만 운동 계획 문제가 있는 아동에게는 어려울 수 있다.

아동이 일련의 운동을 한 번에 한 단계씩 숙달하도록 도와줌으로써 아동의 운동 계획을 향상시킬 수 있다. 단지 한 발자국 또는 두 발자국 떨어진 근처에서부터 공을 굴려 주는 것이다. 아동이 멀리서 바라볼 때, 아주 가까이에 다가가서 "공! 공! 돌려줘! 돌려줘!"라고 장난스럽게 말하라. 이것이 5분 정도 걸릴지도 모르지만, 당신이 참을성이 있고 활기차다면 아동은 행동을 따를 것이다. 그 일련의 행동을 위한 기초를 세우는 동안, 당신은 아동에게 주의를 기울였을 것이다(아동이 당신의 흥분에 압도당한 것처럼 보인다면 당신이 바구니를 잡고 있거나 농구 골대의 띠를 사용하여 공을 떨어뜨릴 위치를 알려 준다. 아동이 다시 공을 가져가도록 당신은 공을 계속 잡고 있으라).

중요한 것은 아동이 행동을 완료하는 것이다. 당신이 아동의 손을 잡고 공을 밀어 넣으면 아동은 아무것도 배우지 못할 것이다. 그러나 아동이 공을 굴리는 것을 원하도록 만들기 위해 목소리로 아동의 관심을 촉발시킬 수 있다면 아동은 행동 패턴을 배우는 것뿐만 아니라 의미 있게 당신과 상호작용할 것이다. 비결은 아동의 감정을 동원하는 것이다. 왜냐하면 감정은 아동의 운동 행동에 방향과 목적을 부여할 것이기 때문이다. 아동의 움직임을 순서화하는 능력이 약할수록 동기 부여가 강해야 한다(일부 아동은 행동 패턴을 시작하는 데 도움이 필요하다. 당신은 그들이 공을 잡을 수 있도록 도와줌으로써 그들을 도울 수 있다. 이 단계는 행동을 할 때라는 신호가 될 것이다).

아동이 운동 계획에 어려움을 겪을 때, 아동의 무관심과 부주의를 개인적으로 받아들이고, 의도적으로 당신에게서 등을 돌리고 있다고 가정하기가 쉽다. 아동과 함께 작업할 때, 이것은 사실이 아님을 스스로 상기시키라. 행동 계획과 관련된 아동의 어려움은 아동이 당신과 목표를 같게 하는 것을 어렵게 만든다.

5. 아동으로부터 신호 받기

이러한 모든 활동을 통해 기억해야 할 가장 중요한 점은 아동의 안내를 따라 가야 한다는 것이다. 아동이 좋아한다는 이유만으로 활동을 소개하지 말라. 아동이 흔드는 것을 좋아할 수도 있지만, 지금 흔들기를 원한다는 뜻이 아니다. 대신, 지금 아동이 하고 있는 일을 함께하라.

이것은 어려운 일이다. 주도하고 싶은 마음은 당연하고, 당신도 모르게 새로운 요소를 도입하거나 아동의 관심을 다른 것으로 유도하려고 할 수 있다. 이런 경향에 맞서기 위해 당신 스스로를 상기시킬 필요가 있다. 아동은 자신이 선택한 활동에 가장 많은 즐거움을 느낀다. 그 즐거움의 일부가 되고 싶다면 아동이 이끌고 있는 곳으로 가야 한다. 아동이 하고 있는 일을 토대로 더 많은 것을 구축할 수 있고, 곧 설명할 기법으로 장난스럽게 방해할 수도 있다. 그러나 이 행동은 아동의 흥미와 함께 시작한다는 것을 기억하라. 처음에는 아동이 하는 일과는 상관이 없다. 당신은 아동이 원하는 것을 할 수 있도록 그리고 상호적인 아동이 될 수 있도록 도우면서 아동과 함께하는 것이 중요하다.

아동이 당신에게 주는 신호들은 매우 미묘할 것이다. 아동이 즐기는 무언가를 당신에게 말할 때 눈을 반짝거리기, 시각적 흥미의 물건을 따라 가기 위해 아동의 머리를 천천히 돌리기, 아무것도 하지 않는 것처럼 보이도록 냉정하게 응시하기 등 아동의 감각 선호도에 맞추면 그 신호를 인식하는 것이 더 쉽고 상호작용을 위한 즐거움의 길을 넓힐 수 있다.

매우 단편적이고 조정된 아동조차도 특정 행동에 즐거움을 느낀다. 아동들은 바닥의 한 지점을 만지거나, 특정 베개를 문지르고, 창문을 바라보고, 아무렇게나 방황하고, 위아래로 뛰거나, 손을 흔들거나, 재미있는 이야기를 하는 것을 좋아한다. 당신은 이미 아동이 편안해하고 행복해하는 많은 활동을 알고 있을 것이다. 만약 아동을 가까이에서 본다면 당신은 다른 사람을 발견할 것이다.

당신의 첫 번째 목표는 아동이 이러한 행동을 시작할 때, 아동과 함께하는 것이다. 그런 다음 천천히 그리고 점차적으로 당신 스스로를 행동의 일부로 만들라. 이런 식으로 당신은 겉으로 보기에 목적 없는 행동에 새롭고 상호적인 의미를 부여할 것이다.

- 만약 아동이 뛰어오르는 경우, 아동과 나란히 뛰어오르면서 '버스 바퀴'의 노래에 "우린 위아래로 점프를 해"라고 바꿔 불러라. 만약 아동이 허락한다면 아동이 더 높이 뛰어오를 수 있도록 아동의 손을 잡거나 아동을 '하늘로' 점프할 수 있게 할 수 있다.
- 만약 아동이 팔을 펄럭이고 있다면 아동에게 가까이 서라. 그리고 당신의 팔도 함께 펄럭이라. 보통 펄럭이는 것은 신경 흥분 또는 과잉 행동을 보여 준다. 행복한, 두려운 또는 분노하는 정서적인 어조를 간단한 단어로 식별해 보라.
- 만약 아동이 좋아하는 동물 인형을 문지르고 있다면 당신도 동물 인형을 문질러라. 만약 아동이 허락한다면 동물을 돌려놓은 후 아동이 그것을 원래의 위치로 돌려놓는지 살펴 보라. 동물을 문지르는 것과 관련된 감정을 식별하라(예: "불쌍한 토끼" 또는 는 "나는 너를 사랑해").
- 만약 아동이 즐거운 소리를 낸다면 아동의 입 앞에 에코마이크를 두라. 그러면 아동은 자신의 증폭된 소리를 들을 것이다. 아동의 소리를 모방하는 것을 시도하라.
- 만약 아동이 부드러운 천을 문지르고 있다면 천 옆에 당신의 셔츠를 두고 아동이 셔츠를 문지르는지 살펴보라. 만약 아동이 그렇게 한다면 당신의 피부와 머리카락을

문지르는지 살펴보라.

이러한 활동의 어떠한 것도 당신이 먼저 시작하지 말라. 아동이 시작할 때까지 기다
렸다가 함께하라. 아동이 목적 있는 활동을 시작하는 데 어려움을 겪는다면 당신의 보
살핌은 아동이 시작하는 법을 배울 기회를 박탈할 것이다.

1) 아동이 주의를 기울이는 사물에 함께하기

아동이 인형 또는 물건을 가지고 노느라 바쁜 경우, 그 물건을 아동의 주의로부터 멀
리해서 아동의 주의를 사로잡으려고 하지 말라. 물건과 함께하라. 아동이 그 물건을 즐기
는 것처럼, 그 물건을 당신의 일부분으로 만들면 아동은 당신과도 즐길 것이다.

- 아동이 램프나 머리 위의 빛을 보기 위해서 머리를 돌리고 있다면 당신의 머리 위에
  손전등을 올려놓으라. 그리고 아동이 그것을 보는지 확인하라. 당신에게 아동의 집
  중을 끌어당기기 위해서 당신이 무엇인가를 하는 동안에 아동에게 말하고 웃으라.
- 아동이 바닥을 구르고 있다면 아동과 함께 굴러라. 그리고 가끔 튀어 오르거나 멈추
  라. 그리고 아동이 당신에게 굴러오게 하라. 아동이 그렇게 할 때 당신이 게임하고
  있다는 것을 알리기 위해 아동에게 부드럽게 웃으며 이야기하라.
- 아동이 공을 가지고 놀고 있다면 당신의 입으로 공을 잡으라. 그러면 아동은 당신으
  로부터 그것을 가져가야 할 것이다. 아동이 그것을 잡을 때 우스운 소리를 내라. 그
  리고 당신의 입을 벌리고 그것을 아동에게 돌려주기 위한 제스처를 하라. 아동이 다
  시 그것을 돌려놓을 때에도 또 다른 재미있는 소리를 내라. 재미있고 협조적인 게임
  인 '골인, 골 아웃' 놀이를 만들라.
- 아동이 장난감 자동차를 굴리면 그 차를 가져와서 아동이 당신과 거래하기 만들도
  록 당신의 다리 아래에서 또는 당신의 머리 밑에서 그것을 잡으라. 웃거나 간질이거
  나 재미있는 소음을 만들어 상호작용을 즐겁게 만들라. 잠시 후 차는 당신 밑에 다
  시 붙잡히게 된다. 아동이 여전히 차를 가지고 놀 수 있지만, 아동은 당신과도 놀아
  야 한다.
- 아동이 음식을 씹어서 입안에 넣는다면 당신의 얼굴에 음식을 올려 두라. 미소 지으
  며 아동의 이름을 부른 다음, 아동이 식탁에서뿐만 아니라 얼굴에서 음식을 가져오
  도록 격려하라.

이러한 활동의 목표는 아동이 원하는 물건을 보류하여 아동과 상호작용하도록 강요하는 것이 아니라 장난감을 가지고 노는 것보다 더 재미있게 놀 수 있음을 보여 주는 것이다.

2) 아동의 게임에 함께하기

- 아동이 차를 줄 세우고 있는가? 아동의 줄 세우기를 게임으로 전환해 다음 순서를 그에게 넘겨 주어라. 아동이 저항하면 아동이 상호작용하는 방식을 그대로 따르도록 하라. 계속해서 시도하라. 결국(며칠이 걸릴 수도 있다) 아동은 당신의 존재에 익숙해지고, 당신의 손에서 차를 가져갈 것이다. 그런 다음 당신은 다음 차를 줄 세우는 것을 시작하라. 또는 아동의 허락을 구하기 위해 그를 쳐다보라. 아동은 머리를 흔들거나 짜증을 낼 수 있다. 괜찮다. 그는 당신과 상호작용했다.
- 아동이 구슬로 놀고 있는가? 당신의 구슬을 가져오라. 아동이 허락할 만큼 가까이 앉고, 그가 하는 방식으로 놀아라. 구슬을 흩어 놓은 다음 구슬을 마구 문질러라. 아동이 아무런 관심도 보이지 않는다면 조금 더 가까이 다가가거나 구슬을 굴려라. 아니면 구슬 중 하나를 아동의 더미에 넣으라. 아동이 항의하는 경우, 당신이 이해한다는 것을 보여 주기 위해 그것을 되찾으라. 그리고 당신이 실수한 것처럼 아동의 바구니에 다른 구슬을 넣으라. 부드럽게 이야기하며 도전을 계속하라. 마침내 아동은 당신의 접근을 받아들일 것이다. 아동이 받아들일 때 놀이에 새로운 요소를 추가하라.
- 아동이 물건을 집어 들고 떨어뜨리거나 선반에서 물건을 털어 내고 있는가? 예측이 불가능한 아동의 행동을 아동이 떨어뜨린 물건을 잡으려고 바구니를 움직이는 두 사람의 게임으로 바꾸라. 아동은 당신의 행동에 깜짝 놀랄 것이고, 아마도 당신의 침입에 화를 낼 것이다. 또는 물건이 바구니 안으로 떨어지는 것을 보고 기뻐할 수도 있다. 아동의 반응이 어떠하든 아동은 참석했고, 관련되었을 것이다. 아동이 다른 곳으로 옆에 있는 바구니를 던지거나 당신의 바구니를 내 팽개치더라도 놀라지 말라. 필요한 경우, 버리는 것을 선점하라. 놀이를 계속하라. 그러면 아동은 점차적으로 당신의 존재를 받아들일 것이다. 며칠 또는 몇 주 안에 아동은 각 물건을 떨어뜨리기 전에 바구니를 제공하는 것을 기다리고 있을 것이다.

기억하라. 놀이를 바꾸려고 하지 말라. 아동이 시작한 활동에 자연스럽게 합류하거나 장난스럽게 방해하며 아동의 안내를 따르라.

3) 가장 좋아하는 활동을 함께하기

아동의 자연스러운 관심사를 많이 활용할수록 아동은 더 쉽게 놀이에 참여하게 된다. 아동은 당신에게 동기를 부여하는 것이 무엇인지 알려 주고 있으며, 이것은 적어도 과제의 절반이다. 아동이 그리는 것을 좋아한다면 아동과 함께 그리라. 아동에게 새로운 펜이나 연필을 건네고 아동과 나란히 앉는다. 만약 아동이 자기 작업에 대해 통제적이라면 별도의 종이에 그릴 필요가 있다. 아동이 당신의 종이에 그릴 때까지 점차 가까이 다가가라. 같은 그림을 작업하거나 서로의 그림을 복사하는 활동을 시작할 수 있는지 확인하라. 잠시 후 이 공유 활동은 미소와 눈 맞춤으로 이어질 것이다.

운동 처리에 어려움을 겪는 아동들은 유지하기 쉬운 동작인 낙서하기를 좋아하는데, 이것은 즉각적인 효과가 있다. 당신은 새로운 디자인을 보게 될 것이다. 휴대 전화로 노는 것과 마찬가지로, 이 활동은 어른들의 활동을 모방하고 있음을 암시한다.

아동이 악기를 연주하거나 노래 부르는 것을 좋아한다면 그러한 활동을 토대로 공유 게임을 개발하라. 아동이 좋아하는 노래 중 하나를 부르고, 아동이 돌아서더라도 그것을 계속하라. 몇 분 후에 아무런 반응도 보이지 않으면 멈추고 조금 나중에 다시 불러라. 또는 다른 멜로디로 연주되는 악기를 사용하라. 그리고 아동이 선택하는 것을 보라. 여러 번 연주 시간을 이어 간다면 아동은 당신과 함께 또는 당신이 조용한 동안 노래를 부를 것이다. 그런 다음 함께 불러라. 얼마나 오랫동안 유지할 수 있는가? 대체 구절을 부를 수 있는가? 처음에 아동은 각 줄의 끝부분에 누락된 단어를 채울 수 있을 것이다. 그러나 아동은 익숙한 것을 듣는 것을 환영할 것이다. 아동이 가장 좋아하는 노래의 그림이 담긴 차트를 가지고 아동에게 부르기 원하는 것을 보여달라고 요청하라.

만약 아동이 대근육 운동(오르기, 점프하기, 공중제비차기)을 잘한다면 두 사람으로 활동으로 바꾸라. 사다리를 타고 올라가듯이, 기어 올라가거나 높은 무언가에서 뛰어내리는 데 도움이 되도록 손을 잡으라. 또는 아동이 공중제비차기로 당신을 뛰어넘고 싶게 하기 위해서 당신의 팔을 림보 막대기처럼 만들라. 모든 아동의 자연스러운 관심과 재능을 공유 게임으로 바꾸는 방법을 찾으라. 아동이 나이가 들어 편지나 단어들을 세고 있다면 이 관심사를 사용하여 참여를 촉발시킬 수 있다.

만약 아동이 수를 세고 있다면 끼어들어 다음 몇 개의 숫자를 말하라. 아동이 계속하는지 지켜 보라. 아동이 계속하는 경우에 틀린 수를 말한 다음 아동이 당신의 틀린 점을 정정하는지 살펴보라. 아동이 킥킥거리며 웃도록 재미있는 목소리로 각 번호를 반복하라. 아동이 편지를 낭송한다면 각각의 편지에 대해 다른 재미있는 얼굴을 만들라. 그러면 당신은 그 활동의 즐거운 부분이 된다. 만약 아동이 무작위의 단어를 말하고 있다면 각 단어마다 아동을 간질이거나, 안아 주거나, 아동이 정말 좋아하는 다른 감각 경험을 주면 그 활동을 계속하기를 원할 것이다. 숫자나 글자 또는 단어에 집중하지 말라. 이 단계에서 그것은 중요하지 않다. 아동은 참여와 양방향 의사소통을 완벽하게 습득한 후, 곧 그것들을 빠르게 배울 수 있다. 지금 중요한 것은 아동이 당신과의 상호작용을 즐기는 것이다.

4) 아동을 웃기려고 하지 말고 상호작용하기

아동의 활동에 당신이 참여할 때, 아동을 즐겁게 하려는 것이 아니라 아동과 상호작용하려는 것을 기억하라. 당신이 아동의 공을 튀기거나, 차를 굴리거나, 시리얼을 으깰 때, 당신은 아동이 당신을 보는 것을 원하지 않을 것이다. 당신은 아동의 차례에 대해서 다투면서 아동과 함께 있길 원할 것이다. 상호작용은 참여를 창출하고, 당신은 아동의 안내를 따르며, 아동이 당신에게 더 반응하도록 격려하고, 당신은 더욱 더 아동의 주의를 끌게 된다.

5) 순간을 즐기라

아동의 모든 활동을 상호작용으로 바꾸는 방법을 찾았으면 이 또한 명심하라. 목표는 활동에 초점을 두지 않는 것이다(그림그리기, 스윙, 몸으로 만든 터널을 통과하도록 자동차 굴리기). 목표는 함께 활동하는 것이다. 활동 내용은 친밀함을 격려하는 도구일 뿐이다. 능글맞은 웃음을 이용하라. 매번 아동이 웃을 수 있게 사건을 일으키고, 눈을 마주치며 아동과 함께 웃으라. 뜻밖의 일이 발생했을 때, 예를 들어 장난감 차가 소파 아래로 굴러갔을 때, 숟가락이 바닥에 떨어졌을 때, 누군가가 트림을 했을 때 눈을 마주치며 함께 킥킥 웃으라. 바닥이나 거친 곳에서 굴러 머리를 부딪히거나 눈을 마주쳤을 때 그 자리에 잠시 있다가 소리 없이 활짝 웃으라.

놀이로 바로 돌아가기 위해 서두르지 말라. 친밀감을 느낄 수 있는 시간을 늘리라. 결국 그것이 당신이 정말로 이루고자 하는 목표이다. 무엇보다 인내심을 갖고 노력하라. 아동이 눈과 미소로 바라보게 하는 데는 몇 주에서 수 개월이 걸릴 수도 있다. 당신이 온화하고 끈기 있게 노력한다면 당신은 아동이 이 간단한 활동에 함께 참여할 때 단란함, 동기 및 재미의 감각을 형성할 수 있다.

6. 관심을 사로잡기 어려운 아동을 참여시키기

아동이 매우 회피성이고 홀로 외부에서 즐거움을 찾는 것처럼 보인다면 여기에 설명된 전술을 사용하여 참여를 유도할 수 있다. 아동의 회피성 행동을 조사하라. 그것이 아동에게 어떤 감각적 즐거움을 주는지 알아보거나 불편한 자극을 피하는 데 도움을 주는지 알아채라. 그런 다음 아동이 이 행동에 동참하여 과잉 반응을 보인다면 아동을 압도하지 말고 똑같은 감각적 쾌락을 제공하라.

- 아동이 바닥에 누워 있다면 당신을 피하고 싶어 하기 때문이라고 생각하지 말라. 그것은 아동이 몸 아래에서 압박감을 느끼기 때문이다. 바닥은 아동의 낮은 근긴장도 및 공간에서의 몸에 대한 인식을 제공하여 중력에 대한 불안을 보완하고 자신감을 길러 준다. 이런 의미에서 바닥에 누워 있으면 즐겁다. "너의 바닥이 될 거야"라고 말하면서 아동의 밑으로 들어가서 그 즐거운 압력을 제공하라.
- 만약 아동이 구석에서 담요를 덮고 있다면 아동이 당신과 함께하고 싶지 않아서라고 생각하지 말라. 아동은 보호의 느낌과 어둑어둑한 느낌 그리고 몸에 압박감을 느끼고 있다고 가정하라. "내가 너의 담요가 되어 줄게"라고 말하라. 그리고 어둠과 온유한 감각을 제공할 수 있도록 당신을 아동의 위에 걸치라.

1) 근본부터 작업하라

다시 한번 감각 및 운동 프로필(제3장)로 돌아가서 아동이 좋아하는 모든 감각에 대해 주의 깊게 생각하라. 간과할 수 있는 단서가 있다면 아동이 좋아하는 행동을 살펴보고, 아동이 누리고 있는 감각적 경험을 알려 줄 것이다. 그 즐거움을 제공하는 사람과 거의 모든 상호작용을 하라. 아동의 감각 운동 게임으로 돌아가기를 주저하지 말라. 아동이 좋아하는 소리, 감동, 움직임 또는 시각적인 자극을 소개함으로써 아동이 하고 있는 활동에 동참하라. 점차적으로 아동은 당신과의 상호작용을 즐거운 감정으로 연결시키게 될 것이고, 당신의 상호작용 기회는 커질 것이다.

2) "제 아동은 아무것도 하지 않아요!"

종종 부모들은 말한다. "우리 아동은 아무것도 하지 않아요. 내가 어떻게 아동의 활동에 참여해야 하나요?" 답은 "당신의 아동은 항상 무언가를 하고 있습니다. 아동이 하고 있는 것에 참여할 방법을 찾아볼 필요가 있습니다."라고 말하는 것이다. 심지어 당신을 피하는 것도 목적이 있는 무엇인가를 하고 있기 때문이다.

- 아동이 공간을 응시하는 경우, 아동의 앞에 서서 아동이 보고 있는 것 대신에 당신을 보게 하라. 아동이 등을 돌린다면 아동이 보고 있는 곳으로 달려가 미소 짓는다. 아동이 다시 돌아서면 당신의 몸을 아동에게 기대고 아동의 옆에 무릎을 꿇고 함께 응시하라. 응시하는 것을 2인칭 게임으로 만들라. 아동은 당신이 원하는 것을 끝내지 못하거나 예측할 수 없는 활동으로 놀라게 할 수 있다는 생각 때문에 멀리 돌아서는 것이다.
- 아동이 방 안을 목적 없이 방황하고 있다면 아동의 그림자가 되어 그와 함께 방황하고, 아동 옆에 가까이 고정하라. 또는 아동이 가는 곳으로 먼저 달려가서 무릎을 꿇고 아동을 맞이하라. 아동이 의도적이고 목적 있는 것을 하는 것을 다뤄라. 이것은 아동이 놀라게 할지도 모르지만, 아동의 자아 인식을 강화할 것이다.

아동은 운동 처리 문제로 인해 목적 있는 행동을 시작하기가 어려울 수도 있고, 몇 가지 쉬운 행동을 반복하거나 몰입하는 놀이를 함으로써 당신을 피할 수도 있다. 이 모든 사례에서 아동의 회피는 하나의 반응이다.

아동이 세상을 차단한 듯하고 반응이 없을 때, 아동의 세계에 당신을 집어넣는 방법은 오직 아동을 모방하는 것뿐이다. 아동이 지금 하고 있는 것을 함께하고, 점진적으로 부드럽게 아동의 관심을 사로잡도록 하라. 혹은 아동보다 한 걸음 더 빨리 나아가 아동이 당신과 부딪혀 당신과 상호작용할 수밖에 없게 할 수도 있다.

3) 친밀감은 강요될 수 없다

회피하는 아동과 작업하는 것은 매우 실망스러울 수 있다. 때로는 아동이 당신에게 절대 미소 지어 주지 않을 것이라고 느낄 수도 있다. 당신이 갈구하는 종류의 접촉을 얻기 위해 아동의 머리에 손을 얹고 "나를 봐!"라고 말하는 유혹을 찰나의 순간에 느낄 수도 있다. 그러나 그러한 행동은 당신이 정말로 원하는 따뜻하고 사랑스런 눈 맞춤과 껴안기를 장려하지 않는다. 왜냐하면 그러한 행동은 내부에서부터 잘 알아야 하기 때문이다. 이러한 친밀감은 강요될 수 없다.

그렇기 때문에 좌절한 순간에도 참도록 노력하라. 당신의 목표는 아동이 당신과 참여하도록 강요하는 것이 아니라 아동이 좋아하는 감각적인 즐거움을 제공함으로써 그를 유도하는 것임을 기억하라. 만약 당신이 아동의 감각적인 즐거움을 계속 호소하며 그의 활동에 참여한다면 눈 맞춤과 연결의 순간이 점차 많아질 것이다. 기억해야 할 점은 아동이 관계를 맺어야만 하는 상황을 만드는 것보다는 관계를 맺고 싶게 만드는 것이 더 많은 노력과 재간을 필요로 한다. 그에 대한 결과는 기계적으로 사회적 상호작용의 능숙함을 배운 사람이 아니라 진정으로 당신과 다른 사람들과의 상호작용을 즐기게 되는 아동이다.

4) 장난스럽게 방해하기

신중하게 생각해 낸 감각 접근조차도 효과가 없을 때가 있다. 아무리 노력해도 아동이 당신을 쉽게 받아들이지 않을 것이다. 그럴 때, 당신은 조금 더 과감하게 장난스러운 방해를 할 수 있다. 당신은 아동이 자신을 무시하는 것을 더 어렵게 만들기 위해 장난스럽게 아동의 활동에 자신을 집어넣는 방법을 이용할 것이다.

- 아동이 방 안을 목적 없이 방황하고, 당신은 이미 아동의 그림자가 되어 있고 아동이 다음 자리에 먼저 가 있다면 귀여운 동물이 되어 아동이 다리 사이로 들어가라. 장난스럽게 동물 소리를 내며 아동과 놀려는 당신의 의도라는 것을 알리라. 여기서 우리는 아동을 놀라게 하거나 짜증나게 하는 것이 아니라 상호작용을 창출하는 것이다.
- 아동이 한 곳을 응시하기 시작했고, 당신은 이미 아동의 옆과 앞에 서기를 시도했고, 당신의 눈을 가리는 것을 시도했다면 아동의 눈을 당신의 손으로 가려 보자. 웃으며 부드럽게 말을 걸자. 우리는 아동에게 겁을 주고자 하는 게 아니라 상호작용을 하고자 하는 것이다.
- 아동이 자신의 팔을 펄럭이고 당신도 아동과 함께 팔을 펄럭이는 것을 시도했다면 아동의 팔을 몸에 붙여 움직이지 못하게 해 보라. 아동이 실수로 당신을 때릴 때, 아동에게 그것이 놀이임을 알리기 위해서 "아, 날 잡았어!"라고 장난스럽게 말하라.

장난스러운 방해의 어려움은 아동이 무서워하거나 압도되지 않고 장난스럽고 재미있게 놀아야 한다는 것이다. 천천히 그리고 온화하게, 부드럽게 이야기하고, 아동에게 무엇을 기대하는지 알도록 하라. 갑작스럽거나 예기치 못한 행동은 아동을 놀라게 할 수 있다.

- 아동이 차를 굴리며 당신이 함께 놀지 못하게 한다면 서서히 움직이면서 당신의 의도를 표현하라. "내가 간다." "네 차를 가지러 간다."라고 부드럽게 말한다. 아동이 당신을 보고 "안 돼요!"라는 행동을 하기 위해 직접 접근을 하기 전에 대답할 기회를 주라. 아동의 소망을 존중하자. 당신은 이미 그의 관심을 얻기에 성공했다.

아동을 당신의 접근에 저항할지도 모른다. 당신의 장난기 있는 의도에도 불구하고, 아동을 두려워하거나 압도당해서 등을 돌리거나 멀리 떠나갈 수도 있다. 이것은 의도적인 반응이므로 괜찮다. 아동은 당신의 질문에 대답하고, 당신의 존재를 인정하면서 멀리 떠나라고 말한다. 반응이 긍정적이 아닌 경우에도 상호작용이 발생했다. 시간이 지남에 따라 당신이 부드럽게 대한다면 아동은 당신의 유용성에 익숙해지면서 아동의 반응은 더욱 긍정적이 될 것이다.

아동이 불만과 함께 반응하는 경우, 회복할 순간을 주고 다시 시도하라. "나 여기 또 왔어." 당신은 노래를 부를 수도 있다. "나는 너의 차를 다시 가져갈 거야." 서서히 움직이며 미소를 지어라. 아동이 당신의 손을 처내려고 할 경우, 아동의 반응을 인정하라. "안 그랬으면 좋겠어? 알겠어! 이런, 내 손이 그 차를 원하는 것 같아서 또 왔어."라고 말한다. 당신이 부드럽고 장난기가 있다면 아동은 통제력을 잃지 않고도 3~4회 정도 관계에 참여시킬 것이다. 아동이 이제 더는 받아들이고 싶지 않은 순간을 측정하고 다른 것으로 옮겨 보라. 우리의 의도는 아동을 괴롭히는 것이 아니라 아동에게 당신을 즐거운 존재로 인식시키는 것이다.

당신이 장난스럽게 방해되는 일들을 수행함에 따라 아동의 개인차도 염두에 두라. 아동이 소리에 반응이 없다면 목소리를 부드럽게 하여 진정시키라. 아동이 반응이 없다면 더 큰소리로 그리고 아동이 주의를 기울이는 것을 돕기 위해 열심히 이야기하라. 청각 처리에 문제가 있다면 단어의 순서를 복잡하지 않게 하라. '간다'는 '나 지금 간다'보다 이해하기 쉽다. 아동의 시각적 처리가 강력하다면 시야에 머물면서 손가락이 접근하는 것을 볼 수 있는지 확인하라. 아동은 시각적 단서에 의존하여 의도를 측정한다. 아동이 촉각을 좋아하는 경우, 공격적이기보다는 우호적인 방식으로 접근하면서 아동의 팔을 만지라. 가능한 한 아동의 리듬을 잡으려고 노력하라. 아동이 **빨리** 움직이면 당신도 **빨리** 움직이며 아동의 주의를 끌라. 아동이 천천히 움직이면 당신도 천천히 움직이라. 당신과 싱크(sync)가 맞을수록 아동은 더 잘 반응한다.

피해야 할 한 가지는 아동의 신체를 제어하려고 하는 것이다(당신이 아동이 위험 속에 있다고 느끼는 것을 제외하고). 아동을 밀거나 잡아서는 안 되며, 아동이 특정한 방향으로 움직이도록 시도하지 말라. 당신은 아동이 주도권을 행사하고 책임을 지기를 바라지만, 아동은 그것을 하기 위해 자신의 몸을 통제해야 한다. 아동은 당신이 희망하는 대로 반응하지 않을 수도 있다. 하지만 회피할지라도 모든 반응은 의도적일 것이고, 그것은 훌륭한 시작이다.

7. 보속증

심각한 발달장애가 있는 많은 아동은 끝없는 주기에 갇혀 있는 것처럼 동일한 동작을 집요하게 반복한다. 아동은 이것이 안전함을 제공하기 때문에 끈질기게 할 수 있다. 통제할 수 없는 일에 끊임없이 비난을 받으며 아동은 자신이 할 수 있는 작은 일을 통제하려고 노력한다. 문을 열고 닫거나, 차를 일렬로 세우거나, 혹은 머리를 앞뒤로 반복해서 돌림으로써 압도적인 세계에서 안심할 수 있는 작은 섬을 만드는 것이다. 아동은 다음 단계의 순서를 정하는 방법을 모르기 때문에 집요하게 계속할 수 있다. 그러므로 아동은 같은 행동을 반복한다. 아동이 집요하게 이런 행동을 계속하는 세 번째 이유는 아동이 즐거움과 자기 자극을 발견하기 때문이다. 많은 아동이 다양한 종류의 감각적 즐거움을 위해 관계와 상호작용을 사용하는 법을 배운다. 다른 사람들과 완전히 교제하거나 의사소통을 할 수 없는 아동은 자신의 몸에 더 의존할 수 있다.

아동에게 위안이 될 수 있음에도 불구하고, 상동행동은 대개 부모에게 매우 번거로운 일이다. 이는 비대화 행동의 일종으로 장려되어서는 안 된다. 아동의 인내심을 멈추려고 노력하거나 (거의 잘 작동하지 않는) 아동을 괴롭히기보다는 오히려 인내심을 기회로 생각하라. 아동의 상동행동은 아동의 관심이 어디에 있는지를 알려 준다. 그러면 해당 관심사를 상호작용의 기초로 사용하면 된다. 아동이 반복적으로 머리를 가볍게 두드리는가? 그렇다. 아동의 손이 머리에 도착하기 전에 아동의 머리에 당신의 손을 얹어 아동의 상호작용을 도와라. 아동이 반복적으로 문을 열고 닫는가? 그렇다. 반대편에 서서 압력을 가함으로써 아동의 상호작용을 도와라. 어떤 아동들은 즉시 상호작용을 즐긴다. 자신의 입과 코를 반복적으로 비비는 아동의 엄마가 아동의 코를 문질러 주자 커다란 웃음으로 빛이 났다. 아동의 엄마가 멈추자 아동은 엄마의 손을 움켜잡고 얼굴을 만지는 것으로 상호작용을 계속했다.

다른 아동들은 상호작용을 거부한다. 아동은 그것을 간섭으로 간주한다. 그러나 아동의 저항조차도 상호작용의 형식이다. 왜냐하면 그것은 당신의 존재를 인정하기 때문이다. 그와 같은 행복하지 않은 인지에서 당신은 더 길고 긍정적인 상호작용을 할 기회가 있다.

엘렌은 크리스타가 자신의 존재를 인정하지 않기 때문에 그녀의 딸인 크리스타로부터 매우 멀어졌다고 느꼈다. 대신 크리스타는 바닥을 긁는 것과 같은 행동을 끈질기게 했다. 엘렌은 몇 달 간의 상호작용을 강요하기 시작한 후 크리스타가 흠집을 내고자 했던 자리에 자신의 손을 놓기로 결정했다. 이제 크리스타는 이 성가신 손에 맞서야 했다. 크리스타는 해결해야 할 문제가 생겼다. 크리스타는 그것을 해결했다. 크리스타는 엘렌의 손을 밀어내며 성가심을 표현했다. 엘렌은 성공한 횟수를 세었다. 크리스타는 엘렌의 손과 상호작용했고, 그것에 대해서도 논평했다. 엘렌이 크리스타의 상호작용을 변화시켰을 때, (때로는 엘렌의 손을 내려놓기도 하고, 때로는 마지막 순간에 손을 가져가기도 함) 크리스타는 놀이로서의 상호작용에 반응하기 시작했다. 크리스타는 기쁨의 음성을 내기 시작했고, 누가 이 재미난 혼란을 일으키고 있는지 보기 시작했다. 크리스타의 고집은 고양이와 쥐 게임으로 발전했다. 일단 상호작용하기만 하면 더 이상의 고집은 없었다.

크리스타가 엘렌의 눈을 편안하게 마주치기까지 몇 달이 걸렸지만, 일단 할 수 있게 되자 크리스타는 즐거움을 보여 주기 시작했다. 크리스타의 손이 엘렌을 만나면 크리스타는 킥킥 웃을 것이다. 크리스타는 엘렌과 놀이를 하고 싶으면 엘렌의 손을 도발적으로 만질 것이다.

다른 아동들은 단어, 구절, 노래의 가사 또는 영상 대본의 일부를 반복하고 또 반복한다. 이것이 또 다른 형태의 상동행동이며, 당신은 같은 방식으로 그것을 치료할 수 있다. 소리를 방해하라. 아동이 단어를 말하거나 소리를 반복하는 경우에는 강도나 리듬을 다르게 반복하여 그것을 따라 하라. 아동이 노래를 부르거나 비디오에서 나오는 소리를 읊조리고 있다면 동참하되 단어를 바꾸라. 아동이 당신의 침입을 피하기 위해 몸을 숨길 때, 아동에게 미소를 지으며 발성 대위법을 계속하라. 당신과 아동의 발언이 일치되게 암송을 놀이로 바꾸라. 아동이 항의할지도 모르겠지만 곧 참여하고 상호작용할 것이다. 결국 아동은 당신의 참여를 받아들이고 아동의 끈기 있는 암송을 공유된 활동으로 바꿀 것이다. 아동이 선택한 대본은 현재의 상황과 관련이 있으며, 의사소통의 의도가 있을 수 있으며, 감정을 나타낼 수 있다.

8. 자기 자극

어떤 아동들은 우리가 자기 자극적 행동이라고 부르는 것에 참여하여 감각적 즐거움을 준다. 이러한 행동은 종종 감각 과소 반응을 보상하여 입력을 등록하기 위한 여분의 감각을 찾는 시도이다. 아동은 자신이 보는 것을 제어하기 위해 위아래로 뛰어오르거나, 회전하거나, 빛을 응시하거나, 머리를 특정한 방식으로 움직일 수 있다. 그러한 행동이 너무 많이 소비되기 때문에 침입하기가 매우 어렵다. 다시 말하면 이 자기 자극을 문제가 되는 것으로 보는 대신에 아동이 어떤 종류의 감각적인 즐거움을 좋아하는지에 대한 단서로 보라. 그런 다음 동일한 감각 경험을 제공하면서 행동에 동참하라.

- 빛을 바라보면서 아동이 머리를 돌리면 입 안에 작은 손전등을 넣고 아동과 빛 사이에 서 보라. 아동이 손전등에 관심를 보이면 손전등을 흔들고는 스위치를 빠르게 껐다 켰다 하다가 손전등을 꺼낸 후 미소 짓고는 다시 입 안에 손전등을 넣는다. 아동의 관심을 끌기 위해 손전등으로 게임을 만들라.

또 다른 접근법은 우리가 고집에 대해 설명했던 것처럼, 아동과 자기 자극적 행동 사이를 오가며 상호작용을 만드는 것이다.

- 아동이 빛을 지속적으로 응시하는 경우, 아동과 빛 사이에 서서 아동의 시각을 차단하라. 천장 조명이라면 제광 장치를 사용하여 조도를 변경하라. 빛을 "반짝 반짝 작은 별"이라고 가장한다. 아동이 머리를 움직여 다시 볼 때, 또 다시 아동을 방해하라. 이때 당신이 웃고 장난스럽게 말한다면 아동은 당신이 놀이를 시작할 것이라고는 것을 알게 될 것이다. 앞뒤로 움직여 아동의 시선을 차단한 다음 그것을 해제하여 아동이 웃음을 지는지 보라. 당신의 손, 발, 다리, 베개로 시선을 막으라. 그렇게 할 때 바보 같은 소리를 낼 수도 있다. 당신이 지속적으로 장난스럽다면 아동의 관심을 끌 가능성이 있다.

9. 모든 감정을 통한 친밀감

아동과 매일 작업하는 것에 게을리하지 않는다면 친밀감의 기간은 길어질 것이다. 눈을 마주치는 기간도 길어질 것이다. 당신과의 감정은 따뜻해질 것이다. 아동이 당신을 찾을 것이다. 당신은 아동에게 가장 필수적인 기술, 즉 인간관계에 참여하고 즐기는 능력을 주게 된 것이다.

하지만 인간관계가 항상 따뜻하고 친밀한 것만은 아니다. 불가피하게 분노, 실망, 좌절, 질투심, 슬픔 및 다른 감정이 침범한다. 그러한 도전은 아동과 당신이 관련되어 있을 때, 그 감정을 경험하도록 돕는다.

강한 감정은 정서의 물결에 문자 그대로 휩쓸리지 않을까 두려워하는 아동에게는 무서운 것이다. 무엇보다 아동이 필요로 하는 것은 당신이 거기에 있다는 감각, 아동을 보호할 강력하고 안정적인 정신적 지주이다. 아동의 감정은 부모에게도 비슷한 감정을 유발하기 때문에 정신적 지주가 되는 것이 항상 쉬운 것은 아니다. 만약 당신이 늘 차분함을 유지하고 아동이 무너져 갈 때 지지가 된다면 당신은 아동에게 최고의 도움이 될 것이다. 당신의 목표는 아동이 친숙함으로 돌아가는 것을 도와주는 것이다.

아동이 강한 반응을 경험할 때와 관계 및 친밀감은 많은 감정을 포함하고 있다고 가르칠 때, 아동을 친밀감으로 돌려놓기 위한 몇 가지 제안이 있다.

1) 분노와 공격성

분노는 아동을 등 돌리게 하거나 물게 할 수 있다. 많은 특별한 요구를 가진 나이가 좀 있는 아동들은 분노를 느낄 때 회피하거나 남을 차단한다. 당신은 분노가 아동을 압도할 때 아동과 관계를 유지하도록 해야 한다. 아동이 안정감을 느끼게 해 주는 것으로 도와줄 수 있다. 당신은 아동이 화나 있는 것을 보았을 때, 아동의 분노를 인정하라. 누그러뜨릴 수 있는 이야기를 하라. 아동을 당신의 말보다 몸짓과 목소리를 읽을 것이다. 그러므로 단호하게 말하라. 필요한 제한을 설정하라. 당신의 힘은 아동이 내면에 강한 감정을 안고도 안심할 수 있도록 도와준다. 차분한 목소리가 처음에 통과하지 못하면 자신의 분노의 음색을 모방한 다음에 목소리를 약화시키라. 아동은 더 강렬한 어조를 통해 당신의 공감적 이해를 인식할 수 있을 것이며, 아동이 진정이 되어야 안심할 수 있을 것이다. 무엇보다 상황을 침착하게 유지하려고 노력하라. 아동이 당신에게 혹은 당신이 아동에게서 물러나면 아동은 화가 났을 때조차 안전하고 가깝다고 느끼지 않을 것이다. 연습을 할 때 아동이 당신을 신뢰하기 시작해서 돌아서야 할 필요성을 느끼지 않게 해야 한다.

자기주장과 공격성은 분노와 관련이 있다. 많은 특별한 요구를 가진 아동들은 이러한 감정에 어려움을 겪는다. 아동은 자신의 몸이 지시를 수행한다는 것을 믿기 못하기 때문에 확신에 찬 모습이 되는 것에 어려움을 겪는다. 이해할 수 있듯이, 대부분의 부모는 공격성에 대한 혼합 감정을 가지고 있다. 한편으로 부모는 아동이 적극적이기를 원하지만, 다른 한편으로는 지나치게 공격적인 행동을 두려워한다. 부모는 아동이 희생자가 되기를 원하지 않지만, 부모는 자신의 안전을 두려워한다. 그러나 특별한 요구를 가진 아동은 반드시 세계에서 자신을 주장하는 법을 배워야 하므로 적극적으로 아동의 건설적인 시도를 지원하는 것이 중요하다. 아동이 격노할 때, 아동에게 아무런 해를 끼치지 않도록 단호하게 잡아서 단어, 표정, 목소리로 아동의 감정에 공감하라. 아동이 좋아하는 감각적인 경험을 제공함으로써 아동을 진정시키라. 아동이 회복될 때까지 떠나지 말고, 아동에게 당신이 회복의 일부가 될 수 있음을 보여 주라.

아동이 분노를 가눌 수 없어 보인다면 파괴적이지 않은 영역으로 이 공격적인 행동에 참여하라. 어쩌면 당신은 아동과 함께 크고 부드러운 인형 위를 방방 뛰거나 베개를 주먹으로 칠 수도 있다. 아동에게 당신의 면전에서 벗어나는 시간을 허락하지 말라. 그것은 아동의 회피하는 경향을 강화시킬 뿐이다. 대신에 무릎에 앉힌 후 파괴적인 활동을 하지 못하게 하라. 목표는 아동이 당신과 교감하는 것과 화를 내는 것이 동시에 일어날 수 있음을 보여 주는 것이다.

나중에 아동이 추상적인 상징에 익숙해지면 당신은 아동의 감정을 말로 번역하여 가상놀이를 하는 데 도움을 줄 수 있지만, 지금 당장은 아동이 자신의 감정을 인식하고 대처할 수 있도록 도와주어야 하며, 이 분노는 인간 드라마의 일부이다(아동의 공격성은 때로는 누군가 예측할 수 없거나 오해된 행동에 놀라 방어적인 행동일 수 있음을 알아 두라. 도발적인 사람에게 멈추거나 떠나라고 말함으로써 당신의 말로 아동을 안심시키라).

2) 의존성

어떤 아동들은 공격성을 쉽게 표현하지만 의존성을 표현할 수 없다. 아동은 너무 필요성을 느낄 때 괴리감이 생길 수 있다. 나이가 조금 더 많은 아동은 전쟁의 장면을 재생할 수 있지만 친밀감의 장면은 재생할 수 없을 수 있다. 이런 아동들은 결코 포옹하거나 도움을 요청하지 않을 것이다. 아동이 의존성에 불편함을 느끼면 천천히 그리고 침착하게 당신에게 기대도 된다는 것을 알리라. 아동이 좌절했을 때 옆에 앉으라. 아동이 동물에게 먹이를 먹이거나 인형을 잠자리에 들여 놓는 장면을 연출할 때, 아동이 따뜻하게 받아들일 수 있도록 세심하게 도와 줘라. 부드럽지만 반복해서 아동에게 도움이 된다는 것을 보여 줘라. 점차적으로 아동이 관계를 편안하게 생각함에 따라 감정의 팔레트가 커지고 도움을 요청할 수 있는 능력이 커진다.

어떤 아동들은 너무 의존적인 것처럼 보인다. 어린 아동이 달라붙을 수 있다. 나이가 조금 더 많은 아동들은 집착하거나, 울며 소리를 지르거나, 혼자 힘으로 시도하는 것을 꺼린다. 이러한 행동은 아동이 더 독립적으로 되기를 희망하는 부모에게는 귀찮을 수 있다. 부모는 세상이 아동에게 얼마나 압도적인지 쉽게 잊어버리고, 아동의 결핍은 단지 눈속임이라고 쉽게 생각한다. 아동이 너무 의존적인 것처럼 보일 때, 아동은 최선을 다하고 있음을 상기시키고, 아동의 능력과 발달 단계가 허용되고 있으며, 당신의 끈기 있는 격려는 아동에게 이 단계를 넘어 더 큰 자신감의 단계로 성장하는 데 도움이 될 것이다. 아동의 궁핍을 분개하는 대신에 더 많은 것을 이용할 수 있게 하라. 새로운 학교 또는 새로운 베이비시터로의 변화 같은 아동이 두려워할 수 있는 상황을 예상하라. 변화가 일어날 때, 아동을 위로하기 위해 여분의 시간을 준비하라. 단어가 충분하지 않으면 오는 사람이나 앞으로 만나는 사람의 사진을 보여 줌으로써 추가 지원을 제공하라.

학교와 베이비시터는 아동 혼자 잘 대처할 것이라고 이야기하면서 부모에게 서둘러 떠날 것을 권고한다. 타인과 연관을 지을 수 있는 아동에게는 사실일 수 있지만 간헐적으로만 참여하는 아동에게는 빈약한 조언이다. 관계가 없는 아동을 가진 당신의 목표는 아동이 당신에게 의존할 수 있다는 것을 보여 주고, 스트레스를 받을 때 아동을 위해 거기에 있을 것이며, 아동 자신의 것에 대처해야만 할 필요가 없다는 것을 보여 주는 것이다. 아동이 집착하는 시기는 그러한 메시지를 강화할 수 있는 좋은 기회이다. 따라서 빨리 떠나야겠다며 서두르지 말고, 아동의 관심을 끌기 위해 집착을 자극하는 이벤트를 사용하라. 예를 들어, 아동이 단호할 때 아동을 지원함으로써 독립성을 가르칠 수 있는 시간이 많을 것이다. 만약 당신이 아동의 시작된 의사소통에 대한 보안과 지원을 모두 제공한다면, 당신은 단호함과 거리라는 두 가지 행동을 촉진할 수 있을 것이다.

또한 아동의 매달리는 행동에 매번 즉각적으로 반응해 주지 않는 것으로 조금씩 조절할 수 있다. 때때로 당신은 아동이 뭔가를 요구할 때 "잠깐!"이라고 말할 수 있다. 많은 연습을 한 후에 아동은 자신이 필요로 하는 것을 오랜 기간 동안 참을 수 있다는 것을 알게 될 것이다.

3) 슬픔과 질투

아동들은 종종 이러한 부정적인 감정을 무서워하기 때문에 이러한 감정들이 떠나게 하는 방법을 찾는다. 아동들은 감정을 깊이 묻어서 사라진 것처럼 보이게 할 수도 있고, 무서운 감정을 다른 감정으로 전환시켜서 받아들일 수도 있다. 슬픔은 노기로, 질투는 우울로 묘사될 수 있다. 만약 당신의 아동이 이러한 감정 중 하나를 드물게 표현하는 경우, 아동과 이야기하라. 아동이 당신의 말을 이해하지 못할 수도 있기 때문에 공감할 수 있는 목소리를 사용하라. 점차적으로 아동은 감정을 덜 무서운 것으로 느낄 수 있으며, 당신과 함께 그것들을 기꺼이 경험할 수 있다.

4) 흥분

아동들은 종종 자신의 흥분을 제어하는 데 어려움을 겪는다. 아동들은 흥분하면 거칠어지거나 공격적으로 보인다. 일반적으로 회피하는 아동은 갑자기 부모의 무릎에 뛰어들 수 있다. 이러한 과잉 흥분 기간은 부모를 겁먹게 만든다. 아동이 너무 흥분하면 밀어내지 말라. 흥분을 멈추기보다는 그것을 천천히 조절하라. 적당한 흥분을 보여 주면서 아동을 부드럽게 하고, 행동을 늦춰라. "나는 너를 천-천-히 만질 거야"라고 천천히 손을 뻗으며 말할 수 있다. "나는 너에게 천-천-히 말할 거야." 당신은 웃으며 기어들어 가는 목소리로 천천히 말할 수 있다. 장난스럽게 당신의 상호작용의 속도를 늦춰라. 그래서 아동이 그것을 통제할 수 있게 도와주면서 아동의 흥분을 나눠라. 왜 당신의 아동이 그렇게 흥분했는지 이해하도록 노력하라. 아동이 겁을 먹었는가? 행복을 느끼는가? 아동은 즐거움을 기대하고 있는가? 아니면 스트레스를 기대하고 있는가? 아동은 흥분에 형태를 나타내고 자신을 거칠게 보이도록 사자 또는 유령인 척하는 상징적인 아이디어를 사용하고 있는가? 그렇다면 아동의 가짜 시나리오에 참여하여 그것을 변화시키라.

5) 차단하기

아동과 놀면서 즐거운 교전을 한 후에 갑자기 아동이 주변을 차단하는 것처럼 보인다고 생각하는 순간이 있을지도 모른다. 상호작용에서 무언가 아동을 압도했을 가능성이 있다. 아동이 다시 협조하도록 돕기 위해 같은 활동을 보다 차분한 형태로 바꾸라. 당신이 공을 굴리는 경우라면 공을 천천히 굴리며 아동이 특히 좋아하는 노래를 추가하라. 당신과 아동이 부딪혀 아동이 잔디에 누워 있다면 당신도 잔디에 누워 아동 옆으로 부드럽게 굴러감으로써 아동이 좋아하는 종류의 촉감을 줄 수 있다. 아동의 감각적인 즐거움을 당신이 더 부드러운 형태의 활동과 결합하면 아동은 아마도 다시 참여할 것이다. 단순히 가지고 놀던 장난감을 다시 건네주더라도 아동이 당신과의 상호작용을 재개하는 데 도움이 된다.

감정을 받아들이고 표현하는 것을 배우는 것은 오랜 과정이다. 많은 성인도 결코 성취하지 못한다. 따라서 아동이 빨리 할 수 있다고 기대하지 말라. 아동은 모든 발달 단계를 통해 자신의 감정을 계속 연구할 것이다. 아동 자신이 느끼는 감정은 절대 틀리지 않는다. 감정을 표현하는 더 좋은 방법이 있을 수도 있다(제11장에서 감정을 말로 표현하는 적절한 표현 방법을 찾는다). 그러나 아동의 행동과 상관없이 할 수 있는 가장 중요한 일은 당신이 아동의 감정을 받아들이는 것이다. 그런 식으로 아동이 자신의 감정을 받아들이는 법을 배우게 되면 아동은 당신과의 신뢰 관계를 구축하는 데 도움이 될 것이다.

10. 아동의 요구를 위한 맞춤형 플로어타임

아동의 감각적인 프로필은 세상을 어떻게 인식하고, 어떻게 행동하는지에 결정적인 영향을 미친다. 어떤 아동도 다른 아동과 결코 같지 않지만 많은 아동이 4개의 감각 · 정서 · 행동 그룹 중 하나에 속한다. 아동의 패턴을 아는 것은 플로어타임을 자신의 필요에 맞게 조정하는 데 도움이 될 수 있다.

- 대부분의 감각에 과잉 반응을 보이며 산만하고 단편적인 행동을 하는 아동
- 감각에 과잉 반응을 보이며 사람과 감각을 피하는 아동
- 감각에 과소 반응을 보이며 위축되는 아동
- 감각에 미온적인 반응을 나타내고 입력을 갈망하는 혼란스런 아동

1) 과잉 반응을 보이고 산만한 아동의 경우

3세 때, 맥스는 곱슬머리였고, 음울해 보이는 어두운 눈동자를 가졌으며, 거의 웃지

않았다. 그 눈은 마치 그에게 위안을 줄 수 있는 물건을 찾듯이 이것저것을 열심히 쏘아 보았다. 아동의 움직임 역시 일관성이 없었다. 맥스는 모든 것을 잠깐 만지면서 물체에서 물체로 헤맸다. 어느 것도 맥스의 주목을 몇 초 이상 받지 못하거나 기쁨을 가져다주지 못하는 것처럼 보였다.

맥스의 부모는 특히 맥스와 부모와의 관계 때문에 혼란스러웠다. 때때로 맥스는 부모를 찾았고, 하고 있는 일을 흥미롭게 지켜보고, 손을 뻗어 장난감을 가지고 가고, 한순간에 미소를 짓거나, 또는 그들에게 기대었다. 그러나 부모가 맥스을 안아 주거나 무릎에 올리려고 하면 맥스는 비명을 지르며 멀리 도망갔다. 맥스는 방의 반대쪽에서 몸을 쭈그리고 앉아 있거나 바닥에 누워 움직이지 않다가 잠시 후 다시 고전적인 접근/회피 방식으로 부모를 찾으러 돌아왔다.

맥스는 감각에 과잉 반응을 나타냈고, 결과적으로 쉽게 압도당했다. 맥스가 겉으로 보기에 목적 없이 물건에서 물건으로 헤매는 것은 부분적으로 과부하를 피하고 스스로를 진정시키는 방법이었다. 그러나 과부하가 되는 경향이 있음에도 불구하고, 맥스는 부모와 접촉하기를 원했다. 맥스는 부모를 찾아냈고, 접촉이 너무 많이 되었을 때 도망쳤다. 맥스는 자신이 접촉을 시작하지 않으면 통제 불능이라고 느꼈다. 그러므로 부모의 도전은 맥스와의 접촉을 안전하게 하는 방법을 찾는 것이었다.

맥스와 같은 아동의 경우, 자신을 매우 편안하게 구애하는 것은 안전하다고 느끼게 하는 것에 도움이 된다. 이것은 아주 부드러운 목소리로 말하고, 얼굴과 몸짓을 유지하며, 만질 때 가볍게 누르는 것이 아니라 확실한 압력을 사용하는 것을 의미한다. 스윙과 같은 리듬 운동과 점프와 같은 커다란 근육 활동은 종종 위안을 준다. 당신이 다가갔을 때 아동이 움직이기 시작하면 조심스럽게 아동을 유혹한다. 아동이나 장난감을 움켜잡고 목소리를 높이지 말라. 대신에 진정시킬 만한 속삭임으로 말하라. "그 장난감 내가 가져갈 거야⋯⋯. 가져가도 돼?" 그리고 아주 천천히 장난감에 손을 댄다. 당신이 그것을 만지기 전에 아동에게 방해가 되지 않도록 충분한 시간을 주고 장난감을 교환해 오며 아동이 좋아하는 다른 장난감을 주면서 다음과 같이 말하라. "여기, 이거 가져가. 서로 바꾸자." 당신의 목소리와 움직임을 진정시킨다면 불편함을 유발할 수 있는 감각을 감소시킬 수 있을 뿐만 아니라 당신의 행동을 준비시킬 수 있다. 점차적으로 아동은 당신의 상호작용에서 편안함을 경험하게 될 것이고, 예기치 못하거나 예측할 수 없는 움직임에 대해 그렇게 경계할 필요가 없을 것이다.

2) 과잉 반응을 보이고 회피하는 아동의 경우

4세 때, 스튜어트는 권투 선수처럼 자랐다. 스튜어트는 땅딸막하고 근육질의 몸매이며, 턱에 완고한 자세를 취하고, 단단히 결심한 듯한 모습을 보였다. 스튜어트는 주먹에 견고히 캐릭터 인형을 쥐고 마치 그 인형이 자신을 세계의 힘과 연결시켜 주는 것처럼 굴었다. 스튜어트는 달리기를 좋아하고, 뒤뜰에 정글 체육관에 뛰어올라 타며, 등산하는 것을 좋아했다. 스튜어트는 정상에 몇 시간 동안 TV에서 본 전사의 발차기를 반복적으로 모방하거나 팔을 휘두르며 군대 침공을 막아 내듯이 화가 난 목소리로 발언했다. 스튜어트의 부모는 스튜어트가 활동적인 내면의 삶을 가지고 있다고 느꼈다. 스튜어트는 자신의 머릿속에 이야기를 꾸미고 있는 듯 보였지만 이야기는 부모와 공유되지 않았다. 대신에 스튜어트는 부모가 접근했을 때, 굳건하고 완고하게 도망갔다. 스튜어트가 저항하기 위해 상당한 힘을 사용했기 때문에 스튜어트에게 옷을 입히거나, 목욕을 시키거나, 차에 태우는 것은 어렵고 좌절감을 주는 일이었다. 스튜어트는 3~4단어의 어휘를 사용했으나 주로 "아니요!"라고 말하면서 부정적이었으며, 부모와 거의 눈을 마주치지 못했다.

스튜어트는 부정적이고 회피하는 아동이었다. 맥스와 마찬가지로, 스튜어트는 감각에 과잉반응을 보였으므로 과부하가 되기 쉽지만 몸을 잘 제어할 수 있었다. 따라서 스튜어트는 몸을 이용하여 자극을 피할 수 있었다. 맥스가 물체로부터 물체까지 목적 없이 방황하는 동안, 스튜어트는 도망갈 수 있었고, 뒤뜰에 있는 요새와 스튜어트의 부정적인 반복적 행동에서 위안을 찾았다. 맥스와 마찬가지로, 스튜어트는 특히 부모가 빨리 말하고 그들이 스튜어트의 놀이 행동과 부정적인 행동에 동요될 때, 부모와의 접촉이 과도하다는 것을 알아냈다. 그러나 변화 후 조심스럽게 돌아온 맥스와 달리, 스튜어트는 접촉을 완전히 피했다. 스튜어트는 자신이 들은 것을 적절히 처리할 수 없음에도 불구하고 시각적 처리 기술은 큰 그림을 볼 수 있었고, 과부하 상황을 예견할 수 있을 정도로 충분히 뛰어났다. 결과적으로 스튜어트는 접근과 회피에 참여하는 대신에 머물러 있었다. 스튜어트의 회피는 멈추질 않았다. 마치 사람의 접촉은 모두 불쾌하고, 무슨 일이 있어도 피하겠다고 마음먹은 것처럼 말이다.

회피하는 아동의 경우, 그림을 복잡하게 만드는 것은 감각에 과잉 반응을 보이는 경향 때문이지만 과소 반응의 다양한 이유가 있을지도 모른다. 예를 들어, 소리에 지나치게 민감하지만 촉각에는 반응이 없을 수 있다. 결과적으로 이런 아동들은 촉각 자극을 원한다. 모든 것을 만지고 만지작거리기를 원할지도 모른다. 회피하는 아동들은 생성하지 않은 사물들의 세계에 빠져들어 점점 더 회피하는 성향이 강화되고 더 자극적인 세계를 차단한다.

회피적인 아동과 함께할 때는 더 부드럽고 진정하며, 권력 투쟁을 피하고, 편안한 느낌의 경험을 찾도록 노력하라. 아동이 좋아하는 것을 더 주어서 당신을 받아들이도록 하라. 아동이 당신을 피하기 어려울 정도로 장난기 있는 방해물을 사용해야 할 수도 있지만, 과부하가 되지 않도록 부드럽게 진정시키라. 장난감을 움켜잡거나 큰 소리로 말하지 말고 조심스럽게 아동의 방식으로 들어가라. 아동은 원하는 장난감을 찾으려면 당신과 거래해야 한다. 천천히 말하고, 천천히 움직이고, 장난처럼 웃으라. 가능한 한 차분하게 방해하라.

아동이 접촉을 피하기 위해 상동행동을 사용할 수 있다. 이전에 언급한 상동행동을 다루는 모든 기술, 즉 활동에 참여하고 상호작용으로 만드는 것에 도움이 될 것이다. 그러나 다시 말하지만 부드럽게 하라.

3) 과소 반응을 보이고 위축되는 아동의 경우

제시카의 부모는 아동의 눈에 띄는 외모와 침묵하는 태도 때문에 아동을 조용한 공주라고 불렀다. 부모는 세 살짜리의 웃음과 미소를 위해 무엇이든 했지만 아무리 애를 써도 제시카는 거의 반응하지 않았다. 제시카는 마치 사람과 상호작용하는 세상이 재미없다는 듯이 자기에만 몰두하곤 했다. 제시카는 좋아하는 영상을 보는 것에 몇 시간을 보냈고, 멍하게 창 밖을 보는 것에도 비슷한 시간을 보냈다. 부모가 자기 이름을 불러도 거의 반응하지 않았다. 제시카의 관심을 사로잡았던 한 가지는 오빠와 언니가 놀 때였다. 제시카는 그들이 서로 씨름하거나 쫓아다닐 때 의자 뒤로 몸을 숙이고 주의 깊게 지켜 보거나 의자를 반복적으로 쓰다듬었다. 그러나 남매가 제시카에게 합류하도록 권유하면 제시카는 의자 뒤에 머리를 숨기고 돌아섰다.

때때로 제시카는 부모가 자신을 안도록 두었다. 그러나 이런 포옹조차도 수동적인 것처럼 보였다. 제시카는 껴안지 않았다. 제시카의 몸은 부모의 팔에 흐느적거리듯이 기댈 뿐이었다. "마치 모든 것이 너무 많은 기력을 소비하게 하는 것 같아요." 제시카의 아빠가 말했다. "포옹, 노는 것, 심지어 미소 짓는 것조차도요. 이 아동은 그저 앉아서 세상을 보길 좋아해요."

제시카는 감각 입력에 과소 반응을 보였으므로 아동의 관심을 끌기 위해 많은 감각 정보를 필요로 했다. 평범한 목소리, 부모의 온화한 애원과 제스처 그리고 남매가 학교에 갔을 때, 집 안의 조용한 느낌은 제시카의 감각 체계에 아무런 감명을 주지 않았다. 제시카는 외부 세계에 자극 받지 않고 내면에 집중했다. 그러나 과소 반응을 보이는 많은 아동처럼, 제시카는 감각적 경험을 간절히 원했다. 시끄러운 소음, 밝은 색상, 살아 있는 것 같은 움직임, 확고한 압박감, 강한 질감 등이 제시카의 느낌을 더 잘 나타냈다. 그래서 제시카의 남매가 격렬하게 뛸 때, 제시카는 강한 감각 입력에 의해 활기차게 변했다.

제시카의 어려움을 극복하는 것은 낮은 근긴장도였다. 제시카의 신체를 움직이게 하는 데는 많은 노력이 필요했으며, 자신이 원하는 방식으로 몸이 움직여 줄 거라고 스스로도 믿을 수 없었다. 결과적으로 제시카는 조심스러워 남매와 놀거나 새로운 운동 작업을 시도하지 않은 것이다. 제시카의 반복적인 움직임, 가구를 반복적으로 쓰다듬는 것에는 최소한의 에너지와 운동 제어가 필요했다.

제시카와 함께 활동을 하면서 많은 감각 경험을 제공하는 것이 중요했다. 제시카의 사랑을 갈구하는 상호작용을 유도하는 데는 많은 에너지가 필요했다. 그러나 제시카의 부모가 표현하는 살아 있는 듯한 얼굴 표정, 촉감, 움직임 및 발성으로 활기를 띨 때, 필요에 따라 장난스러운 장애물이 생겨나자 아동은 점점 더 관심을 가졌다. 간지럼, 춤, 점프, 까꿍 놀이 등을 직접 해 보면서 상호작용에 대한 관용과 즐거움을 넓힐 수 있다.

아동이 과소 반응을 보일 경우, 모든 부분에서 과소 반응을 일으키지 않을 수 있다는 것을 알아야 한다. 각 감각 영역을 조사한 다음에 이에 따라 상호적인 방식을 개발해야 한다. 예를 들어, 아동이 신체적으로 활발한 동안에 소리와 반응이 많고 적은 것에 과소 반응이 있는 경우라면 당신의 목소리를 진정시켜야 한다.

아동의 계획과 자기주장을 조장하기 위해 아동을 상호작용하게 만들자마자 그것을 이어 가게 하라. 상호작용을 계속하면서 주의를 기울이라. 더 많은 공간을 확보할 수 있는 여지가 많아질수록 아동은 더욱 자신감을 갖고 적극적이게 된다.

4) 과소 반응과 감각 갈망을 보이고 산만한 아동의 경우

칼리는 회오리 같았다. "이 애는 결코 앉아 있는 경우가 없어요." 칼리의 엄마는 한탄했다. "물건이 바닥에 있거나 부러져 있는 것을 보면서 이 애가 어디에 있는지 알고 있답니다. 파괴적으로 굴려고 그러는 게 아닌 걸 알아요. 아동은 너무 많은 에너지를 가지고 있습니다. 나는 아동이 집 안의 다른 모든 것에 그러듯 내게도 관심을 쏟기를 바라는 것뿐이에요."

과소 반응을 나타내며 활동적이고 산만해 보이는 아동에 대해 이보다 잘 묘사해 줄 수 있는 사례는 상상하기 어렵다. 제시카와 마찬가지로, 칼리는 감각 자극을 간절히 원했다. 하지만 제시카와 달리 칼리의 정상적인 운동 긴장부터 높은 운동 긴장은 칼리가 그것을 찾도록 해 주었다. 결과적으로 칼리는 모든 곳에서 뛰었고, 모든 것을 만지고, 입에 넣었다. 아동이 관심 없는 유일한 것은 사람과의 접촉이었다.

칼리와 같은 아동을 돕기 위해서는 감각 자극에 대한 관심을 사용하라. 당신의 목소리와 움직임에 활력을 불어넣으라. 당신의 상호작용을 통해 감각적 경험을 많이 하고, 거칠게 놀고, 눈 맞춤과 의도성을 활동의 통합적인 부분으로 만들라. 예를 들어, 아동이 더 많은 간지럼을 태워 달라고 요구할 때까지 기다리라. 또는 말타기놀이를 하면서 아동이 당신을 가볍게 툭툭 치거나 소리를 내서 당신을 멈추거나 움직이도록 유도하라.

아동의 활동에 참여하여 상호작용을 촉진할 수 있는 방법들을 찾아보라. 아동이 가장 좋아하는 감각 유형을 알아내라. 아동이 다양한 종류의 과잉 행동을 나타낼 수 있기 때문이다. 예를 들어, 아동은 밝은 색상과 큰 소리는 매우 좋아하지만 특정 유형의 접촉 또는 질감은 불편하게 느낄 수 있다. 놀이를 통해 이것저것 실험해 보면서 아동이 싫어하는 감각을 피하도록 노력하라. 아동은 직접 몸을 움직이기보다는 인과관계를 익힐 수 있는 장난감을 가지고 놀면서 주의를 집중할 수도 있다. 그러한 장난감들을 준비해 두라. 아동이 그 장난감들에 눈길은 주면서도 만지기를 주저하고 가지고 놀 생각을 하지 않는다면 당신이 직접 장난감을 가지고 놀면서 "와! 이것 좀 봐!" "이런!" "준비, 점프!" 라고 신난 듯 이야기하는 모습을 보여 줌으로써 아동의 관심을 유도하라. 아동이 호기심을 가지고 가까이 다가오면 함께 놀고, 순서를 정하고, 실험하고, 거래를 하며, 심지어 역할놀이로까지 확장할 수 있다.

제 10 장	플로어타임 II: 양방향 의사소통 – 아동이 제스처와 표정을 통해 의사소통하도록 돕기

세 살배기 샘은 바닥에 앉아 장난감 자동차를 가지고 놀고 있었다. 샘의 아버지인 폴은 샘이 노는 데 끼려고 노력했다. "멋진 차구나!"라고 폴이 말했다. "정말 빨리 움직이네. 차가 움직이는 것 좀 봐. 아, 이제 천천히 가는구나. 이젠 오른쪽으로 가네. 지금은 왼쪽으로 가고 있구나." 샘이 아버지의 중계를 완전히 무시했기에 폴은 상호작용을 시도하려고 더 노력했다. 아버지는 전략을 바꾸어 질문을 하기로 했다. "차를 이쪽으로 움직여 볼래?" 아버지는 두 손을 둥글게 하여 차고 모양을 만들고는 물었다. 샘은 아버지를 계속 무시했다. "봐봐, 여기 터널이 있어." 폴은 손으로 터널을 만들고는 말했다. "자동차가 터널을 통과하게 해 볼까?" 이번에도 샘은 아버지를 무시했다. 폴은 명령을 하기로 했다. "차를 여기로 가져와라." 하지만 샘은 명령에 따르지 않았다. 마침내 폴은 좌절감을 느끼고 샘에게서 자동차를 빼앗아 등 뒤로 숨겼다. 샘은 예상대로 짜증을 냈다. 그러고 나서 뾰루퉁해져서 그 장난감 자동차를 다시는 가지고 놀지 않으려고 했다.

이 방식이 실패한 이유는 무엇일까? 폴이 샘의 발달 수준 이상의 상호작용을 시도했기 때문이다. 샘은 수용적 및 표현적 언어 지연으로 인해 (소리를 듣기는 했지만) 아버지의 말이나 복잡한 제스처를 이해할 수도, 그에 반응할 수도 없었다. 샘의 아버지가 좌절감을 느끼고 갑자기 자동차를 빼앗자 샘은 겁을 먹고 성질을 부린 것이다. 폴이 매우 단순한 제스처로 샘과 상호작용할 수 있는 방법을 찾았더라면 이야기는 완전히 다르게 전개되었을지도 모른다. 그 후에 이들이 다시 상호작용을 시도했을 때는 다음과 같은 일이 일어났다.

샘이 카펫 주위로 장난감 자동차를 굴리고 있을 때, 치료사는 폴에게 말 대신 제스처를 사용하여 샘과 놀아 줄 것을 제안했다. 폴은 혼란스러워 보였다. "다른 장난감 자동차를 가져와서 샘의 자동차 옆에 놓고 같이 굴려 보세요. 샘과 행동을 함께해 보세요."

폴은 잠시 숙고한 다음, 샘의 자동차 앞에 양손을 동그랗게 벌려 공간을 만들었다. 샘이 폴의 손 안으로 장난감 자동차를 굴려 넣기를 바랐던 것이다. 그러나 이전과 마찬가지로 샘은 그 제스처를 무시했다. 둘 중 하나였다. 샘이 아버지를 무시하기로 작정했거나 제스처의 의미를 이해하지 못했거나, 어쩌면 둘 다 일 수도 있다. 샘이 무슨 수로 폴이 손을 컵 모양으로 벌린 것이 그가 알지도 못하는 단어이자 개념인 '차고'를 의미한다는 것을 알겠으며, 폴이 샘에게 차 안으로 자동차를 굴려 넣도록 유도하고 있다는 것을 알겠는가? 폴은 더 단순하게 생각할 필요가 있었다.

샘이 장난감 자동차를 앞뒤로 굴리면서 놀자 폴은 다른 자동차를 가져와서 샘의 자동차를 향해 굴렸다. 샘이 그것을 보자 자신의 차를 비켜 주면서 첫 번째 의사소통의 순환이 닫혔다. 다음으로 폴은 샘의 차를 쫓아갔다. 그러나 이번에는 자신의 차를 비켜 주지 않았다. 샘은 차를 단단히 쥐고 가만히 있었고, 폴의 차가 자신의 차에 충돌하도록 했다. 이렇게 두 번째 순환의 의사소통도 닫혔다. 그 후 몇 분 동안 폴과 샘은 서로의 차를 추격했다. 처음에는 속도가 빨랐다가 느려지기도 하고, 가끔은 서로 부딪히기도 하고, 비켜 주기도 하면서 놀이가 무르익었다. 놀이가 끝나갈 무렵에 폴은 다시 손으로 둥글게 컵 모양을 만들어 샘의 자동차 앞에 가져다 댔다. 이번에는 차고가 아니라 장벽을 의도한 것이었다. 샘은 망설임 없이 폴의 손을 비켜 가도록 차를 굴렸다. 더 복잡한 제스처를 이해하고 이에 반응한 것이다. 놀이가 본격적인 비언어적 대화로 발전했음을 알 수 있다.

다음 몇 주 동안 샘의 의사소통 능력은 눈부시게 발전했다. 처음으로 샘과 폴은 공통된 언어를 사용했다! 3주 후 샘은 제스처 의사소통의 순환을 20~30차례 연속으로 닫을 수 있게 되었다.

아동과 친밀한 관계가 형성되면 2단계 양방향 의사소통으로 이동할 준비가 된 것이다. 물론 친밀감을 형성하는 과정에서도 의사소통은 해 왔다. 친밀감 자체가 의사소통의 한 형태이기 때문이다. 이제 초점을 확대해야 한다. 종전의 목표가 아동과 친밀한 관계를 형성하고 서로의 존재를 인정하고 즐거워하는 것이었다면, 이제는 지속적인 상호작용을 장려해야 한다. 아동과 친밀한 관계를 형성할 때는 의사소통의 순환을 적어도 한 번은 열고 닫을 수 있었다면 이제는 한 번을 두 번으로, 두 번을 세 번으로 늘리고, 마침내 스무 번까지 늘려야 한다.

실용적인 목적을 위해 동시에 발생하는 양방향 의사소통에는 두 가지 단계가 있다. 첫 번째 단계는 상호 간의 고개 끄덕임, 미소, 찡그림, 발성 등과 같은 간단한 의사소통 순환으로 구성된다. 생기 있는 대면 상호작용으로 이 단계의 의사소통이 시작된다. 두 번째 단계는 보호자를 VCR로 인도하고, 테이프를 가리키거나 놀이방에서 좋아하는 장난감을 가리키는 것과 같이 복잡한 비언어적 행동의 의사소통을 포함한다. 이 단계에서는 연속으로 40개의 순환을 닫는 것이 목표이다. 한 번에 하나씩 이 두 단계를 수행해 보자.

1. 생기 있는 대면 상호작용을 통해 단순한 의사소통하기

얼굴 표정의 사용은 의사소통의 가장 기본적인 요소 중 하나이다. 너무나 기본적이라서 우리는 이를 너무나도 당연하게 생각한다. 표정 변화가 없거나, 눈을 크게 뜨지 않거나, 눈썹을 움직이지 않거나, 빛나는 미소를 지어 보이지 않는 사람과 대화한다고 상상해 보라. 표정을 통해 관심, 놀람 또는 반대의 뜻을 읽을 수 없어서 아마 혼란스러울 것이다. 당신이 하는 말이 상대방에게 잘 전달되고 있는지 파악하기 위해 일반적으로 의존하던 단서들을 찾을 수 없기 때문이다. 마치 벽과 이야기하고 있는 것처럼 느껴질 것이다. 이와 같이 발달장애가 있는 일부 아동들도 표현력이 부족해서 의사소통에 어려움이 배가된다. 하지만 표현력이 부족한 아동들조차도 부모와 소통함으로써 표현력을 늘릴 수 있다.

델라니는 15개월에 치료를 시작할 때까지 방에서, 벽장에서, 또는 소파 뒤에 있는 작은 공간에서 시간을 보내는 것을 좋아하는 반응이 별로 없는 아동이었다. 델라니는 사람들과의 접촉이 필요 없는 것처럼 보였다. 델라니의 작업치료사는 곧 델라니가 부모와 형제자매의 시끄럽고 빠른 목소리나 텔레비전 소리처럼 일반적인 수준의 소음 같은 청각적 입력을 불쾌하게 느낀다는 것을 알게 되었다. 델라니는 청각 처리에도 어려움을 겪었기 때문에 귀를 통해 들어온 정보를 사용하는 것이 두 배나 어려웠다. 델라니의 가족이 집의 소음 수준을 낮추고, 침착하고 부드러운 목소리로 델라니를 달래자 델라니는 서서히 반응하기 시작했다. 치료를 시작한 지 몇 주가 지나자 델라니는 숨어 지내는 시간이 줄었고, 가족의 접근에 더 많이 반응하게 되었다.

그러나 델라니는 계속해서 경직된 모습을 보였다. 부모와 함께 있을 때조차도 델라니는 온기나 기쁨, 신남 같은 기색을 거의 내보이지 않았다. 알고 보니 델라니의 아버지와 어머니도 표정이 별로 없었다. 사실 부모가 무표정한 얼굴로 놀아 주는 모습을 보면서 델라니도 동일하게 반응하고 있었던 것이다. 치료사는 델라니의 부모에게 부모가 먼저 다채로운 표정을 보여 주어야 아이도 자연스럽게 그러한 표정을 배울 수 있다고 설명했다. 부모는 마지못해 시도했으나, 활기 있는 표정이 자연스럽게 나오지는 않았다. 어머니는 자신이 마치 마임을 하는 것처럼 느껴진다고 했다. 하지만 델라니의 부모가 제스처를 과장하는 데 성공하자 델라니도 표현력이 훨씬 더 풍부해졌다. 델라니의 변화를 체감하자 부모도 의욕이 더 충만해졌고, 시간이 지나면서 부모는 새로운 방식의 의사소통에 더 익숙해졌다. 부모가 생기를 되찾을수록 델라니도 생기 있는 아동이 되었다. 곧 가족끼리 오랫동안 얼굴을 마주보며 말없이 대화를 이어 갈 수 있게 되었다. 미소, 킥킥거림, 고개 끄덕이는 제스처들이 풍부한 어휘가 된 것이다.

이처럼 당신도 당신의 아동과 함께 말 없이 대화를 해 볼 수 있다.

- 아동과 얼굴을 마주보며 놀아 줌으로써 아동이 당신의 얼굴 표정을 읽게 하라. 만약 아동이 당신의 무릎에 앉아 등을 당신 몸에 딱 붙이고 있으려고 하거나 위치를 바꾸면서 대면 접촉을 피하려고 한다면 큰 거울을 앞에 놓고 거울을 통해 서로를 볼 수 있도록 하라. 당신은 다른 감각적 도움을 추가함으로써 아동이 눈 맞춤을 할 때 더 편안함을 느끼도록 도울 수 있다. 아동을 그네에 앉히고 정면에서 그네를 밀어 주라. 그네를 잡고 있다가 눈 맞춤이 이루어진 경우에만 그네를 놓아 준다. 또는 간지럼 놀이를 통해 아동이 눈을 마주치기 전까지 간지럼 태우기를 지속하라.
- 아동이 활기를 띨 수 있도록 최대한 과장된 수준으로 활기 있는 모습을 보이라. 목소리를 다양하게 하고 "어~오" "예이"와 같은 음성 신호를 사용하라.

표정의 역동성을 늘려갈 때는 상호 간에 주거니 받거니 하는 리듬에 따라야 한다. 당신 혼자 모든 일을 해서는 안 된다. 당신의 일은 광대가 되어서 아동을 즐겁게 하는 것이 아니라 아동과 상호작용하는 것이다. 당신의 목표는 아동의 미소가 당신의 미소로 이어지고, 그러다가 아동이 킥킥대면 당신도 킥킥대고, 아동이 웃음을 터뜨리면 당신도 웃음을 터뜨리는 대화를 하는 것이다. 당신의 표정은 항상 아동의 미소, 소리, 고개 끄덕임 같은 것에 대한 반응이어야 하며, 마찬가지로 아동의 표정도 당신에 대한 반응이어야 한다.

때로는 아동이 아무것도 하지 않는 것처럼 보일 수 있으므로 당신이 반응할 여지가 없을 수 있다. 그러나 앞의 장에서 다뤘듯이, 당신의 아동은 항상 무엇인가를 하고 있다. 당신의 임무는 아무리 사소한 것일지라도 당신이 반응할 수 있는 행동을 찾는 것이다. 어쩌면 아동은 별 목적 없이 팔을 휘적이고 있을 수 있다. 그걸로 충분하다! 아동의 팔에 당신의 팔을 툭 부딪히고 웃긴 표정을 지어 보이라. 어쩌면 아동이 허공을 응시하고 있을 수도 있다. 잘됐다! 아동 앞에 가서 혀를 낼름거리거나 당신의 얼굴을 가리고 까꿍놀이를 시도하라. 아동의 눈을 가렸다가 떼면서 "여기 있네!"라고 말하라.

아동이 무슨 활동을 하고 있든지 간에 당신에게는 생기 있는 표정과 지지하는 말투로 장난스럽게 아동의 상황에 끼어들 수 있는 여지가 있다. 그처럼 가볍게 끼어드는 행위만으로도 생기 있는 제스처 대화가 시작될 수 있다. 단순한 말 몇 마디와 다양한 말투를 곁들여서 말과 이러한 단순한 제스처가 연결되어 일상적으로 사용될 수 있도록 하라.

2. 복잡한 제스처 의사소통: 아동이 닫을 수 있는 순환의 수를 늘리기

간단한 제스처로 의사소통을 했다면, 다음 과제는 의사소통의 길이 및 의사소통 순환의 수를 늘리는 것이다. 이를 위한 방법은 다음과 같다.

아동이 머리카락을 만지며 순환을 열었다고 가정해 보자. 당신이 "네 머리카락을 만져 봐도 될까?"라고 다정하게 물으며 아동의 제스처를 연결고리로 활용하고 있는 것이다. 아동이 당신을 바라보거나, 미소 짓거나, 심지어 도망치는 반응을 보인다면 아동은 그 순환을 닫은 것이다. 즉, 아동은 당신의 접근에 반응한 것이다. 하지만 아동은 순환을 닫는 것과 동시에 두 번째 순환을 연 것이나 마찬가지이며, 아동의 반응을 활용할지 여부는 당신에게 달려 있다. 아동이 외면했다고 가정해 보자. 아동이 돌아선 쪽으로 당신이 펄쩍 뛰어서 아동이 다시 한번 당신을 마주하도록 할 수 있다. 아동이 다시 한번 외면한다면 아동은 두 번째 순환을 닫은 것이다. 당신은 아동의 반응을 활용하여 아동이 바라보고 있는 방향으로 다시 펄쩍 뛸 수도 있다. 이번에는 아동이 외면하지 않고 킬킬거리면서 세 번째 순환을 닫을 수 있다. 다음으로, 아동이 당신의 머리를 바라본다면 아동에게 쓰다듬을 기회를 주며 따뜻한 어조로 "내 머리카락 만져 볼래?"라고 제안할 수 있다. 아동이 당신의 머리카락을 만지려고 손을 뻗는다면 아동은 네 번째 순환을 닫은 것이다. 이제 당신은 다시 머리카락을 만져 보라고 제안함으로써 그 순환을 활용하고, 아동이 다시 손을 뻗어 당신의 머리카락을 만지면 다섯 번째 순환을 닫을 수 있다. 아동의 모든 반응이 밋밋하고 감정이 결여되어 있다면 당신은 아동이 당신의 머리카락을 만질 때마다 웃긴 소리를 내는 것을 시도해 볼 수 있다. 이때 아동이 킥킥거리고 웃는다면 목소리와 운동 순환을 동시에 닫는 것이다. 또한 아동은 자신의 행동이 재미있는 반응을 유발한다고 느끼게 되어 놀이에 흥미를 붙이게 된다. 아동이 특정한 신체 접촉을 할 때마다 당신이 매번 다른 소리를 내거나 특정한 소리를 내면 아동과 더 오랫동안 상호작용을 이어 갈 수 있다. 이 방법으로 당신은 최초의 순환을 5개 또는 10개로 늘릴 수 있다.

순환을 늘리는 지침서는 아동이 활동에 몰입할 수 있도록 돕는 지침서와 동일하다.

- 아동이 선호하는 감각에 호소하라.
- 새로운 활동을 소개하기보다는 아동의 활동에 참여하라.
- 아동의 주도를 따르라.
- 상호작용을 위해 필요한 경우 아동을 장난스럽게 방해하라.

1) 자연스러운 흥미와 의도를 활용하라

아동과 상호작용하기 위해 새로운 활동을 소개하는 대신, 아동이 이미 하고 있는 일에 참여하라.

① 숨어 있는 아동

아동이 숨어 있는가? 아동에게 나오라고 하지 말라. 오히려 아동의 의도를 강조하는 차원에서 담요나 베개로 가려 주라. 그러고는 아동을 불러라. "마리아, 어디 있니? 어디 숨었니?" 아동이 담요를 벗어 던지면 당신은 열정적으로 아동을 맞아 주면 된다. 그다음에는 당신이 숨을 차례이다. 아동은 당신이 무엇을 할지 너무나 궁금해하면서 나와 볼 것이고, 이로써 의사소통의 순환이 닫힐 것이다. 아동이 나오면 새로운 숨을 곳으로 뛰어가서 아동이 다시 당신을 찾게 하라. 만약 아동이 당신을 찾지 않는다면 숨어 있던 장소에서 다른 곳으로 뛰어가거나, 밖으로 뛰쳐나오거나, 춤을 춘 뒤 다시 뛰어 돌아가라. 아동이 긴장감을 견디지 못하고 당신이 무엇을 하고 있는지 보러 나올 때까지 당신의 행동으로 아동을 감질나게 하라. 계속 이것을 연습한다면 당신은 이 상호작용을 긴 추격 놀이로 확장할 수 있다.

② 창문을 문지르는 아동

당신의 아동이 이유 없이 손으로 창문을 문지르고 있는가? 이렇게 말해 보라. "너 창문 간지럼 태우는 거야? 네가 창문을 간지럽히면 나는 너를 간질이겠다! 내가 간다!" 그러고 나서 아동에게 미소 지으며 최대한 천천히 다가가라. 아동이 원한다면 당신을 피할 수 있도록 충분한 시간을 주려는 것이다. 만약 아동이 손을 들어 당신을 막으려고 한다면 순순히 멈춰 주거나 아동이 밀칠 때 허용하라. 그러면 아동은 의사소통의 순환을 닫은 것이다. 그리고 다시 시도해 보라. "네가 창문을 간지럽히면 나는 너를 간질이겠다. 내가 간다!" 아마 아동은 다시 당신을 밀어내면서 두 번째 순환을 닫을 것이다. 그러면 아동과 창문 사이에 손을 넣고 장난스럽게 "창문을 간지럽힐 거면 나도 간지럽혀 봐!"라고 말하라. 아동이 당신의 손을 밀어내는 반응을 보인다면 반대쪽 손으로 천천히 다가와서 "자, 왼손잡이 나가신다!"라고 말하고, 아동이 그 손마저 밀어낸다면 머리로 아동을 장난스럽게 들이받아라. 각 거절은 곧 하나의 반응이기에 순환을 열기도 하고 닫기도 한다. 아동에게 거절할 기회를 더 많이 주라. 당신의 목표는 아동의 각 반응을 활용하여 다음 순환을 여는 식으로 순환이 꼬리에 꼬리를 물고 이어지게 하는 것이다. 만약 당신이 천천히 움직여서 아동이 감당할 수 있는 범위를 당신에게 알리도록 기회를 준다면 당신은 아동에게 지속적인 상호작용을 유도할 수 있다. 아동은 곧 당신의 다음 행동을 기대하게 될 것이다.

③ 장난감을 갖고 노는 아동

아동이 좋아하는 장난감을 가지고 놀고 있는가? 장난감 뺏기 놀이(a game of keep-away)를 시도해 보라. 아동에게 당신도 놀고 싶다고 이야기하라. 장난감을 내밀되 아동이 장난감을 잡기 전에 재빨리 당신의 등 뒤로 숨기라. 그리고 다시 천천히 장난감을 꺼내서 아동이 살펴볼 시간을 준 뒤, 다시 멀리 치우라. 몇 차례 뒤에 아동이 반응하지 않으면 장난감을 천천히 아동 쪽으로 걸어가게 하라. 장난감을 아동의 무릎 위에서 뛰어오르게 하거나 공중에 날아다니게 하면서 과장되게 "딤~디딤~딤!" 하고 소리를 내라. 장난감에 극적인 요소를 부여하여 호기심을 갖게 하면 아동은 장난감을 집으려고 할 것이며, 이로써 의사소통의 순환을 닫을 수 있다. 아동이 장난감을 가져가면 다시 빼앗아 옴으로써 아동의 시도를 실패하게 만들라. 장난감을 낚아채거나 손가락 걸음으로 장난감에 다가가는 등의 행동은 아동의 반응을 이끌어 낼 것이고, 이를 통해 아동은 두 번째 순환을 닫을 것이다. 이렇게 상호작용이 있는 장난감 뺏기 놀이가 시작되는 것이다.

장난감이 많은 곳에서 놀이를 하면 도움이 되는데, 신속한 강화를 통해 상호작용을 지속할 수 있기 때문이다. 구슬, 슬링키(용수철 장난감), 종, 말라카스, 요술 지팡이, 태엽 장난감처럼 작고 매력적인 장난감을 잔뜩 구비해 두라. 아동들은 이런 장난감들을 좋아하기 때문에 상호작용하기가 쉽다. 장난감의 가짓수가 다양해야 좋다. 그래야 당신은 아동이 관심을 보인 장난감과 비슷한 장난감을 건네 줄 수 있다. 거래 놀이를 시작하면서 여러 순환을 열고 닫을 수도 있다. 장난감이 여러 종류가 구비되어 있으면 다른 아동과 노는 것을 유도하기도 더 쉽다.

아동의 자연스러운 흥미를 활용하는 것은 매우 중요하다. 새로운 장난감이나 아이디어를 계속해서 소개하다 보면 당신은 곧 소재가 고갈되어 의욕이 떨어질 것이기 때문이다. 장난감은 아동이 고를 수 있다. 게다가 아동의 관심사를 활용하면 당신은 아동의 행동과 정서를 연결시킬 수 있다. 이를 통해 당신은 아동의 행동을 목적의식이 있다고 느끼게 만들고, 자아감을 키울 수 있도록 도울 수 있다.

물론 아동이 좋아할 만한 장난감이나 활동 등 제공할 수 있는 다양한 소재를 준비해 두는 것은 바람직하다. 그러나 아동이 장난감 하나, 당신의 표정 하나, 또는 당신의 인형이 내는 소리 하나, 선반 위 물건 하나에 흥미를 보인다면 아동이 흥미를 보인 것에 맞춰 주는 것이 좋다. 아동이 흥미를 보인 것에 반응하여 같은 소리를 다시 내거나, 아동이 관심을 보인 물건을 집어들거나, 장난감을 입에 넣는 모습을 보임으로써 아동의 추가적인 반응을 유도할 수 있다. 이와 같은 방법으로 당신의 모든 제스처 대화가 아동의 관심사에 맞춰질 수 있다.

2) 아동이 가장 좋아하는 행동을 활용하라

상호작용을 위한 기초로서 무작위적인 것처럼 보이는 아동의 행동을 대수롭지 않게 넘기지 말라. 아동이 무슨 행동을 하든 의도적인 것으로 받아들이라. 아동이 이 행동에 끌린다는 것 자체가 많은 잠재력이 있는 소재임을 의미하기 때문이다.

극도로 표현을 하지 않는 여자아이인 클레오는 부모에게 으르렁거리는 소리를 내는 것을 좋아했다. 부모는 오랫동안 클레오의 기이한 행동을 무시했지만, 클레오의 치료사는 클레오의 으르렁거리는 소리를 놀이로 만들고자 했다. 클레오를 무시하지 말고 무서워하는 척하면 어떨까? 처음으로 클레오의 부모가 무서워하는 척을 했을 때, 클레오는 부모를 응시했다. 그다음 클레오는 평정심을 되찾았다가 다시 으르렁거리는 소리를 냈다. 이번에 클레오의 울부짖음은 분명히 의도적이었다. 부모가 깜짝 놀라 펄쩍 뛰는 시늉을 하자 이번에 클레오는 희미하게 작은 미소를 지었다. 그 뒤로 몇 주 동안 이것은 놀이가 되었다. 그런 다음 점차적으로 부모는 그것을 다양화했다. 때로는 놀란 척하는 대신에 클레오와 함께 으르렁거리거나 다른 소리를 냈다. 얼마 후, 클레오는 부모가 내는 소리를 모방하기 시작했다. 결국 소리로 완전한 대화를 할 수 있게 되었다. 그런 다음 부모는 재잘거리는 새처럼 날개를 펄럭이는 시늉을 하거나 말처럼 히이잉 울부짖으며 방을 활보하는 등 신체적인 제스처를 추가했다. 몇 달 후, 클레오의 예측할 수 없어 보이던 행동은 전혀 무작위적이지 않고 매우 의도적이고 즐거운 상호작용의 토대가 되었다. 클레오는 이제 "준비, 시작!" "더 크게" "더 작게" "빠르게" "천천히" 같은 단서에 반응하게 되었다.

다소 회피적인 소년인 렉스는 계단을 점프해서 내려가는 것을 좋아했다. 렉스의 부모는 이 활동이 안전하지 못하다고 생각했기 때문에 답답함을 느꼈다. 그래서 부모는 렉스의 행동을 멈추기 위해 끊임없이 노력했다. 계단은 짜증과 부정적인 감정을 일으키는 장소가 되었다. 렉스의 치료사는 계단에 대해 논쟁하기보다는 렉스의 관심사를 활용하여 계단에서 점프하는 것을 놀이로 전환하자고 부모에게 제안했다. 부모는 렉스와 함께 있으면 렉스가 계단에서 떨어질 위험을 막을 수 있을 것이라는 데 동의했다. 부모는 렉스의 활동에 참여하고 이를 상호작용의 기회로 삼음으로써 계단의 의미를 재정의할 수 있었다.

그래서 다음에 렉스가 계단에서 점프해서 뛰어내렸을 때 렉스의 아버지는 점프해서 렉스가 있는 곳으로 뛰어올랐다. 렉스는 점프를 멈췄다. 렉스가 다시 점프하고, 렉스의 아버지가 점프해서 렉스가 있는 곳으로 가자 렉스는 이제 점프를 하지 않았다. 그러나 그렇게 3~4개의 계단을 점프하는 과정에서 렉스는 아버지의 점프를 예상하기 시작했고, 아버지가 자신 옆에 착지할 때까지 아버지를 기다리기 시작했다.

렉스는 몇 계단을 더 점프하고 나서 아버지가 점프해서 올라올 때까지 기다리면서 아버지에게 미소를 지었다. 며칠 동안 아버지와 아들은 여러 번 놀이를 했다. 점차적으로 아버지는 엉덩이를 찧으며 계단을 내려온다거나, 계단에서 한 계단 한 계단 점프해서 내려올 때마다 먼저 한 발로 콩콩 뛰는 등 변형 놀이를 도입했다. 렉스의 아버지가 그들의 동작에 구호를 붙였더니 렉스는 이를 인지했다. 곧 두 사람은 집에서 대장 따라 하기 같은 놀이를 하게 되었다. 신경이 쓰이던 렉스의 행동은 따뜻하고 의도적인 의사소통의 시작점이 되었다.

앞서 살펴본 부모들은 아동의 기존 행동을 상호작용으로 전환시키는 일을 훌륭하게 해냈다. 그러나 부모는 거기서 멈추지 않았다. 일단 아동이 반응을 하면 부모는 극대화 시켰다. 그들은 아동에게 반응할 거리를 새롭게 제공하기 위해 놀이를 약간 바꿨다. 부모가 준비되어 있기만 하다면 운동 계획에 어려움을 겪고 있는 아이도 문제를 해결하도록 유도해 볼 수 있다. 이것은 중요하다. 이는 아동이 높은 수준의 복잡성을 처리하는 데 도움이 되고, 자발성과 유연성을 기르는 데도 도움이 된다.

일부 특수 아동들은 무엇보다도 그들의 세계가 동일하게 유지되기를 바란다. 이러한 아동들은 너무 많은 정보를 혼란스럽게 느끼며, 통제감이 부족하기 때문에 작고 안전한 섬을 만들어 안정감을 극대화하려고 한다. 익숙한 장난감만 계속해서 가지고 논다거나, 아침부터 밤까지 익숙한 루틴만 따른다거나, 익숙한 동작만 끊임없이 반복하는 것이다. 청각 및 구두 정보를 잘 처리할 수 없을 때, 아동들은 루틴에 의존하여 다음에 무슨 일이 일어날지 파악한다. 행동에 순서를 매기고 놀이를 더 복잡한 방식으로 진행하는 것이 어려울 때, 아동들은 같은 일을 계속 반복하려고 한다. 장난감을 사용하기가 어려울 때, 아동들은 장난감 대신 자신의 신체 부위를 움직이려고 한다. 이 패턴에 조금만 변화를 주려고 해도 크게 반발하며, 이는 당연한 것이다. 변화는 이러한 아동들이 의존하는 안전망에 위협이 되기 때문이다. 그러나 아동들은 변화하는 세계에 대처하는 법을 배워야 하며, 그들이 할 수 있는 유일한 방법은 도움을 받는 것이다.

아동이 당신과의 안전한 관계 안에서 변화를 받아들일 수 있도록 매우 점진적으로 그리고 참을성 있게 변화를 도입함으로써 당신이 도와주어야 한다. 즉, 상호작용이 이루어지면 약간 변화를 줄 수 있는 방법을 찾으라는 것이다. 장난감 뺏기 놀이에 새 장난감을, 시몬 가라사대 놀이에 새로운 제스처를, 추격 놀이에 새로운 경로를 도입하라. 아동이 놀이에 적극적으로 참여하고 있는 상태라면 아동은 자신도 모르는 사이에 새로운 요소를 받아들이게 될 것이다. 만약 아동이 거부감을 보인다면 다시 한두 번 정도 기존의 놀이로 돌아갔다가 다시 새로운 요소를 추가해 보라. 당신이 놀이에 창의적으로 임하는 한 아동이 융통성을 가지고 놀이에 임하도록 유도할 수 있다.

3) 행동의 복잡성을 증가시키라

아동의 닫을 수 있는 순환의 수가 늘어나면 순환의 복잡성을 더하는 것이 좋다. 아동의 자녀가 당신에게서 숟가락을 받아 입에 넣으면 순환을 닫은 것이다. 그러나 아동이 당신이 숟가락을 뒤집어 입 안에 넣는 모습을 지켜보고 나서 당신을 따라한다면 순환이 더 복잡해진 것이다. 공을 양손에서 왔다 갔다 하는 것은 순환을 닫는 좋은 행동이지만 두 손을 보고 공이 어느 손에 숨겨져 있는지 추측하는 것보다는 덜 복잡하다. 보다 복잡한 예에서 아동은 스스로 순환을 닫을 때 운동, 인지, 공간 관계 행동을 결합한다. 이런 종류의 행동은 아동들이 장난감 전화로 통화하고, 인형에게 음식을 먹이며, 인형을 차에 넣는 것 같은 가상놀이를 할 때 사용하는 복잡한 모방 행동으로 연결되기 때문에 중요하다. 이제 당신은 이 작업에 착수하여 아동이 다음 발달 단계로 나아갈 수 있도록 도와주며, 가상놀이를 통해 아이디어를 발전시킬 수 있다.

아동과의 상호작용을 보다 복잡하게 만들어서 이 단계에 대한 작업을 할 수 있다. 예를 들어, 당신이 장난감 자동차를 가지고 노는 경우에 아동의 자동차를 단순히 막는 게 아니라 다른 자동차로 막아서 가장 기초적인 가상의 요소를 만들되, 반드시 그것에 대해 이야기하거나 시나리오로서 실행하지 않아도 된다. 장난감 자동차들이 경주하는 경우, 자동차에 인형을 태우고 "인형이 경주하네"라고 말하라. 군이 경주 시나리오로 발전시키지는 말라. 지금으로서는 인형을 도입하고 간단한 단어들을 추가하는 것만으로도 충분하다. 점차 아동 스스로 복잡한 요소를 추가해 나갈 것이다.

4) 모든 감각 및 처리 양식을 통합하라

아동의 자연스러운 흥미를 이용하여 의사소통의 순환을 열고 닫을 때, 다양한 광경, 소리, 움직임 및 질감, 청각 및 시각 처리에서 도전 과제를 도입할 수 있는 방법을 모색하라. 이 방법으로 당신은 아동에게 기쁨을 주면서도 아동이 자신의 약한 영역에서 점진적으로 능력을 계발시킬 수 있도록 하는 방법을 발견할 것이다.

- 놀이 중에 다양한 목소리 및 소리, 다양한 표정 및 자세와 같은 청각 및 시각 신호를 사용하여 아동이 다양한 청각 및 시각 자극을 처리할 수 있도록 도와라.
- 면도용 크림, 플레이도우, 젖어 있거나 말라 있는 모래, 콩, 쌀, 핑거페인트 및 기타 질감 놀이 재료를 통해 아동이 다양한 질감을 경험해 볼 수 있도록 하라.
- 복잡한 추격 놀이, 원하는 물건을 꺼내기 위해 박스를 열거나 유리병의 뚜껑을 돌려 따는 놀이, 시몬 가라사대 같은 모방 놀이를 하거나 손동작을 곁들인 동요 부르기를 통해 아동들이 운동 계획을 연습하도록 하라.

5) 의욕이 넘칠 때를 이용하라

의사소통의 순환을 늘리기에 매우 좋은 시기는 아동이 무언가를 진정으로 원할 때이다. 그때는 아동의 의욕이 넘치기 때문에 자발적으로 순환을 여러 번 닫도록 할 수 있다. 아동의 관심사를 활용하는 것은 아동이 자신의 감정과 행동을 연결시키는 데도 도움을 줌으로써 자신의 행동에 의미를 부여하고 목적의식과 자아감을 강화할 수 있도록 한다.

3세의 조셀린은 아직 말은 하지 못하지만 그녀는 고집스럽게 주스를 원하고 있다.

조셀린: (냉장고 문을 두드린다.)

어머니: (조셀린이 주스를 마시고 싶어 한다는 것을 알면서도 의사소통 연습 차원에서 접촉을 늘리기 위해 질문함) 목마르니?

조셀린: (어머니를 보고는 계속 냉장고 문을 두드린다.)

어머니: 마실 것 좀 줄까? (아동의 입에 컵을 갖다 대는 시늉을 함)

조셀린: (발로 바닥을 쿵쿵 구르더니 계속 냉장고 문을 두드린다. 다만 이번에는 더 열정적으로 냉장고 문을 두드리는데, 이는 자기만의 표현 방식으로 어머니의 질문에 대답한 것이므로 의사소통의 순환이 닫힌 것이다.)

어머니: 우유 마실래?

조셀린: (소리를 지른다. 이는 명백히 분노와 거부의 표현으로서 다시 한번 자기만의 표현 방식으로 어머니의 말에 대답한 것이다. 이로써 두 번째 순환을 닫는다.)

어머니: 우유 말고?

조셀린: (답답해하면서 냉장고 문을 다시 두드리다가 울기 시작한다. 불쾌감을 표현함으로써 다시 한번 순환을 닫은 것이다.)

어머니: 뭘 마시고 싶은지 알려 줄래?

조셀린: (고개를 끄덕이고는 툴툴댐으로써 네 번째 순환을 닫는다.)

어머니: (냉장고 문을 열고) 네가 원하는 걸 알려 주렴.

조셀린: (주스를 가리키면서 다섯 번째 순환을 닫는다.)

어머니: 아, 주스가 마시고 싶었구나?

조셀린: (폴짝폴짝 뛰는 동작을 통해 승인한다는 뜻을 표현하며 여섯 번째 순환을 닫는다.)

어머니: 알았어. 주스 줄게. (냉장고에서 주스를 꺼내 조셀린에게 보여 줌)

조셀린: 와와!(승인을 나타냄으로써 일곱 번째 순환을 닫는다.)

어머니: 주스 여기 있네. 조셀린 거야.

조셀린: 주.(여덟 번째 순환이 닫힌다.)

핵심은 가능한 한 오랫동안 주거니 받거니를 이어 가는 것이다. 화가 나 있고 다루기 힘든 아동을 대하는 경우에는 쉽지 않겠지만, 문제를 빨리 해결하려는 유혹만 뿌리칠 수 있다면 몇 가지 귀중한 의사소통 연습을 이어 나갈 수 있다. 그리고 이러한 학습의 효과는 지속성이 있다. 당신은 아동이 그러한 정서적 상태에 있을 때 연습을 하는 것은 쓸데없는 일이라고 생각할지도 모르겠지만, 사실은 그와 정반대이다. 인간은 의욕적인 상태에 있을 때 학습한 것을 가장 잘 흡수하는 경향이 있으며, 뭔가를 원할 때야말로 가장 의욕이 넘치는 때이다. 따라서 당신이 아동의 요구를 최대한 늦게 들어 줄수록 아동을 더 효과적으로 교육할 수 있는 귀중한 시간을 얻을 수 있다.

아동이 무언가를 원할 때나 원치 않을 때마다 이러한 순환 늘리기 방법을 사용해 보라.

- 아동이 블록을 가지고 놀도록 순순히 내버려두지 말고 아동을 방해하면서 시간을 끌라. 어깨를 으쓱하고 손을 양쪽으로 뻗는 행동을 취하며 "왜 블록을 선택했어?"라고 물어보라. 그리고 다른 장난감들을 손가락으로 가리키라. "공놀이는 어때?" 하고 물으면 아동은 짜증을 낼 것이다. 고함을 칠지도 모른다. 그러나 아동은 자신이 원하는 것을 얻기 위해 항변하는 과정에서 10개 또는 20개의 순환을 닫을 것이다. 마지막에는 아동이 원하는 것을 알아 주고 "아, 우리 블록 가지고 놀 거구나. 여기 블록 하나 있네. 더 가져올까?"라고 말하며 아동이 놀이를 지속하도록 도와라.
- 아동이 식사 도중에 자리를 뜨고 싶어 하면 즉시 자리를 뜨도록 내버려 두지 말라. 제스처와 함께 "과일 더 줄까?" "우유 더 줄까?"라고 아동에게 물어보라. 아동이 모두 거부하면 아동의 의자를 잡고 "일어나!" 또는 "앉아!"라고 말하도록 유도하라. 행동과 함께 시범을 보이라. 또는 아동에게 "엄마 다 먹을 때까지 기다려"라고 말하여 당신이 아직 식사를 마치지 않았음을 알려라. "더 줄까?" "앉아!" "기다려!" 같은 말로 아동과 협상하면서 3분만에 10~20개나 되는 순환을 닫을 수 있다.
- 아동이 방에서 나가고 싶다는 의미로 당신 손을 방문 손잡이 위에 얹는다면 순순히 손잡이를 돌려서 아동이 나갈 수 있게 하지 말라. 문고리를 반대 방향으로 돌리라. 또는 당황한 표정으로 아동을 보라. 또는 문고리를 돌리지 말고 잡아당기라. 또는 마치 문 반대편에서 누군가 열어 줄 것처럼 문을 똑똑 두드리라. 또는 아동에게 열쇠 몇 개를 건네주면서 문을 열려면 열쇠가 필요하다는 것을 암시하라. 아동은 좌

절감을 느끼겠지만, 그건 좋은 일이다. 좌절감을 느끼기 때문에 자신이 원하는 것을 필사적으로 당신에게 알려 주려고 10, 15, 20개의 순환을 닫을 것이기 때문이다. 더불어 아동은 자신이 당면한 문제에 대한 몇 가지 상징적인 해결책도 배울 수 있을 것이다.

- 아동이 높은 선반 위에 있는 장난감을 원한다면 그 장난감을 직접 꺼내 주지 말고 아동에게 발받침이 되어 주라. 아동의 의도를 못 알아들은 척 장난스럽게 대꾸함으로써 아동이 자신이 원하는 장난감이 있는 곳으로 당신을 이끌 수 있도록 유도하라. 당신은 "저 책 달라고?"라고 하면서 엉뚱한 선반으로 아동을 느릿느릿 데려갈 수 있다. 아동이 알맞은 선반을 가리키면 장난감이 있는 곳보다 낮은 곳에서 멈추라. 이는 아동이 더 높이 올려 달라는 행동을 해 보이도록 유도하기 위함이다. 아동이 마침내 원하던 장난감을 집으면 아동을 내려 주는 것을 의도적으로 깜빡 잊으라. 그러면 아동은 내려 달라는 의사를 표현할 것이다.
- 만약 아동이 말타기놀이를 하고 싶어 한다면 기꺼이 아동에게 말을 태워 주되, 어느 방향으로 갈지, 어떤 속도로 움직일지는 아동이 지시하도록 하라.
- 만약 아동이 밖으로 나가고 싶어 한다면 아동이 직접 문을 열도록 하지 말고 당신이 먼저 손잡이를 잡은 뒤 아동이 당신의 손을 잡고 문고리를 돌려서 밖으로 나가도록 하라.

만약 당신이 장난스러운 태도로 이러한 행동들을 한다면 더 많은 순환을 열고 닫을 수 있을 뿐만 아니라, 아동과의 관계도 깊어질 것이다. 당신이 아동의 강렬한 욕구를 기회 삼아 다양한 역할을 선보일수록 아동은 당신을 단순히 양육자나 방해물로 인식하는 것이 아니라 다양한 방식으로 당신과 관계 맺는 방법을 배울 것이다.

옷 입기, 양치질하기, 잠자리에 들기, 외출 준비하기, 식사하기 같은 활동은 모두 이런 종류의 협상을 할 수 있는 좋은 기회이다. 매번 의도적으로 아동과 실랑이를 벌여서 이러한 활동을 질질 끌 수는 없겠지만, 미리 계획을 세워 놓고 매일 활동 한두 개만이라도 교육의 기회로 활용한다면 당일에 급하게 활동들을 처리하지 않아도 되므로 아동에게 귀중한 배움의 기회를 제공할 수 있다.

만약 아동이 협상에서 지면 어떻게 되는가? 괜찮다. 가끔 당신이 약간 심하게 밀어붙이는 경우에 그런 일이 발생할 수 있다. 그때는 한발짝 물러나서 아동을 위로해 주라. 그런 다음, 하루가 지나기 전에 다른 문제에 대해 다시 한번 아동을 밀어붙여 보라. 반복적으로 다툰다고 해서 당신과 아동의 관계가 나빠지지는 않을 것이며, 오히려 아동의 상호작용 능력이 강화될 것이다. 당신은 아동이 따뜻하고, 자연스럽고, 유연하고, 창의적인 아이로 자라기를 바란다. 당신은 아동이 자신감 있게 다른 사람들과 관계 맺기를 바란다. 특수 아동들은 그렇게 할 수 있는 역량이 있지만, 연속으로 30~40개의 순환을 닫는 것을 배웠을 경우에만 가능하다. 그렇기 때문에 외출에 대해 협상하면서 10~20개의 순환을 닫은 뒤, 주스에 관해 협상하면서 10~15개를 더 닫고, 캐치볼을 하면서 추가로 15~20개를 닫는 것이 중요하다.

이 모든 연습을 통해 아동은 요령을 터득할 것이다. 아동은 느리지만 점차적으로 양방향 의사소통에 숙달될 것이다. 물론 아동의 욕구에 선을 긋는 것과 아동이 속상해하는 모습을 보는 것은 힘든 일이다. 그러나 아동의 분노와 실망은 그가 원하는 것을 얻으면 금세 사라질 것이며, 당신이 다정하고 따뜻한 태도로 협상에 임한다면 아동은 자신의 욕구가 충족되었을 뿐만 아니라 당신의 사랑과 지지를 느꼈기 때문에 만족감을 느끼면서 접촉을 마무리할 수 있을 것이다.

6) 역동적으로 표현하기

풍부하고 역동적인 제스처는 아동의 의사소통을 확장시키는 데 있어 중요하다. 이것은 연습이 필요하다.

월은 4세이고, 밝고 말이 많으며, 대부분의 경우에 정서적인 교감이 가능했다. 그러나 이 장의 초반에 등장한 델라니처럼, 월은 놀이를 할 때는 정서적 표현이 거의 없었다. 월의 자세와 얼굴 표정은 나무토막 같으며, 목소리는 모노톤보다 약간 나은 정도였다. 월의 부모는 따뜻하고 자상했지만, 아들과 상호작용할 때는 마찬가지로 뻣뻣한 모습을 보였다. 목소리 톤은 흥분하거나 실망했을 때에만 가끔 오르락내리락할 뿐 거의 일정했으며, 제스처는 거의 없었다. 이들의 놀이에는 극적인 요소가 없었다. "좀 더 활기찬 모습을 보이세요. 소리 내어 웃기도 하고, 입술을 삐죽 내밀기도 하고, 점프도 해 보고, 앉아도 보세요. 부모가 역동적인 모습을 많이 보여 주면 월도 활기를 찾게 될 겁니다."라고 치료사는 제안했다. 부모에게는 그러한 행동이 어색했기 때문에 손인형을 이용했다. 부모는 각자 한 손에 손인형을 하나씩 끼웠다. 그리고 나서 엄마는 높고 깩깩거리는 목소리로, 아빠는 낮고 으르렁거리는 목소리로 월에게 말을 걸었다. 월은 처음에는 놀란 기색을 보였지만, 이내 방 안에 있는 2명의 새로운 등장인물에게 호기심을 보였다. 월은 신이 나서 두 인형에게 다양한 목소리를 사용해 말을 걸었다. 잠시 후에 부모는 자리에서 일어나 방 안 곳곳을 돌아다니면서 각자 맡은 인형의 목소리로 방에 무슨 물건이 있는지 이야기하기 시작했다. 윌은 곧바로 이들을 따라갔다. 인형들이 방에 있는 물건을 보고 깩깩, 으르렁 소리를 내자 윌도 인형들이 내는 소리를 흉내 내기 시작했다. 곧 온가족이 방안을 누비면서 우스운 소리를 내게 되었다. 그 후 몇 주 동안, 부모는 집에서 하는 놀이에 역동성을 불어넣기 위해 노력했다. 처음에는 손인형 두 개에 각각 목소리 하나씩만 부여했지만, 얼마 뒤에는 다양한 목소리를 시도했다. 점차 그들은 손인형을 사용하지 않고도 과장된 목소리를 내는 데 익숙해졌다. 윌의 부모가 다양한 것을 시도할수록 윌도 다양한 것을 시도했다. 몇 달 내에 윌의 정서적 범위는 상당히 넓어졌다.

안타깝게도 역동적인 제스처는 대부분의 어른에게 낯설다. 부모가 될 만큼 나이를 먹으면 무미건조한 사람이 되어 있기 쉽다! 성인이 되어 역동적인 제스처를 취하면 스스로가 바보처럼 느껴진다. 하지만 역동적인 제스처를 취하는 것은 매우 중요하다. 당신이 의사소통 중에 소극적인 모습을 보이면 아동도 반응할 거리가 없기 때문이다. 그렇다고 해서 지나치게 과장되거나 가식적인 모습을 보여야 한다는 뜻은 아니다. 반대로 당신의 제스처는 자연스럽고 자발적이어야 한다. 당신은 아동의 역할 모델이기 때문이다. 하지만 자연스럽게 나오는 표현 이상으로 역동성을 끌어올리기 위해 노력할 필요가 있다. 여기 몇 가지 지침이 있다.

- 당신의 제스처를 팔과 손으로 한정하지 말라. 얼굴, 눈, 목소리, 감정을 사용하라. 당신의 아동이 공을 던지면 자랑스럽다는 듯 싱긋 웃어 주라. 아동이 블록으로 만든 탑이 무너지면 한숨을 쉬어 안타까움을 표현하라. 간지럼 태울 부위를 찾을 때는 눈을 크게 뜨라. 얼굴 표정을 통해 당신이 아동에게 집중하고 있다는 것을 보여 줄 수 있으며, 아동이 당신에게 얼굴 표정으로 응답할 수 있도록 유도할 수 있다.
- 아동이 말을 알아들을 수 있든 없든 목소리를 사용하라. 물론 특정 행동에 대해 설명할 때는 말을 사용할 필요도 있겠지만, 아동의 관심을 유도할 때는 '소리'를 이용하라. "우우우웅~" 하고 자동차나 기차 소리를 낼 수도 있고, "덤 디~덤 덤~" 하면서 긴장감을 고조시킬 수도 있다. 깔깔, 꽥꽥, 으르렁 소리를 내서 놀이에 극적인 요소를 부여할 수도 있다. 소리는 아동의 관심을 유도하기 위한 티저 광고 같은 것이다. 또한 만약 당신이 특정한 정서적 표현을 반복해서 사용한다면 아동은 마치 노래를 인식하듯 해당 표현을 인식하게 될 것이다.
- 몸 전체를 사용하라. 뛰고, 점프하고, 뱀처럼 몸을 꿈틀대고, 토끼처럼 깡충깡충 뛰

고, 그림을 그리고, 글씨를 휘갈겨 쓰고, 춤추고, 노래하라. 아동이 참여하여 이러한
활동들이 두 사람의 상호작용으로 전환되면 아동이 활동을 주도하게 하라.

- 술래잡기 놀이를 하라. 회피적인 아동들은 흔히 이러한 종류의 놀이를 매개로 상호
작용을 유도할 수 있으며, 이들은 이러한 놀이에 푹 빠진다. 부모는 대동작 활동을
통해 아동이 놀이에 참여하도록 유도할 수 있을 뿐만 아니라 아동의 시각 및 공간관
계 능력도 강화시켜 줄 수 있다.

- 제스처를 약간 과장하는 것을 부끄러워하지 말라. 당신 입장에서는 민망하고 남사
스럽게 느껴질지라도 다른 사람들의 눈에는 크게 이상하지 않다(치과에서 마취제를
맞은 뒤 본인은 턱이 얼얼해 죽겠는데 주변 사람은 아무도 눈치채지 못하는 것과 같은 이치
이다). 제스처를 약간 과장하는 것만으로도 활기 있어 보이고 아동의 관심도 유도할
수 있다.

놀이를 하면서 꾸준히 제스처를 사용하는 것은 쉽지 않을 수도 있다. 우리는 대화로
상호작용하는 것에는 익숙하지만 몸을 써서 상호작용하는 데는 익숙하지 않다. 하지만
아동의 안내에 따르라. 당신이 아동의 주도에 전적으로 따른다면 자연스럽게 제스처를
사용하게 될 것이다. 조금만 연습하면 제스처를 쓰는 것에 익숙해질 것이며, 아동이 반
응하기 시작하면 비언어적인 대화는 기쁨과 보람이 될 것이다.

3. 저항이 강하고 의사소통이 어려운 아동

일부 아동들은 양방향 의사소통에 참여하거나 의사소통의 순환을 이어 가는 것에 유
난히 거부감을 보인다. 만약 당신의 아동이 그렇다면 몇 가지 원칙이 당신을 도울 수 있다.

1) 장난스러운 방해

부모로서 아동과 잘 놀아 주고 싶은 마음은 당연하다. 그래서 아동이 원하는 장난감
을 쥐어 주고, 당신의 장난감 자동차를 아동의 자동차 옆에서 얌전히 굴리고, 아동이 정
한 규칙을 따르는 것이다. 하지만 그러한 행동이 아동이 의사소통의 순환을 닫는 데 늘
도움이 되는 것은 아닐 수 있다. 아동의 놀이 파트너로서 당신의 목표는 아동이 당신에
게 반응하도록 끊임없이 유도하는 것이다. 즉, 다음과 같은 행동을 하는 것이다.

- 상호작용을 이어 가기 위해 의도적으로 아동의 규칙을 오해하는 것
- 아동이 원하는 것을 얻지 못하도록 막는 것
- 장난스러운 상황을 만들어서 원하는 것을 얻으려면 당신에게 맞서도록 하는 것

다음의 전략들은 회피 성향이 강한 아동들에게도 효과가 있다.

- 아동을 궁지에 몰아넣으라. 아동이 하고 있던 놀이에 정면으로 끼어듦으로써 아동이 당신을 외면할 수 없도록 만들라. 아동이 장난감 트럭을 가지고 놀고 있다고 가정해 보자. 당신은 다정하게 말한다. "트럭 좀 봐도 될까?" 아동은 외면하며 순환을 닫는다. 그런 다음 당신은 아동 옆에서 점프를 함으로써 아동이 당신을 마주할 수밖에 없도록 만든다. 아동은 다시 외면하여 두 번째 순환을 닫는다. 당신이 다시 아동의 주위에서 점프하면 아동은 다른 곳으로 가 버린다. 이런 식으로 이어 간다. 이 놀이를 몇 번 반복하면 아동은 미소를 짓거나 킥킥거리며 웃기 시작할지도 모른다. 이제 당신은 놀이에 약간의 감정을 더해 볼 수 있다. 아동을 궁지에 몰아넣을 때마다 우스운 소리를 내거나, "잡았다!"라고 말하거나, 달리면서 비행기 소리를 내라. 아동 바로 옆에 '착륙'하면 아동을 간지럽히고 미소 짓거나 "비행기가 착륙합니다!"라고 말하라. 곧 아동도 당신의 가장놀이에 참여할 것이다.
- 아동의 탈출 경로를 부드럽게 막으라. 만약 아동이 당신을 외면하거나 도망간다면 움직임을 이용해서 서서히 아동을 방 한구석으로 몰라. 아동과의 거리가 충분히 가까워지면 두 팔을 양쪽 벽으로 뻗어서 아동을 작은 동굴에 가둬라. 이제 아동이 탈출하려면 당신의 팔이나 다리 밑으로 기어 나오거나 당신의 팔을 밀어내야 한다. 당신이 "도망칠 생각 마!"라고 말할 때에도 다정하고 장난기 많은 태도를 유지하면서 얼굴에 커다란 미소를 띠고 눈을 반짝이고 있는 한 아동은 이 놀이를 재미있어 할 것이다. 회피 성향이 강한 아동들조차도 히죽히죽 웃으며 당신을 밀쳐내는 반응을 보일 것이다. 물론 아동이 발버둥을 치거나 몇 번이나 당신을 밀려고 하면 아동이 당신을 밀치고 빠져나가도록 해 주라. 그러고는 "네가 이겼다! 네가 이겼어!"라고 않는 소리를 내라. 그러면 아동은 이 바보 같은 어른을 제압했다고 느낄 것이다.
- 제9장에서 보았듯이, 누워 있는 것조차도 상호작용이 될 수 있다. 만약 아동이 바닥에 누워서 당신을 피하고 있다면 아동의 담요가 돼라. 장난스럽게 말하라. "낮잠 자는 거야? 내가 이불이 되어 줄게!" 그런 후에 아동의 몸 위에 누워라(물론 당신의 모든 체중을 실어서는 안 된다). 그러면서 계속 장난스럽게 말을 걸라. "이제 따뜻해? 낮잠

잘 준비됐어? 편안하니?" 아동이 발버둥치며 빠져나가려고 하거나 당신을 밀어내려고 하면 아동에게 당신의 담요가 되어 달라고 부탁하라. 아니면 불을 끄고 아동에게 담요를 준 뒤 자장가를 불러 주라. 아동은 자신을 재울까 봐 벌떡 일어날 것이다. 아동이 그날따라 피곤한 것 같다거나 근긴장도가 낮은 것 같다고 넘겨짚지 않는 것이 중요하다. 아동의 행동을 의도적인 것으로 봐야 한다.

- 베일이나 스카프 이것은 회피 성향이 극도로 강한 아동과 상호작용할 수 있는 훌륭한 방법이다. 크고 화려한 스카프나 베일로 아동이 바라보고 있는 창문을 덮으라. 또는 당신의 웃는 얼굴이나 아동이 쳐다보고 있는 장난감을 감싸라. 아동의 눈이나 얼굴 앞에 가로질러 스카프를 덮을 때 시각 효과를 연출하라. 아동의 피부에 스카프를 펼치거나 스치게 하여 다른 형태의 촉감을 유발하라. 아동의 관심을 끌기 위해 스카프를 다용도로 사용하여 상호작용을 유도하라.
- 욕조 만약 아동이 회피 성향이 강하고 당신에게서 멀리 떨어지려고 한다면 욕조로 수영장 여행을 떠나라. 평소 수영장에 갈 때 수영복을 입는다면 이번에도 수영복을 입으라. 욕조의 따뜻한 물과 거품은 다양한 감각적 자극과 즐거움이 되어 줄 것이다. 아동은 도망가려고 하지 않을 것이다. 물놀이용 장난감들을 가져가서 각자 무엇을 가질지 아동과 협상한 다음, 물속에서 첨벙거리기도 하고, 물을 붓기도 하면서 가능한 한 오랫동안 상호작용하며 놀라.

아동이 양방향 의사소통을 할 수 있게 되고, 열고 닫을 수 있는 순환의 수가 서서히 늘어나면 대화 주고받기 또는 돌아가면서 말하기 같은 사회적 관습에 대해 가르칠 수 있다. 의사소통의 상호성은 모든 인간의 상호작용에 필수적이기 때문에 제2의 천성이 되어야 한다. 하지만 이를 기계적으로 가르치기보다는 앞으로 소개할 기술들을 활용해서 역동적인 방식, 정서적 자극을 줄 수 있는 방식으로 가르치는 것이 좋다.

2) '무효화하기' 접근법

일부 아동들은 행동을 시작할 수 없을 정도로 운동 계획에 심각한 어려움을 겪고 있다. 그들은 정처 없이 방황하고, 병적으로 거짓말을 하고, 끊임없이 감각 운동 자극을 추구하며, 달리고, 점프하고, 아무데나 물건을 버리고 다니는 경향이 있다. 아동이 의도를 가지고 행동하는 것은 어려워할지라도 당신의 행동에 대한 반응은 할 수 있다. 사실 당신이 돌발 행동을 하거나 그 행동 때문에 자신의 감정이 상한 경우, 아동은 당신이 한 행동을 없었던 일로 되돌리고 싶어 한다. 아동이 다시 수동적 회피 상태로 돌아간다고 하더라도 무효화에 대한 욕구는 아동이 통제력을 되찾는 데 강력한 동기 부여가 된다. 걸음마를 배우는 아기를 대할 때와 마찬가지로 "안 돼!"라고 한다고 해서 끝나는 게 아니다. 아동은 당신의 여러 방해에도 굴하지 않고 하던 것을 계속할 것이다. 그래서 상호작용이 되는 것이다.

운동 계획과 청각 처리에 어려움을 겪는 아동들은 이 접근법이 도움이 된다. 어떤 면에서 회피란 자리를 피해 버림으로써 당신의 행동을 없었던 일로 만드는 무효화 반응이다. 아동이 당신보다 한 수 더 앞서가는 것이다.

많은 경우, 당신이 장난스러운 방해 전략을 사용하면 아동은 당신이 방해하려고 하는 일을 하거나 물건을 원래 있던 자리에 돌려놓기 위해 당신의 행동을 무효화할 것이다.

새미는 바닥에 누워 장난감 자동차를 앞뒤로 밀고 있었다. 새미의 어머니는 자신의 장난감 차를 새미의 차 뒤로 옮기고 "빨리 좀 가시죠!"라고 말하며 새미의 차를 저 멀리 밀어 버렸다. 새미는 일어나서 장난감 차를 되찾아왔고, 다시 어머니와 멀어지도록 차를 굴렸다. 어머니가 이를 한동안 반복하자, 새미는 화를 내지는 않았으나 짜증이 난 듯한 표정을 지었다. 그러자 어머니는 후진했다. 장난감 차를 굴리는 것은 어느새 상호작용 놀이가 되었다.

수지는 소파에 누워 있었고, 수지의 아버지는 수지에게 이불을 덮어 주기로 결심하고는 이불을 수지 머리에 뒤집어씌웠다. 수지가 이불을 내팽개치자 아버지는 이번에는 수지의 발과 다리는 빼고 상체만 덮어 주었다. 수지는 다시 이불을 내팽개친 후 아버지를 쳐다보았다. 아버지는 "이런, 내가 이번에도 잘못했나 보군."이라고 말했다. 다음번에 아버지는 이불을 수지의 다리 밑에 괴어 준 후 물었다. "이제 괜찮니?" 수지가 반응을 하지 않자 아버지는 또 다른 실수를 저지를 궁리를 했다. 아니나 다를까 수지는 아빠를 지켜보기 시작했고, 아버지가 하는 행동을 무효화할 준비를 하고 있었다. 몇 분 후, 수지가 몸을 일으켜 앉자 아버지도 앉더니 옆으로 조금만 비켜 달라고 하면서 수지를 소파 끝으로 밀었다. 수지는 당황했지만 오히려 밀리는 느낌이 좋았다. 아버지는 여전히 자리가 좁다고 하면서 수지를 좀 더 밀었다. 이번에는 수지도 아버지를 밀기 시작했다. 이들이 주고받던 그 상호작용이 끝나갈 무렵, 수지의 아버지는 커다란 인형이 수지 자리에 앉고 싶어 한다고 했다. 수지는 자리를 내주고 싶지 않았기 때문에 인형을 던져 버렸다. 한참 뒤에야 모두가 소파에 앉을 수 있었다.

대니는 '나 잡아 봐라' 놀이를 좋아했다. 간지럼을 타는 것도 좋아했고, 쿠시볼을 주머니, 양말, 셔츠 같은 곳에 잔뜩 채워 넣는 것도 좋아했다. 하지만 아버지가 과연 몇 번이나 이렇게 놀아 줄 수 있겠는가? 대니를 잡기 위해 달리지 않아도 되게끔 아버지는 게이트를 설치했다. 게이트 덕분에 아버지는 대니가 지나가는 경로로만 몸을 뻗으면 되었다. 앞으로 달리려면 대니는 멈춰 서서 게이트를 열어야 했다. 이로 인해 상호작용과 떠들썩한 기쁨이 넘치게 되었다. 대니의 아버지는 게이트 놀이를 새롭게 변형할 방법이 없을까 궁리하고 있던 차에 바닥에 슬링키(용수철 장난감)가 있는 것을 보았다. 전에 대니가 슬링키에 약간의 관심을 보인 적이 있었기 때문에 아버지는 슬링키를 게이트로 활용하기로 했다. 아버지는 대니가 다시 달리기를 하러 간 사이에 슬링키를 의자와 기타 가구들의 다리에 감았다. 대니는 달리기를 마치고 돌아와서 완전히 새로운 장애물을 보게 되었다. 장애물에 어떻게 대처했을까? 첫째로, 대니는 발과 다리로 슬링키를 내리누르려고 했다. (다리가 손보다 사용하기 쉬워서 연습을 훨씬 더 많이 할 수 있다) 슬링키의 한쪽 면이 떨어지자 '공교롭게도' 슬링키가 대니의 다리에 감겼다. 대니의 아버지는 "저런! 어떻게 빠져나오지, 대니?"라고 걱정하듯 말했다. 대니에게 해결해야 할 문제가 생겼다. 이제는 손과 발을 사용해야 했다. 움직일 때마다 슬링키가 더 많이 감겨 드는 것 같았다. 물론 대니의 아버지는 진정으로 대니를 돕기 위해 개입 대신에 격려를 하고 있었다. 슬링키를 풀어내고 나머지 장애물 코스를 통과하는 데는 약간의 노력과 많은 상호작용이 필요했다.

아동은 여러 종류의 행동 및 선호도를 정형화했을 뿐만 아니라 당신까지도 정형화하여 자신도 모르게 같은 일을 계속 반복하도록 만들었을 수 있다. 처음에는 정형화된 패턴이 있으면 상황을 예측하기가 쉬워서 도움이 되었을 것이다. 이제는 이 정형화된 패턴들을 활용해서 아동이 문제를 해결하도록 유도할 수 있다. 예를 들어, 크래커가 담긴 용기를 찾기 위해 아동이 습관적으로 당신의 가방을 뒤지는 경우, 당신이 가짜 크래커를 넣어 둔다면 아동은 가짜 크래커를 먹어 보고 짜증을 낼 것이다. 마찬가지로 당신이 용기를 종이 가방으로 옮김으로써 아동이 용기를 찾아 탐색하도록 유도할 수도 있다. 가방에 예상치 못한 물건을 넣어 둔다면 가끔 아동을 놀라게 해 주고 탐색에 대한 보상도 두 가지 이상 제공할 수 있을 것이다.

그 외에도 당신이 항상 특정한 방식으로 하고 있는 일을 색다른 방식으로 시도할 방법을 찾으라. 아동이 옷을 입을 때 아동의 손에 양말을 신겨 보면 어떨까? 아동이 가장 좋아하는 책을 거꾸로 들거나 뒤집은 상태로 읽어 주면 어떨까? 장난감 기차들을 파란색 바구니가 아니라 핑크색 바구니에 담아 보면 어떨까? 아동이 상자 2개를 서로 부딪히면서 노는 것을 좋아하는데, 그 상자 2개를 하나로 묶어 버리면 어떨까? 장난감 자동차들이 방안 곳곳에 흩어져 있을 때, 수색 놀이를 통해 모든 자동차를 한곳으로 모으도록 하면 어떨까? 구슬들이 담긴 신발 상자를 갑자기 고무줄 6개로 감으면 어떨까?

아동은 당신이 바꿔 놓은 것들을 빠르게 원상 복귀시켜서 딜레마를 해결하려고 할 뿐만 아니라, 당신을 지켜보고, 기다리고, 심지어 더 활발히 상호작용하는 것을 즐기기 시작할 것이다. 이러한 문제들을 해결하려면 관심을 더 많이 가지고, 두 손을 더 자주 쓰고, 사물에 더 많이 관여하고, 의사소통을 더 많이 해야 한다. 똑같은 장애물만 반복적으로 제시하는 것이 아니라 아동에게 다양한 종류의 퍼즐을 풀어 보도록 제시하는 것이다. 이러한 예시에서 정형화된 패턴을 통해 의사소통의 순환이 열리면 당신이 문제를 만들어 냄으로써 첫 번째 반응을 보이고, 아동이 거기에 반응함으로써 순환을 닫는 것이다. 즉, 당신이 정형화된 패턴에 변화를 주는 것이 첫 번째 단계이고, 아동이 스스로 문제를 해결하든 당신에게 도움을 청하든 반응을 보이는 것이 두 번째 단계이다. 긍정적이든 부정적이든 감정이 유발되면 더 많은 상호작용으로 이어져서 아동이 탐구하고, 실험하고, 느끼고, 생각하도록 유도할 수 있다. 아동이 변화를 눈치채지 못하거나 아무런 반응을 보이지 않는다고 하더라도 민망해하지 말고 다른 것을 시도해 보라. 이번에 실패한 것도 다음 번 시도 때는 성공할지도 모른다. 거절당했다는 느낌, 스스로가 무능하다는 느낌이 들 수는 있겠지만, 그냥 도전 과제를 만났다고 생각하라. 정답은 없다. 아동이 더 많이 상호작용하고 이를 통해 즐거움을 느낄 수 있도록 분위기를 조성하고 이끌어가는 것에 집중하라. 추후에 극적인 요소를 가미하고 실제 및 가상의 문제를 해결해 나가다 보면 보다 상징적인 문제 해결도 가능해질 것이다.

4. 모든 범위의 정서를 표현하기

제스처 의사소통에 익숙해질수록 아동은 모든 정서를 제스처로 표현하려고 할 것이다.

- 아동은 안아 달라고 다가감으로써 친밀감에 대한 욕구를 표현할 수 있다.
- 아동은 접시에 있던 음식을 쳐서 쏟아 버리거나 장난감을 던짐으로써 자기주장과 분노를 표현할 수 있다.
- 아동은 미소 짓고, 소리 내어 웃고, 팔다리를 흔듦으로써 기쁨을 표현할 수 있다.

- 아동은 당신이 인형에게 밥을 먹여 주고 있을 때, 인형을 밀어 버림으로써 질투심을 표현할 수 있다.
- 아동은 당신을 밀어내고 방 반대편으로 가 버림으로써 독립심을 표현할 수 있다.

이러한 신호들을 찾아보라. 아동이 특정 정서를 표현하지 않는다면 해당 정서를 표현하도록 유도해 주라.

- 장난기를 유발하기 위해서 아동에게 간지럼을 태우고, 머리를 아동의 배에 갖다 대고, 바보 같은 표정과 몸짓을 보이라. 그런 다음 함께 웃으면서 이 우습고 재미있는 순간을 공유하라.
- 탐색하는 행동을 유도하기 위해 아동이 찾을 수 있을 만한 곳에 장난감들을 숨겨 놓고 함께 기어다니면서 그 장난감들을 찾으라.
- 분노와 좌절감을 표현하도록 유도하기 위해 아동의 요구를 곧바로 들어주지 말라. 시간을 끌라. 못 알아들은 척하라. 아동이 좌절감과 짜증을 느끼는 동안에 의사소통의 순환을 몇 번 더 열고 닫을 수 있도록 유도하라.
- 슬픔을 표현하도록 유도하기 위해 아동이 슬퍼할 때 옆에 가만히 앉아 있어 주라. 서둘러 눈물을 닦아 주거나 위로하려고 하지 말라. 아동을 달래 주되, 슬퍼하는 원인 자체를 해결해 주려고 서두르지 말라.

5. 의사소통과 말하기를 위한 기반으로서의 제스처

아동이 이미 말을 할 줄 안다면, 굳이 제스처로 의사소통을 하는 것을 훈련해야 할 필요가 있을지 당연히 의문이 들 수 있다. 하지만 제스처 의사소통은 매우 중요하다. 제스처는 아동의 욕구에 대한 표현이다. 아동은 자신이 원하는 것이 있으면 손으로 가리키고 끙끙 앓는 소리를 낸다. 엄마에게 안기고 싶으면 팔을 치켜들고 울음을 터뜨린다. 아동의 제스처가 자신의 바람, 욕구, 감정을 전달하는 의사소통 수단인 것이다. 말 또한 이러한 의사소통의 수단이 될 수 있지만 표현 방식이 보다 추상적이다. 말은 욕구를 직접적으로 표현하는 것이 아니라 바람이나 감정을 기호로 나타내는 것이다. 아동이 제스처로 의사소통을 원활하게 할 수 있을 때라야만 더 어렵고 추상적인 기호 언어로도 비로소 의사소통이 가능해진다.

아동은 제스처와 행동을 통해 자신이 누구인지, 무엇을 원하고 느끼는지 파악하고, 그 사실을 당신에게 알려 준다. 말하기 또한 보다 축약된 형태로, 동일한 기능을 한다. 거의 모든 언어적 의사소통은 "난 이게 좋아." "난 저건 싫어." "오늘 이 부분은 좋았어." "저 부분은 별로였어." "영화가 정말 좋았어." "그 사람이 그러지 않았으면 좋겠어."와 같이 정서적 의미를 전달한다. 제스처를 사용해 이러한 형태의 정서적 내용을 연속적으로, 양방향으로 전달하지 못하는 아동은 말을 통한 의사소통에 있어서도 동일한 문제가 발생할 것이다. 이러한 아동은 단편적이고 고립된 방식으로 단어를 사용하는 경향이 있다. 이러한 아동을 돕기 위해서는 연속성, 제스처, 양방향성을 갖춘 의사소통 기술을 키워 줘야 한다. 일반적으로 아동이 정기적으로 연속 30~40개의 제스처 의사소통을 열고 닫을 수 있을 때 말하기로 넘어갈 준비가 되어 있다고 본다.

제스처로 의사소통을 하는 동안에도 아동에게 계속 말을 걸어야 한다. 말하기는 당신에게 자연스러운 행위일 뿐만 아니라 아동의 의욕과 흥미를 유지시켜 주기 때문이다. 아동이 대답을 하지 않는다고 해서 침묵하지 않도록 하라. 제스처와 말을 병행하면 아동이 단어와 의미를 연결하도록 할 수 있고, 아동이 준비가 되면 말하기로 넘어가는 전환이 더 신속하게 이루어질 수 있기 때문이다. 아동에게 주스를 따라 줄 때는 당신이 무엇을 하고 있는지 이야기하라. 옷을 갈아 입힐 때는 "어떤 발 먼저?" 또는 "머리부터, 아니면 팔부터?"라고 물으라. 당신이 장난감 자동차로 아동의 자동차를 박을 때는 "자동차 박치기! 너도 박치기할 거야?"라고 말하라.

현재 하고 있는 활동과 직접적으로 관련 있는 표현을 사용하여 말하라. 제스처로 의사소통하는 것이 완전히 자연스러워지면 당신과 아동은 이제 말하기로 넘어갈 준비가 된 것이다.

6. 친구와 노는 것의 중요성

플로어타임 상호작용은 따뜻함, 자발성, 상호작용의 세계로 아동을 끌어들이는 가장 효과적인 방법이지만, 그것만으로는 충분하지 않다. 아동은 또래와의 상호작용도 필요한데, 앞으로 평생 또래와 어울려 살아갈 것이기 때문이기도 하고, 같은 연령대나 동일 발달 단계에 있는 아동들과 교제하는 것이 사회성을 기르는 데 많은 도움이 되기 때문이다. 아동들은 자연스럽게 상호작용을 한다. 아동들은 직관적으로 훌륭한 플로어타임 파트너가 되어 줌으로써 당신의 노력을 보강해 줄 것이다.

많은 특수 아동이 처음에는 다른 아동들과 함께 노는 것을 어려워한다. 특수 아동들은 인간의 정과 친밀감이라는 정서가 여전히 낯설기에 새로운 관계를 무서워한다. 그리고 부모 역시 아동과 아동의 친구 사이를 중재하는 일이 쉽지 않을 걸 직관적으로 알고 있기 때문에 아동에게 놀이 친구를 만들어 주는 것을 아이만큼이나 두려워한다. 하지만 놀이 친구는 필수적이다. 놀이 친구가 없으면 아동은 자신이 습득한 능력을 또래와의 관계에 직접 적용해 볼 기회가 없기 때문이다.

자녀가 10개 이상의 의사소통 순환을 쉽게 열고 닫을 수 있게 되면 또래와 어울릴 수 있는 기회를 즉시 마련해 주어야 한다. 처음에는 일주일에 한 번씩 소통에 적극적인 아동 중 자녀와 동갑이나 자녀보다 약간 어린 아동을 집으로 초대해서 자녀와 놀 수 있도록 하라. 처음 몇 번은 어색할 것이다. 방문한 아동이 장난감을 들쑤시면 당신의 아동은 항의하듯 소리를 지르거나 토라져서 함께 놀려고 하지 않을 것이다. 하지만 꾸준히 반복하다 보면 아동은 방문한 친구의 존재에 익숙해질 것이다. 당신은 중재자 역할을 함으로써 이 과정을 도울 수 있다. 그동안 자녀와 놀아 주면서 습득한 전략들을 총동원해서 자녀를 놀이에 끌어들이라. 자녀의 가장 강력한 감각을 자극해서 관심을 끌으라. 자녀가 당신에게 관심을 보이면 양방향 제스처 의사소통을 유도하라. 그러고 나서 2인으로 진행되던 놀이에 서서히 방문한 아동을 끌어들이라. 만약 자녀와 방문한 아동 중 하나라도 거부 반응을 보이면 잠시 기다렸다가 다시 시도하라. 방문한 아동에게 당신의 자녀를 대하는 방법과 조심해야 할 부분을 간단히 일러 주는 것도 좋다. 하지만 놀이 친구를 가르치려고 지나치게 애쓸 필요는 없다. 대부분의 아동은 내성적인 또래 친구에게 다가가는 법을 직관적으로 알고 있다. 사실 집중해서 관찰해 보면 당신이 팁 한두 가지를 얻을 수도 있다!

아동이 서로 관심을 갖도록 유도하라. "오, 이것 봐!" "우아!" "너 뭐하는 거야?" "이리 와서 이것 좀 봐!" 같은 문구를 사용함으로써 자녀가 방문한 아동의 존재에 더 관심을 갖도록 유도할 수 있다. 방문한 아동 또한 그러한 제스처에 신속하게 반응할 것이다.

당신은 방문한 아동에게 장난스럽게 자녀를 방해하는 방법, 즉 자녀가 무슨 활동을 하고 있는지 알아챈 뒤 장난스럽게 훼방 놓는 방법을 알려 줄 수도 있다. 아동들은 이런 활동의 귀재이기 때문에 내성적인 아동을 장난스럽게 놀이에 끌어들이는 방법을 즉흥적으로 찾아낼 것이다.

아동이 감각적 경험에 미온적이고 소극적인 반응을 보인다고 하더라도, 또래 아동이 활기차게 주도하면 반응할 것이다. 모두가 뛰어다니면서 서로를 방해하는 놀이도 다들 즐거워할 것이다. 처음에는 움직임과 접촉, 실외 활동이 풍부한 놀이를 하면 좋다. 이러한 놀이에는 정답이 없다는 점을 명심하라. 그냥 신나고 재미있게 놀이를 이어 나가는 데 집중하면 된다. 공이나 거품, 풍선 등을 이용한 놀이도 반응이 좋을 것이며, 슬링키 (용수철 장난감)를 이용한 줄다리기나 물놀이, 모래놀이도 아동들이 좋아할 것이다.

만약 아동이 감각 경험에 대해 과잉 반응을 보인다면(예를 들어, 만약 아동이 시끄러운 소리를 좋아하지 않는다면) 아동에게 속삭이며 노는 것을 제안하라. 만약 아동이 스킨십 을 좋아하지 않는다면 '만지지 않기' 게임을 하라. 모두가 즐길 수 있는 상호작용을 할 수 있도록 아동들을 이끌어 주라.

아동이 다른 아동과 일대일로 노는 것에 적응하면 친구 1명을 더 데려와서 또래 친구 2명과 어울리는 연습을 하도록 하라. 아동이 친구 2명과 노는 것에 편안해지면 3명, 4명까 지 수를 늘리라. 놀이 친구 수가 늘어날 때마다 당신이 적극적으로 도와주어야 한다. 당 신은 놀이 친구가 1명 더 느는 것이 대수롭지 않은 변화라고 느낄 수도 있지만, 유연성 이 부족한 아동에게는 매우 큰 변화일 수 있다. 발전하는 듯 하다가도 언제든 역행할 수 있다는 점을 인지하고, 다시 발달 단계를 밟을 수 있도록 아동을 도와라. 몇 달간 연습 하면 아동은 또래 집단과 상호작용하는 것을 더욱더 편안하게 느낄 것이다. 아동이 장 난감을 이용한 가상놀이에 참여할 수 있다면 아동이 다른 아동과 가상놀이를 할 수 있 도록 중재하라. 아동이 말로 아이디어를 공유하고 협상할 수 있는 단계라면 다른 아동 을 합류시켜도 된다.

매번 같은 아동이 방문하도록 하는 것이 쉽지 않을 수 있다. 아동들은 계획되고 틀에 짜인 방문을 싫어하기 때문이다. 따라서 정기적으로 모일 수 있는 아동들로 구성된 그 룹을 만드는 게 좋다. 도움을 줄 수 있는 친구, 이웃, 친척들에게 요청해 보라. 아동이 만남을 편안하게 느낄수록 매주 만남의 횟수도 늘려 가라. 일주일에 다섯 번은 아동에 게는 별로 많은 것이 아니지만, 당신의 입장에서 방문을 주최하고 감독하는 것이 번거 로우므로 만남을 여러 번 갖는 것은 현실적이지 않을 수 있다. 일주일에 네 번의 방문을 주최할 수 있다면 충분하다. 중요한 건 연습, 연습, 또 연습이다. 놀이 친구가 방문할 때 마다 자녀는 친구와 즐겁고 자연스럽게 교제하는 법을 배울 것이다(또래에 대한 보다 자 세한 논의는 제19장을 참조하라).

7. 아동의 욕구에 맞는 맞춤형 플로어타임

아동가 양방향 의사소통에 숙달하도록 도울 때, 당신은 아동의 생물학적 어려움을 명심해야 한다.

1) 청각 처리에 어려움이 있는 아동의 경우

소리는 제스처 의사소통에서 매우 중요한 역할을 하기 때문에 청각 처리에 어려움이 있는 아동은 이 단계에서 문제를 겪는다. 엄마에게 안아 달라고 팔을 뻗는 아기를 생각해 보라. 어머니는 안아 주려고 손을 뻗으면서 속삭이며 아기를 어른다. 엄마의 어르는 목소리는 아기에게 있어 안아 주는 것만큼이나 핵심적인 어머니의 반응이며, 안아 주는 행위와 어르는 소리를 통해 아기는 안심한다. 멀리 있을 때에도 엄마의 목소리를 듣고 아기는 안심할 수 있다. 아기가 전기 콘센트에 손을 뻗는다고 생각해 보자. 의자에 앉아 있던 아버지는 "만지지 마!"라고 소리지르며 황급히 달려 나온다. 아기는 아버지의 말이 무슨 뜻인지는 몰라도 목소리 톤은 정확하게 이해한다. 아기는 플러그에 손을 뻗으려다 말고 멈춰서 아빠를 바라본다. 목소리는 제스처만큼이나 전달력이 강하다.

아동이 듣는 소리(청각 정보)는 세상과 자신에 대해 중요한 정보를 제공한다. 다행히 청각 처리 문제를 상쇄할 수 있는 방법이 있다. 목소리에 의존하는 대신에 만지기, 보디랭귀지, 얼굴 표정 같은 운동 행동을 통해 아동과 소통하려고 노력하는 것이다. 청각 처리에 어려움이 있는 16개월 된 아기가 방 반대편으로 가려고 한다고 생각해 보라. 아기는 엄마의 목소리를 처리할 수 없기에 안심하지 못해서 가다 말고 몇 분마다 엄마가 있는 곳으로 돌아온다. 청각적 어려움 때문에 진취적으로 세상을 탐험하는 능력이 약화되는 것이다. 하지만 아기가 방 반대편에서 부모를 쳐다볼 때마다 부모가 미소 짓고 손뼉을 치거나 손을 흔들면 아기를 응원하고 있다는 메시지를 시각적으로 전달할 수 있다. 아기가 플러그를 만지려고 할 때에도 마찬가지이다. "만지지 마!"라고 소리지르는 것은 효과가 없을지라도 몸으로 아기를 막아서면서 단호한 표정으로 안 된다는 의미로 검지 손가락을 흔들면 아기는 행동을 멈출 것이다. 물리적으로 아기를 막아서기 전에 먼저 행동을 통해 가까이 가면 안 된다는 것을 보여 주어야 한다. 이러한 행동에 "이런!"처럼 단순한 소리와 단어를 결합하다 보면 아기가 음성 제스처를 이해하는 능력도 서서히 늘어 갈 것이다.

좀 더 나이가 있는 아동들에게도 같은 원리가 적용된다. 어질러진 것을 치우라고 아동에게 시킨다고 가정해 보라. 아동은 청각 처리의 어려움으로 인해 당신의 지시를 이해하기 어려울 수 있다. 그러므로 지시를 시각적으로 보여 줌으로써 이를 상쇄해야 한다. 청소 노래를 불러서 다음에 뭘 해야 하는지 아동에게 알려 주라. 장난감이 지금 어디에 있는지, 장난감의 제자리는 어디인지 손으로 가리키라. 얼굴 표정과 손짓을 사용해서 당신이 원하는 것을 아동에게 전달하라. 시범 삼아 장난감 한 개를 집어 제자리에 갖다 놓은 다음, 다른 장난감 하나를 집어 아동에게 쥐어 주고 제자리에 갖다 놓게 하라. 행동에 대한 보조 수단으로 관련 단어를 천천히 또박또박 말해 주라. 장난감 하나하나 이름을 말할 때마다 작별 인사를 하거나 작별 노래를 불러라. 아동이 요지부동이더라도 반항하는 것이라고 넘겨짚지 말라. 아동을 믿어 주고, 시각적 · 정서적 지원을 아끼지 말라. 당신이 하는 말을 처리하는 데 시간이 오래 걸려서 반응이 늦는 것일지도 모른다.

사진을 이용해서 아동과 의사소통할 수도 있다. 특히 멀리 있는 장소나 인물 또는 물건을 지칭하는 연습을 할 때 유용하다. 예를 들어, 다음에 어디로 가는지 알려 주기 위해 아동에게 장소나 인물의 사진을 보여 주라. 바쁜 날에는 사진으로 된 일정표를 보여 주어 아동이 그날 할 일의 순서를 이해할 수 있도록 하라. 이 방법을 이용하면 다음 할 일로 넘어가는 것이 더 수월해진다.

사진을 사용해서 아동이 선택을 하고 욕구를 표현하도록 유도할 수도 있다. 아동의 삶에서 중요한 것들(사람, 장소, 장난감, 음식, 책, 옷, 방) 등을 담은 사진 36장을 촬영하라. 두 세트를 인화하여 각 세트를 코팅하라. 한 세트는 고리를 달아 휴대가 가능하도록 만든다. 다른 세트는 각 뒷장에 벨크로 탭을 붙이고, 판지에 벨크로 반대면을 붙여 홀더를 만든 뒤, 가장 필요하다고 생각하는 방에 놓아 두라. 사진을 통해 아동이 자신의 필요와 욕구를 표현하도록 하라. 아동의 제스처가 불분명하다면 원하는 물건 · 장소 · 인물 사진을 고르거나 손으로 가리켜 보게 하라.

아동과 시각적으로 의사소통하는 데 집중할 때에도 계속 말을 하라. 그렇게 해야만 아동이 청각 처리 능력을 키울 수 있다. 다만 단순하고 전략적인 단어를 사용하여 제스처에 대한 보조 수단이 되도록 하라. 멀리서 아동을 격려하면서 미소 짓고 박수 칠 때는 "아이구, 잘하네!" 같은 말을 보조적으로 사용하라. 찡그린 얼굴로 고개를 흔들며 아기에게 위험을 경고할 때는 단호하지만 분노가 배제된 음성으로 "안 돼! 안 돼!"라고 말하라. 반복을 통해 아동은 이러한 언어 표현을 학습하게 되며, 마침내 시각적 행동 없이 말만 사용해도 되는 순간이 올 것이다.

아동이 의사소통하는 데 도움이 되는 또 다른 장치는 몸짓 언어를 약간 사용하는 것이다. 일상적인 행동에 대한 약간의 제스처는 부모와 아동가 서로를 이해하고 양방향 의사소통을 발달시키는 데 도움을 줄 수 있다. 원하다, 더 많이, 돕다, 끝났다, 멈추다, 가다, 놀다 등을 의미하는 몸짓 언어가 유용하다. 아동이 이러한 간단한 행동을 모방할 수 있는 운동 계획 능력을 가지고 있지 않더라도, 당신이 그러한 몸짓 언어를 꾸준히 사용한다면 아동은 당신이 하는 것을 보고 무슨 뜻인지 배우게 될 것이다. 이 경우, 몸짓 언어는 청각 연결이 이루어질 때까지 시각적 단서를 통해 구두 의사소통을 향상시킨다. 나중에 아동이 말을 하게 되면, 몸짓 언어는 관련 단어를 생각해 내는 데 도움이 될 수 있다. 만약 아동이 몸짓 언어를 흉내 낼 수 있다면 아동은 의사소통할 수 있는 과도기적 언어가 생기는 것이다. 이런 식으로 몸짓 언어를 사용하는 것은 아동의 언어 표현을 지연시키지 않을 것이다.

당신이 아동의 의사소통과 주도성을 발달시키고자 한다면 다음의 지침을 명심하라.

- 아동의 의도를 읽으라. 아동의 신호가 불분명할 수 있기 때문에 미소, 제스처, 얼굴 표정처럼 미세한 신호를 찾아 아동의 실제 의도를 파악하라.
- 기회가 있을 때마다 주도성을 키워 주라. 아동의 주도를 따르고, 아동이 스스로 탐구하도록 격려하고, 아동이 스스로 하도록 내버려 두라.
- 말뿐 아니라 제스처를 써서 아동에게 이야기하라. 아동을 부르고 싶으면 손짓으로 아동을 불러라. 여기저기 돌아다녀 보라고 장려하고 싶으면 활짝 웃고 손뼉을 치고 기타 큰 제스처를 사용하여 아동이 방 건너편에서 당신의 제스처를 읽을 수 있도록 하라.
- 당신의 제스처를 보조해 줄 수 있는 단어를 생각해 보라. 단어를 써서 제스처를 보조하면 서서히 아동은 명확한 제스처 없이 단어를 인식하게 된다.
- 아동과 함께 제스처 어휘를 만들라. 제스처 어휘를 개발하여 아동이 자신의 욕구를 표현할 수 있도록 돕는다면 아동은 언어 지연이 있더라도 정확히 의사소통하는 법을 배울 수 있다.
- 사진과 몸짓을 의사소통 수단으로 사용하라. 이 도구들은 당신과 아동이 모두가 의도를 전달하는 데 도움이 될 수 있다.
- 의사소통 수단으로 만지기를 사용하라 스킨십을 다양화하라. 스킨십은 당신의 목소리 톤만큼 다양할 수 있다.
- 피드백의 따뜻함을 강조하라. 우리는 목소리 톤으로 따뜻함을 전달한다. 만약 아동이 그 피드백을 놓친다면 제스처, 얼굴 표정 그리고 손길에 따뜻함을 더하라.
- 천 개의 의사소통 순환을 열고 닫으라. 무엇보다도 아동은 의사소통을 연습할 필요가 있다. 더 많은 순환을 열고 닫을수록 아동는 자신에게 맞는 언어와 제스처를 더 잘 만들게 될 것이다.

2) 시공간 처리를 어려워하는 아동의 경우

시공간 처리에 어려움이 있는 아동들은 세상을 분명하게 보기 어렵기 때문에 제스처 의사소통에 문제가 있을 수 있다. 이러한 아동들의 공간 감각은 파편화되어 있을 수 있다. 자신을 둘러싼 환경을 통합된 형태로 인식하는 데 어려움을 겪는 것이다. 시공간 처리에 어려움을 겪는다는 것이 어떤 느낌인지 이해하려면 미로를 탐험한다고 생각해 보라. 길을 잃었고, 어디로 가고 있는지 알 수도 없다. 당신은 외롭고 고독하며 불안하다. 그 시나리오에서 무엇이 당신을 안심시켜 줄 수 있을까? 아마도 누군가의 목소리일 것이다. 그 목소리가 당신의 현재 위치를 정확히 알려 주지는 않을지라도 붙잡을 것이 되어 주며, 안도감과 위안을 줄 것이다.

시각 정보를 이해하는 능력 및 부분을 종합해서 이해하는 능력이 부족한 아동은 당신의 얼굴 표정, 자세, 손짓의 의미를 잘못 파악할 수 있다. 아동은 당신이 옆에 있는데도 어디 있는지 걱정하며 떨어지지 않으려고 할 수 있다. 당신은 목소리를 이용해서 아동의 시각적인 어려움을 상쇄해 줄 수 있다. 놀이를 할 때, 아동에게 계속해서 청각 정보를 주라. 계속해서 생기 있게 말을 이어 감으로써 아동이 당신의 목소리를 통해 연결감을 느끼게 하라. 또한 단순하고 명료한 제스처를 사용하여 명확한 시각 정보를 제공하라. 아동의 분리 불안에 대해 인내심을 가지라. 아동의 입장에서는 길을 잃은 것처럼 느껴질 것이다.

당신은 그 기술을 연습함으로써 아동의 분리 불안을 줄여 줄 수 있다. 따뜻하게 놀아 주다가 아동과 서서히 멀어지면서 계속 말을 걸어 아동을 안심시켜 주라. 천천히 움직이라. 만약 아동이 당신의 목소리를 더 이상 못 듣거나, 불안해 한다면 다시 아동의 시야에 들어와서 다시 천천히 시도하라. 누군가에게 부탁해서 아동이 당신의 목소리를 듣고 당신이 있는 곳을 찾도록 돕게 하라. 몇 주 또는 몇 달 동안, 아동이 불안해하지 않는 선에서 당신과 아동의 거리를 최대한 벌리려고 시도하라. 시간이 지나고 연습이 반복되면 서로 다른 방에서 대화를 해도 아동이 편안하게 느낄 것이다. 이 연습은 아동이 자신의 내적 지도(internal map)를 발전시키는 데도 도움이 된다. 서서히 당신의 자녀는 집의 윤곽을 인식하게 될 것이며, 당신이 시야에서 사라지더라도 자신을 떠난 게 아니라는 사실을 깨닫게 될 것이다.

3) 청각 및 시공간 처리에 어려움이 있는 아동의 경우

청각과 시공간 처리를 둘 다 어려워하는 아동의 경우에는 인내심과 명확성을 가지고 음성과 제스처를 모두 사용하여 연결감을 유지해야 한다. 이 같은 이중의 어려움을 지닌 아동은 자신에게만 몰두하는 것처럼 보일 수 있는데, 접촉을 꺼려서가 아니라 자신의 좁은 시청각 영역 안에 있는 것만 인식할 수 있기 때문이다.

아동이 지속적으로 의사소통을 할 수 있도록 도우려면 아동이 당신과 소통을 거부하는 것처럼 보이더라도 기분 나빠하지 말라. 당신의 말과 제스처를 의도적으로 제어하여 아동이 연결감을 유지할 수 있도록 도와줄 필요가 있다는 의미로 받아들이라. 천천히 말하고 움직이되, 생동감이 있어야 한다. 속도를 늦추면 당신이 보내는 메시지를 아동이 더 수월하게 처리할 수 있다. 메시지에 생동감을 불어넣으면 보고 들을 것이 늘어나므로 아동이 당신을 찾아내고 인식하기가 더 쉬워진다.

아동에게 시공간 처리 능력이 부족하면 여러 사람이 있는 곳에서 당신을 쉽게 찾을 수 없을 뿐만 아니라, 혼잡한 선반에서 장난감을 고르거나, 직소 퍼즐을 맞추거나, 블록 쌓기를 하는 것도 어려울 수 있다. 아동의 눈에 잘 띄도록 테이블이나 뒤집힌 상자 위, 또는 바닥의 빈 공간에 장난감을 놓아 두는 것이 좋다. 마스킹 테이프나 색종이로 바닥에 정사각형을 만들어서 물체가 더 눈에 띄기 쉽게 만들 수도 있다. 아동은 곧 그곳에 무엇이 있는지 찾기 시작할 것이다. 여러 부분이 움직이는 장난감은 아동에게 구별하는 능력을 길러 주는데, 각각의 움직임을 추적하는 능력을 키워 주기 때문이다. 비즈 롤러 코스터처럼 구불구불한 와이어 트랙을 따라 물체가 이동하는 장난감을 통해 상호작용할 수 있다. 운동 계획을 세우는 데 어려움이 있는 아동들은 이런 장난감을 유독 좋아하는데, 최소한의 움직임을 통해 와이어 트랙에 끼워진 물체를 움직일 수 있기 때문이다.

시공간 처리를 촉진하는 다른 활동으로는 아동을 향해 커다란 공을 굴려서 처음에는 아동이 공을 밀도록 하고, 그다음에는 공을 피해 다른 곳으로 점프하도록 유도하는 것 그리고 줄에 매달려 있는 말랑말랑한 장난감을 타격하거나 잡도록 유도하는 것 등이 있다. 어두운 방에서 손전등 불빛으로 각기 다른 물체를 비춰 보는 활동도 해 볼 수 있다. 아동에게도 손전등을 건네서 어떤 물체가 보이는지 직접 확인해 볼 수 있도록 한다. 그런 다음 손전등을 사용하여 창틀, 천장 가장자리, 가구의 윤곽선 등을 찾아보라. 아동이 책에 집중하지 못하면 방을 어둡게 하고 손전등을 사용하여 그림에 집중하게 하라. "이 것 봐! 쿠키 몬스터가 있네!"라고 신난 듯이 말하라. 아동에게도 작은 손전등을 주고 직접 그림을 비춰 보도록 하라. 그림의 특정 부분 위에 포스트잇을 붙여 두라. 아동은 포스트잇을 떼어 내며 어떤 그림이 숨어 있었는지 발견하며 즐거워할 것이다.

아동이 블록으로 구조물을 쌓아 올리지는 못해도 구조물을 쓰러뜨리거나 무너뜨리는 것은 할 수 있을 것이다. 먼저 방의 중앙에 커다란 판지 블록으로 만든 높은 구조물을 설치한다. 아동은 금세 그 구조물을 발견하고 무너뜨릴 것이다. 아동이 다시 그것을 쳐다보면 구조물을 다시 만들라. 그러면 아동은 다시 그것을 무너뜨릴 것이다. 아동이 관심을 보이면 블록 하나를 건네 봐도 좋다. 아동이 블록을 내려놓으면 그 위에 블록 하나를 올린 다음, 아동에게 다시 블록 하나를 건네주라. 아동이 그걸 내려놓으면 그 위에 블록 하나를 더 내려놓아라. 곧 당신과 아동은 블록쌓기를 하게 될 것이다. 아동이 시각적인 부분에 주의를 기울이기 시작하면 아동이 좋아하는 피겨를 '집' 또는 '지붕', '도로' 또는 '침대'에 놓아두라. 구조물의 이름을 지정하면 상호작용에 상징성과 가상놀이의 요소를 더할 수 있다.

이러한 모든 활동은 음성, 접촉, 동작을 동시에 사용하므로 시공간 처리 이상의 활동이라고 할 수 있다. 이런 식으로 아동의 발달 과정 지연을 개선하면서 아동의 능력 향상을 도모할 수 있다. 색색깔의 블록들을 쌓아 올려서 아동이 넘어뜨리도록 함으로써 아동의 눈높이에 맞게 접근할 수 있고, 아동에게 흥미를 유발하여 더 적극적으로 참여하게 할 수 있다. 손전등을 사용하면 아동이 최소한의 노력으로 즉각적인 재미를 느낄 수 있으며, 눈을 사용하는 능력도 개발할 수 있다. 시공간 처리 능력을 지닌 아동들도 이러한 활동들을 즐겁게 할 수 있으며, 이 경우 활동의 난이도를 높이면 된다.

4) 운동에 어려움이 있는 아동의 경우

운동의 어려움은 아동이 세상에 대한 내적 지도를 형성하는 것을 더 어렵게 할 수 있다. 이러한 지도를 형성하려면 아동은 운동 동작과 시각적 인식을 조화시켜야 한다. 예를 들어, 아동이 자신의 침실에 대한 이미지를 형성하려면 엄마가 왔다 갔다 하는 모습을 눈으로 따라가며 지켜본다. 그리고 엄마가 돌아다닐 때 엄마와 침실이 어떻게 보였는지 기억한다. 이를 여러 번 반복하면 자신의 침실에 대한 3차원 이미지가 머릿속에 새겨진다. 하지만 아동이 고개를 돌리지 못하거나 눈으로 어머니의 움직임을 따라가는 것이 어렵다면 침실에 대한 이미지를 형성할 수 있는 능력이 저해된다. 아동은 자신이 본 것을 기억하지 못할 뿐만 아니라, 이미지를 만들기 위해 데이터를 모을 수조차 없을 것이다.

운동에 어려움을 겪는 아동의 심정을 이해하려면 움직임을 통제하는 옷을 입었다고 상상해 보라. 그 옷은 당신이 특정 방향으로 움직이려고 할 때마다 당신을 엉뚱한 방향으로 움직이게 한다. 엄마에게 가까이 가려고 아무리 애를 써도 몸이 따라 주지 않는 것이다. 또는 움직임을 가다듬고, 근육에 힘을 넣고 어느 방향으로 갈지 결정했을 때쯤이면 어머니는 이미 다른 방향으로 가 버린 상황인 것이다.

만약 아동이 이러한 복합적인 문제점을 가지고 있다면 계속해서 반복할 수 있는 아주 간단한 동작을 근거리에서 아동과 연습해 보라. 아동이 편안함을 느끼는 자세로 연습하라. 아동이 바닥에 눕거나 소파에 기대는 것을 좋아한다면 그렇게 하도록 두라. 소파에 기댄 상태로 당신과 마주보게 하라. 아동이 자신의 코를 만지면 아동의 얼굴에 당신의 얼굴을 들이대고 생기 있게 "내 코! 내 코도 만져 봐!"라고 말하라. 아동이 당신의 코를 만지면 얼굴을 밀착시킨 채로 '삐' 소리를 내라. 그러면 아동은 삐 소리와 밀착된 당신의 얼굴이라는 이미지와 코를 만지는 동작을 연결할 수 있다. 당신이 삐 소리를 냈기 때문에 아동이 다시 한번 당신의 코를 만질 수도 있다. 이 경우에 아동은 순환을 하나 더 닫은 것이다. 이 순서를 네다섯 번, 또는 그 이상 반복한다면 아동은 1분 이상 의사소통을 지속한 것이며, 그 상호작용의 지도를 만들어 낸 것이다. 아동이 당신의 입술을 만진다면 입으로 방귀 소리를 내라. 이러한 친밀한 상호작용을 더 많이 할수록 아동은 의사소통을 더 오래 지속하고 지도를 더 많이 만들 수 있다. 아동은 조금씩 자신의 세계에 대한 내적 이미지를 개발할 것이다.

운동 계획에 어려움이 있는 아동들은 제스처 의사소통에도 문제가 있다. 이런 아동들은 자신이 원하는 것을 얻기 위해 의도적인 신호를 보낼 수 있다는 것을 배우는 것에 어려움을 겪는다. 그들은 제스처를 만드는 것에 어려움을 느끼고, 그들의 제스처는 종종 잘못 이해되기 때문이다. 만약 아동이 부모에게 자신을 안아 달라는 의도로 팔을 뻗을 수 없다면 부모가 자신을 안아 줄 때까지 기다려야만 할 것이다. 결과적으로 아동이 친밀감을 위해 자신의 요구를 신호로 보낼 수 있는 것을 배우는 대신에 친밀감은 다른 사람에 의해 무작위로 결정된다는 것을 알게 된다. 만약 아동이 아빠 코를 만져 보고 싶었는데 실수로 때렸다면 아빠는 이 행위를 공격성으로 오해할 수 있다. 아빠는 아마 화를 낼 텐데, 그럼으로써 그도 모르게 아동에게 자신의 행동과 느낌을 억제하도록 가르치게 된다.

이와 같이 의도치 않게 아동의 주도성과 감정을 억누르는 것을 피하려면 당신에게는 두 가지 과제가 생겨 버린다. 당신은 아동의 제스처 내면에 있는 의도를 읽기 위해 열심히 노력해야 하고, 아동이 주도권을 쌓을 수 있도록 기회를 만들어 줘야 한다. 다음은 이러한 작업을 수행하는 몇 가지 방법이다.

① 제스처의 어휘를 구축하라

아동은 자신이 원하는 것을 말하기 위해 복잡한 운동 행동을 형성할 수 없기 때문에 자신을 표현할 수 있는 대체 수단을 개발할 수 있도록 도와줘야 한다. 당신이 아동에게 무언가를 보여 주거나 아동이 즐기는 것을 할 때, 아동이 만드는 모든 즉흥적인 움직임을 면밀히 지켜보라. 그 동작을 모방하고 강조함으로써 의도적으로 대해 주고, 심지어 다음에는 아동의 행동의 의미를 강화하기 위해 아동의 손이나 발을 움직여 주라. 그런 다음 아동이 원하는 행동을 반복하고 즐기라. 단, 아동이 '더' 해 달라고 하는 명확한 제스처를 먼저 개시할 때까지 기다리라. 당신이 아동에게 선택지를 줄 때 아동은 눈을 깜박이거나, 혀를 내밀거나, 소리를 내거나, 코를 찡그릴 수 있다. 아동이 팔을 뻗을 수 없다면 같은 의도를 전달하기 위해 의자를 발로 차는 법을 가르쳐 줄 수 있다. 아동이 아직 기어 다니거나 장난감에 손을 뻗지 못한다면, 자신이 원하는 것을 향하여 팔을 흔드는 법을 가르쳐 주어 다음에는 아동의 의도를 읽을 수 있게 하자. 아동에게 원하는 것을 줄 때마다 '더'라는 신호를 사용하라(손을 들어 올려 손가락으로 더 달라는 방식으로). 잠시 후 아동이 제스처를 자발적으로 모방하지 않는다면 아동의 손을 잡고 어떻게 하는지 보여 주자. 대부분의 아동은 이 행동을 비슷하게 따라 할 수 있다. 이러한 방법으로 자신의 욕구를 표현하기 위해 아동은 양방향 의사소통을 사용하고, 자신의 세계에 대한 통제력을 느낄 수 있다.

② 아동에게 선택지를 주라

의도를 소통하기 위한 어휘를 만들었으면 아동이 그것을 사용할 수 있는 기회를 만들어 보라. 단순히 시리얼을 주지 말고 여러 가지 음식을 보여 주고 아동이 고르게 하자. 아동이 잘 모르는 것 같을 때 당신의 도움이 필요할 거라고 넘겨짚지 말고, 아동이 답답해 할 때 도움을 요청하게 만들자. 아동이 장난감을 갖고 놀다가 아동의 손이 닿지 않는 곳으로 굴러갈 때, 주워서 주지 말고 당신에게 요청하게 하자. 이런 식으로 아동이 수동적이 되기보다는 주도적으로 행동하도록 격려할 수 있다. 아동이 원하는 그림이나 빈 상자를 사용해 보라. 아동이 아직 손가락으로 가리키지 못해도 아동은 당신에게 상자나 사진을 집어 건네 줄 수 있을 것이다.

③ 아동의 제스처에 신속하게 반응하라

아동의 영향력과 진취성을 키우는 가장 좋은 방법은 자신이 보내는 의사소통에 어떤 결과가 나타난다는 것을 보여 주는 것이다. 아동이 자신을 안아 올려 달라고 신호를 주자마자 안아 올려 주자. 친밀감에 대한 욕구를 보인다면 "나도 너를 사랑해"라고 말하고 아동을 안아 준다. 아동이 특정 물체를 원한다고 말하면 바로 "그 숟가락을 원하니?"라고 말하라. 아동에게 다해 줄 필요는 없지만, 당신이 아동의 요구를 이해한다는 것을 보여 줄 필요가 있다. 이렇게 함으로써 당신은 아동에게 본인이 세상에 영향을 줄 수 있다는 감각을 느끼게 해 준다. 일단 제스처가 잘 확립된다면 아동에게 도전을 주거나 모르는 척 엉뚱하게 대답해 볼 수도 있다.

④ 아동의 정서적 상태에 특히 민감하게 반응하라

아동이 자신의 정서적인 욕구를 제스처로 표현할 수 없으니 당신이 세밀한 신호를 찾아야 할 필요가 있다. 아마도 아동은 비정상적으로 과하게 노력하고 있거나 후퇴한 것처럼 보일지도 모른다. 시간이 지남에 따라 아동의 징후를 알아볼 수 있을 것이다. 그런 다음, 행동하기 전에 아동에게 원하는 것을 물어보라. 아동이 필요로 하는 것을 당신에게 말할 수 있도록 함께 만든 어휘를 사용하라.

⑤ 아동의 의도를 고려하라

아동이 어떤 행동을 보일 때 상황의 문맥을 고려하여 그 행동을 오해하지 않도록 하자. 만약 당신이 아동에게 부드럽게 놀아 주고 있는데 아동이 당신의 코를 때린다면 그 행동은 의도하지 않은 것이라고 생각하는 것이 좋다. 만약 잠드냐 잠들지 않느냐의 권력 투쟁에 참여하게 될 때, 똑같은 일이 생기면 아동은 아마도 공격성을 표현한 것이다. 우리의 과제는 아동의 의도를 파악할 때까지 우리의 반응을 제어하는 것이다. 그런 다음 아동의 행동뿐만 아니라 의도에 반응하라.

제11장 플로어타임 III: 감정과 아이디어 – 아동 발달 돕기, 감정과 아이디어 표현하기

태미는 정말 아름다웠다. 붉은색 곱슬머리와 밝은 푸른색 눈을 가진 잡지 표지에 나올 법한 아이였다. 이 태미는 자폐 스펙트럼 장애로 진단받았다. 태미의 부모가 24개월 만에 처음으로 태미를 치료사에게 데리고 갔을 때, 태미는 치료사와 거의 눈을 마주치지 않았고, 자신의 통통한 손가락으로 리본을 빙빙 돌리며 조용히 자신의 세계에 빠져 있었다. 때때로 제스처를 보면서 반응했지만 계속해서 상호작용의 흐름에 참여할 수는 없었다. 그다음 해에 태미는 상당한 진보를 만들어 냈다. 태미의 부모(그리고 부모를 감독한 언어치료사, 작업치료사, 심리학자, 상호작용적으로 놀기 위해 고용한 학생들과 함께)의 집중적인 노력 덕분에 태미는 가족과 평화롭게 어울리고, 연속으로 20~30개의 의사소통 순환을 열고 닫을 수 있었다.

그러나 여러 면에서 태미의 행동은 매우 딱딱한 느낌이 여전히 남아 있었다. 태미는 변화에 대한 어떤 시도에도 저항하면서 똑같은 행동을 반복했고, 태미는의 언어는 약 15개의 단어로 이루어진 문장을 암기한 것이었다. 태미는 종종 자신이 들었던 말의 마지막 단어를 따라 하거나 마음에 드는 구절은 몇 번이고 계속 반복했다. 그러나 친밀감과 의사소통 영역에서의 중대한 진전은 다음 단계인 감정과 사고의 유연하고 창조적인 표현으로 넘어갈 수 있게 해 주었다.

이 경우의 과제는 태미가 가상놀이에 빠지게 하는 것이었다. 태미의 놀이가 무척 기계적이었기 때문에 쉽지 않은 일이었다. 성공의 핵심은 태미가 좋아하는 대처 행동과 관련이 있다. 태미는 과부하가 될 때마다 방의 반대편으로 달려가서 바닥에 자신의 몸을 던졌다. 거기서 내면의 신호가 이제 움직이라고 할 때까지 3~30분간 누워 있었고, 그런 뒤엔 엄마가 태미의 관심을 다시 사로잡을 수 있을 때까지 목적없이 돌아다녔다.

태미가 바닥에 누울 때마다 사람들은 낮잠을 자는 척했다. 태미의 행동에 의미를 부여해 주는 것으로 어쩌면 태미는 가상놀이를 하게 될지도 모른다.

치료실에서 몇 분간 논 이후, 태미는 놀이에서 빠져나와 방의 반대편으로 달려가 몸을 바닥에 던졌다. 태미를 꾸짖는 대신에 엄마는 "태미가 낮잠을 자네. 모두 조용히 하자!"라고 했다. 아빠는 아이 옆에 곰 인형을 놓아 주었다. 곰 인형이 태미의 몸에 닿는 순간, 태미는 더 먼 곳으로 달려가 다시 누웠다. 부모의 행동이 태미에게는 명백히 침입이었다. 그들은 놀랐지만 다시 시도했다. "태미가 여전히 낮잠을 자고 싶어 하는 것 같네." 엄마는 곰 인형을 태미에게 가지고 가서 말했다. "나 곰 인형도 자요." 그러자 태미는 엄마에게 곰 인형을 던졌다. 엄마는 다시 한번 시도했다. 엄마는 조심스럽게 "너와 같이 낮잠을 자면 어떨까?"라고 말했다. 엄마는 장난감 사자를 주워 태미에게서 조금 멀리 떨어진 곳에 눕혔다. 태미는 의심하는 눈으로 "너무 가까이 오지 않는 것이 좋을 거야"라고 말하는 것처럼 엄마를 쳐다보았다. 그러나 엄마는 태미을 따뜻하게 바라보면서 태미의 주변을 지켰다. 잠시 후, 태미가 일어나 조심스럽게 엄마에게 다가가더니 사자를 움켜잡고 다른 인형 곁에 놔 두었다. 엄마는 기회를 놓치지 않고 "내가 사자가 될 수 있을까?"라고 말하며 네 발로 기는 자세를 취했다. 태미는 엄마를 쳐다보더니 엄마 등에 올라탔다.

그다음 며칠 동안, 태미가 바닥에 스스로를 던질 때마다 부모는 장난감 동물을 집어들고 옆에 누워 태미의 활동에 동참하려고 했다. 매번 부모는 눈짓을 교환했고, 태미에게 등에 타기를 제안했다. 2주 후 어느 날, 태미는 곰 인형을 찾아와 엄마를 보며 "잠", 이라고 말했다. 태미는 가상놀이에 동참하기로 결정한 것이다.

태미의 부모는 너무 기뻤고, 놀이에 요소를 추가하기 시작했다. 처음에 부모는 태미에게 담요를 주었고, 불을 끄고 자장가를 불러 주었다. 태미가 일어나면 "태미가 일어났구나! 좋은 아침이야!"라고 말하고 다시 불을 켰다. 이 모든 것이 처음에는 반항을 일으켰지만 몇 차례 반복되자 태미는 이를 받아들였다.

곧 태미의 엄마는 다른 요소를 집어넣었다. 태미가 인형을 재우면 엄마는 다른 인형을 들고 와서 "쉿, 인형이 낮잠을 자고 있어!"라고 말했다. 놀랍게도 태미는 이 시나리오를 즉시 채택했다. 태미는 그 인형과 동일시하는 것 같았고, 거기에 자신의 생각을 더했다. 태미는 인형을 열렬하게 깨우며 "일어나!"라고 말했다.

점차적으로 태미의 부모는 이야기 내용을 확장했다. 부모는 인형을 가지고 테이블에 앉히거나 인형에게 태미을 위한 아침 식사를 만들어 주자고 요청했다. 조금 지나면 태미는 자신의 아이디어로 이 장면을 보완하기 시작했다.

태미는 실제 삶에서 잘 알고 있었던 이러한 활동을 가상놀이로 실험을 하기 시작했다. 조금씩 태미의 놀이가 확대되고, 성장함으로써 아이디어의 세계를 통합하는 능력도 증가했다.

1. 가상놀이의 중요성

가상놀이로의 전환은 아동이 할 수 있는 가장 중요한 도약 중 하나이다. 상자가 난로라고 하거나 옷장이 상점인 것처럼 상상함으로써 아동은 고정적인 세계에 대한 의존을 덜할 것이고, 대체할 수 있는 물체로 머릿속에서 상상하기 시작할 것이다. 다음으로 아동은 마임을 하듯이 냄비를 난로 위에 놓는 흉내를 내기 위한 행동을 할 수 있다. 이렇게 함으로써 아동은 추상적으로 생각하기 시작한다. 이는 엄청나게 힘이 된다. 추상적 사고는 우리가 하는 대부분의 일에 있어 핵심이다. 실제로 행동을 취하지 않고도 우리 마음속에서 아이디어를 실험할 수 있게 해 준다. 우리가 상상할 수 있는 추상적 사고 덕분에 다른 사람들을 이해하고, 우리 앞에 있지 않은 것을 개념화할 수 있으며, 시간, 공간, 속도 및 변화율을 계산할 수 있다. 그리고 우리는 행동의 결과를 볼 수 있다. 추상적으로 생각할 능력이 없다면 우리는 당장 이 순간에만 국한되어 있을 것이다. 계획을 할 수 없고 반응만 할 수 있었을 것이다.

대부분의 아동에게 사실인 것처럼 상상하는 것은 자동으로 되는 일이다. 아동은 단지 친밀감, 양방향 의사소통의 경험, 가장 일반적인 대상에 관한 정교한 환상을 만들어 내기 위해서 부모와 다른 사람들의 참여만 필요할 뿐, 부모에게서 자극을 받을 필요는 없다. 그러나 특별한 요구를 가진 아동의 경우에는 이러한 전환은 반드시 연습이 되어야 한다. 이 아동들은 고정된 방식으로 노는 것이 더 쉽고, 물체에 대한 환상의 가능성보다는 보이는 대로만 본다.

가상놀이는 상징을 사용하게 만들고, 상징을 사용하는 것은 특별한 요구를 가진 많은 아동들에게는 쉽지 않다. 아동은 양동이의 돌이 바구니 안의 사탕이라고 상상할 때, 아동은 마음속에서 돌을 사탕으로 상징한다. 아동은 머릿속으로 사탕에 대한 이전의 경험, 즉 어떻게 생겼는지, 맛은 어떤지, 손과 입 안에 있을 때의 느낌을 불러와서 다중 감각적인 그림을 머릿속에 그린다. 바로 사탕이라는 개념 자체를 말이다. 상당한 수의 경험을 한 아동은 사탕과 수백만 가지의 다른 사물에 대한 다양한 감각적 생각을 창작할 수 있으며, 아동은 놀이할 때 그 아이디어를 손쉽게 사용한다.

그러나 감각 반응 및 처리에 어려움을 겪거나 운동 문제가 있는 아동은 아이디어를 발생시키는 데 수많은 방해를 받는다. 아동의 경험은 자신의 어려움으로 인해 제한되어 왔다. 아동은 특정 감각에 대한 정보가 부족할 수도 있다. 다른 감각에서 나온 정보가 왜곡되거나 단편화될 수도 있다. 아동의 운동 문제는 여러 가지의 경험을 신체적으로 제한해 왔을지도 모른다. 아동이 시각적인 문제를 가지고 있다면 아동은 더 이상 자신의 앞에 있지 않은 물체에 대한 이미지를 머릿속에 그리지 못할 수 있다. 결과적으로 아동은 자신의 세계에서 마음의 이미지를 만들어 내는 데 어려움을 겪을지도 모른다. 아동은 앞에 있는 돌로 놀 수는 있지만 돌이 사탕인 것처럼 가정하는 것은 어려울 수 있다. 왜냐하면 아동은 사탕이라는 생각을 마음에 품을 수 없기 때문이다.

청각 처리에 어려움을 겪는 아동은 마음속에 소리와 말을 기억하는 것에 어려움을 겪을 수 있다. 그에게 시각적 이미지와 촉각 경험 및 운동 탐험에 관한 것을 단어로 연결하는 것은 어려울 수 있다. 우리의 생각은 모든 감각뿐만 아니라 운동 체계에 대한 경험에서 비롯된다. 우리는 아이디어를 형성할 때 그 모든 정보를 통합한다. 처리 문제가 있는 아동은 접촉으로 경험했던 각각의 요소를 통합하는 데 어려움을 겪는다. 그럼에도 불구하고 부분 청력이나 시력만 가지고 있는 아동들은 그 경험을 더 큰 전체로 통합하여 처리할 수 있다.

가상놀이를 어렵게 만드는 또 다른 요소는 행동과 상징에 대한 열망을 연결시키기 위해 아동이 자신의 소망이나 욕망을 그려야 한다는 것이다. 제10장에서 설명한 것처럼, 처리 과정에 문제가 있는 많은 아동은 감정과 행동, 궁극적으로 감정과 상징 사이의 연결고리를 형성하는 것에 어려움을 겪는다. 의사소통의 기본 단위, 즉 감정, 행동 및 상징 사이의 연결이 누락된 것이다.

특별한 요구를 가진 아동이 이 중요한 연결고리를 형성하도록 돕기 위해서 모든 학습을 아동의 소망과 의도와 연결하는 것이 중요하다. 아동이 인형을 향해 손을 뻗을 때마다 당신이 "인형, 인형 주세요."라고 말한다면 아동은 '인형을 갖고 싶다'라는 말과 생각을 연관시키게 될 것이다. 배움은 깊게 자리 잡은 감정적 의미를 갖게 될 것이다. 그것은 인형을 원하는 아동의 일부분을 정의할 것이다. 만약 당신이 아동에게 쿠키를 주지 않아서 아동이 당신의 발을 밟는다면 "화났어? 쿠키가 없어. 쿠키 주세요!"라 말하라. 아동은 분노와 쿠키를 내부에서 느끼는 감정과 원하는 것을 말하기 위한 단어로 연관시킬 것이다. 다시 말하자면 그 학습은 앞으로 아동을 또 다른 의미 있는 자신으로 정의할 것이다.

따라서 아동이 생각과 단어를 사용하는 법을 배우도록 돕는 규칙은 바로 아동의 소망과 의도에 당신의 단어와 생각을 연결하는 것이다. 아동이 관심을 보이는 것과 감정을 가지고 있는 것에 대해 아동과 함께 노력하는 한 당신은 아동을 생각의 세계로 나아갈 수 있도록 도와주는 것이다. 당신은 이 기술을 가상놀이에서 그리고 제스처 또는 언어를 통한 일상적인 대화의 두 영역에서 연습할 수 있다. 다음은 그것을 어떻게 가능하게 할 수 있는지 설명한다.

2. 아동이 가상놀이를 배우도록 도와주기

아동이 대화에서 많은 의사소통의 순환을 닫을 때 가상놀이를 소개할 준비가 된 것이다. 가장 좋은 방법은 아동이 가장 좋아하는 활동에 상상을 통해 믿는 가상의 요소를 추가하는 것이다.

- 아동이 간지러움을 태우려고 할 때, 손가락 대신에 '간지럼 벌레' 인형으로 간지럼을 피우라.
- 아동이 인형을 가지고 노는 경우에 다른 인형을 가지고 와서 당신의 인형이 아동에게 말을 걸거나 당신의 손에 인형을 끼우고 인형의 목소리로 말하라.
- 아동이 기계적으로 자동차를 바닥에 굴리고 있으면 운전기사에 대해 묻거나 차 안에 인형을 넣으며 "나 좀 태워 줘!"라고 말해 보라. 차 안에 인형을 넣을 수 없다면 점토를 이용해서 작은 피겨를 만들어서 차 위에 앉히자.
- 아동이 미끄럼틀을 올라갈 때 미끄럼틀을 산이라고 불러라. 아동이 그네를 타면 그네를 높게 잡고 초를 센 후(5, 4, 3, 2, 1), 아동을 우주선에 태워 달로 발사시키겠다고 하거나 폭풍우 치는 바다 위에서 운항하는 배처럼 밀라.
- 아동이 놀면서 배고프거나 목말라 하면 먼저 가상의 음식과 음료를 주는 척하라(찻잔 세트와 장난감 음식으로). 한 번 먹고 "맛있어!"라고 반응한 뒤 아동에게도 주자.
- 아동을 부를 때 아동의 이름에 역할을 추가하라. 후안 선장, 사라 우주 비행사, 데릴 요리사, 셀리나 의사 등으로 말이다. 이것은 아동 자신이 다른 사람이라고 상상하도록 격려할 것이다.

모든 놀이 행동을 상상의 방식으로 대한다. 당신이 아이였을 적에 상상의 모험을 떠났던 순간을 기억해 내고 아동과 상상의 나래를 펼쳐 보자.

1) 드라마의 캐릭터 되기

아동을 참여시키는 가장 효과적인 방법은 당신의 행동에 아동을 포함시키는 것이다. 당신은 드라마에서 반드시 캐릭터가 되어야 한다.

- 아동이 인형을 가지고 놀 때, 아동의 인형이나 다른 인형을 들고 얘기하라. "배고파! 나는 뭔가 먹을 걸 원해! 이제 사과 소스가 필요해! 이제 우유를 원해!" 아동이 하는 일에 대해 의견을 말하지 말라. 당신을 아동의 드라마에서 캐릭터가 되게 하라. 또한 아동의 인형과 직접 이야기하라. 아동에게 인형에 대해 묻는 대신에 인형에게 물어보라. "우유를 원하니, 사과 주스를 원하니?"
- 아동이 차를 바닥에 가로지르게 굴리다가 인형을 차 안에 넣으면 인형에 대해 이야기하라. "동물원에 가고 싶어? 동물원으로 갈까, 집으로 갈까?" 아동이 당신의 침입에 망설인다면 차 앞에 건물을 두고 "여기 집이 있습니다. 이제 차가 집에 있어요." 라고 말한다. 아동이 두려움에 빠지면 두 번째 차를 타고 "경주하자. 내가 더 빠를 걸!"이라고 말한다. 아동의 관심을 끌기 전까지는 아동의 자동차를 중심으로 다른 시나리오를 시도해 보라. 일단 그렇게 하면 당신이 만든 캐릭터로 드라마에 머물러 있으라.
- 아동이 냄비를 두드리고 있을 때, "나도 밴드야!"라고 말하며 아동과 같이 냄비를 두드리라. 새로운 도구를 소개하고, 아동이 당신에게서 그것을 가져 가는지 확인하라. 드라마에서 당신을 드라마의 핵심 인물로 삼아 아동의 연주를 가상놀이로 바꾸도록 만들라. 두드리는 것에 목적을 두기 위해 행진을 시작하라. 증명하기 위해 에코마이크를 추가하라. 아동에게 마이크를 설명한 후 건네주거나 입에 대 주라.

아동이 자신의 가상의 아이디어 범위를 확장할 때까지 직접 장난감 자동차를 운전하거나, 장바구니를 밀거나, 음식을 먹기를 원할지도 모른다. 아동이 자신을 대표하기 위해 작은 모형이나 인형을 사용할 때 (아동이 자신이 운전하는 차에 인형이 타는 것을 거부하는 것을 그만할 때) 당신은 아동이 상징적인 사다리에서 한 걸음 나아갔다는 것을 알 수 있을 것이다.

2) 가상놀이를 위한 아이디어는 어디에나 있다

당신이 아동의 놀이에 가상놀이를 들여올 때, 당신은 아동의 안내를 따르게 될 것이다. 새로운 활동을 소개하는 대신에 이미 하고 있는 활동에 상상의 요소를 추가할 것이다. 많은 소품을 준비하면 더 쉽다. 요리 도구, 냄비 및 프라이팬, 빈 음식 용기 및 기타 일상용품은 장난감 자동차 및 트럭, 차고 및 주택, 블록 및 기차, 동물 및 인형처럼 드라마에 기여할 수 있다. 이러한 개방형 도구는 아동이 원하는 대로 드라마를 개발할 수 있게 해 준다. 그 소품들은 아동이 인식하는 실생활의 양상을 나타내므로 아동은 현실의 장면을 재창조하게 된다.

아동이 여러 종류의 인형으로 놀고 있을 때, 일상생활을 시뮬레이션할 수 있는 기회를 찾으라. 인형은 요리를 할 수 있고, 식탁을 차릴 수 있다. 동물 인형은 침대에 누울 수 있다. 인형은 식료품 가게에 갈 수 있다. 아동에게 매우 친숙하고 중요한 이러한 활동은 대개 초기 상상의 가장 쉬운 자료이다.

아동은 실제 경험으로부터 가상놀이를 만들기 때문에 아동이 폭넓은 경험을 할 수 있도록 도와라. 공항, 소방서, 동물원에 가라. 버스, 회전목마, 기차를 타보라. 놀이를 통해 이러한 경험을 집으로 가져와라. 원 안을 돌아다니거나 위아래로 움직이고 원 안에서 장난감 말을 달리게 해 봄으로써 회전목마를 재현하라. 하늘의 비행기를 바라볼 때, 아동이 당신을 멀리 날아가고 있는 것으로 생각하게 하라. 이 경험을 활용하여 아동이 상상력을 발휘하는 것을 연습하도록 도와라.

가상놀이에서 아동에게 대처 행동을 요청하는 것에 대해 두려워하지 말라. 태미의 부모는 태미가 달아나는 것을 낮잠으로 가상한 것처럼, 당신은 아동의 특별한 행동에 의미를 부여할 수 있다. 예를 들어, 아동이 자주 팔을 벌리면 비행기가 되는 것이 재미있는지 확인하라. 아동이 끈기 있게 문을 열고 닫을 경우, 다른 쪽에 있는 누군가를 찾아보는 것에 초점을 두게 하거나 아동의 곰 인형을 문에 걸리게 하라. 문을 잠그고 여는 열쇠를 주라. 운동 계획에 어려움을 겪는 아동들은 매우 간단한 행동을 반복적으로 할 수 있다. 그러한 행동에 상징적인 의도를 두는 것은 그 의미를 바꾸게 하고, 아동이 그 이상으로 나아갈 수 있도록 돕는다.

3) 드라마를 계속 유지하기 위해 줄거리를 확장하기

부모에게 가장 많이 듣는 불만 중 하나는 "내 아동이 너무 반복적이어서 동일한 장면을 계속해서 놀이합니다."이다. 사실이다. 아동의 선호도에 맡기자 특별한 요구가 필요한 대부분의 아동은 같은 장면을 반복해서 놀이한다. 친숙함이 편안한 것이다. 여러 발달 지체를 가진 아동은 안전에 대한 친숙함을 의지한다. 당신의 과제는 새로운 방향으로 드라마를 펼치고, 아동의 주제에 머무르며, 아동이 생각하지 않았던 요소를 소개하는 것이다.

- 아동이 소방차를 반복적으로 사용하여 불을 끄는 경우, 나무에 걸려서 도움이 필요한 고양이가 되거나 나무에 고양이 장난감을 올려놓고 말하라. 그런 다음 119에 전화하라.
- 아동이 상점을 자주 방문하여 매번 같은 품목을 사면 매장 관리자가 되어 "더 이상 우유가 없습니다. 모두 팔렸습니다. 빵으로 대신하시겠습니까?"라고 말한다. 또는 아동이 도착하는 즉시 상점을 닫으라.
- 아동이 계속해서 낮잠을 자는 놀이를 한다면, 낮잠 자기를 거부하거나 일어나기를 거부하는 아동이 되는 것이다.

아동이 반복적으로 익숙한 대사(노래, 책 또는 영상의 한 구절)를 사용하는 경우, 이러한 대사를 기반으로 하는 가상놀이를 사용하라. 장면을 약간 다른 방식으로 진행하거나 이전의 소품 대신에 새로운 소품을 사용하는 등 점차적으로 새로운 요소를 소개하라. 익숙한 대사나 만화 캐릭터를 조금씩 새 것으로 바꾸라. 아동을 위한 대사가 많을수록 아동을 새로운 방향으로 나아가게 하기 위해서 당신은 아동에게 영감을 줄 수 있는 창의적인 동작과 단어를 사용해야 한다. 아동이 선호하는 활동을 물리적으로 방해하는 것에 대해 부끄러워하지 말라. 장난감 열차가 원으로만 가는 경우에 다른 열차 궤도를 차단하고 '닫힌 상태'라고 말하거나 트랙 위의 인형을 가로지르며 "나 타고 싶어!"라고 말한다. 캐릭터가 되어 새로운 방향으로 드라마를 찍음으로써 당신은 아동의 레퍼토리를 천천히 확장할 수 있다. 당신이 반복하지 않는다면 아동 또한 할 수 없을 것이다. 좀 더 창의적으로 되기 위해 아동의 반복적인 모습을 보라. 인내심과 끈기가 있다면 아동의 유연성을 키우면서 아이디어의 세계로 나아가게 할 수 있다.

아동이 지체장애라고 해서 생각을 제한하지 말라. 운동장애가 있는 아동은 특히 아직 수행할 수 없는 행동을 연습할 필요가 있다. 이 연습은 다른 아동들이 할 수 있는 일을 자신도 할 수 있는 사람으로 생각하도록 격려한다. 운동 발달이 지연되더라도 아동의 생각을 과소평가하지 말라. 비록 아동이 여전히 그의 자리에 앉기 위해 도움이 필요할지라도, 아동은 자신의 인형을 계단을 타고 올라가 미끄럼틀 아래로 내리고, 수영장에서 다이빙하거나, 승마를 하는 척할 수 있다(아동이 인형을 더 쉽게 움직일 수 있도록 인형을 고정시키는 데 고무 밴드, 접합제 또는 테이프를 이용하자).

4) 갈등 또는 도전을 들여오자

아동이 시작한 모든 일을 단순히 함께하는 대신, 아동의 의지를 가진 캐릭터가 되어 주라. 아동의 결정에 항의하고 대안을 제공하라.

- 당신의 강아지 인형이 입을 열기 거부하고 신음하도록 만들라. "음, 음, 음!"
- 아동이 당신의 인형에게 옥수수를 먹도록 지시하면 따르지 말라. "싫어!" 또는 "나는 아이스크림이 먹고 싶어요! 아이스크림 주세요!"라고 말하자.
- 아동의 차가 도로에서 속도를 낮추면 당신의 차를 아동의 차 옆에서 몰지 말라. 아동의 차에게 말하고 항의하라. "여긴 내 길이야!"
- 아동이 우주선에 자신의 캐릭터를 넣을 때, 당신의 캐릭터로 "내 차례야. 나는 달에 갈 거야!"라고 말하라. 아동이 당신의 캐릭터를 제쳐 두고 밀어붙이면 "너는 나를 밀어낼 수 없다. 나는 레이저 총을 가지고 있다!"라고 말하라. 아동의 부정적 반응을 다른 요소를 삽입하기 위한 하나의 유인으로 사용하라.

아동이 한 일을 똑같이 하거나 설명을 하기보다는 그가 해결할 문제를 만들어서 다음 단계 또는 아이디어로 넘어가게끔 아동을 자극한다. 아동이 속삭임을 계속하도록 격려하기 위해 "어이, 당신은 무엇을 할 것입니까? 그는 정말 짓궂어!"라고 말하거나, 만약 아동이 머뭇거린다면 아동이 선택할 수 있는 두 가지 제안을 속삭이라.

새로운 요소를 소개한 후에는 아동에게 반응할 기회를 주라. 시간이 주어지면 아동은 당신의 새로운 생각을 받아들이거나 당신이 제기한 문제를 해결할 수 있다. 아동이 응답하지 않으면 동일한 아이디어 또는 새 아이디어로 다시 시도하라. 결국 아동은 더 유연해질 것이다.

얼마나 자주 이것을 해야 하나? 자발적 행동을 유지하기 위해 필요한 만큼 참신함을 가져오자(아동이 진전을 보이지 않을 때, 아동의 놀이가 기계적인 암기가 될 때, 당신을 드라마 밖으로 내쫓을 때). 당신은 몇 초마다 그것을 할 필요는 없지만, 당신이 그 드라마를 이끌고 있다고 느끼지 말라. 목표는 아동을 새로운 방향으로 자극하고, 따라서 나아가는 것이다. 아동의 통제력이나 융통성 없는 생각을 과장하는 것조차도 아동이 무엇을 하고 있는지 깨닫고 뒤로 물러서도록 도울 것이다. 당신은 상관이 그렇게 말했기 때문에 아동의 인형에게 움직이지 말라고 말할지도 모른다.

이 모순이 부정적인 것처럼 보이거나 아동에게 나쁜 본보기를 두는 점에 대해서 염려하지 말라. 나중에 좋은 자세로 일하고, 다른 예의 규칙을 따르는 기회가 주어진다. 지금 가장 중요한 것은 아동이 가능한 한 가장 풍부한 드라마를 개발하도록 돕는 것이며, 반대하고 갈등을 일으킬 때마다 당신은 아동이 창의력을 발휘하고 새로운 아이디어를 개발하여 표현하도록 돕는 것이다.

5) 아동의 감각 · 운동 · 처리 능력을 관련시키기

줄거리를 탄탄하게 하는 방법을 찾으면서 감각 경험과 운동 및 처리 기술을 다루는 데 어려움을 가지고 있는 아동을 줄거리에 속하도록 시도하라. 아동이 만지기를 좋아하지 않고 대부분의 질감을 피하는 경우에 다른 질감을 사용하라. 인형은 점토 또는 모래 옥수수 녹말을 물에 섞어서 요리할 수 있다. 인형은 물, 스티로폼 땅콩 또는 면도 크림에서 수영할 수 있다. 다치는 것을 방지하기 위한 모래를 통하여 자동차는 샌드페이퍼 또는 알루미늄 호일 위, 판지의 언덕 아래로 경주할 수 있다.

또한 연극에 소리를 접목하자. 기차와 차는 다른 종류의 피리 소리와 호각 소리를 낼수 있다. 인형은 악기를 연주하고, 모든 종류의 음악(단지 아동용 테이프가 아닌)에 춤을출 수 있다. 간단한 마이크를 사용하고 드럼을 (막대기와 쟁반으로) 연주하라. "신사 숙녀 여러분, 제이콥과 그의 밴드를 소개합니다!"

아동이 자세를 유지하는 데 어려움이 있고 바닥이나 아늑한 곳에 눕기 위해 도움을 얻으려고 하는 경우, 아동은 공간을 통해 예기치 못한 움직임을 수행하는 것을 꺼릴 수있다. 아동을 움직이게 하는 방법을 찾아야 한다. 아동의 기차가 짧게 직선으로 왔다 갔다 움직이는 경우, 당신의 기차와 거실 의자의 산을 가로지르는 경주를 제안하라. ("안돼! 기차의 속도를 올려야 해!"). 다음에 무엇이 오든지 환영하며, 아동은 일어나서 그것을 따라하거나 되찾아올 것이다. 아동의 인형이 좁은 지역에서 놀고 있다면 당신은 집에서 도망쳐서 어느 정도 거리가 있는 곳에 떨어져서 구출될 필요가 있는 작은 개가 돼라. 종종 순서를 지정하는 데 어려움을 겪게 되면 아동은 같은 일을 반복하고 또 반복한다. 당신의 움직임들은 다음 단계를 제안할 것이다.

아동이 청각 관련 문제에 어려움을 겪고 있다면 극적인 대화의 대부분을 짧고 간단하게 하라. 익숙한 단서를 사용하라. 점차 길게, 더 복잡한 구를 소개할 때, 아동의 행동은 이것과 밀접하게 연관되고, 이를 이해하기 위해서 천천히 자신의 능력을 늘린다.

이 모든 소개를 부드럽게 하라. 각각의 소개는 아동에게 불편함을 줄 수 있으며, 저항을 유발할 수 있다. 그것을 강요하지 말라. 아동이 오늘 또는 내일, 그다음 날 플레이 점토로 요리하기를 원하지 않는다면 아동은 다음 주 또는 다음 달에 할지도 모른다. 이러한 새로운 경험을 위협적이지 않은 방식으로 사용하게 함으로써 아동은 천천히 가상의 맥락에서 불편함을 줄일 수 있다. 아동은 당신이 한 일을 기억할 것이고, 자신이 움직이려고 할 때, 다른 것을 시도하려는 의지가 있을 것이다. 그러나 아동이 참신함을 환영할 수도 있다. 당신이 움직이기 전에 아동이 응답을 구성할 수 있을 때까지 지연을 예상하라.

6) 놀 때 단어 사용하기

아동이 아직 언어를 구사하지 못할지라도, 긴 혼잣말보다는 아동이 하고 있는 일이나 감정에 직접적으로 관련이 있는 단어와 짧은 구로 아동과 이야기해야 한다. 당신의 단어를 아동의 기본 감정과 연결시킴으로써 당신은 아동이 말하는 것을 도울 수 있다.

샘과 샘의 아빠, 폴은 방 주변에서 트럭을 끌고 다녔다. 폴이 트럭을 빨리 움직일 때마다 샘의 눈이 밝아졌다. 폴이 속도를 늦추자 샘은 빠져들지 못하는 것처럼 보였다. 행동에 단어를 추가하기 위해 폴은 트럭을 빠르게 굴릴 때마다 "빠르게!"라고 말했고, 천천히 움직일 때마다 "느리게!"라고 말했다. 몇 분 후에 샘의 아빠는 샘을 보고 "빠르게? 느리게?"라고 물었다. 샘이 대답을 하지 않았기 때문에 폴은 트럭을 굴리며 다시 질문을 반복했다. 몇 번의 시도 끝에 샘이 대답의 의미로 손을 흔들었지만, 폴은 혼란스러워 보였다. "빠르게? 느리게?" 샘의 아빠는 다시 물었다. 샘이 여전히 손을 흔들었지만 폴은 또 혼란스러워 보였다. 네 번째 질문을 반복 한 후에 샘은 "느리게!"라고 말했다. 폴은 트럭을 느리게 움직였다. "빨라, 빨라, 빨라!" 샘은 자신이 말하려고 했던 것을 처음으로 말하면서 소리쳤다. 폴이 트럭을 카펫 위를 가로질러 경주했을 때 샘은 얼굴 전체에 커다란 미소를 지었다. 게임은 30분 동안 계속되었고, 첫 번째 구두 의사소통을 했다.

폴은 나중에 샘이 그 단어를 너무 빨리 배웠다는 사실에 놀랐다. 단어가 아동의 제스처, 동기 부여, 강한 감정과 관련이 있다면 빨리 배울 수 있다.

아동이 무언가(장난감, 또는 엄마의 얼굴이든, 밖에 나가기를 원하는 욕망이든)에 흡수되면 배움에 동기가 부여된다. 그 활동에 대한 아동의 관심은 배움이 현실이 될 것이라는 것을 의미한다. 아동은 그 단어를 말할 뿐만 아니라 미래에도 그 단어의 개념을 이해하고 기억하게 될 것이다.

이러한 배움은 아동이 암기할 때 일어나는 것과는 매우 다르다. 당신은 무슨 일이 일어나는지 목격했을지도 모른다. 아동은 요일이나 다른 간단한 단어를 암기하고 질문할 때 명료하게 내뱉는다. 그러나 아동이 새로운 상황에 처하게 되면 배움은 갑자기 사라져 버린다. 세상 모든 것을 재촉하면서 아동은 무슨 말을 해야 할지를 기억할 수 없다. 단어들을 독립적으로 배웠기 때문에 아동은 단순히 소리만 외웠던 단어의 완전한 의미를 흡수하지 못했다.

흡수한 활동의 맥락 안에서 새로운 단어를 소개함으로써 아동이 단어의 의미를 배우도록 도울 수 있다. 만약 맥락이 감정으로 가득 차면 그 단어들은 그 감정과 묶일 것이고, 아동의 목적의식의 기반이 될 것이다.

- 아동이 달리거나 뛰거나 미끄럼틀을 타고 내려갈 준비를 할 때, "준비, 준비,"라고 말하고, 아동이 움직이기 시작할 때 "시작!"이라고 외친다. (여러분이 먼저 하면 아동이 의사소통의 순환을 이해할 때 언어 및 비언어로 반응을 할 것이다.) 당신은 "하나, 둘, 셋, 시작!" 또는 "오, 사, 삼, 이, 일, 발사!"와 같이 카운트다운을 할 수 있다.
- 아동이 말타기를 할 때, 아동은 당신을 왼쪽 또는 오른쪽으로 가게 하기 위해 제스처를 취하고 당신에게 선택한 방향을 말할 것이다.
- 아동이 자신의 차를 경주하고 신이 나서 얼굴에 빛이 날 때, "차가 빨리 달렸네."라고 말하라.
- 아동이 문 옆의 개를 잡으면 "애완견!"이라고 말하라.
- 아동의 구슬을 가져가려고 할 때, 당신이 "내 거야!"라고 말하라. 그러면 아동은 바구니를 당기며 더욱 큰소리로 "내 거야!"라고 말할 것이다.

새로운 단어가 항상 아동의 감정과 제스처에 연결되어 있다면 아동의 어휘는 의미 있는 방식으로 성장할 것이다. 열정이 넘치는 목소리를 유지하고 말할 때, 음색을 다양하게 하라. 당신의 영향력을 높이고 다양한 감정과 상황을 맞추라.

놀랍게도 말을 시작한 것이 늦은 아동들은 "고장이 났어! 고쳐!" "오, 안 돼! 무슨 일이야?"와 같은 강한 감정을 지닌 단어를 사용한다. 이 단어들은 무언가가 잘못되어 가고 있는것과 관련이 있으며, 자동적으로 실망, 놀람, 분노 또는 절망에 대한 강한 감정을 반영한다. 아동은 다른 사람들이 강한 감정과 함께 그 단어가 표현되는 것을 듣기 때문에 그 단어들이 흡수되고 따라 하게 된다. 그것들은 또한 문제 해결과 공감을 이끌기 때문에 인상을 남긴다.

3. 일상적인 대화 안에서 아동이 아이디어를 사용하도록 도와주기

놀이 도중에 아동이 감정과 동작을 지명하기 시작할 때, 아동은 일상생활에서도 같은 일을 할 수 있다.

- 아동이 냉동실에 있는 아이스크림을 가리키면 "아이스크림을 원하니?"라고 말한다.
- 아동이 숟가락을 떨어뜨려서 호들갑을 떤다면 아동의 감정에 맞추기 위해 "어~, 오!"라고 말하라. 그다음에 해결책을 제시하기 위해 "숟가락을 원하니?"라고 말하라. 감정을 갖고 그 순간이 이어지도록 "안 돼, 사라가 다쳤네. 무릎에 상처가 생겼네. 아프니? 많이 아프니?"라고 반복하는 것을 망설이지 말라.
- 침대에 가기 위해 아동을 계단으로 옮겼을 때, 아동이 울면 "슬프니? 화나니? 침대가 아니니?"라고 말하라.

당신의 말을 아동의 감정과 연결시킴으로써 당신은 아동이 자신의 말과 의미를 연결시키는 데 도움을 줄 수 있다. 점차적으로 아동은 그 단어를 사용할 수 있게 된다.

할 수만 있다면 아동이 어떤 것을 원할 때 당신이 반응을 얻을 때까지 기다려라(쳐다봄, 손을 뻗음, 목소리, 단어). 이 순간을 포착하고 아동이 포기하거나 실패할 것이라는 생각이 들 때까지 저항하라.

1) 언어적 의사소통의 순환 늘리기

아동이 닫았을 수 있는 제스처 순환의 수를 늘리려고 아동을 연구했던 것처럼, 이제 당신은 아동이 닫을 수 있는 언어적 순환의 개수를 늘리는 것을 원할 것이다. 다시 말해, 당신은 아동의 요구를 연기하거나 협상함으로써 이것을 할 수 있다.

- 아동이 문 손잡이를 잡고 "밖으로!"라고 말할 때, 아동을 밖으로 나가게 두지 말고 붙잡아 두라. "너무 추워!" 또는 "부츠가 필요해!"라고 말하라. 아동은 불평할 가능성이 있다. "너무 추워. 안 돼, 너무 춥네." 다시 춥다는 이야기로 의사소통 이전으로 돌아가서 말한다. 당신은 '너무 추워'를 반복하며 "부츠가 필요해!"라고 말하라. 그러면 아동이 "부츠 필요 없어"라고 말하며 울부짖을지도 모른다. 이 시점에서 당신은 아동의 마음을 풀어 주고 아동을 밖에 내보낼 수 있다. 아동은 하나 이상의 여러 언어적 순환을 닫을 것이다.

외출로 이어지는 일련의 사건이라면 아동이 "지금, 밖으로 지금!"이라고 말하면 당신은 "안 돼." 고개를 저을 수 있다. 즉각적으로 "안 돼!"라고 말하는 것이 나을 수 있다. 그렇게 하면 좌절감과 분노가 유발되어 아동이 대화를 계속하지 않을 수도 있다. 대신에 밖에 나가서 그것을 확장하려는 그의 열망을 추구하라. 아동이 "밖에 나가고 싶다."라고 말하며 문으로 갈 때, 열쇠가 있는지 물어보라. 그것은 아동을 놀라게 할 것이다. 이때 아동은 열쇠의 필요성을 인지할 것이다. 당신은 열쇠를 찾을 수 있다(이 목적으로 사용할 수 있는 이전의 세트를 사용하라). 그것을 시도해 보라. 작동하지 않거나, 문을 두드리거나, 다른 열쇠를 찾는 등 상호작용을 계속 유지하라. 아동은 많은 순환을 닫을 뿐만 아니라 열쇠를 가지고 노는 것에 열중하게 될 수도 있다. 이 상호작용은 무엇을 가져갈지, 어디로 가야 할지, 무엇을 얻을지, 누가 따라와야 하는지 등에 대한 의논으로 확장될 수 있다.

- 아동이 "주스!"라고 말할 때 이해하지 못하는 척 "우유?"라고 물을 수 있다. 그러면 아동은 "아니, 주스!"라고 말하며 울지도 모른다. 당신은 다시 "물?"이라고 할 수 있다. "물이 아니라 주스!"라고 아동은 대답할 것이다. 아동이 물을 달라고 하면 당신은 혼란스럽게 "목욕하고 싶니?"라고 물을 수 있다. 그러면 아동은 "목욕이 아니라 마시는 물!"이라고 비명을 지를 것이다. 아동은 좌절할 수 있다. 그러나 아동은 단순한 하나의 순환을 다양한 순환의 대화로 바꿀 것이다.
- 아동이 특정한 장난감을 원할 때, "여기 있다, 애야!"라고 말하며 아동에게 다른 것을 줘라. 장난치는 톤 대신에 긍정적인 톤을 사용하라. 또 아동이 무언가를 마시기 원한다면 진짜를 주기보다는 장난감 컵 또는 쿠키를 줘라. 아동은 아마 따라 놀거나 진짜를 달라고 다시 주장할 수 있다.

2) 협상의 중요성

아동이 더 많은 언어를 사용하게 되면 단순히 시간을 버는 것이 아니라 아동의 의도에 의문을 제기하는 두 번째 종류의 협상을 시작할 시간이다. 왜 아동은 몹시 밖에 나가기를 원할까? 왜 아동이 지금 밖에 나가고 싶어 하는지 아는가? 이러한 종류의 협상은 엄청나게 중요하다. 아동이 닫을 수 있는 순환의 수를 늘릴 뿐만 아니라 추상적 사고로 도약하는 데 도움이 된다.

아동이 문을 두드리며 밖으로 나가기를 요구할 때, 아동의 현실은 완전히 구체적이다. 이때 아동과 그 욕구 사이에 서 있는 문에 초점을 맞춘다. 당신이 아동을 막아서서 물으라. "밖에서 무엇을 하고 싶니?" 당신은 아동에게 자신의 마음에서 원하는 것을 이미지로 표현하도록 도와준다. 그 순간 아동은 타고 싶은 자전거를 시각화하거나 추상적이고 상징적인 생각으로 도약한다.

아동에게 자신이 원하는 것에 대해 물어봄으로써 자신이 하고 있는 일에 대해 생각하도록 도울 수 있다. 상황에 대한 사고에서 반응에 이르기까지의 이러한 변화는 아동의 발달에서 매우 중요하다. 이것은 단순히 감정을 표출하는 것보다 아동이 자신의 감정을 말하도록 하는 것을 가능하게 한다. 이 과정에서 당신의 일반적인 태도는 당신의 말만큼 중요하다. 문을 두드리는 아동을 보면서 "왜 서두르니?"라고 말하는 것은 아동의 행동보다는 지연과 사고를 장려한다. 이것은 소망 또는 행동을 상징화 하거나 보여 주기 위한 열쇠이다. 이 열쇠는 아동이 행동하는 것에서 생각하는 것으로 바꾸는 것을 도와준다.

이런 종류의 상호작용은 누가 권력을 가질 것인가에 대한 관심을 잠깐 다른 곳으로 돌리게 하기 때문에 당신 또한 상당한 이익을 얻을 수 있다. 아동의 정신이 오랫동안 산만하지 않을 수 있지만, 잠시 쉬는 것은 당신이 협상을 연장할 수 있는 다른 질문을 생각하거나 아동의 요구를 고려하여 타협을 제안하기에 충분하다.

모든 아동에게 중요하지만 특히 이러한 종류의 협상은 특별한 요구를 가진 아동에게 더 중요하다. 2세 정도가 되면 대부분의 아동은 순수한 반응에서 생각으로 전환을 한다. 특별한 요구를 가진 아동, 특히 다중 시스템 및 인지 지연을 가진 아동은 이러한 변화에 어려움을 겪으며 도약할 수 없다고 가정된다. 부모, 교사 및 치료사의 도움을 받지 않고 새로운 지적인 기술을 배우지만, 행동하기 전에 생각할 수 있는 감정적인 능력을 개발하지는 못한다. 그 결과 아동들은 4세 수준의 관심사와 어휘가 있지만, 16개월 때처럼 행동하며 행동을 통제할 수 없게 된다.

특별한 요구를 가진 아동들을 위해 행동하기 전에 생각하는 법을 배우는 것은 아동을 돌보는 사람에게 엄청난 노력이 요구된다. 아마도 당신은 처음에 두려움과 논쟁 때문에 아동과 협상하는 것을 꺼릴지도 모른다. 당신은 그들을 촉발시킬 것이다! 하지만 단기적으로 보면 이러한 논쟁은 아동의 의사소통 기술을 촉진시킬 것이며, 장기적으로는 아동이 더 유연하고 깊이 생각하는 사람이 되는 것을 도울 수 있다.

- 아동이 "침대가 없어."라고 말할 때, 아동을 위층에 올리지 말라. "왜 침대가 없을까? 지금은 왜 안 될까?"라고 협상을 끌어내라. 협상 후에 아동이 느끼는 것과 아동이 원하는 것을 이해할 때 한계를 정하라. 그러면 아동은 공감할 수 있다. 아동이 하고 싶은 일에 대해 또 다른 시간을 제안하고, 취침하는 시간에 대해 확고히 하라.
- 아동이 4일 연속으로 배트맨 복장을 착용할 것을 요구할 때, "왜 배트맨이 좋아? 해적 복장을 입어 보는 건 어떠니? 배트맨의 어떤 점이 좋니?"라고 말하면서 아동의 소망에 대해 이야기하는 것을 두려워하지 말라. 그것은 아동의 갈망을 돕고 (힘을 얻고, 승리를 얻고, 무엇이든지 간에), 일단 이해가 되면 한계를 쉽게 받아들일 것이다. 나중에 아동이 왜 자신의 소원을 가질 수 없는지 물어보면 "빨래를 해야 해" 또는 "방과 후에만 입을 수 있어."라고 말하라.
- 아동이 브로콜리 먹기를 거부하면 "왜 브로콜리가 싫으니? 브로콜리에 대해서 어떤 점이 끔찍하니? 그럼 브로콜리 말고 무엇이 더 좋니? 브로콜리는 아니구나. 브로콜리는 작은 나무이구나! 너는 작은 나무를 원하니, 큰 나무를 원하니?"라고 물으라.

가능한 한 시간을 5분, 7분 또는 더 오래 지속하라. 아동을 화나게 하는 것을 두려워하지 말라. 더 많은 순환을 닫을수록 아동은 자신의 감정과 행동에 대해 생각하는 방법을 배운다.

아동은 이러한 종류의 협상 교섭에 관여하기 위해 구두적일 필요가 없다. 할 수 있는 한 제스처와 단어를 이용하여 모든 것을 물어볼 수 있다. 아동이 밖으로 나가기를 원한다는 말을 하기 위해 문을 세게 때리면 문을 열지 말라. "왜?"라고 말하고 팔과 어깨를 들어 올리며 혼란스럽게 보이라. 창문으로 가서 물체를 가리키며 어떤 것과 놀고 싶은지 질문하라. 아동이 원하는 것을 가리켜서 질문에 대답할 때까지 아동을 밖으로 내보내지 말라. 또한 아동은 문 밖에서 하는 일들에 관한 사진을 가질 수 있다. 아동은 자신이 무엇을 하고 싶은지 나타내기 위해 사진을 가리키거나 줄 수 있다. 아동의 감정과 행동에 대해 더 많이 질문할수록 아동은 자신이 원하는 것을 더 많이 식별하고, 더 추상적인 사상가가 될 것이다.

3) 언어의 세 단계

아동이 말하기를 배우는 동안에 당신은 세 가지 단계로 이동하는 아동의 움직임을 볼 수 있다. 첫 번째 단계는 단어를 무작위로 사용하는 것인데, 필요를 충족시키는 것이 아니라 소리를 내는 즐거움을 얻기 위해 우유나 주스와 같은 일반적인 항목을 중얼거리거나 묘사하는 것이다. 두 번째 단계는 아동이 원하는 것을 말하기 위해 "이제 주스!"라는 단어를 의도적으로 사용하는 것이다. 초기 단계(아동은 이제 단어가 의미를 가졌음을 이해한다)보다 훨씬 앞서기는 하지만, 이 단계도 여전히 일방적이다. 아동은 여전히 당신과 이야기를 할 때 반응하지 않는다. 세 번째 단계는 단어를 의도적으로 사용하여 당신과 대화를 나눌 수 있는 능력을 나타낸다.

이 세 단계는 겹친다. 아동은 단어를 사용하는 동안에 의도적으로 중얼거린다. 아동은 주스를 원할 때 "주스!"라고 말할 수 있지만 무의미한 방법이나 연관성 때문에 '차'와 '치즈'라고 중얼거린다. 또는 아동은 상호 간에 대화를 나눌 수도 있지만, 다른 아동들은 자신이 중얼거리는 동안에 당신을 무시할지도 모른다. 이러한 행동은 말하기 학습의 자연스러운 부분이다. 아동의 경향이 고의성을 높이는 한 아동은 올바른 길을 걷는 것이다.

아동의 모든 말을 행동에 연결함으로써 그 과정을 도울 수 있다. 아동이 입씨름을 시작하자마자 아동이 지명한 대상을 아동에게 준다. 아동이 "우유!"라고 중얼거리는 동안에 아동에게 우유병을 주거나 냉장고에 있는 우유를 가리키라. 아동이 "조쉬!"라고 중얼거리는 동안에 아동을 조쉬에게 데리고 가거나 만약 조쉬가 없다면 그의 사진을 보여줘라. 당신이 아동의 나날이 성장하는 언어 능력과 표현하는 대상을 연결할수록 아동의 언어는 더 의미가 있게 된다.

일부 아이들의 어휘는 그들의 말이 무작위적이고 특이하게 남아 있는 동안에도 성장한다. 아동은 많은 이야기를 하고 있지만, 이해가 되지 않은 것처럼 보이고 당신과 소통하지 못하는 것처럼 보인다. 만약 그렇다면 아동의 행동을 검사하라. 아동의 동작이 의도적인가? 아동이 원하는 곳을 말하기 위해 문을 가리킬 수 있는가? 만약 아동이 제스처로 말하기의 기본을 숙달했다면 아동과 소통할 때 단어를 사용해야 함을 확실히 하라. 당신은 아동에게 손을 내밀면서 다음과 같이 말할 수 있다. "공을 가져가도 될까요?" 당신이 이것을 더 많이 할수록 아동은 아마도 자신의 말을 목적 있는 행동과 연결하기 시작할 것이다. 당신이 이런 행동을 많이 할수록 아동은 자신의 말을 의도적인 행동으로 연결하기 시작할 것이다. 당신은 처음으로 고의성이 증가함에 따라 더욱 명확해진 단어

발음이나 알지 못하는 사이에 영향력을 미치는 말투를 들을 수 있을 것이다.

아동의 행동이 말하기만큼 목적이 없다면 아동이 상호작용에 대한 기본적인 의견 교환(give-and-take)을 하도록 도와라. 제스처의 순환을 열거나 닫는다(제10장 참고). 단어를 이러한 상호작용의 일부로 사용하라. 단어를 단순화하지 말고, 가르치려고 노력하고, 물건에 레이블을 붙이거나, 아동에게 문구를 반복하게 하라. 소통하고 말하기! 포기하지 말라. 아동에게 자신의 행동과 관계 있는 물건의 이름을 가르칠 수는 있지만 의도적인 제스처를 숙달하기 전까지는 기대하지 말라.

4) 아동의 말 교정하기

종종 아동들이 말하기를 배울 때, 특정 실수에 매달리는 것처럼 보인다. '그'를 '그녀', '나'를 '당신'으로 대신하거나 아동이 반복해서 오용하는 경우가 있다. 이러한 실수는 부모가 자신의 아동이 올바르게 말을 배우지 못하는 것을 염려할 때까지 오랜 기간 지속된다. 이러한 오류를 자연스럽게 수정하기를 원하겠지만, 시도하지 말라. 아동의 생각은 이러한 세부 사항보다 훨씬 중요하다. 아동은 자신의 언어적 유창성과 사고 과정이 성장함에 따라 교정하게 될 것이다. 아동이 실수를 저지른다고 생각해도 바로잡으려고 하지 말라. 그러한 접근 방식은 아동이 무엇을 해야 할지를 알려 주는 통제적이고 비자발적인 토론으로 이어진다. 훨씬 더 좋은 방법은 아동의 생각을 발전시키는 자유로운 토론으로 인도하는 것이다. 아동이 자신을 '너'라 말하면 "잠깐, 너는 나를 의미하니?"라고 말하며 아동이 바로잡을 때까지 지속하라. 이 방법은 자연스럽게 상호작용하면서 오류를 볼 수 있게 돕는다.

4. 아동의 감정 표현 돕기

아동이 좀 더 언어적이고 정교하게 가상놀이를 행할 때, 아동은 자신의 감정을 나타내는 두 가지 기술을 모두 사용할 것이다. 결과적으로 당신은 아동이 혼란스럽고 불편한 감정을 다루는 것과 감정의 범위를 넓히는 데 다양한 방법으로 도움을 줄 것이다.

언뜻 보기에 아동의 놀이가 감정에 관한 것처럼 보이지 않을 수도 있다. 아동은 집 또는 상점 혹은 학교에서 노는 것처럼 보일 수 있다. 물론 아동은 표면적으로 그러고 있다. 하지만 이면에서 충동은 아동을 같은 방법으로만 놀게 이끈다. 아동의 놀이는 자신의 감정을 표현하는 것이다. 당신은 어떤 인형이 파란색 드레스를 입었는지, 하얀색 드레스를 입었는지 봄으로써 놀이가 내포하는 감정적인 세부 사항을 표면적으로 배울 수 있다.

제이슨과 제이슨의 아빠 조지는 장난감 차를 가지고 놀고 있었다. 제이슨이 "아빠, 제 차를 봐요."하고 말하며 조지를 불렀다. 조지는 "봤어"라고 대답했다. 다시 제이슨은 "이건 빠르게 움직여요."라고 말하며 차를 카펫으로 몰아냈다. 조지는 "그러네"라고 말하며 고개를 끄덕였다. 제이슨은 이렇게 덧붙였다. "너무 빨라서 흥분돼요." 제이슨은 미소를 지었다. "보세요! 나는 우주선을 만들 수 있어요."라고 말하면서 차를 높이 들어 올렸다. 조지는 "와, 그건 강력한 로켓이구나!"라고 말하며 감탄했다. 제이슨은 "여기 와서 보세요." 큰 소리로 외쳤다. 제이슨은 득의양양해서 조지의 머리보다 더 높이 차를 들어 올렸다.

조지는 제이슨의 차 색깔이나 자동차가 날지 못하는 사실에 대해 말할 수 있었다. 아동은 모든 종류의 질문을 했다. 조지는 제이슨의 드라마는 힘에 관한 것이라고 인식했다. 조지는 제이슨이 자신을 인정함으로써 그 감정을 표현하도록 도와주었고("빨리 달리니 흥분이 되는구나."), 이름을 붙여서("그것은 강력한 로켓이구나.") 도움을 주었다. 조지가 느끼는 것을 표현했을 때 제이슨의 자부심은 조지가 정곡을 찔렀다는 증거였다. 조지가 감정과 관련이 없는 많은 질문을 해도 제이슨은 산만해지지 않았다.

숨겨진 드라마를 보기 위해 어떻게 표면을 들여다볼 수 있는지 궁금해 할 수도 있다. 실제로 아동의 놀이 밑에 숨겨진 정서적 주제의 수는 상당히 적기 때문에 이것을 이해하는 것은 어렵지 않다. 특정 주제가 반복돼서 나오는 경향이 있다. 적은 연습으로도 당신은 아동의 드라마에서 아동을 인식하는 데 능숙해질 수 있다. 이러한 주제는 대게 실생활에서의 경험이나 아동이 비디오 또는 책에서 파악한 생각에서 파생된다. 다음은 조금 더 일반적인 주제이다.

(1) 양육과 의존

아동들은 그들의 부모에게 너무 의존하기 때문에 양육과 의존에 사로잡혀 있다. 그래서 이러한 감정이 아동들의 놀이에서 보이는 것은 놀라운 일이 아니다. 이러한 감정은 어떻게 생기는가? 인형 껴안기, 아기 돌보기, 아기 동물이 어미 동물에게 집착하거나 자신이 먹을 음식을 요청하는 이 모든 방식은 당신의 자녀가 당신에게 의존하려는 의식을 발생시킨다.

(2) 즐거움과 흥분

당신은 아동이 흥분한 때를 안다. 아동은 흥분하면 웃고 뛰고, 팔을 휘젓거나 발로 차고, 심지어 자신의 움직임을 제어하는 데 어려움을 겪을 수 있다. 이제 그 징후를 보라. 흥분, 춤 또는 달리기, 점프하기, 인형과 노는 것은 즐거움과 흥분의 신호가 될 수 있다.

(3) 호기심

대부분의 아동은 본질적으로 호기심이 있으며, 특별한 요구를 가진 아동들도 예외는 아니다. 아동은 바깥세상과 점점 더 잘 이울리며, 물건을 찾고, 숨겨 둔 보물을 찾고, 새로운 공간을 탐험하는 놀이를 할 것이다. 아동은 자신의 상상력을 이용하여 만지거나 볼 수 없는 것들과 장소에 대해 호기심을 보이는 놀이를 만들 것이다.

(4) 힘과 자기주장

모든 아동은 무력한 세계를 느낀다. 심지어 아동들은 더 특별한 요구를 필요로 한다. 아동이 할 수 없는 것들이 많다! 이러한 힘없는 감각을 극복하고 그들이 가진 권력의 감정을 극대화하기 위해 특별한 요구가 자신 아동들은 시간이 지남에 따라 당신의 도움을 받아 권력과 단언에 대해 배우는 것을 지지할 것이다. 이 놀이는 다양한 형태를 가져올 것이다. 제이슨이 차를 로켓으로 바꿨을 때처럼, 장난감을 비정상적으로 만드는 것이 포함 될 수 있다. 발 밑에 있는 모든 것을 웅크리고 있는 거인과 같이 강력한 무엇으로 만들 수 있다. 그것은 한 공룡이 다른 공룡들보다 훨씬 더 강력해서 그들을 밀어내는 드라마를 포함할 수도 있고, 크레인과 다른 트럭을 포함할 수도 있다. 물체는 아동이 원하는 만큼 강력해진다. 아동이 주위의 문화를 더 잘 알게 되면 아동은 어느 순간 인형에 관심을 갖게 된다. 아동은 파워 레인저 또는 슈퍼맨으로 옷을 입거나 이 캐릭터로 된 장난감 인형을 가지고 노는 것을 좋아한다. 처음에는 아동이 이러한 피겨의 이미지와 제스처를 좋아하지만, 이야기로 표현하거나 피겨들이 왜 그렇게 강력한지 말할 수는 없다. 나중에 놀이 안에서 동기가 생길 것이다. 아동은 착한 사람과 나쁜 사람을 구별하기 시작할 것이다. "은과 금을 훔친 저 나쁜 해적을 잡아라." 심지어 두 쪽 모두 같은 방식으로 싸움에도 불구하고, 아동은 어느 쪽이 옳은지 또는 왜 틀렸는지를 당신에게 알려 줄 수 있다.

(5) 분노와 공격성

대부분의 부모는 이 주제를 너무 자주 본다고 생각한다. 그것은 알아보기 쉽다. 당신의 자녀는 군인이 싸우거나 동물이 싸우거나 인형이 서로 죽이거나 차가 충돌하는 놀이를 한다. 변형은 끝이 없지만 기본 주제는 같다. 아동은 침략을 표현하기 위해 놀이를 사용한다. 기억하라. 이것은 안전하다. 그리고 오로지 이 방법만으로 충동을 표현하는 것을 받아들일 수 있다.

(6) 한계 설정

한계 설정 놀이는 공격적인 감정, 흥분된 감정, 감동적인 감정을 포함한다. 강한 감정은 무섭기 때문에 아동들은 한계를 설정함으로써 감정을 제어한다.

아동들은 나쁜 놈들을 감옥에 넣고, 인형을 빠르게 취침시킨다. 아동들은 장난꾸러기이기 때문에 좋아하는 인형에게 간식을 허용하지 않는다. 이처럼 아동이 놀이에서 캐릭터들을 단속하는 것은 자신의 소원과 감정을 탄압하는 것을 연습하는 것이다. 단속하는 것을 연습하는 것이다. 아동 또한 당신이 자신에게 두는 한계를 확인하고 있으며, 다른 사람들에게도 한계를 두는 것은 아동을 덜 무력하게 만든다.

(7) 두려움과 불안

이별에 대한 두려움("부모는 나를 떠날 거야."), 부상에 대한 두려움("나는 다쳐서 회복하지 못할 거야."), 대참사에 대한 두려움("허리케인이 우리 집을 날려 버릴 거야.")은 아동들이 느끼는 공통적인 불안의 일부이다. 언어 능력이 있는 아동들조차도 공개적으로 이런 감정을 표현하기에는 너무 두려워하지만, 이러한 감정은 거의 항상 놀이에서 나타난다. 엄마 동물이 아기 동물들을 두고 떠난다. 덩치가 큰 곰이 덩치가 작은 곰을 짓누른다. 인형이 자동차 사고를 팔다리를 잃는다. 모든 시나리오가 감지하기 힘든 것은 아니지만, 일단 당신은 그것들을 쉽게 인식할 수 있다. 당신은 아동이 〈아기돼지 삼형제〉와 같은 이야기를 반복해서 읽기를 원할 때에도 이러한 주제를 접하게 된다.

(8) 사랑, 공감 그리고 다른 사람을 염려하는 것

아동이 다른 사람들과 관련하여 편안함을 느끼기 시작할 때, 사랑과 공감을 느낄 수 있는 능력이 커진다. 이것은 아동의 놀이에 반영된다. 인형은 서로 돕기 시작할 것이다. 동물들은 서로에게 먹이를 줄 것이다. 인형은 사랑에 빠져서 결혼할 것이다. 아동은 역할놀이를 통해 이러한 주제를 표현한다. 아동은 역할놀이를 통해 부모처럼 행동하기도 하고, 당신을 아동으로 만들 수도 있다. 아동이 권위적인 엄마 또는 아빠를 표현한다고 해도 놀라지 말라.

(9) 통제

"내가 대장이다." 아동이 이와 같은 말을 할 때, 울부짖든 또는 짜증을 부리든 당신은 통제 안에서 아동의 요구를 경험했다. 아동은 인생에서 너무 적은 것들을 통제할 수 있기 때문에 이것은 중요한 문제이다. 당신의 아이가 현실에서 통제할 수 없는 것을 통제하기 때문에, 이것은 중요한 문제이다. 당신의 아이가 현실에서 통제할 수 없는 것을 그는 때때로 보안관이 되어 작은 개가 큰 개에게 무엇을 해야 하는지 지시하고 티 파티의 모든 품목이 정확히 맞춰져 있는지 확인하는 역할을 한다. 아동은 당신을 아이로 만들고 짖게 하는 명령을 즐기는 것 같을 것이다.

1) 놀이로 표현되는 감정과 직접 표현되는 감정

아동이 놀이에서 행동한 내용은 그 순간에 당신에게 보인 행동하는 감정적인 주제와 일치하지 않을 수도 있다. 예를 들어, 아동은 엄마, 아빠, 아기 곰 모두가 멋진 식사를 하기 전에 포옹하고 키스를 하는 행복한 가족에 관한 드라마에 몰두하고 있을 것이다. "그거, 쉽네." '사랑과 의존에 관한 드라마'라고 당신은 생각한다. 그러나 당신이 아동의 행동을 돕기 위해 움직이는 순간에 아동은 자신이 모든 것을 하겠다고 주장하며 당신을 옆으로 밀 수 있다. 그것에 대해 의존하는 것은 아무것도 없다! 놀라지 말라. 아동들의 감정은 복잡하다. 아동들은 한 번에 하나의 감정을 느끼지 못한다. 아동은 당신에 대한 의존성을 인식하고 있으며, 당신이 자신을 지원할 수 있게 되어 기쁘게 생각한다. 하지만 아동은 자라면서 자신에게 더 의존하게 된다. 두 가지 감정은 놀이에서 나타난다. 하나는 드라마 내용에, 다른 하나는 아동이 당신을 어떻게 대하는가이다. 내용은 친밀감과 의존성에 관한 것인데, 아동이 당신을 다루는 방법은 상관을 다루는 방법과 관련이 있다.

다른 예가 있다. 한 아동과 그의 아빠가 블록으로 탑을 쌓고 있다. 아동이 지시하는 대로 아빠는 조심스럽게 블록을 쌓는다. 얼마 후 거대한 탑이 완성되자 아동은 아빠에게 병사를 탑의 맨 꼭대기에 배치하도록 지시한다. 그 높은 곳에서 병사는 권력과 통제력을 둘러본다. 아마도 이것이 권력과 통제력에 관한 드라마라고 생각할 것이다. 그리고 그것은 절대적으로 옳다. 아동은 탑과 병사에 공감함으로써 자신을 더 크고 강력하게 만든다. 그러다가 갑자기 아빠에게 다음에 해야 할 일을 말하면서 권력을 행사하는 대신, 아동은 소심하게 성장한다. 아동은 블록에 관심을 잃고 아빠의 무릎으로간다. 어떤 상황이 벌어졌던 것일까? 잠시 동안 갈등의 감정이 표면 위로 나타났다. 모든 아동과 같이 그는 권력을 갈망한다. 하지만 권력은 무서운 것이다. 그 또한 너무 넘치는 권력을 가지고 있다면 그의 아버지를 잃을지도 모른다는 것을 느낀다. 아동은 자신을 보호하기 위해서, 더 의존적이되고, 확신을 위해서 그의 아버지에게로 간다.

비슷한 감정적인 갈등이 다른 방식으로 나타날 수 있다. 아동이 불안할 때 아빠를 껴안는 대신, 더 분열된 행동으로 탑을 무너뜨리거나 블록을 던질지도 모른다. 아동이 놀이를 망쳤기 때문에 화내는 것보다 근본적인 갈등에 공감하는 것이 중요하다. 아동이 말을 이해할 수 있다면 아동의 아빠는 "사람이랑 블록이 너무 높아져서 쓰러뜨려야 해."라고 말할 것이다. 아동이 아직 말을 이해할 수 없다면 아빠는 "이것은 너무 커!"라고 간단히 말하면서 손으로 큰 것을 나타낼 수 있다. 아빠는 아동이 제멋대로 굴려고 하는 것을 진정시킬 수 있고, 필요하다면 아동이 진정될 때까지 잡고 있을 수 있는 큰 곰 인형처럼 될 수 있다. 내면적인 감정의 드라마를 표면적으로 봄으로써 아동에게 안전과 안심을 제공할 수 있다.

아동의 놀이에서 이러한 감정을 보게 된다면 어떻게 해야 할까? 아동을 인정하라. 아동이 대답하거나, 고치거나, 아동과 의논할 필요가 없다. 아동이 표현하고 대화를 확장하는 것을 보면서 단어와 제스처로 말하자. 주제가 권력이라면 로켓을 경주하고, 더 강력한 것을 토론하라. 주제가 의존성이고 아동이 포옹을 원한다면 "얼마나 큰 포옹?"이라고 물으라. 주제를 함께하자. 언어적 아동은 당신의 말을 듣고, 비언어적인 아동은 당신의 제스처를 읽을 것이다.

아동이 놀 때, 아동들의 제스처를 단어로 표현하여 피겨에게 말하는 것은 유용하다. 구체적인 단어가 없을 때는 과장된 어조의 목소리를 사용하라. 단어나 제스처와의 상호작용을 시작한 다음에 드라마를 확장할 수 있다.

- 만약 인형들이 껴안고 있다면 아동에게 다정하고 열정적으로 미소를 지으며 무슨 말을 하는지 보여 주기 위해 포옹하는 흉내를 내라. 당신은 "수지가 널 너무 사랑해!"라고 말할 수도 있고, 키스를 날릴 수도 있다.
- 만약 인형이 싸움을 한다면 때리는 제스처를 따라 하고, 아동에게 찡그리는 모습을 보여 줌으로써 당신의 감정에 끌리게 하라. "데이비드가 화내고 있어! 멈추는 게 나을 걸!"이라고 말할지도 모른다. 또는 인형이 만들어 내는 제스처에 따라서 "저리 가세요!"라고 말하는 게 좋다.
- 만약 괴물이 집을 쓰러뜨린다면 "안 돼! 큰 괴물이 집을 부수었어. 어휴, 무서워! 저리 가! 저리 가!"라고 말하라. "당신은 사라을 다치게 할 수 없어요." 집을 부수는 행

동을 따라 하며 놀란 얼굴을 하라. 그러면 아동은 당신이 자신의 기분을 알고 있다는 사실을 알 것이다.

- 제이슨과 같이 아동이 로켓처럼 차를 빠른 속도로 날게 하고 있다면 당신은 "우아! 이것 좀 봐! 가까이! 가까이!"라고 말하며 힘을 과시하기 위해 다른 차를 더 빠르게 날게 하라. 말하지 않아도 아동은 당신이 자신의 감정적인 어조를 알아챘다는 것을 알게 될 것이다.

아동이 당신에게 표현하는 감정의 이름을 대자.

- 아동이 자신의 방식대로 행동할 것을 고집할 때, 당신은 "알겠습니다, 당신은 대장입니다!" 라고 말하고, 아동이 행동을 지휘하는 것을 보여 준다.
- 아동이 집착하고 의존하려고 할 때, 아동과 함께 낄낄대며 웃는다. 아동이 놀이를 다시 할 준비가 되어 있을 때까지 어떤 종류의 포옹을 원하는지 물어보라.
- 아동이 당신을 밀치고 나간 후 놀이에 참가하지 못하게 할 때, 당신이 아동을 이해하고 있다는 것을 알게 하기 위해 "스스로 뭔가를 하고 싶은 모양이구나"라고 말한다. 조금만 뒤로 움직여 보라. 이 신체 언어는 아동에게 당신이 더 많은 공간을 주고 있다고 말한다.

당신의 일은 아동의 감정을 변화시키는 것이 아니다. 아동에게 당신이 아동을 보고 있다는 것을 알리고, 아동과 함께 있는 것이 편안하다는 것을 알리고, 함께 아동에 대해 소통하는 것이다.

2) 가상놀이를 통해서 감정을 표현하도록 비언어적 아동 돕기

3세인 제레미는 장난감 기차로 경주하는 것을 좋아하고, 동물과 영토 분쟁을 자주 일으키는 사람들로 장난감 기차 안을 가득 채웠다. 이 시나리오는 제레미의 감정과 맞는 것처럼 보였다. 부모의 도전은 제레미가 시나리오를 사용하여 자신의 감정을 넓히고 확장시키는 데 도움이 되는 것이었다. 제레미의 엄마인 마리는 이러한 어려움을 해결하는 것이 때때로 어려웠다. 마리는 아들과 노는 대신에 자신이 하는 일에 대해 이야기하는 경향이 있었다.

어느 날, 제레미의 사람들은 동물들을 기차에서 밀었다. "나쁜 사람들, 그들이 동물들을 기차에서 내리게 했어!"라고 마리가 말했다.

마리의 말을 무시하고, 제레미는 사람들에게 소리 쳤던 동물 지원군을 데려왔다. 그러자 마리가 "우아!"하며 감탄했다. "동물들은 확실히 많은 소음을 내!"라고 마리가 말하자 제레미는 다시 마리를 무시했다.

마리는 그 드라마에 빠져들어야 했다. 제레미는 잠시 생각하더니 기린을 집어 들고 기관사에게 걸어갔다. 제레미는 기관사에게 "나쁜 사람!"이라고 화가 난 목소리로 꾸짖었다. "넌 기차에서 나를 내보내지 못할 거야. 나는 동물원에 가야 해."

제레미는 기차를 멈추고 지켜보았다.

"넌 다시 우리의 기차를 운전할 수 없어!" 마리는 기관사를 집어 들고 기관사가 기린에게 애처롭게 말하도록 만들었다. "기차에서 내쫓은 것은 미안해. 제발 다시 운전하게 해 줄 수 있을까?" 마리는 용서를 구하는 것처럼 그 기관사는 기린에 더 가깝게 옮겼다. 마리는 제레미가 이해하지 못할 단어에 의지하기보다는 음성을 변조하고 과장된 제스처를 사용하여 의도를 표현하는 일을 잘하고 있었다.

제레미는 이 드라마를 꽤 열심히 봤다. 제레미를 드라마에 계속 몰입하게 하기 위해서 마리는 질문을 하기로 결정했다. 그래서 마리는 기관사를 제레미에게 데려 가서 "다시 기차를 운전할 수 있을까?" 라고 애처로운 말투로 말했다.

제레미는 잠시 기관사를 쳐다봤다. "아니!" 제레미는 독재자 같이 확신 있는 말투로 말했다.

마리는 울며 말했다. "나는 기차를 운전하고 싶어. 잘할 거라고. 내가 약속할게." 그러나 제레미는 결단력 있게 말했다. "아니!" 제레미는 다시 기관사를 밀어냈다.

제레미는 자신과 엄마가 채택한 역할놀이를 즐거워하는 것처럼 보였다. 마리는 제레미에게 부탁을 들어 달라고 했고, 제레미는 거침없이 거절했다. 제레미의 놀이에 합류함으로써 마리는 따뜻하고 위험하지 않은 방법으로 제레미의 생각과 그 생각의 의도를 표현하는 것을 도와주었다.

5. 감정 표현을 심화하고 확장하는 것

당신은 아동을 보면서 아동이 다른 사람들보다 어떤 감정에 더 편하다고 느끼는 것을 알아차릴 수 있다. 어떤 감정이 아동을 두려워하게 하면 아동은 그 감정을 소심하게 표현한다. 따라서 아동은 그러한 감정을 실험하는 데 당신의 도움이 필요하다. 아동에게 당신의 놀이를 부드럽게 소개함으로써 당신은 다양한 감정으로 아동의 편안함의 수준을 높일 수 있다.

심지어 아동이 많은 언어를 사용하기 전에도 드라마에 참여하는 방식으로 감정을 깊게 공유하고 심을 수 있다. 예를 들어, 아동이 인형만 포옹하는 경우, 당신은 인형에게 더 큰 포옹, 키스 또는 우유를 요구할 수 있다. 이러한 요구는 드라마를 증폭시키지만 아동이 수립해 놓은 양육의 주제를 고수하라.

드라마를 심도 있게 하기 위해서 당신은 간단한 단어를 이용할지라도 이야기에 더 많은 구성을 추가할 수 있다. 예를 들어, "아니요." 또는 "더!"라고 말하는 인형은 갈등을 일으키고 통제 또는 자기주장에 관한 드라마를 심화시킬 수 있다. 새로운 주제나 감정을 도입하여 실제 경험을 가져올 수 있다. 당신과 아동이 포옹하고 난 후 아동이 인형 싸움을 하는 것으로 분노를 표출한다고 가정하자. 인형이 쓰러졌을 때, 상처를 입었는지 확인하고 반창고를 주라. 또는 싸움이 끝나면 당신은 군인은 강해야 하니까 나는 먹어야겠어요."라고 말할 수 있다. 이런 식으로 당신은 이야기에 약간의 전환을 주며 양육이라는 주제를 가져오는 동안에 아동의 공격성이라는 주제에도 충실할 수 있다.

아동이 더 많이 말할 수 있게 됨에 따라 드라마를 깊게 하고 넓히는 것이 중요하다. 아동의 언어가 멈출지라도 아동은 항상 이야기하고 상상력을 발휘하기 때문에 감각에 대한 과민 반응과 운동 계획의 어려움은 드라마의 범위와 깊이를 제한할지도 모른다.

질의 엄마가 지켜보는 동안, 질은 드라마를 연기하고 있었다. 드라마가 펼쳐지면서 곰과 원숭이가 테이블에서 맛있게 식사를 하고 있었는데, 갑자기 곰이 원숭이의 접시에서 쿠키를 훔쳤다. 원숭이가 화가 나서 곰의 접시를 바닥에 던졌다. 질은 잠깐 동안 권력을 지닌 것에 기뻐했으나 갑자기 겁이 났다. 마치 다른 누군가가 그 동물들을 거기에 놓고 동물들 사이의 장면의 구조를 빠르게 배치한 것처럼 질은 바닥에 있는 접시를 쳐다봤다. 분명히 질의 분노 표현은 자신을 두려워했다.

질의 엄마는 원숭이를 들고 성난 얼굴을 만들며 "나는 쿠키가 필요해!"라고 말했다. 그런 다음 엄마는 원숭이가 쿠키를 움켜잡은 것처럼 만들었다.

질은 이 장면을 지켜보며 아무 말도 하지 않았다.

질은 엄마의 개입으로 인해 화가 난 것처럼 보이지는 않았다. 질의 엄마는 계속했다. 엄마는 바닥에 있는 쿠키를 가져가서 원숭이에게 주었다. "맛있다! 나는 이 쿠키를 원해!" 반항적으로 원숭이가 말했다. "네가 가져간 게 화가 나."

질은 침묵 속에서 계속 지켜보았다.

질의 엄마는 쿠키를 먹는 원숭이를 흉내 내며 소리를 질렀다. 그다음에 엄마는 "쿠키를 더 줘."라고 말했다.

질은 움직이지 않았다.

"나는 더 많은 쿠키를 원해"

여전히 질은 움직이지 않았다.

이제 엄마가 원숭이를 화나게 했다. 엄마는 원숭이가 펄쩍펄쩍 뛰며 화를 내는 듯이 말했다. "더 많은 쿠키, 더 많은 쿠키!" 질이 움직이지 않자 엄마는 원숭이가 모든 접시를 테이블에서 쓸어 버리게 했다. 접시들은 바닥에 떨어졌다.

질이 웃었다.

이어 원숭이가 소리쳤다. "나 화났어. 쿠키 더 많이 줘!"

"안 돼!" 질은 웃으면서 분명히 말했다. 질은 원숭이의 분노와 권력 또한 즐기고 있었다.

원숭이가 의자를 넘어뜨렸다.

잠시 질은 겁에 질려 보였지만, 다시 웃으며 "더는 안 돼!"라고 얘기했다.

원숭이가 또 다른 의자를 넘어뜨렸다.

"멈춰!" 질이 소리쳤다. 그것은 원숭이가 가진 분노가 질을 어지럽게 만드는 것처럼 보였다.

질이 편안하게 드라마에 다시 합류했다는 것을 알게 된 엄마는 질이 더 나아갈 수 있음을 알았다. "네가 나에게 더 많은 과자를 주지 않을 것 같아 슬퍼!"라고 엄마는 과장되게 뾰로통한 표정을 하고 슬프게 말했다. "줄래?"

질은 잠시 생각하더니 "그래"라고 말하면서 원숭이에게 쿠키를 건네주었다.

"맛있는 거!" 원숭이가 위아래로 점프하면서 말했다. 엄마는 큰 미소를 지었다. "쿠키 반 줄까?"

질이 끄덕였다. 그런 다음 엄마는 쿠키를 곰에게 주었다.

몇 주 후에 질의 엄마는 질이 놀이를 하는 동안에 분노를 다루기 위해 놀이의 오프닝을 찾는 지점을 만들었다.

때로 질은 엄마가 원숭이와 곰에게 했던 것처럼 신호를 주었다. 질의 엄마는 질이 도입한 제한과 좌절감에 반응하기 위하여 자신을 화나게 만들었다. 처음에 질의 엄마는 대부분 분노의 표정을 지었고, 점차 질은 분노를 실험했다. 몇 주가 지나서 질은 더 오랜 기간 동안 분노라는 주제를 고수할 수 있었다. 인형들은 서로 싸우며 상황을 만든다. 동물들은 서로 다투거나 서로의 음식을 훔치는 구성을 하고 다시 화를 낸다. 연습한 지 두 달째가 되자 질은 마치 평생 그렇게 해 온 것처럼 분노에 찬 대립을 오가며 편안히 움직일 수 있었다.

토드는 분노로 인해 불편한 감정으로 주위를 발끝으로 밟았다. 어느 날 치료 회기에서 토드는 고래 인형을 아빠의 손가락에 집어넣으며 인형극을 시작했다. 그러더니 몇 초 후에 토드는 인형을 던지고 방을 뛰어다니기 시작했다. 토드의 아빠는 혼란스러웠다.

"토드와 함께 있으세요."라고 치료사는 제안했다. "토드는 분노를 표출하는 것에 대해 불안해 했기 때문에 당신이 관여하고 있다는 것을 일시적으로 잊어버린 것입니다. 당신이 관여할 때 했던 것처럼 토드를 다시 되돌려 놓으세요."

토드의 아빠는 잠시 생각하고 나서 토드와 함께 뛰기 시작했다. 아빠는 부드러운 목소리로 "안녕, 토드야! 아빠도 점프했다. 아빠도 토드와 함께 점프했다."라고 말했다.

몇 분 후에 토드는 아빠와 눈을 마주치더니 살며시 웃었다.

"이제 다시 토드를 인형극으로 데려가려고 노력하세요."라고 치료사가 제안했다.

토드의 아빠는 한 손에 고래 인형을, 다른 한 손에 곰 인형을 꼈다. 그러고는 "토드, 봐! 고래와 곰도 점프하고 있어."라고 말했다.

토드는 아빠를 쳐다보았지만 인형에 다가가지 않고, 아무 말도 하지 않았다.

"곰이 토드의 손가락을 물어 버릴 거야"라고 말하며 토드의 손을 향해 곰 인형을 흔들었다.

토드는 손을 뒤로 빼며 웃었다.

"곰이 너의 손가락을 물으려고 할 거야." 아빠의 인형은 다시 장난스럽게 토드의 손으로 향했다.

토드는 이번에는 손을 움직이지 않았지만 인형이 손을 물게 했다.

"맛있다." 이어 곰 인형이 말했다. "나는 아직도 배가 고프다. 나는 이 고래를 먹을 거야." 그러고는 토드의 아빠는 곰 인형을 다른 편에 있는 고래 쪽으로 돌렸다.

"드라마에 있는 토드를 끌어들일 수 있겠습니까?"라고 치료사가 물었다.

토드의 아빠가 잠시 생각한 다음, 고래 인형을 바닥에 놓았다. "어어! 곰이 고래를 잡아먹을 거야."라고 말했다. 그다음 곰 인형을 고래 쪽으로 천천히 옮겼다. "도와줘, 토드! 고래를 도와줘!"

토드는 곰 인형이 고래에게 다가섰을 때와 마찬가지로 앞으로 나아가 고래를 움켜잡은 후 손에 넣었다. 이내 킥킥 웃더니 토드는 고래를 곰의 손이 닿지 않는 곳으로 옮겼다.

"오, 너는 나의 저녁을 가져갔어!"라고 곰이 말했다.

토드는 깔깔거렸다.

"나는 나의 저녁을 원해!"

"고래야, 도망가!"라고 토드는 고함을 지르며 고래를 등 뒤로 숨겼다.

토드의 아빠는 사나운 얼굴을 했다. "나는 네가 나의 저녁밥을 가져간 것에 대해 화가 났다." 아빠의 목소리는 부드럽지만 단호했다.

토드는 웃으며 "고래는 없어!"라고 단호하게 말했다.

"아니야!" 토드의 아빠도 단호하게 말했다. "나는 나의 저녁을 원해! 나는 지금 저녁을 원해!"

"안 돼!"라고 토드는 소리치며 웃었다. 토드는 아빠가 하는 무엇인가를 거부함으로써 자신의 주장을 펼치는 것과 아빠를 역전할 수 있는 능력을 즐기고 있었다.

토드의 아빠가 반복적으로 곰의 저녁 식사를 요구하자 토드는 거절하며 몇 분 더 놀았다. 놀이가 끝날 무렵에 토드는 성공적으로 돌아왔고, 분노를 조금 더 실험하기 시작했다. 곰이 굶주렸기 때문에 먹는 것을 목적으로 삼은 것은 토드를 더 편안하게 만들었다. 토드에게는 연관될 수 있는 원인과 결과가 있었다.

"언제 우리가 토드의 분노를 탐구하는 것을 도울 수 있을까요? 우리가 그를 공격적으로 만들지 않을까요?"라고 엄마가 물었다.

"아닙니다!"라고 토드의 치료사가 대답을 했다. "공격은 자연스러운 인간의 충동입니다. 토드는 자신이 그것을 원하든 원하지 않든 충동을 느낄 것입니다. 당신의 목표는 사고의 수준을 높이기 위해 그를 돕는 것이므로 단순히 행동으로 옮기지말고 행동하는 척하세요."

치료사의 말에 토드의 엄마는 고개를 끄덕였지만 여전히 확신하지 못했다.

"토드는 사고를 사용할 수 있어야 하고, 모든 감정을 편안하게 느껴야 합니다."라고 치료사는 말했다. "부모님은 오늘 일어난 일을 보셨죠. 토드는 약간의 분노를 겪었고, 이것을 높은 수준의 조직적인 놀이에서 목표 없는 도약을 보여 준 거예요."

토드의 엄마는 다시 고개를 끄덕였다.

"부모님은 분노를 주제로 삼아서는 안 돼요. 단지 그것을 토드의 레퍼토리의 한 부분으로 보고 더 높은 차원에서 그것을 표현하도록 도와야 해요."

다음 몇 주 동안, 토드의 부모는 토드의 놀이에서 분노의 표식이나 침략을 찾았다. 부모는 토드가 못된 동물이나, 액션 피겨를 던지거나, 한 피겨가 다른 피겨를 때렸을 때 화가 난다는 것을 알아차렸다. 그 사건들을 그냥 지나치게 하는 대신, 부모는 그 사건들을 놀이로 끌어들이려고 했다. 때때로 부모는 버려진 피겨를 집어 들고 "나를 던지지 마!"라고 말했다. 토드에게 드라마를 계속할 수 있는 기회를 제공했다. 때로는 부모가 맞은 피거에 대해 "너는 나를 때릴 수 없어. 나도 너를 때릴 거야!"라고 말했다. 매번 부모는 목소리를 확고하게 했지만, 크거나 무서운 것은 아니었고, 자신들의 말에 화난 얼굴을 곁들인 것이었다.

처음에 토드는 이러한 상황에서 달아났고, 치료실에서 했던 것처럼 목적이 없어 보였다. 그런 다음 아동은 한 인형을 다른 인형과 서로 부딪히게 하기 시작했다. 토드의 부모는 가상놀이임에도 불구하고 구성을 촘촘히 하고, 간단한 싸움을 하는 것과 더 깊은 대화 그리고 이유와 결과가 담긴 이야기로 나아가도록 격려했다. 부모가 몇 달 동안 이 작업을 하면서 토드는 화가 난 장면을 보다 잘 재생할 수 있게 되었다. 결국 토드는 드라마에 남을 수 있었고, 토드의 성격을 조절하고 부모와의 거리를 좁혔다. 토드는 자신이 원하는 일이 무엇이든 일어나게 만들 수 있다는 것, 자신은 안전을 유지할 수 있다는 것을 배웠다.

6. 놀이 범위와 정서를 확장하기

아동은 감정의 깊이를 넓히는 것 외에도 자신이 느끼는 감정의 범위를 넓히는 것도 필요하다. 많은 아동은 좁은 감정의 유대감에서만 편안하다. 아동들은 순조로움의 주제, 분노와 침략의 주제, 또는 의존의 주제만 표현할 수 있다. 당신의 과제는 천천히 그리고 부드럽게 아동의 상상 놀이에 모든 감정이 소개되도록 도움으로써 아동이 모든 감정의 스펙트럼에 편안하게 되도록 돕는 것이다.

크리스가 가장 좋아하는 활동은 레고 블록으로 정교한 마을을 만들고, 공룡으로 마을을 공격하는 것이었다. 크리스는 그들이 공격할 때 기쁘게 웃었다. 부모와 치료사는 크리스가 이 장면을 반복하는 것을 지켜보면서 크리스의 힘과 주장의 표현에 박수를 보냈다. 그러나 치료사와 부모가 보지 못한 한 가지는 양육의 표시였다. 어느 마을 사람도 다른 사람들을 돕지 않았다. 어떤 엄마도 겁에 질린 아동을 위로하지 않았다. 이 친밀감의 부족은 크리스의 삶에서도 분명했다. 크리스는 부모가 강요할 때에만 부모를 안아주었고, 부모에게서 드물게 편안함을 찾았다. 크리스는 부모를 인간으로서 사랑하고 따뜻하게 대하는 것보다는 기계적인 놀이 파트너로서 더 관심을 보였다. 크리스의 부모는 크리스의 놀이에 친밀감과 의존성을 도입하기를 원했다.

그래서 부모는 마을 재해 현장에서 도입할 부분을 찾아보았다. 공룡 떼가 집을 쾅쾅 짓밟으려고 하는 것처럼, 크리스의 엄마는 사람 중 한 사람을 움켜잡고 "도와줘요, 엄마!"라고 외쳤다. 그런 다음 두 번째 사람을 꺼냈다. "내가 너를 도울게."라고 엄마는 말했다. 그리고 두 사람을 함께 붙잡고 집에서 뛰어내리게 했다.

크리스는 잠시 지켜보다가 공룡을 다른 집으로 돌렸다.

크리스의 엄마는 다시 시도했다. 엄마는 그 집에 도착해서 2개의 인형을 움켜쥐고 큰 소리로 "엄마, 엄마, 공룡이 오고 있어요! 도와줘!"라고 말했다. 엄마 인형은 차분하게 대답했다. "걱정 마, 아기야. 내가 너를 돌봐 줄게." 크리스의 엄마는 두 인형을 껴안고 집에서 나갈 수 있도록 도와줬다. 그들이 밖으로 나가자마자 크리스는 지붕을 통해 공룡을 짓밟았다.

다음으로 크리스는 공룡을 다른 집으로 옮겼다. 이번에 크리스의 엄마는 다른 방향을 시도했다. 엄마는 두 개의 인형을 꺼내 공룡에게 도전적으로 반항했다. "나는 엄마이기 때문에 너는 내 아기를 해칠 수 없다. 내가 너를 그렇게 하도록 두지 않을 거야!" 크리스가 처음으로 관심을 보였다. 크리스는 중간 층에서 공룡을 멈추게 하고 두 인형을 쳐다보았다. 크리스의 엄마는 계속했다. 이번엔 아기처럼 말했다. "당신은 크고 강하지만 엄마가 나를 보호할 것이기 때문에 나를 해칠 수는 없을걸." 크리스는 잠시 생각해 보았다. 크리스는 분명히 난처했다. 공룡은 이전에 이런 종류의 저항을 경험하지 못했고, 무엇을 해야 할지 확신이 들지 않았다.

갑자기 크리스 엄마에게 생각이 떠올랐다. 엄마는 공룡에게 "너는 엄마가 있니?"라고 말했다.

크리스는 잠시 아무 말도 하지 않고, 공룡에 올라가서 계속 공격을 했다.

이러한 상상놀이를 하는 동안에 크리스의 엄마는 더 양육적인 모습이 되기 위한 기회를 찾았다. 포옹을 길게 하고, 화를 내면 크리스를 진정시켜 주고, 밤에 포옹을 더 해 줬다. 그런 다음, 다른 놀이 시간에 엄마는 크리스의 드라마에 의존성을 도입하는 다른 방법을 발견했다. 엄마는 두 번째로 작은 공룡을 잡았고, 파괴 행동이 최고조에 도달했을 때 크리스의 공룡에게 가서 솔직하게 말했다. "나는 무서워! 도와줄 수 있어?"

크리스는 갑작스런 사건으로 인해 깜짝 놀라는 모습을 보였다. 크리스는 항상 공룡들을 통제해 왔으며, 공룡들은 필요가 아닌 권력의 대상이 되었다. 크리스의 엄마는 요청을 반복했다. "나는 두려워. 나를 도울 수 있니?"

"아니!" 크리스는 강력하게 말하며 공룡을 집으로 밀어 넣었다.

크리스의 부모는 크리스의 상상 놀이에서 다양한 감정의 균형을 유지할 것인지 걱정하기 시작했다. 치료사는 부모에게 인내심을 가져야 한다고 말했다. 치료사는 부모에게

"크리스는 부모의 실제 삶의 따뜻함뿐만 아니라 공격적인 상상 놀이에 대해 공감함으로 써 양육과 공감에 대해 배우게 됩니다."라고 말했다. 부모는 공격하는 사람들의 힘과 희생자들의 공포에 공감하며 크리스 스스로 새로운 주제를 점차적으로 변화하도록 돼야 했다.

두 달이 지난 후에 크리스의 공룡 놀이는 주목할 만한 변화를 보여 주었다. 크리스는 점차적으로 외부의 공룡의 행동과 내부의 인간 드라마 사이에 주목했다. 때때로 크리스는 인형을 보호하거나 공격을 당한 후에 '부서진' 동물을 고쳤다. 실생활에서 크리스는 조심스럽게 부모와 가까워지기 시작했고, 무릎 위에 앉아 있기를 요구했다. 친밀감이 그의 인생에서 자리를 잡기 시작했다.

케이틀린은 양육 감정을 표현하는 데 어려움을 겪었다. 3세가 되면 아동의 언어는 매우 제한적이고, 아동이 가상놀이를 시작하는 시기이다. 어느 날 케이틀린은 치료 요법에서 인형을 집어 들고 음식을 먹이려고 하다가 갑자기 인형을 바닥에 내던지기 시작했다.

"케이틀린, 안 돼!"라고 엄마는 엄하게 말했다. "인형을 던지지 마." 엄마는 좌절하며 치료사에게 향했다. "케이틀린은 언제나 그렇게 해요." 엄마는 한숨을 쉬었다. "이런 일 때문에 케이틀린과 놀고 싶지 않게 돼요."

치료사는 케이틀린의 엄마에게 아동이 부모와의 관계를 통해 배우는 것을 상기시켰다. "아동에게 화를 내거나 아동을 밀어낸다면 아동이 따뜻하게 공감할 수 있는 법을 배우는 데 도움이 되지 않을 것입니다. 하지만 부모님이 아동과 함께 있고, 아동의 두드리는 행동에 공감할 수 있다면 아동은 점차적으로 공감을 배우게 됩니다. 따뜻하고 쾌활한 목소리로 '와! 너의 인형은 두드리는 것을 정말 잘한다. 너무 훌륭하다. 그 인형은 또 어떤 다른 것을 할 수 있니?'라고 말하므로써 부모님은 아동의 놀이와 감정을 받아들일 수 있을 것입니다. 아동은 부모님의 비판이 아닌 온기와 공감을 느끼게 될 것이며, 시간이 지남에 따라 아동은 그러한 감정에 편안해질 거예요."

치료사는 이어서 말했다. "그 후에 새로운 주제를 들여 올 수 있습니다. 부모님은 '오, 인형이 다쳤네'라고 말할 수 있지만 아동에게 의사가 되라고는 말하지 마십시오. 아동이 좀 더 말을 할 수 있게 되고, 아동의 놀이 순서가 더 발전됐을 때 아동은 다른 감정적인 주제를 실험할 것입니다. 중요한 것은 단지 스스로 자신을 양육하는 것만으로 양육이라는 주제를 가져오는 것입니다."

크리스와 케이틀린 같은 아동들은 놀이 시간이 길기 때문에 플로어타임은 새로운 요소로서 부드럽게 도입될 수 있다. 한꺼번에 큰 변화를 시도하지 말자. 기존 드라마에 대해 바꿔서 소개하라. 아동이 비행기 타는 것을 좋아한다면 조종석의 승객이 되도록 하자. 아동이 괴물들을 싸우게만 한다면 괴롭히는 괴물을 치료할 수 있는 의사가 되자. 아동이 무릎에 강아지가 있는 척하고 놀이를 하고 싶어 한다면 두 번째 강아지가 되려고 노력하라.

7. 감정을 행동으로 옮기는 것에서 말로 표현하는 것으로 이동하기

아동의 감정을 행동에서 말로 바꾸는 것은 드라마틱하다. 아동이 화가 날 때마다 울고 좌절하며 당신을 때리는 것에도 불구하고, 당신에게 자신의 기분이 어떤지 말하지 않는다. 그러나 아동은 이러한 행동을 취하기 전에 자기 자신을 멈추는 게 가능하며 결과적으로 그 단계를 떠날 수 있다. 이 전환은 아동과 당신 모두에게 중요하다. 이것은 아이디어 세계로의 도약이다.

아동은 당신이 하는 것처럼 자신의 감정을 말로 표현하지 않는다. 우리는 감정에 익숙하기 때문에 특히 성인은 이러한 것을 이해하기 어렵다. 아동은 이 단계에서 협상할 때까지 자신의 행동 및 신체 중심의 상태로 살고 있다. 아동은 충동의 감정을 느낀다. 예를 들어, 아동의 가슴이 조여와 눈물을 흘리며 바닥에 쓰러지게 하는 것이다. 아동의 경험과 마찬가지로 감각은 구체적이다. 아동이 사고의 세계로 자랄 때까지 아동에게는 감정의 추상적인 사고를 이해할 능력이 없다.

가상놀이를 하고 말로 아동의 경험을 표시함으로써 아동은 보다 추상적인 방식으로 자신의 몸의 감각을 이해할 준비가 된다. 아동이 감정을 나타낼 때, 감정을 묻거나, 감정에 대한 대화를 소개하거나, 여러 가지 형식의 질문("행복할까요 아니면 슬플까요?")을 하는 것으로 전환을 도울 수 있다. 아동은 느낀다. 특히 아동이 특정 범위 안에 있다면 당신의 질문과 의견을 무시할 수 있다. 꾸준히 하라. 당신의 질문은 그냥 질문이 아니라 아동과 그의 신체적인 감각이 잠시 멈출 순간이다. 그 일시 중지 동안에 아동을 육체적인 감각과 반사 사이에서 물러나도록 시켜야 한다. 아동은 감정이 인식될 수 있고, 용인될 수 있고, 즉각적인 행동을 요구하지 않는 감각이라는 것을 이해하게 될 것이다.

충동에 길을 잃은 그는 자신을 들여다볼 시간이 없다. 그 순간 그는 "주먹을 휘두르고 싶어요. 근육이 긴장해 있어요. 나는 폭발할 준비가 되어 있어요."라고 말할 수 있다.

그가 무엇을 하고 있는지 생각하기 전에, 그 싸움꾼은 주먹을 들어 다른 손님을 때린다. 나중에 그의 감정에 대해 질문하면, 그는 "아니요, 화가 나지 않았어요. 상대방이 나를 쳐다봐서 때렸습니다."라고 말할 것이다. 아직 의사소통에 대해서 부족한 아동처럼 그는 자신의 감정을 인식하지 않고 행동하려는 충동을 느꼈다. 그는 자신의 감정 상태가 아니라 자신의 행동을 묘사한 것이다. 그러나 그가 주먹을 올린 것처럼, 당신이 그것을 움켜잡고 "잠깐, 너는 기분이 어때?"라고 말하는 것을 가정해 보라. 결국 그는 신체적인 감각의 관점에서 자신의 상태를 묘사하면서 감정을 묘사할 수 있게 될 것이다. "나는 화가 나!" 그때 그는 자신의 감정에 대해서 무엇을 해야할지 결정할 기회를 갖게 된다.

그래서 당신의 아동에게도 해당된다. 당신이 아동을 멈추게 하고 "무엇을 느끼니?"라고 말하는 순간, 당신은 아동에게 때리거나 발로 차거나 울고 싶은 충동으로부터 한 걸음 물러서서 그 육체적 충동을 하나의 아이디어로 바꿀 수 있는 거리를 준다. 처음에 이것은 아동에게 어려울 것이므로 당신이 참을성 있고 끈기 있게 기다린다면 아동은 점차적으로 당신이 질문하기를 기대할 것이고, 천천히 대답하기 시작할 것이다. 객관식 질문은 이 과정을 진행하는 데 도움이 된다. 상상 놀이에 감정을 도입하는 것도 도움이 된다.

아동의 드라마에서 배우로서 당신은 캐릭터의 감정을 말로 표현하고 아동의 감정을 물어볼 수 있다. 당신의 인형이 종종 "나는 행복해." 또는 "나는 화가 났어."라고 말하면 어떤 사건이 있은 후에 아동의 인형도 감정을 말로 표현하는 것을 들을 수 있다. 당신의 인형이 아동의 인형에게 "너는 행복하니, 슬프니?"라고 자주 묻는다면 아동은 더 많은 쿠키를 얻거나 얻지 못했을 때 조금씩 대답을 할 수 있을 것이다. 당신은 인내심을 가져야 한다. 아빠가 곧 집에 올 것이기 때문에 행복해하거나 엄마를 그리워해서 슬퍼하는 것처럼, 감정의 구체적인 이유에서 추상적인 이유로 이동하자. 아동이 감정을 인식하고 말로 유창하게 표현하는 데는 수년이 걸리는 경우가 종종 있다.

다음은 시도할 몇 가지 다른 사항이다.

- 아동의 인형이 케이크를 움켜잡으며 "싫어, 싫어, 싫어! 화나, 화나, 화나!"라고 말한다면 당신은 분노에 침착하자. 그럼 아이도 침착해질 것이다.
- 아동의 인형이 당신의 인형을 행동에서 제외할 때, 아동에게 당신이 슬프다는 사실을 알리자. 그것을 과장하는 것에 대해 두려워하지 말라. 눈물을 흘리며 얼마나 슬픈지 계속 말하자. 슬픔에 익숙해졌음을 분명하게 말하자. 그러면 아동도 그렇게 될 것이다.

때때로 캐릭터의 감정을 말로 표현할 수 있다. 경주 중에 당신의 차를 운전하는 사람이 아동의 차를 운전하는 사람을 가로막았을 때 "그가 정말 화가 난 것처럼 보이네." 라고 말할 수 있다. 큰 홍수가 그의 캐릭터의 집을 파괴했을 때 "그는 꽤 겁먹은 것 같아" 라고 말할 수 있다. 아동의 캐릭터에 관한 질문이나 설명은 아동의 관심을 끌 것이다. 그런 다음 당신의 역할로 돌아가라.

8. 자신의 감정을 모니터링하기

아동의 감정에 직접 대처하는 것은 쉽지 않을 수 있다. 강한 감정을 느끼는 것은 종종 불편합니다. 특히 감정이 당신을 향할 때 더욱 그렇다. 자녀가 "부모님이 싫어요!" 또는 "가 버려요!" 말할 때, 그 말에 공감하는 것이 아닌, 화를 내거나 잠시 시간을 가지거나 주제를 바꿀 수 있다. 그러나 아동이 자신의 감정을 실험하기 위해 놀이를 사용하고 있으며, 아동은 안전한 곳을 제공해 줄 당신이 필요하다. 다음은 몇 가지 제안 사항이다.

① 자신의 감정을 인식하라

아동이 상처를 입거나 화를 내는 시기를 비교적 쉽게 알 수 있다. 그 때 당신은 반격하기 위해, 철회, 권위적인 모습을 나타내기 위해 당신의 반사 작용을 조절해야 한다. 대신에 지지를 유지해야 한다. 아동에 대한 미묘한 반응을 인식하는 것은 그리 쉽지 않다. 예를 들어, 아동의 성적인 감정을 실험하거나 분노의 주제를 보여 주는 것은 화를 내거나 다치게 하는 것보다 불편할 수 있다. 이 경우에 당신은 더 미묘한 반응을 보일 수 있다. 어쩌면 놀이를 끝내기 위해서 요구하거나, 주제를 바꾸거나 또는 아동을 다른 쪽으로 향하게 할 것이다. 지루함이나 흥미가 없는 모습은 당신이 아동의 아이디어에 지루함을 느끼고 있다고 나타내는 징후가 될 수 있다. 모든 성인에게는 자신이 인식하지 못하는 치명적인 약점이 있다. 그러므로 지루하거나 불안하거나 짜증이 나거나, 불편함을 느낄 때, 아동의 놀이에 그렇게 느껴지면 스스로에게 물어보라. 아동이 가능한 한 많이 자기 자신을 표현할 수 있는 여지를 주기 위해 부모 자신의 불편함을 제쳐 놓아야 한다.

② 아동의 감정을 고치려고 하지 말라

아동의 감정이 당신을 불편하게 만들 때, 당신은 아동의 요구에 굴복하거나, 다른 분위기로 그를 격찬하거나, 어떻게든 자신의 감정을 받아들일 수 있게 바꾸려고 노력하는 경향이 있다. 이렇게 하면 아동은 자신의 감정이 잘못되었다는 것을 느끼게 된다. 당신은 아동이 무엇이든 상관없이 그 순간에 대한 자신의 감정을 존중하도록 도와야 한다. 어떤 방식으로든 아동이 받아들일 수 있는 포옹, 강한 압력, 또는 방에서 들리는 부드러운 목소리 같은 방법을 이용하여 아동의 의견을 듣고 지원하라.

③ 감정을 용인하지 말라

아동을 격려하라. 아동에게 호언장담하거나 울게 놔 두지 말라. 아동이 자신의 감정을 정교하게 할 수 있도록 받아들이는 모습을 제안하고, 짜여진 대화를 이용하거나 아동이 말을 많이 하려고 한다면 질문을 함으로써 아동을 돕자.

④ 행동과 감정을 분리하라

아동의 행동은 최악일지 모르지만, 뒤에 숨겨진 감정을 받아들일 수 있도록 지원하라. 그렇다고 해서 당신에게 잘못된 행동을 용인하라는 것을 의미하지는 않는다(제14장에서 아동이 행동을 바꾸는 방법을 논의할 것이다). 아동이 잘못 행동했을 때, 당신은 아동을 자극한 감정에 대해 이야기할 수 있도록 도와야 한다. 당신은 그 감정을 공감할 수 있어야 한다. 그리고 그 감정을 다루는 더 좋은 방법이 있다는 것을 가르쳐 주라.

⑤ 강한 (그리고 무서운) 감정을 직접적으로 단어로 전달하는 것의 위험을 기억하라

아동의 감정에는 이유가 있다. 당신의 일은 아동의 말을 듣는 것이다. 아동이 당신을 싫어하는 이유, 불공정한 모든 방법, 다른 누군가가 아동의 엄마였으면 하는 이유를 말해 달라고 하라. 만약 당신이 아동을 지원할 수 있다면 당신은 신뢰와 친밀감의 엄청난 유대감을 구축하게 될 것이다.

⑥ 감정은 일시적이라는 것을 기억하라

감정은 특히 그들이 표현을 자유롭게 할 때 길게 지속되지는 않는다. 그러므로 아동이 분노하여 격렬하게 외칠 때, 슬픔이나 절망에 빠져 있을 때, 이별을 앞두고 달라 붙거나 울부짖을 때 아동에게 귀 기울이라. 아동과 공감하라. 그렇다고 그 감정을 너무 심각하게 받아들이지 말라. 왜냐하면 먼 훗날 아동은 다른 기분에 처하게 될 것이기 때문이다. 순간의 부정적인 열정은 지나갈 것이고, 감정의 팔레트에서 다른 감정으로 대체될 것이다. 당신이 모든 감정의 분출에 편할 수 있다면(적어도 행동을 할 수 있다면) 감정의 팔레트는 더 넓고 건강해질 수 있다.

⑦ 상상 놀이를 계속하자

아동이 상상 놀이를 하는 동안에 민감한 부분에 닿으면 그것은 단지 놀이일 뿐이라는 것을 기억하라. 게임에 머무르라. 그리고 캐릭터가 지지할 수 있을 때 반응하라. 아동의 캐릭터의 침략이나 두려움을 현실감 있게 다루는 경우, 당신은 연극의 안전을 제거하고 상상 놀이에서 감정을 표현하는 것이 현실에서 행동하는 것처럼 위험하다는 메시지를 보낸다.

이것이 실제로 어떻게 사용되는지 보자.

2세 6개월쯤 된 대릴과 그의 엄마는 대릴이 갑자기 화가 나서 엄마에게 소리를 지르면 장난감 전화기로 이야기를 한다. 거부당한 것 같은 감정을 느끼며 대릴의 엄마도 화를 냈다. "나도 너와 말하고 싶지 않아!"라며 엄마가 전화기를 던졌다. 대릴은 혼란스러워 하더니 엄마를 보고 울기 시작했다.

대릴의 엄마는 분노가 대릴의 감정 중 하나일 뿐이고 곧 대릴은 엄마를 사랑하고 신뢰하지만 대릴이 자신의 감정을 표현하는 방법을 놀이를 통해 연습하고 있다는 것을 깨달았다면 이런 화나는 상황을 피할 수 있었을 것이다. 놀이를 끝내고 대릴을 거절하는 대신, 엄마는 대릴의 성난 감정을 탐구하기 위해 놀이를 활용할 수도 있었다.

대릴: (소리를 지른다.)

엄마: (슬픈 표정으로 전화기를 가리키면서 머리를 흔들며) 소리 지른 거야?

대릴: (화가 나 있다.)

엄마: (과장된 목소리로) 너는 매우 화가 나 있는 것처럼 보이는구나. 나에게 화내는 거니?

대릴: (엄마를 때리려고 한다.)

엄마: (조용하고 굳건하지만 혼내지 않는 목소리로) 때리지 마! 네가 나를 때리면 아파. 나는 네가 매우 화가 났다는 것을 알 수 있어(의도적으로 지원하는 눈빛으로 그를 보라. 아동은 그의 행동으로 협박당하지 않는다).

대릴: (엄마를 쳐다보지만 움직이지 않는다.)

엄마: (걱정스럽고 동정어린 눈빛과 부드러운 어조로) 엄마가 널 화나게 만드는 어떤 행동을 했구나…….

대릴: (아동은 이해한 것으로 보이며, 끄덕임을 보고, 떠들며 엄마와 말하기로 돌아간다.)

이런 식으로 대릴은 분노를 느끼고 표현하는 것이 가상놀이 안에서는 괜찮음을 알게 되었다. 대릴의 엄마는 자신의 감정으로 대릴을 처벌하기보다는 대릴을 받아 들였다.

엄마의 시선과 자세로 엄마 또한 유용한 한계를 설정했다.

9. 가상놀이로 다가가기 위한 접근법

당신이 아동을 기계적이게 반응하는 행동으로부터 멀리 두고, 자발적이고 아이디어를 창조할 수 있도록 가르치고 싶다면 몇 가지 기억할 만한 것들이 있다.

① 지나치게 지시하지 말라

아동의 안내를 따라가라. 당신이 새로운 요소를 추가함으로써 줄거리를 탄탄히 하고 싶다면 아동의 주제와 밀접하게 연관된 요소를 추가하는 것이 필요하다. 당신의 전개는 존재하는 구성 안에서 새로운 방향을 만들어 준다. 절대 새로운 구성을 소개해서는 안 된다.

- 만약 아동이 당신과 요리를 할 때, 흥미를 잃기 시작하거나, 같은 음식만 계속 요리할 때, 갑자기 "우리 강아지에게 밥 주러 가자"라고 말하지 말라. 비록 강아지에게 밥을 주는 것이 음식을 포함하더라도, 이것은 아동이 겪고 있는 드라마와 관련이 없다. 대신에 "새로운 음식을 먹고 싶어요!"라고 하며 부루퉁해지라.
- 만약 아동이 블록으로 성을 쌓기만 하면서 당신을 무시한다면 군대로 성을 공격하지 말라. 당신은 상호작용을 형성할 수 있지만, 아동의 안내를 따라가지 않을 것이다. 당신은 아동의 현재 관심 분야에 합류하지 않을 것이다. 대신, 또래 건축가가 되어 성에 새로운 요소들을 추가하는 것을 시도하라. 다리를 만드는 것을 시작하며 "만약 우리가 이 조각을 여기에 놓는다면 어떨까?"라고 말할 수 있다. 아마도 아동은 다리를 볼 수 있을 것이다. 그리고 나서 다리를 조립할 수 있을 것이다. 그렇지 않으면 다시 시도하라. 당신은 다른 조각을 첨가하며 "이건 다리가 될 수 있어!"라고 말할 수 있을 것이다. "이 성은 다른 성과 이어질 수 있는 다리를 가질 수 있어!" 몇 번의 시도에도 아동이 다리에 무관심한 것처럼 보인다면 성벽 안에 있는 해자(도랑)나 감옥과 같은 아이디어를 시도하라. 이러한 아이디어 중 하나를 사용하면 기존의 주제를 그대로 유지할 수 있다. 당신은 여전히 아동의 안내를 따르고 있다.

② 평행 놀이나 해설에 빠지지 말라 드라마 속 주인공이 돼라

때때로 당신은 놀이를 하는 데 익숙하지 않기 때문에 그것에 너무 쉽게 빠진다. 당신은 최상의 의도로 인형과 이야기하기 시작하지만, 당신도 모르는 사이에 아동의 놀이를 보고 아동의 행동에 설명을 덧붙이며 당신은 이미 열외로 빠져 있다. 아동은 당신의 상호작용을 필요로 하고, 당신의 반응에 대항하여 하며, 자신의 반론을 불러일으킬 필요가 있다. 이것은 당신이 드라마 속 캐릭터일 경우에만 일어날 것이다.

- 만약 아동이 인형에게 밥을 먹인다면, 인형이 무엇을 먹고 있는지에 대해서만 언급하지 말라. 인형이 되어 보라. 아동에게 말하라. "콩을 더 줘! 콩을 더 줘!" 또는 "완두콩은 싫어!" 하고 말하든지, "이제 배불러! 잠을 자고 싶어"라고 말하라. 인형을 위하며 말함으로써 당신은 아동과 상호작용하는 것을 돕는다.
- 만약 아동이 인형에게 먹을 것을 주고 있다면 음식을 먹이지 못하게 하라. 종종 부모들이 아동과 번갈아 가며 논다. 먼저 아동이 인형에게 먹이를 주고, 다음에 부모가 인형에게 먹이를 준다. 이것은 아동과 부모가 함께 인형에게 음식을 먹이기 때문에 상호작용을 한다고 착각하지만, 아동은 부모와 상호작용하지 않는다. 아동의 제스처와 단어가 당신에 대한 반응을 얻으려면 그 인형에 대해서만 이야기해야 한다.

③ 당황하거나 방해하지 말라

어떤 부모들은 어리석거나 상상력이 부족하다고 느끼기 때문에 가상놀이를 하는 데 어려움을 겪는다. 가상놀이의 중요성을 이해하는 것은 유치해 보이지 않게 도와줄 것이다. 상상력은 아동을 위해 남겨 두자. 새로운 것을 제안할 수 있는 기회를 찾을 수 있다면 당신이 해야 할 일은 그저 놀기만 하면 된다. 만약 당신이 그것에 소질이 없다고 느낀다면 연습하라! 가상놀이를 못하는 것은 이것을 피하거나 다른 사람에게 시키기 위한 변명이 아니다. 아동은 기술을 확장하고, 감정을 실험하고, 세상에 대한 시각을 표현하기 위해 이와 같은 도움을 필요로 한다. 당신이 나중에 볼 수 있듯이, 아동의 세계 안에 누가 있는지 알 수 있는 가장 좋은 방법이기도 하다.

④ 반복을 피하자

발달장애가 있는 아동들에게 똑같은 일을 반복하는 것보다 좋은 것은 없다. 한정된 반복은 괜찮지만, 반복 횟수가 너무 많으면 새로운 방향을 익숙한 루틴에 끌어들이기 위해 속임수를 사용한다. 만약 아동이 책이나 비디오에서 이야기를 듣는 것을 좋아한다면 똑같이 행동하라. 캐릭터들에게 충실하게 행동하되, 아동이 새로운 방식으로 놀도록 자극하라.

⑤ 기계적으로나 너무 느리게 말하지 말라

느린 말투로 말하는 것이 더 쉽기 때문에 심각한 장애가 있는 아동들에게 천천히 이야기하는 것은 유혹적이다. 하지만 정상적인 리듬과 억양으로 쓰이는 단어를 이해하는 것보다 느리고 기계적인 것을 이해하는 것이 사실 더 어렵다. 당신이 기계적으로 말하는 것은 아동도 그런 식으로 말하도록 격려하는 것이다. 당신의 진정한 목표는 아동이 자발적으로 듣고 말하는 것을 도와주는 것이고, 이런 방법을 이용하는 것은 아동이 그렇게 말하는 것과 같다. 느리거나 기계적으로 말하지 않고 간단한 용어와 짧은 문장으로 이야기하라.

⑥ 기계적 학습을 장려하지 말라

발달장애가 있는 몇몇 아동은 자신이 말하기 시작한 직후의 기억력에 상당한 능력을 발전시킨다. 아동들은 알파벳, 숫자, 지하철 정거장, 자동차 이름 그리고 다른 많은 목록과 유사한 정보를 끌 수 있다. 부모들은 종종 이러한 지식의 표시를 장려한다. 하지만 배움이 기계적으로 진행되기 때문에(순전히 암기) 그것은 기계적 반복을 향한 아동의 경향을 강화시킬 뿐이다. 만약 이런 배움을 장려한다면 목록 작성은 아동들이 자발적인 말투와 상호작용에 참여할 수 있는 새로운 능력을 압도할 수 있다. 그러므로 아동의 목록 작성을 돕는 유혹에 저항하라. 만약 아동이 숫자나 글자를 가지고 자신의 이름을 반복해서 말하고 있다면, 아동에게 하나를 줄 것을 요청하라. 인형이 "나는 M을 좋아해. 너는 어떤 문자를 좋아하니?"라고 말함으로써 그 암송을 양방향 대화로 바꾸려고 노력하라. 비슷하게 비록 아동이 그것을 즐기고 있을지라도, 아동에게 학문적 기술을 심문하는 것을 피하라. 당신은 아동의 세거나 읽는 능력을 자랑스러워할지도 모른다. 하지만 이러한 기술을 곱씹지 말라. 아동의 성취를 인정하고 좀 더 상호적인 대화로 옮기라. 목표는 기계적인 암송이 아니라 자연스러운 대화를 장려하는 것이다.

10. 아동의 개인적 차이를 고려한 맞춤형 플로어타임

앞서 언급한 두 가지 목표와 마찬가지로, 아동의 감각 반응, 처리 방법 그리고 아동이 감정과 아이디어를 표현하는 데 도움이 되는 운동 패턴을 고려하는 것이 중요하다.

1) 청각 처리에 어려움을 가진 아동의 경우

청각장애가 있는 아동은 명확한 시각적 지원을 많이 받아야 한다. 가상놀이의 캐릭터들은 극도로 생동감 있어야 한다. 앉거나 말하는 것 대신에 아동은 자신의 의도를 가지고 행동해야 한다. 인형으로 "포옹! 포옹!"이라고 말하며 아동에게 팔을 뻗으라. 아니면 "배고프니?"라고 질문한 후 인형의 손을 입에 물으라. 제스처에 대한 반응은 아동의 말보다 더 크게 들릴 것이다. 긴 독백은 아동을 헤매게 한다.

아동은 당신이 말하는 것을 반복하거나 암송할 수 있다. 이것은 아동이 그것에 정성을 기울이지 않더라도 당신이 말한 것을 인식한다고는 것을 보여 주는 아동의 방법이다. 그것에 대한 반응으로 아동의 말을 따라 하지 말고, 당신의 다음 의견을 말하라.

가끔 아동이 장난감에 대해 즉흥적으로 언급할 것이다("기차가 빨리 달려!"). 하지만 그것에 대한 질문에 답할 수 없을 것이다("기차가 어딜 그렇게 빨리 가는 거야?"). 아동은 자신이 제약을 두지 않은 설명이나 질문을 이해하는 것보다 특정 단어나 대본을 표현하는 단계에 있을 수 있다. 그러한 질문에 대응하는 것은 시각 단서의 도움 없이는 특히 어려울 수 있다. 아동이 하던 것으로 되돌아가라. 그러면 당신의 언어는 다시 아동의 행동에 연결된다. 기차를 빨리 달리게 하며 "기차가 더 빨라요. 날 따라올 수 없어요! 날 잡을 수 없어요!"라고 말하라.

청각장애가 있는 아동들은 종종 그들의 의사 전달 의도를 포함하거나 포함하지 않은 비디오 또는 책을 통해 단편적인 내용을 기억한다. 일반적으로 아동들은 비디오나 책을 연상시키는 장난감이나 그림을 보고 그것을 대본의 일부로 생각한다. 만약 당신이 대본을 알고 있다면 아동은 그것을 이해하고 있으므로 그것에 참여하여 이야기하는 것을 시도해 보라. 아동이 좋아하는 이야기의 캐릭터들을 아는 것은 당신이 그 캐릭터를 묘사하는 데 도움이 될 것이다.

2) 시공간 처리에 어려움을 가진 아동의 경우

만약 아동이 시공간 처리에 어려움을 가지고 있다면 아마도 아동은 사물이 문자 그대로 시야와 마음에서 사라지는 것 같이 하나의 놀이 주제에서 다른 놀이 주제로 갈지도 모른다. 이때 당신의 임무는 놀이에서 잃어버렸던 물건을 재도입함으로써 아동의 시각과 주제의 영역을 통합시키는 것이다.

만약 아동이 사자 인형을 가지고 놀다가 갑자기 돼지 인형에게 초점을 맞춘다면 사지를 가져와서 돼지에게 "안녕하세요! 같이 놀아도 돼요?"라고 말하라. 당신은 아동에게 사자와 사자가 본 것과 전에 생각했던 것들에 대해 상기시킬 것이다. 만약 아동이 대답하지 않는다면 아동에게 사자와 다 놀았는지 혹은 사자가 집에 가기를 원하는지 물어봐라. "잘 가."라 말하는 것은 반응을 불러일으킬 수 있다.

만약 아동이 시공간 처리에 어려움이 있다면, 아동의 앞에 있는 물건들을 잘 구별하지 못할 것이다. 만약 아동의 선반이나 바구니가 어지럽혀져 있다면, 아동은 물건들을 탐색하지 않거나 찾지 않을지도 모른다. 플랫폼(박스)이나 색종이를 이용하는 것은 물건이 밖으로 나와 보이게 하도록 도와줄 수 있다. 각각의 상자나 종이 위에 장난감들을 올려 놓음으로써 집, 동물원, 기차역같은 상징적인 세트가 될 수 있다. 세트와 장난감을 구성하는 것을 아동들에게 좀 더 시각적으로 보여 줌으로써, 아동들은 아이디어를 더 쉽게 만들고, 심지어 한 가지 아이디어를 다른 아이디어와 연결시킬 수 있다.

아동이 자신의 시야의 다른 측면을 통합하는 데 도움을 받으면 시각적인 처리가 더 강해진다. 테이프로는 기차와 자동차가 오고 갈 수 있는 트랙과 도로를 만들 수 있다. 추적하는 놀이(섬광, 구르는 공, 매달려 있는 장난감)는 아동의 조심성과 길을 찾는 것을 도와줄 수 있다. 모든 활동은 시각과 운동 활동의 조합(동물들의 파티를 꾸미는 것, 공을 차는 것, 칼싸움을 하는 것, 촉각을 이용하여 가방 속 물건을 찾는 것, 그림 맞히기 놀이–눈가리개를 하고 있는 동안에 시각적인 이미지를 유지하는 놀이)을 요구한다. 이러한 활동은 자녀의 시각 처리 체계를 단련시킬 것이다.

3) 운동 계획에 어려움을 가진 아동의 경우

만약 아동이 운동 계획에 문제를 가지고 있다면 아동은 움직임뿐만 아니라 사고를 배열하는 데 어려움을 겪을 것이다. 당신은 아동이 이 놀이를 흉내 내는 것을 도와줄 수 있다. 우선, 다음에 무엇을 할지에 대해 아동에게 선택을 하게 하라. "동물원이나 차고에 갈 건가요?" 아동이 결심했을 때, 놀이를 통해 아동이 동작의 배열을 이용하여 해결해야 할 문제들을 만들어 냄으로써 놀이에 육체적인 과제를 만들어 낸다.

- 아동의 차가 고장 났다면 "아, 안 돼! 고장 났어! 우리 어떡해?"라고 외친다. 견인 트럭이나 공구 상자를 가져와서 수리하도록 요청하라. 망치를 집어 들고 아동의 손에 쥐어 주라. 드라이버를 가져와서 사용하기 시작하라. 수리를 확인하고 공구를 반환한 후 계속 놀이를 진행하라.

- 만약 아동의 인형이 떨어졌다면 인형이 다쳤는지 그리고 인형이 의사에게 가야 하는지 물어라. 인형을 진찰하고 치료할 수 있는 단계를 밟도록 아동에게 의료품 상자를 건네주라. 반창고와 깁스를 할 테이프를 준비하라. 인형이 좋아지면 원래의 놀이를 계속한다.
- 만약 아동이 악기를 연주하거나 노래를 부른다면 마이크에 대고 "존경하는 신사 숙녀 여러분, 사라를 소개합니다! 그녀의 첫 번째 노래는……"이라고 아동을 소개한다. 공연, 박수, 허리 숙여 인사하는 것과 같은 부연 설명을 덧붙이고, 소품이나 의상을 입으라. 아동은 공연을 지켜보면서 이 순간을 즐길 것이다.
- 만약 아동이 달을 향해 로켓 경주를 하고 있다면 당신의 손으로 원을 그리면서 달이 돼라. 그리고 천천히, 멀리 더 멀리 움직이라.
- 만약 아동의 동물이 정글을 탐험한다면 아동과 아동의 동물이 협상해야만 하는 정글에 아동의 몸, 책, 의자 또는 다른 물건들을 장애물로 만들라.
- 만약 아동의 장난감 인형이 상점에서 쇼핑하고 싶어 한다면 아동이 사고 싶은 것들을 메모해 놓고, 다른 통로와 잡기 어려운 공간에 있는 우유, 시리얼, 빵에게 다가가기 위해 조금씩 손을 뻗도록 한다.

일단 아동이 상징적인 아이디어를 표현하면 당신은 아동의 아이디어가 복잡해짐에 따라 더 정교한 운동 배열을 만들어 낼 수 있다. 아동은 이러한 배열을 아이디어로 기억하여 다시 사용할 수 있으며, 이를 확장시킬 수 있는 기회를 얻을 수 있다.

4) 아동의 감각 선호도 존중하기

언제나 그렇듯이, 아동과 상호작용할 때 그의 감각적 선호도를 고려하라. 아동을 압도하는 시각, 청각, 촉각, 운동 감각, 또는 후각의 체험을 시도하여 과부하가 걸리게 하지 말고, 아동이 좋아하는 것을 경험하는 감각적 경험을 시도해 보라. 아동이 연극을 하는 동안에 좌절하거나 초조해할 때 아동의 선호도를 이용해 평정을 잃지 않도록 하라.

또한 놀이를 이용하여 아동의 감각적 허용 범위를 확장할 수 있다.

만약 자녀가 끈적거리는 감촉을 싫어한다면 주위에 끈적거리는 물질이 없도록 하라. 다만 당신은 아동이 준비가 되었을 때 자발적으로 탐구할 수 있는 2개의 두꺼운 테이프 혹은 실리 퍼티(Silly putty) 놀이를 위한 작은 공을 가지고 있을지도 모른다. 만약 아동이 그것을 여러 번 사용하는 당신을 본다면 아마도 아동은 그것을 시도하는 것에 호기심을 갖게 될 것이다. 만약 그렇다면 아동의 속도로 천천히 탐험하도록 하라. 당신은 아빠 모형에 콧수염을 붙여 사용함으로써 실리 퍼티 놀이를 할 수 있다. 그러고 나면 아동도 콧수염을 기르고 싶어 할 것이다.

만약 아동이 시끄러운 소음에 민감하다면 당신과 노는 동안에 목소리의 음량을 조절하라. "더 큰 소리로 말할까?"라고 묻고 '시몬 가라사대' 놀이에서 아동의 안내를 따라야 한다. 만약 당신이 점차적으로 음량을 높인다면 아동이 더 큰 소리에 대한 인내심을 키우도록 도와줄 수 있다.

5) 과소 반응하며 위축된 아동의 경우

만약 아동이 과소 반응하고 위축되어 보인다면 당신은 과장된 연기를 하면서 놀이 속으로 아동을 이끌어 주어야 한다. 상호작용을 활성화시키기 위해 할 수 있는 모든 연극을 사용하라.

만약 아동이 인형을 인형 집 안에 넣는다면 몸을 쭈그리고, 숨을 헐떡이며, 장난기 있는 목소리로 "나는 크고 나쁜 늑대야! 나는 너의 집을 날려 버릴 거야."라고 말한다. 만약 아동이 당신을 무시한다면 더 크게 말하라. 그래도 여전히 아동이 당신을 무시한다면 아동의 어깨를 두드리라. 이를 악물라. 아동의 귀에 대고 으르렁 대라. 시끄럽게 씩씩대라. 당신의 목소리와 제스처를 사용해서 아동이 당신을 알아채게 하라. 당신은 또한 꼭두각시 인형을 사용할 수 있다. 당신은 아동에게 "늑대에게 뭐라고 말할 거니?"라고 물어봄으로써 아동을 지원할 수 있다.

6) 과소 반응하고, 감각을 갈망하고, 산만한 아동의 경우

만약 아동이 과소 반응하고 분열된 모습을 보인다면 당신은 감각적인 입력을 갈망하고 끊임없이 그것을 찾으려고 노력할 것이다. 당신의 가상놀이는 플로어타임 드라마의 일부로서 활발한 운동을 많이 할 수 있는 넓은 공간에서 가장 잘 수행될 수 있다. 플로어타임 기간 전에 아동의 욕구를 효율적으로 충족시키기 위해 공을 던지거나, 트램펄린을 타거나, 그네를 타거나 달리기를 하거나, 등산을 하거나 점프를 하라. 이러한 활동은 아동이 좀 더 정돈되고 집중하는 것을 도와줄 것이고, 극 중 아동은 신체적으로 노는 것만큼 많은 에너지를 소비하지 않아도 될 것이다. 그러면 플로어타임을 실행해 보자.

당신은 가상놀이를 아동의 현존하는 뇌 운동 활동에 접목시킬 수 있다.

- 만약 아동이 미끄럼틀을 타고 있다면 미끄럼틀 위에 토끼 인형을 앉혀 놓고 "토끼도 미끄럼틀을 타고 싶대"라고 말한다. 만약 아동이 무관심하다면 토끼를 아동과 마주치게 하거나 아동을 방해하라. 만약 아동이 슬퍼한다면 슬픈 목소리로 "토끼는 슬퍼. 너랑 놀고 싶어."라고 말한다.
- 만약 술래잡기를 하고 있다면 동물을 술래잡기에 끌어들이라. "사자가 널 잡을 거야! 사자가 널 잡아먹을 거야!"
- 만약 아동이 풀밭에 뒹굴거나 눈에 파묻혀 뒹굴고 있다면 "나는 바다에서 뒹구는 고래다!"라고 말하거나 "자동차끼리 부딪히자!"라고 말한다. 아동이 이미 하고 있는 행동에 가상놀이의 요소를 추가하라.
- 인형들과 숨바꼭질을 하면서 술래가 되어 숨어 있는 인형을 찾는다.

아동이 더 복잡한 생각을 사용할 때, 당신은 가상놀이를 확대할 수 있다.

- 서커스나 체조 대회를 열라. 모든 사람이 자기 자리를 차지하거나 행사에서 심판을 받도록 하라.
- 말이 되어 아동을 태워 주라. 그러면서 아동에게 길을 가르쳐 달라고 부탁하라. 주변의 장애물들과 산을 넘고 강을 건너고 다른 짜인 환경으로 아동이 당신을 안내하도록 하라. 약탈자들이 훔친 돈을 되돌려 받고 감옥으로 되돌려 보내는 것과 같은 임무를 개발하라.
- 아동이 다른 아동이라고 생각할 만한 큰 인형을 줘라. 엎드려 있거나, 춤을 추거나, 때리거나, 잠을 자는 시늉을 할 수 있다. 아동이 인형을 때릴 때 "내가 너를 되받아칠 거야!"라고 말하거나 아동이 인형을 안아 줄 때 "사랑해"라고 말하라. 당신이 할 수 없을 때, 인형이 당신인 것처럼 이용해서 아동과 함께하라. 아동과 인형 모두와 이야기할 수 있도록 인형에게 이름을 지어 주라. 예를 들어, 그 인형은 미끄럼틀로 갈 수도 있고, 경쟁심이나 질투심을 유발할 수도 있다. 당신은 아동이 그런 감정들을 다룰 수 있도록 도와줄 수 있다.

아동의 복잡한 생각은 이 드라마에 운동 활동을 구축한다. 그러면 아동은 자신의 생각을 확장하는 동안에 자신의 열망을 충족시킬 수 있을 것이다.

7) 과잉 반응하고 회피적인 아동의 경우

만약 아동이 지나치게 예민하고 회피적이라면 당신은 아동을 상호작용으로 끌어들이기 위해 가상 캐릭터가 장난스럽게 방해하도록 만들 필요가 있다.

- 인형들이 집에 들어갈 수 없도록 인형을 막으라.
- 아동이 당신의 차를 쳤을 때 당신을 무시할 수 없도록 아동의 차를 박으라.
- 아동의 말을 먼저 공격하라. 그러면 아동의 말은 당신을 밀어낼 것이다.

해결할 문제를 계속 제공하라. 그렇게 하는 동안에 당신은 장난기 있는 미소를 지으라. 아동이 방어적인 태도를 보이는 것을 기억하고, 아동을 겁주면 안 된다는 것을 유념하라. 당신은 상호작용을 위한 기회를 만들고 싶어 한다. 당신은 당신이 다음에 할 일을 아동에게 말할지도 모른다. 아동이 방어 태세를 취하도록 구두 신호를 사용하라("조심해! 그들이 오고 있어!"). 그러면 아동은 당신의 다음 일을 지켜볼 것이다.

8) 과민 반응하고 쉽게 과부하된 아동의 경우

지나치게 민감하고 과중한 아동에게는 차분한 목소리와 느린 동작이 필요하다. 아동을 두렵게 하지 말라. 당신의 목소리는 아동을 몰입시키기 위해 침착하고 매력적이어야 한다.

아동이 인형을 잡고 있다면 다른 인형으로 아동에게 천천히 다가가며 부드럽게 노래한다. "나 여기 있어." 당신이 접근할 때 아동이 피할 수 있는 충분한 시간을 줘라.

아동이 인형 집을 가지고 놀고 있다면, "나도 같이 놀까?"라고 속삭이며 인형을 가로질러 기어오라. 인형 집 안으로 천천히 걸어 들어가라.

아동이 동물 인형을 안고 있다면 컵을 들고 부드럽게 물으라. "너의 고양이가 뭘 마시길 원하니?"

항상 느리게 다가가라. 아동이 당신을 볼 수 있는지 확인하라. 만약 아동이 돌아서거나 도망간다면 시간을 내어 아동에게 다시 시도하라. 시간이 흐르면서 인내심이 생길 것이다.

제 12 장 플로어타임 IV: 논리적인 생각하기 – 아동이 아이디어를 연결하고 세상에 대한 논리적 이해를 발달시키도록 돕기

네 살배기 린디는 탁자 주위에 여러 개의 인형을 모으고 있었고, 티(tea) 파티도 준비하고 있었다. 활동 2분 후, 린디는 갑자기 방의 다른 쪽 끝의 옷장을 가리키며 "저긴 뭐지?"라고 물으며 옷장을 향해 갔다. 여러 가지 발달 과제를 가진 많은 예감과 초기 상징적 이정표를 숙달한 대부분의 아동과 마찬가지로, 린디는 아이디어의 작은 영역들을 작동시켰다. 린디는 그것들 사이에 아무런 논리적 관계 없이 아이디어에서 다른 아이디어로 빠르게 옮겼다. 린디엄마의 과제는 린디의 생각 사이에 논리적인 다리를 형성하도록 린디를 돕는 것이었다.

린디의 엄마는 린디를 예전의 생각으로 데리고 오려고 "티 파티는 어때?"라고 물었다. 린디는 엄마를 무시했다. "나 배고파." 린디의 엄마는 인형 중 하나인 척하며 계속했다. "저는 차와 쿠키를 원해요." 하지만 린디는 티 파티는 잊어버리고 옷장에 초점을 맞추고 있었다. 이 시점에서 린디의 엄마는 꽤 쓸 만한 생각이 떠올랐다. 엄마는 린디를 다시 파티에 끌어들이기 위해 단어에 의존하는 대신에 제스처를 사용했다. 옷장으로 린디를 따라가서 엄마는 상상의 문을 열고 외쳤다. "이것 봐! 쿠키야!" 그러고는 쿠키가 들어 있는 상상의 박스를 들어올렸다. 린디는 엄마가 발견한 것에 대해 흥분했다. 린디 엄마는 배고픈 인형을 들어올리며 "나는 여전히 배고파!"라고 말했다. "자, 먹어 봐." 린디가 말했다. 그리고 린디와 엄마는 티 파티에 온 인형들을 위해 옷장에서 쿠키를 꺼내려 여러 번 왔다 갔다 했다.

일단 아동이 자신의 감정과 아이디어를 표현하기 시작하면 아동은 복수와 함께 행동할 수도 있다. 아동은 계속해서 연습할 수 있는 새로운 능력이 있기 때문에 꽉 붙잡아야 한다. 당신은 아동이 집을 돌아다니는 소리를 들을 수도 있고, 계속 진행되는 대화는 아동의 머릿속에 아이디어가 잠시 들린 소리처럼 들릴 수 있다. 논리적 아이디어가 순차적으로 진행되는 대신, 대화를 듣는 동안에 무작위로 연결되지 않은 아이디어를 들을 수도 있다. 아동이 창문을 내다보며 나뭇잎에 대해 언급하고, 주스를 요구하고 나서 기다리지 않고 동물과 함께 있는 이 모든 장면은 90초 안에 일어난다.

처음에 당신은 아동이 그처럼 횡설수설하는 것을 싫어할 수도 있다. 하지만 그러지 말라. 그것들은 진보의 신호이다. 그것들은 아동이 표현할 수 없었던 무수히 많은 아이디어와 감정이다. 이제 당신의 임무는 아동이 좀 더 논리적이 되도록 노력하는 동안에 아동의 새로운 관심과 자발성을 존중하는 것이다. 당신의 목표는 아동이 1, 2, …… 40, 50개 혹은 그 이상의 구두의 소통의 순환을 닫을 수 있게 하는 것이고, 아동이 유연하고 자발적으로 논리적인 20분간의 대화를 할 수 있도록 하는 것이다(가상놀이, 학교, 친구 또는 저녁으로 무엇을 먹을지). 달을 여행하는 우주 비행사 같은 가상놀이도 드라마와 줄거리가 있어야 하지만, 창의적이고 환상적인 요소들은 논리적으로 연결되어야 구성될 수 있다("우주선이 달에 착륙하여 거대한 괴물을 보았다." 대 "그들이 달에 가서 푸른색 크레용 차량이 달린다!").

1. 상징적인 소통의 순환을 닫기

아동이 상징적인 소통의 순환을 닫을 때(예를 들어, 놀이에 자신의 생각을 토대로 하거나 자신의 말로 논리적으로 반응할 때), 아동은 자신의 생각과 당신, 아동의 내면 세계와 당신 사이에 다리를 만든다. 수백만 개의 다리를 통해 상징적인 소통의 순환이 닫히는 것을 통하여 그 내부에 있는 것을 차별화하여 자신과 자신의 세계를 더 잘 이해하게 된다.

당신은 마지막 단계에서 아동이 가능한 한 많은 감정과 아이디어를 가진 드라마를 발전시키는 것을 돕고 싶을 것이다. 아동이 인형을 차에 넣으며 "나도 타고 싶어"라고 말하고 다음 5분 동안 아동이 아이디어로 그 주제를 정교하게 만들면 당신은 행복해 했다. 이 단계에서는 드라마의 모든 행동과 아이디어가 당신의 것들 중 하나와 연결되기를 원한다. 상호작용없이 20초가 지나면 안 된다.

마지막 단계에서 아동이 자신의 차를 치고 난 후 "충돌!"이라고 말하자 당신은 행복했다. 만약 아동이 매번 차를 친 상황에 스스로 그 단어를 반복하여 적절하게 사용했다면 아동은 자신의 생각을 말로 표현하는 것을 배우고 있었다. 이 단계에서 당신은 대화를 계속하고 싶어 한다.

이 대화는 아동의 행동의 순서 또는 동기를 설명할 수 있다. 이제 차가 부서졌을 때 당신은 말할 것이다. "오, 누가 다쳤나요? 제가 구급차를 부를 게요!" 또는 당신은 사이렌 소리를 내거나 누가 무모하게 운전을 했는지 시시비비를 가리기 위해 경찰을 부를 수도 있다("운전하는 법도 몰라요, 아저씨? 당신은 운전 연습이 필요해요."). 충돌의 강도에 따라 당신은 신중하고 활기찬(누군가를 구하기 위해) 또는 불안하고 감각적인(잠음을 듣거나 건물을 노크하기 위해) 감정을 나타내는 목소리에 기반하여 음색에 반응할 수 있다. 만약 후자라면 메모하라. "와, 소리가 정말 크다!" 아동은 아마 사고를 몇 번 반복할 것이다. 그러면 아동의 행동의 결과를 다루라. "이 차를 또 그랬나요?" 결과를 조사함으로써 당신은 아동의 논리적 사고를 확대하는 것을 돕는다.

마지막 단계에서 당신은 아동의 아이디어를 자극하기 위해 연극에 당신 자신을 집어넣었다. 이 단계에서 당신은 아동의 모든 아이디어가 당신의 것들 중 하나와 상호작용하기를 원한다. 당신은 아동이 좀 더 논리적인 방식으로 행동하고, 당신이 방금했던 것을 참작함으로써 아동의 상징적인 소통의 순환의 80퍼센트를 닫길 원한다.

이 목표를 달성하는 방법은 아동이 말하는 것과 상호작용하고, 질문하고, 무엇을 말하려는지를 시험하는 것이다. 아동이 하는 모든 일을 함께할 수 있는 방법을 찾아보라. 이때 각각의 상황에서 아동이 주도권을 잡도록 하라.

- 만약 아동이 차 안에 인형을 태우고 있다면 또 다른 인형을 가져와서 "나도 가도 될까?"라고 말하라. 아동이 대답할 때까지 질문하라. 만약 세 번의 시도에도 아동이 대답하지 않는다면 진심 어린 호기심으로 화내지 말고 "대답 안 할 거예요?"라고 물어보라. 아동이 상징적인 소통의 순환을 닫을 때까지 계속 아동과 상호작용을 해야 한다.

- 만약 아동이 울타리 안의 동물들을 정리할 때 어쩌면 소들 중 한 마리가 울타리를 뛰어넘을 수 있다. "나는 도망갈 거야!" 만약 아동이 반응하지 않는다면 "왜 나한테 대답하지 않는 거야?"라고 말하라. 아동이 상징적인 소통의 순환을 닫을 때까지 계속 장난스럽게 교류하라. 아동이 항의할 때, 네가 잘못된 행동을 한 건지 묻거나(모르는 척 엉뚱하게 대답하기) 아니면 네가 왜 도망치고 있는지 말해 달라고 부탁하라. 아마 아동은 당신의 문제를 해결해 줄 것이다.

- 만약 아동이 성을 짓고 있다면 말하라, "내가 짓는 것을 도와줘도 될까?" 만약 아동이 답한다면 "내 칼 볼래?"라고 말하라. "응, 먼저 내가 도와줘도 되는지 말해줘." 만약 아동이 자신의 칼에 대해 말한다면 그의 흐름을 따라가라. 이때 아동에게 당신의

칼이나 다른 칼을 보고 싶은지 물어보라. 혹시 아동의 칼이 날카로운지 물어보라. 그 소통의 순환이 닫히도록 노력하라. 때때로 당신은 원래의 소통의 순환을 닫는 것을 성공할 것이다. 때때로 당신은 다음 기회와 함께 성공할 것이다.

아동의 의견에 기초한 감정에 대응하라. 당신의 반응은 단어와 상징의 의미를 높이고 아동을 계속해서 격려할 것이다. "그거 날카로워?" "그거 자르거나 죽였어?"와 같이 물어보는 것은 권력에 대한 갈망, 상처에 대한 두려움, 자신을 보호해야 할 필요성을 기반으로 한 자신의 감정과 만날 수 있게 해 준다. 놀이를 통해 이러한 감정을 탐구할 수 있다.

1) 일상적인 상호작용을 하는 동안에 대화를 펼치라

아동이 소통의 순환을 닫을 때마다 다른 것을 말함으로써 다른 순환을 열라. 왜냐하면 진짜 목표는 대화의 섬을 가지는 것이 아니라, 대화를 계속하는 것이기 때문이다. 대화하기 위해 아동은 연속하여 10, 20, …… 50개의 상징적인 소통의 순환을 열고 닫는 것을 연습할 필요가 있다.

가상놀이에서 당신이 소통의 순환을 닫는 것을 제한하지 말라. 항상 하라. 아동이 대화의 기회로 쓸 수 있도록 모든 것을 이용하라.

- 아동이 사탕에 대해 물을 때, "어떤 사탕?" "얼마나 많이?"라고 말하라. 대화를 계속 유지하면서 아동이 각각의 소통의 순환을 닫았는지 확인하라.
- 아동이 책을 보고 있을 때 말하라, "내가 너와 함께 읽어도 될까?" 아동이 대답을 하고 나서 시도하라. "이 책에 대해서 말해 줘. 어떤 그림이 가장 좋았니?" 가능한 한 길게 대화를 지속하라.
- 아동이 밖에 나가기를 원할 때 물어보라. "뭐 하고 싶니? 어디서? 첫 번째 아니면 두 번째는?" 마법의 단어는 "다른 것은?" "다른 먹고 싶은 것 없니? 우리가 가야 할 다른 곳은 어디일까? 누가 또 여기 와야 할까?"이다.
- 당신이 차를 타고 갈 때, 가는 도중에 잡담을 하라. "정말 날씨 좋다!" 아동이 아무 말도 하지 않으면 다시 시도하라. "너도 날씨 정말 좋다고 생각하지 않니?" 만약 아동이 말을 하면 "우리 차는 빠르게 달리고 있어" "맞아, 그런데 오늘의 날씨에 대해 어떻게 생각하니?"라고 말한다. 아동이 상징적인 소통의 순환을 닫을 때까지 계속해서 아동을 괴롭히라.

- 당신이 이를 닦을 때 말하라. "우리 빠르게 닦아 볼까 아니면 느리게 닦아 볼까?"
- 아동이 "주스가 먹고 싶어!"라고 말하면 "어떤 종류?" 라고 말하자. 만약 몇 번의 반복 후에도 아동이 여전히 대답하지 않으면 다양한 선택으로 질문을 명료화하자. "오렌지 아니면 포도?" 아동이 소통의 순환을 닫을 때까지 계속해서 하라.

매일 소통의 순환을 닫을 수 있는 수백만 번의 기회가 있고, 당신이 그것들을 많이 사용할수록 아동은 논리적인 대화를 더 잘할 것이다. 당신이 재미있는 방법으로 논리적인 대답을 더 주장할수록 아동은 더 많은 다리 만드는 것을 배울 것이다.

2) 개방형 질문을 하자

당신이 아동과 이야기하고 있을 때 드라마의 캐릭터나 자기 자신으로서 개방형 질문을 하는 것은 도움이 된다. 만약 당신이 질문을 광범위하고 개방적이게 하면 아동은 자신의 대답을 제공하는 데 자유로울 것이다. 만약 당신이 '예' 또는 '아니요'로 대답 될 수 있는 질문을 한다면 아동의 대답을 제한하는 것이다. 예를 들어, 만약 당신이 "저 말은 털이 곱슬곱슬한 게. 아주 멋지네 네가 빗어 보고 싶지 않니?"라고 말했다면, 아동은 오직 '예' 또는 '아니요'로만 대답할 수 있다. 당신이 만약 "저 말은 어디서 곱슬머리를 얻었을까?"라고 말하면 아동은 여러 가지 다른 방향으로 갈 수 있다. 또 다른 유용한 기술은 어떤 것이 이미 일어난 것으 요약하는 것이다. "이것 봐. 저 말은 A, B와 C을 했어. 나는 다음에 무엇을 할지 궁금해." 이와 같은 종류의 언급은 아동이 이해했는지 알게 하고, 대화를 지속하도록 격려한다.

3) 행동과 단어를 결합하라

일단 아동이 소통의 순환의 열고 닫는 것이 편해지면 당신은 연극이나 활동과 관련된 대화를 나누는 것뿐만 아니라, 저녁에 무엇을 먹을 것인가, 그날의 다음에 무엇을 할 것인가, 아동이 좋아하는 TV 프로그램은 무엇인가에 대한 이야기를 하는 당신 자신을 발견할 수 있다. 만약 아동이 이러한 종류의 대화에 어려움을 겪고, 대화를 지속하는 것에 어려움을 겪으며, 한두 가지의 소통의 순환 이후에 흥미를 잃는다면 당신의 행동에 대한 대화를 하는 것으로 돌아가라. 만약 당신의 말을 행동으로 연결한다면 아동은 언어적인 대화의 상호작용을 유지하는 시간을 갖게 될 것이다.

- 당신이 저녁에 무엇을 먹을 것인지에 대해 이야기를 하는데 아동이 대답하지 않으면 냉장고의 음식을 꺼내기 시작하라. 아동이 좋아하지 않는 것들을 들고 이야기하라. "나는 우리가 이것을 먹을 것 같아." 당신은 아동을 약올릴 것이다(적어도 "안 돼!"라고 아동이 말함으로써). 그 후에 대화를 시작할 기회를 갖도록 한다. "아니야? 그럼 이거는 어때?" 아동에게 또 다른 것을 보여 준다. "저녁으로 바다코끼리는 어때? 무엇을 원하니? 내게 보여 줘." 냉장고와 찬장을 함께 뒤지는 것은 음식에 대한 대화를 생성할 것이다.

- 만약 당신이 자동차를 가지고 놀고 있는데 아동이 간단히 대답한다면 아동의 캐릭터에게 말하면서 당신의 자동차를 움직여서 아동의 자동차를 쫓아가거나 막으라. "내가 경주에서 너를 이길 거야!" 당신의 행동은 아동을 끌어들여서 그 단어의 문맥을 알려 줄 것이다.

4) 병렬 대화를 피하라

병렬 대화에서 아동이 소통의 순환을 닫는 것을 주의해야 하는 것은 중요하다. 비록 실제 상황에서의 모습을 보일지라도, 병렬 대화에서 아동을 부모가 자신의 말에 맞추는 동안에 스스로에게 말한다.

윌리엄은 인형의 차고에 차를 끼워 넣기 바빴다. "집 안에 차, 집 안에 차." 아동은 여러 번 중얼거렸다. "그래." 엄마가 말했다. "너는 차고에 차를 넣고 있구나." 여러 번의 시도에도 윌리엄은 좁은 공간에 차를 꽉 끼우는 것을 할 수 없었고, 좌절감에 차를 떨어뜨렸다. "차가 맞지 않니?" 엄마가 물었다. "집 안에 탁자!" 윌리엄이 장난감 탁자를 대신 들어 올리며 행복하게 말했다. "오, 이제 너는 집에 탁자를 넣으려고 하는구나!"라고 말하면서 윌리엄이 문을 통해 교묘히 탁자를 이동시키는 것을 보았다. 윌리엄은 마치 자신의 작품을 존중하는 것처럼 허리를 굽혀 문을 두드리더니, 그 안에 넣을 또 다른 것을 찾기 시작했다. "집 안에 사람"이라고 말하며 문을 통해 작은 피겨를 넣기 시작했다. "윌리엄이 집 안에 사람을 넣고 있구나." 엄마가 말하자 윌리엄은 만족스러운 표정으로 인형의 집에 사람을 떨어뜨렸다. 윌리엄은 엄마를 향해 활짝 웃었고, 엄마는 "잘했어."라고 말하며 엄마가 박수를 쳤다. "네가 집 안에 사람을 넣었구나."

이러한 변화 내내 윌리엄의 엄마는 놀랍게 공감적으로 되었고, 지지하게 되었다. 엄마는 윌리엄과 대화할 수 있다는 착각을 하게 되었다. 윌리엄이 단어나 제스처로 자신에게 반응하는 것 같다고 말이다. 그러나 윌리엄의 엄마가 무슨 일이 발생한 건지 면밀히 검토할수록 윌리엄이 단순한 소통의 순환을 닫지 않음을 인식하게 되었다. 윌리엄은 자신의 마음속에 무슨 일이 생겼는지 말했다. 엄마는 윌리엄의 행동을 따랐지만, 윌리엄의 아이디어를 연결하도록 도전하지 않았다.

윌리엄은 계속해서 놀이를 하고, 엄마는 윌리엄의 안내를 따라갔지만 동시에 엄마는 윌리엄이 엄마의 아이디어와 단어 그리고 윌리엄의 아이디어와 단어를 다룰 수 있도록 영감을 주기 위해 노력했다.

"윌리엄, 차고에 차를 넣고 있니?"라고 엄마가 묻자 윌리엄은 차고보다 크기가 더 큰 차를 끼워 넣기 위해 한 번 더 시도하고 있었다.

윌리엄은 대답하지 않았다.

"윌리엄, 차고 안의 차?"라고 엄마는 반복했다.

윌리엄이 엄마를 무시하는 동안에 엄마는 그 드라마에 다가갔다.

"윌리엄, 차고 안에 차를 넣고 있니?" 엄마는 말을 행동으로 번역하려는 것처럼, 차를 만지고 차고 안에 손을 넣으며 말했다.

이번에는 윌리엄이 누가 침범하는지 보기 위한 것처럼 엄마를 순간 바라보았다. "응!" 윌리엄이 대답했다. 윌리엄은 소통의 순환을 닫았다. 이제 엄마는 다른 것을 시도했다.

"차가 너무 큰가?" 엄마는 공감하면서 물어보았다.

"차가 커."라고 윌리엄이 대답하고 두 번째 소통의 순환을 닫았다.

"차가 너무 커?" 윌리엄의 엄마가 말했다. "맞지 않니?"

"차가 커."라고 윌리엄이 세 번째 소통의 순환을 닫으며 말했다.

"아마도 이게 맞겠다." 엄마가 더 작은 차를 건네주면서 제안했다.

윌리엄은 엄마에게 그것을 건네받아서 차고 안으로 들이밀었다.

"그 차는 맞니?" 엄마가 물었다.

윌리엄은 차고에서 그 차를 앞뒤로 움직이느라 바빴다.

"그 차는 맞니?" 엄마가 다시 물었다.

윌리엄은 차를 움직이느라 여전히 엄마를 무시했다.

"윌리엄, 작은 차는 맞니?" 엄마가 차고에 손을 넣으며 다시 물어보았다.

윌리엄은 엄마가 옆에 있었던 것을 까먹었던 것처럼 엄마를 쳐다보았다.

"작은 차가 차고에 맞니?" 엄마는 여전히 인내심 있게 네 번째로 물어보았다.

"작은 차."라고 윌리엄이 말했다.

"작은 차가 차고에 맞니?"

"차고의 작은 차"라고 윌리엄이 동의했다.

윌리엄은 엄마의 말을 반복했음에도 불구하고, 처음부터 연장된 엄마의 아이디어와는 연결하지 못했다.

윌리엄의 주의를 끌고 그녀의 의미 전달을 도와주기 위한 엄마의 인내심 있는 반복과 제스처의 사용을 통해 윌리엄에게 4개의 소통의 순환을 연달아서 닫도록 격려했다.

당신은 같은 소통의 순환을 닫기 위해 얼마나 많이 돌아가는 것을 시도해야 할까? 아동의 흥미를 잃게 했다고 느낄 때까지 계속해야 한다. 윌리엄은 차고에서 여전히 차를 가지고 놀았기 때문에 엄마가 윌리엄에게 계속해서 차가 차고에 맞는지 물어본 것은 옳았다. 만약 윌리엄이 차를 떨어뜨린 후 다른 곳으로 옮겼다면 엄마는 윌리엄의 다음 관심 영역의 소통의 순환을 닫도록 노력하게 하는 것이 더 나았을 것이다. 만약 당신이 상징적인 소통의 순환을 닫으려고 할 때, 목표는 소통의 순환 30퍼센트를 닫는 것이다. 아동이 목표를 성취하고자 할 때, 50퍼센트까지 끌어올리고, 그다음에는 80퍼센트까지 끌어올리라. 80퍼센트에 도달하면 아동은 대부분의 상황에 논리적일 것이다.

5) 논리적인 소통의 순환 닫기를 증진하기 위해 갈등과 도전을 사용하자

아동이 놀이에서 논리적인 다리를 만드는 것을 도와주기 위한 또 다른 방법은 갈등과 도전을 소개해 주는 것이다. 아동의 정서를 끌어낼 수 있는 데 갈등만한 것이 없고, 정서는 좀 더 추상적이고 논리적인 대화와 놀이를 이끌어 낼 수 있다.

4세 때 크리스털은 언어 능력과 표현력이 풍부했지만, 연극은 단편적인 성격을 가지고 있었다. 크리스털은 거의 30초 이상 주제에 머물러 있지 않았다. 크리스털의 엄마인 실비아는 각각의 주제를 몇 분으로 연장하려고 노력했다. 한 회기 동안 실비아는 크리스털이 두 개의 인형을 목욕시킬 준비를 하도록 도왔다.

"옷 벗자." 크리스털이 말했다.
"인형들이 목욕 준비가 되었니?"라고 실비아가 말했다.
크리스털이 대답하기 전에 크리스털의 시선은 근처의 트럭을 향했다. "트럭이 상점에 가고 있어!" 라며 크리스털은 인형을 떨어뜨린 채 기쁨을 감추지 못했다.
재빨리 생각한 실비아는 자신의 인형을 트럭에 넣었다. 그러자 크리스털이 "내 트럭!"

이라고 말하며 반항적으로 말했다.

"아니, 내 트럭!" 크리스털이 화가 나서 소리쳤다.

"아니, 내 트럭!" 실비아가 인형에게 말하며 반복했다. "집에 가서 목욕을 해야 하니까 내가 운전해서 갈 거야"라고 말하며 엄마는 바닥을 따라 트럭을 밀었다.

"안 돼, 내 트럭! 내 트럭이 나를 학교에 데려다줘야 해!" 크리스털이 사납게 외쳤다.

"너는 나중에 학교에 운전해서 가도 되지만, 나는 지금 목욕을 해야 하니까 내가 먼저 운전해서 갈 거야." 실비아의 인형이 말했다.

"나는 네가 먼저 집으로 운전해서 가는 걸 원하지 않아!" 크리스털이 트럭에 손을 뻗으며 말했다.

"가까이! 가까이!" 실비아가 몇 피트 떨어진 곳에서 재빠르게 트럭을 움직이며 불렀다.

크리스털이 몇 초 후에 엄마를 보더니 다른 방향으로 시선을 돌렸다.

실비아는 크리스털의 관심을 잃게 했다는 것을 깨달았다. "너 내 트럭을 운전하고 싶니?" 엄마는 고분고분 자신의 인형을 꺼내서 크리스털 앞에 트럭을 밀며 물어보았다.

크리스털은 트럭을 애매모호한 표정으로 쳐다보았다.

"너 내 트럭을 운전하고 싶니?" 실비아가 다시 물어보았다. "정말 빠를 것 같지 않니?"

"아니!" 크리스털이 뿌루퉁하게 말했다.

"그러면 내가 트럭을 운전해야겠다." 실비아가 자신의 인형을 다시 집어넣으며 말했다.

"아니야! 내 차례야!"라고 외치며 크리스털은 엄마의 인형을 내려놓더니 맹렬하게 달려들었다.

다음 몇 분 동안, 엄마와 크리스털은 계속해서 트럭과 인형을 가지고 놀았고, 실비아는 매번 크리스털의 정서가 산만해질 때마다 크리스털의 정서에 호소했다. 마침내 실비아는 더 협조적이고, 덜 도전적인 모습으로 나아갔다. 크리스털이 "엄마가 대장이겠군요."라고 웃으며 말하는 모습이 편안해 보였다. 그때까지 트럭이라는 주제는 4분 가까이 지속되었고, 크리스털은 내내 명확하고 논리정연했다.

엄마의 딸의 정서를 교묘하게 극으로 표현함으로써 실비아는 오랜 시간 동안 일관된 대화를 나누었다. 왜 이런 일이 일어났을까? 왜냐하면 정서는 우리에게 동기를 부여하기 때문이다. 그것은 우리의 활동에 의미를 부여한다. 그것은 우리가 생각하는 것과 우리가 말하는 것, 우리가 하는 것 사이의 관계를 연결시킨다. 당신은 집중을 소망이나 정서의 연장이라고 생각할 수 있다. 당신이 정서를 지속할수록, 당신은 더 집중할 수 있게 된다. 그래서 아동이 무관심할 때, 아동의 정서를 이끌어 내는 것은 아동의 말과 행동을 사로잡고 아동의 초점을 유지하는 데 도움을 줄 수 있다.

또한 충돌하는 갈등 속에서 아동은 해결책을 고안하기 위해 더 높은 수준의 사고를 하도록 강요 받는다. 경쟁적인 두 가지의 욕구를 해결하고자 노력하는 것은 좀 더 추상적인 사고방식을 만들어 낸다.

6) 아동의 자연스러운 동기 부여를 사용하자

정서를 유도하기 위해서 갈등을 유발하는 것이 항상 필요한 것은 아니다. 효과적인 것은 이미 존재하는 정서들과 함께 작용하고 있다.

한 아빠가 6세의 아들과 함께 「피노키오」를 읽고 있었는데, 책을 읽는 동안에 아동에게 질문을 던졌다. 아동은 아빠에게 짜증을 내며, 주위에 달라붙어 있으려고 고집했다. 가만히 앉아서 질문에 대답하는 것 대신에 아동은 이야기의 일부를 보여 주기 위해 자신의 의자에서 뛰어내렸다. 아빠는 결국 화가 나서에는 그 행동을 재평가하기로 결심했다. 중요한 것은 논리적인 의사소통을 시작하는 것이었기 때문에(아동의 피노키오에 대한 지식을 시험하기 위해서가 아닌) 아빠는 아들의 자연스러운 동기 부여를 따르는 것이 나을 것이고, 이 경우에는 아들이 청중 앞에서 선보이는 상황이다. 아빠는 아동이 가장 좋아하는 장면, 아동이 해야 할 부분, 아빠가 해야 할 부분 그리고 연기의 재미에 대해 아들과 이야기하기 시작했다. 15분이 지났지만 이 산만한 아동은 여전히 아빠와 풍부하고 일관성 있는 상호작용을 하고 있었다.

이러한 갈등 상황에 정서를 이용함으로써 아빠는 오랜 기간 아동을 논리적으로 참여시킬 수 있었다. 속임수는 물론 그러한 정서를 인식하는 것이다. 정서는 항상 아동의 말에서 나오는 것은 아니다. 종종 아동의 행동에도 있다. 당신은 자신의 진정한 관심과 동기 부여가 어디에 있는지를 찾기 위해 아동이 하는 말을 깊게 봐야 한다.

실생활의 대화에도 같은 원칙이 적용된다. 아동이 진심으로 관심 있어 하는 주제에 대해 이야기할수록 아동은 관련되고 논리적이 될 것이다.

- 만약 아동이 농구를 좋아한다면 아동이 가장 좋아하는 팀과 선수에 대해 이야기하라.
- 만약 아동이 말을 좋아한다면 가장 좋아하는 종류는 무엇인지, 만약 한 마리를 기를

수 있다면 어디서 보살필 것인지, 이름은 무엇이라고 지어 줄 것인지, 어디서 말을
탈 것인지에 대하여 물어보라.

- 만약 아동이 아이스크림을 좋아한다면 가장 좋아하는 맛은 무엇인지, 한 번에 가장
많이 먹은 아이스크림은 무엇인지 그리고 만약 아이스크림 가게의 주인이 된다면
무엇을 할 것인지에 대해 물어보라.
- 만약 아동의 학교에 따돌림이 있다면, 무엇이 그 따돌림을 그렇게 무섭게 만드는지,
따돌림을 피하려면 어떻게 할 수 있는지 그리고 만약 따돌림을 당한다면 무엇을 할
수 있을지에 대해 이야기하라.

부모는 아동의 흥미가 집요하게 반복되거나 지나치게 기계적일까 종종 걱정한다. 한
아빠는 아들이 "야구 통계만을 말하길 원한다."고 설명했다. 핵심은 자녀의 관심사를 사
용하지만 이를 확대하는 것이다. 예를 들어, 만약 자녀가 칼 리프킨이 0.305을 친다고
말하면 또 다른 야구선수가 더 낫다고 말하라. 대화를 이어 가기 위한 시작점으로 아동
의 흥미를 사용하라.

우리가 이전에 제안한 것처럼, 당신은 아동을 실망시키고, 아동의 요구를 협상함으로
써 아동에게 자연스러운 동기를 부여할 수 있다.

- 아동이 5개의 쿠키를 지금 당장 달라고 할 때 '예' '아니요'로 말하지 말라. 물어보라.
"왜 5개?" "왜 지금 당장?" "4개는 안 되니? 아니면 6개는?" "5분 내로는 안 되니?"
- 당신이 아동에게 무엇을 줘야 할지 알았을 때, 아동에게 주지 말라. 협상을 만들라.
"내가 너에게 아이스크림을 줄 것이라고 생각하니? 왜? 무슨 색깔? 내가 지금 이것
을 먹게 할 것이라고 생각하니, 아니면 나중을 위해 남겨 놓게 할 것이라고 생각하
니? 왜?"

당신이 아동의 자연스러운 동기 부여를 많이 이끌어 낼수록 아동은 그의 욕구를 위해
더욱 논증해야 하며, 더 많은 논리적인 순환을 닫을 것이다.

2. 아이디어 사이의 다리 형성하기

아동이 더 구두의 언어를 사용하고 상징적인 순환을 닫는 것을 잘하게 될 때, 아이디

어에서 아이디어로 갑자기 도약할 수 있다. 아동은 학교에서 일어난 일에서 갑자기 가상놀이로 전환한 것을 당신에게 이야기를 시작할지도 모른다. 또는 호랑이에 관한 놀이를 하던 중에 갑자기 좋아하는 쿠키를 달라고 할지도 모른다. 우리 모두는 새로운 아이디어가 우리 마음속으로 들어오면 갑작스러운 전환을 하는데, 의사소통에 어려움이 없다면 전환을 인식하고 다음 아이디어를 열기 전에 첫 번째 아이디어를 마무리한다. 우리는 이렇게 말할 것이다. "오, 나 방금 뭔가 생각났어." "나는 그 주제를 바꿔야 해." 이 구절을 통해 우리는 청취자에게 새로운 아이디어가 오고 있다는 것을 알리고, 새로운 아이디어와 오래된 것 사이에 논리적인 다리를 놓는다.

의사소통에 어려움이 있는 아동들은 종종 아이디어 사이의 다리가 없기 때문에 한 아이디어에서 다음 아이디어로 마음이 빠르게 옮겨진 것을 인식하지 못한다. 내부의 음성은 아동들에게 경고하지 않는다. "잠깐, 너는 주제를 바꿨어." 내부의 논리는 말하지 않는다. "잠깐, 이 아이디어들은 모두 이해가 가지 않아." 만약 자녀가 의사소통에 어려움을 겪는다면 당신은 이러한 급격한 방해가 발생할 때 아동이 이것을 보는 것을 도와줘야 한다. 당신은 아동의 아이디어가 가져간 공백을 지적하고, 그 공백은 적어도 두 번째 다리에 연결할 수 있을 만큼 충분히 길어야 하며, 아동을 처음의 생각으로 돌려 보내야 한다.

- 만약 자녀가 학교에서 일어난 일에 대해 이야기하다가 갑자기 당신을 가상놀이로 끌어들이려고 한다면 "잠깐, 혼란스럽네"라고 말하라. 아동은 "학교 끝났어. 이제 놀자"라고 분명히 말할 수 있다. 이 경우에는 "오, 이제 이해 했어"라고 대답할 수 있다. 당신은 아동이 논리적 전환을 하도록 도울 것이다. 이때 아동이 당신을 무시할 수도 있다. 그러면 "좀 전에 너는 학교에 관해 이야기하고 있었고, 지금은 사자가 되어 있어. 우리는 학교에 대한 이야기를 하고 있는 거니, 아니면 사자 이야기를 하고 있는 거니?" 아동이 "사자가 되었어"라고 말하면 "어떻게 된 거야? 학교에 무슨 일이 생긴 거야?"라고 물으라. 아동이 "학교에 관해 이야기하고 싶지 않아"라고 말하면 아동은 논리적인 다리를 만들 것이다. 당신은 아동이 주제를 바꿨다는 것을 알기를 원하고, 소통의 순환을 닫고, 사자에게 옮겨 가기 전에 학교에 대한 대화를 마무리하기를 원한다. 추후에 아동이 소통의 순환을 닫는 것을 더 잘하게 되면 당신은 "네가 원하지 않는 걸 알지만, 학교에 대해서 조금 더 말해 주면 우린 사자 놀이를 할 거야"라고 말하고 싶을 수도 있다.
- 아동이 호랑이에 관한 연극을 하는 중에 갑자기 쿠키를 달라고 하면 "잠깐, 방금 길

을 잃었어. 너는 호랑이가 되어 있는데 갑자기 쿠키를 원하니. 무슨 일이야?"라고 묻는다. 아동이 대답하지 않으면 "호랑이에게 무슨 일이 일어났어?" 또는 "호랑이가 쿠키를 원하니?"라고 말하며 아동이 주제를 전환하고 하나에서 다음으로 다리 놓는 것을 도울 수 있도록 하자.

- 당신은 잡기 놀이를 하는 중인데 아동이 갑자기 공을 떨어뜨리더니 던지기 위해 달려간다면 "무슨 일이 있니? 난 우리가 잡기 놀이를 하고 있는 줄 알았어!"라고 말하라. 아동이 대답을 하지 않거나 "던지고 싶어"라고 말한다면 "나는 재미있게 놀고 있었어. 더 이상 놀고 싶지 않니?"라고 말하라. 아동이 자신의 주제를 바꾸는 것을 보도록 돕고, 아이디어를 바꾸어 두 번째 아이디어로 넘어가기 전에 첫번째 아이디어를 끝내는 것을 도와라.

당신의 목표는 아동이 첫 번째 주제에 대해 이야기하는 것이 아니라 논리적인 방법으로 자신의 아이디어를 따르도록 돕는 것이다.

당신은 현실 기반의 대화뿐 아니라 가상놀이에서 다리 만들기를 원한다. 가상놀이는 상상이지만, 당신은 아동이 상상의 아이디어를 논리적으로 연결시키기를 원한다.

- 아동이 당신에게 차를 내주더니 갑자기 말을 가지고 놀기 시작한다면 차를 달라고 요구하라. "기다려, 나는 홍차가 먹고 싶어" 아동이 당신에게 또 다른 차를 갖고 오거나 "지금 차 싫어요! 말이 먼저예요!"라고 순환을 닫을 때까지 차를 달라고 말하라.
- 아동의 인형이 싸우다가 갑자기 뽀뽀를 시작하면 "잠깐, 그들이 싸우고 있었는데 지금은 인형들이 뽀뽀를 하고 있어. 어떻게 된 일이야?"라고 물으라.
- 아동의 배가 보물을 찾는 해적선이었다가 갑자기 달을 향하는 우주선이 됐다면 "잠깐, 방금 길을 잃었어. 우리는 해적선에 있었는데 지금은 우주선에 있는 것이니?"라고 말하자.

전환의 세부 사항은 중요하지 않다. 중요한 것은 새로운 아이디어가 아동의 마음에 접할 때마다 갑자기 변화하는 것이 아니라 연극이 일련의 논리적인 연결을 통해 사건에서 사건으로 이동한다는 것이다. 아동이 더 많은 소통의 순환을 닫을 때, 아이디어 사이에 다리를 놓는 것을 돕는 것은 더 쉬울 것이다. 아동이 아이디어의 섬을 생각한 후에 점차적으로 대륙으로 연결할 것을 기대하자.

1) 놀이에서 다면적인 캐릭터를 창조하자

아동이 아이디어 사이에 다리를 놓는 것을 돕는 또 다른 방법은 단순한 양자택일이 아닌 복잡한 캐릭터를 만드는 것이다. 아동이 당신에게 나쁜 캐릭터의 역할을 하라고 말하는 경우, 당신의 캐릭터가 모두 나쁠 필요는 없다. 캐릭터는 선택적 영역에서 좋을 수 있다. 예를 들어, 선량한 사람들을 쏜 후 은행을 털고 나자 갑자기 "개가 발을 다쳤네. 나는 개를 도와야 해"라고 말하면서 강아지를 향해 측은한 마음으로 몸을 구부릴 수 있다. 처음에 이것은 아동을 혼란스럽게 할 수 있지만, 점차적으로 복잡한 캐릭터를 많이 경험을 한 후에 아동은 자신의 성격의 여러 측면을 연결하는 법을 배운다. 결국 아동역시 더 복잡한 캐릭터를 만들 수 있게 된다.

별난 성격을 지닌 캐릭터, 예를 들어 만드는 것도 똑같이 도움이 된다. 항상 배고픈 성격의 캐릭터, 결코 만족하지 않는 캐릭터, 항상 신발을 잃어버리는 캐릭터, 아동이 이러한 캐릭터와 상호작용할 때, 아동은 자신의 성격에서 예측 가능한 측면과 다른 특성 사이에 다리를 만드는 법을 배운다.

두 가지 목소리(하나는 가상놀이의 캐릭터, 다른 하나는 당신 자신)를 사용하여 아동이 복잡성을 이해하도록 도울 수 있다. 자기 자신으로서 말하면 가상놀이의 캐릭터를 관찰하고 아동과 캐릭터의 행동을 상의할 수 있다("데이비드, 사자가 너를 잡아먹겠다고 말했어!"). 이 방법은 아동이 당신의 코멘트에 반응하지 않거나 자세하게 말하지 않을 때 특히 유용하다. 당신은 아동이 문제("데이비드"라고 속삭이더니 "그가 가까이 오고 있어! 어떻게 하지?")에 대한 답을 찾는 것을 도와주는 동시에 가상놀이의 캐릭터로서("으르렁! 내가 간다! 나는 배가 고프다!") 행동을 계속해야 한다. 아동이 구분할 수 있도록 두 목소리를 구별해서 내야 한다. 또한 가상의 캐릭터 역할을 할 때 아동의 행동에 반드시 응답해야 한다. 만약 아동이 자신의 차를 캐릭터의 차에 충돌시킨 경우, "난 아파, 도와줘!"라고 말하거나 캐릭터를 내세우며 "이봐, 뭐하는 거야? 당신이 나를 죽일 뻔 했어!"라고 말하라. 당신의 반응은 아동의 정서적인 톤과 아이디어의 맥락에 달려 있다. 아동의 차가 도망치던 강도의 차에 충돌했다면 당신은 아동을 응원하고 아동의 용감함에 박수갈채를 보낼 수 있다.

아동의 행동에서 표현된 감정에 당신이 반응함으로써 아동이 자신의 아이디어를 확장하도록 도울 수 있다. 단순한 충돌조차도 강렬하거나 강력한 또는 취약하거나 두려워하는 것을 나타낼 수 있다. 그것은 흥미진진하거나 불안을 유발할 수 있다. 감정을 조정하고 과장하는 것조차도 아동이 자신의 경험을 식별하고 자신이 가지고 있는 감정을 표시하는 데 도움이 된다.

너무 빨리 고치거나 위로하거나 안심시킴으로써 감정을 풀도록 하지 말라. 가능한 한 오랫동안 감정을 유지하여 아동이 더 명확하게 느끼고, 강한 감정을 용인하고 받아들일 수 있음을 깨닫도록 도와라. "와! 그가 화났네!" "오, 많이 다쳤겠다." "그는 강한 트럭과 충돌하는 것을 좋아하는 것 같아." 이러한 것들은 아동의 감정을 강조하는 데 유용한 논평이다. 일단 아동이 잠시 동안 자신의 감정을 안전하게 표현하면 당면한 과제에 대한 해결책을 찾을 수 있다.

3. 일반적인 탈출

1) 우스꽝스러움 또는 환상

아동이 어려운 주제를 피하기 위해 어리석은 장난이나 말장난으로 도망치는 것은 흔한 일이다. 예를 들어, 학교와 관련된 어려운 대화가 진행되는 도중에 갑자기 아동이 두 개의 인형을 부딪힐 수 있다. 지지하고 장난기 있는 방식으로 아동이 하는 일을 인정함으로써 이 행동에 대처하라. "이봐, 우린 방금 학교 얘기를 하고 있었는데 지금 너는 네 인형들을 부딪히고 있네. 어떻게 된 거야?" 아동은 당신을 무시할 가능성이 있다. 그런 경우, 집요하게 계속 말하라. "학교 얘기 하는 게 싫어? 왜 안 돼?" "학교에 관해 이야기 하는 것이 어렵니?" 이와 같은 질문을 몇 가지 하면 "학교에 관해 이야기하고 싶지 않아"라는 대답을 얻을 수 있다. "차라리 놀까?" 당신 물을 수 있다. "어째서? 왜 더 재미있지?" 아동이 질문에 대답하면 "학교에 대해 재미있는 소식이 있니?"라고 질문함으로써 놀이가 더 재미있는 이유에 대해 대화를 나눌 수 있는지 확인하라. 약 30개의 소통의 순환을 닫은 다음, 놀이에 참여하라.

2) 분열

당신이 따라갈 수 없을 정도로 아동이 아이디어에서 아이디어로 너무 빨리 옮겨 가는 것은 흔한 일이다. 당신이 들은 것은 아동의 마음속에 소용돌이치는 연결되지 않은 아이디어의 혼란처럼 들릴지도 모른다. 이러한 분열이 발생하면 두 가지 선택 사항이 있다. 지지를 해 주며 차분한 목소리로 "나는 이해할 수 없어. 내게 천천히 다시 말해 줄 수 있겠니?"라고 말하면서 아동이 한 개의 아이디어를 상세히 설명하도록 노력하고, 아동이 새로운 아이디어로 서둘러 이동하려는 것을 멈추도록 요청하라. 당신이 아동의 아이디어를 이해하고 있다는 것을 보여 주기 위해 아동이 말한 각각의 아이디어를 반복해서 말하고 아동이 아이디어의 경계를 볼 수 있도록 도와주라. 아동의 겉으로 보기에 말도 안 되는 소리에 숨겨진 의미가 있다고 가정하지 말라. 숨겨진 의미가 있을 수 있지만, 그렇다면 그것에 대해 나중에 이야기할 수 있다. 지금 당신은 아동이 자신의 아이디어를 정리하도록 돕는 중이다.

두 번째 선택은 아동의 분열된 말에서 감정적인 말투(흥분, 공포, 분노, 과시하려는 욕망 등)를 선택하는 것이다. 당신의 말로 공감하라.

- 예를 들어, 당신이 잡담 뒤에 숨겨진 아동의 과시하고 싶은 욕망을 느낀다면 감동을 주는 얼굴 표정과 음색으로 아동에게 응답할 수 있다. "애야, 너는 너무나 많은 멋진 말을 사용하고 있어. 그러나 나는 여전히 네가 천천히 말해 줬으면 좋겠어. 나 같은 어리석은 사람도 너의 멋진 아이디어를 이해할 수 있도록 다시 설명해 줄 수 있겠니?"

아동의 분열이 계속되면 아동이 말한 몇 가지 아이디어를 되풀이해 보라. "너는 선량한 남자와 나쁜 남자 그리고 서커스와 로켓에 대해 이야기하는 것 같아. 나는 혼란스러워." 아동에게 한 가지 아이디어를 선택하게 하거나 이 아이디어가 어떤 관련이 있는지 설명해 줄 수 있는지 알아보라. 아동이 여전히 아이디어에서 아이디어로 배회한다면 아동에게 다중 선택 질문을 던지라. "음, 어느 쪽이 좋을까? 나쁜 남자들, 서커스, 또는 로켓들?" 그중 하나를 골라서 그 주제에 대해 자세히 설명하도록 도와라. 목표는 당신이 추측하여 아동이 이야기하고 싶은 아이디어를 파악하는 것이 아니라, 아동이 한 아이디어의 섬에서 다른 아이디어의 섬으로 서두르지 않고 아이디어를 연결하는 것을 시작하는 것이다.

아동의 관심을 유지할 수 없다면 시각적 지원을 추가하라. 몇 가지 간단한 단어나 그림을 사용하여 일련의 작은 카드(카드당 아이디어 하나)에 아이디어를 적어 보라. 그런 다음 아동에게 카드를 보고 자신이 이야기하고 싶은 아이디어를 선택하거나 이야기하고 싶은 순서를 결정하게 하라. 또한 아동은 같은 아이디어를 보여 주는 카드를 그룹화하는 것도 가능하다.

4. 높은 수준의 추상적 사고

우리 대부분은 추상적인 사고방식을 당연한 것으로 생각한다. 우리는 그것이 무엇을 포함하는지 또는 그것이 필요로 하는 기본 기술에 관해 생각하지 않고 그것을 끊임없이 자동적으로 수행한다. 그러나 당신이 주어진 사고 과정을 분석한다면 몇 가지 능력이 반복해서 필요하다는 것을 알게 될 것이다.

- 언제, 어디서, 무엇을, 어떻게 그리고 왜라는 질문에 대답하는 능력
- 아이디어를 비교하고 대조하며, 그 아이디어를 범주에 그룹화하는 능력
- 인과관계를 이해하는 능력: 내가 A를 하면 B가 일어난다. A 때문에 B를 느낀다.
- 나무뿐만 아니라 숲을 보는 것처럼 세부 사항뿐만 아니라 넓은 주제를 이해하는 능력
- 양, 시간, 공간의 개념을 다루고, 이상/미만 및 크게/작게와 같은 단계를 이해하는 능력
- 감정을 이해하고 말할 수 있는 능력

의사소통에 어려움이 없는 아동들은 부모의 특별한 도움 없이 이러한 능력들이 발달하는 경우가 많지만 발달장애가 있는 아동들은 일반적으로 의도적인 연습이 필요하다. 일단 아동이 소통의 순환의 80퍼센트를 닫고 생각 사이에 다리를 만들기 시작하면 당신은 아동이 이런 추가적인 기술을 습득하는 것을 돕기를 원할지도 모른다.

아동이 당신과 놀고 상호작용할 때 아동과 대화함으로써 도울 수 있다. 연습은 공식적인 것이 아니다. 만약 당신이 이러한 기술들을 마음속에 새겨 두고 대화를 나눈다면 대화를 하는 동안에도 연습이 자연스럽게 될 것이다.

1) 언제, 어디서, 무엇을, 어떻게 그리고 왜라는 질문

역설적이게도 아동들이 소통의 순환을 열고 닫는 일을 잘할수록 부모는 좌절감을 자주 느낀다. 한편으로는 아동이 더 나은 대화주의자가 되어 가고 있다. 다른 한편으로는 겉보기에 많은 단순한 질문들은 여전히 아동의 오래된 흥미를 잃은 행동을 유발한다.

"오늘 학교에서 무엇을 했니?" 혹은 "왜 밖에 나가고 싶니?"와 같은 질문은 도망가기, 무시하기, 흥미를 잃는 행동을 유발한다. 왜 그럴까?

이러한 겉보기에는 단순한 질문들이 대답하기에는 어렵다. '언제' '어디서' '무엇을' '어

떻게' '왜'로 시작하는 질문은 추상적이다. 아동은 이러한 질문에 대답하기 전에 마음속에 있는 수많은 생각을 다룰 수 있어야 한다. 예를 들어, "오늘 학교에서 무엇을 했니?"라는 질문에 대답하기 위해서는 다른 장소와 시간을 시각화할 수 있어야 한다. "너의 모자는 어디에 있니?"라는 질문에 대답하기 위해서 그 장소뿐만 아니라 모자도 시각화할 수 있어야 한다. "넌 주스를 언제 마시길 원하니?"에 대답하는 것은 미래의 시간을 시각화하고 그 시간을 욕망과 관련시키는 것을 필요로 한다. "넌 주스를 어떻게 얻을 거야?"라는 질문에 대답하는 것은 미래의 자신의 행동을 시각화하는 것을 의미한다. 왜라는 질문은 자신의 소망, 욕망, 또는 감정에 관하여 인과적 사고를 필요로 하기 때문에 가장 복잡하다. 예를 들어, "왜 밖에 나가고 싶니?"라는 질문에 "왜냐하면 난 놀기를 원한다."라고 대답하려면 아동은 '나'라는 감각과 '원한다'는 내적 욕구의 감각과 '놀다'라는 욕구를 만족시키는 행동에 대한 생각을 가지고 있어야 한다. 추상적 사고에 익숙하지 않은 아동에게 이러한 것들은 어렵고 복잡한 일이다.

아동은 보통 처음에 무엇과 어디서라는 질문에 답하는 것을 배운다. 왜냐하면 이 질문들은 일반적으로 실제 물건과 장소를 가리키고, 아동은 자신에게 선택이 주어질 때 이러한 질문을 더 많이 연습하게 된다. 아동들은 다음으로 어떻게라는 질문에 답하는 것을 배운다. 왜냐하면 이러한 질문은 아동이 경험하는 기능과 관련이 있기 때문이다. 예를 들어, "우리는 어떻게 그곳에 가야 할까?" "우리는 어떻게 그것을 고쳐야 할까?" "그것은 어떻게 되어 가니?" "그것은 어떻게 작동하는 거니?" 등이 있다. 언제라는 질문에 대답하는 것은 시간 감각을 필요로 하고, 선택을 통해 장려될 수 있다("지금 혹은 이후에?" "오전 1시 혹은 3시에?). 왜라는 질문에 대답하기가 가장 어렵기 때문에 더 쉬운 질문에 대하여 먼저 다뤄야 한다.

당신은 놀이의 맥락 안에서와 일상 대화의 잡담 속에서 그것들을 다루면서 아동이 언제, 어디서, 무엇을, 어떻게 그리고 왜라는 질문에 숙달하는 것을 도울 수 있다. 모든 것에 대하여 아동의 의견을 물어야 한다. 더 감정적인 상황(극도의 감정의 부족)일수록 아동은 더욱 더 사고 능력을 사용할 것이다. 아동들은 추상적인 사고에 더 많은 연습을 필요로 할 것이다.

- 아동의 인형이 나의 인형에게 지프 차를 포기하라고 요구할 때, "넌 그것으로 무엇을 할 거니?" 혹은 "언제 그것을 돌려받을 수 있니?"라고 물으며 아동을 시험하라.
- 당신의 말이 들판을 가로질러서 질주할 때, "우리는 어디로 가야 하니?" "다른 방향으로 가는 것은 어떠니?"라고 물으라.

- 당신이 차를 타고 할머니 댁으로 가고 있을 때, "우리가 거기에 도착하면 넌 무엇을 하고 싶니?"라고 물으라.

왜라는 질문은 가장 높은 수준의 추상적인 사고가 필요하기 때문에 답하기 가장 어렵다. 아동들은 답을 천천히 풀어 나가는 방식에 친숙하다. 아동들의 초기 답변은 간단하고 구체적이다. "왜 밖에 나가길 원하니?" "그렇기 때문에……" 혹은 "내가 원하기 때문에……" "내가 그렇게 말했기 때문에……" 등이다.

아동이 이런 식으로 대답하는 것은 그의 고집이 세지 않은 것이다. 아동은 최선의 방식으로 질문에 대답하고 있다. 시간이 지남에 따라 아동의 대답은 보다 정교해질 것이다. 아동의 추상적인 개념이 더 나아질 때, "그건 재미있기 때문에……" 혹은 "내 인형이 거기에 있어"라고 대답할지도 모른다.

아동이 왜 밖으로 나가기를 원하는지에 대한 세 가지 이유를 제시했을 때(예: "날씨가 좋고, 난 아침 내내 실내에 있었고, 뛰어다니고 싶다.") 왜라는 질문에 대한 진정한 유창성을 얻었을 뿐만 아니라, 당신에게 인과적 사고에 대하여 가르쳐 줄 것이다.

아동이 이러한 추상적 질문에 숙달하는 것을 돕기 위해서 더 쉬운 형태의 질문으로 바꾸어 말해야 한다. 당신은 왜라는 질문을 무엇이라는 질문으로 바꾸어 말할 수 있다.

- "넌 왜 밖에 나가고 싶니?" 대신에 "넌 밖에서 무엇을 하고 싶니? 언제 밖으로 나가기를 원하니?"로 시도하라.
- 만약 아동이 무엇이라는 질문에 어려움을 겪는다면 다양한 선택지의 질문으로 바꿔라. "그네타기를 원하니? 아니면 자전거타기를 원하니?" 이러한 유형의 질문은 보다 구체적이고 대답하기에 더 쉽다.
- 만약 아동이 다양한 선택지의 질문에 어려움을 겪는다면 말도 안 되는 대안을 만들자. "너는 그네타기를 원하니, 아니면 고릴라 찾기를 원하니?"
- 아동이 대답을 하면 아동의 대답을 왜라는 대답으로 바꾸어 말하라. "오, 그네를 타고 싶어서 밖으로 나가기를 원하는구나!" 그것은 아동이 미래에 왜라는 질문에 대답하는 것에 도움이 될 것이다.

당신은 또한 아동에게 대답에 대한 단서를 제공함으로써 아동을 도울 수 있다. 언제, 어디서, 무엇을, 어떻게, 왜라는 질문들이 그의 현실에 대한 염려를 할 때 특히 어려울 수 있다. 만약 아동이 말하고 싶어 하는 것을 당신이 알고 있지만 그 단어를 생각하는 데 어려움을 겪고 있다는 것을 감지한다면 아동에게 신호를 주라. 예를 들어, 당신이 아동에게 학교생활이 어떠했냐고 물었는데 아동이 문제를 분명히 표현하지는 않지만 시무룩해 있다면 "그 빨간색 머리의 소녀가 또 너의 장난감을 훔쳐 갔니?"라고 물으라. 이것이 당신이 아동을 말하게 하는 데 필요한 전부일지도 모른다.

잠시 후에 아동에게 다양한 선택지나 단서를 주는 것은 답을 찾는 것을 너무 쉽게 만들지도 모른다. 당신이 아동에게 학교에서 있었던 일을 물었는데 아동이 대답하지 않는다고 가정해 보라. 당신은 "빨간색 머리의 소녀와 장난 쳤니 아니면 파란색 눈을 가진 소년과 장난쳤니?"라고 물어보라. 아동은 간단히 대답할 것이다. "빨간색 머리의 소녀와……." 하지만 당신이 더 많은 정보를 얻기를 원한다면 다시 시도하라. "오늘 무슨 일이 있었는지 말해 줄 수 있니?" 아동이 대답을 하지 않는다면 다른 선택지를 제공하는 대신에 이렇게 시도하라. "그것에 대해 말하는 것을 원하지 않니?" 당신은 "아니요"라는 대답을 얻을 것이다. 계속 시도하라. 당신의 질문을 바꾸어 말하라. "오, 이리와 보렴! 나에게 학교에 관한 어느 것도 말할 수 없니?" "아니요." 그 시점에서 당신은 우스꽝스러운 선택지를 제공할 수 있다. "그럼 오늘 코끼리와 장난쳤어?" 아동이 웃으며 대답할 것이다. "아니! 바비가 나에게 웃긴 표정을 지었어요." "오, 그게 학교에서 일어난 일이구나!" '학교에서 무슨 일이 일어났는가?'와 같은 완전히 개방적인 질문을 하면 아동은 선택할 수 있는 답이 너무 많기 때문에 대답하기가 매우 어렵다. 당신은 우스꽝스러운 선택지를 제시할 때 분야를 좁힌다. 당신은 아동이 관련 지을 수 있는 일 중 하나 또는 두 가지의 일을 생각할 수 있도록 더 쉽게 만든다. 싫다는 대답을 거부하면 안 된다. 당신의 질문을 거부하더라도 그것은 아동이 다른 답을 찾는 것에 도움이 될 지도 모른다. 이것은 보통 기억에 문제가 있는 것이 아니라 검색이나 의미에 문제가 있는 것이기 때문에 응답을 어렵게 만든다.

2) 감정에 기반을 둔 질문

우리 중 많은 사람은 아동에게 기계적인 질문을 많이 함으로써 오류를 범한다. "점심을 먹은 후에 무엇을 했니?" "너의 블록은 무슨 색이니?" "누구와 장난쳤어?" 등과 같은 질문을 들 수 있다. 하지만 발달상의 문제를 가진 아동들은 종종 기계적인 사고방식을 선호하고, 이 접근법은 그 문제를 복잡하게 한다. 제11장에서 논의한 바와 같이, 고차원적인 사고는 감정을 신호로 하여 나타나는 경향이 있다. 예를 들어, 성인 사이에서 가장 많이 하는 대화는 "점심을 먹은 후에 무엇을 했니?"가 아니라 "새로운 것이 무엇이니?"

혹은 "오늘 흥미진진한 것이 있었니?"이다. 이러한 질문은 질문 받는 사람의 감정을 언급하는 것인데, 그 사람이 그날의 관련된 기억에 접근할 수 있도록 도와준다. 만약 당신이 아동과 이것을 할 수 있다면 당신은 그 상황과 관련된 진정한 추상적인 사고방식을 개발하도록 도와줄 것이다.

- "학교에서 무엇을 했니?"라고 묻는 대신에 "학교에서 무슨 재미있는 일이 있었니?" "오늘 너를 화나게 하는 사람은 없었니?"라고 묻자.
- 가상놀이는 또한 정서를 추구한다. 아동이 얼마나 행복한지 혹은 얼마나 화가 났는지에 대하여 말해 보라. 자녀에게 캐릭터에 대해 어떻게 느끼는지 물으라.

3) 아이디어를 범주화하기 위해 정서를 사용하기

정서는 또한 우리가 아이디어를 비슷하고 다른 것들, 관련이 있고 없는 것들, 좋고 나쁜 것들의 범주로 그룹화하는 데 도움이 된다. 이러한 종류의 분류는 또 다른 중요한 추상적 기술이다. 그것은 우리가 환경을 이해하기 위해 세계에서 패턴과 의미를 찾을 수 있게 한다. 당신은 아동과의 일상 대화와 가상놀이에서 자신의 정서를 호소함으로서 아동이 이 기술을 발달시키는 것을 도울 수 있다.

- 만약 당신의 인형이 옷을 입으려는 경우에 당신의 인형이 아동의 인형에게 "네가 가장 좋아하는 옷은 어떤 것이니?"라고 묻고 아동이 좋아하는 옷과 좋아하지 않는 옷을 그룹화할 수 있도록 권장하라. 당신의 인형이 "왜 이 옷들이 네가 가장 좋아하는 거지?"라고 궁금해하면 아동이 그 이유를 설명할 수 있도록 권장하라. 당신의 인형이 "난 이것들이 더 좋다고 생각해."라고 주장하면 아동이 자신의 생각을 확장하거나 정당화하도록 권장하기 위해 토론의 요소를 추가한다.
- 만약 당신이 플라스틱 칼로 싸우는 경우에 아동에게 "내 칼은 너의 칼보다 더 낫다!"라고 말하며 경쟁할 수 있다. 아동의 칼이 당신의 칼보다 더 낫다고 아동이 반박할 때, "왜 네 칼이 더 좋은데?"라고 물어 아동의 칼을 더 우월하게 만드는 자질을 열거하도록 권장하라. 아동은 당신 것보다 더 나은 다른 무기를 찾을 수 없을 것이다. 아동이 그렇게 말했을 때 무엇이 그 무기들을 그렇게 좋게 만드는지 물어보라. 당신이 아동을 시험할 때마다 아동은 능력을 발휘하고, 추상적인 방법으로 범주의 사고를 분류할 것이다.

- 만약 아동이 나쁜 사람들과 싸우는 선량한 사람의 연기를 하고 있다면 "왜 그 사람은 착한 거야?"라고 물으라. 대답을 하기 위해 아동은 선량함에 대한 자신의 견해를 생각해 내고 선량한 사람들이 공유하는 자질들을 묘사할 것이다. 아동이 자질들을 열거하면 할수록 추상적인 생각을 다루는 데 더 능숙해질 것이다. 그러면 "내 친구들의 나쁜 점은 무엇이니?"라고 물으라.
- 아동이 사물을 비교하는 기준을 선택하게 하라. 예를 들어, "빨간색 혹은 파란색?"을 묻는 대신에 "어느 것인지 말해 줘"라고 말하고 아동이 기준(큰, 둥근, 긁히는 등)을 선택하게 하라.

한 남자아동이 장난감에 붙어 있는 상표에 매료되었다. 아동은 모든 장난감을 설명적인 이름('노란 집') 대신에 제조업체의 이름 '피셔 프라이스(Fisher-Price)의 집'으로 불렀다. 아동의 부모는 아동이 추상적인 세계로 이동하는 것을 돕기 위해 이 집착을 사용했다. 부모는 아동이 피셔 프라이스 장난감과 마텔(Mattel) 장난감 중 무엇을 더 좋아하는지, 왜 더 좋아하는지 물음으로써 아동이 대화에 참여하게 했다. 부모는 "넌 무엇을 가장 좋아하니?"라고 묻는 것이 아동을 기계적이고 구체적인 사고에서 추상적인 사고로 옮기도록 돕는 감정이라는 것을 기억했다.

아동의 대답의 세부 사항에 관해 걱정하지 말라. 그 세부 사항들이 말이 되는 한 어떠한 대답도 의미를 가진다. 중요한 것은 아동이 자신의 감정을 논리적으로 사용하여 다양한 생각을 비교 및 대조하여 어떻게 큰 그룹에 어울리는지 확인하는 것이다. 나중에 사랑과 정의의 개념과 같은 더 높은 수준의 추상적인 개념을 논의할 때, 그러한 것들은 여러 감정적인 맥락에서 한 단어를 경험함으로써 드러난다. 내가 이미 경험한 포옹, 주는 것, 분노로부터 회복하는 것, 분쟁 해결, 다른 많은 요소의 의미를 감정적으로 이해한다면 나는 사랑이라는 개념을 이해하는 것이다.

4) 나무뿐만 아니라 숲을 보는 것

높은 수준의 추상적 사고의 또 다른 중요한 구성 요소는 세부 사항뿐만 아니라 광범위한 주제를 이해하는 능력이다. 이 두 가지 측면은 모두 상황을 완벽하게 묘사하기 위해 작동한다. 당신이 의사에게 아픈 곳을 말해 본다고 가정해 보라. 그러나 의사가 어디가 아픈지 물었을 때, 당신은 증상을 정확하게 집어내지 못한다. 반대의 경우를 상상해 보라. 친구가 당신의 하루에 대해 물어볼 때, 당신이 했던 스무 가지의 목록을 모든 세부 사항까지 요약없이 줄줄 말한다. '좋은 하루를 보냈어?' '나쁜 날이니?' '누가 아니?' 세부 사항을 주제에 끌어들일 능력이 없다면 당신과 친구는 당신의 상황을 완전히 이해하지 못할 것이다. 어떤 종류의 논쟁이라도(예: 집에 머물러야만 하는 것, 학교로부터의 논문) 숲-나무의 사고가 요구된다. '나는 집에 있기를 원한다'는 광범위한 주제이며, 머무르는 이유는 세부 사항이다. 문명의 쇠퇴는 광범위한 주제이며, 쇠퇴의 이유는 세부 사항이다.

당신은 아동이 놀이와 매일의 기회를 통하여 아동의 사고에 도전함으로써 이 기술을 발달시키도록 도울 수 있다.

- 당신과 아동이 집 주변에서 서로를 쫓고 있을 때, 멈춰서 혼란스러움을 보이라. "우리는 왜 서로를 뒤쫓는 거니?"라고 물어보라. 아동은 당신의 뒤쫓는 행동의 이유를 광범위한 주제로 설명할 것이다. 아마도 아동은 "나쁜 사람이기 때문에 제가 쫓고 있는 거예요!"라고 말할 것이다. 좋다! 그런 다음에 당신은 세부 사항으로 갈 수 있다. "내가 무슨 일을 하였기에 나쁜 것이니? 넌 날 잡으면 무엇을 할 것이니?"
- 동물들이 울타리에서 뛰어내릴 때, 멈추고 말하라. "잠깐! 왜 도망을 가는 거니?" 아동은 당신에게 그 행동의 광범위한 주제를 말할 것이다. 아마도 아동은 "우리는 농부를 싫어하고, 더 이상 여기서 살고 싶지 않아." 좋다! 이제 당신은 세부 사항을 물어볼 수 있다. "왜 농부를 미워하는 거니? 농부가 너를 화나게 했어? 농부가 너를 위해서 무엇을 할 수 있니?"
- 아동이 늦게까지 깨어 있으려고 할 때, 사탕을 더 많이 가지려고 하거나 특정 신발을 신으려고 할 때 아동에게 왜 그것을 하기 원하는지 물어보라. 아동이 할 수 있는 한 많은 이유를 말하라고 아동을 밀어붙이라. 각각은 아동의 광범위한 주제를 뒷받침하는 세부 사항이 될 것이다.

또한 광범위한 주제와 세부 사항은 아동의 가상 드라마에서도 나타난다. 누가 말을 타고 전투에서 이기는 것은 그 이야기의 세부 사항이다. 경쟁, 공격성, 상실감 등 근본적인 감정은 광범위한 주제이다. 당신이 아동과 무엇을 하고 있는지에 대해 이야기하면서 당신은 각각의 단계 사이에서 왔다갔다하며 논쟁을 바꾸고 싶어할 것이다. 예를 들어, 아동이 말들을 가지고 놀고 있고 그것들의 모습을 묘사한다면(파란 눈, 노란색 머리카락, 커다란 이빨 등) 당신은 모든 세부 사항이 말이 특별하다는 것을 표현하는 방법이라는 걸 알아차릴 것이다. 그 점에 대해 당신은 "멋진 말이야" 혹은 "왜 그렇게 말을 좋아하니?"라고 공감할 수 있다. 당신이 아동에게 세부사항을 질문함으로써 아동의 이야기에 관심이 있다는 것을 알린다. 감정적인 주제를 말로 나타냄으로써 당신은 아동의 행동에 기반한 감정을 인식하는 것을 돕는다.

모든 아동이 양쪽 수준에서 똑같이 편안하게 이야기하는 것은 아니다. 당신의 아동은 모든 세부 사항을 무시하고 드라마의 감정에만 집중할 수 있다. 그렇다면 감정의 상황에 대해 질문하라. "왜 말이 슬퍼해? 무슨 일이 일어났어?" 당신의 아동이 세부 사항에만 집중한다면 아동이 세부 사항 아래에 있는 감정을 설명하도록 도와라. "너의 친구가 도망갔을 때 말은 어떻게 느꼈어?"

당신이 아동에게 세부 사항과 광범위한 주제를 모두 반영하도록 장려한다면 아동의 생각은 더 유연해진다. 물론 당신은 아동에게 너무 많은 질문을 하거나 시험하기를 원하지 않으며, 연극이나 대화의 즐거움을 약화시킬 수도 있다. 가끔 이러한 명확한 질문을 한 번씩 풀어 보라. 그리고 아동의 광범위한 주제 중 많은 부분이 자신의 감정과 정서적 판단에서 파생된다는 것을 기억하라.

5) 원인과 결과

비록 우리가 그것에 대해 생각하기 위해 멈추지 않음에도 불구하고, 생각의 과정은 원인과 결과와 관련이 있다. "알람이 울려서 나는 일어났다." "나는 배고프다. 그래서 점심을 먹기 위해 멈출 것이다." 당신은 배가 고프기 때문에 그와 같은 행동을 하는 것을 결정했다. "햄버거 패티는 너무 익혔어. 나는 이런 걸 좋아하지 않아." 햄버거가 너무 익혀졌기 때문에 당신은 먹지 않으려고 한다.

완벽한 생각을 하는 사람이 되려면 아동은 원인과 결과의 논리를 알아야 한다. 당신은 아동에게 많은 연습을 제공함으로써 도움을 줄 수 있다. 연습을 위한 기회는 거의 모든 상황에 주어져 있다. 당신이 아동에게 무언가를 왜 하고 싶은지, 무언가를 왜 좋아하거나 싫어하는지, 어떤 방법으로 무언가를 왜 했는지를 묻는 순간, 아동은 인과관계에 대한 생각을 사용해야 한다.

- 아동이 밖에 나가기를 원할 때 "왜?"라고 물으면 아동은 인과관계 진술로 대답해야 한다. "왜냐하면 바깥이 좋기 때문이다." "왜냐하면 난 내 자전거를 타기 원해." "왜냐하면 난 뛰어다니기를 원해."
- 아동이 장난감을 치우지 않을 때 "왜?"라고 물으면 아동은 인과관계 진술로 대답해야 한다. "왜냐하면 그러고 싶지 않아서……." "왜냐하면 너무 힘들기 때문에……."

"왜냐하면 너무 피곤하기 때문에……."

당신이 아동과 협상할 때(취침 시간, 더 많은 사탕, 저녁을 먹지 않음)마다 아동은 자동적으로 인과적 사고를 사용할 것이다.

6) 관계의 개념

관계의 개념, 즉 크거나 작거나, 이상 혹은 미만, 곧 혹은 나중에, 더 가깝거나 더 멀리 등은 너무 반사적인 것이어서 우리는 그것을 생각하지 않는다. 그러나 아동은 그것들을 연습을 통해 배워야 한다. 다시 말하면 가상놀이와 일상생활은 아동이 이러한 개념을 익히는 데 도움이 되는 수천 가지 기회를 제공한다.

- 인형들이 서로의 머리카락을 빗겨 줄 때, 당신은 어떤 인형의 머리카락이 더 긴지, 더 예쁜지, 더 어두운지 이야기할 수 있다.
- 자동차가 방을 가로질러 경주할 때, 어느 것이 더 빠르거나 더 강력하거나 더 멀리 갈 수 있는지에 대해 이야기할 수 있다.
- 엄마 곰이 사냥을 하기 위해 아기 곰을 홀로 남겨 둘 때, 오래 떨어져 있어야 하는지, 잠시 떨어져 있어야 하는지에 대해 이야기할 수 있다.
- 당신이 개구리가 방 주위를 뛰어다니는 것처럼 흉내를 낸다면 당신은 많이 뛰어오를 것인지 조금만 뛰어오를 것인지, 매우 높게 뛰어오를 것인지 매우 낮게 뛰어오를 것인지를 결정할 수 있다.

7) 예비 학업 기술

아마도 당신의 아동이 문자와 숫자를 인식하거나 수량의 개념에 착수하기 시작했을 것이다. 이 분야에서 아동과 함께할 때, 항상 일상적인 상황에서 (인위적이고 '교육적인' 상황보다는) 실제 물건으로 작업하라. 그렇게 하면 감정을 기반으로 한 학습을 가르칠 수 있기 때문이다. 아동이 문자, 숫자 및 로고를 자신의 뛰어난 시각 기술로 읽는 방법을 알고 있더라도 숫자가 그만큼의 양을 나타내지 않을 수 있으며, 글자가 소리에 연결되지 않을 수 있다. 당신은 일상적인 상황에서 이러한 이해를 도울 수 있다.

- 당신이 아동에게 쿠키를 주려고 할 때, 그가 두 개를 원하는지 세 개를 원하는지 물어보라. 당신이 그에게 각각의 쿠키를 줄 때마다 수를 세라. 만약 당신이 하나를 가져간다면 무슨 일이 일어날까? 그가 하나를 더 원할까? "두 개의 쿠키가 하나의 쿠키보다 많은 걸까, 적은 걸까?" 이 모든 교훈을 한 번에 시도하려고 하지 말라. 하지만 아동이 먹고 있거나, 놀고 있을 때 혹은 어떤 것을 탐낼 때 이 간단한 수학적 개념을 소개하기 위해서 그 순간을 사용하라. 기계적 계산보다는 수량에 초점을 맞추라. 만약 아동이 말로 하지 않더라도 당신이 한 손에는 두 개의 쿠키를, 다른 손에는 세 개의 쿠키를 넣으면 그는 어떤 것이 더 많은 것인지 알 것이다.
- 만약 아동이 글자를 배울 때, C, A, T를 인식할 수 있다면 고양이라는 단어를 읽게 한 다음 고양이의 그림을 보여 주거나 실제 고양이를 쓰다듬게 하는 것이 더 나은 방법일 수 있다. 아동의 학습을 실제에서의 감정적으로 가득 찬 경험과 연결하는 것은 그것에 견고한 개념 기반을 제공할 것이다.

제19장에서 학업 기술을 가르치는 것에 관해 더 많은 것을 토론할 것이다.

8) 추상적 사고 능력을 연습할 기회는 어디에나 있다

우리는 아동과 함께 일할 수 있는 추상적 사고 능력의 목록을 많이 주었다. 당신이 모든 항목에 대해 적극적으로 작업해야 한다면 그 목록은 완전히 압도적일 것이다. 그러나 그렇게 느끼지 않아도 좋다. 아동과 함께 역동적으로 노는 한, 옆에 앉아 있는 것 대신에 드라마에 들어가는 한 당신은 자동으로 이러한 기술을 이루게 된다. 가장 간단한 드라마에서도 그것들이 어떻게 생겨나는지 보라.

더스틴은 블록으로 집을 짓고 있었다.
"난 늑대야!" 그의 아빠가 씩씩거리는 소리로 말하며 네발로 기어서 그의 뒤로 다가갔다. "나는 너의 집을 날려 버릴 거야!"
더스틴은 사납게 쏘아붙였다. "내가 먼저 널 쏠 거니까 넌 우리 집을 날려 버릴 수 없어!" 더스틴은 인과적 사고를 보여 주고 울었다(또한 더스틴은 시간 관계를 표현하고 있다. "네가 우리 집을 날려 버리기 전에 널 쏠 거야.").
"넌 날 쏠 수 없어. 내가 먼저 널 잡아먹을 거야!" 그의 아빠는 협박했다.
"내가 먼저 너를 먹을 거야!"라고 더스틴이 외쳤다. "난 너의 머리를 먹을 거야."

"넌 내 머리를 먹을 수 없어. 너의 치아는 충분히 크지 않아!"

"내 치아는 너의 치아보다 커." 더스틴이 대답했으며, 크기 관련 질문을 다루고 있다.

"너의 치아가 내 치아보다 크다는 걸 어떻게 아니?"

"내 치아는 세상에서 가장 크다!" 더스틴이 주저 없이 질문에 대답했다. "그것들은 널 여러 조각 내서 씹을 수 있어!"

"뭐? 몇 조각으로?"

"다섯 조각!"

"글쎄, 내 치아는 널 열 조각 내서 씹을 수 있어!"

"내 치아는 널 백 조각 내서 씹을 수 있어!"라고 더스틴이 양의 개념을 연습하며 말했다.

그 (늑대와 같은) 가상으로 들어감으로써 더스틴의 아빠는 더스틴을 반사적으로 시험했고 질문했다. 더스틴의 아빠는 어떻게 질문을 하고 인과적 사고를 유도할지에 대한 생각을 할 필요가 없이 행동에서 자연스럽게 흘러나왔다. 그리고 더스틴은 자신이 더 강력해지고 싶다는 욕망에 이끌려서 자연스럽게 자신의 의견을 주장했다. 결과적으로 더스틴의 반응이 흘러나왔다.

이것은 일상생활에서도 마찬가지이다.

"난 다른 사탕을 원해!"라고 엘리자베스가 요구했다.

"왜?" 엘리자베스의 엄마가 물었다.

"왜냐하면……." 엘리자베스는 왜라는 질문에 대답했다. "난 그래."

"하지만 넌 이미 두 개나 가지고 있어."

"아니, 난 하나밖에 없어." 엘리자베스는 이렇게 주장하며 양의 개념을 실천했다.

"네가 두 개 먹는 것을 내가 보았어."

"난 또 다른 것을 원해."

"이제 곧 저녁 먹을 시간이야."

"저녁 먹을 거야. 사탕은 날 배부르게 하지 않아. 약속해." 엘리자베스는 저녁을 먹을 거라는 주장의 광범위한 주제를 뒷받침하는 세부 사항을 직감적으로 제공했다.

"어제 저녁을 먹기 전에 사탕을 먹어서 무슨 일이 일어났니?"

"나는 어쨌든 저녁을 먹었어." 엘리자베스는 무엇이라는 질문에 대답했다.

"하지만 저녁을 얼마나 많이 먹었니?"라고 엘리자베스의 엄마가 웃으며 상기시켜 주었다.

엘리자베스는 아랫입술을 내밀며 '많이'의 개념을 대답했다. 엘리자베스는 금세 환하게 웃었다. "지금 내가 사탕을 먹을 수 있다면 난 오늘 밤에 더 많은 저녁을 먹을 거야!" 엘리자베스는 미래의 자신의 행동을 상상했고, 자신의 욕망을 뒷받침하는 인과관계의 주장을 했다.

매우 동기 부여가 된 이 순간에 규칙을 불러오는 당신의 유혹에 저항하라. 대신에 아동의 강한 흥미를 이용하여 옳고 그름이 무엇인지 그리고 평범한 규칙이 적용되지 않을 때가 언제인지 상의하라. 이 두 대화가 보여 주는 것처럼, 당신이 아동의 요구를 협상하고 역동적으로 놀아 주는 한 추상적 사고는 반사적으로 당신의 대화에서의 한 부분이 될 수 있다.

이것은 언어적으로 덜 발달된 아동과 인과적 사고를 배우는 자녀들에게 동등하게 적용된다.

아만다는 엄마에게 사탕을 달라고 요구하고 있다.

"넌 저녁을 먹을 때까지 사탕을 기다릴 수 없구나?"라고 아만다의 엄마가 물었다.

"없어!" 아만다가 말했다. "지금 사탕을 줘!"

"왜 기다리지 않니?" 아만다의 엄마가 물었다.

아만다는 자신의 배를 가리켰다. "내 배는 사탕을 원해."

"맛없어!"

"아냐, 맛있어."

"하나 혹은 두 개?"

이처럼 동기 부여가 높을 때에 가능한 한 대화를 많이 확장하라.

5. 느낌을 표현하기

이제 아동이 감정을 확인하고 말로 표현할 수 있으므로 당신은 아동이 자신의 감정을 이해하고, 감정의 단계를 인식하고, 다른 감정과 비교하는 데 도움을 주고 싶을 것이다. 이것은 추상적 사고의 가장 진보된 형태 중 하나이지만 수많은 연습을 통해 다른 추상적 사고 기술과 같은 방식으로 성취된다. 그리고 다른 기술들과 마찬가지로 이 연습은 당신이 하고 있는 일에 대해 아동과 이야기할 때 당신의 일상생활 경험 중에 발생한다. 단순히 단어, 목소리 톤 및 신체 언어를 사용하여 아동의 감정에 공감하고, 무엇이 진행되고 있는지 묻는 것만으로도 아동이 표현하려는 감정을 반영할 수 있도록 도울 수 있다. 점차적으로 아동은 이 기술을 발달시킬 것이다.

- 아동이 울고 있을 때, 감싸 안아 주며 "무엇이 잘못되었니? 무엇 때문에 울고 있니?"라고 따뜻하게 지지하며 물어보라. 아동이 대답할 때, 계속 공감하라. "그녀가 그렇게 말했어? 그것이 너의 기분을 나쁘게 했니? 너에게 뭐라고 말했어?" 참을성 있는 질문을 통해 아동을 속상하게 한 상황에 대해 자세히 설명하도록 권장하라. 당신은 일관성 있는 반응을 보이기 위해 최근에 유사한 감정을 불러일으킨 사건을 참조할지도 모른다. 당신은 당신에게 일어난 똑같은 일을 아동에게 말해 줄지도 모른다. 짜증을 접하는 시점을 연장하지 말고, 아동이 정서적으로 관련되어 있는 한 그 상황을 계속해서 상의하라. 아동이 그것에 관해 더 많이 이야기할수록 자신의 정서를 유발하게 될 뿐만 아니라 이해받을 수 있다.
- 아동이 분노나 질투, 좌절 등의 강한 정서를 표현할 때마다 똑같은 행동을 보이라. 이러한 감정들은 당신에게 강한 감정을 불러일으킬 수 있기 때문에 유지하기가 더 어려울 수 있다. 하지만 당신이 인내심을 기르고 감정에 공감할 수 있다면 그것을 묘사하는 데 도움이 될 수 있고, 그것이 무엇을 유발시키는지 이야기할 수 있으며, 아동이 자신의 감정에 좀 더 반사적으로 행동할 수 있도록 도움을 줄 수 있다. 당신은 감정을 준비할 필요가 없다. 당신이 강한 정서를 가지고 있다는 것을 보여 주고, 그것들을 생각할 수 있다는 것을 알려 주면 된다. 당신이 생각하면 할수록 그러한 감정들을 행동으로 표현해야 할 필요성이 적어진다.
- 만약 필요하다면 아동에게 여러 가지 선택지를 줌으로써 감정을 표현하도록 돕는다. 화가 나서 눈물을 흘리거나 쿵쾅거리며 걷는 상황이면 다정하게 물으라. "지금 넌 아주 강한 감정을 가지고 있는 것 같아. 너 화가 났어? 슬프니? 좌절감을 느끼니?" 아동이 강한 정서를 보일 때 가상놀이를 하면서 똑같이 행동을 하라.
- 아동에게 자신의 감정을 비교하고 그것의 강도에 대해 되돌아보도록 하라. "너는 슬프니, 아니면 화가 나니? 넌 좀 더 화가 나니, 아니면 좀 더 슬프니?" 당신이 아동에게 이와 같이 물을 때, 슬프고 화난 감정을 나타내는 목소리 톤을 사용하라. 당신의 목소리 변화는 아동이 당신의 말을 처리하는 데 도움이 될 것이다. 이 말은 억지로 꾸민 듯하게 들리겠지만 등을 어루만지는 것과 함께 실제적인 따뜻함과 공감이 전

달될 때는 그렇지 않다. 그것은 실제로 아동이 다른 감정을 구별하는 것을 돕는다. 특별한 요구를 가진 아동들은 자신의 감정적인 신호를 처리하는 데 어려움을 겪는다. 이러한 유형의 질문은 그들이 느끼는 것을 말이 되게 하지만, 그들은 이해하지 못할 수 있다.

- 감정의 부재에 대해 질문하라. 당신은 아동이 어떤 것에 실망한 것을 알았을 때, 어떻게 느끼는지 물을지도 모른다. 만약 아동이 "아무것도 아니야"라고 말한다면 다시 시도하라. "아주 조금도 슬프지 않니?" 만약 아동이 여전히 감정을 인정하지 않는다면 다른 접근법을 시도하라. "난 그것이 나를 슬프게 만들 것이라고 생각해. 그것이 심지어 날 울릴 수도 있지." 당신은 또한 인형을 꺼내서 Dolly에게 어떻게 느끼는지 물어볼 수도 있다. 하지만 너무 세게 나가지 말라. 만약 당신의 모든 공감에도 불구하고 아동이 말하기를 주저한다면 태도를 바꾸어 아동의 주저함에 공감하라. 당신은 아마도 '감정을 갖지 않는 것이 가장 좋다고 느낄 수도 있지' 혹은 "때때로 네가 어떻게 느끼는지 아는 것은 어렵단다." 혹은 "때로는 그것에 대해 말하기가 어렵단다."라고 말할 수 있다.
- 많은 대화에 감정을 소개하라. 아동이 친구나 학교에 관해 이야기할 때, "넌 그것이 좋았니?" "그것이 너의 기분을 어떻게 만들었어?" "그것이 널 행복하게 했니, 아니면 슬프게 했니?"라고 물으라. 감정을 사건과 연결시키는 것은 아동이 이야기하는 것을 더 쉽게 만들고 감정을 표현하는 것을 연습하는 데 도움이 된다.

1) 놀이를 통한 감정 표현

놀이는 대상의 감정을 불러일으킬 수 있는 많은 기회를 제공한다. 포옹이나 싸울 때와 같은 행동을 통해 캐릭터가 강한 정서를 보여 줄 때마다 대화에서 감정 얻기를 시도하라. 당신의 인형은 "나는 너를 사랑해." "나는 행복해." 또는 "그것은 나를 화나게 만들었어!"라고 말할지도 모른다. 그러면 아동이 뭐라고 말하는지 지켜보라. 만약 아동이 인형이 물었던 것에 반응하지 않는다면 "지금 기분이 어때?"라고 물어보며 당신이 보지 않은 것에 대해서도 언급할 수 있다. 예를 들어, 당신의 곰들이 절대로 화를 드러내지 않고 항상 순해 보인다면 당신은 곰들의 분노를 일으킬 기회를 창조해 보려고 시도할 수 있다. 그 곰들이 테이블에 세팅한 접시를 당신이 '실수로' 떨어트린 것에 대해 사과하라. "내가 접시를 깼네. 너의 곰이 나에게 화를 낼까?" 아동이 화가 난 감정을 표현하는 것을 당신이 불편해하지 않는다면 시간이 지날수록 아동은 답을 제공하기 시작할 것이다.

당신이 생각한 것이 두 주제 사이의 연결이라고 본다면 당신은 그것에 대해 물어보기를 시도할 것이다. 예를 들면, 캠프파이어를 하면서 조용히 책을 읽는 동안에 곰들이 늑대들에 의해 공격을 당한다면 당신은 "왜 늑대들이 착한 곰들을 공격하고 싶어 할까? 그것은 사람들이 따뜻하고 대하고 가까이 있을 때마다 위험한 일이 발생하기 때문인가?"라고 말하고 싶은 유혹에 빠질 것이다. 그것은 바람직한 추측이다. 그러나 그것을 말하지 말라. 당신의 제안이 옳다고 할지라도 그것은 도움이 안 될지도 모른다. 아동이 준비되었을 때, 스스로에게 그것에 대해 말할 것이다. 그때까지 아동은 당신의 해석을 거절할 것이다.

하지만 당신은 간단한 표현을 나타냄으로써 아동이 어떻게 반응하는지 볼 수 있다. 예를 들어, 당신은 "늑대들이 너무 행복할 때 곰들을 공격했습니다."라고 말하고 아동이 자세히 말하도록 두라. 아동이 준비가 되었다면 그 관계를 인정할 수 있고, 만약 아동이 그것을 더 편하게 느낀다면 무시할 수도 있다. 아동이 정서를 느낄 때, 당신이 정서를 표현하는 것을 안전하게 만드는 한 아동은 스스로 연결을 만들 수 있다. 만약 아동이 당신의 질문에 심사숙고하는 걸 본다면 "그는 그것을 다시 할까요?"라고 물음으로써 지지를 제공하라. 아동이 놀이에서 공격적으로 행동하는 척하는 것을 두려워하지 말라. 아동은 공격을 안전하게 상징화함으로써 자신의 충동 뒤에 있는 동기를 탐구하기 위해 계속할 것이다.

2) 느낌을 표현하는 단계

아동은 자신의 감정을 단어로 표현하는 것을 배울 때, 여러 예측 가능한 단계를 거친다. 확실한 것은, 첫째, 감정을 행동으로 표현한다. 아동은 분노하고 때렸다. 아동은 사랑을 느끼고 안았다. 아동은 감정을 정서로 인식하지 않았다. 이것은 특정한 방법으로 충동을 처신하기 위해 내면에 자리 잡고 있다. 둘째, 아동은 인형이나 동물의 행동을 통해 자신의 감정을 표현하기 시작할 것이다. 그들은 놀이에서 다른 감정이 떠오를 때마다 때리거나 안았다. 셋째, 아동은 자신의 감정을 신체적 행동으로 묘사하기 시작할 것이다. 그는 주먹을 휘두르는 대신에 "내 팔은 때리길 원해!"라고 말할지도 모른다. 그는 슬픔을 느꼈을 때, "나 울어."라고 말할지도 모른다. 이것은 아직 완전한 상징적인 표현은 아니지만, 감정을 단어로 표현하는 것을 배우는 중요한 단계이다. 넷째, 아동은 자신의 몸이 내부에서 어떻게 느끼는지 설명할 것이다. 분노를 느낄 때 아동은 "나는 밀고 싶다." "머리가 아프다." 또는 "조마조마해."라고 말할지도 모른다. 아동이 몸이 어떻게 느끼는지에 대한 인식은 상징적인 표현을 향한 또 다른 중요한 단계이다. 아동은 신체적, 감정적인 설명보다 정서적인 설명을 향한 도약을 만들 때, 일반적으로 그렇게 말하는 경향이 있다. '나는 좋은 기분이다' 또는 '안 좋은 기분이다'는 아동이 얻을 수 있는 만큼의 구체적인 반응이다. 다섯째, 아동이 "나는 화가 난다." "나는 슬프다." "재미있다." 와 같은 더 구체적인 용어 안에서 자신의 감정을 설명할 수 있을 때이다.

아동은 모든 감정과 관련된 단계에 있지 않을 수도 있다. 아동은 사랑과 양육의 감정을 말로 표현할 수 있지만, 여전히 공격과 분노의 감정을 가지고 행동하거나, 정서보다는 신체적인 상태로 설명할 수 있다. 감정을 말로 표현하는 것을 배우는 것은 느리고 점진적인 과정이다. 목표는 행동 및 행동 언어 단계에서부터 신체 묘사 단계, 전체적인 감정의 명명, 단어로 특정 감정을 표현할 수 있게 하기 위해서 각 정서의 계층 구조를 위로 옮기는 것을 돕는 것이다.

3) 부정, 협상 그리고 권위: 발달 과정의 신호인 공격성

아동이 더 논리적으로 될 때, 당신은 공격과 권위의 더 많은 감정을 보게 될 것이다. 아동의 몸을 제어하는 것뿐만 아니라 그들이 듣고 보는 것을 이해하는 것은 어렵기 때문에 특별한 요구를 가진 몇몇 아동은 신중하거나 때때로 수동적이다. 몇몇의 아동은 당신이 그들의 동의 없이 움직인다면 당신을 매우 통제하려고 몹시 화를 낸다. 몇몇 아동은 충동적이거나 혼란에 빠진다. 그러나 그들의 능력이 성장함에 따라 그들의 자신감도 커진다. 그들은 더 적극적 행동의 위험을 감수하기 시작한다. 심지어 그들은 의도적으로 공격적일 수도 있다. 적극적이고 공격적인 경향과 감정은 종종 놀이에서 볼 수 있다. 만약 지 아이 조가 자신이 가는 길에 있는 모든 것을 날려 버리겠다고 위협하거나 야생마가 그의 나쁜 주인을 짓밟는 행동에 분노한 단어들이 수반되는 경우에 놀라지 말라. 이것은 자연스럽고 건강한 표현이고, 상징적인 놀이를 통한 이러한 표출은 행동을 통해 나오지 않는다는 것을 기억하라. 감정은 가상놀이와 단어를 통해 행동으로 나타나거나 표현될 수 있다는 것을 기억하라. 후자는 추론을 지지하는 더 높은 수준의 표현이다.

초기 단계에서 아동들은 화나거나, 겁을 먹거나, 혹은 스스로를 방어해야 할 때 때리고, 밀고, 물어 버린다. 다른 아동이 자신의 장난감을 가지고 있거나, 너무 가까이 다가오거나, 예상치 못한 움직임에 경고를 할 때 반응을 보인다. 그들은 마찬가지로 자신이 어떻게 느끼는지를 표현할 수 없기 때문에 그들의 몸을 사용한다. 그들은 다른 사람들이 그들의 공격적인 행동에 어떻게 반응하는지 알아보기 위해 때로 그들이 일으킬 수 있는 효과를 즐기려고 행동을 계속한다(진정으로 누군가를 해치려는 것이 아니기 때문에). 점진적으로 그들은 이러한 공격적인 행동은 사람들이 받아들이지 않는다는 것을 배운다. 그들은 자신의 의도를 제지하고, 감정에 따라 행동하지 않고, 기다리고, 나누고, 부탁조로 말하고, 번갈아 순서를 지키는 법을 배운다.

아동이 발달할수록 그들의 공격성은 더 조직화되고, 더 의도적이고, 더 기쁘게 된다. 왜냐하면 그것이 권력과 연결되기 때문이다. 그들은 다른 사람들을 통제할 수 있고, 심지어 다른 사람들이 자신을 두려워하게 만들 수 있다는 것을 알게 된다. 마침내 상황이 바뀌었다. 그들은 그들에게 행해진 일을 다른 사람들에게 할 수 있다. 이 행동은 보통 그들이 착한 사람을 연기할 때, 즉 오로지 상징적인 가상놀이에서만 받아들일 수 있다.

당신은 아동이 유령, 괴물, 외계인 그리고 다른 생물체를 무서워할 때, 아동이 이러한 발달 단계를 향해 아동이 이동한다는 것을 알 것이다. 이러한 생물체들이 진짜가 아니기 때문에 이 무서움은 더 추상적인 형태로 위험과 공격의 인식을 반영한다(인식의 초기 암시는 이러한 크고 나쁜 늑대처럼, 동물 피겨에 포함되어 있었다). 아동들은 자신이 가장 무서워하는 생물체보다 심지어 더 크고, 강하고, 빠른 피겨의 환상을 창조함으로써 그들 스스로 이러한 무서움을 해결한다. 그들은 슈퍼맨, 피터팬, 또는 파워 레인저로 가장해서 그들이 실제로 힘을 가지고 있다고 상상한다. 그들의 놀이는 너무 강렬해서 그들은 그것이 가상이라고 깨닫지 못할 수도 있다.

어려움을 가지고 있는 아동들은 어려움을 가지고 있지 않은 아동들보다 더 늦게 이 단계에 도달한다. 그들은 그 전 단계에 더 오래 머무를 수도 있다. 그리고 그들은 진짜인 것과 아닌 것 사이를 구별하기 위해 열심히 노력해야 할 것이다. 그들의 감각과 운동 처리는 현실 확인을 직시하기 위한 발전을 전적으로 지지하지 못하고 논리적으로 될 수 없으며, 이것은 그들의 힘과 공격성을 안전하게 수행하기 위한 자신감을 키우는 것을 어렵게 할 수 있다. 그들은 그들의 상상 속의 무서움을 다루거나 다른 아동들과 상징적인 놀이를 할 때 상당한 불안감을 경험할 수 있고, 다른 사람들을 공격하는 것에 의지할 수 있고(어렸을 때와 마찬가지로), 공격적인 놀이 주제를 완전히 피하거나 놀이의 범위를 제한할 수 있다.

많은 아동은 현실을 직시하고 자신의 공격성을 표현할 때 약간의 불안감을 경험한다. 이러한 불안은 다른 사람들이 공격적으로 놀거나, 회피하거나, 철회하거나, 안전하고 익숙한(종종 강박적인) 주제를 고수할 때, 높아진 공격적인 충동과 선입견, 과잉 반응을 통해 나타난다.

아동이 세상에서 진정한 힘을 행사하는 것보다 권력을 가지고 있는 척을 할 수 있는 사람은 아동일 뿐이라는 것을 깨달을 때 상징적으로만 공격적으로 행동할 수 있거나 혹은 세계가 그를 나무랄 수 있으며, 아동은 논리적이고 표현적인 사고의 다음 단계로 넘어간다. 그 시점에서 아동은 좋은 사람/나쁜 사람을 놀이하기 위해 어느 쪽이든 될 수 있는 융통성을 가질 것이다. 이 전환 과정에서 아동은 아마도 힘과 논리의 경계를 명확히 하기 위해 다시 확인하기 시작할 것이다. 당신은 증가된 부정을 보게 될 것 같다. "아니, 나는 자러 가지 않을 거야!" "아니, 나는 옷을 입지 않을 거야!" "아니, 그 곰들은 공원으로 엄마를 따라가지 않을 거야!" 이러한 반응들은 같은 현상의 일부이다. 아동은 자신의 힘의 감각을 위해 긴 시간을 기다렸다. 이제 아동은 실행하고 싶어 한다. 그래서 특히 아동이 비협조적으로 보일 때 당신의 짜증을 억누르기를 시도하라. 대신에 대화, 토론, 논리적인 사고의 실행을 만들어 내자. 아동이 "아니요"라고 말하는 것과 대장이 되고 싶어 하는 데는 반드시 이유가 있다는 것을 기억하라.

협상하기 위해 아동의 동기를 이용하라. 아동이 야채를 먹지 않는다고 말할 때, "왜? 왜 싫어?" "좋아하는 야채가 있어?" "당근 2개를 먹을 거야?"라고 물으라. 아동이 이기든 당신이 이기든, 아동이 당근을 먹든 먹지 않든 아동의 대화 기술을 향상시키는 데 보조적인 역할을 하라. 당신의 자녀가 논리적인 주장을 하는 동안, 당신은 30개 또는 40개의 동사의 의사소통 순환을 닫을 수 있다.

아동의 부정적인 것에 대해 이야기를 나눠야 할 중요한 이유가 하나 더 있다. 때때로 화 또는 공격성을 보여 주는 것은 좋은 그리고 피할 수 있는 원인에 의해 유발될 수 있다.

심한 뇌성마비(Cerebral Palsy)를 가진 5세 남아는 최근에 선생님이 자신을 화장실에 데리고 갈 때마다 선생님을 때리기 시작했다. 아동의 부모가 아동에게 친절하고 인내심 있게 질문했을 때, 아동은 여자 선생님이 자신을 남자 화장실로 데려가는 것에 대해 당황스러웠다고 설명했다. 아동은 여자 선생님 대신에 남자 선생님을 원했다. 조금 더 많은 질문을 함으로써 그의 적대감에 대한 또 다른 이유가 밝혀졌다. 그 선생님은 아동이 요구할 때가 아니라 선생님이 가기를 원할 때에 아동을 화장실로 데리고 간 것이었다. 토론 후 학교에서는 남자 선생님이 그 아동을 화장실에 데려가는 것으로 정리했다(그에게 설명했던 예정된 일정에 따라). 그리고 즉각적으로 때리는 것을 멈췄다.

만약 아동이 스스로 요구를 분명히 표현하거나 신체적으로 독립적인 능력을 가진다면 아동은 특히 먹거나 화장실을 가는 것과 같은 분야에서 이러한 과제를 맞닥뜨리는 것에 대해 추가적인 도움을 필요로 할 것이다. 당신은 이와 같은 도움을 제공할 것이다.

- 고칠 수 있는 원인이 있는지를 확인하기 위해 인내심 있게 부정적인 행동을 탐구함
- 분노를 유발할 수 있는 분야를 예상하고 미리 그것에 대해 토론함
- 아동이 자신의 요구를 스스로 가능한 한 많이 말로 표현하도록 격려함

당신의 토론은 구조적인 방법에서 적극적으로 될 수 있는 아동의 능력을 강화시킬 것이다. 또한 당신은 추상적인 사고의 세계에서 아동이 더 편안하게 성장할 수 있도록 도울 것이다.

6. 추상적인 사고의 단계

여러 발달 도전이 있는 몇몇 아동은 일상적인 문제에 대해 짧고, 논리적인 대화를 나누거나 간단한 지시를 따르는 점에 이르지만, 그 이상으로 진전하지는 않는다. 그들은 의미의 뉘앙스를 보거나, 모순된 견해를 평가하거나, 암시적인 의미를 읽을 수 있는 능력이 없다. 그들은 분노와 슬픔과 같은 깊은 감정에 대해 말하기를 어려워하고, 사랑이나 정의와 같은 복잡하고 추상적인 개념을 이해하지 못한다. 그들은 유능한 독자가 되어 단어의 의미를 이해할 수는 있지만, 3학년이나 4학년 즈음에 그들은 이야기 뒤의 추상적인 개념 또는 동기를 파악할 수 없기 때문에 그들이 읽은 내용에 대한 이해가 제한적이다.

많은 치료사와 교육자는 특별한 요구를 가진 아동들의 추상적인 사고와 이해력을 증진시키는 방법을 놓치고 있다. 그들은 아동들에게 말하기와 읽기를 성공적으로 가르쳤지만, 추상적인 개념을 이해하고 사용하는 방법을 가르치지는 않았다. 그러나 최근에 주의 깊은 관찰을 통해 우리는 추상적으로 생각하는 것을 배우는 데 예측 가능한 4단계를 인식하고, 발달 지연을 가진 아동들이 이러한 단계를 통해 진행될 수 있도록 돕기 위한 이론과 원칙을 개발했다.

추상적인 사고의 첫 번째 단계는 2개의 아이디어 사이의 인과관계를 형성하는 것이다. "엄마, 나빠! 그래서 내가 화났어." 이 단계에서 아동은 당장의 기분을 표현하기에는 여전히 부족하며, 자신의 감정에 사로잡혀 있다(비록 그가 그것을 설명하기 위해 단어를 사용하고 있지만). '당신은 짓궂어' '그는 화났다' 그리고 그의 말 그대로 나중의 해결책을 상상할 수 없기 때문에 그는 지금 만족감이 필요하다.

다음 단계에서 아동은 자신의 감정의 직접적인 순간으로부터 조금 뒤로 물러설 수 있

다. 이제 아동은 나중의 만족감을 느낄 수 있다. "엄마 나빠. 난 화났어. 아빠한테 말할 거야." 추상적으로 생각하는 아동의 능력은 스스로 미래를 상상할 수 있고, 바로 눈앞에 있지 않은 사람들까지 포함하는 해결책을 상상할 수 있게 한다.

이때까지 아동의 생각은 완전히 양극화되어 있었을 것이다. '나는 착하고 너는 나쁘다. 그리고 중간은 없다.' 하지만 다음 단계에서 아동은 점진적인, 중간의 영역, 여러 가지 가능성을 이해하기 시작한다. "엄마는 조금 나빠. 나도 약간 화가 나" 라고 아동은 말할지도 모른다. 그리고 아동이 화남을 인정하는 동안에 다른 감정을 가지고 있는 것을 나타낼지도 모른다. 더 이상 아동은 사물에 대한 구체적인, 모든 것, 양극화적인 의견 또는 자신의 생각을 즉각적인 감정과 상황에 얽매이지 않는다. 아동은 뒤로 물러나서 무엇이 대단한 것인지 아닌지 (단독 또는 도움으로) 고려할 수 있다.

아동의 성숙할수록 지금 옳은 것과 다른 시기에 존재하는 것 사이를 더 차별화할 수 있는 단계에서 이른다. 아동은 스스로 두 가지의 현실을 이해할 수 있게 된다. 하나는 지금 당장 느끼는 것이고("당신은 짓궂어! 나는 당신에게 화났어!"), 또 다른 하나는 자신과 당신의 더 안정된 감각과 관련된 그러한 감정을 반영하는 것이다("당신은 짓궂어. 그리고 나는 화났어. 하지만 나는 좋은 사람이니까 되갚아 주지 않을 거야. 평상시에 당신은 나에게 친절했으니까 나는 당신을 용서할 수 있다고 생각해."). 이 단계에서 진정한 자기 반영이 가능하다. 왜냐하면 아동은 처음으로 자신이 관심 있는 의견, 가치, 이상과 그의 행동에서 찬성과 거부를 이끌어 낼 수 있는 지속적인 자아라는 감정을 갖고 있기 때문이다. 아동은 처벌을 두려워하거나 기쁨을 원하기 때문이 아니라, 자신의 새롭고 안정된 감각과 연결되어 있는 내적 도덕성을 발전시키고 있기 때문에 충동을 억제할 수 있다. 특별한 요구가 없는 아동들은 일반적으로 11~13세 사이에 이 단계에 도달한다. 특별한 요구가 있는 많은 아동은 바로 앞의 단계에 갇히고, 현재의 직접성에 휩쓸리고, 이 대단히 중요한 자아에 대한 감각이 부재된 순간의 경험에 반응한다. 그러나 이러한 많은 아동은 자신의 추상적인 사고방식을 강화시키는 데 도움이 되는 다양한 감정적인 경험이 주어지면 이 단계로 나아갈 수 있다. 때때로 특별한 요구를 가진 아동들은 많은 어려움 속에서 자라면서 그들의 또래들보다 더 추상적으로 될 수 있다.

일반적으로 사춘기에서 성인기로 넘어갈 때, 더 진보적인 사고방식을 하게 된다. 아동의 두 가지 현실, 즉 일상생활에서의 경험과 스스로의 안정감은 자신의 생물학적 · 신경적 · 인지적 성장의 경험 범위가 넓어지고 지속됨에 따라 한층 더 넓어진다. 새로운 활동, 새로운 관계, 새로운 책임감, 성적 성숙 그리고 신경계의 추가적인 발전은 자아를 정의한다. 이제 아동은 자기 자신과 세계의 복잡하고 추상적인 모습을 형성할 수 있다.

아동이 당신과 분리될 때, 대학에 가거나, 직장을 얻거나, 다른 사람들과 친밀한 관계를 맺고, 그의 가족을 형성하고, 노화와 씨름하고, 아동 스스로 추상적인 이미지를 이해하고 다룰 수 있는 능력을 갖고 스스로의 세계가 자라고 있음을 주장한다. 아동은 미래의 자신을 상상할 뿐만 아니라, 그러한 이미지를 조작할 수 있고, 다양한 가상의 미래를 생각하고, 행동하는 방법에 대해 판단할 수 있다. 가설의 사고 능력을 가진 사람은 다양한 종류의 성적 행위에 대하여 다양한 결과를 고려할 수 있고, 어떤 종류의 행동이 안전하고 만족스러운지에 대하여 성숙한 판단을 할 수 있다.

만약 사춘기의 경험이 너무 빨리 복잡해진다면 아동은 그것을 처리하고 이해해야 하는 더 안정된 자아감을 과대평가할 수도 있고, 추상적이기보다는 체계적이지 못할 수도 있다. 반면에, 만약 아동이 더 도전적인 과제에 관여하려고 할 때 도움을 받지 않는다면 지적이고 감정적인 성장의 기회는 불필요하게 제한될 수도 있다. 대부분의 사람은 특별한 요구를 가진 아동들이 더 추상적인 사고를 촉진하는 많은 경험에 참여하는 것은 예상될 수 없다고 추정한다. 그러나 특별한 요구를 가진 아동들의 경험과 일치하는 또 다른 가능성은 그들이 새로운 경험을 숙달하기 위해 더 많은 시간이 필요할 수도 있다는 것이다. 아동들의 사고 능력을 높이기 위해서는 아동들이 단어를 읽는 데 시간이 더 오래 걸리거나 배열을 정리하는 데 어려움을 겪기 때문에 나타나는 응답 지연을 혼동하지 않는 것이 중요하다. 각 아동의 잠재력은 다르다. 아동의 이러한 잠재력을 측정하고 도울 수 있는 유일한 방법은 그들이 여기에 설명된 발전을 지지할 수 있는 경험의 유형에 참여하는 것을 돕는 것이다.

아동들이 이러한 경험에 참여하도록 돕기 위해 당신은 시간과 후원을 제공하는 것이 필요하다. 아동이 추가적인 것을 도입하기 전에 아동의 경험을 정리해 보아야 한다. 예를 들어, 아동이 자아 이미지의 기초로서 안정적인 방법으로 한 환경의 가치를 고수하고 변화하는 일상 경험을 평가할 때까지 아동은 가상의 사고 또는 가상의 사고가 필요한 지적인 토론에 완전히 참여할 수 없다. 아동은 현실 속에 자신을 포함하는 내적 세계와 자신이 느끼고, 예측하고, 추상화하고, 선택하고 문제를 해결하는 상상의 세계를 창조하기 위해 반드시 능력을 증명해야 한다.

7. 추상적인 사고를 장려하기 위한 폭넓은 경험

우리는 아동들이 어떻게 추상적으로 생각하는지를 배웠던 것처럼, 추상적인 개념에 대한 이해가 사실이나 교훈적인 지시에서 오는 것이 아니라 엄청난 양의 풍부하고 정서적인 경험에서 비롯된다는 것을 깨달았다. 아동의 경험이 많을수록 정서는 놀이에서 더 많이 드러났고, 아동은 추상적인 개념을 더 잘 다루게 될 것이다. 모든 추상적인 아이디어는 경험에 기초한다. 그것은 그것의 추상적인 의미를 부여하는 단어나 개념과 함께 다수의 사람의 정서적인 경험이다.

예를 들어, 추상적인 개념의 사랑을 생각해 보라. 2세의 아동은 좁고 구체적인 관점에서 사랑의 개념을 이해한다. 사랑은 엄마가 자신을 껴안아 주고, 뽀뽀해 주고, 양육할 때이다. 아동에게 소리 지르거나 요청을 거절하는 엄마는 아동을 사랑하는 엄마의 개념에 통합되지 않는다. 아동이 자랄수록 엄마를 사랑하는 아동의 이해심은 커진다. 5세가 되면 아동은 자신이 엄마를 사랑한다는 것을 알고, 가끔 서로에게 화가 나더라도 엄마는 자신을 사랑한다는 것을 알고 있다. 사랑에 대한 개념은 때때로 분노의 순간을 포함한다. 12세가 되었을 때, 그 개념은 여전히 더 광범위하다. 아동은 엄마의 헌신과 신뢰가 엄마의 사랑의 한 부분임을 알고 있고, 자신이 엄마를 사랑하면서도 화를 내고 짜증을 느끼며 아파할 수 있다는 것을 이해한다. 아동의 추상적인 사랑은 복잡하고 겉으로는 모순된 개념을 포함한다. 게다가 특정한 공유 기능을 가지고 있기는 하지만 아동은 형제에게서 느끼는 사랑의 종류와 부모에게서 느끼는 사랑의 종류가 다르다는 것을 알고 있다. 12세였던 아동이 자라 어른이 되어 한 번 이상의 사랑의 관계를 경험할 때까지 그의 사랑에 대한 개념은 더 넓어질 것이다. 사랑에 대한 아동의 모든 경험은 사랑이 무엇을 의미하는지에 대한 폭넓고 추상적인 이해에 기여한다.

겉보기에는 단순한 개념인 공감, 경쟁 그리고 정의와 같은 모든 복잡한 생각으로부터 어떤 추상적인 개념에 대해서도 마찬가지이다. 우리가 이러한 개념들에 대해 더 많은 경험을 가질수록 우리는 지적으로나 감정적으로 더 잘 이해할 수 있다.

특별한 요구를 가진 아동들에게 이 원리가 내포하는 영향은 엄청나다. 그것과 추상적인 개념의 유창성이 나타내는 부분은 경험이 부족하다는 것을 의미한다. 특별한 필요를 가진 아동들은 추상적 개념을 이해하는 데 도움이 되는 풍부한 경험이 부족하기 때문에 부분적으로 어려움이 있다. 우리는 우리도 모르게 이런 중요한 경험과 특별한 요구를 가진 아동을 인정하지 않을지도 모른다. 왜냐하면 우리는 그들이 그것을 다룰 수 없다고 믿기 때문에, 그들의 중요성을 모르기 때문에, 또는 그들이 특정한 실용적인 기술을 배우기 위해 더 많은 구조화된 과제에 집중할 필요가 있다고 믿기 때문이다. 이유가 무엇이든 간에 거의 대부분 그들은 추상적이고 이성적인 것을 배우는 데 도움이 되는 풍부한 감정적 경험에 참여할 기회를 얻지 못한다.

최근의 임상 경험에서는 발달장애가 있는 일부 아동에게 풍부한 경험담이 주어지면 그들은 추상적인 사상가가 될 수 있다고 제안한다. 자폐증으로 진단된 9세 소녀 레아는 지난 7년 동안 엄청난 발전을 이루었다. 레아는 자신의 가족이 이사를 갈지도 모른다는 생각에 고심하고 있다. 레아에게 이사할 것이냐고 묻는 질문에 간단하고 구체적으로 혹은 '예' 또는 '아니요'로 대답하는 대신에 "네, 아빠가 직장을 구했어요. 집이 팔리면 아빠는 이사가시고 엄마와 저는 나중에 갈게요."라고 레아는 말했다. 레아는 살던 집을 떠날 때 슬펐지만 "병아리들이 끌려갔을 때만큼 슬프지 않았어요."라고 덧붙였다. 이것은 정교하고 추상적인 대답이다. 레아의 부모는 미래와 우연성, 계획의 이해를 수반했고, 레아에게 자신의 감정을 인식하고 이야기할 뿐만 아니라 시간이 지남에 따라 감정을 비교할 것을 요구했다. 레아의 부모는 레아에게 이사의 실행 계획을 말해 주지 않았지만, 레아와 함께 이사에 대해 토론했다. 토론 내용은 이사의 장단점, 언제 어디로 움직일지, 이사에 대한 레아의 감정을 결정하는 요소 등이었다. 레아의 부모는 여행, 외출, 사회적 모임, 대화 및 레아가 강한 감정을 갖고 있는 애완동물에 대한 책임을 포함하여 레아에게 풍부한 감정적인 삶을 제공했다.

이와 대조적으로 (고아, 신체장애자 등을 돌보는) 대용 수용 시설에 살고 있는 만성적 발달장애(Pervasive Developmental Disorder: PDD)로 진단받은 두 명의 청소년에 대한 사례를 고려해 보라. 두 사람 모두 구체적인 기술을 잘 지휘했고, 간단한 대화를 계속할 수 있고, 간단한 지시를 따르고, 단순하고 기계적인 작업을 수행할 수 있었다. 그들은 대용 수용 시설에서 만난 직후 사랑에 빠져서 함께 살 것을 요청했다. 그들은 허락을 받아서 기뻤고, 두 달 동안 방을 같이 썼다. 하지만 그들이 동거를 시작했을 때, 직장에 지각하기 시작했다. 분명히 그들 중 한 명은 준비하는 것이 느렸고, 다른 한 명은 헌신의 의미에서 함께 출근하려고 기다리고 있었다. 대용 수용 시설은 쉬운 해결책을 발견했다. 두 사람을 다시 각자의 방으로 보냈다. 비록 이와 같은 해결책이 필요했지만, 이것은 그 커플에게 아무것도 가르쳐 주지 않았다. 화나고 행복하지 않은 이들은 다시 제 시간에 일을 하게 되었다. 설상가상으로 이것은 두 사람 모두에게 스스로 그 문제를 해결할 수 있는 기회를 주지 않았다. 이 두 젊은이가 자신을 돌보고, 일자리를 잡고, 사랑에 빠져 관계를 관리하기에 충분한 지능과 감각을 지니고 있었다면 제시간에 출근할 수 있는 방법을 알아낼 능력이 없었을까? 가정하라! 그들을 분리하는 대신에 대용 수용 시설에 있는 누군가가 "당신들은 제 시간에 일할 수 있는 방법을 알아야 한다. 당신들이 원한다면 우리는 당신들이 그것에 대해 토론할 수 있도록 도와줄 수 있다. 당신들이 제 시간에 일할 수 없다면 우리는 당신들을 분리시켜야 할 것이다."라고 말한다고 하자. 두 사람은 스스로 문제를 해결했을 수도 있고, 그렇게 함으로써 추상적인 사고를 촉진시킨 도전적인 경험을 했을 것이다. 그 시설은 부분적으로는 그들의 복지에 대한 걱정에서 벗어났고(그 시설은 그들이 일자리를 잃는 것을 원하지 않음), 부분적으로는 습관(생각하고 문제를 해결할 특별한 필요를 가진 사람들의 기회를 제한하는 습관은 기계적인 방식으로 일을 하도록 장려한다)에서 벗어났지만, 그들에게 이 가치 있는 경험을 허락하지는 않았다.

　당신은 아동이 추상적인 사고와 문제 해결을 배우도록 도울 수 있다.

- 아동에게 무엇을 해야 할지 말하지 밀고, 아동과 함께 이야기하라. 당신이 왜 아동에게 무언가를 하기 원하는지를 말하라. 자신과 다른 사람들을 위해 자신의 행동에 대한 반향을 예상하도록 도와라. 찬반에 대해 토론하라. 그것을 하거나 하지 않는 것의 파급 효과에 대해 이야기하라. 아동에게 자신의 견해를 논할 충분한 시간을 주고, 이것이 50 대 50의 대화인지 확인하라. 아동에게 복잡하고 추상적인 추론을 할 수 있는 기회를 주라.

- 관점 뒤의 감정을 탐구하라. 어떤 견해가 왜 옳은지 또는 중요한지 토론하라. 참으라. 필요한 경우에 선다형 제안을 사용하라. 예를 들어, "이 이유나 그 이유를 위해 이것을 하기 원하니?"라고 물어보라.

- 대답을 알고 있는 질문에 집착하지 말라. 당신은 아동이 단지 학습된, 암기 적인 답만이 아니라 의견을 표현하기를 원한다. 당신은 독창적인 사고를 장려하고 싶어 한다.

- 아동의 문제를 해결하지 말라. 아동이 필요에 따라 코치 또는 창조적 집단 사고(brainstorming) 파트너로서 도움을 받아 스스로 해결하도록 하라. 아동이 학교에서 또래에게 괴롭힘을 당한 경우, 상황을 어떻게 처리할 것인지에 대해 아이디어를 요청하라. 대체 해결책을 논의하고 비교함으로써 아동이 아이디어를 실천하게 하라. 당신의 예를 말해 주라.

- 아동이 사람, 장소 및 아이디어에 대해 알 수 있도록 도와라. 아동을 과부하시키지 말고 아동의 경험을 제한하지 말라. 아동에게 애완동물에 대한 책임을 갖게 하라. 아동과 함께 대화할 수 있는 사람들을 저녁 식사에 초대하라. 그들은 추상적인 사고를 할 수 있는 아동의 능력을 강화할 것이기 때문에 경험을 이용하여 아동의 삶을 풍부하게 만들라.

- 아동의 가장 높은 발달 수준에 맞는 경험을 제공하라. 아동을 깔보는 투로 말하거나 아동의 경험을 단순화시키지 말라. 왜냐하면 아동은 종종 수준 이하로 퇴행하기 때문이다. 아동이 발전함에 따라 기대를 상향 조정하라.

- 아동을 다양한 활동에 노출시키고 자연스러운 관심과 능력을 장려하라. 음악, 스포츠, 드라마 및 예술에 대한 경험을 제공하라. 아동의 흥미를 지켜보고 그것을 따르도록 도와라.
- 당신의 자녀가 그녀의 남동생에게 뭔가 나쁜 말을 할 때, "너 못되게 굴고 싶어 하는 것 같아 보여! 어째서 그래?"라고 말하라.

8. 아동이 자기 인식을 갖도록 돕기

또한 아동의 자기 인식을 격려하여 추상적 사고를 촉진할 수 있다. 아동의 감정과 행동에 대해 질문함으로써 아동이 자신을 관찰하고, 그 과정에서 안정적이고 지속적인 자아 의식을 형성하도록 도와줄 수 있다.

- 아동이 남동생에게 나쁜 말을 하면 "나쁜 마음이 올라왔구나! 어째서니?"라고 말한다.
- 같은 게임을 하거나, 같은 책을 읽거나, 같은 비디오를 반복해서 보고 있을 때 "정말 좋아하는구나. 뭐가 그렇게 좋아?"라고 물어보자. 우리의 의견은 아동이 자신의 행동과 그것을 유발하는 감정에 주의를 기울이는 데 도움이 될 것이다. 아동이 방어적이 되어 계속 고집을 부리면 "몇 번이나 보고 싶어?"라고 물어보라. 이것은 그에게 한계에 대해 생각할 기회를 줄 수 있다. 현실적인 숫자 감각을 가진 아동은 합리적인 것을 선택하고 그것에 집착한다. 다른 아동들은 '백만'과 같이 말할 것이다. 이 경우에는 매번 십만으로 계산할 수 있다!

우리가 우리의 행동을 반성하고 동기를 이해하기 위해 멈출 때마다 우리는 우리 자신에 대해 뭔가를 배운다. 아동도 마찬가지이다. 아동이 "나는 초콜릿 아이스크림을 좋아해" 또는 "나는 이 영상을 보는 것을 좋아해. 왜냐하면 나는 무서움을 느끼지만 더 이상 두렵지 않기 때문이야."라고 알아차릴 때마다 아동은 자신에 대해 더 많이 알게 된다. 아동은 안정적인 자아의 한 조각을 계속 형성한다.

이 접근법은 아동이 특정 행동이나 환상에 대처하는 데 도움이 될 수 있다.

6세 재키는 영화 〈알라딘〉을 본 후 재스민 공주를 자신의 분신으로 생각한다. 재키는 매일 많은 시간을 재스민처럼 연주를 하며 보냈고, 그 이름에만 대답하고 재키가 해야 할 일을 하지 않았다. 재키의 부모가 재키에게 그만하라고 요청하거나 "재스민은 단지 가상 인물일 뿐이야"라고 말했을 때, 재키는 부모를 무시하고 캐릭터에 더 깊게 자리 잡았다.

치료사는 "그것에 대해 재키와 싸우는 대신, 재키에게 무엇을 하고 있는지 물어보세요. 그리고 왜 재키가 재스민을 그렇게 좋아하는지 알아내 보세요."라고 제안했다.

"애야, 너는 왜 재스민이 그렇게 좋니?" 재키의 엄마 로렌이 물어봤다.

재스민으로 바쁘게 지내던 재키는 로렌을 멸시하며 돌아섰다.

"재스민!" 로렌는 재키에게 다가가기 위해 게임 속으로 들어가야 한다는 것을 깨닫고 말했다. "재스민, 너는 왜 그렇게 특별해?"

재키는 즉시 엄마 쪽으로 몸을 돌렸다. "나는 아름답고 날 수 있기 때문에 특별해."

"우아!" 로렌이 말했다. "재미있겠다. 나도 날고 싶다."

"네, 높이 날면 지상에 있는 모든 사람을 볼 수 있어요." 재키는 두 팔을 벌려 날갯짓을 하며 로렌에게 그녀가 어떻게 날 수 있는지 보여 주었다.

치료사는 "이제 재키가 왜 그것을 좋아하는지 알 것입니다."라고 말했다. "이걸로 재미있는 장난을 칠 수 있는지 봅시다. 장난스럽게 재키를 놀리십시오."

"나도 날 수 있었으면 좋겠다." 로렌이 말했다. "재스민이 나에게 나는 법을 가르쳐 줄 수 있을까?"

"아니요." 재키가 말했다. "재스민만이 날 수 있어. 엄마는 땅 위에 있어야 해."

"음, 그러면 내가 재스민 하면 되겠다." 로렌이 제안했다.

"안 돼!" 재키가 재빨리 반응했다. "나만 재스민이 될 수 있어."

"네가 잠시 알라딘이 되고, 내가 재스민이 되게 해 주면 안 돼?"

"안 돼!" 재키가 소리쳤다. "난 재스민이야. 엄마가 알라딘 해."

"내가 재스민이 될 수 있겠다." 치료사가 개입하며 장난스럽게 웃었다.

재키는 놀란 얼굴로 치료사를 바라보았다. 재키는 치료사의 미소를 보자 빙그레 웃기 시작했다. "안 돼." 재키는 킥킥 웃으며 말했다. "선생님은 남자잖아요."

"그럼 왜 엄마는 재스민이 될 수 없어? 엄마는 여자잖아."

재키는 이 논리에 잠시 당황한 채 로렌을 바라보았다. "엄마는 너무 나이가 많아." 재키가 권위적으로 말했다.

로렌과 치료사가 둘 다 웃었다.

"알겠어. 내가 잠깐 알라딘 할게." 로렌이 말했다. "이따가 바꿔 보자. 그게 공평하지 않아?"

"아니, 내가 결정할 거야!" 재키가 말했다. "내가 재스민 할 거고 엄마가 알라딘 하고 선생님도 알라딘 할 수 있어!" 재키는 두 어른이 자기 역할을 잘 이해했는지 확인하듯 그들을 바라보았다. 두 사람이 고개를 끄덕이자 재키는 덧붙였다. "잘하면 이따 재스민도 시켜 줄게."

재키의 생각에 상호작용하면서 로렌과 치료사는 재키가 재스민에 대한 생각을 더 명확하게 할 수 있도록 해 준 것이다. 그들은 재키가 왜 그렇게 좋아하는지 알게 되었다. 재키는 날 수 있다는 것이 좋았던 것이다. 상호작용이 끝날 무렵, 재키는 그것이 상상의 놀이임을 인정할 수 있었고 협상을 통해 어떤 역할을 할지 정할 수 있다는 것을 알게 되었다. 기계적인 집착은 처음에는 할 수 없었던 창의적인 상호작용이 되었다. 그 후 며칠 동안 재키의 부모는 재키에게 계속 질문하고 재스민은 항상 공손하고 절대 성급하지 않다고 농담을 했다. 그리고 일주일 후에 캐릭터에 대한 집착이 사라졌다. 재키는 여전히 재스민 놀이를 했지만 쉽게 그것에 빠져나올 수 있었고, 다른 사람들에게도 재스민 역할을 맡게 해 주었다.

이러한 유형의 접근법을 사용하여 대부분 아동의 반복적인 행동을 다룰 수 있다. 예를 들어, 아동이 팔짱을 끼거나 이상한 소리를 낸다면 그와 합류하라. 놀이를 만들어 상호작용하고, 가능하다면 아동이 그와 같은 행동을 즐기는 이유를 알아보라. 아동에게 즐거움을 주는 것은 무엇일까? 아동에게 동등한 즐거움을 주는 다른 움직임이 있는가? 그는 언제 그것을 하는가? 특정 상황에서 또는 하루 중 특정 시간에 그러한가? 비판적이지 않고 참을성 있게 질문하라. 이러한 질문은 대답하기 쉽지 않으며 한 번에 조금씩, 여러 날 또는 몇 주에 걸쳐 탐색할 수 있다. 아동이 어리둥절해하거나 좌절할 때는 다른 기회가 있을 때까지 그대로 두라. 행동에 대해 이야기하는 것만으로는 문제가 해결되지 않지만 아동이 하는 일과 그 행동을 좋아하는 이유에 대해 더 잘 알게 될 것이다. 자기인식은 추상적 사고의 일부이며, 활동을 보다 사회적으로 수용 가능한 행동으로 전환하는 첫 번째 단계이다. 우리는 제14장에서 특이한 행동을 억제하는 것에 대해 더 다룰 것이다.

9. 아동이 자신의 문제를 인식하고 대처하도록 돕기

더그는 2세 때 자폐 스펙트럼 장애 진단을 받았다. 8세 6개월 때, 6년간의 집중 치료

후에 그는 완전히 몰두하고 흥미를 끄는 어린 소년이 되었다. 그는 총명하고, 수다스러웠고, 친구가 많았으며, 정규 학교에서 학년 수준의 활동을 했다. 더그는 운동 지연과 감각 반응 장애에 대한 작업치료를 마쳤지만, 여전히 운동 계획에 어려움이 있었다. 그의 상호주의적인 치료사는 그의 제한된 감정 범위를 넓히기 위해 작업을 했다. 더그의 부모는 마침내 이 전쟁에서 승리했다고 느끼기 시작했다.

그때 겉으로 보기에 새로운 문제가 나타났다. 더그는 매우 감정적으로 변했다. 하루 동안 더그는 강렬한 기쁨에서 절망으로, 반항적인 행동에서 시무룩하고 비협조적인 금단 상태에 빠지곤 했다. 학교에서 짜증을 내기 시작했는데, 때로는 화가 나면 교실에서 뛰쳐나오기도 했다. 더그의 부모가 기대했던 따뜻하고 비교적 안정된 아동은 사라진 것 같았다.

이 변덕스러운 행동과 함께 더그는 환상을 말로 표현하기 시작했다. 더그는 우주에서 온 외계인이었고, 다른 외계인들은 더그가 우스꽝스러운 방식으로 행동하도록 만드는 것들을 더그의 뇌에 넣었다고 했다. 이러한 임플란트들 때문에 더그가 의도하지 않은 것들을 말하도록 강요당했다며 말이다. 더그의 부모는 환상을 무시하고 놀리려고 번갈아 시도했지만, 더그가 자신의 입장을 고수할수록 더그는 "안 돼!"라고 외치곤 했다. "그건 환상이 아니에요! 이건 진짜야!" 그리고 나서 더그는 화나서 도망가거나 눈물을 흘리며 바닥에 쓰러지곤 했다. 더그의 행동은 더그의 부모에게 무서운 퇴보처럼 느껴졌다.

더그는 자신의 환상을 믿는다고 주장했지만, 감정 폭발을 제외하고는 그것에 따라 행동하지 않았다. 더그는 숙제를 하고, 집안일을 하고, 친구들과 놀았다. 그의 성격은 여전히 현실적이고 논리적인 것을 중심으로 구성되었다. 오직 한 작품만이 비현실적인 생각에 사로잡혔다.

더그의 치료사는 더그의 부모를 위로했다. "이건 퇴보가 아닙니다." 치료사는 설명했다. "이건 부분적으로 진전이에요. 더그는 지금 그가 무슨 기분을 느끼는지 더 잘 인식하고 있고, 몸에 대한 기분도 인식하게 되었을 거예요. 어떤 의미에서 보면 더그는 자신의 '장비(신체)'가 일을 더 힘들게 만든다는 것 또한 인지했을 것이고, 그건 상당히 많은 감정을 만들어 낼 거예요. 어머니, 아버지라면 어땠을까 생각해 보세요. 더그는 화가 났고 좌절하고, 수치스럽고, 슬픈 거예요. 때로 더그는 자신의 몸을 싫어할 것이고, 신뢰하지 못할 거예요. 예전부터 그런 감정은 느껴 왔지만 그때는 그 감정을 표현하는 법을 몰랐죠. 감정의 폭넓은 범위도 없었고, 생각도 없었을 거예요. 새롭게 올라온 감정과 생각이 자기 의식을 하게 해 주고, 느끼는 감정을 표현하게 해 주는 것입니다."

치료사는 더 나아갔다. "더그의 환상을 생각해 보세요. 자기 기분에 대한 완벽한 비유예요. 말 그대로 외계인처럼 느껴질 거예요. 마치 외계의 임플란트 때문에 지금 자신이 하는 대로 강제로 행동하게 만든 거죠. 이제 처음으로 더그는 그 감정을 언어로 표현할 지적·감정적 기술이 생긴 거예요."

부모는 아동이 퇴보가 아니라 진전했다는 말에 안도했지만, 그 원인 때문에 마음이 좋지 못했다. 더그는 본인의 '장비' 때문에 고생을 하고 있는데 이제 자기 인식이 모욕감까지 주는 것이다.

"네, 쉽지 않아요."라고 치료사가 동의했다. "그래도 피할 수 없습니다. 하지만 이 구름에는 희망적인 면이 있습니다. 어머니, 아버지가 더그의 슬프고 화난 감정을 극복하도록 도와준다면 더그는 자신에게 너무나 많은 슬픔을 준 몸 또한 자부심의 원천이라는 것을 발견할 수 있습니다. 그는 다른 아동들이 겪는 것보다 훨씬 더 큰 도전에 직면했고, 많은 어려움을 극복했어요."

더그의 부모는 부분적으로 위안을 받았고, 그 후 2년 동안 더그가 자신의 감정을 탐색하고 대처하는 것을 돕기 위해 쉼 없는 노력을 기울였다. 더그의 부모는 더그가 걱정하거나, 짜증내거나, 피하는 대신에 자신의 감정을 자세히 설명하도록 도왔다. 더그의 부모는 외계인이 더그를 슬프게 하거나, 화나게 하거나, 혼란스럽게 할 때 더그가 말을 하는 것을 도왔다. 더그의 부모는 더그가 거절하거나 화를 낼 때 겁을 먹거나 화를 내지 않고, 인내심을 가지고 더그와 함께하려고 노력했다. 더그가 특별한 일을 했을 때, 더그의 부모는 더그에게 그가 성장해 온 과정과 그가 익힌 모든 기술을 상기시켰다. 더그의 부모는 더그가 자신의 환상과 감정의 범위를 표현할 수 있는 더 많은 놀이 기반의 기회를 가질 수 있도록 플로어타임을 위한 여분의 시간을 만들었다.

더그가 10세가 되었을 때, 더그는 자신이 만든 레고와 다른 요소를 조합하여 정교한 우주 식민지를 만들었다. 더그가 아빠에게 식민지를 설명하던 어느 날 밤, 식민지의 머리인 우주 사령관을 소개했다. "그거 알아, 아빠?" 더그는 사령관의 수많은 책임을 요약한 후에 덧붙였다. "사령관은 아무것도 못하는 어린애였어."

완벽한 비유였다.

더그는 이런 발달 단계에 들어서는 특별한 요구를 가진 아동의 전형적인 모습이다. 감정을 표현할 수 있는 능력과 함께 자기 인식에 대한 생각이 올라온다. 바로 본인이 무엇을 잘할 수 있는지, 무엇을 못하는지에 대한 감각이다. 또한 그 인식과 함께 불쾌한 감정들이 찾아온다. 부끄러움, 수치심, 분노, 좌절감, 슬픔, 실망감, 권위를 위한 욕망 모두가 그 아동들에게 몰려온다. 때로 하루 사이에 말이다. 그 아동들의 장비(신체)는 아직 예측이 잘되지 않는 상태이며, 조금 불안정하기에 이런 감정에 대처하는 능력 또한 안정적이지 못하다. 때로 그 아동들은 자신의 감정을 성숙하게 말할 수 있으나 가끔은 감정대로 행동해 버릴 때도 있다. 때로 이런 감정들은 너무나 강해서 현실 감각에 안개를 뿌린다. 자기 환상이 사실이라고 했던 더그처럼 말이다.

그 무엇보다도 이때 아동을 인내심과 이해를 필요로 한다. 침착하게 아동의 감정에 공감해 줄 수 있는 당신의 반응은 아동에게 있어 자신의 감정을 다루는 법을 배우게 해 줄 가장 좋은 도구이다. 결국 언젠가는 당신의 도움으로 아동은 자신이 가진 문제에도 불구하고 자신을 사랑하게 될 것이다. 어쩌면 자신의 문제를 자랑스럽게 여길지도 모른다. 자신을 입증하고, 빛을 내고, 아주 특별한 성공을 이루게 해 준 것이니 말이다. 가장 중요한 것은 아동이 자신의 모든 부분을 받아들이게 되면서 자신의 현실 감각을 활용하고 환상과 현실 사이를 구분할 수 있게 된다.

다음은 아동이 이런 어려운 감정을 표현하기 시작할 때 염두에 두어야 할 것들이다.

- 듣고 공감하라. 감정을 알아주는 것이 어려울 수도 있고, 수반되는 행동이 불쾌할 수도 있지만, 당신은 인내심을 가지고 이해할 필요가 있다. 감정을 고치려고 하면 안 된다. 아동에게 그 감정을 해석해 주려고 하면 안 된다. 아동에게 이야기를 할 수 있는 자리를 줘야 된다.
- 환상을 환영하라. 더그의 경우에서 보았듯이, 발달장애가 있는 아동들은 종종 자신의 삶에 대한 환상을 형성한다. 아동의 환상을 이용하여 자신의 감정을 이해하고 표현하도록 도와라. 진짜와 그렇지 않은 것을 논쟁하지 말라. 아동의 환상을 차분하게 의논할 수 있다면 점차적으로 아동을 그 관점에서 바라볼 수 있게 된다. 그러면 꿈에 대해 이야기할 때와 마찬가지로 비현실적인 측면도 점차 명백해진다. 당신이 듣고, 공감하고, 질문을 하는 것은 아동에게 말을 하지 않고도 환상임을 깨달을 수 있게 도와줄 수 있다.
- 아동이 가상놀이를 통해 핵심적인 인격적인 갈등을 다루도록 하라. 놀이에 실망과 좌절감이 나타나는 것을 허락하라. 아동이 자기 자신의 다른 면을 연출하게 해야 된다.
- 당신이 아동에게 자신의 감정에 대해 이야기하도록 도울 때, 아동에 대해 배워라. 아동과 함께 아동의 감정과 환상에 대해 이야기하면서 당신은 아동의 우려에 대한 귀중한 통찰력을 얻을 수 있다. 나중에 그러한 통찰력이 도움이 될 수 있다. 예를 들어, 아동이 외계인으로서 누군가를 해칠까 두렵다고 말하는 것을 가정해 보라. 며칠

후 그 아동이 자신의 여동생에게 화가 났을 때, 당신은 아동이 짜증났다는 것을 알아
차리게 될 것이다. 당신은 다음과 같이 물을지도 모른다. "너는 때때로 너의 여동생
에게 너무 화를 낼까 걱정하는 거니? 자신을 통제하기가 어렵다고 걱정하는 거니?"

- 아동이 자신의 감정에 대처할 수 있도록 치료사를 참여시키는 것을 고려할 수 있다.
아동의 감정이나 환상이 아동에게 무섭다고 느끼거나 과도하게 문제가 되는 경우,
아동을 전문가에게 데리고 가는 것을 고려해야 한다. 아동은 자신의 감정을 이야기
하고 이해함으로써 도움을 얻을 수 있다. 공감을 잘하는 심리치료사는 아동이 그러
한 감정을 알아가는 데 도움을 줄 수 있으며, 당신이 아동을 이해하는 데 도움을 줄
수 있다(수석 저자의 초기 책인 『Playground Politics』와 『Challenging Child』도 도움이 될
수 있다).

10. 아동이 자신의 역량 최고치에서 활동하게 돕기

아동들은 발달 사다리를 오르면서 변동이 자주 오게 된다. 한 순간 대단히 추상적이
며 미래 사건에 대해 이론을 만들지만 다음 순간에는 고정적이 되고 눈 앞에 있는 장난
감 외에는 그 무엇도 논의하지 못한다. 이런 변동은 자연스럽다. 학습의 일부일 뿐이다.
하지만 당신은 아동의 자신의 역량의 최고치에서 기능하도록 도전을 주면서 다시 나아
가게 해 줄 수 있다.

이전에도 언급되었던 9세의 레아는 자폐라는 초기 진단을 받은 이후로 상당한 진전을
보였다. 따뜻하고, 타인과 연관 짓고, 과제에 직면했을 때 논리적으로 단어를 사용하고
반응할 수 있었다. 그러나 레아는 감정에 대해 말하고, 아이디어 사이에 다리를 놓는 능
력이 여전히 부족했다. 레아는 종종 생각을 연결하지 않고 자유롭게 말했으며, 추상적
인 질문에 구체적으로 대답했다. 레아의 부모와 치료사가 레아는 8~10세 사이의 아동
처럼 생각하고 이야기할 수 있다는 것을 알았음에도 불구하고, 교사 또는 관찰자는 레
아가 6세 또는 7세 수준에서만 가능하다고 생각했을 것이다. 뛰어 넘어야 할 과제는 레
아가 나이 수준에서 더 자주 활동할 수 있도록 돕는 것이었다.

어느 날 레아의 치료사는 레아에게 무엇이 자신을 행복하게 하는지 물었다.

레아는 "나의 동물들!"이라고 대답한 다음, 자신이 기르는 애완동물들에 대해 자유롭
게 말하기 시작했다. "제 토끼들은 시리얼을 좋아해요. 밀 크림도 먹이죠."

"그런데 왜 그들은 너를 행복하게 하니?"

"코튼은 제가 가장 좋아하는 토끼예요."

"코튼은 너를 행복하게 하니?"

"저는 그를 우리에서 나오게 하고 싶어요. 한번은 욕조에서 깡충깡충 뛰기도 했어요."

레아는 자신의 생각을 치료사의 생각과 연결시키지 않은 채, 여전히 그녀의 마음속에 떠오르는 것만 말하고 있었다. 레아는 그 문제에 대해 숙고하고 있지 않았다.

"하지만 코튼이 어떻게 너를 행복하게 하는지 말해 줄 수 있니?"라고 치료사는 눈을 반짝이며 그녀의 모든 관심을 끌기 위해 매우 열정적인 태도로 물었다.

이번에는 레아가 치료사에게 세련되고 추상적인 대답을 했다. "그를 돌볼 수 있다는 것은 저를 행복하게 만들어요."라고 레아는 나이와 같이 적절한 혹은 심지어 조숙한 반응으로 도전에 맞서며 말했다.

회기 후반에 레아는 뜬금없이 놀란 목소리로 말했다. "아빠가 차를 잠그지 않았어요!"

"왜 그게 중요해?"라고 치료사가 물었다.

"우리 거위 한 마리가 사라졌어요."라고 레아가 대답했다.

"그게 차랑 무슨 상관이야?"

"테네시에 있을 때 우리 물건을 도난당했어요."

치료사는 혼란스러운 표정을 지으며 말했다. "그게 차랑 무슨 상관인 걸까?"

"테네시에 있을 때 차 안에 있는 걸 누가 훔쳐 갔어요."

"우리가 여기 있는 게 걱정되니?"

"음, 여기에서는 그런 일은 안 일어날 것 같긴 해요. 하지만 더 큰 도시에 살 때는 문을 꼭 잠가야 해요."

레아의 정교한 대답은 갑자기 레아가 뜬금없이 한 말이 이해되게 만들어 주었다. 레아는 누가 무엇을 가져갈까 봐 걱정이 되었던 것이다. 레아의 거위, 차 안에 있는 것들, 여기에 올 때 탄 차 안에 있는 것들 말이다. 하지만 레아는 그런 생각을 머릿속에 그리고 언어로 연결 짓지 못했다. 도전을 주지 않았다면 레아의 말은 더 어린아이와 같이 떠오르는 대로 말하는 옹알이로 보였을 것이다. 그러나 도전에 직면했을 때, 레아는 진술을 명확하고 추상적인 답변으로 묶었다.

대화가 계속되면서 레아는 자신의 고양이인 '워블리'와 워블리가 출산 4주 후에 어떻게 사라졌는지에 대해 이야기했다. "저는 워블리가 지금 어디에 있는지 몰라요."라고 레아가 말했다. "그래서 제가 아기들을 돌보고 있어요. 내게 맡겼어."

"워블리가 너에게 아기를 맡겼다는 걸 어떻게 알아?"

"글쎄요, 워블리는 제가 온순하고 아동들을 잘 돌볼 거라는 걸 알고 있어요." 이 대답은 비록 질문에 대한 직접적인 대답은 아니었지만 논리적으로 들렸다. 레아는 왜 워블리가 자신에게 아기들을 맡겼는지에 대한 '왜'에 더 대답했다. 처리 문제를 가진 많은 아동이 질문에 간접적으로 답한다. 치료사는 그 문제에 대해 좀 더 정확한 성찰을 해 보기로 결정했다.

"워블리가 아기들을 돌봐 주길 원한다는 것을 어떻게 알았어?" 치료사는 아주 부드럽게 다시 물었다.

"워블리는 자신이 좋은 엄마가 될 수 없다는 것을 알고 있었어요."라고 레아가 대답했다. 이번에도 레아의 대답은 질문과 관련이 있었지만, 직접적인 대답은 아니었다.

"하지만 워블리가 네가 좋은 엄마가 될 것이라고 생각했다는 걸 어떻게 알 수 있었어?"라고 치료사는 다시 시도했다.

"워블리는 내가 온화한 걸 알아요."라고 레아가 대답했다. 여전히 그 순환을 닫지 않았다.

그러고 나서 치료사는 다른 방법으로 질문을 했다. "어떻게 워블리가 네가 좋은 엄마가 될 거라고 생각했는지 알아냈니? 너 혼자 결정한 거야?"

"아니, 우리 엄마가 내가 아기들을 잘 돌볼 거라고 말씀하셨어요."

"아, 네. 엄마가 워블리에게 네가 잘할 거라고 생각한다고 알려 줬구나."

"네." 레아가 대답했다. 가 단호하게 고개를 끄덕이며 말했다. "엄마가 나에게 워블리에 대해 말해줬고, 내가 잘할 거라고 말했어요."

레아는 도전 없이 상징적 순환을 완전히 닫을 수 없었으나 도전을 받을 때 그리고 질문이 조금 다르게 바뀌어 돌아왔을 때 더 구체적인 이야기를 해 줄 수 있었다.

"레아는 항상 이 수준에서 활동할 수 있습니다."라고 치료사는 레아의 부모에게 말했다. "그리고 레아가 그렇게 할 수 있게 되면 레아는 훨씬 더 높은 단계로 올라갈 수 있습니다. 하지만 레아에게 도전을 줄 필요가 있습니다. 항상 레아를 이해하도록 하세요. 레아가 무슨 말을 했는지 부분적으로만 이해한 채 고개를 끄덕이고 끝내면 안 됩니다. 레아와 끝까지 함께 있고, 레아가 생각을 분명히 하고 부모님의 생각과 연관되도록 부드럽고 끈기 있게 도와주십시오. 질문에 답하는 데 15분이 걸릴 수도 있지만, 대답할 때마다 레아는 더 높은 수준의 사고를 더 잘하게 될 것입니다."

앞에서 설명한 것처럼, 많은 아동은 기술 습득을 위해 추가 연습이 필요하다. 당신이 아동이 할 수 있는 일이 없다고 생각한다면, 아동에게 필요한 연습을 제공하지 못할 수도 있다. 아동의 대답에 도전하는 것이 아니라 고개를 끄덕이면서 "좋아!"라고 말하면 아동을 그 정도 수준에 유지하게 할 것이다. 반면에 따스함과 반짝이는 눈으로 아동을 대한다면 당신은 아동을 좀 더 도전을 하게 하고 필요한 연습을 제공할 것이다. 특별한 요구를 가진 많은 아동은 좀 더 체계적이고 추상적인 일을 할 수 있는 능력을 가지고 있지만 더 구체적이고 단편적인 사고 수준을 유지하고 있다.

11. 발달의 진전 유지하기

　대부분의 학습과 마찬가지로 논리적이고 추상적으로 생각하는 법을 배우는 것은 두 단계 전진하고 한 단계 후퇴하는 과정이다. 어느 날 당신의 아동이 당신과 따뜻한 관계를 유지하면서 80퍼센트의 순환을 닫고 아이디어 사이에 다리를 놓을지도 모른다. 그리고 같은 날 저녁에는 눈을 마주치는 것을 피하고, 테이블 아래에 숨고, 당신이 아동에게 도전을 주려고 하면 소리를 지르며 화를 낼지도 모른다. 그런 변화에 당황하기 쉽지만, 아동이 발달에 어려움을 겪을 때 이러한 광범위한 행동을 할 수 있음을 예상해야 한다는 것을 깨닫는 것도 중요하다. 아동의 능력을 범위로 생각하면 도움이 된다. 때로는 능력 범위의 최고치에서 활동하기도 하고, 다른 때는 범위의 중간이나 최하위 단계에서 활동하기도 한다. 목표는 아동이 자신의 최고 수준에서만 기능하도록 강요하는 것이 아니라, 발달 사다리를 올라 전체 범위를 위로 이동시키는 것이다. 범위의 최하위 단계가 정상에 뻗어 올라가는 속도와 맞춰 오르는 것이 좋다. 시간이 지남에 따라 아동의 최고 능력과 최저 능력이 모두 향상되도록 말이다.

　아동이 중간이나 최하위를 향해 기능하고 있을 때에도 당신은 아동의 성장에 도움을 줄 수 있는 중요한 기회를 만나게 될 것이다. 아동의 능력이 밑으로 미끄러질 때마다 당신은 아동이 발달 사다리를 다시 오르도록 도와주고, 사다리를 오르는 것이 가장 높은 수준에서 더 안정적이 되도록 도울 것이다.

　여섯 살 난 에이미와 아빠 짐은 레고 성을 짓고 있었다. 에이미는 아빠에게 자신의 특정 레고를 건네 달라고 지시했고, 그것들을 매우 조심스럽고 정확하게 제자리에 놓고 있었다. 에이미는 자신이 만든 것을 자랑스러워했다. 에이미가 성을 거의 다 지어 갈 때, 에이미와 아빠는 성에 대해 따뜻하고 논리적으로 이야기를 나누었고, 그곳에 살 왕자와 공주에 대해 이야기를 나누었다. 에이미가 레고 조각을 제자리에 끼운 후 누르자 성의 한쪽 벽 전체가 무너졌다. 좌절하고 화가 난 에이미는 레고 한 움큼을 움켜쥐고는 방 건너로 던지기 시작하며 흐느꼈다.

"아가야, 이걸 고칠 수 있어." 아빠가 에이미를 프로젝트로 다시 관심을 돌리려고 말했다. 하지만 에이미는 소리 지르며 산만하게 레고를 던졌다. 에이미는 행동의 표현 단계가 퇴보한 것이다. 상징, 가상놀이 그리고 양방향 소통 이전 단계가 된 것이다.

"에이미가 다시 관계에 참여하게 할 방법을 찾을 수 있을까요?" 치료사가 말했다. "첫 단계에서 사용했던 기법들을 사용해 보죠. 에이미의 관심을 사로잡기 위해 아버지를 아동의 활동에 넣어 볼게요."

아빠는 에이미가 레고를 던지는 모습을 잠깐 보았다. 그다음 레고를 던지는 순간에 아빠는 손을 뻗어 레고를 잡았다.

에이미는 놀라서 아빠를 쳐다보았다.

"잡았다." 아빠는 웃으며 말했고, 하나를 더 던져 달라는 듯이 손을 들어 올렸다.

에이미는 레고를 던졌고, 아빠는 그것도 잡았다. 아빠는 에이미에게 레고를 던져 달라고 손으로 제스처를 취했다. 에이미는 또 던졌고, 몇 분 간 에이미가 웃으며 레고를 던지고 잡는 놀이가 진행되었다.

"이제 에이미가 참여를 하고 상호작용이 되니 다음 단계로 갈 수 있나 봅시다." 치료사가 제안했다. "이 놀이를 더 복잡하게 만들 수 있나요?"

아빠는 단서를 찾기 위해 주변을 보았다. "알겠다." 아빠가 말했다. "이 레고로 농구를 할 수 있을 거야! 레고를 농구대에 던질 수 있겠어." 그러더니 아빠는 손을 둥글게 모아 농구대를 만들었다.

즉각적으로 에이미가 레고를 던졌다.

"와!" 아빠가 감탄했다. "마이클 조던보다 잘하네! 내가 좀 더 뒤로 가야겠어!" 아빠는 뒤로 몇 걸음 물러섰다.

에이미는 레고를 던졌으나 골에 들어가지 않았다.

"아빠 팀에게 1점!" 아빠가 노래하듯 말했다. "다시 해 봐."

아빠는 에이미가 레고를 던질 때 몸을 가까이 숙여 레고가 골대에 들어가게 했다.

에이미가 환한 미소를 지었다.

"에이미에게 1점!" 아빠가 말했다. "한 번 더!"

다음 몇 초간 레고를 던질 때마다 에이미는 점수를 얻었다. 대여섯 번째 시도 이후 에이미가 아빠에게 걸어오더니 장난기 넘치는 눈으로 아빠를 바라보며 레고를 손 바구니 안에 떨어뜨렸다. "내가 이겼어." 잘 안다는 듯이 에이미가 미소 지었다.

"오오!" 아빠가 말했다. "네가 너무 똑똑하네." 아빠는 에이미를 꼭 안아 주었다.

"아주 좋았어요." 치료사가 말했다. "토끼 인형도 농구를 해 보고 싶은지 보죠."

아빠가 토끼 인형을 들자마자 에이미가 말했다. "토끼를 농구대 안에서 뛰게 해요!" 에이미는 더 창의적인 단계의 가상놀이를 개시한 것이다.

"이제 대화를 할 수 있나 볼게요." 치료사가 말했다.

아빠는 고개를 끄덕이고 잠시 생각해 보았다. "제일 좋아하는 농구 선수가 누구야?" 아빠는 농구 팬이었고, 에이미도 가끔 함께 경기를 보았다.

"샤킬 오닐." 에이미는 망설임 없이 대답했다.

"샤킬 오닐?" 아빠가 경멸하듯 말했다. "덩크슛도 못하는데?"

"할 수 있어." 에이미가 강하게 주장했다. "아빠보다 키도 커."

아빠와 치료사가 웃었다. 에이미는 다시 논리적인 단계로 돌아왔다. "자, 이제 레고로 다시 성을 짓고 싶어 하는지, 아니면 농구 주제를 이어 가고 싶은지 볼게요." 치료사가 말했다.

아빠는 눈을 크게 떴다. "저기요, 샤킬." 아빠가 에이미에게 손짓을 했다. "지금 체육관에 공을 잔뜩 던져 버렸으니 그걸로 뭘 좀 만들어 볼까?"

에이미는 아빠의 눈짓을 따라 방을 보더니 레고가 잔뜩 흩뿌려진 모습을 보고 웃었다.

"레고로 아주 특별한 농구대를 만들까 했지."

"그건 너무 이상해, 아빠!" 에이미가 웃으며 말했다. "난 성을 지을래."

둘은 함께 레고를 모아 새로운 성을 지었다.

에이미가 퇴보한 단계에서 에이미의 관심을 사로잡아 천천히 다음 단계로 올라가게 해 주는 것으로 아빠는 에이미가 논리적 사고하기로 발달 사다리를 오르도록 도와주었다.

아동은 좌절과 답답함 때문에 퇴보했다. 아동들은 또한 불편한 감정을 느낄 때 퇴보하기도 한다. 하지만 매번 사다리 가장 밑 단계로 내려가는 것은 아니다. 한 단계 정도 내려가 풍부한 가상놀이 중에 임시적으로 논리적인 대화를 펼칠 수 있는 능력을 잠시 상실한다. 혹은 두 단계 내려가 쌍방향 소통 단계를 지나 당신과 신체적 언어로 연결하는 능력을 잠시 잃을 수 있다. 어떤 때에는 세 단계 내려가 당신과 따뜻하게 연결된 채 제스처를 이용한 순환을 닫지 못하게 될 수도 있다. 몇 단계가 떨어졌는지 상관없이 당신의 방식은 늘 같아야 한다. 바로 아동이 현재 있는 단계에 맞춰야 한다. 아동이 참여는 하는데 제스처의 순환을 닫지 않는다면 아동이 하고 있는 것에 참여해서 당신과 상호작용하게 하라. 아동이 소통의 순환을 닫고는 있지만 가상놀이를 하지 않는다면 상호작용을 하며 상상의 아이디어를 펼치도록 돕자. 아동이 드라마를 만들지만 상징적 순환을 닫지 않는다면 드라마에 합류해서 상징적 순환을 닫게 하자. 아동이 다시 감을 잡으면 퇴보하기 전의 단계로 천천히 오르게 하자. 이 모든 과정은 30분이 걸릴 수도 있고, 몇 분 안에 이루어질 수도 있다. 이를 더 자주 할수록 아동을 발달 단계를 더 빨리 되올라 갈 것이다. 아동이 퇴보할 때마다 발달 사다리를 다시 오르려고 할 때 점점 빠르게 잘 오를 것이다.

아동에게 발달의 진전을 유지하도록 도와주면서 지도 원칙을 기억하라. 즉, 감정이 행동을 주도하고, 감정과 행동이 언어를 주도한다는 것이다. 만약 당신이 아동의 활동에 참여하거나 좋아하는 주제에 대해 토론함으로써 아동의 감정을 발전시킬 수 있다면 아동이 반응하는 것을 훨씬 더 쉽게 만들어 줄 것이다. 아동이 주의가 산만하거나 반응이 없을 때마다, 무엇을 해야 할지 막막할 때마다 이 원칙을 따르라. 감정을 기르고 상호작용의 문을 열기 위해 아동의 활동에 참여하라.

아동이 퇴보할 때 우리의 사기가 저하되거나 심지어 우울해지기 쉬우며, 뭔가 잘못했다고 생각하거나 아동이 제 기능의 최상위 단계를 상실했다고 생각하기 쉽다. 아동들은 보통 그들이 잃어버린 기술을 되찾을 수 있고, 기술을 되찾는 바로 그 과정이 그들을 강화시킨다는 것을 기억하라. 아동이 발달 사다리를 다시 오르도록 도울 때마다 당신은 아동의 기술을 안정되게 만든다.

퇴행이라고 생각하지 말라. 그것은 사실 전화위복이다. 일시적으로 문제가 있을 때마다 자신의 균형을 다시 잡는 기회이며, 이 기술은 아동이 일생 동안 필요로 할 것이다.

12. 초기 단계 강화하기

이 책 전체에 걸쳐 우리는 아동들이 각기 다른 발달 단계를 순서대로 습득하는 것처럼 기술했다. 그러나 인생은 그렇게 깔끔하게 떨어지지 않는다. 아동들은 종종 낮은 단계의 움직임을 완전히 습득하기 전에 더 높은 단계로 나아간다. 그런 시기는 괜찮다. 새로운 단계에서 초기 능력을 강화시키기 위해 50~80% 정도의 기능을 사용하는 아동들은 보통 다음 단계로 넘어갈 준비가 되어 있다. 예를 들어, 쌍방향 의사소통을 배우는 아동은 부모와의 관계에 참여할 수 있어야 한다. 아동이 제스처로 하는 의사소통 순환을 닫도록 도와줌으로써 부모는 관계 참여를 강화시키는 것이다. 부모는 아동의 제스처를 따라 하고 목소리로 아동의 관심과 참여를 얻고 유지한다. 마찬가지로, 생각을 발달시키고 표현하는 것을 배우는 아동은 부모와 참여하는 것과 비언어적인 쌍방향 의사소통을 할 수 있어야 한다. 아동이 가상의 세계로 들어가는 것을 돕기 위해 부모는 참여를 강화하고, 생각을 자극하고, 더 많은 소통을 유도하기 위해 제스처를 사용한다. 부모의 초점이 새로운 단계에 있는 동안, 부모들의 초점이 새로운 단계에 맞춰져 있는 동안, 부모는 자동적으로 모든 초기 단계를 동시에 작성하고 있다. 그러므로 아동은 더 낮은 기술을 연마할 수 있는 많은 기회를 갖는다.

하지만 때때로 작업이 지속되고 있음에도 불구하고 아동들은 더 낮은 단계를 완전히 습득하지 못할 수도 있다. 제약이 초기 단계에 존재한 채로 더 높은 단계 위로 올라간다. 그런 일이 생기면 숙달되지 않은 단계는 발달의 연쇄에서 약한 고리를 형성한다. 그 단계들은 크게 자리를 잡은 듯하지만, 스트레스로 인해 고통을 견뎌 내기 위한 기초가 너무 약해져서 허물어지거나 부재하는 기술로 인해 자녀의 능력에 구멍을 만들 수 있다.

대다수의 아동과 마찬가지로, 5세의 보우는 첫 단계인 감정적인 참여와 친밀감의 단계에서 약한 고리를 가졌다. 그는 매우 길고 논리적인 대화를 나눌 수 있었지만 다소 거리가 있는 듯했다. 보우는 다른 사람들을 거의 보지 않았으며, 다른 사람들의 존재에 무관심해 보였다. 보우의 부모는 보우가 따뜻하다고 거의 느끼지 못했다.

보우는 전반적인 발달장애로 진단받고 2년 반 동안 엄청나게 다양한 방법의 플로어타임과 치료를 가져 왔기 때문에 이 작은 문제를 간과하기 쉬웠다. 그러나 이것은 보우의 능력에 미묘한 영향을 미쳤다. 보우는 학교, 공룡, 건설 장비에 대해 논할 수 있었지만 창의력을 발휘하거나 창의적으로 말할 수 없었다. 그는 사실을 묘사하는 경향이 있었다. 게다가 보우는 자신 혹은 자신의 감정에 대해서 말할 수 없었다. 또한 스트레스를 받으면 자신을 괴롭히는 것에 대해 이야기하기보다는 눈물이나 울부짖음으로 무너지곤 했다. 즐거운 감정조차도 그에게는 어려웠다. 미묘한 방식으로 보면 보우는 자신의 내면의 중심에 연결되어 있지 않았다. 보우는 자신의 중요한 측면에 대한 연결고리를 만드는 것이 부족했다.

보우의 치료를 돕기 위해 보우의 부모와 치료사는 보우와의 관계 강화를 위해 적극적으로 작업했다. 모든 활동은 보우와 감정적으로 소통할 수 있는 기회가 되었다. 보우와 보우의 아빠가 캐치볼을 할 때, 아빠는 바로 보우에게 공을 던져 쉽게 잡을 수 있는 즐거움을 경험할 수 있었다. 다른 시간에 보우의 아빠는 공을 높이 던졌다가 낮게, 높게 그리고 다시 낮게 던지는 등 패턴을 바꿔 보우를 속이려고 했다. 그런 상황이 지나면 보우는 아빠를 속이기 위해 노력할 것이다. 이내 두 사람은 눈을 마주치며 웃고 감정적으로 뿐만 아니라 육체적으로도 열중하게 되었다.

보우와 아빠가 카펫에서 기사와 군인 놀이를 할 때, 아빠는 놀이에 더 많은 감정을 삽입하기 시작했다. 그때까지 그들의 놀이는 기계적이었고, 긍정적이고 부정적인 감정보다는 전투의 실행 계획에 집중되었다. 처음에 아빠는 보우가 전투에서 이기게 할 뿐만 아니라 승리를 인정하면서 감정적인 기쁨을 더하도록 노력했다. "정말로 나를 이겼네!" 나중에 아빠는 다른 방식으로도 감정적인 정도를 끌어올렸다. 보우가 전쟁 준비를 위해 병사들을 정리시키는 대신에 아빠는 그들이 준비되기 전에 보우의 대원에게 살금살금 다가가 공격을 했다. 보우에게 행동의 속도와 전쟁 결과를 결정하게 하는 대신, 아빠는 보우의 힘을 맹렬하게 나타내거나, 자신의 모든 군사를 희생시키거나, 마지막 순간에 전투를 호전시키기 위해 원군을 불러오게 했다. 이 모든 기술은 보우의 감정을 자극하도록 설계되었다. 그리고 실제로도 그랬다.

때로 보우는 아빠의 행동에 고함치거나 악을 썼다. 때로는 군인을 던지며 더 낮은 단계로 퇴보했다. 아빠가 보우를 논리의 단계로 데려오는 데 도움을 주면서 보우에게 자신의 감정에 대해 이야기하려고 시도했다. 종종 보우는 딱딱하게 굳어 아빠의 질문에 대답하지 않은 채 손가락으로 병사를 가리키며 놀이를 다시 시작하려고 했다. 그러나 더 많이 달래 주고 온기를 주는 것은 늘 도움이 되었다. 보우는 점차적으로 자신의 놀이에 더 많은 갈등을 불러일으켰고, 그리고 몇 개월 동안 아빠의 새로운 전투 전략에 견딜 수 있게 성장했다. 시간이 조금 지나 보우는 아빠의 새로운 전투 전략을 직접 사용하며 아빠의 기습 공격과 지원군을 단번에 쓸어버리며 놀라게 했다. 보우는 주장, 침략 및 온기의 주제에 익숙해지면서 더 유연해졌다. 5개월 후 전투에 대한 감정적인 폭이 넓어졌으며, 자신의 감정을 경험하고, 보여 주고, 이야기하는 보우의 능력 또한 마찬가지였다.

한편, 보우의 엄마는 보우의 감정을 대화에 가져오게 했다. 보우가 유치원에서 한 일에 대해 묻는 대신에 오늘 행복하게 하거나, 화나게 하거나, 슬프게 만든 일이 있는지를 물었다. 엄마는 보우가 좋아하는 음식과 싫어하는 음식에 대해 이야기할 수 있도록 저녁 식사를 준비할 때 거들 수 있게 했다. 보우가 자러 가야 하는 것에 불만을 나타낼 때, 엄마는 그냥 방으로 가라고 하지 않고 보우의 소망과 감정을 이야기하도록 했다. 물론 매번 보우가 원하는 대로 하지는 않았지만 말이다. 처음에 보우는 이러한 대화에 저항하여 감정에서 더 멀어져 실재하는 요소로 향하려고 했다. 그러나 몇 개월이 지나자 보우는 더 익숙해지고 잘 이해했다. 6개월 후, 보우는 자신의 감정을 더 쉽게 이야기할 수 있었을 뿐만 아니라 자신의 삶에서 의미 있는 사람들에게 훨씬 더 따뜻하게 이야기할 수 있었다. 보우의 부모는 보우의 취약점을 발견하고 해결하기 위해 보우에게 부재한 기술을 채울 수 있도록 도와주었다. 부모의 노력으로 보우의 발달은 더욱 견고해졌다.

13. 아동이 좌절을 견디도록 도와주기

아동의 발달 안정에 있어서 가장 큰 도전 중 하나는 답답함이다. 자신이 원하는 대로 되지 않을 때, 제일 논리적이었던 아동이 갑자기 칭얼거리며, 짜증을 폭발하는 작은 악마가 되기도 한다. 답답함은 삶에 실재하는 부분이며, 모든 아동이 극복해야 한다. 아동은 자신의 차례를 기다리는 법을 배워야 하며, 다른 사람들의 생각이 때때로 자신보다 우선한다는 것을 배워야 한다. 이런 교훈은 모든 아동에게 어렵다! 그러나 아동이 자신의 사고에 있어서 논리적이면 이 방향으로 진정할 준비가 된 것이다. 다음 3단계 과정을 도와줄 수 있다.

(1) 아동이 다른 사람들의 아이디어를 받아들이고 처리하도록 도와라

아동이 다른 사람의 아이디어를 듣고 그에 응답하게 하는 것이 좋다. 가장 좋은 방법은 많은 연습을 제공하는 것이다. 의견을 말하고 질문하는 대신에 당신이 생각과 욕구를 가진 참여자가 되어 가상놀이로 연습을 하게 하자. 놀이를 할 때마다 아동의 드라마의 맥락에서 새로운 아이디어를 소개하라. 당신의 코끼리 인형이 서커스단에 들어갈 때마다, 당신의 인형이 티 파티에서 소다를 요청할 때마다 아동이 아이디어를 받아들이고 처리하게 하는 것이다. 단순히 경청하는 대신에 대화를 촉진할 때마다 당신은 아동이 당신의 아이디어를 받아들여서 처리하도록 돕고 있는 것이다. 다른 사람들이 욕구와 목표를 가지고 있다는 인식은 답답함을 용인하는 것을 배우는 첫 번째 단계 중 하나이다.

(2) 아동이 당신의 아이디어를 활용할 수 있도록 도와라

아동이 당신의 아이디어를 듣는 것만으로는 충분하지 않다. 당신이 주의를 기울여서 아동에게 응답해야 한다. 당신은 부드럽지만 꾸준한 자극을 통해 아동을 도울 수 있다. "잠깐, 너는 내 질문에 대답하지 않았어!" "웨이터, 나는 내 점심으로 우유를 원한다고!" "이거 봐, 코끼리가 서커스단에 가입했어. 코끼리는 자기가 무엇을 해야 할지 알고 싶어 해!" 게임에 계속 머무르며 응답이 필요하다는 것을 아동에게 상기시켜 줌으로써 다른 사람의 필요에 반응하는 데 익숙해지는 것을 도울 수 있다.

⑶ 아동이 당신의 아이디어를 받아들일 수 있도록 도와라

오랫동안 자기 마음대로 했기에 타협을 배우는 것을 어려워할 수 있지만, 타협은 중요한 기술이다. 아동에게 다른 사람들의 아이디어도 중요하다는 것을 자주 상기시키라. 가상놀이에서 사자에게 지시할 때, 완고하게 하도록 하라. "나는 굴렁쇠를 통과하고 싶지 않아. 나는 트램펄린에서 뛰고 싶어!" 연극 안에 머물러 있지만 고집을 부리라. 왜 항상 모든 것이 아동이 원하는 대로 되어야 하냐고 물으라. 당신도 다른 아동처럼 행동하고 적절하게 타협하지 말라. 조금씩 아동이 자기 멋대로 하고자 하는 통제를 내려놓게 될 것이다.

일상적인 상호작용에서도 이 기술을 육성할 수 있다. 아동이 항상 왼쪽 신발을 먼저 신고 싶어 한다면 "에잇, 오른쪽 신발을 신는 법을 몰라서 그래?"라고 말하라. 아동이 물을 원할 때, "왜 항상 큰 컵으로 마셔야 해? 오늘은 작은 컵으로 마시면 안 돼?" 장난스러운 미소를 지으면 아동도 자신을 기분 나쁘게 하려고 그런 것이 아니란 것을 안다. 그러든 말든 아동은 저항할지도 모른다. 아동은 당신이 자신을 진정할 수 있도록 도와주려고 하면 더 크게 울지도 모른다. 그러나 이 별것 아닌 대면들을 더 많이 협상할수록 아동은 더 유연해질 것이다. 항상 협상을 해야 할까? 그렇다. 왜냐하면 아동은 모든 상황을 접할 때 자신이 주도할 수 없다는 것을 배울 필요가 있고, 이 단계는 그가 배울 준비가 되어 있는 때이다.

아동과 이 단계를 배워 가는 동안에 당신은 또한 아동의 또래들과 연습하게 하는 것이 좋다. 아동의 놀이 데이트(또래 아동들과 시간을 내서 함께 노는 것: 역자)에 참여하라. 누가 먼저 할 것인지, 누가 소방차를 들고 있을 것인지, 또는 탑을 어떻게 쌓을 것인지 그리고 당신의 아동이 자신이 원하는 대로 하자고 주장한다면 살짝 끼어들어 그게 항상 가능하지는 않다는 것을 상기시켜 주라. "친구랑 사이좋게 지내야지."라고 말해 줄 수 있다. "소방차를 함께 쓰는 건 어때? 교대로 쓰는 것은 어때?" 당신의 아동은 저항할 가능성이 크다. 계속 놀이를 하려면 당신의 아동을 진정시켜야 할 수도 있겠지만, 당신은 아동에게 세상에서 자신의 역할을 수행하는 데 필요한 귀중한 생활 기술을 가르치고 있는 것이다.

이 학습을 견딜 수 있게 하려면 처음에는 이 단계를 한 번씩만 접히다가 점차적으로 횟수를 늘리라. 아동의 또래가 오기 전에 아동과 함께 연습하라. "친구가 놀러 올 거야. 그런데 항상 네가 노는 대로 놀고 싶어 하지는 않을 거야. 그런 일이 생기면 기분이 어떨 것 같아?" 친구가 어떻게 느끼고 어떻게 반응하는지 예상할 수 있게 도와라. 그런 다음 더 나은 반응에 대해 이야기를 나누자. 마찰이 있을 때의 타협을 위한 전략을 짜자. '처음에는…… 그러면…… 그다음엔…… 나중에는…… 만약에……' 그런 다음 "처음에는 네가 하자는 게임을 하고, 그다음엔 내가 원하는 게임을 하자." "지금은 밖에 나가고, 나중에는 안에서 놀 거야." "지금 네가 하고 싶은 것을 하면 이따가는 내가 하고 싶은 걸 해야 해." 결정을 내리기 위한 수단으로 '코카콜라 맛있다'와 동전 던지기를 연습하게 하자. 이런 연습은 져야 하는 순간에 대비시켜 준다. 심지어 나중의 일을 미리 놀이로 예상해서 풀어갈 수 있다. 한 부모가 손님이고, 다른 부모가 아동의 코치가 되어 함께 상황을 긍정적으로 다룰 수 있도록 예행연습을 하는 것이다. 그리고 친구가 실제로 놀러오면 한 부모는 곁에 남아 어려운 문제가 일어났을 때 아동을 도와줄 수 있도록 하자.

아동이 또래와의 답답함을 용인할 수 있도록 돕기 시작하면 어려운 작업도 다뤄 보도록 도와줄 수 있다. 신발끈 묶기, 책 읽기, 공 던지기 등 무엇이든지 간에 그 시기에 아동이 어려움을 느끼는 모든 일에도 이와 같은 방식으로 접근할 수 있다. 사전에 과제에 대해 이야기하고, 아동이 어떻게 느끼고 어떻게 반응할지를 예측하도록 돕고, 보다 생산적일 수 있는 대안적인 반응에 대해 이야기하라. 가능하다면 어려운 작업을 재미있게 만들어 보라. 기분을 나쁘게 하기 때문에 특정 활동을 하고 싶지 않아 한다면, 예를 들어 익숙하지 않은 손으로 공을 던지는 것이 답답하고 짜증이 나서 금방 하기 싫다고 한다면 계속 던지고 싶게 할 만한 외부 자극이 있어야 한다. 맞혀야 할 타깃이든, 던질 때마다 뽀뽀를 해 주든 말이다. 마찬가지로 활동을 재미있게 만들어 어려운 작업을 수행하도록 아동을 자극할 수 있다.

아동이 어려움과 답답함을 처리하는 것을 도울수록 더 유연해질 것이다. 이것은 몇 년에 걸쳐 일어나는 점차적인 과정이고, 그것을 통해 당신 또한 유연해져야 한다. 아동이 잦은 답답함에 부딪힌다면 평소보다 더 달래 주어야 한다. 당신이 아동에게서 더 많은 것을 기대할수록, 플로어타임과 인내심을 더 키워야 한다.

14. 아동이 새로운 능력을 숙달할 수 있도록 연습 활용하기

특히 아동이 초기 단계를 숙달해 갈 때의 발달 과정을 지켜보면 이 숙달의 결과로 새로운 도전에 직면하게 될 것이다. 아동이 향상됨에 따라 그는 발달 단계의 높은 수준에 도달한다. 그러나 순서화 또는 처리 문제는 유지되는 정도라서 더 새롭고 보다 어려운 기술 중 일부는 더 많은 연습이 필요할 것이다. 온전히 혼자서는 연습할 수 없기 때문에 많은 연습을 할 수 있는 기회를 만들어 주어야 할 것이다. 당신의 지침 원칙은 특정 수행 과제보다는 기본 기술의 더 많은 실습을 위한 기회를 창출하는 것이다.

예를 들어, 아동이 또래와 놀 때 항상 자신이 원하는 대로 놀고 싶어 하고 자기 마음대로 되지 않으면 요구를 하고 충동적이 된다고 상상해 보자. 여기서 특정 수행 과제는 또래와 자신의 것을 나누는 것이다. 그 결과 아동이 친구들과 있으면 친구들에게 교대로 순서를 지켜 가면서 놀라고 말을 해 줄지도 모른다. 하지만 이는 의심의 여지 없이 어느 정도는 도움이 될 것이다. 하지만 단순히 친구와 나눠야 한다는 것 이상으로 근본적인 기술을 개발하는 것이 더 도움이 될 것이다. 자기 중심적으로 생각하지 않고, 다양한 상황에서 자신에 대해서만 생각하지 않고 다른 사람의 욕구 또한 생각해 줘야 한다는 것을 가르치는 것이 더 도움이 될 것이다. 또래들과 나눠야 한다는 것은 넓은 범주의 일부일 뿐이다. 매일 이 기술을 연습할 수 있는 기회는 수백 번이나 된다. 집에서는 저녁 식사 중에 빵을 전달하거나, 쿠키를 나누거나, 가족 중 다른 사람이 먼저 욕실에 가게 하는 등의 간단한 작업이 가능하다. 아동이 다른 사람의 필요 사항뿐만 아니라 자신의 필요 사항을 고려하여 두 가지의 균형을 맞추기 위해 활용할 수 있는 상황 열 가지, 혹은 열다섯 가지를 찾아낼 수 있을 것이다.

다른 예를 들어 보자. 부모가 전화 통화 중이고, 아동은 지금 당장 이야기하고 싶어 한다. 1년 전, 아동이 여전히 자신의 언어를 향상시키고 있었을 때 부모는 아동의 입에서 나오는 멋진 말을 듣기 위해 하던 일을 모두 멈추었을 것이다. 이제 아동은 수다쟁이이다. 많은 단어를 숙달했을 뿐만 아니라 늘 그런 단어들을 사용한다. 언어를 배우는 것은 더 이상 문제가 되지 않는다. 문제는 이제 언어 사용을 미세하게 조정하고, 더 중요한 것은 다른 사람들에 대한 이해를 높이는 것이다. 아동의 엄마는 "기다려. 할머니와 이야기하고 있어. 할머니가 대화를 끝내기를 원한다고 생각하지 않니?"라고 의도적으로 말할 수 있다. 그는 "엄마, 지금 쿠키를 먹어야 해요."라고 대답할 것이다.

"쉿, 애야, 기다려."

"엄마, 지금이요."

"잠깐, 엄마가 할머니와 대화하는 중에 전화를 끊게 되면 할머니는 어떤 기분이 들까?"

"할머니가 어떤 기분이든 상관없어요."

"그럼, 할머니와 이야기해 보면 어떨까? 할머니가 엄마더러 네 쿠키를 갖고 오라고 허락해 줄지, 아니면 할머니에게 하던 이야기를 마저 해야 할지 말이야."

"나는 할머니랑 얘기하고 싶지 않아. 쿠키 갖다줘."

"애야, 조금 더 기다려 주면 내가 쿠키를 가져올게. 할머니가 엄마에게 중요한 이야기를 하고 있어서 할머니와 대화를 마저 해야 해."

이렇게 말이다. 이 상황은 엄마의 대화를 실제로 방해했지만 쿠키를 먹고 싶다는 아동의 요구에 굴하지 않고 할머니의 욕구가 지금 이 순간에는 자신의 욕구보다 더 중요할 수도 있기 때문에 인내심 있게 기다려야 한다는 것을 강조함으로써 엄마는 아동에게 귀중한 교훈을 가르치고 있다. 아동은 답답함을 느끼고 화를 낼 수 있지만 근본적인 능력을 배워 가고 있는 것이다. 즉, 자신의 욕구가 바로 채워지지 않을 때 기다리는 법을 배우고 있는 것이다. 비록 아동이 엄마가 하고 있던 일을 방해했음에도 불구하고 엄마는 아동의 요구를 즉각적으로 충족시킨 것이 아니라 아동의 욕구를 채우는 것에 대한 대화와 논의를 대신한 것이다.

하루의 과정에서 당신은 아동에게 배려하는 법을 가르칠 기회가 많이 있다. 당신이 하던 일을 방해받음으로써 마저 하지 못하는 것에 대한 대가를 치르겠지만 그만한 가치가 있을 것이다.

특별한 요구를 가진 아동 중 일부는 타인의 개인 영역을 존중하지 않고 상대방의 몸을 타고 오르려고 하거나 상대방이 말을 할 때 본인이 말을 할 수 있다. 청각적 또는 시각적 공간 처리 또는 운동 계획에 문제를 가진 아동은 거리와 같은 공간적 관계를 판단하고 자신의 필요를 조절, 조정 또는 통제하는 것을 어려워 한다. 특히 언어를 습득하고 아동의 영리함이 나타나기 시작하면 그들은 더 까다로워지는 경향이 생기며, 좋은 사회적 판단이 부족한 것처럼 보인다. 이 상황에서 다시 말하지만 "상대방에게서 15센티미터가 아니라 1미터 떨어져 있어야 해"라는 과제를 가르치는 것이 아니라 사회적 뉘앙스를 읽는 넓은 범주를 가르치는 것이 중요하다. 이보다 더 광범위한 문제를 해결할 수 있는 방법은 하나뿐이다. 아동은 다양한 사람과 특히 또래와 함께 많은 상호주의적 경험 및 피드백이 필요하다. 아동들은 너무 가까이 다가가면 상대방이 멀어진다는 것, 거리를 지켜 달라고 몸짓으로 말하는 것 그리고 너무 시끄럽게 말하는 아동을 떼어놓기 위해 큰 목소리를 사용한다는 것을 알아채기 시작할 것이다. 자신의 행동과 활동을 조절하는 데 어려움을 겪는 아동은 구조적 조절 연습을 통해 이익을 얻을 수 있다. 의도적으로 크게 말하고, 그런 다음에는 조용히 말하고, 중간 크기로 말하는 것, 혹은 세게, 적당히, 부드럽게 그리고 매우 부드럽게 하이 파이브(high-five)를 하는 것이다. 이런 식으로 아동은 '도 아니면 모' 식의 극단적인 방식이 아니라 자신의 감정, 목소리와 태도를 조절하는 법을 배운다.

당신의 영웅적인 노력 덕분에 아동이 다른 아동들처럼 타인과 온정으로 대화하면서 관계 맺는 법을 배우고 따뜻하고, 때로는 다정하고, 친밀할 뿐 아니라 창의적이고, 똑똑

하고, 말로 대화할 수 있게 되었음에도 불구하고 여전히 목소리나 행동을 조절하지를 못하거나 자기 중심적이거나 혹은 다른 지속적인 문제 가지고 있다면 의기소침하게 될 수밖에 없을 것이다. 이 시점이라면 유망하고 창의적인 아동이 지금까지 이어져 오도록 도운 역할에 대한 자부심을 잃기 쉬우며, 이제는 반 채워진 것이 아닌 반밖에 안 채워진 잔을 보듯이 아직 남아 있는 자잘한 어려움에 집중하고 있을 가능성이 높다. 의기소침하기보다는 처음에 아동을 도왔던 동일한 원칙을 활용하라. 즉, 새로운 기술을 배우기 위한 실습의 기회를 창출하라.

또 다른 문제는 치료사와 특별한 요구를 가진 아동의 엄마 사이의 상호 교환에 의해 설명된다. 아동은 매우 잘해 냈고, 창의력이 뛰어나고, 지능이 높았으며, 따뜻했다. 그러나 우리가 논의한 것과 같은 문제가 있었다. 엄마는 좌절감을 느끼고, 짜증이 나기도 했다. 이러한 문제의 관점을 바꿔 보기 위해 치료사는 아동의 엄마에게 자신과 아동의 관계를 남편과 자신의 관계로 대입해서 다른 사람의 욕구를 존중하고, 요구하고, 미묘한 사회적 신호를 읽는 것을 생각해 보도록 요청했다. 아동의 엄마는 이 분야에서 어떤 어려움도 겪고 있지 않았지만 곧바로 "아동은 제 남편만큼 심각하지는 않네요."라고 말하며 웃기 시작했다. 아동의 엄마는 다른 각도에서 이 문제를 볼 수 있었다. 엄마는 여전히 아동이 이런 능력을 제대로 익히도록 돕고 싶었지만, 아동의 행동이 남편보다는 낫다는 것을 인지하자 답답함이 어느 정도 해소되었다. 아동의 엄마는 때로 이런 미세한 기술이 가정 환경에서 존재하지 않으면 그 기술을 가르치는 것은 어려울 수 있다는 것을 깨달았다. 부모는 모를 수도 있지만, 문제를 겪고 있을 때 그와 비슷한 측면이 아동에게서 보인다면 그것에 집중하는 것은 드문 일이 아니다.

많은 가정에서 발생하는 다양한 어려움은 실제로 아동이 이전 수준을 성공적으로 숙달했다는 것에 대한 증거이다. 발달 단계의 사다리는 청소년기부터 성인기, 중년기 그리고 노년기까지 뻗어 간다. 이 어려움이 노화 과정의 후반 단계에서 멈출 때, 아동이 삶을 돌아보며 풍부하고 풍족하게 느끼기를 바랄 것이다. 따라서 발달 사다리를 오르는 데 일어나는 어려움을 기꺼이 도와야 한다. 아동이 특정 영역에서 더 많은 연습이 필요하다면 이 또한 평생 학습 과정의 일부이다.

15. 논리적인 사고 격려하기

아동이 세상에 대한 논리적 이해를 향상하도록 도울 때 다음의 제안들을 참고하자.

- 끊임없이 질문을 하지 말라. 아동이 논리적으로 말하기 시작하면 수많은 질문을 하고 싶은 마음이 생길 것이다. "차가 어떤 색이니?" "어디로 가고 있니?" "얼마나 빨리 갈 수 있니?" 이 질문들 자체는 아무런 문제가 없다. 각 질문은 대화를 열 것이다. 그러나 끊임없이 이어져서 한두 단어의 대답만을 끌어내면 이 대화는 기계적이며, 가사를 읽듯이 진행이 되어 아이디어 사이에 연결고리를 형성하는 것에 도움이 거의 되지 않는다. 아동이 좋아하는 것, 싫어하는 것, 가장 좋아하는 것 등 감정적인 의미를 가진 주제를 고르고, 가능한 한 하나의 토론의 끝맺음을 최대한 확장하라. 이 활동은 단순히 응답하는 것보다는 사고하기를 연습하게 한다.

- 아동의 말을 대신해 주려고 하지 말라. 아동이 추상적인 질문에 어려움을 겪는다면 자신도 모르게 아동의 대답을 정해 주는 것으로 그의 과제를 단순화할 수 있다. '예' '아니요'로 대답할 수 있는 질문을 하여 아동이 한두 단어로만 대화를 채우게 만듦으로써 매번 같은 반응만 끌어내는 익숙한 규칙을 만드는 것이다. 따르기 좋은 규칙은 아동의 응답이 당신을 빈번하게 놀라게 하지 않거나 당신이 정답을 염두에 두고 있다면 아마도 당신이 아동의 대사를 정해 주고 있다는 것일 수도 있다. 대화를 열어 두자. 새로운 주제를 도입하라. 그래야만 아동이 사고하는 법을 배울 것이다.

- 상호작용을 구조화하지 말라. 아동의 자발성과 독창성을 격려하고 싶다면 개방적인 방식으로 반응할 수 있는 여지를 주면 된다. 구조화된 놀이(동일한 방식으로 반복되는 놀이)를 피하라. 아동이 특정 보드 게임을 고집하는 경우, 규칙을 변경하거나 게임 조각이 어디로 갔는지 잊어버렸다고 하며 자신에게 상기시켜 달라고 요청하라. 놀이의 맥락을 이용하여 자연스러운 상호작용을 만들자.

16. 아동의 개인적 차이에 맞추어 플로어타임을 조정하기

아동이 보다 논리적이고 추상적인 사상가가 되도록 돕기 위해 아동과 함께 일하면서 아동의 감각 반응, 감각 처리 방법 및 운동 패턴을 고려하라.

1) 청각 처리에 어려움을 가진 아동의 경우

아동이 청각 처리에 어려움을 겪는다면 당신의 가장 큰 과제는 아동이 상징적인 의사소통 순환을 닫을 수 있게 하는 것이다. 아동은 이제 풍부한 내면의 아이디어를 가지고 있기 때문에 그 세계에 빠져서 당신을 차단할 수도 있다. 이러한 경향에 대응하기 위해 다음과 같은 조치를 취할 수 있다.

- 많은 생동감과 제스처로 단어를 보완하라. 당신의 활발한 태도는 아동의 주의를 끌고 붙잡는 것을 도울 것이다.
- 평행 대화의 덫을 피하라. 아동의 말과 행동에 단순히 공감하지 말고 응답을 하도록 영감을 주는 방식으로 상호작용하라.
- 의사소통 순환의 80%가 닫힐 수 있도록 고집하라. 아동이 처음 질문에 답하지 않으면 다시 시도하라. 아동이 여전히 대답하지 않는다면, 그것을 단순화하고 객관식으로 선택지를 여러 개 만들라. 아동이 의사소통 순환을 닫을 때까지 참을성 있게 지속하라.
- 시각적 처리에 있어 풍부한 경험을 제공하라.

지미는 사람들을 만날 때 그들이 자신에게 해 주길 바라는 말인 "안녕, 지미"로 인사를 한다. 게다가 자기 질문에 어떻게 대답해야 하는지도 정해 주었다. 지미는 많은 것을 이해했지만 청각적인 정보를 받았을 때는 정해진 대사나 시각적 지지에 의존해서 이해를 했다. 지미는 사회적 대본을 표현하는 법을 배웠고, 상대방이 자신에게 한 말을 제대로 이해하기 위해서 타인에게도 그 대본을 따르라고 지시했다. 이 행동은 지미의 능력이 제한되어 있는 것처럼 보이게 했고, 그에게 주어진 경험들은 더더욱 구조적이 되어 갔다.

주어진 블록 디자인을 모방해야 했던 비언어적이고 추상적인 사고방식의 작업에 대한 지미의 반응은 놀라웠다. 지미는 한동안 디자인을 쳐다보며 각각의 부분을 분석한 다음에 블록을 가져와서 신속하고 신중하게 만들었다. 더 많은 디자인을 받아 모방하며 지미는 시공간적 강점을 사용할 수 있는 상황에서는 강력한 분석 및 종합 능력을 보여 주었다. 지미의 이와 같은 능력을 발견한 것은 그의 교육 프로그램에 중요한 영향을 미쳤다.

당신이 아동에게 의사소통의 순환을 닫을 수 있도록 도전을 주면 줄수록 아동은 양방향 소통의 대화에 더 익숙해져서 청각 처리 능력이 향상될 것이다. 정보를 시각화하고 문제를 머릿속으로 그려 내는 경험을 줄수록 아동의 청각적 어려움은 덜해질 것이다. 팻 린다무드(Pat Lindamood)와 낸시 벨(Nancy Bell)이 개발한 린다무드-벨(Lindamood-

Bell)이라는 시스템은 많은 부모가 아동의 시각화 기술을 향상시키는 과정에 사용되었다.

2) 시공간 처리에 어려움을 가진 아동의 경우

아동이 시공간 처리에 어려움을 겪는다면 아동의 세상 그리고 그렇기에 아동의 아이디어들은 파편적이 될 것이다. 시공간 능력은 아동이 큰 그림을 보고 그의 세계를 하나로 모으게 해 주기 때문이다. 그 아동은 다른 아동들보다 논리적인 연결고리를 만들지 않고 한 아이디어에서 다음 아이디어로 갑작스럽게 넘어갈 가능성이 크다. 당신의 임무는 그 아동이 아이디어를 바꾼 곳을 보고 연결 다리를 형성하도록 돕는 것이다. "우리는 차에 대해 이야기하고 있다가 지금은 하늘에 대해 이야기하고 있네. 둘 중 무엇에 대해 이야기하고 싶니?" 당신은 그 아동이 생각을 연결하도록 도와줄 필요가 있다.

시공간 처리 문제가 있는 아동들은 시각적 문제 해결에도 어려움을 겪는다. 퍼즐을 맞추거나, 잃어버린 물건 혹은 숨겨 둔 물건을 찾거나, 익숙하지 않은 집에서 욕실의 위치를 찾는 것 등은 어려운 일이 될 수 있다. 당신은 아동에게 많은 연습을 하도록 함으로써 어려움을 겪고 있는 아동을 도울 수 있다. 서랍에 있는 빨간색 양말이나 선반 위의 파란색 책 또는 장난감 상자에 있는 소방차를 찾게 하라. 또래의 집을 방문했을 때 서로 다른 방에서 사냥 놀이를 하게 만들라. 숨바꼭질을 하거나 토끼를 숨기고 다른 인형들을 아동의 인형으로부터 숨기는 가상놀이를 진행하자. 이 모든 것을 할 때 그것들에 대해 이야기하라. "우리가 지금 앞으로 가고 있는 거야, 뒤로 가고 있는 거야? 왼쪽이야, 아니면 오른쪽이야? 위야, 아니면 아래야?" "금방 욕실을 찾을 수 있을 것 같니? 그랬으면 좋겠네!" "마지막으로 소방차를 갖고 있을 때가 언제였지? 기억해?" 모든 시각적 탐색을 대화의 시작에 사용함으로써 시공간 기술을 연습하는 동안에 쌍방향의 상징적 대화를 유지할 수 있다.

3) 운동 계획을 세우는 것에 어려움을 가진 아동의 경우

아동이 운동 계획에 어려움을 겪는다면 아동은 행동을 순서화하는 것에 어려움을 겪을 수 있다. 결과적으로 아동의 행동 중 많은 부분이 가상의 상황과 실제 상황에서 파편화된 느낌이 있을 수 있다. 아동은 피겨를 인형 집에 넣으려던 중 갑자기 우유를 먹이는 것으로 전환할 수 있다. 이전의 행동을 완료하는 데 어려움을 겪었기 때문이다. 당신의 임무는 아동이 처음에 하려고 했던 행동을 하도록 이끌고, 드라마 내에서 창의적으로 그 행동을 완수하도록 도움을 주는 것이다.

아동이 운동 계획이나 시각적 공간 처리 문제를 가지고 있다면 놀이를 하고 것을 어려워할 수 있다. 놀이를 할 때는 순서화가 필요하기 때문이다. 몸을 움직여야 하는 놀이(예를 들어, 음악이 끝나면 잽싸게 의자에 앉아 자리를 차지하는 놀이), 순서를 지켜야 하는 놀이 그리고 3~4단계로 이루어지는 놀이가 특히 어려울 것이다. 이 놀이들이 특히 어렵기 때문에 아동에게 큰 도움이 될 것이다. 이 놀이들은 아동의 덜 발달된 영역을 연습하게 해 준다. 아동이 단어와 제스처를 사용해 대화를 하게 도울 수 있다. 천천히 놀면서 아동이 해야 하는 행동을 언어로 모두 말해 주고, 손 신호와 몸의 언어로 아동이 해야 하는 동작을 보여 주자.

아동이 순서화하는 것에 어려움을 겪는 상황을 가상놀이로 풀 때 똑같이 하라. 예를 들어, 아동이 당신의 인형을 찾고 있을 때 아동은 탐색에 필요한 움직임을 조정하는 것에 어려움을 겪을 수 있다. 이때 미로 찾기, 숨바꼭질 그리고 리더를 따르는 놀이를 가상놀이 시간에 많이 할 수 있게 하자.

순서화하는 것의 어려움은 때로 사회적 기능을 수행하고 복잡한 사회적 상황을 원활하게 다루는 능력을 방해할 수 있다. 인사하는 간단한 행동조차도 눈을 마주치고, 손을 들어 웃고, "안녕"이라고 말하는 복잡한 일련의 행동을 해야 한다. 어른들의 모임에 가서 사람들과 대화하는 것은 특히 어렵다. 매우 빠르고 자동적인 사회적 순서가 많기 때문이다. 사회적 기술을 많이 연습할 수 있도록 해 주자. 시작은 단순하게, 점차 복잡하게 나아가자.

4) 과소 반응을 하고 자기 세상 속으로 철수한 아동의 경우

만약 아동이 과소 반응을 하고 자기 세상 속으로 철수하는 성향이라면 대화를 진행하는 데 많은 에너지를 끌어올려야 한다. 많은 감각 입력과 물리적인 움직임은 아동이 상징적인 의사소통 순환들을 조정하고 닫는 데 도움이 될 것이다. 놀이에서 더 많은 움직임을 만들라. 거친 놀이, 체스 게임, 리더를 따라 하기, 요새와 산 만들기 등의 활동은 대화의 기회를 충분히 제공할 것이며, 아동의 집중을 지속시킬 것이다. 아동이 당신의 말에 반응하지 않을 때 그를 열정적으로 자극하라. "내 질문에 대답을 안 했어!" 당신의 목소리를 높이고(매섭게가 아니라 장난스럽게 말이다) 팔을 흔들며 아동의 가까이에 뛰어가서 얼굴을 대자. 당신의 몸뿐만 아니라 목소리를 사용하여 주의를 끌고 의사소통 순환을 닫게 하라.

동시에 아동이 과민 반응하게 되는 영역이 있다는 것을 기억해야 한다. 가벼운 촉감, 밝은 색상 또는 특정 소리, 특히 예기치 않은 순간이라면 더더욱 아동을 불편하게 만들 것이다. 아동을 불편하게 하는 감각을 되도록 피하고, 미리 신호나 사인을 주면서 아동에게 다가갈 것이라고 미리 예고를 하자.

다음의 원칙을 염두에 두라.

- 당신의 목소리와 제스처에 많은 생동감을 불어넣으라.
- 당신의 놀이에 많은 신체적인 행동과 감각적인 요소를 사용하라.
- 질문과 의견을 명확하게 하라.
- 다음에 당신이 할 일을 위해 아동이 마음의 준비를 할 수 있게 하라.

5) 과소 반응하고 산만한 아동의 경우

아동이 과소 반응을 보이고, 활동적이며, 산만하다면 감각적인 경험을 추구할 것이다. 부모가 놀이에 많은 감각 입력을 사용한다면 아동의 주의력을 유지시킬 수 있고, 세밀한 상징적 순환을 만들 수 있도록 도울 것이다. 하지만 아동이 자극을 추구하기 때문에 과하게 감각을 입력하여 통제력을 잃기 쉽다. 부모가 놀이에 변화를 적용하여 아동이 자제력을 발휘할 수 있도록 가르칠 수 있다. 부모와 술래잡기를 할 때, "나는 너를 빨리 쫓고 있었어. 이제는 너를 천천히 쫓아갈 거야."라고 말하여 다른 속도로 움직이는 것을 배우게 해 줄 수 있다. 레슬링 놀이를 할 때, "우선 격하게 하자. 이제는 부드럽게 해 보자."라고 하면 아동은 몸을 다른 방식으로 움직일 수 있다는 것을 배운다. 점프 대회를 열면 "먼저 높게 뛰어올랐다가 다음에는 낮게 뛰어 보자."라 말하여 몸이 뛰는 방식을 제어하는 법을 배우게 하자. 함께 노래할 때 "이 노래는 큰소리로 부르자. 하지만 다음 노래는 속삭이면서 부르자."라고 말하면 아동은 스스로가 목소리를 조절할 수 있다는 것을 알게 된다. 시간이 지남에 따라 더 점진적인 방식으로 변화를 주라.

아동이 기호에 익숙해지면 손의 신호나 얼굴의 제스처 또는 음성을 사용하여 더 느리게, 혹은 더 조용히, 아니면 달리는 것을 멈추는 것을 상기시킬 상징을 만들자. 이 상징들을 놀이에서도 사용하자.

이런 게임을 할 때, 당신이 무엇을 하고 있는지에 대해 이야기하라. 활동에 관한 대화를 계속하라. 아동은 레슬링을 격렬히 하는 것과 부드럽게 하는 것 중 무엇을 더 좋아하는가? 누구의 인형이 더 높이 점프할까? 누구의 점프가 더 낮은가? 아동이 가장 좋아하는 노래는 무엇인가? 아동은 어느 것을 좋아하지 않는가? 감각 경험에 대한 아동의 욕구가 충족될 때, 아동은 상징의 순환을 닫을 수 있기 때문에 어떠한 대근육 운동 놀이이든지 좋으니 대화의 기회로 사용하자.

6) 과잉 반응하고 회피적인 아동의 경우

만약 아동이 지나치게 과잉 반응을 보이고 회피형이라면 쉽게 과부하가 될 것이고, 과부하가 심하면 당신을 최대한 피하려고 할 것이다. 당신의 과제는 아동을 끌어들이고 사로잡는 것이다. 이전에 부모는 아동들 양방향 의사소통과 가상놀이로 끌어들이기를 원했다. 이제는 논리적 대화를 유지하는 것이 중요하다. 부모의 주요 기법은 장난스러운 방해물이 되는 것이다. 아동의 관심을 사로잡기 위해 아동과 아동의 관심사 사이에 자신을 집어넣는 것이다. 일단 아동이 몰입되면 그다음에는 언어적으로 장난스럽게 방해하자. 언어적으로 당신을 집어넣어 가능한 한 많은 상징적 순환을 닫게 하자.

- 아동이 당신을 외면하고 차를 가지고 놀면 당신의 차를 아동의 앞에 놓고 "도로가 폐쇄되었습니다!"라고 말하라. 아동이 항의하면 "내가 왜 길을 열어야 하는데?"라고 물으라. "네가 원해서? 하지만 나는 싫어! 아직도 길을 열어 주길 원해? 내가 길을 열어 주면 내게 무엇을 줄래?" 순환이 계속 이어지게 하기 위해 아동의 대답에 계속 도전을 주자. 너무 오랫동안 아동을 좌절시키지는 말라. 몇 개의 순환이 이어지면 도로를 열되 언어적으로 아동에게 도전을 줄 수 있는 다른 부분을 찾아보자. "이봐, 이 길에서는 그렇게 빨리 가면 안 돼!" 또는 "이 길은 할머니 집으로 가는 길이 아니야. 넌 길을 잘못 들었어."와 같이 말이다. 그런 다음 각 답변을 더 많은 의사소통의 순환을 열고 닫을 수 있는 기회로 전환하라.

아동의 관심에 맞추고 있는 한 아동을 대화에 참여하도록 끌어들일 수 있을 것이다.

7) 과잉 반응하고 산만한 아동의 경우

아동이 과잉 반응을 하고 산만하다면 쉽게 과부하가 될 것이다. 아동은 생각이든 행동이든 하나의 것에서 다음 것으로 금방 전환할 것이다. 이때 당신의 과제로 두 가지로 나눌 수 있다. 아동이 새로운 것들로 움직이기 전에 가능한 한 많은 순환을 닫도록 하여 자신의 아이디어를 붙잡게 하는 것과 아동의 아이디어 사이에 논리적인 연결고리를 만드는 것을 돕는 것이다. 아동을 침착하게 대하고 많이 달래 주라. 아동이 관심을 보이는 것에 대해 부드럽게 이야기하자.

- 대화가 이어지게 하라.
- 아동이 무엇을 말한 것인지 당신이 이해할 수 있도록 자세히 설명하게 하라.
- 아동이 새로운 아이디어로 넘어갈 때 이전 아이디어로 데려오라. "잠깐, 헷갈려. 우리는 A에 대해 말하고 있었는데 지금은 B에 관해 이야기하고 있네."
- 아동에게 도전을 줄 때 부드럽게 대하자.
- 아동이 흥분하면 어떻게 반응하는지 인식하게 도와주자.

아동을 과부화 상태로 만들 감각을 피하라. 시끄러운 소리, 지나치게 생동감 넘치는 얼굴 표정, 빠른 움직임, 가벼운 접촉 등이 그것이다. 아동의 감각적 선호도에 호소하여 조직된 상태를 유지하도록 돕자.

아동은 감각 입력에 민감하기 때문에 자신이 과부하를 겪을까 두려워서 조심스러워지고 경험을 피하게 될 수 있다. 아동의 아이디어를 사용하도록 장려하여 아동이 덜 조심스러워지고 더 적극적으로 될 수 있도록 도울 수 있다. 부모가 제안하는 것보다는 아동이 제안하는 주제를 선택해야 한다. 아동에게 새로운 아이디어뿐만 아니라 새로운 행동에 대한 실험을 할 수 있는 많은 방안을 제공하고 아동의 노력을 뒷받침해 주라. 만약 당신이 목소리와 행동을 따뜻하게 유지하면서 아동을 지지한다면 아동은 새로운 것을 시도하는 능력에 대해 점점 더 자신감을 갖게 될 것이다. 아동의 자기주장을 자랑스러워하고, 아동이 확고한 리더가 될 수 있는 기회를 만들라.

17. 각 발달 단계에 대한 플로어타임의 우선 규칙

- 아동의 현재 발달 수준에 맞추어 서서히 최고 단계까지 오르게 도와주자.
- 아동의 개인적인 차이점을 파악하고 그에 맞춰 아동과의 상호작용을 조정하라.
- 아동의 안내를 따르라. 아동이 이미 하고 있는 활동에 대해 상호작용할 수 있는 방법을 찾아보자. 아동이 자주 주도권을 쥐게 하라.
- 의사소통의 순환의 수와 복잡성을 높이자.

- 아동의 감정의 깊이와 범위를 넓히자.
- 아동의 자연스런 관심과 동기를 이용해 순환을 닫을 수 있도록 하자.
- 필요하다면 상호작용을 창출하기 위해 장난스럽게 방해하라.

18. 발달 과정 단계: 요약

모든 아동은 다르므로 어느 누구도 아동의 진전 과정을 정확하게 예측할 수는 없다. 그러나 치료법이 발달적 접근법을 포함하는 일부 아동에게는 한 가지 패턴이 반복적으로 존재한다. 이러한 패턴은 자폐 스펙트럼 장애로 진단된 아동에게서 흔히 나타나지만, 다른 발달 문제에서도 자주 목격된다.

종종 아동은 자기 세계로 철수하고, 회피형이며, 목적이 없다. 하지만 부모, 양육자, 교육자 그리고 치료사들이 아동을 관계에 참여시키고, 집중시키고, 주의를 기울이도록 만들기 시작하면서 아동은 최소한의 제스처를 사용하기 시작한다. 조금씩 의사소통의 순환이 열리고 닫힌다. 처음의 순환은 반응적인 방식으로 열리고 닫힌다. 아동은 스스로 상호작용을 시작하기보다는 어른의 제스처에 반응한다. 특히 아동의 부모가 앞장서서 아동의 안내에 따라 행동한다면 아동의 진취성은 점진적으로 더 자리 잡으며, 간단한 제스처는 더 복잡한 것들로 이어질 것이다.

의사소통의 제스처가 점점 더 일상화되면서 아동은 얼굴 표정에서 더 자세하고 섬세함을 느끼기 시작할 수도 있다. 또는 처음으로 부모가 사용한 표현들을 사용할 수 있다! 이것은 아동의 자아 인식 발달에 있어서 중대한 진전이다.

아동이 복잡한 제스처에서 상징화로 옮겨 가면서 아동은 아이디어를 사용하기 시작하고, 심지어 구체적인 대상을 나타내는 단어까지 사용하기 시작한다. 음식을 가리키는 대신에 아동은 배를 문지르며 "먹어."라고 말할 수 있다. 아동은 바닥에 있는 인형을 두드리는 대신에 손을 그 안에 넣을지도 모른다. 상징을 사용하는 능력은 처음에는 단편화된 느낌일 수 있지만 상징에 대한 숙달이 되어 갈수록 성장할 것이다.

상징화하는 능력이 점점 더 일상화되면 가끔 놀라게 하는 다음 단계가 온다. 아동은 자신의 능력에 대해 신이 나서 쉬지 않고 이야기하기 시작한다. 아동은 세상이란 멋진 곳임을 발견한 후 그것을 잃는 것을 원하지 않는 것처럼 애정에 굶주리거나 집착을 할 수 있다. 끝없이 수다를 떨 수도 있는데, 문제라면 이 수다가 비논리적이라는 것이다. 그것은 완전하고 조직된 생각이 아닌 분열된 생각의 작은 섬들로 이루어져 있다. 아동의 아이디어와 아이디어 사이에 그리고 자신과 당신의 아이디어 사이에는 연결 다리가 없다.

아동이 이 단계를 거치고 나면 초반의 격렬함은 안정감을 찾는다. 아동의 제스처와 감정뿐만 아니라 언어의 사용은 더 차분해지고 적응력이 높아지며, 점차적으로 조직적인 생각을 할 수 있게 된다. 하지만 지금까지도 아동의 생각은 아동의 상상력을 바탕으로 하는 경향이 있다. 여전히 자신의 생각을 듣는 것보다 다른 사람에게서 정보를 얻는 것이 더 어렵다. 이 단계에서 부모, 양육자, 교사, 치료사들은 아동이 더 많은 독특한 사고방식을 개발하는 대신에 다른 사람의 정보를 비탕으로 상징의 순환을 열고 닫을 수 있도록 돕는 것이 중요하다. 아동이 다른 사람들의 생각과 감정에 반응할수록 그는 더욱 유연해진다.

만약 아동이 몇몇의 초기 단계 중 하나에 도달하여 열심히 참여하고, 상호작용의 제스처를 수행하고 있으나 상징적으로 표현하는 것에 어려움을 겪고 있다면 당신은 아동을 돕기 위한 다른 방법들을 사용할 수 있다. 이 방법에 대해서는 제18장에서 논의한다.

제13장 생물학에 기초한 처리 능력 강화하기

앞의 장에서는 주의와 조절, 관계에의 참여, 비언어적 의사소통 그리고 아이디어의 사용과 정서적 사고의 역량을 강화하는 방법을 설명했다. 이 장에서는 자기 조절, 청각 처리, 시공간 처리, 운동 계획 및 순서를 강화하기 위한 추가적인 연습 활동을 제공한다. 이러한 역량을 통해 아동은 정보를 수집하고, 처리하고, 이해하여 사고 과정뿐만 아니라 행동을 계획하고 실행할 수 있다. 그것들은 우리가 묘사한 상호작용의 종류와 더불어 아동이 발달상의 사다리를 올라가 6개의 목표를 숙달할 수 있도록 해 주는 중요한 구성요소를 제공한다.

치료사, 작업치료사, 물리치료사, 특수 교사 그리고 다른 이들은 또한 아동의 신경계의 중요한 측면에 대해 연구한다.

1. 자기 조절

감각의 입력을 조절하는 능력을 강화하기 위해 평온하고 집중된 상태를 유지하라. 하루에 여러 번 15~20분 정도 몸의 중앙선을 넘어 팔을 뻗는, 혹은 듣고 팔을 뻗게 하는 활동으로 점프하기, 달리기, 방향 바꾸기, 그네 타기와 몸을 빙글 돌리기, 묵직한 촉감 압력 주기와 지각 운동을 제공하자. 매트리스, 작은 트램펄린, 실내외의 그네는 이러한 운동을 위한 유용한 장비이다. 또한 아동과 손을 잡고 뱅글뱅글 돌게 할 수 있다.

지각 운동 놀이는 특별한 공, 인형 또는 액션 피겨와 같이 특히 관심 있는 물건과 관련된 경우에 아동에게 재미를 줄 수 있다. 처음에는 오른쪽으로, 그다음에는 왼쪽으로 그리고 또 다음에는 중앙을 가로질러 아동이 원하는 곳을 향해 움직일 수 있도록 하라. 또한 공을 끈에 묶고 아동이 왼쪽에서, 오른쪽에서 그리고 가운데에서 붙잡을 수 있게 할 수 있다. 아동의 운동 능력이 향상되었다면 공을 여러 방향에서 던져서 아동에게 받게 하거나 테니스 라켓이나 야구 방망이로 공을 타격하도록 하라. 아동에게 동기를 부여하기가 어렵다면 당신이 손을 움직이기 전에 당신의 손을 방망이로 칠 수 있는지 보거나, 방망이를 오른쪽, 왼쪽 및 가운데 방향으로 쾅 소리가 나게 칠 수 있는지 보라.

아동이 감각 경험을 다루고 운동 행동을 계획하게 하는 거의 모든 종류의 신체 활동은 신경계의 발달을 돕는다. 이 운동을 아동이 수행하고 있는 발달 단계와 통합시키라. 아동이 이미 상상력과 단어를 사용하고 있다면 당신은 비행기를 타고 날아다니거나, 수중 탐험가가 되거나, 마이클 조던보다 높게 뛰거나, 새로운 세계를 발견한 우주 비행사가 되거나, 선원들이 해적들을 물리치고 있는 것과 같은 가상의 드라마를 만들라. 아동은 의사소통이 의도적이고 목적이 있다는 걸 배울 뿐만 아니라, 아동이 빨리 가고 싶은지 느리게 가고 싶은지 혹은 가고 싶어 하는지 아닌지를 암시하기 위해 비언어적으로 행동하도록 돕는다. 아동이 활동과 행동을 지시하도록 하라. 대부분의 아동은 회전하는 것을 좋아하고, 높은 곳에 매달려 있는 것을 좋아하며, 자신이 좋아하는 움직임 패턴을 시행하기 위해 제스처나 심지어 약간의 음성을 사용할 의사가 있다.

또한 활동 조절과 경험에 중점을 둔 놀이를 통해 아동의 감각 및 운동 패턴을 조절할 수 있다. 예를 들어, 아동에게 최대한 빨리 뛰게 하고, 중간 속도로 점프를 한 다음, 아주 느린 동작으로 점프를 하는 것을 요구하라. 아동이 할 수 있는 한 빠른 하이 파이브 놀이를 하고, 중간 정도로 느리게, 그다음은 더 느리게, 또 그다음은 아주 느리게 놀이를 하라. 아동은 빠른 속도, 느린 속도 또는 중간 속도로 자신을 회전하게 해 달라고 지시하거나 혹은 당신에게 얼마나 빨리 비행기를 타고 날 것인지를 말해 줄 수 것이다.

아동이 다른 활동 수준을 오가며 운동과 감각 체계를 움직이게 되면 아동은 자신의 감각과 운동 경험을 제어하는 것을 배우고 자기 조절 또한 배우게 된다. 만약 아동이 자신의 다리를 빠르게 또는 천천히 움직이게 할 수 있다면 아동은 자신의 몸을 숙달하는 법 그리고 다양한 수준의 활동을 경험하는 방법을 배우고 있는 것이다. 이 둘을 아동이 속도를 늦추고 집중할 수 있게 하고, 속도를 높여서 흥분하게 할 수 있다. 이러한 연습은 아동이 지나치게 흥분했을 때 아동 스스로 흥분을 조절하고, 심지어 필요할 때는 느린 속도로 변화하도록 도와줄 것이다. 이러한 경험들은 집중과 활동을 조절하게 해 주기 때문에 활동적이거나 산만한 아동에게 특히 중요하다.

우리 중 많은 이는 우리의 신경계가 문제 없이 기능하기 때문에 이런 능력을 당연시

여긴다. 그러나 많은 성인과 아동은 자기 조절과 신체적 조정에 있어 더 많은 연습이 필요하다. 많은 사람은 통제가 안 된다고 느낄 때 불안해하며, 그들의 불안감은 보다 높은 강도의 활동성을 일으키거나 더 심한 수동성을 불러서 세상을 차단하게 하는데, 둘 중 어느 것도 침착하고 주의를 집중하는 최상의 자기 조절 단계에 도움이 되지 않는다.

아동들은 각 형식에 있어서 감각에 과잉 반응을 일으키거나 덜 민감하게 대하는 경향을 극복하는 데 많은 어려움을 겪는다. 우리가 논의한 것처럼, 아동이 과소 반응한다면 아동이 상호작용하도록 이끌어 내고, 아동이 상호작용하도록 돕기 위해 다양한 감각 양식을 생성해 많은 정서를 주어야 한다. 만약 아동이 과잉 반응을 한다면 부모는 아동을 달래는 활동을 하며 점차 합리적인 범위의 감각에 아동이 노출될 수 있도록 활동을 결합해야 한다. 아동들을 편안하게 만드는 것으로 시작하라(예: 높고 빠른 음색보다는 느리고 낮은 톤으로 말하기). 위안을 주는 다양한 활동, 즉 안아서 천천히 흔들어 주기, 깊은 촉각 압력을 통해 스스로를 달래는 법을 배워 가게 해 주고 자신의 운동 시스템을 더 효율적으로 협력하게 해 준다면 점차 더 넓은 범위의 청각 혹은 시각적 입력에 노출시킬 수 있다. 그 과정에서 늘 아동에게 그 경험을 재구성하고 숙달할 수 있도록 아동을 달래 줄 수 있는 활동을 준비해야 한다. 이런 경험을 조절하는 역할을 아동이 하는 것이 큰 도움이 된다. 예를 들어, 음악의 소리를 키우거나 줄이거나 중간 즈음에 두는 역할이다. 아동과 빛의 세기를 조절하거나 혹은 소리를 크게 하거나, 편안하게 들리게 하거나, 혹은 저음이나 고음을 강조하는 놀이를 만들 수 있다. 처음에는 아동을 도와줄 필요가 있을지도 모른다. 특히 아동이 정도를 넘어서거나 너무 큰 소리로 자신을 놀라게 하는 경우에 말이다. 아동의 손 위에 당신의 손을 올려놓고 함께 조절해 주면서 아동이 진정하고 조직된 상태에 머물 수 있도록 하는 전략을 배우면서 점점 더 큰 도전에 노출할 수 있게 해 주자.

아동의 자기 조절 능력과 신체에 대한 통제력이 강해질수록 통제 불가능한 불안감을 느끼게 되는 정도는 감소할 것이다.

2. 청각과 시각 처리

다양한 간단한 놀이와 복잡한 놀이는 시각적 및 청각적 정보를 처리하는 것과 정보를 행동 계획과 순서화에 연결하는 것에 초점을 맞춘다. 예를 들어, 아동의 관심을 4초, 그 후에는 6초 동안 끌기 위해 부모가 생동감 있고 기대하는 목소리로 말하는 것은 소리를 받아들이는 아동의 능력을 향상시킨다. 당신 목소리의 리듬은 생동감의 정도와 기대의 측면에서 아동의 집중을 향상시킬 수 있다. 특히 아동의 선호도에 맞게 조정했을 때 말이다(예: 더 크고, 부드럽고, 느리거나 더 빠른 리듬). 훌륭한 연설자가 청중을 사로잡는 것처럼, 아동의 관심이 집중되도록 기대를 리듬에 부가하라.

시각적인 생동감은 아동이 동원할 수 있는 시각적 주의 집중을 증가시킨다. 다시 말하지만 아동의 신경계에 맞춰 자극을 조절하라. 빛, 색깔, 급격한 변화와 느린 변화 등의 측면에서 말이다. 이때는 아동의 시각적인 관심을 동원하고 유지할 수 있는 시각적 경험의 유형을 찾는 것이 좋다. 청각과 시각적인 주의집중은 아동이 즐기거나 원하는 것을 주는 행동이나 운동 패턴과 연결될 때 가장 쉽게 수행된다. 예를 들어, 아동이 원하는 것이 어디에 있는지 알려 주는 소리를 들은 뒤, 혹은 시각적 신호를 따른 뒤 상자에서 좋아하는 장난감이나 쿠키를 찾는 경우에 아동의 관심도가 높아질 수 있다. 우선 상자 안에 쿠키를 넣는 것으로 시작할 수 있다. 시각적 신호는 상자를 향해 비추는 빛, 혹은 방향을 표시하는 시각적 수단이나 쿠키가 들어 있는 상자 그림을 사용할 수 있다(다른 상자에는 그림이 없거나 다른 그림을 표시하고 있어야 한다).

이런 놀이에서 청각 및 시각 신호는 점차 더 복잡해질 수 있다. 물건을 숨기는 놀이를 할 때 아동이 숨긴 물건에 가까워지면 "점점 가까워진다, 가까워진다."라고 말하고 지나치거나 다른 방향으로 가면 "멀어진다, 멀어진다."라고 말해 준다. 아동이 언어를 구사하기 전 단계이지만 원하는 물체를 찾는 것에 동기 부여가 되어 있다면 부모는 연관된 단어가 있는 자연스러운 소리를 사용할 수 있다. 아동이 처음에는 이해하지 못하겠지만, 결국 당신의 목소리의 리듬을 알아챌 것이다. 아동이 올바른 길에 있다는 부모의 목소리의 리듬과 함께 "너, 점점 가까워지고 있어"라고 흥분 목소리로 말을 할 수도 있다. 더 느린 리듬으로 "아-아니-야-, 아니-야-, 아-니"라고 말해 주면 아동은 자신이 잘못된 방향으로 가고 있음을 알게 된다. 몇 번 더 해 보며 아동은 빠른 리듬의 소리는 객체에 가까이 왔고, 느린 소리는 멀어졌다는 것으로 연관하게 되어서 일반적인 원리를 추상화하고 음성을 일종의 지침 시스템으로 사용하여 청각 처리에 집중할 수 있다. 만약 당신의 아동이 말을 할 수 있다면 부모는 간단한 언어적 단서에서 시작하여 더 복잡해지게 만들어 보물찾기를 할 수 있다.

시각적 단서로는 순서대로 배열된 2~3개의 그림을 아동에게 제공할 수 있다. 그림이 의미 있는 순서로 결합되면 아동에게 숨겨 둔 물체를 어디서 찾을 수 있는지 알려 준다.

아동의 역량이 더 좋아짐에 따라 2~3단계로 이루어진 언어적 지시를 할 수도 있다. 아동의 운동 계획과 순서화를 도울 수 있도록 숨겨 둔 물건을 찾게 하는 지시와 같이 말이다. 마찬가지로 그림이나 다른 시각적 단서를 이용하여 2단계 또는 3단계의 시각적 순서화를 하는 것을 발달시킬 수 있을 뿐 아니라 초기 단어도 발달할 수 있다. 이러한 모든 활동을 위해 가장 간단한 것에서 가장 복잡한 것까지 아동이 적극적으로 움직이도록 만드는 요소는 동기 부여가 되는 결과를 가져온다.

청각적 또는 시각적 처리를 돕는 놀이뿐 아니라 이 시스템을 함께 사용하여 아동에게 특별한 보상을 주는 움직임 행위를 도울 수 있는 활동을 주는 것이 좋다. 이러한 탐색 놀이는 아동이 상자를 찾아야 할 때 통합해야 하는 청각적 · 시각적 단서를 모두 포함하여 확장할 수 있다. 예를 들어, 청각적 지시와 시각적 지시(그림)을 합쳐 상자의 위치를 아동에게 알려 준다. 더 간단한 수준이라면 숨겨 둔 상자는 소리를 낼 수 있고, 밝은 색을 띠거나, 빛을 비추어 아동이 찾을 수 있도록 할 수 있다.

3. 운동 계획 및 순서화

감각 조절과 감각 처리를 돕는 것보다 훨씬 더 어려운 것은 아동의 운동 계획과 순서를 돕는 것이다. 앞서 논의한 바와 같이, 많은 아동은 자신의 행동을 계획하고, 나중에 자신의 생각을 정리하는 것을 배우는 데 어려움을 겪는다. 단순한 행동조차도 순서화를 할 수 없는 아동의 경우, 입으로 손을 가져다 놓는 것조차 큰 어려움이며 문을 여는 방법을 알아내는 것은 훨씬 더 어려운 과제이다. 한 단계 또는 두 단계 행동 패턴을 실행하는 것에 어려움을 겪는 아동은 기본 욕구(애정, 음식 또는 안정감)를 충족하는 것은 결코 쉬운 일이 아니다. 운동 계획을 세우는 데 따른 어려움은 우리가 특정한 요구를 가진 아동들에게서 볼 수 있는 반복적이고 목적 없는 패턴의 이유를 설명해 준다.

아동의 근긴장도가 낮을 경우, 근육 기능을 향상시키기 위해 신근(extensor muscle)을 사용하여 집에서 할 수 있는 활동들이 있다. 예를 들어, 달리거나 방향을 바꾸려면 아동이 굴근(flexor muscle; 예를 들어, 태아 자세로 있을 때 사용되는 근육)보다 신근을 사용해야 한다. 또는 비행기 놀이를 할 수 있다. 아동의 다리를 당신의 허리에 두르고, 아동의 얼굴을 바닥으로 향하게 한 후, 허리에 매달린 아동을 붙잡고 비행기처럼 아동을 돌리는 동안에 아동은 손을 뻗을 수 있다. 아동은 자신의 몸을 지탱하고 몸을 세우기 위해 많은 신근을 사용하게 된다. 당신은 바닥에 배를 대고 허리를 굽혀 배처럼 흔들거릴 수도 있고, 손을 아동의 배에 두고 아동을 들어 올릴 수도 있고, 혹은 아동의 두 다리를 잡고 아동이 두 팔로 걷도록 시도하는 것을 도울 수 있다. 이 모든 활동은 신근을 돕는다.

다음으로 아주 간단한 1단계 및 2단계로 이루어진 운동 패턴을 시도해 보라. 이 패턴을 통해 아동은 문제를 해결해야 한다. 여기서도 핵심은 동기 부여이다. 예를 들어, 아동이 원하는 물건을 장애물 코스의 다른 쪽 끝에 놓으라. 처음에는 장애물 코스가 문을 여는 것처럼 몸을 많이 쓰지 않는 것으로 시작해도 좋다. 이런 한 단계로 이루어진 운동 계획은 아동의 역량을 충분히 발휘할 수 있으나 여전히 연습이 필요할 수 있다. 다음 단계에서 아동은 소파 쿠션으로 만들어진 장애물 위로 기어 넘어가서 자신이 원하는 물건을 얻기 위해 문을 열어야 할지도 모른다. 궁극적으로 장애물 코스는 4단계 또는 5단계로 이루어질 수 있으며, 무언가를 넘어 기어 다니고, 돌아서 넘어 다니며, 문을 열고 닫으며, 높거나 낮은 곳에 팔을 뻗는 것이다. 때때로 순서화의 어려움은 매우 기본적인 단계에 머물러 있을 수 있다. 한 단계로 구성된 운동 계획 문제를 해결하려는 것에서부터 두 단계로 이루어진 문제를 해결하도록 돕는 예시를 고려해 보자.

수전은 양탄자 밑에서 M&M 병을 찾을 수 있었지만, 엄마가 집에 M&M 병을 숨기려고 양탄자 아래에 놓으면 수전은 혼란스러워하며 다른 곳을 찾아보았다. 엄마는 그 병이 집 안에 있고, 집에 숨기는 것을 다시 몇 번이나 보여 주어 마침내 수전이 두 단계의 문제를 해결하게 했다. 나중에 수전이 단어를 사용하여 자동차를 요구하는 연습을 할 때, 엄마는 "아; 차는 차고에 들어갔어. 차고는 양탄자 밑에 숨어 있어."라고 말했다. 곧 수전은 '자동차'를 요구했고, 양탄자 밑에 있는 차고에서 차를 찾았다.

부모는 다음의 활동으로 아동이 한 단계에서 두세 단계의 문제 해결까지 할 수 있도록 도울 수 있다.

- 아동이 좋아하는 쿠키, 사탕, 장난감 또는 그 순간 열정을 보이는 것을 숨기는 등의 방법으로 아동의 감정 표현과 욕구를 더하게 한다.
- 아동이 해결할 수 있는 운동 및 공간 문제를 설정하고 점점 더 어려운 작업을 추가한다(예: 손에 물건을 숨긴 후 깔개 밑에 놓고 아동이 그것을 찾을 때까지 계속 보여 주기).

이 책에서 우리는 행동에 대한 방향과 말과 개념에 의미를 부여하는 데 있어 정서나 욕구의 중요성을 강조했다. 이 기본 원칙은 아동이 운동 계획 및 순서화 연습을 할 때 정말로 중요하다. 본질적으로 운동 계획은 반복적인 행동이 아니라 아동을 충족시키기 위해 필요한 행동을 할 수 있도록 그리고 자신의 환경에 맞추기 위해 만들어지는 행동이다. 이것을 할 수 없는 아동들은 자신의 순서화 능력에 정서 또는 의도를 연결할 수 없기 때문에 반복적 패턴, 목적이나 목표가 없는 행동 순서를 만들어 내는 경향이 있다. 따라서 아동과 함께 행동 순서를 연습할 때 목적이나 목표를 세우는 것은 중요하다. 아동이 행동을 모방할 때에도 목표가 있다. 바로 아동이 모방을 통해 즐거움을 얻는 것이다.

순서화 능력을 향상시키려면 대근육 활동(기어가기, 달리기, 뛰기, 걷기, 팔 뻗기, 열기 등)과 소근육 활동(원형, 사각형, 또는 ×자를 똑같이 그리고 결과적으로 문자를 순서화하기 등)을 하는 것이 중요하다. 또한 운동 계획 및 순서화에 모든 감각, 즉 촉감, 냄새, 공간 내의 움직임 등등을 운동 패턴과 통합하는 것이 중요하다. 놀이 안에서 세네 가지의 감각, 예를 들어 후각, 촉각, 청각 그리고 시각이 함께 신호를 준다면 그 놀이는 아동이 운동 패턴과 감각을 통합하는 연습을 하게 해 주는 유용한 도구이다.

음악, 춤 또는 스포츠와 같은 리듬 활동은 운동 계획 및 순서화 능력과 감각을 통합하는 데 유용하다. 배경 음악으로 클래식 음악을 틀어 두는 것이 아동의 언어 발달을 촉진시킨다고 보고되었다. 음악에 맞춰 다양한 박자를 쳐 보고 피아노, 키보드나 실로폰을 탐색해 보고, 리듬감 있는 움직임에 참여해 보는 것은 아동들에게 큰 득이 된다. 암기된 루틴이 되어 목표나 목적의식이 부재하지만 않는다면 말이다. 예를 들어, 아빠와 함께 방에서 춤을 추거나, 엄마와 함께 문까지 깡총깡총 뛰거나, 단순히 웃고 즐기는 것은 유익하겠지만 아동 혼자 방 안에서 깡총 뛰고 웃긴 표정과 소리를 만드는 것은 그렇지 않다.

다시 한번 말하지만 의도 또는 정서와 운동 계획 및 순서화를 연결하는 것 그리고 정서 시스템과 감각 처리 사이의 전반적 연결과 순서화 시스템 사이의 연결을 용이하게 하기 위해서는 아동의 몸의 중앙을 가로지르는 감각 운동 활동을 사용하는 놀이를 하면 도움이 된다. 어린 아동들은 보고 손을 뻗는 놀이와 듣고 손을 뻗는 놀이를 할 수 있고, 이미 단어와 개념을 사용하고 있는 더 나이 든 아동들은 신체의 다른 부위의 소리나 시각 또는 촉감을 구별하는 놀이를 할 수 있다.

아동이 발달하고 청각 처리 능력이 향상됨에 따라 아동의 운동 계획과 순서화 능력은 여전히 큰 과제로 남을 수 있다. 그리고 아동의 순서화 능력을 향상시키는 방법은 쉽게 식별하기 어려울 수도 있다. 청각적 또는 시각적 처리 개선을 위한 놀이 중 대다수는 운동 작업 개선을 위해 사용될 수 있다. 점차 운동 과제를 복잡하게 만드는 경우라면 말이다. 아동이 꽉 껴안기를 좋아하는 커다란 인형이 있다고 해 보자. 인형을 가지고 숨바꼭질을 해 보라. 이제 어느 정도 말이 튼 아동에게 인형의 위치에 대한 단서를 말로 제공하라. 인형이 큰 상자 안에 있고 큰 상자는 빨간색 장소에 있다고 말할 수 있다. 아동은 일련의 행동들을 순서대로 배열해야 하고, 마음속에 지도를 그려야 할 것이다. 간단한 문제부터 시작하여 더 복잡하게 만들고, 결국에는 진짜 보물찾기를 시작하도록 하라.

아동이 정말로 원하는 것이 있으면 그 욕구를 이용하라. 예를 들어, 당신이 쿠키를 가져와서 아동에게 넘겨줄 이유는 없다. 아동이 쿠키를 요구하면 "아, 이건 정말 맛있는 쿠키라서 너도 정말 좋아할 거야. 이제 막 구웠는데 쿠키 가져오는 걸 네가 도와줘야 해." 아동들은 부모가 쿠키를 가져다주면 기뻐하기만 할 것이다. "음, 쿠키 통이 선반 위에 올라가 있는 것 같은데?" 아동이 의자를 가져와서 그 위에 올라간 뒤 쿠키 통을 잡으면서 4개 혹은 5개의 운동 동작을 펼칠 수 있다. 혹은 "아, 내가 쿠키를 만들었는데 어디다 뒀는지 잊어버렸어. 어디다 뒀는지 말해 줄 수 있으면 내가 가져올게."라고 말할 수 있다. 만약 쿠키가 눈에 띄는 곳에 있다면 "분명히 부엌 어딘가에 있을 텐데. 밖에 꺼내어 두었는데 보이지가 않네."라고 말해도 좋다. 아동은 빨리 쿠키를 발견한 후 대답할 수 있다. "쿠키 저기 있어, 엄마." 그럼 대답으로 이렇게 말할 수 있다. "그래, 내가 가져다줄게. 그런데 어떻게 가져오지? 내가 뭘 해야 하니?"

"저기까지 걸어가야 해, 엄마."

"알겠어. 그런데 손이 안 닿아."

"엄마, 의자를 밟고 올라가. 손을 높이 뻗어, 엄마. 그리고 잡아."

"어느 손으로 잡아?"

"왼쪽 손."

"자, 여기 있어." 아동은 어떻게 쿠키를 얻을 수 있는지를 알려 주는 체계적이고 논리정연한 방법으로 순서화를 할 것이다. 어느 시나리오에서든 아동은 운동 동작 자체 또는 아이디어로 무엇을 해야 하는지를 순서화하는 것을 연습하며 당신에게 지시를 하는 것이다.

많은 부모는 아동이 지시를 따르지 않는다고 불평한다. 이런 아동 중 많은 수가 순서화하는 것에 어려움을 겪고 있다. 아동에게 지시 사항을 따르고 순서화를 개선하도록 가르치는 가장 좋은 방법은 그런 경우를 대비해서 연습시키는 것이다.

순서화 기술을 연습할 때, 아동이 다음의 발달 단계를 이루어 내야 한다는 것을 기억해야 한다. 바로 주의집중, 관계에 참여하기에서부터 단순한 한 단계의 제스처 문제 해결로 그리고 여러 단계로 된 공간적 운동 제스처 운동의 능력 해결까지 말이다. 많은 단계의 문제 해결은 복잡한 순서화를 포함하여 아동들에게 어려우므로 연습이 정말 중요하다. 이것이 모방과 언어와 가상놀이에서의 아이디어의 사용의 기반이 되기 때문이다.

많은 치료사는 우리가 논의하고 있는 분야에서 체계적으로 일하고 있고, 부모들은 종종 그들의 아동을 위해 신나고 창의적인 방식으로 연습을 만들어 내고는 한다. 이 장의 목표는 부모, 교육자 그리고 치료사의 창의적인 개시를 격려하기 위함이지만, 동시에 몇 가지 중요한 원칙을 유념하고 싶다.

- 강력한 동기 부여(특정 보상이나 목표와 연관된 강한 의도나 감정)가 있는 도전 과제를 생성하라. 이렇게 하는 것은 아동의 감각 처리와 운동 계획을 아동의 정서나 의도에 연결하게 한다. 이 분야는 특히 자폐증과 같은 특별한 요구를 가진 아동들에게는 무척 힘든 일이다.
- 간단하게 시작하여 각각의 감각 경로와 운동 계획 및 순서에 있어 점점 더 복잡한 패턴으로 작업하라.
- 아동이 점점 더 주도권을 갖고 문제 해결에 많은 즐거움과 기쁨을 경험할 수 있게 해 주는 놀이와 활동을 만들라. 아동은 비슷한 종류의 운동을 더 하기를 원할 것이고, 동시에 아동의 몸에 대한 확신과 자신감을 얻을 것이다.
- 가능한 한 아동이 겪을 관계를 관계와 상호작용의 일부로 만들라. 처음에 경험이 상호작용을 적게 한다면 그 경험의 핵심을 그대로 가져가되 더더욱 상호작용을 할 문맥을 새로 만들어 보자. 예를 들어, 원 그리기를 연습한 후 아동은 웃긴 얼굴 그리기를 하는 놀이를 하며 원으로 눈과 코뿐 아니라 얼굴의 윤곽을 만들어 볼 수 있다.
- 이러한 다양한 활동을 진행할 때 가능한 한 아동의 기본적인 발달 능력을 많이 동원하라. 다시 말해 관심과 집중, 참여, 비언어적 몸짓의 상호작용, 상징과 단어의 사용, 환상과 상상력이 풍부한 시나리오를 이용하라.

제14장 잠을 자러 가는 것, 대소변 훈련 그리고 다른 어려운 과제들

스스로 잠을 자러 가는 것, 화장실을 이용하는 법, 깨물고 때리고 싶은 충동을 억누르는 것은 모든 아동에게 어려운 과제다. 특별한 요구를 가진 아동들의 경우, 이 어려움에 신체에 대한 제한된 통제, 의사소통 및 자기 조절 문제, 강한 감정에 대한 불편함 등의 어려움마저 더한다. 그럼에도 불구하고 특별한 요구를 가진 대부분의 아동도 더 많은 인내심, 시간, 연습 및 지원으로 이런 어려움을 극복하는 법을 배울 수 있다. 이 장에서 우리는 이런 도전과 다른 어려운 행동을 극복할 수 있도록 6단계의 과정을 제시한다. 이 6단계는, 첫째, 작은 단계, 둘째, 플로어타임, 셋째, 상징적으로 문제 해결하기, 넷째, 공감하기, 다섯째, 기대치 및 제한 설정하기, 여섯째, 황금 법칙이다.

각 단계를 간단히 설명한 후 힘든 상황에서 각 단계를 어떻게 수행해야 하는지 방법을 설명할 것이다.

1. 서문

1) 작은 단계

모든 문제는 단계별로 나누어질 때 더 쉽게 대응할 수 있으며, 이 접근법은 특별한 요구를 가진 아동에게 특히 중요하다. 새로운 것에 대한 것은 무엇이든, 즉 새로운 음식이든 새로운 취침 루틴이든 새로운 시도는 고통스럽다. 그러나 만약 당신이 단계를 작게 나눠서 새로운 단계들이 전에 진행된 것과 구분하기 어렵게 만든다면 이 새로운 행동을 어렵지 않게 느낀다. 아동에게 새로운 음식을 권유하는 경우, 아동이 좋아하는 음식 위에 거의 안 보일 정도의 적은 양을 뿌리자. 아동이 그 적은 양을 잘 먹는다면 다음에는 조금 더 많이 주라. 천천히, 아주 천천히 일반적인 크기로 키워 가라. 감자 1/4컵을 먹는데 한 달이 걸릴 수도 있지만 급한 일은 없지 않은가? 이번 달이나 다음 달, 올해 또는 다음 해에 감자를 먹게 되도 상관없다. 중요한 것은 아동이 거부하지 않는 방식으로 음식을 소개했기 때문에 새로운 음식을 용인하는 법을 배우게 된다는 것이다.

새로운 행동을 소개할 때 '천천히' '꾸준히', 이 두 단어가 핵심이다. 이것을 배워 가는 학습 곡선은 길 테지만 학습 속도는 느릴수록 탄탄해진다. 모든 것을 빨리 하고자 하는 충동을 억제하자. 도전을 완전히 숙달하는 큰 성공 대신에 과정을 거치는 동안에 만드는 100개의 작은 진전으로 인한 백 번의 성공을 축하하자.

예측 가능한 것에 대한 아동의 선호도를 이용해 도전 과제를 숙달하게 할 수 있다. 당신의 요구를 예상할 정도로 이 새로운 요청들을 최대한 루틴으로 만들어 보자. 배변 훈련을 하는 중이라면 집 밖으로 나가기 전에 먼저 화장실에 들르라고 말하라. 혼자 자는 것을 연습하는 중이라면 아들에게 혼자 침대에 누우라고 말하고, 몇 분 뒤에 아동을 보러 오겠다고 말하라. 새로운 행동을 예측 가능하게 만들어서 편안함을 느끼도록 하라.

변화를 줄 때 예측 가능성을 짜 넣으라. 아동이 혼자 자는 연습을 하고 있다면 아동에게 "지금 자야 해."라는 말 대신에 "5분 뒤에 잠 잘 시간이야."라고 말을 하여 아동의 긴장을 완화시키라. 새로운 음식을 먹는 연습 중이라면 경고 없이 미리 아동의 접시에 새로운 음식을 놓는 것보다는 저녁 식사 전에 "오늘 밤에는 완두콩 세 숟가락을 먹어야 해."라고 일깨워 준다. 새로운 과제에 대해 이런 방식으로 준비하면 아동은 더 쉽게 받아들인다.

마지막으로, 아동의 삶에 도전을 더할 때마다 더 많은 지원과 보상을 추가해야 한다. 아동에게 많은 포옹과 칭찬을 해 주라. 아동의 성취에 대한 작은 보상을 마다하지 말라.

2) 플로어타임

아동에게 화장실을 사용하거나, 혼자 자거나, 물고 걷어차는 충동을 참아 달라고 하는 것은 익숙하고 편한 행동을 새롭고 어색한 행동으로 바꿔 달라고 요청하는 것이다. 심지어 장애를 가지고 있지 않은 아동들조차도 새로운 어색한 것을 위해 친숙한 것을 희생하는 행위를 싫어한다. 익숙하지 않은 것은 강한 불편함을 불러일으킨다. 심각한 질환을 앓고 있는 아동의 경우라면 그 누구보다 친숙한 것들을 소중히 여기기에 변화는 더욱더 힘겹다. 익숙한 행동을 포기하는 것은 그들의 세계를 흔든다. 새로운 행동을 하려고 하는 것은 강렬하고 불편한 감정을 끌어올린다. 이 정도의 스트레스에 대처하기 위해 아동은 특히 안정감을 느껴야 하며, 관계에 참여한 채 스트레스로 인한 감정을 풀어낼 공간과 여유가 있어야 한다. 이때 플로어타임이 도움이 될 수 있다.

아동과 함께 특정 과제를 해결하려고 할 때 평상시보다 더 많은 플로어타임을 주고 일반적인 플로어타임 규칙을 따르라. 놀이 중에 그 도전에 직접 맞서도록 지도하지 말라. 아동이 놀이를 진행하도록 하라. 아동이 필요로 한다면 그 도전을 놀이에 꺼내라. 자신의 감정을 표현할 시간을 준다면 아동은 점점 더 안정감을 느끼고, 무엇을 필요로 하는지 당신에게 알려 줄 방법을 찾을 것이다.

아동은 어떤 감정들을 주로 표현하는가? 아마도 아동이 더 이상 옛날의 친숙한 일(예: 기저귀에서 소변을 보거나 침대에서 엄마와 자는 것)을 할 수 없기 때문에 슬픔과 분노를 표현할 수 있다. 아동이 새로운 행동(예: 깨물고 싶은 충동을 억제하거나, 특이한 운동 동작을 하려는 충동을 억제하는 것)을 습득하려고 할 때, 신체가 협조하지 않기 때문에 분노와 좌절감을 느낄 수 있다.

아동은 새로운 행동을 습득할 수 있을지 확신하지 못하기 때문에 두려움이나 불안감을 느낀다(아동은 자기가 화장실에 빠지거나 괴물이 자기 침대 밑에 숨어 있는 것 같다고 두려워할지 모른다). 이러한 직접적으로 당면한 과제와 연관된 감정이 가상놀이에 드러날 수도 있겠지만(아동의 인형이 화장실을 이용하는 놀이), 다른 맥락에서 드러날 가능성이 더 크다. 만약 아동이 화장실을 갈 때 두려움을 느낀다면 아동이 데리고 다니는 작은 동물들이 갑자기 수많은 굶주린 곰을 만난다거나 우주선이 달을 향해 이륙할 때 폭발할 수 있다고 할지도 모른다. 이러한 감정이 올라올 때는 아동이 겪고 있는 그 어려움과 연관하려고 하지 말고 간단하게 "세상에, 너의 로켓은 무서운 시간을 보내고 있구나!"라고 말하며 놀이의 맥락에서 지지하고 반응하라. 아동은 부모가 공감해 준다는 것을 알아야 하지 부모가 그걸 고쳐 줘야 하는 것은 아니다.

아동에게 새로운 과제를 하도록 만드는 과정에서 아동이 당신에게 화를 내거나 불안해할 수 있다. 이 새로운 행동을 강요하는 것은 당신이며, 당신이 아니었으면 익숙한 일과를 지속할 수 있었을 것이다. 아동이 당신에게 적대감을 느끼는 것은 당연하다. 아동이 당신을 만족하게 할 수 없다면 어떻게 할 것인가? 당신이 요청한 행동을 아동이 숙달할 수 없다면 어떻게 할 것인가? 더 많은 플로어타임 시간은 아동에게 보다 큰 안정감을 제공함과 동시에 아동이 이러한 불안감과 부정적인 감정을 표출할 수 있게 해 준다. 다시 말해서 감정은 실제 상황에서 드러나지 않는다. 아동의 인형은 "나 무서워. 우리 엄마가 나를 안 좋아하는 것 같아. 만약에 내가 혼자서 잠자는 법을 배우지 못하면 어떡하지?"라고 말하지 않는다. 하지만 아동은 자신의 인형으로 당신의 인형을 때리거나, 음식을 훔치거나, 다른 공격적인 행위를 저질러서 표현하기도 한다. 혹은 아동의 동물이 이길 수 있는지 불확실하므로 싸우려고 하지 않을 것이다. 혹은 놀이에서 통제력을 유지하기 위한 최후의 노력으로 아동은 부모와 협조적으로 노는 것을 거부할지도 모른다. 앞과 마찬가지로, 아동의 행동에 대해 언급할 필요가 없다. 그것을 도전 과제와 관련시키지 말라. 단순히 극적인 상태의 맥락 안에서 당신의 캐릭터가 공감적으로 반응하도록 하자.

비록 아동이 언어 이전 단계이거나 가상놀이를 하지 못하더라도 플로어타임은 새로운 도전이 요구하는 추가적인 안정감과 신뢰를 제공한다. 도전에 의해 생긴 감정은 위안이 되지 않고, 도전이 끝나기 전까지 지속되며, 해결책을 찾지 못한다면 아동을 압도할 것이다. 플로어타임을 통해 그런 감정을 표현하면 대응이 용이하다. 충분한 플로어타임이 있으면 아동들에게 자신을 감당할 수 있게 도와준다.

3) 상징적으로 문제 해결하기

성인이 어려움에 직면했을 때는 그 어려움이 담배를 끊는 것이든, 중요한 회의에서 발표를 하는 것이든 미리 준비를 한다. 담배를 갈망할 때 대신 씹으려고 껌을 들고 다니는 것으로 물리적 준비를 하거나, 머릿속으로 회의 시뮬레이션을 돌려 보며 마음의 준비를 할 것이다. 이런 사전 준비 과정은 실제 과제를 보다 쉽게 만들어 주고 성공할 확률을 향상시킨다. 심각한 질환을 가진 아동에게도 이와 같이 어려운 문제에 직면했을 때를 위한 사전 준비가 필요하다. 아동들은 가상놀이와 대화를 통한 상징적인 방법으로 이런 준비를 할 수 있다.

조금 구조적인 놀이를 매일하며 당신과 아동은 도전 과제를 풀어내기 위해 인형이나 동물을 이용할 수 있다. 예를 들어, 인형의 엄마는 인형에게 물어뜯지 말라고 말하지만 아동은 물고 싶은 상황을 만나게 된 것이다. "인형이 어떻게 하면 될까?" 당신의 인형이 물어볼 수도 있고, 두 사람이 다양한 선택을 하며 놀이할 수 있다. 인형이 도망갈 수도 있고, 아동이 인형을 껴안을 수도 있고, 그러거나 말거나 깨물 수도 있다. 아동이 다양한 옵션을 고려할 수 있도록 몇 가지 시나리오를 놀이로 풀어내어 보자. 최상의 선택지에 동의하면 아동이 그것을 연습할 수 있도록 여러 번 반복하라.

아동이 말을 할 수 있다면 당신은 인형의 도움으로, 혹은 도움 없이 이 시나리오에 대해 이야기할 수 있다.

- 아동에게 어려움을 겪고 있는 상황에 대해 상상해 보라고 한다. "친구가 네 인형을 지금 막 잡았다고 상상해 봐."
- 아동에게 기분이 어떨 것 같은지 상상해 보라고 한다. "친구가 너의 인형을 잡을 때 기분이 어때?"
- 아동에게 평소에 어떻게 반응하는지 상상해 보라고 한다. "친구가 네 인형을 잡을 때 너는 보통 어떻게 하니?"
- 아동에게 대안을 상상해 보라고 한다. "친구가 네 인형을 가져갈 때 그 친구를 무는 것 말고 또 무엇을 할 수 있을까?"
- 혹은 당신이 그 친구인 척하는 상황을 연습할 수 있다.

이런 문제 해결 논의와 리허설은 20~30분 정도 지속되며, 아동은 그 어려움이 나타나기 전에 미리 예상할 수 있어서 평소보다 나은 반응을 준비하는 데 도움이 될 것이다.

4) 공감하기

이전에 언급했듯이, 어렵고 새로운 행동을 해 보는 것과 같이 어려움에 직면하는 것은 분노와 좌절에서부터 공포와 불안감에 이르는 다양한 감정을 불러일으킨다. 무엇보다도 아동은 자신의 감정을 이해하고 부모가 자신의 감정에 공감한다는 것을 알아야 한다. 이해를 받고 있다는 것은 아동의 안전 의식을 높이는 데 아주 도움이 된다. 아동이 새로운 음식을 맛보고 움츠러드는 것을 보았을 때, 아들의 고통을 이해해 주며 이렇게 말하라. "네가 새로운 음식을 좋아하지 않는다는 것 알아. 그래서 정말 조금만 줬어." 화장실에 가는 것에 대해 불안함을 느낄 때, "걱정되는가 보구나. 내가 어떻게 도와줄까?" 아동이 셔츠를 입을 때 아동의 긴장감이 느껴진다면 그걸 알아챘다는 것을 언어로 말하자. "옷을 입는 것 불편해? 우리가 어떻게 하면 더 나아질까?" 말로 표현하는 것은 문제를 해결하지는 못하지만 고통을 조금이나마 덜어 준다. 그리고 부모가 자신을 이해한다는 것을 알 것이기 때문에 두 사람 사이의 신뢰를 쌓을 수 있다.

아동의 감정에 공감하는 것은 당신에게도 도움이 된다. 아동에게 새로운 행동을 하도록 자주 밀어붙이면 상황이 악화된다. 아동이 겁을 먹고, 화가 나고, 불안해서 공격적이 될 때, 아동의 반항으로 인해 당신 내면에서 화를 불러일으킬 수 있다. 아동의 감정을 인정하는 것은 투쟁을 완화시킨다. 아동의 감정 표현을 들어주는 것은 아동이 차분한 감정으로 돌아오도록 하며, 아동의 표현을 들어주는 것은 아동이 강한 감정을 극복할 수 있도록 한다. 아직 아동이 말을 못해도 아동은 당신의 격려의 목소리와 인내심에 반응할 것이다.

5) 기대치 및 제한 설정하기

어려움에 직면한 아동과 작업하면서 당신은 아동이 과거와 다르게 행동하기를 기대한다. 아동이 새로운 음식을 바닥에 내던지는 것이 아니라 조금이나마 맛보기를 바랄 것이고, 쓰다듬어 준 후 당신과 함께 자는 것이 아니라 아이 혼자 자는 것이다. 아동이 이러한 기대에 부응하려면 부모는 이 기대를 매우 분명하게 보여야 한다.

첫 단계는 현실적인 기대를 설정하는 것이다. 도전을 여러 단계로 나눠라. 각 단계에 아동에게 맞는 새로운 기대치를 설정하라. 두 번째 단계는 아동에게 당신의 기대를 분명하게 전달하는 것이다. 한 인형에게 아동이 마주하고 있는 것과 똑같은 단계를 직면하게 할 수 있다. 그런 다음 실제 상황에 대해 아동과 이야기하고 새로운 도전과 기회를 이해하도록 도와줄 수 있다.

가끔 아동에게 기대를 분명하게 말한 후 아동을 격려해 주어도 그런 기대치를 충족하는 것을 어려워 할 수 있다. 이러한 일이 일어나는 경우, 문제는 아동이 아니라 기대치에 있을 수 있다. 어쩌면 당신의 기대치가 너무 높을 수 있다. 음식을 조금 더 작은 부분으로 나누고 다시 시도하라. 대부분의 아동은 당신을 기쁘게 하고 싶어 한다. 아동이 기대에 미치지 못할 때, 당신이 할 일은 아동이 할 수 있는 방법을 찾도록 도와주는 것이다.

때때로 제한을 두어야 한다. 예를 들어, 아동이 충동적인 행동을 제어하지 못하면 제한을 확고히 설정한 다음에 즉각적인 제재로 지원해야 한다. 필요한 경우, 아동이 지연된 영향을 이해할 수 있다면 TV를 제한할 수 있다.

6) 황금 법칙

황금 법칙은 간단하지만 침범할 수 없다. 바로 아동에 대한 기대치와 제한을 줄 때마다 플로어타임도 늘려야 한다는 것이다.

우리가 논의한 모든 이유에서 플로어타임을 늘리는 것은 중요하다. 예전 행동을 없애고 새로운 행동에 참여하는 것은 어려우며, 좌절감, 두려움, 분노를 느끼기 쉽다. 아동은 성공하면 짜릿함을 느끼게 된다. 아동은 이러한 감정을 표현할 여지가 필요하다. 또한 아동과 당신의 관계를 다시 확인할 필요가 있다. 어려운 도전에 직면한 아동의 걱정거리 중 하나는 부모의 기대에 부응하지 못해 그들을 실망시킬지도 모른다는 것이다. 플로어타임은 아동이 얼마나 잘하는지에 관계없이 부모가 지지하고 사랑한다는 것을 아동에게 보여 줄 수 있는 기회이다. 제한을 설정해야 하는 경우, 플로어타임을 늘리면 권력 투쟁으로 인해 인생이 파괴되는 것을 막을 수 있다. 부모는 더 많이 기대하고, 더 많은 것을 주는 것이다.

이 6단계 과정을 통해 특별한 요구를 가진 아동에게 일반적인 문제 중 일부를 숙달할 수 있게 하는 방법을 살펴보자.

2. 수면 문제

온갖 것들이 아동이 혼자 잠드는 것, 자다가 깼다면 다시 잠에 드는 것을 어렵게 만들 수 있다. 환경의 소음에 대한 감각의 과잉 반응은 불안감을 준다. 자기 조절에 문제가 있으면 잠들기 편안한 마음 상태가 되지 못할 수 있다. 운동 문제가 있으면 편안한 자세를 찾기 어려울 수 있다. 아이디어를 사용하는 것을 배우는 중이라면 무서운 동물을 상상하거나 무서운 꿈을 꾸고, 새로운 형제자매가 있으면 밤에 무서운 공격적인 이미지를 상상할 수 있다. 당신과 함께 자는 것이 익숙할 수도 있다. 아동은 자야 될 시간에 쉽게 자지 못하고 부모와 한 침대에서 자기를 원한다. 아동을 데리고 잠자리에 드는 것은 당신을 자상하고 인정 많게 느끼게 할 수 있지만, 아동 스스로 어떻게 자기 방으로 돌아가야 하는지 가르치는 것에는 도움이 안 된다. 6단계 과정을 이용하여 이 기술을 구축할 수 있다.

1) 작은 단계

아동이 잠들기 위해 많은 도움을 필요로 하는 경우(함께 눕거나, 책을 많이 읽어 주거나, 매우 오랜 시간을 포옹할 필요가 있다면), 부모의 목표는 적당한 도움의 정도를 줄이는 것이다. 그다음에 두세 가지의 이야기는 의자에서 안아 준 후 뒤따라 온다. 그렇다고 이것을 한꺼번에 하지 말라. 큰 목표를 작은 단계로 나눌 필요가 있다.

- 들려주는 이야기를 한두 개씩 줄이는 것으로 시작하라.
- 아동이 2~3개의 이야기만 해 주는 것에 익숙해지면 재워 주기 위해 할애하는 시간

을 점차 5분씩 줄이라.

- 아동의 침대에 같이 누웠을 때 등을 쓰다듬어 주거나 그가 부드럽게 느끼는 다른 제스처로 대신하라.
- 부모가 아동의 옆에 눕는 대신 등을 문질러 주는 것을 편하게 받아들일 때, 등을 문지르는 것을 견고하고 움직임이 없는 압박을 주는 것으로 대체하라. 그런 뒤 점차 깊은 압력을 주는 시간을 줄이라. 그러는 동안에 아동과 부드럽게 이야기를 나누라.
- 짧은 기간의 깊은 압박감과 편안한 목소리에 익숙해지기 시작하면 압력을 빼고 목소리만 사용하라.
- 당신이 침대에 앉아 있었다면 이제 바닥에 앉기 시작하고, 다음에는 조금 떨어진 곳의 의자에 앉고, 또 그다음에는 문 가까이에 서 있고, 마침내 문 밖에 서서 아동을 재우자. 그 시점이 되면 아동을 재우는 일과는 조금 후에 2~3개의 이야기를 해 주고 잠깐 대화를 나누는 정도로 짧아졌을 것이다.
- 방을 나서기 전에 아동에게 조금 후에 확인하러 오겠다고 말하고 나선다. 그리고 20초 뒤에 아동을 보러 오라. 다음에는 40초 뒤에 오고, 그다음에는 1분 뒤에 오라. 아동이 잠들 때까지 이 시간을 점점 늘리라.

아동이 한밤중에 잠에서 깨어나 당신을 찾지 않고는 잠들 수 없다면, 아동을 돕기 위해 비슷한 작은 단계의 프로그램을 사용할 수 있다.

- 아동을 방으로 데리고 가서 본래의 취침 일과를 다시 진행하는 것으로 시작하라. 재울 때 그랬듯이 아동의 방에 있어 준다.
- 아동이 당신의 방에 있어야겠다고 하면 바닥에 아동이 잘 수 있는 매트리스나 이불을 준비하라. 베개까지 두고 아동이 원한다면 인형도 가져오게 하자. 그런 다음 함께하는 취침 일과를 다시 진행한다.
- 아동이 혼자 잠이 들었다면 아동을 들어 올려 아동의 방에 눕히자. 아동은 잠드는 기법을 혼자 침대에서 사용할지도 모른다. 그렇지 않다면 잠에 드는 취침 일과를 다시 진행하라.

이러한 단계는 불안감을 가지고 있는 아동에게는 수개월이 걸릴 수도 있지만 점차 완수되어 아동에게 가치 있는 기술을 제공한다. 아동 스스로 잠들 뿐 아니라 자신을 진정시킬 수 있는 능력을 믿고, 자신이 원하는 대로 자신의 몸을 통제할 수 있다고 신뢰하며, 두려움과 어려움을 혼자 힘으로 극복할 수 있는 방법을 배운다.

2) 플로어타임

매일 하는 플로어타임 시간 동안에 아동이 안정감을 느끼고, 자신의 감정을 표현할 수 있는 충분한 기회를 가질 수 있도록 하자. 아동의 수면 문제를 해결하기 시작할 때, 밤이 되면 아동이 무서워하는 것들이 놀이에서 나타날 것이다. 만약 낮에 아동이 무서워하는 것들에 초점을 맞춰 보면 밤에는 그리 무섭지 않을 것이다.

3) 상징적으로 문제 해결하기

부모는 취침 시간과 반구조화된 놀이를 통해 아동의 수면 문제를 아동과 함께 해결할 수 있다. 아동이 혼자 잠드는 법을 배울 수 있도록 정해진 규칙을 만들자. 먼저 아동이 필요한 만큼 먹고 물을 마셨는지 확인하자. 그다음에 플로어타임 회기를 진행하라. 이것은 부모의 요구를 더 수용하도록 만들 것이다. 차분하게 놀면서 아동이 걱정할 만한 문제들을 다뤄 보자. 아동이 어리다면 공을 앞뒤로 굴리고, 숨바꼭질을 하고, 2개의 손전등으로 방을 탐험하거나, 노래를 부르거나, 악기 연주를 하라. 조금 더 나이가 있는 아동이라면 상상으로 야생 동물을 사냥하거나 방에서 괴물을 쫓아내자. 다음으로, 그를 차분하게 하려면 목욕을 시키라. 그런 다음 이야기를 읽고 자장가를 부르자. 이때 반복적이고 루틴이 있는 이야기가 도움이 된다.

아동이 곰 인형이나 전환을 돕는 다른 대상을 사용하여 이 루틴을 공유하도록 격려하라. 그 물체를 마치 아동의 친구이자 동맹국인 것처럼 대하라. 부모가 책을 읽는 동안에 아동이 그것을 안게 하라. 그런 다음 아동이 허락한다면 인형과 동물들에게 이불을 덮어 준 후, 모든 인형, 가족, 사진 및 기타 주변의 다른 사랑스러운 물체에게 좋은 꿈을 꾸라고 말하라. 이 활동을 통해 아동이 다른 사람을 도와주는 사람이 될 수 있다. 마지막으로, 아동에게 좋은 꿈을 꾸라고 말한 다음 이따 보러 오겠다고 말해 준다. 아동을 자주 확인하여 아동이 일어나지 않게 하자. 점차 당신이 확인하는 시간의 간격을 늘리라.

당분간 아동과 형제자매가 함께 방을 쓰거나 아동이 나이가 있다면 친구를 수면 파티로 초대하는 것도 고려해 볼 수 있다.

플로어타임 기법을 사용하여 반구조화된 놀이 상황을 만듦으로써 아동이 문제를 예상하고 해결 방법을 찾을 수 있다. 예를 들어, 인형을 가지고 노는 경우에 한밤중에 인형을 깨울 수 있다. 엄마 인형이 아이 인형을 다시 자도록 도울 때, 아이 인형이 "나는 무서워. 엄마의 침대로 갈래."라고 말할 수 있다. 그런 다음 다양한 시나리오를 풀어낼 수 있다. 엄마 인형은 몇 분 동안 아이 인형을 편안하게 한 다음, 다시 자라고 한다. 방바닥에 이불을 펴고 아이 인형을 잠에 들게 한다. 엄마 인형이 들어와 아이 인형의 등을 쓰다듬어 주며 아이 인형에게 혼자 잠들 수 있을 거라고 말한다. 엄마 인형이 아이 침대 옆에 사진을 두고 가면서 아이 인형이 잠들 때까지 엄마에게 인형을 보게 한다. 아동이 이런 시나리오에 참여하도록 권유하라. 엄마 인형이 어떻게 해야 하는지 그리고 아이 인형이 어떻게 반응할 것인지 아동에게 생각해 보게 하자. 아동이 아직 말을 못하는 경우, 동의를 표시하거나, 자신의 요소를 추가하기 위해 제스처를 하거나, 고개를 끄덕일 수 있다.

만약 아동이 이 놀이를 거부하면 놀라지 말라. 아동은 당신의 의도를 알 것이다! 거리감을 제공하여 더 쉽게 문제 해결을 하도록 이야기에 나오는 동물이나 캐릭터를 사용하는 것이 아동에게는 더 편할 수도 있다.

4) 공감하기

아동과 문제 해결 상황에 참여할 때, 혼자 침대에 있는 것이 얼마나 무서운지 느끼는 아동의 감정에 공감하라. 얼굴 표정, 목소리 톤, 신체 언어뿐만 아니라 단어도 사용하라. 아동이 어둠 속에서 실제 어려움에 직면했을 때 다시 공감하라. 아동이 이해받는다고 느낄수록 어려움과 대면하는 것이 더 쉬워질 것이다.

5) 기대치 및 제한 설정하기

필요한 경우, 아동이 당신의 침대에 들어오지 못하게 하는 것과 같은 제한을 만들어서 구조와 동기 부여가 가능한 보상과 제재를 강화하라. 아동이 성공을 하면 매번 상기시켜 주고 별표나 토큰으로 보상을 강조하라. 몇 주 후면 강화의 필요성이 희미해질 것이다.

만약 잠드는 것이 갑자기 문제가 된다면 아동을 안심시켜 주고 플로어타임을 이용해 현재 일어나고 있는 문제에 대해 이야기해 보자. 그 문제는 가정 내에 누군가가 새로운 일을 하게 되어 출근을 하는 것일 수도 있고, 이사를 했을 수도 있고, 혹은 동생이 생긴 것일 수도 있다. 그 어떤 것도 수면의 일과를 방해할 수 있다. 하지만 안심시켜 주고 이전 패턴을 계속 지켜 나간다면 아동은 다시 혼자 잠들 수 있게 될 것이다.

6) 황금 법칙

새로운 단계 또는 새로운 제한 사항을 소개할 때마다 아동에게 더 많은 플로어타임 시간을 주자. 당신이 하루 동안 아동에게 더 시간을 내어 줄수록 밤에 아동이 느끼는 두려움을 덜어 줄 수 있을 것이다.

3. 섭식 문제

특별한 요구를 가진 아동은 여러 가지 이유로 편식을 한다. 음식의 질감, 맛 또는 냄새에 대한 과민증은 음식 감각을 특히 강렬하게 만든다. 따라서 다른 사람에게 평범한 음식도 과민증을 가진 아동에게는 지극히 불쾌할 수 있다. 질감, 맛 또는 냄새에 과소반응을 하는 것은 음식 먹는 즐거운 측면을 일부 제거한다. 운동 문제와 근긴장도의 감소는 음식을 씹거나 삼키는 것을 어렵게 만든다. 이러한 개인차를 고려하면 아동을 위한 식사 프로그램을 계획하는 데 도움이 될 수 있다(아동이 이전에 먹었던 음식을 거부하고, 자신이 먹을 음식도 3~4개의 가공식품으로 제한하기 시작한 경우에 소아과 의사와 이런 패턴을 잘 알고 있는 영양사와 상담하는 것이 중요하다. 이와 같은 전문가들은 영양제를 포함하여 식생활 습관에 어떤 변화를 줘야 하는지 제안해 줄 수 있다).

아동이 밥을 잘 안 먹는 경우, 먼저 먹는 습관을 검토하고 문제를 분석해야 한다. 아동이 항상 간식을 먹는가? 아동이 음식을 비규칙적으로 먹고 싶어 하는가? 아니면 다른 사람, 아마도 양육자와 부모가 함께 음식을 가지고 아동을 달래서 먹이려고 하거나 기회가 있을 때마다 음식을 떠서 아동의 입에 넣어 주는가? 아동이 집안 곳곳에서 식사를 하는가? 식사에서 아동은 메인 코스를 거치지 않고 어떻게든 디저트를 먹으려고 하는가? 다음의 행동들을 조절하면 섭식 문제를 해결하는 데 많은 도움이 될 수 있다.

- 아동이 배가 고플 순간을 고려하여 식탁에서의 규칙적인 식사 시간을 정하라.
- 간식 시간을 설정하되 이 또한 식탁에서 먹게 하라.
- 아동이 다 먹고 일어나면 바로 음식을 치운다. 아동이 더 먹고 싶어 하면 다시 앉게 하라.

- TV 잎에서 음식을 먹지 않도록 주의하라.
- 대화로, 혹은 음식 사진을 보여 주는 것으로 아동의 관계 참여를 이끌라.
- 처음에 적은 양을 주고, 다 먹으면 더 먹을 건지 물어보라.
- 음식에 대해 대화하라. 아동이 말을 할 수 있다면 문제를 상의하라(당신에게만 문제일 수도 있다). 아동이 말을 하기 전일 경우에는 신호, 제스처 그리고 사진을 사용하거나 장난감 음식, 인형, 동물을 사용하여 아동이 음식에 대하여 이야기하도록 만들고, 음식을 분류해 보도록 하라. 음식은 일반적으로 동기를 부여하므로 반응을 하도록 유도하자.
- 아동이 좋아하는 음식을 선택하게 하고, 아동이 먹어야 하는 음식을 조금 섞어 주라. 아동이 이유식만 먹는다면, 사과, 바나나, 완두콩과 같은 다른 음식을 조금 더 첨가하라.
- 음식에 예민한 경우, 매일 예측 가능한 식단을 제공하여 식단의 순환을 고려하라.

1) 작은 단계

아동의 감각 및 운동 선호도를 고려하여 점차적으로 새로운 음식을 소개해야 한다. 아동이 씹는 데 어려움이 있고 걸쭉한 음식을 좋아한다면 새로운 음식을 걸쭉하게 만든다. 아동이 과잉 반응을 보이고 싱거운 음식을 선호한다면 다른 사람들의 기호를 맞추기 전에 아동의 음식을 미리 준비해 둔다. 아동이 과소 반응을 보이고 강한 맛을 좋아한다면 아동의 음식에 여분의 조미료를 첨가한다. 그런 다음 이미 먹고 있는 음식에 새로운 음식을 추가함으로써 새로운 음식을 소개한다.

- 브로콜리를 소개하는 경우, 손톱만큼 작게 다진 다음 으깬 감자 위에 브로콜리를 뿌리라.
- 항의 없이 잘 삼킨다면 아동이 표준량을 먹을 때까지 매일 조금 더 추가하라.
- 아동이 항의하는 경우, 그 부분을 더 작게 만들라. 아동의 감자에서 보이는 아주 작은 녹색 반점조차 이의를 제기한다면 다른 야채를 도입해 보라.
- 동일한 전략을 사용하여 아동이 견딜 수 있는 온도와 질감을 확장하라. 예를 들어, 찬 음식을 좋아하지 않는다면 따뜻하게 하되 그다음에는 약간씩 덜 따뜻하게 한 후에 덜어 주라. 매우 천천히 변경 사항을 적용하고, 각각의 작은 단계를 승리로 간주하면 점차 메뉴를 확장하라.

아동의 작업치료사 및 언어치료사는 당신에게 아동의 감각 및 운동 문제와 관련하여 작업할 수 있는 방법을 제안해 줄 것이며, 영양사는 아동에게 소개할 음식을 결정하는 것과 아동의 식단을 어떻게 순환할 것인지에 대하여 도울 수 있다.

2) 플로어타임

이러한 전략을 실행하는 동안에 계속하여 아동과 함께 플로어타임을 해야 한다. 부모가 아동의 섭식 문제와 씨름하고 있을 때, 당신은 아동이 참여한 후 안전하다고 느끼고 놀이를 통해 자신의 감정을 표현하기 위한 충분한 공간을 제공해야 한다. 아동이 주도권을 쥐게 하라. 나중에 부모는 아동에게 새로운 음식을 시험해 보라고 요청할 수 있다.

3) 상징적으로 문제 해결하기

아동이 상징 놀이를 하고 나면 반구조화된 놀이를 사용하여 먹는 행동을 확장할 수 있다. 아동들은 놀이 중에 음식을 먹는 일이 종종 있다(아기에게 밥을 준다거나 배고픈 나쁜 사람들에게는 음식을 주지 않는다. 그리고 해적들과 사자들조차도 언젠가는 먹어야 한다). 따라서 캐릭터가 음식을 먹는 시나리오를 만드는 것은 상대적으로 쉽다.

아동과 함께 쇼핑하고, 인형을 위해 요리한 후 먹이는 놀이를 하라. 인형이 음식을 씹는 것을 피곤해해서 테이블을 벗어나고 싶어 하는가? 음식을 작은 조각으로 자르거나 한 번에 조금씩 먹게 하는 것으로 문제를 해결할 수 있는가? 인형이 어떤 음식물에 대해 강한 맛을 느꼈을 때, 그릇을 던지고 싶다고 하면 어떻게 해야 하는가? 다른 음식을 선택하거나 강한 음식을 덜 먹음으로써 문제를 해결할 수 있는가? 인형이 새로운 음식을 맛보고 싶지 않다면 어떻게 되는가? 아동이 마음을 바꾸도록 도울 수 있는가? 아동이 말을 할 수 있다면 새로운 음식을 소개하는 자신의 모습을 상상하도록 하자. 아동은 어떤 기분일까? 어떻게 행동하고 싶어 하는가? 대안을 찾아낼 수 있는가?

아동은 가상놀이를 하며 자신이 먹고 싶어 하는 음식만 먹는 놀이를 하고 싶을 수도 있다. 그러면 아동의 소망을 함께 즐기자. "늘 이런 것만 먹으면 정말 좋겠다." 아동이 실제 음식을 거부하더라도 가상의 음식을 얼마나 정교하게 만드는지 알면 놀라게 될 수 있다. 아동과 함께 놀면서 아동이 당신의 도전에 어떻게 대처하는지 보기 위해 아동이 제공하는 음식을 거부해 보자.

4) 공감하기

문제 해결을 위한 협상을 진행하면서 인형과 아동이 어떻게 느끼는지 공감하라. 아동을 이해하고 있음을 알리자. 아동이 식사에서 어려움과 맞닥뜨릴 때, 새로운 것을 시도하는 것이 얼마나 어려운지 공감해야 한다. 이해를 받았다는 기분은 도전에 대한 아동의 열망을 강화시켜 줄 것이다.

5) 기대치 및 제한 설정하기

각 기대와 성공을 분명히 하라. 권력 투쟁을 피하고 음식 던지기와 같은 행동에만 제한을 두라.

6) 황금 법칙

아동에 대한 기대치를 높이는 동안에 아동에게 감정을 표현하기 위한 시간을 더 주자. 그렇게 함으로써 도전에 직면할 때 자신의 부정적인 감정을 표현할 필요성을 줄이고 협력하려는 아동의 욕망을 키울 수 있다.

4. 훈육

아동들은 비언어적인 의사소통을 통해 훈육에 관해 배운다. 12~24개월 사이의 아동은 당신이 목소리를 높였을 때, 심각한 얼굴을 할 때, 손가락을 들어 흔들 때 그게 무엇을 의미하는지 알게 된다. 당신이 반복적으로 전기 콘센트에 다가가지 못하게 경고하고, 문 것에 대해 엄격하게 대하고, 어떤 식으로든 제한을 주면서 나눈 수백 개의 제스처 순환을 열고 닫는 과정에서 아동은 배우게 된 것이다. 결국 수백 개의 제스처 순환을 닫은 후에는 아동이 잘못을 저지르는 것을 저지하기 위해서는 한 번의 눈빛이면 족하게 된다. 순환을 수백 번 더 열고 닫게 되면 아동은 머릿속으로 당신의 얼굴 표정과 손 제스처와 목소리를 그릴 수 있게 되어 당신이 옆에 없더라도 그 행동을 삼가게 된다. 아동은 연습과 제스처의 협상을 통해 제한에 대한 감각을 내면화한다.

특별한 요구를 가진 아동들은 이런 제스처 기반이 없다. 처리 및 운동 계획 문제로 인해 이 수백 개의 순환을 계속 열고 닫을 수도 없게 만들었을 수도 있고, 이런 연습을 하지 못해서 제한을 내면화하는 것에 어려움을 겪을 수도 있다. 아동을 돕기 위해서는 제스처의 협상을 연습해야 하고, 모든 훈육 중 위반이 가능한 측면에 대해 최대한 많은 의사소통 순환을 열고 닫아야 한다. 아동이 말을 할 수 있다면 단어로 제스처를 보완할 수 있지만 실제 학습은 당신이 설정한 비언어적 대화에서 나온다.

또한 아동이 아이디어를 사용하여 행동에 대해 추론할 수 있도록 돕는 것이 좋다. 아동이 실수할 때 부모의 첫 번째 반응은 아동을 처벌하는 것이며, 이 행동으로 아동을 처벌하면 다시는 그 실수를 하지 않을 것이라는 생각에서 처벌할 것이다. 그러나 이 논리는 특별한 요구를 가진 아동에게는 역효과를 낸다. 아동은 한계의 감각도, 무엇을 허용하고 하지 말아야 하는지를 내면화할 때까지 자신의 잘못된 행동을 통제하는 법을 배울 수 없을 것이다. 이런 개념을 가지려면 아동은 아이디어의 세계에서 익숙해야 한다. 아동은 머릿속에 아이디어를 잡고 조작할 수 있어야 한다. 아동을 처벌할 때 당신은 아동의 행동에 대하여 당신의 행동으로 반응하는 것이다. 그것에 대한 효과는 부모가 아동에게 행동의 수준에 머물러 있도록 격려하는 것일 뿐이다. 장기적으로 더 효율적인 효과를 발휘하기 위해서는 먼저 아동의 잘못에 대해 이야기하라. 토론에 참여시킴으로써 아동의 아이디어 수준을 끌어올릴 수 있다. 부모는 아동이 자신의 행동을 반성하도록 도와주어야 한다. 점차적으로 부모는 아동을 자신의 마음속에서 훈련시킬 수 있는 지점으로 이동시킨다. 아동은 여전히 잘못된 행동을 할 수 있으며, 나중에 아동을 처벌해야 할 수도 있다. 무엇보다도 부모는 아동이 자신의 행동을 스스로 교정하고 아이디어의 수준을 높이도록 도와주어야 한다.

1) 작은 단계

아동의 행동을 바꾸기 위해서는 충분히 소화할 만한 단계를 만드는 것으로 시작해야 한다. 아동이 다른 사람들을 물어뜯는다면 아동에게 입에 넣을 수 있는 장난감, 고무 인형 또는 장난감 핫도그 등을 입에 물려 주는 대용품을 제공해야 한다. 아동이 충분히 나이가 들었다면 껌을 씹게 할 수 있다(우선 물건을 교환하는 법을 배워 아동이 새로운 껌을 얻기 위해 교환을 할 수 있게 하자). 장난스럽게 아동에게 당신을 물도록 허락해 주는 것으로 아동을 혼란스럽지 않게 해야 한다. 놀이 내에서도 대용품을 제공해야 한다(모든 물어뜯는 행동이 분노와 관련된 것은 아니다. 일부 아동들은 구강 자극을 원하기 때문에 물기도 한다. 아동의 근력을 증가시키고 입을 활성화시키기 위해서 치아를 닦고 얼굴과 입술을 마사지하는 것과 같은 구강 운동 루틴을 추가하는 것이 좋다. 이 활동은 또한 아동이 먹고 말하는 것에도 도움이 된다).

아동이 놀고 나서 방을 치우려고 하지 않는다면 함께하라. 누가 무엇을 치울지 협상하고, 조금씩 아동의 양을 늘리자. 아동과 인형을 분리한 후 인형의 '집' 안에 들어갈 수 있게 "안녕, 잘 가!"라고 인사를 할 수 있게 하자. 아동이 강경하게 방 청소를 거부한다면 청소 목표를 일주일에 한 번으로 설정하자. 그 목표를 이루면 일주일에 두 번, 점차적으로 매일 청소하는 것으로 설정하자.

2) 플로어타임

아동이 나이가 들수록 점점 더 많은 제한에 직면하게 되어 그에 대한 결과로 더 많은 분노와 좌절감을 느끼게 되므로 플로어타임은 특히 중요하다. 플로어타임은 아동에게 그 감정을 표현하고, 자신이 리더처럼 행동하며, 물건을 던지고 주변을 지저분하게 만드는 것으로 보상 받을 수 있는 기회를 제공한다. 아동이 타인에게 상처를 입히거나 물건을 부수지 않는 한 넓은 허용의 범위를 주자. 아동이 통치자와 폭군이 되도록 해 주자. 아동이 플로어타임 내에서 안전하게 표현하는 것들은 다른 상황에서 표출할 필요성을 느끼지 못하게 한다.

3) 상징적으로 문제 해결하기

아동이 직면한 훈육의 상황을 인형을 이용하여 모방하라. 엄마 인형이 아이 인형에게 물면 안 된다고 할 때 어떤 일이 일어날 것인가? 아이 인형은 어떤 기분일까? 아이 인형은 무엇을 할 수 있는가? 아이 인형은 무엇을 대신할 수 있는가? 그럼에도 아이 인형이 물면 어떻게 되겠는가? 엄마 인형은 무엇을 해야 하는가? 아이 인형이 물고 싶은 마음이 들지 않도록 엄마 인형은 무엇을 하면 될까? 각 문제에 대한 다양한 시나리오를 놀이로 풀고 아동의 감정에 관해서 이야기해야 한다. 아동이 아직 말을 하지 못한다면 대화를 거의 제스처로 유지해야 한다. 아동의 감정에 공감하기 위해 목소리와 얼굴 표정을 사용하라.

아동이 언어를 구사할 수 있다면 아동이 잘못 행동하도록 유혹을 느끼는 상황을 예상하도록 도와준다. 내일 학교에서 알렉스가 너의 장난감을 가져가면 무슨 일이 일어날까? 기분이 어떨까? 너는 무엇을 하고 싶니? 대신 다른 것을 할 수 있니? 많은 연습을 통해 아동은 어려운 상황에서 자신의 감정을 예상하고 이에 따라 행동을 계획하는 법을 배울 수 있다.

4) 공감하기

아동에게 행동을 통제하는 것이 얼마나 힘든지 그리고 아동이 얼마나 화가 나고 답답한지 알고 있다고 꼭 전한다.

5) 기대치 및 제한 설정하기

큰 목표를 폭넓게 유지하여 다양한 행동 집단을 포괄할 수 있게 하자. 때리는 것을 금지하는 게 목표라면 아동이 때리는 대신 발로 차는 것으로 행동을 변화할 가능성이 높다. 그렇다면 목표는 남을 해치지 않는 것으로 바꾸는 것이 더 효과적일 것이다. 아동이 배웠으면 하는 것이기도 하고 말이다. 이러한 행동 목표에 익숙해지면 점차적으로 태도 목표를 달성할 수 있다. 가장 폭넓은 목표는 다른 사람을 존중하는 것이다. 목표 내에는 남에게 상처를 입히면 안 된다는 것, 남의 물건을 가져가면 안 된다는 것, 허락을 받지 않고 남의 자리에 앉지 않는다는 것들이 포함된다. 아동이 다른 사람들을 존중하고 공감하는 것을 배워 갈수록 목표 설정의 필요성이 적어지고 규율 의식을 내면화한다.

아동에게 바라는 기대를 명확히 하고, 필요하다면 제재를 가할 준비를 해야 한다. 하지만 이것은 오랜 기간의 언어 또는 제스처 협상 후에 최후의 수단으로만 사용해야 한다.

오랜 토론 끝에 아동이 동생을 향해 장난감을 던진다고 가정해 보자. 그 시점은 아동에게 다가가 제지할 시간이다. 아동이 진정될 때까지 붙들고 있자. 견고하지만 부드럽게 말이다. 당신이 이성을 잃으면 아동은 무서움을 느끼고 행동은 더욱 악화될 것이다. 부모는 아동을 진정시킬 수 있는 메시지를 주고, 부모의 평온한 행동으로 아동을 도와야 한다. 당신 자신을 거대한 곰 인형이라고 생각하고, 당신의 따뜻함과 안전 속에서 당신의 아동을 감싸자.

아동이 진정이 되면 당신과의 절충과 규제를 통해 자신의 행동이 관용될 수 없다는 메시지를 받게 될 것이다. 또는 아동에게 전통적인 제재로 메시지를 보강할 수도 있다. 즉, 아동의 행동에 대해 스스로 반성하라고 하거나, TV 시간이나 디저트를 없애거나, 함께하려고 한 게임을 포기하도록 요구할 수 있다(모든 아동도 마찬가지이지만 특히 특별한 요구를 가진 아동들은 사회적 상호작용이 필요하고, 방 안에 홀로 앉아 있는 것보다는 당신 옆에 있는 것으로 더 많이 배울 것이기 때문에 아동을 다른 사람들과 격리시키지 않는 것이 가장 좋다). 이러한 모든 전통적 제재는 괜찮지만 쉰 번 또는 예순 번의 제스처 협상 순환 이후에만 가능하다. 처벌만 하는 것은 아동에게 어떤 행동을 하지 말아야 하는지를 무섭고 차별화되지 못한 방법으로 배우게 하고, 아동은 어느 특정 행동이 언제 괜찮고 괜찮지 않은지 스스로 추론하지 못하게 될 것이다. 제스처와 언어적 협상은 아동에게 제한의 개념을 내면화할 수 있도록 도울 것이다.

아동의 발달 단계에 적합한 제재를 사용해야 한다. TV를 없애면 실제 연령이 4세이더라도 발달 수준이 18개월 된 아동에게는 그다지 큰 의미가 없다. 아동은 지금의 행동과 제재 사이의 연결을 만들 수 없다. 차라리 장난감을 가지고 노는 대신에 3분 동안 조용히 앉아 있을 것을 요구하는 즉각적인 제재를 사용하자. 아동이 아직 말을 하지 못한다면 제스처 협상을 통해 메시지를 전달할 수 있다. 아동은 시끄러운 목소리와 화가 난 몸짓을 싫어한다. 따라서 그와 같이 제재를 가하는 것은 불필요하다. 필요하다면 긍정적이고 부정적인 제재를 사용하라.

6) 황금 법칙

규율과 관련된 문제에는 플로어타임을 늘리는 것이 특히 중요하다. 아동은 점점 더 많은 제한에 직면하고 있으며, 이는 당신에 대한 분노의 감정과 결합된다. 아동에게 감정을 풀어낼 수 있는 더 많은 놀이 시간을 주면 다른 상황으로 유출되는 정도를 최소화할 수 있다. 보다 많은 플로어타임은 또한 당신 사이의 신뢰의 유대감을 강화시킬 것이며, 이는 특히 부모가 아동을 더 많이 기대하고 있다는 점에서 중요하다.

5. 대소변 훈련

아동이 운동 조절에 문제가 있다면 아동은 변기에 앉아서 괄약근을 조절하는 데 어려움을 겪는다. 아동이 감각에 과소 반응을 한다면 아동은 심지어 자신이 소변을 보는 것을 인지하지 못할 수도 있다. 아동이 감각에 과잉 반응을 나타내거나 운동 감각이 약한 경우, 무언가 몸을 떠나는 느낌이 지나치게 무섭거나 강렬할 수 있다. 또는 아동은 기저귀의 친밀감과 따뜻함에 익숙해진 후, 화장실에 앉아 있는 개방된 느낌을 좋아하지 않을 수도 있다. 화장실을 사용하는 것을 배우는 것이 특별한 요구를 가진 아동에게 특히 어려울 수 있기 때문에 화장실 훈련에 대한 당신의 접근법은 매우 천천히 이루어져야 한다.

발달상 만 3세가 될 때쯤에 화장실 훈련을 시작할 시기가 되는데, 특별한 요구를 가진 아동의 경우에는 4세 또는 5세가 될 수 있다(일부 문화권에서 변기 훈련은 아주 어린 나이에도 의식적으로 이루어지기도 한다. 집을 나설 때나 식사 직후와 같이 화장실을 갈 확률이 아주 높을 때 말이다). 아동이 매우 고의적이거나 두려워하는 경우 또는 감각적인 입력 및 조절 문제가 있는 경우에는 인내심을 가져야 한다. 아동이 바지에 소변 실수를 한 것을 알아차리지 못한다면 화장실 훈련 준비가 되지 않은 것이다. 하지만 아동이 관심을 보이는 경우, 예를 들어 아동의 형제 또는 학교 친구들이 화장실을 사용하는 것을 보고 자신도 사용해 보고 싶어 하는 경우라면 당장 시작하라. 매우 부드럽게 진행하고, 아동이 관심을 잃으면 부추기지 말아야 한다. 화장실 훈련은 우선순위 목록 맨 아래에 있어야 한다. 우리에게 친밀감과 제스처 소통 형성과 같이 그보다도 더 크고 중요한 과제가 많다. 일단 아동이 이러한 어려움에 익숙해지면 화장실에 갈 준비가 된 것이다.

1) 작은 단계

어떤 아동들은 한걸음 빨리 배운다. 그들은 첫 번째 또는 두 번째 시도에 배변을 한다. 아동이 오래 걸리면 더 작은 단계를 고려해야 한다.

- 화장실을 기저귀를 갈아입을 수 있는 유일한 장소로 만드는 것으로 시작하자. 그러면 화장실을 배변과 연상시키도록 도울 것이다.
- 아동이 똥을 쌀 때마다 숨으려고 한다면 화장실에 숨도록 격려하자. 화장실에 있으면 사생활이 보장된다고 안심시키라. 어쩌면 기꺼이 변기에 앉아 있을 수도 있다 (옷을 입은 채로).
- 식사 후 화장실에 데려가라. 아동이 주저한다면 변기에 앉게 하지 말고, 밥 먹고 화장실에 오는 것을 익숙하게 만들라. 화장실에 가는 습관을 들이는 것이 대소변 훈련의 중요한 부분이며, 유용한 첫 단계가 될 것이다.
- 식사를 한 후에 아동이 화장실을 다니기 시작한다면 화장실에서 기저귀에 똥을 싸도록 격려하라. 화장실에서 기저귀에 정기적으로 똥을 싸게 된다면 아동은 주요한 단계를 숙달한 것이다.
- 아동이 밥을 먹은 후 배변을 쉽게 보지 못한다면 흐르는 물소리, 좋아하는 음악, 부

드러운 목소리, 또는 아동이 좋아하는 인형의 목소리 등 아동에게 안심을 시켜 주는 감각을 이용하여 긴장을 풀도록 도와주자. 어떤 아동들은 화장실에서 좋아하는 장난감을 갖고 있고 싶어 한다. 다른 아동들은 근육을 조이고 이완시키는 놀이나 항공기에서 폭탄을 떨어뜨리는 놀이를 좋아한다. 적절한 감각의 조합을 찾을 때까지 실험하라.

- 아동이 예정대로 배변할 수 있게 되면 변기 위에 앉게 해 보자. 발이 바닥에 닿는 감각은 안정감을 느끼게 하고, 몸을 조절할 수 있게 해 주기 때문에 발 밑에 상자나 받침대를 놓아 주자. 아동이 뻥 뚫린 구멍 위에 앉아 있는 것 때문에 긴장한다면 다시 기저귀를 차게 한다. 그리고 점차 기저귀를 헐렁하게 만들자. 그런 뒤 아동에게 차지 않고 옆에 두자. 아동이 안정감을 느끼기 위해 필요한 물리적 지원은 다 해 주자. 아동이 아주 불편해 보인다면 이런 단계들을 더 세분화하자. 5분 동안 화장실에 앉아 있는 것을 목표로 만든 후, 점차 시간을 늘리자. 아동이 이미 배출을 잘 하고 있으므로 변기 위에 앉아 있는 것이 편해지기만 한다면 이 모든 절차를 숙달하게 될 것이다.
- 아동이 소변을 본 것을 눈치채지 못한다면 물을 많이 마신 뒤 작은 플라스틱 통 안에서 (변기 근처) 또는 욕조 안에서 물놀이를 하자. 머지않아 아동이 소변을 본다고 하면 유아용 변기나 일반 변기에 재빨리 데려갈 수 있다. 욕조 안에 대소변을 보았다면 침착하게 목욕 시간을 마치자. 아동도 알아차렸을 것이다.

2) 플로어타임

플로어타임으로 관계에 참여하는 감각을 만들어 보라. 화장실 훈련의 성공 여부는 부분적으로 아동이 당신을 기쁘게 하고 싶다는 의지에 달려 있으며, 플로어타임 동안에 친밀감을 형성할수록 이 의지는 더 강해질 것이다.

3) 상징적으로 문제 해결하기

화장실 훈련에 관한 책과 영상은 현재 작업하고자 하는 것에 도움이 될 것이다. 아동이 책이나 영상을 보고 한 부분을 짚어 보거나, 질문하거나, 응원할 기회를 제공하라. 놀이를 하면서도 화장실 훈련을 할 수 있다. 놀이방에 아기 변기 의자를 두고 (사용하지 않은 것), 인형을 가지고 놀 때 이 기능을 포함하자. 놀이 중간중간에 인형이 화장실을 가야 한다며 흐름을 방해하자. 인형의 기저귀를 갈아 주거나 화장실로 데려가기 위해 몸짓, 휴지 및 테이프를 사용하자. 아동은 이 일에 흥미를 느끼고, 당신을 따라 하고 싶어할지 모르며, 어쩌면 전혀 관심이 없거나 분노할 수 있다.

이와 같은 여러 단계를 거쳐갈 때 아동이 도울 수 있게 하자. 아동이 염려스럽게 생각하는 것을 인형에게 말하게 하자. 아동의 개인적인 차이점을 고려해서 말이다. 아동이 말을 할 수 있다면 말로 절차를 진행하자. 변기에 앉아 있는 자신의 모습을 상상하게 하라(또는 현재 작업하고 있는 작은 단계를 수행하는 모습을 상상하게 한다). 아동의 기분이 어떨 것 같은지, 무엇을 하고 싶어 할 것 같은지 그리고 어려움을 덜어 주기 위해 당신이 할 수 있는 일이 무엇이 있을지 상상해 보게 하자. 그런 다음 아동에게 목표를 달성한 모습을 상상해 보라고 한다.

4) 공감하기

인형이 아동의 염려를 표현함에 따라 인형의 감정과 아동의 감정에 공감해야 한다. 나중에 아동이 변기에 앉아 있을 때, 아동이 힘든 일을 하고 있다는 것을 잘 알고 있다고 알게 해 주자. 이제 '어른스러운' 속옷을 입게 될 것이 얼마나 자랑스러울지 상기시키라.

5) 기대치 및 제한 설정하기

루틴과 기대의 감각은 화장실 훈련의 중요한 부분이다. 아동이 전혀 따르지 못할 수도 있기 때문에 제재 조치는 적절하지 않다. 아동이 작은 단계를 성취할 때마다 취침 전에 스티커나 더 많은 이야기를 들려주는 등 아동의 노력에 대한 보상을 해 주자. '어른스러운' 속옷을 입는 장기 목표 또한 긍정적인 보상이다.

6) 황금 법칙

아동이 대소변 훈련 동안에 작은 단계를 숙달할 때마다 더 많은 플로어타임을 하게 하자. 화장실 훈련이 당신에게 매우 중요하다고 느낀다면 아동은 당신을 실망시키는 것을 두려워할 수 있다. 아동도 이 어른스러운 행동을 바라는 당신의 욕망을 느끼기 때문에 자기 자신을 실망시킬까 봐 두려워할 수도 있다. 아동에게 이러한 감정과 다른 감정을 표현할 수 있는 공간을 마련하고, 당신과의 친밀감을 재확인하기 위해 더 많은 플로어타임 회기를 해야 한다.

6. 고집과 부정적인 태도

당신은 아동의 고집과 부정적인 태도를 긍정적으로 보지 않을 것이다. 하지만 실제로 발달지체가 있는 아동이라면 이런 모습은 조직적이고 의도적인 행동이기에 긍정적인 부분이다. 발달장애가 있는 아동은 의도적인 것을 배우는 데 오랜 시간을 보내기 때문에 아동의 강력한 "싫어!" "안 할 거야!"와 같은 반항과 격렬함은 진전의 신호이다. 아동은 이제 자신이 독립된 사람으로서 체계화된 감각을 가졌다고 스스로를 정의하는 것이다. 부모는 아동을 대화와 상호작용에 참여시키기 위해서 그 반항을 이용하기를 원한다. 그러기 위해서는 부모의 접근법을 차분하고 점진적으로 만들어야 한다.

아동들의 부정적인 행동은 소통할 수 있는 훌륭한 기회를 제공할 수 있다. 만약 부모가 다툼을 줄이기 위해 즉각적으로 그러라고 하든지 안 된다고 대답하고자 하는 마음을 억누를 수 있다면 아동이 욕구를 전달하고 논리적으로 자신을 표현하는 데 많은 연습을 제공할 수 있다. 그리고 아동은 격앙된 감정 상태에서 협상을 할 것이기 때문에 배움은 현실이 될 것이다.

하루에 이런 연습을 할 기회는 수십 번 있다. 때때로 유머와 모순을 사용하라. 만약 아동이 신발을 신고 싶어 하지 않는다면 당신이 신발을 가리키며 아동에게 신으라고 제안하는 것으로 협상하라. 아동이 싫다고 하면 아동에게 신발을 머리 위에 얹어 놓도록 제안하라. 아동이 당신의 생각을 거부하면 신발을 아동의 귀에 걸어 놓도록 제안하라. 아동은 매번 답을 할 때마다 의사소통 순환을 닫을 것이고, 몇 가지 바보 같은 제안을 계속하면 아동은 미소를 지을 수도 있다. 아동은 여전히 신발을 신는 것을 거부할지도 모르지만, 부모는 의사소통에 있어서 귀중한 연습을 끌어내고 아동의 감정 표현을 격려해 주는 것이다. 아동이 특정 음식을 먹으려고 하지 않을 때, 부모는 이해 못하는 척 반응하라. 아동이 자신이 원하는 것을 가리키는 것을 격려하기 위해 이해를 못하겠다는 표정으로 처음에는 다른 음식들을 아동에게 주라. 4~5개의 의사소통 순환을 열고 닫은 후에 드디어 이해를 한 얼굴로 아동이 원하는 음식을 주어 아동의 노력을 보상해 주자. 만약 아동이 말을 할 수 있다면 행동을 취하도록 명령하는 대신에 부모의 요구를 대화로 바꾸자. "아, 코트를 걸고 싶지 않아? 왜 그럴까? 코트 받침대가 멀리 손을 뻗고 있어서 네 코트를 가져갈 수 있었다면 어땠을까?" 상황을 대화로 바꾸는 것은 아동의 소통 기술을 강화시켜 주고 갈등으로부터 아동의 관심을 분산시킬 수 있다.

물론 이러한 협상을 확장할 시간이나 인내심이 없을 수도 있다. 때때로 부모에게 아동의 유연성이 정말로 필요하다. 그런 시기에는 특히 부드럽게 행동하고, 가능한 한 긍정적으로 행동하려고 노력하자. 만약 아동이 차에 타기 싫어한다면 아동이 좋아하는 장난감을 가져오라고 제안할 수도 있고, 놀이로 아동을 유도하거나, 가는 길에 먹을 수 있는 간식을 주거나, 안아 주는 것으로 달래 주어 보자. 만약 아동이 여전히 비명을 지르며 발로 찬다면 아동을 들어 올려서 차에 앉게 하되 부드럽게 대하자. 강하지만 부드럽게 아동을 안고 있자. 크고 견고한 곰 인형처럼 말이다. 그리고 아동에게 가고 싶지 않다는 걸 알지만 때때로 우리는 싫어하는 일을 해야만 한다고 말하라. 무엇보다도 통제력을 잃지 않아야 한다. 만약 당신이 통제력을 잃는다면 아동이 무서워할 것이다. 아동은 소리나 과장된 제스처에 과잉 반응할지도 모르며, 당신에게는 가벼운 분노처럼 느껴지는 것도 아동에게는 압도적으로 보일지도 모른다. 만약 당신이 이 곰 인형 전략과 놀이 같은 협상을 함께 이용한다면 당신은 아동이 더 유연해지도록 점차 도울 수 있다.

기억해야 할 것은 어떤 아동도 못되고 싶어서 부정적으로 행동하는 경우는 거의 없다. 아동은 때로 감각에 과민하기 때문에 과부하되지 않기 위해서 통제를 하는 것이다. 아동이 당신의 생각을 거절할 때 부모를 의도적으로 방해하려는 것이 아니라, 자기 주장을 하려는 것이고, 자신이 누구인지, 자신에 대한 감각을 발달시키려고 하는 것뿐이다. 그렇기 때문에 우리가 아동의 노력을 존중해 줘야 한다. 아동의 의견에 다 동의할 필요는 없다. 다른 위치에서 생각할 수 있도록 협상을 시도해야 한다. 이때 부모의 의도를 과시하기보다는 협상을 하는 것으로 당신은 아동의 감정을 존중하고 아동의 자아를 강화하는 것이다.

1) 작은 단계

핵심은 한 번에 한 문제를 해결하는 것이다. 만약 아동이 음식과 옷과 학교에 가는 것에 대해 부정적이라면 세 가지 문제를 동시에 해결하려고 하지 말라. 부모에게 가장 중요한 문제부터 시작하고 나중에 다른 문제들에 대처하자. 지나치게 많은 배움을 강요하는 것으로 아동을 압도해서는 안 되며, 여러 방면에서 아동이 주도권을 쥐도록 허락하자. 이는 아동의 자아에 대한 감각에 중요하다. 아동이 상당히 협조적이 될 때까지는 점차 문제들을 조금씩 해결해 갈 수 있다.

2) 플로어타임

플로어타임은 아동이 모든 것에 대해 안 된다고 안전하게 말할 수 있는 시간이다. 부모가 인형을 차 안에 넣는 것을 거절할 수 있고, 아동이 독재자인 것처럼 연기하는 동안에 부모를 노예로 만들 수 있으며, 자동차들이 줄지어 서도록 강요할 수 있다. 아동이 누구도 다치게 하거나 부러뜨리지 않는 한 아동이 주도권을 쥘 수 있다. 가상으로 아동 마음대로 하게 해 주는 것은 아동을 버릇없게 만들지 않는다. 아동이 현실에서 마음대로 할 수 없다는 사실을 이해하게 해 주는 것이다.

3) 상징적으로 문제 해결하기

문제 해결을 하면서 아동이 싫어하는 것을 해 보도록 연습하는 것을 도와줄 수 있다. 만약 아동이 항상 차 안에 들어가는 것을 거부한다면 인형들이 차 안에 타야 하는 장면을 놀이로 풀자. 아동은 인형이 차를 타고 싶어 하게 만들 수 있을까? 만약 아동이 항상 옷을 입는 것을 거부한다면 인형들이 옷을 입기 싫다고 시위하는 장면을 연기하자. 아동이 인형을 좀 더 편안하게 만들 수 있을까? 아동이 인형 놀이로 문제를 해결했을 때, 그 연습을 현실 세계에 적용하자. 부모와 함께 차에 타거나 술래잡기를 하라. 옷을 머리까지 입은 후 서로 옷을 당겨 벗겨 주는 놀이를 해 보자. 노는 동안에 아동의 이런 어려운 일을 배우는 것이 얼마나 자랑스러운지 말해 주자.

아동은 질감에 민감하여 피부에 닿는 천의 느낌이 불쾌해서 옷을 입지 않으려는 것일 수도 있다. 다양한 직물에 대한 반응을 시험하고 아동이 가장 덜 불쾌해하는 옷을 고르라. 만약 아동이 신경 쓰는 듯하면 옷의 상표를 잘라 내고 양말을 뒤집어 주자. 아동에게 새로운 옷을 입으라고 하기 전에 새 옷을 갖고 놀자. 옷 입기 놀이를 하면서 다양한 옷을 입게 함으로써 옷 입는 행위에 아동이 익숙해질 수 있게 하자. 아동이 옷 입기 전에 더 편해질 수 있도록 마사지를 하는 것에 대해 작업치료사와 상의하자.

4) 공감하기

아동이 어려움에 직면해 있을 때마다 아동의 불편함을 공감한다는 것을 알려 주라.

5) 기대치 및 제한 설정하기

제한이 필요하다면 전에 언급한 튼튼한 곰 인형이 되어 주자. 아동의 감정을 달래 주며 공감하되, 이런 경우에 아동에게 융통성이 있어야 한다고 상기시키자.

6) 황금 법칙

각 문제 영역을 다룰 때는 플로어타임을 늘려야 한다. 당신은 아동에게 중요한 행동을 바꾸도록 요청하고 있는 것이다. 그로 인해 일어나는 강한 감정을 표현할 수 있는 공간을 주자.

7. 과한 공포

대부분의 아동은 자신이 누구인지 그리고 자신에게 무슨 일이 일어날 수 있는지를 자각하면서 두려움을 배우기 시작한다. 2세쯤에 넘어졌을 때 두려움이 생길 수 있다. 아동은 몸이 다칠 수 있다는 것을 깨닫지만, 아직 어떤 정도가 심각한지 판단할 수 없다. 이 단계에서는 뽀뽀와 반창고가 아동의 아픔을 줄여 준다. 만 4세 즈음이 되면 이 해결책들은 굳이 필요하지 않다. 아동은 자신의 몸에 대한 자신감을 얻었기 때문에 도움이 언제 필요한지 이해한다. 아동의 성장 중인 현실감 또한 두려움을 예측할 수 있게 해 준다. 그래서 새로운 경험과 분리에 대해 미리 걱정할지도 모른다. 미래의 그 순간에 두려움을 느낄 수 있다는 것을 이제 이해하기 때문이다. 이 단계에 있는 아동들은 학교에 가는 것에 대해 걱정하거나 친척과의 모임에서 부끄러워 숨을지도 모른다.

아동이 점점 더 나이가 들고 말과 가상놀이로 자신을 표현할 수 있게 될 때, 아동은 두려움의 단계를 거칠 가능성이 크다. 아동은 이제 상상력을 발휘할 수 있지만, 그 상상력이 아동에게 겁을 줄 수 있다. 아동은 부모가 자신을 안아 주는 상상을 할 수 있고, 침대 밑에 있는 마녀를 상상할 수도 있다. 모든 아동은 세상에 자신을 다치게 할 수 있는 것이 있다는 것을 이해할 때 두려움의 단계를 거친다. 두려움은 아동이 환상과 현실을 구별하기 시작한다는 것을 암시한다. 이전에 환상적인 사고와 덜 발달된 자아는 보호와 힘을 제공해 줬다. 이제 아동은 자신이 단지 어린 아동일 뿐이라는 것을 이해하기 시작하고, 이 새로운 현실에 적응해야만 한다. 이것은 아동이 자신의 실제 힘의 한계를 깨닫고 가상과 상상을 이용한 힘으로 상상의 두려움과 현실에 대처하는 시기이다.

특별한 요구를 가진 아동들은 자신의 개인적 차이 때문에 특히 두려움에 민감하다. 만약 아동이 소음에 지나치게 민감하다면 진공청소기에 압도당하여 진공청소기를 아동의 옷장 안에 있는 화난 코끼리로 생각할 수 있다. 만약 아동이 촉감에 민감하다면 아동은 자신과 악수를 한 낯선 사람 때문에 속상해서 나중에 아동의 침대에서 아동을 짓누르고 싶어 하는 털이 많은 고릴라로 표현할 수도 있다. 그날의 불안한 경험들은 종종 비이성적인 두려움으로 바뀐다.

아동의 감정 또한 아동을 두렵게 할 수 있는데, 그 결과 아동의 상상력 속에서 바뀔 수도 있다. 아동이 당신에게 의지하고 있으며, 당신의 부재에 취약하다는 이해가 당신과의 분리를 재앙적인 사건으로 생각하게 하는 두려움으로 나타날지도 모른다. 분노나 공격성의 강한 감정은 화재에 대한 두려움, 군대나 다른 파괴력을 가진 것들이 쳐들어오는 상상으로 드러날 수도 있다. 만약 아동이 운동 신경에 문제가 있다면 공격성을 두려워할 가능성이 더 높다. 아동은 자신의 몸을 완전히 통제할 수 없기 때문에 자신의 분노를 억제할 수 없을 것이라고 두려워할지도 모른다. 그리고 만약 아동이 화를 다스릴 수 없다면 다른 사람들은 어떻게 그들의 감정을 조절할 수 있을까? 운동 능력에 어려움이 있는 아동에게 세상은 공격할 준비가 되어 있는 생명체들로 가득할 것이다. 신체적으로 자신을 보호할 수 없을 것이라는 이해가, 심지어 엄마의 품으로 스스로 갈 수 없다는 이해가 불편함을 가중시킨다.

이러한 모든 영향은 특별한 요구를 가진 아동이 비이성적인 두려움의 시기를 지나게 한다. 다행히도 이 상황은 일시적이다. 아동이 세상에 대한 논리적인 이해를 발달해 가고, 자신을 말로 표현하는 능력이 발달해 가면서 자신의 비이성적인 두려움은 감소해 간다. 그러기 전까지는 두려움 자체도 하나의 진전이라는 신호라는 것을 기억하면 좋을 것이다. 더 논리적인 사고와 감정을 향해 나아가는 건강한 발걸음이다.

1) 작은 단계

작업할 문제를 한 번에 하나씩 고르고, 적은 양으로 조금씩 작업하며 숙달하도록 도와주자. 예를 들어, 만약 아동이 학교에 가는 것을 두려워한다면 수업이 시작되기 전에 아동과 함께 미리 학교에 가 보자. 아동의 교실을 방문하고, 선생님을 만나고, 친구들이 노는 것을 관찰하자. 수업과 관련하여 아동이 기대할 수 있을 만한 것을 찾아보자. 이렇게 며칠 동안은 이동과 함께 등교하라. 일찍 가서 친구들과 합류하게 하고, 당신이 머무는 시간을 점차 줄이라. 아니면 아동에게도 보이도록 문 앞에 서 있되, 점차 문 앞에서 서서 지켜보는 시간을 줄이자. 필요하다면 첫째 날에는 일찍 집으로 하교하되, 하루하루가 지날수록 학교에 있는 시간을 조금씩 늘리자. 다른 대안으로 아동을 데리러 일찍 학교에 가 있자. 언제나 엄마가 올 것이라는 것을 재확인시켜 주라.

만약 아동이 침대 밑의 괴물을 무서워한다면 아동의 방을 확인하고, 아동이 부모를 부르기 전에 괴물과 싸울 수 있는 법을 찾아 주자. 예를 들어, 베개 밑에 손전등을 넣어 필요하면 비추게 하든지 괴물을 놀라게 하여 도망가게 할 뿔피리를 준비해 두었다가 불게 하는 것이다. 부모를 부르기 전에 아동의 새로운 방어 수단을 조금 더 오래 써 보라고 하자. 그런 다음 아동의 용감함을 충분히 보상하자.

아동은 만 4세 정도가 될 때까지는 마법 같은 가상의 해결책을 받아들일 것이다. 아동이 좀 더 현실적이 되면 그런 해결책을 거부할 것이다("정말이지, 엄마!"). 그때는 책을 읽고 다른 친구들의 해결책을 논의하거나 친구나 형제가 겁을 먹었다면 어떻게 할 것인지 물어보라.

2) 플로어타임

만약 아동이 두려움을 겪고 있다면 아마도 플로어타임 회기 동안에 놀이로 나타낼 것이다. 아동은 종종 자신을 겁먹게 만드는 바로 그것으로 변할 것이다. 그래서 아동은 아동을 공격하는 괴물이나 사육사를 잡아먹는 화가 난 사자가 될 수도 있다. 아동은 도둑과 회색 곰을 포획하고 무찌르는 방법을 찾아낼 것이다. 이 장면들을 놀이로 풀어가는 것은 유익하다. 아동이 두려워하는 것이 됨으로써 아동은 두려움을 바꾸고 통제할 수 있으며, 그 두려움의 주인이 될 수 있다. 또한 힘이 있는 것이 어떤지 배우고, 부정적인 감정을 통해 경험을 얻을 것이다. 만약 아동이 이러한 두려움을 낮에 표현한다면 밤에 그러한 두려움을 느끼고 표현할 필요가 줄어들 것이다.

두려움을 놀이로 표현하는 것은 또한 공격적인 에너지를 표출하기 위한 기회가 되는데, 이것은 아동이 오로지 놀이에서만 안전함을 느낄지도 모른다. 아동의 적극적인 행동을 장려하는 것을 두려워하지 말라. 아동의 환상을 펼치게 하라. 만약 부모가 그 환상과 감정을 현실적으로 대한다면 아동은 더 무서워할지도 모른다.

어떤 아동들은 특히 공격성에 대해 걱정한다. 이런 아동들은 현실을 구별하는 법을 더 느리게 배울 수도 있다. 공격적인 사고가 놀이에서 나타나면 현실인 것처럼 대응할지도 모른다. 그 아동들은 자신이 다칠까 봐 순간적으로 극심한 공포를 느끼는 것이다.

피겨를 이용해 아동이 맞서고 대결할 수 있는 놀이를 펼치면서 공격성에 대해 편해질 수 있게 도울 수 있다. 아동은 항상 이겨야 안정을 느끼므로 이기게 해 주자! 이 단계를 서두르지 말라. 플로어타임 중에 필요한 만큼 이기게 해 주자. 만약 악역을 하는 것이 불편해 보인다면 둘이 함께 적을 찾는 선한 역을 할 수 있다. 적과 함께 싸우고, 적들이 뭘 하고 있는지 상상해 보자. 아동은 서서히 악역을 실험해 볼 준비가 되어 갈 것이고, 그럼에도 통제력을 잃지 않을 것이다. 그럼에도 아동이 이겨야 할 것이다. 그래도 괜찮다. 시간이 흐를수록 아동의 범위는 넓어지고 더욱 유연해질 것이다.

3) 상징적으로 문제 해결하기

문제 해결 회기를 이용하여 아동이 무서울 수도 있는 것들을 예측하도록 도와줄 수 있다. 밤에 잠자리에 드는 상황이든, 아니면 처음으로 친구 집에 가는 것이든 인형을 이용해 상황을 미리 풀어 볼 수 있다. '새로운 상황에서 인형들은 어떤 기분일까? 조금 두려울까? 중간 정도로 두려워할까? 아주 무서울까? 무엇이 무서울 수 있을까? 인형이나 엄마가 덜 무섭도록 할 수 있는 것은 무엇일까?' 어쩌면 가장 좋아하는 동물이나 가족 사진을 갖고 있거나, 전화로 부모님과 대화할 수 있는 시간을 만들 수도 있다. 아동이 상황에 편안해 보일 때까지 다양한 시나리오를 펼쳐 본다.

4) 공감하기

부모는 아동의 두려움이 비이성적이라는 것을 알지만 아동에게는 아주 현실적이다. 비록 부모가 괴물을 찾기 위해 벽장을 수백 번 훑어 보고 침대 밑을 빗자루로 두 번이나 확인해 볼지라도 아동의 감정에 대해 계속 공감해 주자. 아동은 부모의 따뜻한 지지를 필요로 한다. 그것이 아동이 가진 유일한 방어 수단이다.

아동이 더 현실적이 된 이후에는 아동의 두려움에 동참하지 말고 공감하자. 당신이 어렸을 때 무서웠던 순간을 이야기해 주자. 아동은 당신의 이야기를 몇 번이나 듣고 싶어 할 것이다.

5) 기대치 및 제한 설정하기

비이성적인 두려움을 가진 아동은 자신의 삶의 다른 측면에 확고한 제한을 두는 것에서 이득을 취한다. 아동의 비이성적인 두려움 아래에는 자신의 공격성에 대한 두려움이 깔려 있다. 파괴적인 행위를 하지 못하도록 당신이 제한을 줄 것이라는 사실이 그 두려움을 감소시켜 준다. 따라서 아동에게 분명한 선을 그어 주어야 한다.

아동이 놀이 중 전투에서 안전할 수 있도록 피겨를 사용하는 것도 무척 도움이 된다. 하지만 도가 지나치면 사람들을 다치게 할 수 있다는 것을 상기시켜 주어야 한다.

제한을 설정할 때는 엄격하게 강요하지 말라. 부모의 부드러운 단호함을 표현하기 위한 곰 인형 전략은 더 생산적이고 설득력이 있을 것이다. 하지만 일관성이 있어야 한다. 아동은 어디까지가 허용 범위인지 알아야 할 필요가 있다. 이런 이해가 아동의 최악의 두려움을 멀리 둘 수 있게 해 줄 것이다.

6) 황금 법칙

우리는 아동에게 두려움에 정면으로 맞서라고 요구하는데, 결코 쉬운 일이 아니므로 아동에게 여분의 플로어타임을 주어 아동을 지지해 주어야 한다. 아동이 놀 때 우리가 주는 따뜻한 정은 자신의 내면의 괴물들과 싸우는 것에 있어서 가장 훌륭한 무기가 된다. 더 많은 플로어타임 회기는 아동이 사회적인 규칙을 이해할 수 있도록 도움을 줄 것이다.

8. 불규칙한 운동 및 자기 자극적 행동

특별한 유구를 가진 많은 아동은 불규칙적인 운동 행동을 보인다. 팔을 벌려서 퍼덕이거나, 회전하거나, 문을 반복해서 열고 닫는 등 무의식적인 반복 운동을 한다. 이러한 행동은 자폐증, 뇌 손상 또는 정신지체에 대한 징후가 아니다. (이러한 움직임은 장애가 있는 아동에게서 빈번하게 발생하기 때문에 이러한 장애를 진단하는 데 사용되는 목록에 포함되지만 이 자체가 자폐증, 정신지체 또는 뇌 손상을 나타낼 수는 없다) 이러한 움직임은 운동 시스템 문제에서 발생된다. 즉, 높거나 낮은 긴장도의 문제, 운동 계획 문제 또는 운동의 흐름을 조절하는 어려움에 의해 발생한다. 아동이 스트레스를 받거나, 피곤하거나, 흥분하거나, 자극을 추구할 때 아동의 근육의 조직 능력이 영향을 받아 무의식적으로 본의 아닌 행동으로 반응할 수 있다. (아동이 아기였을 때 기쁨이나 기대에 들뜬 순간, 팔이나 다리를 흔들었던 것을 기억해 보자.) 일반적인 오해와는 달리 매우 애정 어리고 온화한 아동들, 혹은 비범한 재능을 지녔거나 똑똑한 아동들조차도 스트레스를 받거나 흥분할 때 이러한 과잉 운동 증상을 보일 수 있다.

안면 근육 활동의 일반적인 예시로 안구 주위가 떨리는 현상을 생각해 보자. 사람이 스트레스를 받거나 피곤할 때에 경련이 더욱 뚜렷해진다. 그 사람에게 눈 떨림에 대해 말을 하면 더욱 더 거세질 것이다. 하지만 미소를 지을 수 있는 상호작용을 하면 경련은 사라지게 된다. 그 사람은 이제 그 근육에 대한 자발적인 통제권을 갖게 된다. 만약 아동이 불규칙적인 움직임을 보인다면 유사한 전략을 사용할 수 있다. 부모는 아동이 불규칙한 움직임을 일으키는 동일한 근육을 통제할 수 있는 부드러운 상호작용으로 이끌어 가는 것이 좋다. 만약 아동이 팔을 퍼덕거린다면 아동과 악수를 하거나, 아동의 손을 잡고 춤을 추거나, 좋아하는 것을 잡으라고 건네준 다음 교환하자고 제안할 수 있다. 아동이 당신의 놀이에 참여하기 위해 노력함에 따라 수의적인 통제는 아동의 무의식적인 운동보다 우선하게 될 것이다. 만약 아동이 빙글빙글 돌며 회전하고 있다면 아동의 손을 잡고 '둥글게 둥글게' 노래를 부르면서 돌다가 마지막에 바닥에 눕는 장면을 만들 수 있다. 만약 아동이 문을 열고 닫기만 한다면 문 뒤에 붙어서 그의 행동을 상호적인 놀이로 바꾸라. 아동은 이제 문을 밀지 당길지 선택을 해야 하고, 아동의 자동적인 움직임은 자발적이게 된다. 혹은 아동의 인형 군대가 하나씩 목적지에 도착했다고 하며 아동이 문을 열고 닫아야 하는 이유를 만들어 줄 수 있다. 혹은 당신이 문을 두드리고, 아동에게 열쇠를 주어 그 상황을 상징적으로 다룰 수도 있다.

아동의 움직임을 상호작용으로 이끌어 냄으로써 당신은 아동의 행동을 자극적인 것보다는 목적이 있는 행동으로 만들게 된다. 아동은 이제 감각적 자극을 일으키기보다는 의도적으로 행동하고 의사소통을 하기 위해 근육을 사용할 것이다. 당신은 아동의 행동과 정서를 엮는 것으로 목적의식을 강화시키는 것이다. 아동이 원하는 것을 제안하거나 원하는 것을 방해하는 것으로 말이다. 이런 식으로 당신은 아동에게 근육의 움직임에 대한 통제력을 더 얻게 해 주는 것이다.

불규칙한 움직임을 최소화하는 데도 마찬가지로 도움이 되는 것은 작업치료사 및 발달 시력 측정 의사가 아동의 움직임 및 시각 운동 시스템을 강화하는 작업이다. 이로 인해 아동이 근육 조절 능력을 키울 때 불규칙적인 움직임에 대한 필요성이 줄어들 것이고, 아동은 그것을 통제할 수 있는 능력이 커질 것이다. 하지만 이 과정은 시간이 걸리며, 많은 아동이 그러한 움직임을 완전히 없애는 법을 배우지 못한다. 오히려 아동은 대부분의 시간 동안에 이 행동을 제어하는 법을 배우고, 스트레스를 받는 순간에는 다시금 경험할 것이다. 하지만 이런 행동으로 삶의 질이 저해될 필요는 없다. 불규칙한 운동 습관을 가진 사람들도 결혼을 하고, 아동들을 키우며, 도전적이고 의미 있는 직업을 가지며, 행복하고 충만한 삶을 살 수 있다. 아동들이 겪는 훨씬 심각한 문제들, 즉 상호작용과 소통의 어려움과 비교하면 불규칙적인 운동은 그렇게 심한 문제가 아니다.

그럼에도 불구하고 불규칙적인 움직임은 부끄럽게 느껴질 수 있다. 아동도(괴롭힘을 당하거나 거부당하는 경우), 당신도 공공장소에서 사람들의 시선과 의문을 느껴야 하는 것은 마찬가지이다. 어쩌면 당신이 아이였을 때 느꼈던 수치심이 떠오를 수도 있고, 남과 다르다는 것의 고통을 다시 느껴야 할 수도 있다. 이런 불규칙한 움직임을 최소화하고 아동에게 통제력을 부여하기 위해 단계를 세분화하여 만들 수 있다.

1) 작은 단계

불규칙한 움직임은 아동을 편안하게 해 주기 때문에 아동은 운동상의 이유뿐만 아니라 감정적인 이유로도 통제하기가 힘들다. 아동의 욕구를 존중하고 행동이 가장 문제가 되는 영역부터 시작하여 아주 작은 단계로 아동의 움직임을 조절하는 것을 도와주어야 한다. 문제 해결 놀이와 토론을 통해 특정 상황에 맞는 다양한 전략을 연습하라. 다른 모든 상황에서는 아동이 하고 싶어 하는 대로 하게 해 주자. 여기서 첫 번째 단계는 아동에게 통제가 가능하다는 것을 보여 주는 것이다. 아동은 불규칙한 행동을 하며 혼자 있는 것보다는 점차적으로 그런 행동 없이 당신과 상호작용하는 것을 더 좋아하게 될 것이다.

2) 플로어타임

만약 아동이 플로어타임 중에 비자발적인 행동을 한다면 그것을 의도적인 놀이로 바꾸라. 만약 아동이 빙글빙글 돌고 있다면 음악을 틀고 아동의 손을 잡아 회전을 춤으로 바꾸라. 만약 아동이 입에 손가락을 넣고 빤다면 당신의 손을 아동의 입에 넣고 아동이 욕구를 만족시키기 전에 아동을 상대하라. 아동이 앞뒤로 몸을 흔들면 아동에게 인형을 안게 한 후 "자장, 자장, 우리 아가……"를 부르며 아동이 몸을 흔드는 것을 인형을 안고 흔드는 것으로 전환하라.

아동을 다른 각도에서 물건을 검사하는 것처럼 눈 가까이에서 물건을 회전시킴으로써 시각적인 자극을 추구할 수 있다. 아동은 감각적으로 압도되는 부모나 주변의 세계를 피하기 위해 그런 행동을 할지도 모르고, 다른 시각적 입력을 제거하거나 청각적 이해력이 약한 경우에 익숙한 것에 집중하기 위해, 또는 아동이 눈을 깜박일 때마다 그것이 만드는 다양한 시각적 감각의 원인과 결과를 즐기기 때문일 수도 있다. 다른 행동과 마찬가지로, 이런 아동의 노력을 상호작용으로 만들기 위해 노력하자. 아동이 흥미로운 것을 보고 있다면 함께하자. 만약 아동이 당신을 보려고 하지 않는다면 볼 만한 것들을 더해 주자. 손전등, 돋보기 또는 선글라스를 추가하여 다양한 시각 효과를 만들자. 아동의 행동을 상호작용적인 실험으로 바꾸자.

만약 아동이 시각적인 고집을 지속한다면 시각적인 처리와 시각적 운동 조절을 발달시키는 놀이 또한 유용할 것이다.

- 잠자리에 들기 전에 어두운 방에서 2개의 손전등으로 술래잡기를 하는 것으로 시작하자.
- 그리고 나서 불빛으로 창문이나 가구의 외곽선을 비추어 보자.
- 조명을 비추며 각자 다른 물건의 이름을 부르면서 언어 연습을 하라.
- 행성, 우주선 그리고 별들이 달린 플라스틱 덮개가 있는 작은 프로젝터를 구입하라. 이미지를 안팎으로 확대할 수 있도록 플래시를 움직이자.
- 아동이 움직임을 추적할 수 있도록 모빌을 달자.
- 천장에 동물 인형을 매달고 그네처럼 앞뒤로 밀자. 그것을 다시 되받아치는 도전을 주자. 가끔씩 방향을 바꿔서 다시 밀기 위해 움직임을 추적하게 하자.
- 아동이 상대방의 움직임을 보면서 칼 싸움을 하고, 칼을 천천히 여러 방향(위 아래, 좌우)으로 움직이자.
- 아동이 그네를 타고 있는 동안에 아동에게 장난감을 주는 놀이를 만들자. 그 장난감을 받기 위해 아동은 장난감을 추적할 것이다.
- 공을 바닥에 굴리는 피구를 하라.

이러한 활동들은 아동의 시각 체계가 발달하는 데 도움이 된다(비록 시력이 좋다고 해도 시각 처리는 미숙할 수 있다). 만약 아동의 시력과 시각 처리가 약하다면 이 놀이들은 아동의 눈에 새로운 용도를 제공할 것이다. 만약 아동이 나이가 조금 더 있고 숫자를 이해한다면 아동에게 놀이를 몇 번 하고 싶은지 물어보자. 이것은 아동의 활동을 통제하고 제한하게 할 것이다.

아동의 비자발적인 행동에 주의를 기울이는 것은 그 행동을 더욱 악화시킬 뿐만 아니라, 부모의 관심이 그 행동을 오히려 강화할 것이라고 걱정할 수도 있다. 충분히 이해할 수 있는 염려이지만 그렇게 되지 않는다. 부모가 그 행동에 주의를 기울이는 순간에 그 행동을 상호작용으로 바꾸기 때문이다. 결국 아동은 비자발적인 행동을 반복하는 대신에 상호작용을 연습하는 것이다. 행동을 강화하는 것은 주의를 기울이지 않을 때에 나타난다. 아동이 그 행동을 반복하여 상호작용으로 일어나지 않기 때문이다.

이와 같은 원칙은 통제할 수 없는 행동과 심지어 공격적인 행동에서도 마찬가지이다. 발소리, 소리 지르기, 물기, 때리기는 종종 상호작용에 의해 제어될 수 있다. 만약 아동이 당신을 발로 차거나 때린다면 베개를 들어 아동에게 목표물을 제공하라. 발차기를 놀이로 바꾸라. 만약 아동이 소리를 지른다면 귀를 막고 그가 소리를 지를 때마다 웃긴 표정을 짓거나 우스운 소리를 내자. 또는 마이크를 가져와서 아동이 얼마나 크게, 또 얼마나 조용히 소리를 낼 수 있는지 본다. 심지어 아동의 비명 소리를 놀이로 바꿀 수도 있다. 아동의 행동과 상호작용할수록 더 많은 것을 제어할 수 있다.

아동이 무의식적으로 행동하는 것을 부모가 제어할 수 있게 도와주는 또 다른 방법은 아동과 함께 조정하는 법을 배우는 것이다. 아동의 행동에 동참한 다음, "자, 이제 지-인-짜 느-으-리-게 해 보자. 이제 진짜 빠르게! 이제 진짜 어렵게. 이번에는 매우 부드럽게 해 보자."라는 식으로 행동을 다양한 방식으로 실행하는 것은 아동이 그것을 통제하는 데 도움이 될 것이다. 변화를 주는 게임은 또한 매우 활발한 아동에게도 도움이 된다.

아동의 비자발적인 행동에 대처하기 위해서는 보편적인 원칙을 기억하라. 아동에게 더 도전적인 것일수록 더 많은 연습이 필요하다. 그 분야에서 더 많은 노력을 하는 것이 그 문제를 해결하기 위한 열쇠이다.

3) 상징적으로 문제 해결하기

아동이 조금 더 나이가 있거나 말로 표현할 수 있다면 문제에 대해 이야기하고, 그것을 어떻게 다뤄야 하는지 이야기하라. 만약 아동이 학교에서 놀림을 당한다면 그 상황에서 무엇이 아동에게 도움이 될지 생각해 보자. 무엇이 그것을 유발하는가? 특정 사람이나 시간이 그것을 유발하는가? 아동은 그런 일이 생기기 직전에 기분이 어떨 것인가? 아동이 그 일을 겪는 동안에 아동의 기분이 어떨 것인가? 아동은 놀림을 당하면 기분이 어떤가? 아동이 사회적으로 받아들일 수 있을 만한 것으로 그 행동을 바꿀 수 있는 방법을 생각해 낼 수 있을 것인가? 아마도 아동은 자신의 팔을 돌리거나 퍼덕거리는 대신에 스트레칭을 하거나 머리를 긁을 수 있다.

만약 아동이 무언가를 만지거나 두드린다면 아동의 주머니에 꽉 쥘 수 있는 작은 '말랑이'를 아동에게 주라. 만약 아동이 입에 무얼 넣어야 한다면 아동에게 껌을 씹을 것을 권하라. 만약 아동이 어리다면 아동의 입에 넣을 수 있는 전용 목걸이(Thera tube, 손잡이가 있는 헬스용 탄력 저항고무 밴드)를 아동에게 주자.

이런 문제 해결을 위한 세션의 한 목표는 아동이 자기 스스로 인식하도록 돕는 것이다. 아동의 무의식적인 행동에 대해 토론하는 것은 자기 인식을 증진시키는 좋은 방법이다. 아동이 자신을 잘 알수록 자신감이 생길 것이다. 결국 아동은 그 행동을 완전히 제거할 수는 없을지라도 그것을 최소화하고 살아갈 방법을 찾을 것이다.

일부 부모들은 자신만 다르다는 고통을 덜어 주고 싶어 아동의 행동을 억누르려고 한다. 이런 노력은 비록 의도한 바가 선하지만 행동을 억제에 성공하는 법이 거의 없으며 자기 관찰에 대한 실천을 제공하지 못한다. 따라서 아동은 왜 자기 행동이 만족스러운지 또는 그것에 대한 적절한 대체물을 찾기 위해 생각할 기회가 없다. 행동을 억눌려 왔던 아동들은 대부분 사회적 상황에서 자신의 행동에 어떻게 대처할 수 있는지를 배우지 않았기 때문에 오히려 남들과 다르다는 감정을 더 깊이 느끼게 된다.

4) 공감하기

문제에 대해 이야기하는 동안 아동의 감정에 공감하자. 만약 아동이 다른 사람들에게 놀림을 당하거나 거절당한다면 가정에서 특히 공감을 받아야 한다.

5) 기대치 및 제한 설정하기

아동이 공격적인 충동을 조절하고 단어로 표현하는 것은 매우 중요하지만, 아동의 불규칙적인 운동 행동을 조절하는 것은 대단히 중요하지 않다. 이런 행동은 아동에게 편안함을 주며, 자신의 일부이기에 아동은 그럼에도 불구하고 부모가 자신을 사랑하고 존중한다는 것을 알 필요가 있다. 아동은 자신의 무의식적인 행동으로 인해 처벌받을 것이며, 심지어 아동을 제거한 것에 대해 보상 받을 것이라고 생각해서는 안된다. 아동이 작은 목표를 달성할 때마다 주어지는 보상은 자기 통제를 연습했기 때문에, 상호작용하는 법을 배웠기 때문에, 혹은 자신을 편안하게 하는 다른 방법을 찾았기 때문에 그리고 무척이나 어려운 도전을 마주했기 때문에 주어져야 한다.

6) 황금 법칙

이러한 어려움을 해결하기 위해 아동에게 더 많은 플로어타임을 하게 해 주자.

이러한 단계를 따르면 몇 가지 주요 상황에서 아동의 행동을 최소화하는 데 도움이 될 수 있지만, 감정적 이정표 및 작업치료를 포함한 전반적인 치료 프로그램으로 시간이 지남에 따라 이런 행동이 눈에 띄게 줄어드는 것을 볼 수 있을 볼 수 있을 것이다.

9. 우스꽝스럽고 불안한 행동

웃긴 행동은 몇 마디 이야기를 나눌 가치가 있다. 웃긴 행동은 다양한데, 입으로 방귀 소리나 다른 웃긴 소리를 내거나 큰소리로 킥킥 웃는 것, 우스꽝스러운 얼굴 표정이나 자세를 취하는 것 외에도 다양하다. 많은 아동이 이런 행동을 사랑하는 듯하다. 특히 공공장소에서 부모를 부끄럽게 할 때 말이다! 아동이 그런 행동을 멈추지 않겠다고 할 때 화를 내 본 적 없는 부모는 세상에 없을 것이다. 그러나 이런 태도를 다루기 가장 좋은 방법은 아동을 멈추라고 말하지 않는 것이다. 왜냐하면 그건 대게 다툼으로 이어지기 때문이다. 대신 이 행동이 왜 아동에게 즐거움을 주는지 이해해야 한다. 어떤 좋은 감각적 경험을 만들어 주는 걸까? 예를 들어, 아동이 입으로 방귀 소리를 낸다면 아동은 입술에 공기가 통과하는 것을 느끼는 것이 진짜 즐거움일 수 있다. 만약 아동이 땅바닥을 구른다면 아동은 피부에 압력을 원하는 것일 수도 있다. 그렇다면 그런 행동을 비난하는 대신에 사회적으로 받아들일 수 있는 방식으로 아동의 감각적 욕구를 충족시키라. "입술에 바람을 느끼는 것을 정말 좋아하는구나. 몇 가지 방식으로 입에서 바람을 낼 수 있는지 보자!" 그런 다음 바람직한 느낌을 주는 휘파람 소리와 속삭임 놀이에 아동을 참여시키라.

이런 종류의 행동은 대개 더 높은 단계에 있는 아동이 그 순간에 사회적 기대를 충족시키지 못함으로 인해 느끼는 불안 또는 스트레스를 나타낼 수도 있다. 만약 아동이 이런 경우에 속한다면 아동이 좋아하는 놀이나 대화를 하면서 일시적인 스트레스를 줄이자. 나중에 아동이 우스꽝스럽거나 불안한 행동을 했을 때 어떤 기분이었는지 이야기 나눠 보자. 무엇이 아동을 무섭게 하거나 걱정되게 했는가? 문제 해결 기법을 사용하여 아동이 대안 해결책을 생각해 낼 수 있도록 하라. 아동이 다른 아동에게 다른 놀이를 하자고 제안할 수도 있다. 혹은 "너무 사람이 많아!" "너무 시끄러워!"라고 말하거나 또는 말할 기분이 아니라는 것을 나타낼 신호를 줄 수 있다. 만약 플로어타임 중 그런 행동이 일어난다면 무엇이 아동을 두렵게 하는지 이해해 보고 놀이에서 아동의 편에 서라. 이러한 방법은 불쾌한 도전을 덜어 주고 상징적인 해결책을 제안한다. 예를 들어, "도둑을 잡아 감옥에 넣는 놀이를 하자." 또는 "야생 동물을 우리에 넣는 놀이를 하자." 같이 말이다. 나쁜 사람들이 무엇을 하고 싶어 하는지와 그 이유에 대해 아동이 생각하도록 도와라. 만약 아동이 당황한다면 차분하게 말하며 이건 가상놀이라는 것을 상기시켜 주자. 그리고 나중에 함께 추론해 보자. "늑대가 정말로 돼지를 잡아먹었어?" "후크 선장이 정말 피터팬을 죽였어?" 아동이 놀이를 많이 할수록 자신이 상상력을 통제하고 있고, 원하는 대로 상황을 안전하게, 신나게 혹은 위험하게 만들 수 있다는 것을 알게 된다. 그리고 아동이 상상력을 더 통제할수록 아동은 당신을 덜 통제하려고 할 것이다.

어떤 상황이 아동에게 스트레스를 일으키는지 파악한 후에는 그러한 상황을 놀이에 적용하여 우두머리 역할을 맡을 수 있도록 하자. 아동은 교사, 경찰관, 의사, 경호원 또는 괴롭히는 사람이 되어서 다른 사람들에게 명령을 내릴 수 있다. 아동이 안정감을 느끼는 데 필요한 만큼의 지원을 제공하고, 현실적이지 않더라도 천천히 논리적인 해결책을 생각하도록 만들자.

10. 이야기나 대본의 반복

몇몇 아동은 반복적인 언어적 행동을 보인다. 똑같은 질문 또는 이야기를 몇 번이나 반복한다. 그런 경우에 아동은 그게 편하기 때문이다. 아동은 자신이 반복하는 그 말을 이해하고 있고 그다음에 무엇이 따르는지 알고 있다. 이 아동들은 다른 사람의 말을 주의 깊게 듣지 않아도 된다. 다른 사람의 말은 예측 불가하고 이해하기 어렵기 때문이다. 이 아동들의 언어 지연 그리고 운동 계획과 순서화 문제 때문에 반복과 암기된 행동이 더 빈번하게 느껴지는 것이다.

만약 아동이 좋아하는 대본을 가지고 있다면 연극에 아동이 하나의 역할로 참여하는 것으로 시작하자. 아동이 참여를 허용한다면 같은 예측 가능한 이야기 흐름을 따르되, 당신의 언어를 사용하자. 아동이 이미 이야기를 알고 있기 때문에 아동은 당신이 말한 다른 표현을 쉽게 이해할 것이다. 아동은 역할이 무엇이냐에 따라 말을 많이 할 수 있지만 듣는 것을 어려워할 수 있다. 아동이 당신의 말을 듣는 것이, 혹은 당신의 말을 이해하는 것이 어려운 듯하면 제스처를 통해 시각적 신호를 제공하고 행동과 감정을 사용하여 아동을 도와라. 당신의 어조를 이용해서 대본의 정서적 주제나 느낌을 모방하자. 바로 그것이 아동이 대본을 외우게 만들어 준 요소일 테니 말이다. 그렇게 되면 아동이 단순히 대본을 반복하는 것이 아니라 당신이 하는 말을 받아들인다는 것을 느끼게 될 것이다.

아동이 하나의 대본을 외웠다면 아마도 여러 가지 다른 대본도 외웠을 것이다. 이 지식을 이용하여 아동이 더 광범위하고 추상적으로 생각하도록 돕자. 하나의 대본으로 대화에 참여할 수 있다면 아동이 외운 다른 대본의 캐릭터를 데리고 들어와도 좋다. 예를 들어, 〈코디와 생쥐 구조대〉(1990년대 디즈니 영화: 역자) 중 밀렵꾼이 주인공을 포획하는 장면을 재연한다면 자파(영화 〈알라딘〉에서의 악역: 역자)나 알라딘을 불러 도움을 주자. 포카혼타스가 곤경에 처한 경우라면 재스민(영화 〈알라딘〉의 여주인공)을 불러 구출해 보자. 대부분의 아동의 영화와 이야기는 착한 사람과 나쁜 사람이 대립하는 주제다. 아동이 일반화하고 추상적일 수 있도록 등장인물을 바꿔 보라.

아동이 영화나 책의 대본에서 일부 단편적인 부분만을 사용하지만, 그 대본과 연관해서 피겨나 장난감을 갖고 노는 것을 좋아할지도 모른다. 아동이 기억하는 대로 장면을 설정하고 어떤 장난감도 움직이지 말아야 한다고 고집할 수도 있다. 아동의 머릿속에서 떠오르는 것은 정적인 이미지이기 때문이다. 아동에게 장면을 바꾸라고 도전을 주는 것은 오히려 저항을 일으킬 것이다. 아동이 장면을 더 구축해 가게 돕자. 장난감에게 말을 걸어 보자. "넌 여기 있어. 움직이지 마. 얘는 어디로 가야 할까?" 그리고 아동에게 피겨를 건네주라. 작은 단계로 나누어 당신이 참여하는 것이 익숙해질 때까지 아동의 대답을 바탕으로 상호작용을 쌓아 가자. 점차 장면을 바꿔 볼 것을 제안하자. 가족이 아이스크림이나 저녁 먹기를 원한다고 할 수도 있다. 피겨 하나가 넘어지면 반창고를 붙여 주자. 아동의 불안과 회피를 유발하지 않도록 일상생활에서 익숙한 경험을 더하자. 아동의 "아니." "싫어."를 존중하되, 부드럽게 다른 것을 제안하라. 점차적으로 아동은 변경된 제안을 수락할 것이다.

아동이 나이가 조금 더 있는데 질문을 반복한다면 당신은 그 반복되는 음성을 장난스럽게 놀리는 것으로, 그 패턴에서 벗어나서 신경계를 확장할 수 있게 하자.

만 5세인 헤일리는 모든 아기가 엄마의 배에서 나오냐는 질문을 치료사에게 네 번이나 했다. 다섯 번째 질문에 치료사는 대답하는 대신에 "아기에 관심이 많구나. 어쩌다 아기에 대한 생각을 하게 되었니?"라고 말했다.

헤일리는 질문을 반복했다.

치료사는 "너에게 아기에 대해 말해 주고 싶어. 하지만 네가 먼저 가장 좋아하는 아기 동물이 무엇인지 말해 줘"라고 말했다.

헤일리는 치료사의 질문을 무시했다.

치료사는 더 생동감 있는 목소리로 헤일리에게 "네가 가장 좋아하는 동물이 누구인지 제발 말해 줘."라고 말했다.

헤일리는 치료사에게 고양이가 마음에 든다고 말했다. 이제 토론은 반복되는 질문에서 멀어졌다.

"왜 고양이야?"라고 치료사가 물었다.

헤일리는 다시 그 질문을 피했다. 그래서 치료사는 자신의 목소리에 활기를 더 불어넣었다. "왜 고양이일까? 헤일리, 왜 고양이야?"

"왜냐하면 집에 고양이가 있고, 고양이와 노는 게 좋아서요."

치료사는 대화를 더 진행할 수 있다고 느꼈다. 치료사는 다시 물었다. "어느 아기 동물을 가장 싫어하니?"

아동이 치료사를 무시했기 때문에 질문을 더 생생하게 반복했다. "어느 아기 동물이 싫어?"

"쥐."

"왜?"

대답이 없었다.

"왜? 왜? 왜 쥐가 싫어?"

"왜냐하면 쥐는 나쁘니까."라고 헤일리가 답했다.

왜 쥐가 나쁜지 묻자 헤일리는 마음을 바꿨다. 나쁜 것이 생각나는 게 없는 모양이었다. 치료사가 쥐의 좋은 점을 물었을 때, 헤일리는 몇 가지 목록을 말했다.

"착한 고양이가 쥐를 먹을까 봐 무섭니?"

헤일리는 눈을 크게 뜨더니 천천히 고개를 끄덕였다. 분명히 불안해 보였다. 자기의 착한 고양이가 어떻게 동시에 나쁠 수가 있을까? 헤일리는 자신이 해결할 수 없는 갈등을 피하기 위해 반복을 사용했던 것이다.

치료사는 고양이가 쥐를 먹지 않도록 다른 음식에 대해 생각해 보게 했다. 마침내 헤일리는 다른 고양이들만 쥐를 먹는다고 결정했다. 헤일리는 눈에 띄게 안심하는 것 같았다. 그런 뒤 두 사람은 헤일리의 첫 질문으로 돌아가 그 대답을 탐색해 보았다.

헤일리를 장난스럽게 자극하면서 점점 더 많은 에너지를 더한 것으로 치료사는 헤일리의 초기의 무한한 반복을 넘어 비교적 긴 논리적 대화를 할 수 있었다.

반복적인 질문을 다루는 또 다른 방법은 "또 무엇을 알고 싶니?" 또는 "몇 번 대답해 줬으면 좋겠어?"라는 말하는 것이다. 아동이 글을 읽을 수 있으면 아동의 질문과 답변 을 적어 두자. '우리 아동의 질문들'이라는 제목으로 노트에 기록하자. 나중에 두 사람이 함께 그것을 읽을 수도 있고, 아동이 다른 사람에게 보여 주고 그 사람의 생각을 물어볼 수도 있다. 이 정교함을 통해 아동은 행동의 의미를 바꿀 것이다. 이를 정기적으로 아동 과 함께 한다면 당신은 언어와 사고를 처리하고 순서화하는 아동의 능력을 강화시킬 것 이고, 아동에게 어려운 것들을 일상의 규칙으로 만들게 될 것이다.

11. 욕설과 같은 부적절한 행동

찰리는 욕설을 통해 공격성에 대한 실험을 즐겼다. 찰리가 욕설을 시도했을 때 그의 정서와 감정은 정말로 잘 활용되었고, 자신이 살아나는 것처럼 보였다. 치료 세션에서 치료사는 고래 아저씨(찰리)에게 "요즘 어떠니?"라고 물었다. 찰리는 고래 아저씨 목소 리로 말했다. "음, 좋아지는 중이에요."

"무엇이 좋아지고 있는데?"

찰리는 "욕설을 더 이상 사용하지 않아요."라고 대답했다.

"어떤 단어를 사용하지 않는데?"라고 치료사가 물었다. 그 순간 찰리는 정말 푹 빠졌 다. 그는 큰소리로 웃으며 미소를 지었다. 그리고는 몸이 편안해졌다. 두 사람이 욕설에 대해 어느 것이 더 좋고 어느 것이 별로인지, 치료사가 할 수 있는 욕설과 아동이 할 수 있는 욕설에 대해 대화를 나눌 때 찰리의 마음과 영혼이 진심으로 보였다. 찰리의 사고 는 더 창의적이고 추상적이 되었으며, 덜 단편화된 모습이었다. 비록 찰리는 공상 놀이 에 참여하지는 않았지만 자신이 관심을 보이는 주제에 대해 치료사와 급속하게 오가는 대화에 빠져서 웃으며 수다를 떨고 상상하고 창의성을 끌어냈다. 이것이야말로 플로어 타임의 본질이다.

만약 아동이 부적절한 장소에서 욕설을 한다면 치료사가 찰리에게 한 행동을 하자. 플로어타임에서 가상놀이에 욕설을 끌어오는 것이다. 놀이하는 동안의 욕설은 괜찮다. 더 많이 나올수록 좋다. 플로어타임이야말로 욕설에 대응하기 가장 좋은 기회이니 말이 다. 또한 일반적인 논의 중에 욕설에 대한 이야기를 실제 상황처럼 할 수도 있다. 왜 욕 설이 그렇게 재미있는지, 무엇이 아동을 재미있게 하는지 등을 이야기 나눠 볼 수 있다.

사생활이 보호된 집에서는 이런 단어들을 사용할 수 있으나 학교나 다른 공적인 상황에서는 적절하지 않다. 아동에게 한 환경에서는 허용해 주고 다른 환경에서는 허용하지 않는다면 당신은 억제나 금지가 아니라 구별을 가르치는 것이다. 두 개념은 차이가 크다. 성인은 친한 사이끼리 사적인 공간에서 농담을 하고 '나쁜' 단어를 사용하기도 한다. 하지만 교회에서는 그런 말을 하지 않는다. 학교에서도 하지 않는다. 직장에서도 하지 않는다. 장소를 구별해야 한다. 이것이 바로 아동의 배워야 하는 부분이다. 반면에 금지를 하면 아동에게 해로울 수 있다. 욕설을 사용해서 자신을 나쁜 아이라고 생각한다면 이는 아동을 더욱 불안하게 할 수 있다. 엄마 아빠와 함께하는 집이라면 재미있거나 호기심이 가득해서 욕설에 대해 말할 수 있으나 어떤 곳에서는 그런 단어를 입에 올려서도 안 된다는 것을 배워야 한다. 당신은 아동에게 비판적인 방식이 아닌 받아들이는 방식으로 상기시킬 수 있다. "맞아. 좋은 단어이지만 학교에서 말하는 건 안 돼. 그 단어들은 집에서 사용하는 말이야." 가정에서라면 아동과 즐거운 시간을 보내면서 그런 단어들을 쓰게 할 수 있다. 여전히 문제가 있다면 부모는 아동에게 "정말로 네가 욕설을 해야겠다면 나와 구석으로 가서 따로 얘기하자. 나에게 말해 줘. 내가 너의 대변인이 될게."라고 말할 수 있다.

찰리의 엄마는 바지를 벗고 싶어 하는 찰리의 소망을 우려했다. 치료사는 찰리가 집에서 바지를 벗고 싶어 한다면 찰리에게 환상을 즐기도록 해야 한다고 엄마에게 제안했다. "찰리가 상상하게 해 주세요. 이 상상을 최고 단계로 끌어올려 보세요. 찰리가 엉덩이를 보여 주고 싶은 사람이 누구일까요? 그 상상 속에서 마음껏 얘기해 보게 하세요. 낄낄 웃으며 의견을 꺼내 보게 하시죠. 그런 다음에 진짜로 할 수 있는 일에 대해 이야기하면 됩니다. 어떤 상황에서 지금의 상상을 실제로 해도 되는지, 어떤 상황에서는 적절하지 않은지 물어보세요. 아동이 환상을 즐긴 다음에 구별을 하도록 도와주시면 됩니다."

아동과 함께 이런 문제에 관해 이야기할 때, 아동이 당신에게 도전하게 하고 그것에 대해 토론하라. 문제 해결을 위한 토론을 하라. 만약 아동이 공개적으로 부적절한 행동을 한다면 아동을 잠깐 다른 곳에 데리고 가서 물어보라. "무엇 때문에 지금 그런 행동이 하고 싶은 거야?" 아마도 아동은 지루하거나, 불안하거나, 자신을 확신할 수 없어서 그럴 것이다. 아동을 침착하게 안심시키자. 집에 돌아왔을 때, 아동이 적절한 것과 그렇지 않은 것의 구분을 이해할 때까지 문제를 해결하는 가상놀이를 하라.

12. 어디서부터 시작해야 하는가

어떤 문제부터 해결해야 할지를 어떻게 결정할 수 있을까? 당신에게 가장 중요한 문제부터 시작하라.

- 아동이 밤에 잠을 못 자게 하고 밥 먹는 것도 거절한다면 혼자 자는 것을 배우는 것에서부터 시작하라. 아동이 아프지만 않으면 식생활 문제는 기다릴 수 있으나 당신의 수면은 중요하다.
- 밤을 무서워하고 학교에 가는 것 또한 거부한다면 학교에 가는 것을 연습하자. 학교에서 아동이 편해지면 밤의 두려움도 사라질 수 있다. 그렇지 않으면 나중에 문제를 해결할 수 있다.

목표를 두자. 아동을 너무 많은 과제에 과부하되게 하지 말라. 한 번에 하나 또는 두 개의 영역을 선택하고 다음 단계로 넘어가기 전에 아동이 새로운 행동에 익숙해지도록 하라. 각 도전에 대한 아동의 성공은 앞으로 나아갈 자신감을 키울 것이다.

13. 아동기 후반의 어려움

아동기 후반에 들어서는 것은 새로운 어려움을 형성한다. 예를 들어, 현실을 피하고 환상에 빠지려는 경향, 분열된 사고, 분노를 다뤄야 할 필요성, 갈등, 제멋대로 행동하는 것과 퇴보에 대응할 필요성까지 말이다. 이러한 어려움은 상당히 잘 해낸 아동들의 특징이다. 아동이 타인과 연관을 짓고, 논리적이고 추상적인 사상가가 되어 그전의 문제를 졸업했다는 것이다. 대기업의 CEO로 지명된 것이라고 생각하라. 승진했지만 새로운 문제들이 생긴 것이다. 왜냐하면 아동은 이제 풍부한 환상의 삶을 살고 있기 때문에 현실도피하려는 경향이 생길 수 있다. 아주 다양하고 풍부한 아이디어를 가지고 있기 때문에 아동은 단편화될 수 있다. 아동은 자신이 원하는 것이 무엇인지를 알 수 있는 역량이 있기 때문에 제멋대로 하려는 성향이 있다. 아동이 과부하되거나 자기 마음대로 되지 않으면 충동적이거나 공격적이 될 수 있고, 혹은 자신의 가진 수많은 아이디어나 머릿속에서 경쟁중인 안건에 정신이 팔리면 현재에 무심해질 수 있다.

이런 문제와 연관 있는 가장 주된 처리 문제는 순서화와 감각 조절 문제가 지속된다는 것이다. 성장기를 잘 지나도록 돕기 위해서는 몇 가지 핵심적인 전략이 필요하다. 가장 중요한 것은 플로어타임의 돌봄의 측면을 꾸준히 이어 가면서 아동의 의견과 아이디어에 대한 현실적인 논의를 함으로써 계속 추상화하고 사고를 조직하도록 돕는 것이다. 아동이 공격성, 웅장함, 힘 그리고 의존성에 대한 갈등을 해결할 수 있도록 도와라. 가끔 이런 문제의 작은 파편들이 보일 것이다. 모든 것을 자기 마음대로 하고자 할 때 보이는 자기 중심적 사상, 누군가 자신을 돌봐 주고 보호해 주기를 바랄 때 보이는 의존성, 칭얼거릴 때 보이는 애정 갈망 그리고 아직 자기 주장을 하는 것과 또래와 경쟁할 때 성숙하게 공격성을 보이는 것이 익숙하지 않아서 답답함에 나타나는 분노와 같은 쟁점들을 볼 수 있다. 아동이 이러한 갈등을 해결할 수 있는 환경을 조성하라. 놀이로 풀어낼 수 있도록 플로어타임을 계속하자. 아동에게는 각 부모와의 플로어타임이 필요하다.

나이가 들면 플로어타임 중 가상놀이를 할 필요가 없다. 아동의 관심, 혹은 안내에 따라 아동이 선택한 활동을 기계적인 활동은 대화를 나눌 기회를 더 적게 만들기 때문에 멀리하자(모바일 게임을 하고 있는 사람과는 논의를 나누기가 무척 힘들 것이다). 자기 주장, 경쟁, 공격성 및 자기중심성을 다루기 위해서는 같은 성별의 부모 또는 양육자와 함께 많은 플로어타임을 해야 한다. 승패가 갈리는 경쟁 요소를 가진 놀이 또한 유익할 것이다(2/3 정도는 아동이 이기게 해 주자). 의존성을 돕기 위해서는 과보호 패턴에서 벗어나라. 가족 관계의 균형을 전환하라. 엄마가 아빠보다 아동을 더 보호한다면 아빠와 더 많은 시간을 보내게 하라.

데이트 놀이를 하면서 또래 관계 맺기를 장려해 주며, 실망감에 대처할 수 있게 해 주자. 아동이 "내가 대장이야."에서 "가끔은 내가 대장이고, 가끔은 아니야."로 사고를 다르게 할 필요가 있다. 아동은 자신이 무엇을 잘하는지, 무엇을 어려워하는지 배울 필요가 있다. 경쟁과 동료 간의 서열 나누기를 다룰 필요가 있다.

아동이 나이가 들수록 자신이 누구인지에 대한 관념을 내면화할 필요가 있다. 아동은 두 가지 현실에서 살고 있다. 하나는 또래 집단이다. 다른 아동들이 자신을 어떻게 대하느냐에 따라 아동의 기분은 좋기도 하고 나쁘기도 할 것이다. 또 하나는 또래 집단 내에서의 자아에 대한 감각이다. "나는 좋은 사람이야." 또는 "오늘 나에게 일어난 일과 상관없이 나의 행동에 의해 나는 좋은 사람이다."와 같은 감각 말이다. 아동이 경쟁, 경쟁의식, 실망, 상실을 겪으면서 아동은 더 넓은 범위의 감정을 경험하고, 현실에 점점 더 오래 머무르며, 더 강한 감정에 잘 대응하게 된다. 아동은 더 강한 자아감을 안정시킨다. 바로 이 자아의식이 사춘기가 되면서 자아의 감각이 넓어져 신체적인 어려움, 성적 관심과 새로운 교내 활동, 넓어진 공동체에 대한 관심과 새로운 충동의 도전을 마주볼 수 있게 해 준다. 이 모든 변화는 무서울 수 있다. 아동은 안정된 자기 감각으로 변화를 무사히 지나갈 것이다. 성인이 되면 그 자아의식은 결혼, 자식과 진로 문제를 겪게 되면서 더더욱 확장될 것이다. 아동이 감정, 갈등, 공격성, 경쟁력, 의존성을 보다 잘 견딜수록 자아감은 더 안정될 것이다.

14. 전문가의 도움 받기

어려움을 해결하기 위해 아동과 함께 작업할 때 도움을 받을 수 있는 전문가를 활용하라. 아동의 교사, 작업치료사, 물리치료사, 언어 병리학자는 아동의 개인적인 차이에 맞게 작은 단계를 조정하는 것에 도움을 줄 수 있다. 또한 각자의 분야에서 당신의 노력을 뒷받침해 줄 수 있다. 아동이 침대 밑에 괴물이 있다며 걱정한다면 언어치료사와 그 문제를 논의해 볼 수 있다. 아동이 용변을 보는 자세가 안정적이지 않아 변기에 떨어질까 봐 걱정한다면 작업치료사가 변기에 앉는 연습을 함께할 수 있다. 아동의 교사와 놀이치료사를 통해 많은 아동이 고민하는 주제들을 수업과 치료 회기에서 미리 볼 수 있다. 이런 전문가들은 아동과 함께 일하는 파트너이다. 그들이 당신을 돕게 하라.

동보다 자신이 더 잘 발달되어 있음을 보여 준다. 이것이 잘 발달되지는 않았지만, 이 구성 요소 부분에 약간의 강점이 있다. 자폐 스펙트럼 문제와 함께 우리가 구성 요소 부분을 수정하는 동안에 아동이 자신의 의도, 욕망, 감정을 이 구성 요소 부분에 연결하는 것을 돕는 더 큰 일을 해야 한다. 그러므로 아동이 소리를 옹알거리거나 자기 자극적인 유형의 소리에 몰두할 때, 우리는 아동을 상호작용으로 끌어들일 필요가 있다. 그 과정은 아기의 옹알이에 옹알이로 반응해 주고, 아동이 만들고 있는 소리를 모방해 주는 것으로 시작된다. 이 행동은 때때로 아동이 인지를 하며 당신을 보게 만든다. 우리가 주고받는 소리에 리듬이 생기면 옹알이 놀이를 하게 되는 것이다. 이 상호작용을 시작하는 많은 효과적인 방법은 플로어타임을 설명한 부분에 자세히 논의되어 있다.

핵심은 작용 중인 구성 요소 부분을 중심으로 의도의 감각을 형성하는 것이다. 언어와 작업 치료사 및 특수 교육자가 아동의 지체된 기술을 다루는 동안에 우리는 그 지체된 부분에 의도와 목적을 부여하려고 노력한다. 지휘자와 구성 요소 기술 모두에 문제가 있는 아동, 즉 자폐증 및 발달장애가 있는 아동의 경우에 목표는 감정이 다른 사람과 연결되도록 관계로 끌어들이는 것이다. 이 목표를 달성하려면 최고 단계에서 작용하는 구성 요소 기술에 의존하라. 아동이 소리와 말을 만들 수 있다면 우리는 그 기술을 상호작용에 통합하고 매우 간단한 몸짓과 관련성을 결합한다. 우리는 아동을 따뜻한 미소, 껴안기 그리고 손을 뻗어 물체를 잡는 단순하고 상호주의적인 놀이로 끌어들일 수 있다. 만약 아동이 말을 할 수 있다면 "사과를 원하니?" "우유 먹을래?"와 같이 물을 수 있다. 아동의 행동에 목표가 없거나 자기 자극적인 것처럼 보이는 경우, 그것은 지휘자가 잘 작용하지 못하고 감정이 행동에 연결되어 있지 못하다는 것을 나타내는 신호이다.

뇌성마비, 인지 결함 또는 중증의 언어장애와 같은 다른 증후군이라면 감정이나 의도를 행동에 연결하는 능력은 훌륭하게 발휘하지만 구성 요소 기술에 심각한 결함이 있다. 우리는 뇌성마비에서 두 가지 문제에 직면해 있다. 우리는 운동 문제를 교정하여 아동이 자신의 운동 시스템을 사용하는 법을 배우게 해야 하며, 아동이 의도적으로 그리고 목적을 갖고 운동 시스템을 사용하도록 유도해야 한다. 아동의 감정과 의도는 이미 운동 능력에 연결되어 있다. 아기는 사과라는 단어를 옹알이하고 싶지만 아기의 운동 문제 때문에 말을 형성하지 못한다. 아기는 팔 움직임을 제어할 수 없기 때문에 팔이 부모의 입에 있는 사과에 도달하지 못한다. 아기는 사과가 있는 방향을 향해 머리 또는 눈을 움직일 수 없기 때문에 그 사과에 손을 뻗지 못하고 자신의 부모를 보지 않는다. 그 아기는 근긴장 저하와 매우 열등한 운동 계획 능력을 가지고 있다. 구성 요소 기술을 사용하기가 어려울 때, 아동은 목적을 갖고 그 기술들을 사용하지 않게 된다. 그렇게 되면 아동은 정서나 의도와 연결되었던 순서화 능력 또는 더 광범위한 운동 사용 능력 사이의 연결 자체를 잃을 수 있다. 치료사와 부모가 의도의 중요성을 인식하지 못한다면, 예를 들어 만약 우리가 아동이 팔을 대신 움직여 주며 운동 동작을 수동적으로 배우게 한다면 아동 자신의 의도는 형성되지 않을 것이다.

신체의 모든 기능과 마찬가지로 기능을 사용하지 않으면 그 기능을 잃게 된다. 어떤 능력에 심각한 결핍이 있는 여러 증후군의 경우에 정서나 의도와 그 기능 사이의 연결을 사용하지 않음으로써 손실될 수 있다. 따라서 그것이 우선순위의 문제가 아닌 증후군에서도 정서나 의도에 주의를 기울이는 것은 피할 수 없는 일이다. 종종 뇌성마비 또는 심한 처리 문제가 있는 아동이 자신에게만 몰두한 상태가 되는 것을 보았을 것이다. 이때 그 아동에게는 목적과 의도가 없다. 일단 우리가 아동과 함께 작업하기 시작하면 의도는 오히려 빠르게 일어난다. 처음에 우리는 아동이 자폐증인지, 기능장애인지, 뇌성마비인지를 확인할 수 없다. 아동이 자신에게만 몰두하고 있고, 반복적이며, 자기 자극적인 것 때문에 아동의 문제가 오진될 수 있다. 아동의 감정을 불러일으키기 위해 노력한 지 한 달만 지나면 아동은 타인과 연관을 짓고, 상호적이며, 더 의도적이 된다. 아동은 갈 길이 멀지만 의도와 다양한 구성 요소 기술 간의 주요 연결은 제자리에 존재한다.

뇌성마비의 중대한 도전 과제는 아동이 이행할 수 있는 움직임이 무엇인지를 확인하는 것이다. 움직임이 성공할 때마다 아동의 감정이나 의도를 운동과 순서화 능력에 연결하게 된다. 물리치료사나 작업치료사가 아동의 운동 패턴을 돕기 위해 개발한 접근법을 사용하는 동안, 우리는 항상 이러한 운동 패턴을 아동의 욕구와 연결시켜야 한다. 아동이 할 수 있는 가장 단순한 형태의 움직임에서 시작하자. 혀의 움직임, 몸통의 움직임, 고개의 움직임, 점차 나아가 팔, 다리, 손의 움직임까지 나아가자. 아동이 자기 몸의 어느 부분이든 의도적으로 사용하게 하기 위해 특정 부위를 사용하고 싶게 만드는 과제를 주어 혼자서도 많이 연습할 수 있게 해 주면 된다. 이 방법으로 우리는 의도 시스템을 연결하며, 우리는 아동의 오케스트라 지휘자가 잘 작동하도록 할 수 있다. 건강한 감정 경험은 미래의 지능과 문제 해결 능력의 성장에 중요하기 때문에 비자폐성증후군(nonautistic syndrome)이 있더라도 감정적인 오케스트라 지도자와 작동 여부에 대해 세심한 주의를 기울일 필요가 있다. 의도와 다른 역량 간의 연결을 방해하는 큰 처리 결함이 없을 때에 더 빨리 좋아질 것이다. 비록 비자폐성증후군에서는 구성 요소 기술 자체에 결함이 있지만, 아동이 그것을 사용하지 않는다면 의도적이고 목적이 있는 행동이 없는 듯 보일 수도 있다.

인지 및 언어 결함(Cognitive and language deficits)은 이전 장들에서 설명한 바와 같이,

전통적인 언어 치료법과 플로어타임 모델의 맥락에서 수행되는 특수교육과 같은 유사한 접근법이 필요하다.

출생 때의 저체중, 취약X증후군, 어머니의 약물 남용, 태아알코올증후군 그리고 중증의 주의력결핍장애(attention deficit disorder)는 모두 어느 정도의 감각 조절(촉각, 청각, 시각, 후각 그리고 움직임에 대한 과잉 또는 과소 반응)의 어려움을 안고 있으며, 시각적 공간 또는 청각 처리 문제 그리고 운동 계획과 순서 문제에 연관된 과제들을 갖고 있다. 모든 아동은 세상에 유일무이하므로 각 아동의 조절 패턴을 진단하는 것이 중요하다. 운동 계획, 순서화 그리고 근긴장도가 얼마나 덜 발달된 것일까? 아동이 소리나 접촉에 과잉 반응, 혹은 과소 반응을 보이는가? 아동의 청각 그리고 시각적인 공간 처리 문제가 어느 정도로 심각한가? 어떤 기능적 발달의 이정표를 숙달했거나 숙달하지 못했는가? 아동이 의도적으로 복잡하고 비언어적인 문제 해결사가 되고, 아이디어를 창의적으로 사용하고, 논리적으로 생각하는가? 적절한 중재 계획은 진단에 기반하기보다는 아동의 프로필에 기반하여 만들어야 한다.

다운증후군을 가진 아동은 대부분 낮은 근긴장도와 심한 운동 계획 문제를 가지고 있다. 다운증후군을 가진 아동은 소리를 등록하는 데 다른 사람들보다 느린 경향이 있으며, 이러한 문제의 범위는 다양하지만 보통 청각과 시공간적 처리 문제가 있다. 이러한 아동들이 추상적이고 인지적인 역량을 얼마나 쉽게, 혹은 힘들게 배울 수 있을지는 아동마다 천차만별이다. 우리는 다운증후군과 다른 많은 증후군을 가진 아동들의 능력의 한계를 시험하지 않는데, 이유는 아동이 의도나 영향, 구성 요소 기술을 다룰 수 있는 중재 프로그램에 참여하지 않았기 때문이다. 매년 우리는 혁신적인 방법으로 이러한 구성 요소를 강화하는 방법에 대해 더 알게 된다. 다운증후군을 가진 아동은 대부분 매우 따뜻하고, 관계에 잘 참여한다. 아동의 감정적인 체계는 보통 아주 잘 작동한다. 우리는 이 강점을 바탕으로 더 높은 수준의 인지 발달을 장려할 수 있다. 아동에게 도전 과제를 주는 것이 중요하다. 예를 들어, 운동을 순서화하는 것이 힘든 아동에게 수학을 가르치려고 할 때 우리는 덧셈, 뺄셈, 곱셈 그리고 작은 수, 우선 0에서 6까지를 사용하여 나눗셈을 작업한다. 단순한 순서로 작업하여 순서에 관한 세부 사항에서 길을 잃지 않고 개념을 숙달할 수 있게 한다. 전통적인 방법으로 수학을 가르치려고 한다면(다운증후군을 앓고 있는 많은 아동을 포함하여) 순서화 문제가 있는 아동은 무척 혼란스러워서 세상을 차단할 수도 있다. 그러나 어떤 아동들은 조각으로 잘라 낸 피자로 수학을 가르치면 간단한 나눗셈 및 곱셈, 심지어 분수 및 소수까지 숙달할 수 있다. 우리는 제19장에서 이 접근법을 설명할 것이다.

대부분의 지역 커뮤니티에서는 시각장애가 있는 아동들을 위한 탁월한 프로그램을 제공하고 있지만, 우리는 발달적 접근법을 기반으로 이러한 프로그램에 다른 요소를 추가할 수 있다. 심각한 시각장애가 있는 아동은 발달 단계들, 즉 관계에 참여하기, 주의를 기울이기, 의도적이며 상호주의적인 몸짓 사용하기, 복잡한 비언어적 문제 해결에서 나중에는 복잡한 언어적 문제 해결까지 이 모든 단계를 숙달하기 위해서는 더 많은 음성 몸짓을 연습해야 할 것이다. 시각 시스템은 몸짓을 배우고, 엄마의 얼굴 표정과 아빠의 손의 움직임을 이해하는 법을 배울 때 중요한 역할을 한다. 그러므로 우리는 비언어적인 기술인 청각적 몸짓, 소리의 음색, 감정의 미묘함을 목소리로 표현할 수 있도록 거기서부터 작업해야 한다. 아동은 뉘앙스가 다른 발성, 접촉, 움직임 및 기타 감각을 통해서 많은 것을 발견할 수 있으며, 억양 및 빠르게 주고받는 발성의 흐름에 대해 더 많은 연습이 필요하다.

시각장애가 있는 아동은 또한 지각의 조정에 있어서 더 많은 연습이 필요하다. 많은 아동에게 운동 시스템은 시각 시스템에 달려 있다. 아동은 물건을 보고 물체에 손을 뻗는다. 심한 시각장애가 있는 아동은 물체에 관련된 소리를 듣고 공간에서 소리를 찾은 다음 물체를 향해 다가갈 수 있다. 서로 다른 소리를 가진 물체는 아동에게 거리와 위치를 판단하는 법을 배우도록 도와준다. 운동 세계와 운동 문제를 해결하고, 그것들이 어디 있는지에 대한 감각을 가지며, 전형적으로 시각 시스템에 매우 의존적인 공간적 관계를 형성하는 능력은 청각 시스템과 촉각, 후각 같은 다른 감각을 통해 배울 수 있다. 우리는 이러한 운동 연결을 촉진하기 위해 보다 더 혁신적인 방법을 고안해야 한다. 소리를 낸 후 소리 나는 쪽으로 손을 뻗는 놀이와 어린 아동이라면 물건을 숨겨 둔 곳을 알아내기 위해 소리에서 단서를 사용하여 문제 해결을 하는 놀이가 청각적 공간의 감각에 기여할 수 있다. 수학에서 큰 그림을 보는 사고는 대부분 시공간적 개념을 기반으로 한다. 수학적 원칙은 시공간전 패턴으로 배우는 것이 더 쉽다. 많은 수학적 개념과 마찬가지로 대부분의 시각적 공간 차원이 연속적이기 때문이다. 이러한 공간적 개념이 없는 아동들은 다른 감각 인식을 통해 큰 그림을 보는 사고를 배울 필요가 있다. 단어는 별개의 의미를 지니지만 소리는 계속될 수 있다. 그러므로 우리는 소리를 통해 큰 그림의 사고를 가르칠 수 있다. 예를 들어, 부드러운 소리에서 큰 소리로 넘어가는 방식으로 말이다. 시간과 공간 차원에서 작업하는 것이 중요하다. 예를 들어, 어떤 것이 큰 것인가("크-으으-다!!"), 또는 작은 것인가("자-악다")? 우리는 연속적 차원에서 크고 작은 것을 볼 수 있을 뿐만 아니라 듣고 만질 수 있다. 우리는 촉감뿐만 아니라 소리를 통해 크기의 감각을 전달할 수 있다.

그럼에도 불구하고 시력에 문제가 없는 많은 아동에게 시각적-공간적 문제가 있다. 이런 아동들에게는 좀 더 전형적인 시공간적 놀이가 도움이 될 수 있다. 아기의 경우, 당신의 손에 물건을 숨기는 놀이를 할 수 있고, 아동의 경우에는 단서를 사용하여 물건을 찾을 수 있다. 더 나이가 있는 아동의 경우, 시각적인 구별, 시각 분류와 지각적 문제 해결을 포함하는 활동을 하자.

청각장애(auditory deficits)를 가진 아동이라면 수많은 우수한 프로그램이 존재한다. 다시 한번 말하지만 우리는 이러한 프로그램에 발달적인 아이디어를 추가할 수 있다. 예를 들어, 우리는 미묘한 감정 표현을 이해하기 위해 청각에 의존한다. 목소리의 어조는 특히 유용한 단서이다. 대부분의 성인은 얼굴을 보지 않아도 전화 통화하는 사람이 어떤 기분인지 알 수 있다. 우리의 청각 시스템은 인식을 시각 시스템보다 운동 시스템에 더 빠르게 연결한다. 위험한 소리가 들리면 위험한 것을 보았을 때보다 더 빨리 움직일 수 있다. 청각 시스템은 매우 적응력이 있다. 그것은 미묘한 정서적 뉘앙스를 찾아내어 환경의 위험이나 안전에 대해 경고한다.

청각장애를 가진 아동은 시력에 더 의존해야 한다. 시각적 지각과 다른 감각을 향상시키기 위해 그들은 단순히 얼굴을 맞대고 노는 것이 아니라 예외적인 생동감과 섬세함이 필요하다. 그들은 또한 접촉 및 움직임 패턴, 리듬과 같은 다른 구성 요소를 사용한다. 그들은 감정을 인지하기 위해 다른 감각을 사용해야 한다. 부모가 행복할 때 부모가 아동의 손을 살짝 잡거나 간지럽히면 아동은 시각뿐 아니라 촉각적 감각을 받게 된다. 청각장애를 가진 아동은 또한 부모가 자신의 손을 잡고 있는 리듬을 감지한다. 안아서 흔들어 주기나 다른 움직임 패턴 또한 감정을 전달할 수 있다. 어느 정도는 여전히 존재하는 역사적 경향이 있는데, 이는 일부 청각장애를 가진 아동의 부모가 아동의 뒤에 서서 말을 하여 아동이 청각에만 의존해야 하며, 시각 또는 다른 감각을 사용할 수 없도록 한다는 것이다. 우리는 이런 연습이 이내 아동의 청각 처리 문제에 더해 심각한 관계와 소통 그리고 사고 문제로 이어진다는 결과를 보았다. 이런 방식으로 치료받은 아동은 다른 청각장애 아동보다 더 심각한 자폐증을 앓고 있다. 마지막으로 이 연습은 아동들이 정서적 신호 주기, 관계 참여하기 또는 문제 해결에 시각 시스템을 사용하는 데 도움이 되지 않는다.

청각장애를 가진 아동은 발달의 여러 단계(주의 기울이기, 관계에 참여하기, 간단한 정서의 몸짓, 복잡한 문제를 해결하는 제스처들, 아이디어 사용, 논리적 사고)를 협상하는 더 많은 연습이 필요하다. 아동이 발달 사다리를 오르는 것을 돕기 위해 정서적이고 운동적인 몸짓을 많이 할 수 있도록 연습 기회를 주어야 하는데, 이는 아동이 완전한 소리 등록의 혜택 없이 발달 단계를 숙달 하기 위해서이다. 우리는 아동이 시각적인 정서적 신호를 주고 움직임의 신호를 줄 수 있게 도와주며, 아동이 먼저 개시를 하고 시각적 움직임 패턴을 만들어 갈 수 있도록 도전을 안겨 주고자 한다. 우리는 청각-지각적 운동의 순서화, 톤과 몸짓 그리고 결국 말을 이해하기 위해 아동이 가지고 있는 어떤 소리 인식이라도 사용하기를 원한다. 감각 경로를 차단하는 것은 발달의 이정표를 협상하는 데 필요한 경험을 약화시킬 수 있다.

청각 시스템은 정보를 운동 시스템에 전송한다는 점에서 시각 시스템보다 더 빠른 경향이 있기 때문에 시각 운동 활동, 즉 손을 뻗는 놀이, 깜박이는 빛으로 신호 주기, 움직임 놀이 및 복잡한 시각-운동 문제를 해결하는 놀이를 하고, 나이가 더 들면 복잡한 시각-움직임 문제 해결 놀이를 하는 것은 무척 가치가 있다. 아동이 소리 인식을 하는 경우에 소리 운동 패턴을 인지하도록 작업하는 것이 중요하며, 가능하다면 소리 패턴을 운동 패턴에 연결하여 지각 운동 조화 및 통합 능력을 강화하라. 아동들이 소리와 시력을 함께 가져와서 다른 운동 패턴으로 조정할 수 있도록 운동과 놀이를 만드는 것이 좋다. 우리는 시각적 단서를 제공하는 놀이를 할 수도 있고, 가능한 한 특정 운동 패턴을 알리는 청각 신호를 재생할 수도 있다. 예를 들어, 나이가 조금 더 어린 아동이 받는 시각 및 청각 정보에 따라 A, B 또는 C 상자에 공을 넣을 수 있다. 다른 감각을 통해 입력되는 정보, 즉 리드미컬한 움직임과 음악을 포함한 촉각, 후각 또는 움직임에서 받는 정보 또한 지각-운동 패턴에 보다 견고한 토대를 구축하는 데 도움이 된다. 서로 다른 감각의 제한된 정보까지 통합할 수 있는 역량을 구축하는 것이 중요하다. 아동이 정보를 처리하는 능력 면에서 더 발달된 감각을 가지고 있을지라도 약한 감각에 입력되는 정보를 조율하는 것은 여전히 도움이 된다.

일반적으로 말의 소리와 이해력은 구두 언어와 관련이 있다. 말은 종종 순서화 정보의 측면과 관련이 있다. 단어를 문장으로, 문장을 문단으로 순서화하는 것과 문단에서 설명된 일련의 아이디어들을 꽉 찬 에세이로 만드는 것은 모두 언어적 정보를 순서화하는 작업이다. 운동 및 언어 시스템뿐만 아니라 공간적 관계 등 신경계의 많은 부분이 순서화하는 것과 관계가 있다. 하나의 감각 처리 시스템이 순서화를 배우는 과정에 충분히 기여할 수 없는 경우, 우리는 다른 감각 및 운동 시스템뿐만 아니라 떠오르는 상징을 이용해 많은 연습을 제공해야 한다.

수화를 사용하는 아동 또한 긴 대화를 순서화하도록 도전을 받아야 하며, 그림과 공간 디자인을 사용해도 좋다. 아동은 수화뿐만 아니라 그림으로 긴 이야기를 나눌 수 있다. 부분적으로 들을 수 있는 경우 청각 지각 범위 내에 있는 음악 리듬 또는 소리 순서로 순서화하는 연습을 할 수 있다. 순서화하는 것은 의사소통, 사고 및 문제 해결의 토대로서 매우 중요하므로 특히 청각장애를 가진 경우에 많은 연습을 해야 한다.

청각 문제가 있는 아동은 세부 사항을 큰 그림으로 통합하여 숲과 나무를 모두 보는 연습이 필요할 수 있다. 큰 그림을 보는 사고는 전형적으로 시각적–공간적 추론을 통해 촉진된다. 어떤 의미에서 추상적 범주는 세부 사항을 위한 집이다. 그러나 청각적 처리는 우리의 지각적 세계의 세부 사항을 이해하기 위해 필요하다. 청각 시스템은 특정한 의미에 대한 우리의 이해, 숲의 각 나무가 독특하고 분리되어 있고 유별나다는 것 대한 이해에 도움을 주기 때문에 세부 사항과 큰 그림을 모두 이해하기 위해 다른 감각 경로(시각, 촉각, 후각, 움직임)를 연습하는 것은 매우 중요하다. 시각적인 차별과 시각적 분류 모두에 초점을 둔 활동은 청각장애를 가진 아동을 위한 전반적인 교육 프로그램의 중요한 부분이 될 수 있다. 각 부분이 전체에 어떻게 들어맞는지 그리고 피사체의 세부 사항이 어떻게 다른 방식으로 구성될 수 있는지를 보기 위해 수화나 그림을 사용하여 연습하는 것도 도움이 된다. 토론에 참여하는 것은 구체적인 사례를 통해 큰 그림의 결론을 옹호하는 것을 요구하며, 이런 유형의 사고에 대한 탁월한 지원을 제공한다. 전체의 시점과 한 부분의 시점에서 그림을 묘사하기는 마찬가지로 유용하다.

시각적 또는 청각적 장애가 있는 아동을 도울 때, 우리는 감정이나 정서를 다루도록 도울 필요가 있다. 대부분의 사람은 서로 다른 감각, 즉 시각, 청각, 후각, 촉각, 움직임을 통해 정서적 상호작용을 경험하기 때문에 강한 감정에 대처할 수 있다. 우리는 이러한 다양한 감각 경험을 종합하고, 추상적 범주의 경험을 통해 통합된다. 우리는 주먹의 긴장감, 복부 근육의 긴장감, 가슴의 공허한 감정, 일련의 잠재적인 행동 패턴(때리고 소리 지르기), 일련의 언어("나는 화가 난다."), 특정 냄새 또는 촉감(분노로 인한 "떨림")뿐만 아니라 행동을 전달할 수 있는 일련의 시각적 이미지로 분노를 경험한다. 발달 과정에서 분노의 이러한 측면은 일반적으로 더 높은 수준의 통합 및 종합에서 경험할 수 있는 개념으로 통합된다. 예를 들어, "나는 화났다. 나는 화를 낼 만한 이유가 있지만 상황이 적절하지 않기 때문에 지금은 아무것도 하지 않는 것이 좋다고 생각한다. 나는 참을성 있게 있어야 한다."는 그 순간의 화가 난 느낌의 높은 수준의 합성이었을 것이다. 직접적인 행동을 하지 않거나, 억압되거나, 피할 수 없는 강한 감정을 대처하는 능력을 증진시키기 위해서는 감각을 통해 경험을 통합 및 종합하여 이러한 강한 감정을 성찰하는 추상적 범주를 형성할 수 있어야 한다.

감각 경로에 의해 감각 처리 문제가 있거나 감각 경로를 통해 정보를 감지하지 못하는 아동의 성찰을 촉진하려면 강한 감각을 대처하고 다른 감각을 통해 들어오는 모든 경험을 종합하도록 많은 연습을 제공하는 것이 유용하다. 실용적인 차원에서 이것은 아동이 감내하고 지배할 수 있는 정도의 양으로 아동이 감정적인 세계를 경험하도록 돕는 것을 의미한다. 이것은 아동이 너무 화가 나거나, 너무 속상하거나, 너무 무서워지거나, 너무 매달리게 되기 전에 진정시키는 것을 의미한다. 또한 가상놀이와 실생활 경험을 통해 아동이 자신의 모든 범위의 정서와 감정을 경험하도록 돕는 것을 의미하기도 한다. 그리고 인생의 일부인 광범위한 정서를 경험할 수 있는 아동의 능력을 저하시키게 되는 과보호의 방식을 피하는 것을 의미한다. 예를 들어, 아동이 분노를 경험해서는 안 된다는 믿음에서 짜증의 경험을 제거하려는 것은 비생산적이다. 격렬한 분노의 경험을 통해 아동은 분노 감정을 효과적으로 대처하고 감정을 종합하는 법을 배울 수 있다. 자신의 감각을 사용하는 것에 어려움을 겪을지라도 아동의 독창성, 독립성, 주장을 키우는 것은 더 넓은 범위의 감정에 대처할 수 있게 해 주고, 감정을 시각적 또는 청각적이든 상징적인 형태로 표현하게 해 주며 이런 감정을 성찰할 수 있게 한다.

제3부

◇◇◇◇◇◇◇◇◇◇◇◇◇◇◇◇◇◇◇◇◇◇◇◇◇◇◇◇

가정, 치료, 학교

제16장 결혼에서의 문제

앤과 조지는 그들의 아들이 태어났을 때 무척 기뻐했다. 마이클은 그들의 첫째 아이였는데, 그들은 아들의 작고 예쁜 손, 검은 눈과 길고 두꺼운 속눈썹, 곱슬곱슬한 두꺼운 머리카락의 아름다움에 감탄했다. 마이클은 3개월 만에 부모님에게 첫 번째 미소를 보여 주었고, 4개월에 뒤집기에 성공했다. 8개월 즈음에 마이클은 세상을 기어 다니며 탐구하고 있었다. 1년 반이 되자 마이클은 여러 단어를 숙달했다. 조부모님은 배움에 대한 마이클의 열정을 찬양했고, 부모님은 성취감을 나타냈다. 마이클은 음식에 까다로웠고(마이클은 수유를 잘 받지 못했다), 시끄러운 소음에 긴장을 하였으며(초인종은 항상 마이클을 놀라게 했다), 잠을 잘 자지 못했다(마이클은 밤에 푹 자지 못했다).하지만 마이클은 따뜻하고 다정다감하며, 껴안고 뽀뽀해 주는 것에 열려 있었다.

마이클이 19개월이 되었을 때, 앤과 조지는 미묘한 변화를 느꼈다. 확실한 것은 아니어서 그들이 꼭 짚어서 말할 수 있는 건 없었지만, 마이클은 덜 반응하는 것 같았다. 마이클은 자신의 이름이 불렸을 때 대답하지 않았고, 책에서 사진을 가리킬 때 항상 그랬던 것처럼 이름을 짓는 대신에 그 페이지를 빤히 쳐다보기만 했다. 몇 달 전부터 마이클은 새로운 책을 끊임없이 요구하고 있었지만 지금은 같은 세 권의 책을 고집하고 있다. 영상을 볼 때에도 똑같은 일이 일어났다. 마이클은 자신이 좋아하는 두 편의 비디오를 계속해서 재생하기를 원했고, 다른 비디오에 대한 제안을 하기만 해도 신경질을 냈다.

마이클의 부모가 마이클을 낮 동안에 돌봐 주는 돌보미에게 이런 사실을 언급했을 때, 그녀는 아무것도 눈치채지 못했다고 말했다. 마이클은 여전히 '좋은 태도'를 보인다고 했다. 마이클의 조부모도 동의했다. "무엇이 걱정이야?" 조부모는 앤과 조지를 나무랐다. "그 애는 이제 겨우 두 살이야. 그건 잠깐 지나가는 단계일 뿐이야." 앤과 조지는 안심하지 못했다. 두 사람이 아동을 공원으로 데려갔을 때, 그는 더 이상 모래놀이나 미끄럼틀에 기뻐하지 않았다. 마이클은 주차장을 떠나기를 거부하고, 차선을 따라 서서히 걸어가며 마치 결함을 조사하는 것처럼 차들의 헤드라이트를 강렬하게 바라보았다. 마이클은 광택이 나는 울타리 중 하나에서 눈을 뗄 수 없었는데, 굵은 철사를 다이아몬드 모양으로 엮은 울타리를 따라 걸었다. 부모에게 그것은 마이클의 세계가 수축하고 있는 것처럼 보였다. 마이클은 점점 더 적은 양의 정보를 받아들이고 있었다.

마침내 마이클이 2세 6개월이 되었을 때 엄마는 그녀의 걱정을 소아과 의사에게 언급했다. 소아과 의사는 돌보미의 의견대로 아무런 문제가 없다고 동의했지만, 엄마가 울기 시작하자 소아과 의사는 엄마의 마음을 알아차리고 아동 심리학자를 추천했다. 아동 심리학자는 마이클이 전반적인 발달장애를 갖고 있다고 말했다.

앤과 조지는 충격을 받았다. 왜 이런 일이 일어났을까? 누구에게 책임이 있는 걸까? 이건 마이클에게 무슨 뜻인 걸까? 앤과 조지에게는 무슨 뜻이 되는 걸까?

앤과 조지는 진단이 실수라는 말이 듣고 싶어 밤낮으로 알아보기 시작했다. 그러나 세 번째 전문가가 진단을 확정했다. 앤은 발달장애에 대해 자신이 얻을 수 있는 모든 자료를 열렬히 읽기 시작했다. 책, 의학 저널, 잡지 등 앤이 많은 것을 읽을수록 그것이 사실이 아니거나 치료법이 있다고 말하는 알려지지 않은 정보를 찾을 수 있다는 비밀스러운 희망을 간직했다. 동시에 앤은 자신을 비난했다. "그때 내가 마이클을 차에 태운 후 안전벨트로 하지 않아서 머리를 부딪혀서 그런 거야." 앤의 죄책감으로 인해 그녀의 독서는 두 배로 늘어나고, 마이클에 대한 관심이 다시 배가 되었다.

조지는 다르게 반응했다. 조지는 자료를 읽지 않았다. 해답도 찾지 않았다. 조지는 앤에게 진단에 대해서도 말하지 않았다. 조지는 자신의 세계로 물러났다. 조지는 직장에서 점점 더 많은 시간을 보냈다. 심지어 마이클에 대한 자신의 감정을 피하기 위해 일을 집으로 가져왔다. 조지는 마이클과 앤이 자고 있을 시간인 8시 또는 9시에 집에 왔다.

마이클의 상태는 점점 악화되었다. 마이클은 아무리 달래도 끌어낼 수 없는 내적인 세계로 완전히 물러나 버렸다. 불과 몇 달 전만 해도 밝고 말이 많았던 소년은 이제 그의 모든 시간을 입에 담고 의자나 테이블 밑에서 아삭아삭 소리를 내며 보냈다. 아동을 밖으로 데리고 나오거나 음식을 먹이거나 옷을 입히려는 노력은 한 시간 이상 지속되어 통제할 수 없는 짜증을 만들어 냈다.

앤은 초기 중재 프로그램에 마이클을 등록했지만 마이클의 상태는 더욱 심해졌다. 앤은 마이클을 돌보는 문제를 혼자 떠안고 버려진 것 같아서 남편에게 화가 나 있었다. 조지도 앤만큼 책임이 있지 않은가? 마이클은 그의 아들이기도 하지 않은가? 왜 아내를 도와주지 않는가? 앤이 조지를 필요로 할 때 그는 왜 옆에 없는가? 아마도 마이클의 문제는 우울증을 갖고 있었던 조지에게서 생겨났을지도 모른다. 조지은 앤은 마이클로부터 물러났고, 앤이 조지로부터 물러났다. 앤이 조지에게 어떤 것도 기대하지 않았고, 얘기를 하는 것, 슬픈 감정과 분노 이외의 다른 감정을 느끼는 것을 멈췄다.

마이클 또한 분노를 느꼈다. 그의 가족에게 무슨 일이 일어난 것일까? 조지가 사랑한 그 편안한 삶은 어디 갔는가? 앤이 조지가 집에 오면 따뜻하게 맞아 주고, 조지의 이야기를 들어주지 않았는가? 지금의 달라진 앤은 조지에게 낼 시간이 없는 것처럼 보였다. 오로지 마이클, 그들의 삶을 망친 마이클만을 위해 시간을 낸다. 조지는 마이클이 태어나지 말았길 바라는 자신의 모습을 발견했다. 이게 무슨 생각인가! 그는 마이클을 사랑했다! 하지만 그의 모순에 대한 깨달음에 의해 죄책감이 생겨났고, 견디기 힘들만큼 죄책감은 심했다. 그래서 조지는 거리를 두었다. 적어도 직장에서는 정상적인 기분이었다.

진단을 받고 1년 후인 어느 날 밤, 가족은 저녁을 먹으러 레스토랑에 갔다. 몇 달 만에 하는 외식으로, 그들의 삶을 되찾기 위한 첫 번째 노력이었다. 부스에 앉아 있는 동안, 마이클은 고함을 지르기 시작했다. 앤과 조지는 그들의 먹지 않은 음식을 쳐다보았고, 수많은 시선을 아주 잘 느끼고 있었다. 잠시 후, 한 나이 든 연인이 레스토랑을 나가는 길에 그들의 테이블 옆을 지나갔다. 남자는 몸을 구부리며 그들에게 "이런 곳에서는 아동이 저렇게 행동하지 않게 해야죠!"라고 말했다. 그 즉시 조지는 자리를 박차고 나가 그를 따라가서 소리쳤다. "오늘은 올해 우리 가족의 첫 외식입니다! 난 당신의 조언은 필요 없어요. 알고 싶어 하는 것 같으니 말하자면 내 아들은 심각한 정신병을 앓고 있다네요!" 상대방은 겸연쩍어 했다. 그는 마이클이 단지 통제되지 않는 아이라고 짐작했다. 그는 한참 동안 사과하며 미안해했다. 그러나 조지는 화를 가라앉히지 못했고, 며칠 동안 집 밖을 시무룩하게 걸어 다녔으며, 앤과 말하거나 눈을 마주치지 않았다.

이 끔찍한 사건은 전환점이 되었다. 이것은 앤과 조지에게 충격 요법이 되었다. 앤과 조지는 더이상 평범한 삶을 포기하기 위해 집에만 머무르는 것을 그만두기로 결정했다. 앤은 장애에 대한 자료를 그만 찾고 치료 프로그램을 강화시켰다. 조지는 회사에 늦게까지 머물러 있는 것을 그만뒀고, 자신의 일정을 마이클과 치료 프로그램에 같이 가거나 집에 머물러 있기 위해 조정했다. 앤과 조지은 또한 그들의 갈등과 마이클과의 갈등을 해결하기 위해 결혼상담사를 찾아가기 시작했다.

앤과 조지는 여전히 마이클의 장애와 자신들의 삶에 찾아온 극심한 변화에 고통과 화를 느꼈다. 앤과 조지는 여전히 그들이 잃은 마이클의 모습에 상실감을 느꼈다. 그러나 거의 1년만에 그런 감정들은 현재의 마이클 그리고 서로에게 정직하게 대하는 것을 막지 못했다. 마이클의 생일은 그들에게 매우 힘겨운 날이었다. 그날은 부모에게 있어 아동이 태어났을 때 했던 기대와 일어나지 않은 기대까지 상기시켰다. 크리스마스 또한 거의 비슷하게 힘들었다. 그러나 마이클의 다음 생일에는 그들이 기대하는 것과 그들의 슬픔을 더 잘 다룰 수 있었다. 그때 마이클은 치료에서 눈에 띄는 성과를 보였다. 마이클은 더 이상 앤과 조지를 피하지 않았다. 마이클은 앤과 조지를 더 보고, 더 찾고, 제스처를 만들어 내고, 단어를 더 사용하기 시작했다. 상담을 받은 지 1년 뒤에 앤과 조지는 서로와 서로의 감정을 어떻게 믿어야 하는지를 배웠고, 그것은 그들이 마이클의 문제를 다룰 때 외롭게 느끼지 않도록 했다.

1. 변화된 삶에 반응하기

앤과 조지는 마이클의 도전에 대처하는 과정이 아주 외롭게 느껴졌지만, 가족에게 영향을 주는 것은 외로움만이 아니었다. 분열된 감정, 자신과 다른 사람을 비난하려는 열망은 아동의 발달 문제를 다루는 가족들에게서 흔하다.

많은 부모는 심각한 발달 문제에 대한 소식에 충격을 받고 부인한다. "그게 사실일 리 없어!" 그들은 그들이 옳다는 것을 증명하기 위해 신중하게 생각하고 추구한다. 그들은 많은 자료를 읽는다. 많은 부모는 그들이 듣고 싶어 하는 말을 누군가가 말해 줄 것이라고 기대하며 수많은 전문가에게 연락한다. 삶이 정상으로 돌아갈 수 있다는 그 말 말이다.

그와 동시에 종종 엄청난 죄책감과 분노를 경험한다. 부모는 둘 다 자신이 잘못 했다고 자책한다. 또한 서로를 비난한다. "남편이 가족력으로 우울증을 앓고 있어서 그래." "아내가 담배를 피우지만 않았어도 이럴 일은 없었을 거야." 그들은 서로에게 격렬하게 화를 낸다. 이런 일이 일어나게 만들었다고, 예방하지 못했다고, 그들은 결혼할 때 서로에게 한 약속을 지키지 않았다고 말이다. 그리고 남몰래 아동에게 화가 날 수도 있다. 그들이 아는 삶에 종지부를 찍었다고 말이다.

하지만 그들은 스스로에게 물어본다. 어떻게 내 아동에게 화가 날 수가 있겠어? 아동이 문제를 일으켜 달라고 빈 적도 없고, 정작 문제를 안고 살 당사자인데 말이다! 그러다 보면 그들은 그 분노를 부정하고 죄책감에 압도당하는 느낌을 받을 수 있다. 그들이 이 장애를 만들었을 거라는 죄책감, 그 장애를 없애지 못한다는 죄책감 말이다.

죄책감, 분노 그리고 내재된 슬픔은 사람을 마비시킬 수 있다. 어떤 가족은 완벽해지겠다며 완벽한 해결책을 찾기로 결심한다. 또 다른 가족은 회피하거나 우울감을 느낀다.

때때로 이 시기에 아동의 치료를 받기 시작하며, 부모는 동요를 하며 마음이 오락가락한다. 때때로 부모는 이 치료가 모든 것을 바꿔 놓을 것이라고, 아동이 완전히 회복될 것이며, 그들은 아동의 회복을 가능하게 하는 완벽한 부모가 될 것이라고 믿는다. 다른 때에 그들은 고뇌에 처한다. 세상의 그 어떤 치료도 아동을 돕지 못할 것이며, 아동은 영원히 장애를 안고 살 것이고, 이런 일이 일어나게 한 그들은 끔찍한 부모라고 말이다. 인생은 극심한 롤러코스터가 된다. 한 부모는 정신 차리고 이에 대처할 수도 있고, 다른 부모는 절망에 빠질 수도 있다.

때로는 가족이 일상생활에서 위기를 만날 수는 있지만, 이 감정의 오르고 내림은 두 사람의 서로 다른 스트레스 대처법을 강화하고 문제를 확대할 수 있다. 한 부모는 아동을 과하게 돌보는 것으로 대처할 수 있다. 아동이 관심의 중심이 되어 치료 회기를 잡고, 의사와 대화를 나누고, 교사와 만나며 아동의 필요에 대한 큰 그림으로 간다. 한편, 다른 부모는 평상시처럼 일할 수 있다. 일은 예전과 같은 삶이 있고, 가족의 문제가 침범하지 않는 세계이자 본인이 알던 예전의 삶을 주는 안전한 곳이 된다. 그곳에서 부모는 배우자와 자녀로부터의 피난처를 찾을 수 있다. 가족이 무너져 내리는데 대처할 방도가 없는 가정과는 달리, 직장에서는 자신이 필요한 인재이며, 유능하다고 느끼게 된다.

오래 지나지 않아 부모는 기계적인 패턴에 빠져든다. 그들은 몇 마디 밖에 나누지 않고, 서로에게 약간의 쓰라린 불만이 있다. "너는 더 이상 나에 대해 관심도 없지? 너는 나를 도와주지를 않아!" 내면에서 부모는 이 새로운 삶이 두렵고, 결혼 생활이 끝날 것만 같고, 혼자라는 기분에 두려워하며 겁에 질려 있다. 그러나 둘 다 고통스러운 감정을 나누기에는 이미 너무나 속상한 상태이다.

가족 문제에 더 기여하는 것은 모든 가족이 직면하는 패턴의 강화이다. 부부는 그들의 차이 때문에 서로에게 끌린다. 그들은 서로를 보완한다. 한 명은 부드럽게 양육하는 돌보미 역할을 하고, 다른 한 명은 사업 성공을 위한 경쟁력을 제공한다. 하나는 수줍어하고 회피적이며, 다른 하나는 외향적이고 관심을 끌려고 하는 사람이다. 그러나 아동이 생기면 오래된 패턴은 강제로 변한다. 돌봄을 주는 사람은 밤새 아기와 함께 밤 늦게까지 있느라 이제는 배우자가 자신을 먹여 주고 보살펴 주기를 원한다. 그러나 다른 사람은 배반당하고 고갈된다고 생각한다. "난 열심히 일을 했어. 보살핌이 필요한 건 나야!" 새로운 감정의 계약은 협상되어야 하지만, 부모는 자신의 패턴을 충분히 인식하지 못하거나 서로를 비난하는 데 너무 갇혀 있어서 그에 대해 논의하지 못한다. 만약 아동이 특별한 요구를 필요로 한다면 이 패턴은 강화된다. 부모는 내면으로 들어가 중심을 세워 줄 힘을 찾아 아동에게 정서적인 자양분을 주어야 하는데, 그들 자신이 가지고 있는 욕구가 충족되지 못한다고 느끼니 아동에게 줄 수 있는 것이 없는 것이다. 이 문제를 해결하기 위해 그들은 원래 서로에게 무엇을 주었는지 인식하고, 그것이 어떻게 변했는지 확인해야 하며, 그들과 아이 모두에게 영양을 주는 새로운 균형을 마련해야 한다.

부모가 마찰을 일으키는 감정을 받아들이는 법을 배우면 팀으로 함께 헤쳐나갈 수 있다. 때때로 상담이 도움이 될 수 있다. 점차 부모는 아동의 문제에 대해 현실적으로 대응할 수 있으며, 개선을 위해 아동과 함께 작업할 수 있다. 자신의 감정에 정직하게 대처할 수 있는 부모는 일반적으로 절망의 시기에서 일어나 가족으로서 더 강하게 나아갈 수 있다. 그러나 부모가 지속적으로 그들의 감정을 마주하지 못한다면 결혼 생활은 더욱 어려워지고, 때로는 결별과 이혼으로 끝나기도 한다.

자신의 감정을 나누고 아동을 돌보는 책임은 부모에게조차 쉽지 않다. 생일과 휴일은 예전에 느꼈던 희망이나 절망을 가벼운 형태로 다시 경험하게 만든다. 아동이 생후 첫해에 진단을 받았고, 2세에 초기 외상으로부터 벗어나게 된 부모는 아동이 3~4세가 될 때 그 감정이 재발되는 기분을 많이 느끼곤 한다. 그 시점에서 아동은 어린이집에 가게 되는데, 이제 다른 아동들과 너무나 쉽게 비교하게 된다. 다른 아동이 더 언어적이 되고 더 외향적이 되고, 더 유능해질 때 내 아동의 문제들이 더욱 눈에 띄는 것이다. 그리고 부모는 이전의 슬픔, 죄책감, 분노가 다시 나타나는 두 번째 우울증에 빠진다. 세 번째 우울증은 아동이 1학년이 되었을 즈음에 발생한다. 아동이 치료를 잘해 왔다면 부모는 아동이 주류가 되기를 원한다. 그렇지 않다면, 또는 여전히 아동이 학년 수준 이하로 기능하는 것이 명백해지면 그 감정들은 다시 한번 스스로 재생된다. 연휴와 마찬가지로 이 두 번째 및 세 번째 우울증은 첫 번째보다 짧고 가벼우며, 부모는 새롭지만 현실성 있는 희망으로 퇴장한다.

"지금 우리에게 가장 힘든 일은 마이클이 결국 어떻게 될 지 알 수 없다는 거예요." 앤이 말했다. "그에 대한 대답이 아예 없네요. 하지만 우리는 매일 아동과 아동의 문제에 대처할 수 있을 거예요."

2. 대처 패턴 인식하기

자카리 솔로몬도 전반적 발달장애로 진단받았고, 루이스가와 마찬가지로 솔로몬도가도 그 소식에 절망했다. 그러나 그들이 곤경에 대처하는 방법은 달랐다. 자카리의 엄마

멜리사는 강하고 자기 주장을 해 왔고, 아빠 리치는 여유롭고 느긋했다. 결혼 초기에 대조되는 그들의 기질이 편안하게 맞물려 있었다. 그러나 자카리의 출생은 변화를 불러왔다. 자카리를 유능하게 돌보고 있다고 믿었던 멜리사는 갑자기 무능함과 불안감을 느꼈다. 자카리를 '고치거나' 심지어 위로할 수 없었기 때문에 손을 내밀어 자카리를 돌볼 의지가 사라졌으며, 그 결과 자신을 돌보는 것에 더 매달렸다. 그럼에도 멜리사는 울거나 리치에게 도움을 요청하기를 꺼려했다. 멜리사는 자신의 취약성을 드러내고 싶지 않았다. 그 대신에 리치가 멜리사의 무언의 요구에 반응하지 않을 때 리치에게 화가 나서 그를 공격했다.

반면에, 리치는 다르게 대처했다. 리치는 또한 이 어려운 자카리를 기르면서 불안감을 느꼈지만 화가 나기보다는 자카리에게 집중하고 화가 난 멜리사를 피했다. 리치가 멜리사에게서 멀어질수록 멜리사는 화가 났다. 멜리사는 화가 날수록 더 거리를 두고 자카리에게 모든 관심을 주었다. 그렇게 악순환이 시작되었다. 서로의 반응에 대해 서로에게 잘못을 물었고, 서로는 이 반응을 악화시켰다. 역설적으로 그들이 처음에 서로에게서 좋아했던 바로 그 특성이 비난의 표적이 되었다. 멜리사는 상황을 수동적으로 받아들인다며 리치를 비난했다. 리치는 공격성에 대해 멜리사을 비판했다. 이 가족이 가족치료사에게 갔을 때 즈음에 그들은 그들이 싫어하게 된 자질 외에는 서로에게서 그 무엇도 볼 수 있었다. 그 누구도 서로의 보호된 무장 아래의 겁 먹고 상처 받은 개인을 보지 못했다.

그로부터 1년간 치료사는 그들의 결혼 생활에서 무슨 일이 일어났는지를 함께 살피게 했다. 그들이 부모가 스트레스에 반응할 때 어린아이일 적 개발한 방어 기제를 사용하고 있다는 것을 보게 도와주었다. 멜리사는 자신의 가족으로부터 자신의 약한 모습을 부인하고 공격성의 가면을 쓰는 법을 배우게 되었다. 리치는 안전하게 가는 법을 배웠기 때문에 수동적이 되고 흐름에 맞춰 대립을 피하게 되었다. 이런 패턴은 스트레스가 거의 없었던 초기 결혼 생활에서는 효과가 있었다. 그러나 자카리의 탄생은 이러한 패턴을 한계로 몰았다.

스트레스에 대처하는 그들의 방식을 인식하는 것이 첫걸음이었다. 그것을 바꾸는 법을 배우는 것은 더 어려운 일이었다. 멜리사와 리치는 순전히 정신력 하나로 습관적인 반응을 거부하고 그 대신에 결혼 생활에 더 좋은 행동을 해야만 했다. 멜리사는 자존심을 억누르고 리치에게 자신이 얼마나 두렵고 무서웠는지 그리고 자신이 얼마나 리치를 필요로 하는지를 말해야 했다. 리치는 멜리사에게 관심을 기울이고, 멜리사의 걱정을 마주해야 했다.

그 과정은 어려웠지만 성과를 내기 시작했다. 수개월 간 치료를 받은 후에 멜리사와 리치는 서로를 더 많이 보기 시작하면서 그들의 냉전은 누그러지기 시작했다. 연말까지 그들은 예전보다 더 가까워졌다고 느꼈다. 그 경험은 그들의 관계에서 부족했던 친밀감을 만들어 냈다.

대부분의 결혼 생활에서 배우자는 특별한 요구를 가진 아동을 갖게 되는 스트레스에 다르게 반응하는데, 이러한 차이점들이 적어도 일시적으로 결혼의 안정성을 위협하는 것은 드문 일이 아니다. 안정적인 정서적 동반자의 관계를 재현하기 위해 두 사람은 각자의 대처 방식을 검토한 후 이를 변경하기 위해 노력해야 한다.

물론 자신의 패턴을 보는 것은 어렵다. 이 패턴들은 어린 시절에 만들어져서 당신이 세상을 인지하는 익숙한 방법이다. 예를 들어, 당신의 부모님이 당신에게 다가갈 때마다 당신을 모욕했다고 가정해 보자. 친밀감에 대한 당신의 감정적인 반응은 주의와 분노 중 하나일지도 모른다. 친밀감을 안전의 안식처로 여기지 않고 당신에게 다가오는 사람을 불신하고 거리를 둘 수도 있다. 분명히 그런 반응은 친밀하고 사랑 넘치는 관계를 확립하는 것을 어렵게 만든다.

이러한 패턴을 변경하려면 당신은 신중하게 스스로를 관찰하고, 뒤로 물러나 상황에 대한 당신의 반응이 정당화된 것이 아닐 수도 있다는 것을 봐야 한다. 우리가 객관적으로 우리 자신의 반응을 보는 것이 어렵기 때문에 외부 관찰자 역할을 할 수 있는 치료사, 배우자 또는 신뢰받는 친구의 도움을 받을 수 있다.

변화는 어떻게 행동할 것인가에 대한 당신의 직감에 반하여 행동하는 것을 의미하기 때문에 자기 인식에도 불구하고 변화에는 많은 노력이 필요하다. 따뜻하게 웃는 얼굴을 보았을 때, '따뜻하고 웃는 얼굴이지만 나의 부모님께서 따뜻한 얼굴을 하고 나를 위협했기 때문에 그 얼굴은 위협적이다'라고 생각하지 않을 것이다. 오히려 '저건 위협적인 얼굴이야'라고 생각할 것이다. 당신에게는 적어도 그렇게 느껴지기 때문이다. 초기 반응에서 뒤로 물러나서 "아하! 내가 또 이러네!"라고 말하기 위해서는 상당한 성숙함과 규율이 필요하다.

그것은 가능한 일이다. 자신의 반응 방식에 익숙해지면 상쇄하는 방법을 배울 수 있다. 그것은 맛있어 보이는 초콜릿 케이크 조각에 저항하는 것과 비슷하다. 내면에 있는 모든 것이 "먹어!"라고 말하지만 당신은 의지의 노력으로 장기간의 이익을 위해 순간적인 욕구를 중단할 수 있다.

그 어떤 결혼이든 성공하려면 이런 능력이 필요하다. 특별한 요구를 가진 아동이 있는 가정의 경우에는 필수적이다. 변화할 수 있는 능력이 없다면 부부는 점점 더 사이가 멀어질 것이다. 그런 능력이 있다면 부부는 이전에 알고 있던 신뢰와 친밀감을 되찾을 수 있다. 종종 그들은 이전보다도 더 친밀해지기도 한다.

3. 가족 간의 대화 장려

- 부모가 아닌 배우자로서 함께 지낼 시간을 따로 마련하라. 베이비시터를 고용해 주 마다 한 번씩 외출을 하거나, 아동들이 잠자리에 든 후 같이 보낼 수 있는 긴 저녁 시간을 일주일에 한 번은 마련하라. 매일 감정과 사건에 대해 이야기 나눌 수 있는 시간을 저녁마다 확보하자. 함께 시간을 보내면 매일의 지루한 의무가 아니라 서로를 사람으로 볼 수 있게 해 줄 것이다.
- 스스로에게 그리고 배우자에 대한 감정을 솔직히 대면하자. 어려운 감정을 인지하는 것은 두려운 일이지만 일단 그것을 말로 표현하면 어려운 감정들은 그 힘을 상당히 잃게 된다. 서로의 말에 끼어들거나, 침입하거나, 과하게 설명하거나, 몇 번이고 재안심시키고자 하는 요구 없이 서로에게 말을 할 시간을 주자. 당신의 배우자가 할 말에 대해 덜 두려워하게 될 것이고, 보다 성찰적이고 공감할 수 있게 될 것이다. 당신의 감정에 대해 이야기하는 것은 당신과 당신의 배우자가 더 가까워지게 해 줄 것이다.
- 비슷한 경험을 겪은 다른 가족원과 대화하라. 당신은 그렇게 외롭지 않을 것이고, 생각과 감정을 나눌 수 있을 것이다.
- 필요한 경우에는 도움을 요청하라. 혼자서 이러한 부담을 지는 것은 극도로 힘들 수 있다. 상담은 종종 결혼 생활을 강화할 수 있으며, 또한 부모로서 더 강하게 만들어 줄 수 있다.

제17장 가족 과제

만 3세가 된 스티븐은 중증의 뇌성마비를 앓았고, 소아정신과 의사는 스티븐에게 정신지체가 있을 수도 있다고 추측했다. 실제로 스티븐은 엄마의 접근에 최소한으로 반응했다. 스티븐은 엄마와 거의 눈을 마주치지 않았고, 엄마의 목소리를 들었다는 신호를 가끔만 나타냈다. 그러나 이러한 장애에도 불구하고 스티븐의 엄마인 샐리는 아들에게 다가가기 위해 힘겨운 노력을 기울였다. 샐리는 스티븐의 눈이 방을 탐색할 때마다 그 눈길이 머물렀던 것들을 매번 가져다주었다. 샐리는 참을성 있게 물체를 스티븐에게 보여 주고, 목소리로 격려했으나 아들은 자신의 손을 보지 않았다. 스티븐의 거부에도 샐리는 의연한 모습으로 어떤 상호작용이 일어나기를 바라며 물건에 대해 부드럽게 말하고, 물건의 한 부분을 짚어 주기도 했다. 하지만 스티븐은 샐리를 무시했다. 샐리가 어떤 물건을 가리키면 스티븐은 그 물건이 이제 엄마의 손에 의해 더러워졌다는 듯이 시선을 회피했다. 샐리는 참을성 있게 스티븐의 시선을 다시 따라 갔고, 스티븐에게 그의 흥미를 끌 수 있는 다음 물건을 가져다주었다.

처음 5분 정도 동안 스티븐과 샐리를 지켜본 치료사는 엄마가 아들의 거부에 직면해서도 인내심과 강인함을 끌어낼 수 있는 점에 감탄했다. 직관적으로 샐리는 무엇을 해야 할지 정확히 알고 있는 것 같았다. 즉, 어떻게 스티븐의 안내를 따라야 하는지, 스티븐이 관계에 참여할 수 있도록 어떤 노력해야 하는지, 어떻게 과도한 개입을 자제해야 하는지 말이다. 샐리는 모든 일을 제대로 하고 있는 것처럼 보였다.

그러나 5분, 10분이 되이 가자 치료사는 다른 것을 알아차렸다. 샐리는 모든 것을 '올바르게' 하고 있었지만 샐리의 노력에는 기계적인 느낌이 있었다. 아들을 보는 그녀의 눈에는 반짝임이 없었다. 샐리가 스티븐에게 말을 걸 때 샐리의 목소리에는 감정적인 범위가 없었다. 마치 샐리는 안내서를 보고 무엇을 해야 하는지는 알지만 아무런 즐거움을 보이지 않는 모습이었다. 부분적으로 샐리는 자신의 감정을 잊어버리고 자신의 관계에 넣을 활기가 제한적이 되었다.

"당신은 스티븐의 훌륭한 파트너가 되기 위해 열심히 노력하고 있어요." 치료사는 말했다. "정말 잘하고 있어요. 하지만 즐거워하면서 했으면 더 좋았을 거라고 생각해요."

샐리는 잠시 치료사를 쳐다보더니 고개를 돌렸지만 이미 눈에 눈물이 맺힌 후였다. 잠시 머뭇거리더니 샐리가 말을 시작했다. "처음에는 스티븐이 날 보지 않을 때나 미소 짓지 않을 때 화가 나서 아이 어깨를 쥐고 흔들어 버리고 싶었어요. 그러다가 내가 뭘 잘못했지, 내 남편이 뭘 잘못했지 싶었어요. 스티븐을 쳐다보는데 아동의 눈에 반짝임이 없는 게 견디기가 힘들었어요. 그래서 지금 하는 대로 하게 된 거예요. 어떻게든 반응을 끌어내려는 건데…… 기대하는 건 없어요. 너무 괴로워서 아예 희망을 갖지 않으려고 하고 있어요. 스티븐이 날 쳐다볼 때 흥분하거나 너무 기뻐하지 않으려고 하고 있어요. 더 크게 실망하게 될까 봐요."

아들에 대한 샐리의 반응은 고통스러웠다. 그리고 특별한 요구를 가진 아동의 부모의 일부가 전형적으로 보이는 반응이기도 하다. 부모들은 다양한 방식으로 반응한다. 어떤 사람들은 자신의 감정을 인지하고 그에 대처하기 위해 비범한 내면의 힘과 대처 능력을 찾는다. 일부 사람들은 슬픔, 실망, 짜증, 화를 부인하는 대신에 과도하게 모든 것을 제어하려고 한다. 마치 아동이 원하는 대로 행동할 수 있게 만들기 위해 더 열심히 노력하면 장애가 없어지기라도 하듯이 말이다. 그들은 의도적으로 과잉 통제를 하는 것은 아니며, 그들의 노력은 보통 최선의 의도를 갖고 있다. 그들에게는 그것이 자신의 두려움과 슬픔을 통제할 수 있는 유일한 방법인 것이다.

다른 부모들은 너무 슬프고 아동에게 실망하여 적대적이 되어서 아동을 거부한다. 상호작용을 최소한으로 유지하면서 정서적으로뿐만 아니라 육체적으로도 철회한다. 부모들은 의도적으로 아동을 거부하는 것은 아니다. 아동을 정말 사랑하지만 어느 정도 거리를 두어야만 자신을 보호할 수 있기 때문이다.

여전히 어떤 부모들은 도망치고 싶은 충동을 느끼고, 자기 아동과 아동의 장애가 존재하지 않는 것처럼 행동한다. 그러나 그 기분이 너무 불편해서 방어 기제로 반대의 태도를 취하게 된다. 즉, 과하게 보호하고 불안해하는 것이다. 아동이 그들의 시야 밖에 있는 것과 아동이 다른 사람들과 상호작용하는 것을 두려워한다. 아동이 혼자 새로운 것을 시도해 보는 것을 막아선다. 과보호하려는 의도는 아니지만 아동을 지나치게 가까이 두어야만 내면의 불편한 감정들로부터 보호가 되기 때문이다.

종종 부모들은 언급된 방식 중 둘 이상으로 반응한다. 한 방식에서 다른 방식으로 오가면서 말이다. 부모는 아동이 특정한 방식으로 부모와 관계를 만들어 간다고 주장하면서 일정 기간 동안 과잉 통제할 수도 있다. 밥을 먹이고, 잠에 들게 하고, 화장실을 가게 하고, 얌전히 옷을 갈아입는 것도 힘들고, 때리고, 발로 차고, 무는 것을 제어하는 것부터 미소를 짓는 것마저 힘들다. 그 작고 소소한 미소조차 말이다. 부모가 이런 행동을 제어하지 못할 때 스스로를 나쁜 부모로 몰아간다. 자기 아이조차 도울 수 없는 나쁜 어른인 것이다. 세상의 온갖 이성적인 논쟁조차 내면의 실패감을 해결해 주지 못한다. 그에 더해 부모는 너무나 지쳤다. 밤에 잠도 못 자며 아동의 요구를 다 채워 주고, 아동에게 필요한 것을 제공하기 위해 의사, 치료사, 학교와 다투느라 지쳤다. 또한 서로와 싸우느라 기진맥진하다. 서로 충분히 돕고 있지 않다고, 서로의 욕구를 보살펴 주지 못한다고, 필요할 때 곁에 있어 주지 않는다고 말이다.

그러나 이러한 대처 행동은 특별한 요구를 가진 아동에 의해 갑자기 표면적으로 나타나지는 않는다. 보통 부모는 이런 태도를 어린 시절에 배운다. 한 엄마는 아동이 거리를 둘 때마다 시무룩했다. 왜 그런지 물었을 때, 그녀는 잠시 생각하더니 말했다. "나의 엄마가 자신이 원하는 대로 일이 풀리지 않을 때 그렇게 행동하셨어요." 우리는 고통으로부터 우리를 보호하기 위해 어릴 때 취했던 행동들을 채택한다. 한 엄마는 딸이 거리를 둘 때마다 공격적으로 행동했다. 딸을 찌르며 간지럽히고, 거의 적대적으로 보이는 행동을 통해 아동을 끌어당기려고 시도했다. 그 경향이 어디서 왔는지 묻자 그녀는 대답했다. "우리 엄마는 예측할 수 없었어요. 때때로 정말로 따뜻하고 사랑이 가득하더니 갑자기 거리를 두었어요. 나는 나를 무시한 것에 대해 매우 화가 나서 부모의 관심을 끌기 위해 손가락으로 찌르고 때리곤 했다."

우리가 부모가 되었을 때 즈음에 이 행동은 이미 습관이 되고 친숙하다. 아동이 스트레스를 받는 상황에서 인형을 껴안는 것처럼 우리도 이 행동을 가지고 다닌다. 우리가 그것에 의지할 때 우리의 대처 행동은 우리에게 보이지 않는다. 우리는 반사적으로 그에 빠지며, 그것들이 현재 상황을 처리할 수 없게 막아 설 때나 또 다른 사람의 요구에 부딪히고 나서야 비로소 우리는 그것들을 알게 된다. 때로는 결혼이 이런 태도를 수면에 드러낸다. 결혼 생활 중 피할 수 없는 스트레스가 배우자 사이에서 방어 기제를 유발하기 때문이다.

그리고 나서 부모는 너무 자주 불편한 순환에 빠진다. 한 배우자는 짜증을 내고 물러나는 모습 혹은 적대적인 모습을 보이며 반사적으로 반응한다. 이것은 상대방에게도 마찬가지로 반사적이고 생산적이지 않은 활동을 유발한다. 각각의 새로운 반응에서 분노가 겹겹이 쌓인다. 곧 대화가 멈추고 둘 중 누구도 이 순환을 멈추는 방법을 모른다.

　다행히 부모가 그들의 대처 행동을 직면하고 그 패턴이 아동에게 어떤 효과가 있는지 볼 때 이 행동을 바꿀 수 있다. 하지만 이건 쉬운 일은 아니다. 하룻밤 사이에 일어나는 일은 더더욱 아니다. 그러나 아동을 돕고자 하는 동기 부여가 너무나 강력해서 부모는 마침내 그것을 해낸다. 비록 대부분의 사람이 방어적인 대처 패턴을 가지고 있음에도 불구하고, 많은 가정에서 부모는 비생산적인 행동을 억누르는 방법과 짜증과 실망의 반응에서 더욱 유연해지는 법을 배운다.

1. 철회하려는 경향

　샐리는 스티븐으로부터 거리를 두고 자신의 실망감에 대처했다. 날마다 고통 속에서 사는 것보다는 감정에 벽을 치는 것이 더 쉬웠다. 샐리는 자신의 슬픔에 대해 이야기를 나누면서 자신이 어렸을 때 자신에게 반응이 없었던 자신의 부모님에 대해 비슷한 감정을 느꼈음을 깨달았다. 일로 늘 바빴던 샐리의 부모는 아동들과 지낼 시간이 거의 없었기 때문에 샐리와 그녀의 남동생을 기계적으로 돌보는 경향이 있었다. "부모님은 해야 할 일을 했어요." 샐리는 말했다. "하지만 부모님의 행동은 공허하게 느껴졌어요. 나는 부모님이 나와 함께 있는 것을 즐거워했다고 생각해 본 적이 없어요." 이 말을 하는 샐리의 얼굴에는 깨달음의 표정이 지나갔다. 샐리의 행동은 자신의 부모의 것과 똑같은 것이었다.

　이 깨달음은 곧 샐리가 다르게 행동할 수 있도록 도와주었다. 스티븐과 소통의 순환을 열기 위해 작업하면서 상호작용의 메커니즘뿐만 아니라 자신의 감정에 귀를 기울이며 얼굴에 생동감을 표현하는 연습을 했다. 어느 날 스티븐이 샐리에게서 블록을 받으며 약간의 미소를 지었는데 샐리는 놀랍게도 기쁨의 쾌감을 느꼈다. 시간이 지나가자 스티븐은 처음으로 소통의 순환을 한 번, 그다음에는 연이어 2개의 의사소통 순환을 닫을 수 있었으며, 샐리는 서서히 감정이 풀리게 되었다. 샐리와 스티븐이 의사소통의 범위를 넓히며 마음을 열자 그들 사이에 시너지가 나기 시작했다.

　당신의 대처 방식이 어디서 기인되었는지를 알아내는 것은 항상 가능한 일은 아니다. 그러나 자신에게 정직하고 아동에 대한 모든 감정의 범위를 인정함으로써 당신의 가족에게 가치 있는 도움이 될 수 있다. 부모가 자신의 아동에게 화가 나고 두려움과 슬픔이 압도적으로 느껴진다는 것을 인정하는 것은 매우 어렵고 두려운 일이다. 그러나 그런 감정들은 자연스럽고 현실적이다. 만약 부모가 그런 걸 느끼지 않는다면 부모는 인간이라고 하기에는 부족할 것이다. 다른 사람뿐만 아니라 자신에게 자신을 숨기는 것은 도움이 되지 않는다. 일단 당신이 그런 어려운 감정을 더 온전히 다루게 된다면 아동의 발달을 돕고 지지할 수 있는 능력은 더 유연해질 수 있다.

2. 과잉 통제하는 경향

3세 6개월이 된 데이비드에 대한 평가는 다중 시스템 발달 지연이 있을 것임을 암시했다. 데이비드는 종종 세상을 차단했고, 말을 거의 하지 않았으며, 대소변을 가리지 못하고, 한 시간 이상 계속되는 짜증을 부렸다. 데이비드는 때때로 부모님의 제스처를 모방했지만, 한 번에 한 개 이상의 의사소통 순환을 닫지 못했고, 어느 가상놀이에도 참여하지 않았다. 데이비드가 아빠인 프랭크와 함께 놀 때 패턴은 분명해졌다. 데이비드가 무언가에 대한 관심을 보이기를 기다리는 대신에 프랭크는 상호작용을 시작하려고 했다. 프랭크는 데이비드에게 물건을 건네주었고, 데이비드가 즉각적으로 그걸 가져가지 않으면 재빨리 다른 것을 가져오거나, 데이비드를 간지럽히거나, 반응을 얻기 위해 거칠게 놀려고 했다. 데이비드는 수동적으로 행동하거나 등을 돌렸다. 데이비드가 활동을 개시하는 순간, 예를 들어 자동차를 볼 때 프랭크는 데이비드가 어떤 식으로 노는지 지켜보는 대신에 그 차를 가져가 본인이 그것으로 무엇이든 하려고 했다. 프랭크는 모든 면에서 놀이를 통제하려고 했다. 프랭크의 행동 때문에 아들은 자기 자신의 감각이나 감각을 개발할 여지가 거의 없었다. 데이비드가 프랭크에게 할 수 있는 유일한 길은 등을 돌리는 것이었다.

프랭크는 데이비드에 대한 자신의 감정을 토론하면서 데이비드의 문제 때문에 그에게 좌절감과 분노를 느낀다는 사실을 시인했다. "저도 발달이 데이비드가" 프랭크가 말했다. "하지만 제 아들과는 달리, 저는 결국 다 해결했어요." 프랭크는 데이비드가 자신처럼 뭐든 해 보려는 것을 '거부'하는 것에 실망했다. 놀이를 제어함으로써 프랭크는 데이비드가 자신이 해 주길 바라는 일을 하게 만들려고 한 것이다. 프랭크 자신이 충분히 노력하면, 공격적으로 많이 놀아 주면 데이비드가 '자신에게 돌아와 주며' 자신이 원하는 아들이 될 것이라고 믿었다.

프랭크는 이러한 감정들을 인정한 후에 데이비드를 향한 엄청난 사랑과 공감을 느낄 수 있었다. 프랭크는 일생 동안 자신이 할 수 있는 것보다 더 잘하려고 해 왔고, 데이비드 또한 그렇게 느낄 것 같아서 공감이 되었다.

치료사는 데이비드에게 주도권을 주고 프랭크에게는 통제에 대한 충동을 억제하는 것이 중요하다는 것을 강조했다. 데이비드가 프랭크를 무시했을 때 새로운 활동으로 전환하는 대신에 프랭크는 아동이 의사소통의 순환을 닫을 때까지 인내하며 같은 활동을 끌어가야 했다. 또한 데이비드가 하고 있는 활동에 말로 공감해 주어야 했다.

두 달 후, 그들은 상당한 진전을 이루었다. 프랭크는 여전히 참을성이 없었고, 주도권을 쥐려는 경향에 맞서 싸워야 했지만 그러기 위해 노력하고 있었다. 치료 세션에서 프랭크는 총을 들고 쏘는 척 했다. 하지만 데이비드가 총을 향해 손을 뻗었을 때 프랭크는 그가 총을 가져가도록 내버려 두었다. 데이비드는 약간 웃으며 부드러운 목소리로 말했다. "탕, 탕." 프랭크 또한 웃으며 반복했다. "탕, 탕." 그들은 서로 같은 소리를 내며 3~4회 정도 제스처를 주고받았다. 이것은 데이비드와 가장 연결된 순간이었다. 5~6개의 의사소통 순환을 연속으로 닫았으며, 총을 이용하여 실제로 가상놀이를 했다. 무엇보다도 데이비드는 프랭크와 따뜻한 관계를 만들어 가고 있었다. 프랭크도 상황을 즐기고 있었다. 회기 내내 프랭크는 데이비드에게 자랑스럽게 미소 지었다.

그로부터 2년 후, 데이비드는 지속적으로 발전했다. 만으로 5세 6개월이 된 데이비드는 거의 항상 사람들과의 관계에 연결되어 있었다. 데이비드는 학교에서 친구를 사귀었으며, 자신의 감정을 행동 대신 말로 표현하려고 노력하고 있었다. 데이비드는 점점 논리적으로 사고했다. 그는 언어, 상호주의적 및 작업 치료의 집중 프로그램으로부터 많은 도움을 얻었다. 그러나 프랭크(그리고 곧 이어질 이야기의 주인공인 엄마)의 행동이 바뀌지 않았다면 데이비드의 발전은 불가능했을 것이다. 데이비드의 삶에서 가장 중요한 사람들인 그들의 피드백은 매우 중요했다. 프랭크가 데이비드를 과도하게 통제했다면 데이비드는 스스로 생각하고 행동하거나 프랭크가 제공한 치료법에 개선되지 못했을 것이다. 더 중요한 것은 아동은 다른 사람들과의 관계가 따뜻하고 지지적일 수 있다는 것을 몰랐을 것이다.

3. 과도하게 자극하면서도 철회하는 경향

데이비드의 엄마인 루신다는 프랭크와 마찬가지로 놀이를 과하게 통제하는 경향이 있었다. 루신다는 데이비드가 안내하도록 두기보다는 활동을 먼저 시작했다. 루신다는 데이비드가 즉각적인 반응을 안 보이면 서둘러서 다음 활동을 시작했다. 그러나 프랭크와 달리 루신다는 갑자기 태도를 바꿨다. 데이비드를 관계에 참여하게 만들려던 루신다의 시도가 실패하면 갑작스럽게 거리를 두었다. 루신다는 갑자기 대화를 그만두고, 장난감을 내미는 것도 하지 않으며 수동적으로 데이비드를 지켜보기만 했다. 마치 스스로의 내면으로 사라진 것처럼 말이다. 루신다는 데이비드의 거절로 상처를 입고는 고통을 더 이상 참지 못하고 도망쳤다. 그 결과 루신다와 데이비드는 시작과 동시에 끝이 나버리는 리듬 속에서 결코 연결되지 못했다.

데이비드는 루신다의 패턴에 혼란스러워 보였다. 루신다가 단호하게 굴면 데이비드는 심술을 부리고, 칭얼거리며 울기 시작했다. 루신다가 거리를 둘 때면 데이비드는 자신의 세계 안에 빠졌다. 마치 엄마의 에너지 부족이 상호작용하고자 하는 아동의 의지를 끊어 낸 것처럼 말이다.

치료사가 루신다에게 자신이 본 것을 말했을 때, 루신다는 치료사의 말 속에서 자신의 모습을 인지하며 천천히 고개를 끄덕였다. "맞아요." 루신다가 말했다. "감정적으로 벅찰 때 제가 그래요. 처음에는 과하게 의욕을 끌어올려서 상황을 더 낫게 만들려고 해요. 그런 다음에는 제 노력이 효과가 없어서 우울해져요. 학교에 다닐 때에도 그랬어요. 남편에게도 그래요. 제가 아들에게도 그러나 보네요."

다시 한번 치료사는 데이비드가 안내하도록 하는 것과 열심히 의사소통의 순환을 닫는 것의 중요성을 설명했다. 치료사는 루신다에게 의사소통 순환을 열고 닫는 것을 연습할 것과 거리를 두려고 하는 경향과 싸워야 한다고 말했다.

두 달 후 루신다와 데이비드는 나아졌다. 데이비드가 인형을 꺼내면 루신다는 아동이 무엇을 할 지 기다렸다. 루신다에게는 정말로 기쁘게도 데이비드는 인형을 자신에게 내밀며 "더러워"라 말했다. 루신다도 동의했다. "맞아, 더러워." 그러더니 데이비드는 루신다를 보면서 인형을 손으로 문질러 주었다. 인형을 목욕시켜야 하는데 도와달라는 분명한 표시였다. 다음 몇 분 동안 두 사람은 인형을 목욕시키는 척하면서 4~5개의 몸짓을 주고받았다. 두 사람 모두 이 활동 내내 따뜻하게 관계에 참여했다.

그로부터 몇 달 동안 데이비드와 부모가 상호작용을 향상시키기 시작하자 한 패턴이 나타났다. 부모가 데이비드의 놀이를 과도하게 통제하려는 경향을 줄이자 데이비드는 주도권을 더 잘 잡게 되었다. 그리고 데이비드가 주도권을 더 잘 잡게 되자 부모는 지나치게 지시할 필요성을 느끼지 못했다. 부모가 지시를 덜 하자 데이비드는 그들과 함께하는 것에 더 많은 즐거움을 느꼈다. 부모의 존재를 더 즐거워할수록 루신다는 거리를 둘 필요가 덜해졌다. 이전의 역효과를 낳는 접근법은 매우 구조적인 새로운 접근법으로 바뀌었다. 데이비드의 부모가 데이비드를 성장할 수 있게 만들었고, 데이비드 또한 부모를 성장시켰다.

4. 과보호하려는 경향

릭이 3세 6개월일 때 그의 엄마 마샤는 릭을 치료사에게 데려갔다. 릭은 심각한 운동 지연을 갖고 있었고, 그의 언어 능력은 꽤 제한적이었다. 릭이 주변을 상당히 차단했기 때문에 그가 얼마나 많은 언어를 이해하는지 아는 것은 어려웠다. 릭은 인형 그리고 말을 이용해 약간의 가상놀이를 했으나 어느 것에도 오래 붙어 있지 못하고 빠르게 전환했다. 마샤는 굉장히 따뜻하고 지지적이었으나, 아들과 관계를 만들어 가기 위한 어떠한 시도도 하지 않았다. 릭이 한 장난감에서 다른 장난감으로 급격히 관심을 돌렸을 때, 릭는 단지 아들의 행동에 대해 지적만 줄줄이 붙일 뿐이었다.

"아들의 참여를 끌어내려는 당신의 방식은 아주 지지적이에요." 치료사가 말했다. "아동이 정말 쉽게 놀 수 있게 해 주셨어요. 그러나 우리는 그를 상호작용하도록 유도할 필요가 있습니다. 예를 들어, 그의 말에 단지 설명을 덧붙이는 대신에 당신의 말을 그의 말 앞에 웃으며 놓을 수 있어요. 그리고 '내가 길을 막았다! 너의 말은 나를 돌아서 갈 수 없을 걸?' 하고 말할 수 있어요."

마샤는 당황스러운 듯 보였다. "잘 모르겠어요." 마샤가 말했다. "아이한테 어려운 일을 시키고 싶지 않아요."

"아동에게 많은 도전을 주고 싶지 않은 거죠?" 치료사가 물었다.

"네." 마샤와 대화를 이어 갈수록 릭의 장애에 죄책감을 느낀다는 것이 분명해졌다. 일종의 사죄로 릭의 삶이 최대한 쉽기를 바란 것이다.

잠시 후 마샤는 자신의 보호에 대한 또 다른 이유를 밝혔다. "내가 아동에게 많은 기대를 하지 않으면 결국 아동이 무언가를 못하는 모습을 볼 필요가 없어서요." 마샤는 이렇게 말하며 울기 시작했고, 릭이 발버둥치는 것을 보는 것이 얼마나 힘들었는지 이야기했다. 마샤의 아들에 대한 복잡한 감정을 알아보면서 여태 자신도 모르게 릭에게 충분히 도전을 주지 않았다는 것을 깨닫기 시작했다.

4주 후의 회기에서는 눈에 띄게 개선된 점이 있었다. 릭이 인형에 손을 넣고는 마샤를 향해 흔들었을 때 마샤는 릭의 행동을 설명하는 대신에 자신의 손을 인형에 집어넣었다. 그러자 릭이 인형에서 손을 빼내자 마샤가 말했다. "잠깐! 너에게 질문이 있어." 릭이 놀라서 마샤를 바라보았다. "너의 이름이 뭐야?" 마샤의 꼭두각시가 물었다. 릭은 대답하지 않았다. "이름이 뭐야?" 마샤가 반복했다. 릭은 마샤의 꼭두각시를 보며 대답하지 않았다. 마샤는 자신의 인형을 릭에게 다가가게 하고는 릭의 인형의 코를 간지럽혔다. "네 이름은 바니(1990년대의 미국 아동들이 좋아하던 보라색 공룡: 역자)야?" 릭이 꺄르르 웃었다. "네 이름은 어니(미국의 어린이 프로그램 〈세서미 스트리트(sesame street)〉의 등장인물: 역자)야?" 릭이 또 꺄르르 웃었다. "네 이름은 빅 버드(〈세서미 스트리트〉의 등장인물: 역자)야?" "오, 릭!" 릭이 외쳤다. "아하! 릭!" 마샤는 활짝 웃으며 릭의 코로 자신의 인형의 코를 문지르게 했다.

5. 회피하는 경향

릭의 아빠 에드는 다른 방식으로 그의 아들에 대한 불편함에 대처했다. 에드는 릭을 피했다. 이미 바쁜 에드는 일벌레가 되었다. 그는 오전 6시나 6시 30분경에 집을 떠났고, 밤 7시 30분에 가방에 일을 가득 들고 돌아왔다. 마샤가 도움이 필요하다고 불평하자 에드는 회사가 합병에 직면해 있지 않냐고 반박하며 '스스로 없어서는 안 될 존재'로 만들지 못하다면 잘릴 위기에 있다고 말했다.

에드는 자신을 세부 사항에 강한 사람이라고 말했으며, 창의적인 아이디어보다는 숫자에 대해 더 편안함을 느낀다고 했다. 이런 이유로 에드는 릭과 노는 데 어려움을 겪는다고 말했다. 그들이 함께 있을 때, 에드는 무엇을 해야 할지 몰랐다. 그래서 에드는 릭의 삶에 있어 더 기계적인 부분을 담당했다. 에드는 릭을 먹이고, 목욕을 시켜 주었고, 노는 것은 마샤에게 맡겼다.

치료사는 에드에게 아동은 부모 둘 다와 놀아야 하며, 하루에 20분씩 놀 수 있는 시간을 확보할 것을 강력하게 제안했다.

"그러고 싶어도 어떻게 해야 할지 모르겠어요."

"아무것도 하지 않아도 돼요. 그냥 아동이 무얼 하는지 보고 따라 하세요."

에드는 초조하게 웃었다. 에드의 질서정연한 계획자의 성질이 체계가 없는 그 계획을 불편해 했다. 그럼에도 에드는 시도해 보았다. 에드는 릭이 인형을 인형 집에 넣자 에드도 사람들을 집어넣었다. 릭이 갑자기 새로운 놀이로 바꾸자 에드는 치료사에게 말을 하기 시작했다. 최근까지 에드는 자신의 세계에 안정감을 느끼고 있었다. 자신의 삶을 잘 통제하고 있는 기분이었다. 하지만 릭의 출생은 그의 기분을 바꿔 놓았다. 갑자기 에드는 엄청난 욕구를 가진 아들을 갖게 되었고, 어떻게 해야 할지 몰랐다. 에드가 아는 전략인 이성적인 대화와 조작 가능한 숫자들은 예측 불가능의 세상과 감정의 세상에서 전혀 도움이 되지 않았다. 에드는 자존감을 유지하기 위해 거리를 두어야만 했고, 자신이 전능하다고 느끼는 영역 내에서 벗어나지를 않았다. 그러자 갑자기 그 영역도 흔들렸다. 회사가 합병 계획을 발표했을 때, 에드가 유일하게 유능함을 느끼는 자원조차 위협을 받게 된 것이다. 릭은 자신이 직장에서 그렇게 두려워하는 유능함과 힘의 상실을 대변한 것이다. 그렇기에 이제 일에 더 많은 시간을 들이는 것이 중요해진 것이다. 에드는 자신이 대체 불가능하다고 느끼고 싶었고, 자신의 자존감에 해가 가는 아들을 회피해야 한다고 느낀 것이다.

에드는 천천히 이러한 감정을 표출함으로써 가정에서의 릭의 어려움이 직장에서의 업무에 아무런 영향을 미치지 않는다는 것을 깨닫게 되었다. 에드는 릭과의 관계를 구축함으로써 자신의 유능함을 잃는 것이 아니라 얻을 수 있다는 것을 말이다. 그는 플로어 타임을 하겠다는 의욕을 가득 품으며 집으로 향했다.

그들이 한 달 후에 돌아왔을 때, 그들의 연습은 과실을 맺었다. 릭이 인형에 손을 집어 넣자 에드도 똑같이 했다. "안녕하세요." 에드의 인형이 말했다. 릭은 대답하지 않는 대신에 인형으로 차를 밀었다. 그래서 에드의 인형은 두 번째 차를 찾아 릭을 모방했다. 릭은 꺄르르 웃었다. 에드는 릭이 다음에 무엇을 할지 지켜보며 기다렸다. 몇 분이 지나도 릭이 움직이지 않자 에드는 릭의 차 가까이로 가서 자신의 차를 밀어 Ric의 차와 가볍게 부딪혔다. 릭은 항의하며 자신의 차를 멀리 밀었다. 에드는 '부릉부릉' 소리를 내며 릭을 따라갔고, 그다음 순간에 릭은 에드가 자신의 차를 쫓는 것을 허락했다.

거의 참여도 하지 않았던 에드의 이전 회기에 비하면 정말 엄청난 개선이었다. 에드는 적극적으로 놀 뿐만 아니라 아들이 항의했을 때 놀이로 지속할 용기를 가졌다. 다음 달 동안 두 사람은 특히 릭이 말을 더 많이 하게 되면서부터 같이 노는 것이 능숙해졌다. 말하는 것은 몸짓으로 하는 것보다 에드에게 더 편했으며, 릭이 순환을 말로 닫아 다른 아이디어로 옮길 수 있게 도와주었다.

6. 아동의 감정이 부모를 불편하게 하는 경우

아동들은 부모에게서 강렬한 감정의 반응을 촉발시키곤 한다. 우리가 어떻게 해 보기도 전에 취하게 되는 반응 말이다. 그런 반응을 할 때는 아동의 행동이 감정적으로 약하고, 아직 해결되지 못한 감정의 영역을 건드렸기 때문이다. 감정은 우리를 멍들게 하고, 그럼 우리는 우리의 특성적인 대처 행동을 선택함으로써 스스로를 보호하는 경향이 있다.

4세의 몰리는 총명했다. 몰리의 언어와 운동 능력은 아주 뛰어난 편이었고, 부모님은 몰리의 성취를 자랑스러워했다. 몰리는 또한 공격적이고, 까다롭고, 통제에 저항적이었다. 하루에 몇 번씩 몰리는 몇 시간이나 제어할 수 없는 짜증을 부리며 울고 칭얼거렸다.

이러한 사건들로 몰리의 엄마는 충분히 이해할 수 있는 정도로 불안해했지만 몰리를 달래려고 애쓰는 대신에 자신도 화가 나서 방어적이 되었다. 몰리가 짜증을 내는 순간에 엄마 자넷은 화가 나서 몰리에게 그만하라고 소리쳤다. 몰리가 멈추지 않는다면 자넷은 방을 떠났다. 이 반응은 몰리의 분노를 심화시킬 뿐이다. 버려진 채로 몰리는 가구를 걷어차고, 손에 들려 있는 건 무엇이든지 던져 버렸다. 자넷은 다른 방에 앉아 있는 것으로 몰리를 무시했다. 자넷은 자신의 반응이 부적절하다는 것을 알았지만, 몰리의 행동에 너무나 화가 나 선택의 여지가 없다고 느꼈다.

여러 번의 회기 동안 자넷은 자신이 왜 그렇게 몰리의 감정에 강하게 반응했는지 설명했다. "몰리는 항상 모든 면에서 매우 뛰어났어요. 영리하고 운동 능력도 뛰어났죠. 나는 내가 절대 이길 수 없었던 나의 남동생보다 더 낫다는 걸 보여 주기 위해 아동을 나의 '성공한 이야기'로 삼고 싶었어요. 하지만 매번 몰리가 짜증을 낼 때마다 나는 그런 일은 절대 일어나지 않을 것이라고 생각했어요. 그래서 나는 너무 화가 나요. 실망한 기분이에요."

"실망하거나 화가 나는 다른 상황에서는 어떻게 반응하나요?" 치료사가 물었다. "예를 들어, 당신 남편이 당신을 실망시켰을 때는요?"

자넷이 슬쩍 웃었다. "똑같은 방법으로요. 저는 밖으로 나가 버려요. 그리고 나서 화가 나서 펄펄 끓죠."

자넷의 감정적인 약점은 그녀의 남동생에게 열등감을 느끼는 것이었고, 매번 몰리가 화를 낼 때마다 그건 자넷의 약점을 건드렸다. 다른 부모들은 다른 부분에서 감정적 약점을 가지고 있지만, 자넷과 마찬가지로 그것은 종종 어린 시절부터 생겨나곤 한다.

약 한 달 후에 자넷은 '놀라운 통찰력'을 발표했다. "몰리와 내가 그림을 그리고 있었어요." 자넷는 말했다. "15분 동안 잘 지내고 있다가 몰리가 갑자기 소리를 지르며 크레파스를 부러뜨리기 시작했어요. 보통 그럼 나는 몰리가 우리의 행복한 놀이 시간을 방해하는 것에 대해 화가 났을 거예요. 하지만 이번에는 맞서 소리 지르며 다른 곳으로 가

버리는 걸로 아동이 혼자 30분 이상 비명을 지르게 하는 대신에 10까지 숫자를 세면서 생각해 보았어요. 분명 아동의 기분을 상하게 한 것이 있을 거라고요. 아동이 1~2분 정도 울게 둔 뒤 차분한 목소리로 무엇이 기분 나쁘게 했는지 알려 달라고 했다. 놀랍게도 몰리는 '그리고 싶은 것을 내가 망쳤다'고 말했어요. '애야, 어떻게 망쳐 놓았어?'라고 물었어요. 그러자 몰리는 내게 자신이 원했던 것처럼 보이지 않는 부분을 보여 주었어요. 이번에는 저도 소리를 지르지 않았어요. 몰리가 안쓰러웠거든요. 몰리는 제 무릎에 얼굴을 대고 1~2분 동안 울었어요. 내가 몰리를 안아 주었더니 몰리가 말했어요. '이제 괜찮아.' 그러고서 우리는 다시 그림을 그렸고, 남은 시간 동안 둘 다 괜찮았어요."

다음 몇 달 동안, 자넷과 몰리의 관계는 눈에 띄게 더 부드럽게 성장했다.

한 엄마는 아동이 자신의 인형을 통해 표현하는 분노 때문에 매우 불편해했다. "얘네는 왜 그냥 손을 잡지 않는 거야?" 아동이 인형들을 몇 번이나 밀친 후에야 마침내 엄마가 꾹 참다가 말했다. 엄마에게 왜 인형들의 행동에 대해 그토록 불편해하는지 물었을 때, 그녀는 어릴 때 절대 화를 내지 못하는 환경에서 자랐다는 사실을 밝혔다. "우리가 우리의 목소리를 높이는 순간 우리는 방으로 보내졌어요. 저는 아직도 화를 내지 않아요."

또 다른 엄마는 아들을 상당히 사랑하지만, 다소 과보호적이었다. 아들이 놀이를 시작했을 때, 첫 번째 주제는 분리였다. 아동은 인형과 동물들이 '떠나는' 놀이를 했다. 아동의 엄마는 이러한 상황에서 눈에 띄게 속상해했다. "원숭이가 집으로 돌아가고 싶지 않을까?" 엄마가 물었다. "엄마 인형도 같이 가면 안 돼?" 아동은 항상 엄마를 몇 분간 무시한 다음에 엄마의 제안을 받아들였다. 그러나 잠시 후 그는 게임에 흥미를 잃게 되었다. 마치 자신의 엄마를 기쁘게 하기 위해 대본을 바꾼 것처럼 아동의 마음은 더 이상 그것에 빠져 있지 않았다. 치료사가 자신과 아동이 함께 있기를 원했던 부분을 짚었을 때, 엄마는 성찰을 했다. "저는 항상 엄마가 저보다 언니를 더 사랑하는 것 같았어요." 엄마가 말했다. "결국 저는 우리 엄마가 나를 사랑해 주기를 바란 방식으로 아동을 사랑하려고 했나 보네요."

한 아빠는 운동 지연이 있는 아들이 인형과 놀 때 불편해했다. 그는 어렸을 때 다른 소년들보다 약했기 때문에 성인이 되어서는 몸을 가꾸기 위해 상당한 시간을 들였다. 그는 아들의 운동장애가 자신에게서 보이는 허약한 자아에 위협이 된다고 느꼈다. 인형에 대한 아들의 관심은 그의 약점을 과장하는 것처럼 보였다.

우리 모두는 이러한 감정적인 아킬레스건을 가지고 있다. 그것은 당신의 감정이 어디서 오는지 이해하는 데 도움이 되고, 당신의 아동이 당신과는 개별의 존재라는 사실을 받아들이도록 도와준다. 특정 감정을 느끼느냐 느끼지 않느냐의 선택이 아니라는 것을 인지하는 것이 중요하다. (아동은 당신이 원하든 말든 그 감정을 느낄 것이다.) 우리가 할 수 있는 선택은 아동이 느끼는 감정을 적절하게 표현하느냐 부적절하게 표현하는 것에 놓여 있다. 특정한 감정을 느낀다는 것은 그 감정대로 행동한다는 의미가 아니라 감정을 인지하는 것은 행동을 더 잘 제어하는 것을 의미한다는 것을 기억하자. 당신이 아동의 감정을 억누를 때 아동의 감정을 제거하는 것이 아니라 그 감정을 더 깊은 곳으로 몰고 갈 뿐이다. 그 깊은 곳에서 감정은 배가 되어 결국 부적절한 방법으로 표면화하는 경향이 있다. 억눌렸던 공격성은 가상놀이의 전투에서 상대편의 병사들을 통해서보다는 실제 주먹 싸움에서 나올지도 모른다. 언어적 지지와 안심시켜 달라는 포옹 요청에서 드러나는 의존성에 대한 건강한 감정은 거절당할 경우에 매달림과 분리 불안으로 바뀔 수 있다. 일반적인 성적 호기심을 질책한다면 아동은 자신의 몸을 불편하게 생각할 수 있다. 아동이 여러 감정을 표현하는 것을 돕되, 동시에 부적절한 행동에 대한 확고한 제한을 해야 한다.

7. 외부 사건이 아동에 대한 당신의 감정을 바꿀 때

3세인 엘리엇은 외할아버지가 갑자기 돌아가실 때까지만 해도 느리지만 꾸준한 진전을 보이고 있었다. 가족이 장례식에서 돌아왔을 때, 엘리엇의 엄마 비비안은 놀라울 정도로 침착해 보였다. 비비안은 아버지에 대해 말하지 않았고, 거의 울지 않았으며, 엘리엇의 치료사가 그녀의 감정에 대해 물었을 때 비비안은 이미 애도했다고 말했다. 하지만 장례식 이후 몇 주 뒤, 비비안은 엘리엇의 발전에 대해 끊임없이 불만을 표하기 시작했다. "왜 새로운 단어를 배우지 않는 거죠?" "왜 더 많은 순환을 닫지 못하는 거죠?" 치료사는 엘리엇이 몇 개의 새로운 단어를 배웠고, 7개 혹은 8개의 순환을 닫았다고 짚어 주었다. 한 달 전 3~4개의 순환을 닫았을 때와 비교해서 말해 주었다. 하지만 비비안은 엘리엇이 무엇을 하지 않는지 보려고 마음먹은 것이지 무엇을 하는지는 보지 않기로 결정했다. 비비안은 아버지가 돌아가시기 전에 이런 식으로 행동하지 않았기 때문에 비비안의 불평은 잘못된 곳에 놓인 슬픔으로 보였다. 비비안의 아버지에 대한 감정을 들여다보는 대신에 비비안은 자신의 슬픔을 아들에게 투영하는 것이었다. 치료사가 그것에 대해 언급했을 때, 비비안은 반박했다. "나의 아버지는 이제 없고 아들은 지금 여기 있어요. 나는 아들이 나아지지 않을까 봐 걱정하는 거예요." 다음 몇 회기 동안 치료사는 비비안에게 자신의 아버지에 대해 이야기할 것을 촉구하고 마침내 비비안은 애도를 시작했다. 한 달 후, 비비안은 낙천적으로 되돌아왔다.

특별한 요구를 가진 아동은 당신의 삶에 있어 다른 스트레스와 슬픔을 끌어당기는 자석이 될 수 있다. 감정은 쉽게 들어선다. 그러나 당신의 감정에 대해 배우자, 치료사나 친구에게 솔직하게 말하면 감정을 엉뚱한 자리에 들어서지 않게 할 수 있다.

8. 당신의 감정적인 약점과 대처 패턴은 무엇인가

당신의 감정적인 약점과 약점이 유발하는 행동들을 확인하기 위해 다음의 물음에 답하라.

> 1. 누군가 다음의 행동을 할 때 나는 어떻게 반응하는가?
> - 나를 거부하거나 거리를 둘 때
> - 나에게 화가 나 있거나 나에게 공격적일 때
> - 성적인 감정이나 호기심을 표현할 때
> - 나에게 매달리거나 의존할 때
> - 내 주변에서 호기심을 표하고 탐구할 때
> - 나에게 자기 주장을 강하게 하면서 자신의 견해를 펼칠 때
> - 힘을 과시하거나 자신의 의지를 내 주변에서 강하게 표현할 때
> 2. 내가 새로운 반응을 하려고 할 때 그건 내게 어떤 감정을 불러일으키는가? (예를 들어, 만약 아동이 나를 거절할 때마다 회피하는 대신에 아동의 관심을 사로잡으려고 할 때)

9. 부모를 위한 상담

자신을 관찰하는 것은 결코 쉬운 일이 아니다. 필요하다면 당신의 아동을 위한 치료의 일환으로 전문 상담을 받는 것을 주저하지 말라. 외부 지도가 없다면 생활 패턴을 바

꾸기는 어려운 일이다. 상담은 다음 세 가지의 목표에 초점을 맞추어야 한다.

(1) 당신의 결혼 생활에서 피할 수 없는 긴장감을 다루도록 해 주기

긴장감은 항상 존재하지만, 어려움이 많은 자녀가 있다면 그 긴장감은 거의 항상 더 강렬하다. 전문가는 배우자 사이의 긍정적이고 부정적인 감정 모두를 인지하고, 종종 숨겨 둔 감정을 들여다보고, 때로는 관계에 대해 두 사람이 갖고 있는 비현실적인 추정을 탐색하도록 해 줄 수 있다.

(2) 스트레스, 분노 그리고 실망에 대처할 때 사용하는 전략을 파악하고 바꾸게 하기

전문가는 당신의 과거를 당신이 아동에게 연관하는 방식에 미치는 영향을 파악하게 해 줄 수 있으며, 부모가 가진 비생산적인 대처 전략을 건설적인 방법으로 대체할 수 있도록 도와줄 수 있다. 올바른 대처 전략은 배우자 간의 관계를 원활하게 할 수 있으며, 당신의 아동에게 더 큰 지원을 제공할 수 있다.

(3) 편하게 느끼는 감정의 범주를 확대하여 아동을 더 잘 지지할 수 있도록 하기

당신은 당신의 아동을 더 잘 돌볼 수 있다. 전문가는 당신의 감정적인 아킬레스건을 깨닫도록 도와줄 수 있다. 이러한 민감한 영역을 들여다봄으로써 우리는 우리의 감정에 더 익숙해질 수 있고, 아동이 같은 감정을 표현할 때 더 수월하게 지지해 줄 수 있다.

우리의 감정적인 갈등은 아동과 상호작용할 때 필연적으로 나타나는데, 아동과의 관계야말로 우리 자신을 가장 밀접하게 연관하기 때문이다. 의식적이든, 무의식적이든 우리의 부모가 우리를 키운 방식을 되새기지 않는 방식으로 육아하는 것은 불가능하다. 그렇기에 양육은 우리에게 성장의 기회를 준다. 우리가 이런 감정적 갈등에서 졸업하려면, 우리의 감정의 영역을 넓히려면, 타인과 연관 짓는 방법을 확대하려면 육아는 그것을 발생할 수 있게 하는 주된 장 중 하나이다. 어쩌면 장애를 가진 아동을 낳은 축복 중 하나는 육아 스트레스가 표면상의 이러한 문제를 장애가 없는 가족보다 종종 더 몰아붙인다는 것이다. 따라서 이러한 문제를 처리하고 해결할 수 있는 기회는 훨씬 더 많다. 이런 기회를 전문가와 함께 잡는 것은 부모를 더 지지적으로 만들어 주며, 가정을 더 강하게 해 주어 미래의 스트레스를 스스로 해결할 수 있게 한다.

10. 형제: 다른 아이 돕기

"크레이그는 우리의 시간과 에너지를 너무 많이 차지해요. 나는 언제나 그의 형과 누이에게 충분히 시간을 내주지 못하는 기분이에요."

그렇게 느끼지 않는 것이 더 어려울 것이다. 특별한 요구를 가진 아동은 그의 형제보다 더 많은 시간과 에너지를 요구한다. 사실상 그럴 때 염려하고 죄책감을 느끼지 않는 것은 불가능하다. 그러나 당신은 자신의 다른 아동들을 돕기 위한 단계를 거칠 수 있다.

- 최소 하루에 한 번은 다른 자녀들과 플로어타임을 가지라. 플로어타임은 단지 특별한 요구를 가진 아동만을 위한 것이 아니다. 아동이 주인공이 될 수 있는 일대일 플로어타임은 모두에게 중요하다. 그 순간에 당신의 온전한 관심을 독차지할 수 있다는 것을 알면 아동들은 다른 순간에 당신의 관심을 제한적으로 받게 되더라도 스스로를 보완할 수 있다. 그것은 생각과 말로 형용할 수 없는 감정을 표현할 수 있는 수단을 제공해 준다.
- 문제를 해결하는 논의를 가지라. 아동이 말을 할 수 있다면 특별한 요구를 가진 아동에 대해 문제를 해결하는 논의를 함께해 보자. 그 아동의 형제자매에게 그에 대해 어떻게 느끼는지 말할 수 있는 공간을 주고 그들의 부정적인 감정을 비난하거나 판단하지 않도록 조심해야 한다. 그들은 종종 형제에게 일어난 일이 자신들에게도 일어날지도 모른다고 걱정한다. 그들은 타인이 요구하는 시간과 관심의 양에 대해 원망하고 있을 수도 있다. 그들은 자신들이 나쁜 생각을 가지고 있거나 똑같이 장애를 가지고 있지 않다는 것에 죄책감을 느낄 것이다. 이러한 감정의 일부는 플로어타임에서 드러날 수 있다. 만약 그렇다면 당신은 문제 해결을 하는 동안에 부드럽게 그들에게 물어볼 수 있다. 그 감정을 고쳐야 한다고 생각하지 말라. 단지 주의 깊게 들어 주자. 당신의 단순한 경청이 아동들에게는 더 나은 기분을 느끼게 할 것이다.
- 가족의 도전으로 만들라. 당신이 다른 자녀와 형제의 장애에 대해 이야기할 때 이것은 가족의 도전이라는 것을 확실히 해야 한다. 가족 구성원에게 문제를 일으킨 책임은 없지만, 함께 장애가 있는 아동의 성장과 배움에 도움을 줄 수 있다. 장애가 없는 아동에게 그들의 형제를 도와주는 역할을 주자. 어쩌면 그들은 옷을 입거나 먹는 것을 도울 수 있다. 그들의 생활을 방해하는 방식으로 역할을 할당하지 말고, 그들에게 상의 없이 책임을 할당하지 말 것이며, 다른 자녀에게 동의를 구해야 한다. 그들

에게 성취감을 심어 줄 수 있는 방법과 그 자신 그리고 가족을 강하게 할 수 있는 팀워크를 가르친다.

• 아동과 플로어타임을 할 때 다른 아동들을 참여시키라 종종 형제들은 상실감을 느낀다. '나에게는 말할 수 있거나 놀 수 있는 형제자매가 필요하다'고 생각할 수도 있다. 장애를 가진 형제와 함께 플로어타임을 하는 방법을 보여 줌으로써 이 상황을 조절할 수 있다. 놀이 데이트가 되는 것이다. 일단 아동들에게 요령이 생긴다면 (성인보다 훨씬 빨리 요령이 생길 것이다) 그들은 비언어적인 놀이조차도 매우 만족스럽고 장애를 가진 형제와 즐겁게 지낼 수 있다는 것을 알게 될 것이다. 때로는 특별한 요구를 가진 아동을 리더로 삼고, 때로는 다른 아동이 리더가 되게 하자. 이렇게 되면 모든 아동은 주도권을 쥐어 보았고, 많은 상호작용을 하게 된다. 온 가족이 함께 노는 시간은 매우 귀하기 때문에 모두를 위한 특별한 일이 될 것이다. 집단으로 플로어타임을 하며 각 아동이 15분 내지 20분 동안 리더 역할을 하고, 다른 형제자매가 지원 역할을 맡게 되면 이는 형제자매 스스로 더 구조적으로 놀도록 격려할 것이다.

• 적대적인 감정을 두려워하지 말라. 때로는 특별한 요구를 가진 아동의 형제자매가 되는 것은 어렵다. 한 아동은 불공평할 정도로 많은 시간과 주의를 받으며 가족 활동을 위축시킬 수 있다. 결과적으로, 형제자매는 가끔 부모가 그러듯 특별한 요구를 가진 형제를 향해 분노를 느낀다. 특별한 요구를 가진 아동이 이러한 감정을 당신에게 표현할 때 상처를 받거나, 분노하거나, 두려워하지 말라. 이는 그저 자연스러운 것이며, 내면에 갇히거나 형제자매를 향해 표출되는 것보다는 당신에게 표현되는 것이 훨씬 낫다. 또한 너무 심각하게 생각하지 말라. 당신의 아동들이 장애를 가진 형제에게 분노를 표한다고 해서 그들이 그를 사랑하지 않는다는 뜻은 아니다. 그들이 그를 해치고 싶다는 말을 했다고 해서 그를 온 마음을 다해 지키지 않겠다는 뜻은 아니다. 그들의 감정은 종종 자신의 기분, 그 날 및 장애를 가진 형제의 행동에 따라 변화하는 혼란스러운 변동인 것이다. 당신의 역할은 판단하는 것이 아니라 아동들의 말을 듣고 그들에게 감정을 표현하는 공간을 제공하는 것이다. 동시에 당신은 형제자매 사이의 어떠한 상처나 훈육에 있어서 확고한 제한을 두어야 한다. 이 두 가지를 모두 함으로써 당신 아동들의 자아의식과 가족 간의 상호작용을 강화할 수 있다.

11. 부모를 위한 기본 지침

- 아동이 속상해할 때 편안하고 온화한 방법으로 위로하라. 아동을 꼭 껴안아 주고 부드럽고 리듬감 있는 소리를 내어 눈을 맞추는 등 아동이 받아들일 행동을 하라. 과도하게 걱정하거나, 긴장하거나, 불안해해서 자녀를 더 긴장하게 하는 것을 피하라.
- 적절한 수준의 상호작용을 찾으라. 아동이 가장 잘 반응할 수 있을 만한 수준과 종류의 자극(시각, 청각, 촉각, 움직임)을 주자. 이러한 자극을 놀이에 통합하라. 과도한 자극이나 간섭을 피하라(예: 주의를 끌기 위해 아동을 쿡쿡 찌르기).
- 아동을 보고, 목소리를 내고, 부드럽게 만지는 등의 활동을 통해 관계에 적극적으로 참여시키라. 우울하거나, 철회하거나, 다른 것에 정신이 팔린 것으로 아동을 자극하는 것을 피하라.
- 아동의 정서적인 신호를 읽고 반응하라. 아동이 가까이 있고 싶어 하는 신호를 보게 되면 포옹으로 응답하라. 아동이 당신을 멀리하고 싶거나 자기 주장을 하고 싶을 때 말로써 그 마음을 인지했다고 응답하자. 그리고 아동이 원하는 방식이 아닌 당신이 원하는 방식으로 반응하는 것을 피하자(아동이 독립적이고 싶을 때 자꾸 아동의 근처에서 맴돌지 말라. 안심시켜 줄 포옹이 필요할 때 그를 밀쳐 내지 말라).
- 아동이 발달의 다음 단계로 나아가도록 격려하라. 아동을 위해 대신 모든 것을 해 주지 않음으로써 아동이 기어 다니도록, 제스처하도록 상호작용을 개시하자. 아동이 방을 이리저리 탐구하는 동안에 목소리와 시각적인 접촉을 유지함으로써 독립성을 느끼도록 도와주자. 아동의 드라마에서 한 역할을 맡아 노는 것으로 가상놀이에 들어설 수 있게 하자. 아동이 자신의 요구를 협상함으로써 현실을 대처할 수 있도록 도와주자. 아동이 필요로 하는 것보다 편하게 생각하는 것을 하도록 두어 개발을 지연하는 것을 피하라.

제18장 통합된 치료법

특별한 요구를 가진 아동을 위한 다양한 중재 및 교육법이 존재한다. 그러나 이러한 전략의 상당 부분은 충분하지 않은데 이유인즉, 첫째, 상당수는 아동들을 그룹으로 만나며 아동의 개인차에 따라서 개인을 다루지 않으며, 둘째, 근본적인 처리 어려움과 메커니즘을 다루는 것보다 눈에 보이는 증상과 행동을 바꾸는 데 집중하고 있고, 셋째, 모든 기능 영역을 포함하는 포괄적인 접근법을 사용하는 것이 아니라 언어, 또는 특정 인지 기술과 같은 특정 발달 영역에서 작업하고, 넷째, 양육자, 가족 그리고 아동과 통합된 방식으로 일하기보다는 아동에게만 거의 독점적으로 집중하기 때문이다.

특별한 요구를 가진 아동을 돕는 서로 다른 접근법은 관계, 행동, 교육 또는 가족을 기반으로 하며, 인간의 복잡성의 다양한 측면을 강조한다. 인간은 가족의 일원이며, 행동에 참여하고, 내면의 감정과 느낌을 경험하며, 다양한 사회적·인지적·지적 능력을 갖고 있다. 특정한 중재 방법을 지지하는 사람들은 종종 자녀 또는 가족의 환경에 대한 한 측면이 긍정적으로 바뀐다면 다른 삶의 측면까지 긍정적인 파급 효과를 창출할 것이라고 믿거나 기대한다. 예를 들어, 치료사가 아동의 행동을 충분히 변화시키면 가족의 관계를 긍정적으로 바꿀 수 있다고 가정하거나 특정한 학업 기술을 습득하게 되면 아동의 또래 관계나 자기 자신에 대한 생각이 좋아질 거라고, 혹은 자신에 대한 기분이나 관계를 경험할 때의 기분을 바꾸면 아동이 더 많이 말하고 싶어져서 언젠가는 일상적인 교육적 활동에 참여하게 될 거라고 믿을 수 있다. 안타깝게도 한 영역에서의 진전은 그것과 관련된 영역 모두를 촉진하지는 않는다.

성공적인 중재 프로그램이 되기 위해서는 특별한 욕구와 강점뿐 아니라 아동과 가족의 다양한 측면을 다뤄야 한다. 지난 20년 동안 우리는 특별한 요구를 가진 다양한 아동 및 가족과 함께 일할 수 있는 기회를 얻었다. 이 경험은 각 아동 및 가족의 고유한 발달적 어려움과 강점에 맞춰진 통합된 체계에 대한 가치를 제시했다.

1. 통합 개발 개입: 피라미드

다양한 특별한 요구를 가진 유아, 아동 및 가족에게 도움이 되는 것으로 발견한 중재 모델은 피라미드로 개념화될 수 있다. 피라미드의 기반은 모든 아동이 필요로 하는 안정적인 돌봄과 발달적으로 지지를 해 주며, 맞춤화된 가족 패턴이다. 그러나 이는 발달장애가 있는 아동에게 특히 중요하다. 이 토대에는 물리적인 보호 및 안전과 지속적인 안정감이 있다. 일부 가족은 이 분야에서 매우 잘 기능하는 반면, 다른 가족은 이러한 기본 가족 패턴을 안정화하고 조직하기 위해 많은 지원이나 치료가 필요하다. 일부 가정은 극심한 가난과 만성적인 두려움에 직면하고 있을 수도 있다. 일부 가족 내의 관계가 폭력적이거나, 방임되거나, 단편적일 수 있다. 그런 경우, 중재 프로그램은 가족의 요구를 평가하고 지원해 줄 기반을 개발하고, 문제 해결 및 사회적·재정적 지원을 포함한 옹호를 해 줄 수 있는 전문가가 필요할 뿐 아니라 가족 상담 혹은 개인 치료를 해 주어야 한다.

피라미드의 두 번째 단계에는 정서적 그리고 인지적 역량을 개발하기 위해 필요한 현재의 지속적인 관계가 있다. 특별한 요구를 가진 아동은 이미 사람과 관계를 맺는 것에 제한적인 역량을 갖고 있으므로 따뜻하고 지속적인 보살핌에 대한 요구가 더 크다. 그러나 양육자는 아동의 행동이나 의도를 오해하기 쉽기 때문에 친밀한 관계를 유지하는 데 어려움을 겪는다. 아동이 하는 행동을 양육자가 어려움에 대처하기 위한 노력이라고 이해해 준다면 이러한 오해를 시정하고 보다 창의적으로 공감대를 형성하는 방식으로 아동의 공감대를 형성할 수 있다. 예를 들어, 접촉에 과민한 아동이 부모가 위로를 해 주려고 할 때 등을 돌리고 운다면 부모를 거부하는 의미가 아닐 수도 있다. 이런 아동에게는 가벼운 접촉을 피하고 더 편하게 느끼도록 깊은 압력을 가하는 것이 중요할 수 있다. 일반적으로 회피형이거나 자신에게만 빠져서 혼자 놀기를 선호하는 것으로 보이는 아동이 신호를 주는 것일 수 있다. 아동은 감각에는 과소 반응하며 근긴장도가 낮기 때문에 자신의 세계를 뛰어넘을 더 과한 구애가 있어야 한다.

타인과 연관을 짓는 능력을 향상시키는 것은 많은 시간, 지속성과 이해를 필요로 한다. 가정 내의 어려움이나 돌보미 또는 선생님의 잦은 교체는 아동의 진전을 지연시킬

지도 모른다.

　피라미드의 세 번째 단계에는 각 아동의 개인차에 맞게 조정된 지속적 관계가 있다. 양육자는 다양한 전략을 배워야 한다. 근긴장도가 낮고 과소 반응하는 아동의 관심을 끄는 법, 과잉 반응하는 아동을 달래고 보호하는 법, 목적이 없거나 파편화된 아동에게 의도적인 행동과 소통의 순환을 촉진하도록 도전을 만드는 법, 중증 청각 처리의 어려움이 있는 아동의 제스처와 청각적 소통을 더 의도적으로 만들고 시공간적 소통을 명백하게 만드는 법 등 말이다.

[그림 18-1] 통합 개발 개입의 피라미드

　피라미드의 네 번째 단계에서 관계와 그것으로부터 피어나오는 상호작용은 아동의 발달 수준과 일치한다. 어떤 아동들은 여전히 타인에게 연관 짓지 못하며, 의도가 없고, 참여와 의도적인 의사소통에 대한 작업이 필요하다. 어떤 아동들은 목적이 있지만 상징 활용에 특히 도움이 필요하다. 어떤 아동들은 분열된 방식으로 상징이나 아이디어를 사용하나 더 논리적이고 추상적이 되는 방법을 배울 필요가 있다. 각 발달 단계에 대해 특수 유형의 상호작용을 사용하여 아동이 해당 수준과 관련 역량을 숙달할 수 있도록 할 수 있다.

　피라미드의 꼭대기에는 특정 문제에 직면해 있는 아동들의 발달을 촉진하는 구체적인 치료 혹은 교육 기법이 있다. 이 모델에서 특정 치료법은 발달에 기반하여 가족, 관계 및 상호주의적인 접근법 위에 구축되어야 한다. 주의, 처리 기술과 정서 조절을 개선할 생물학적 중재나 현재 개발되고 있는 교육적, 청각 처리 중심적 그리고 영양적 접근법 또한 고려할 수 있다.

통합된 피라미드 모델은 모든 아동이 필요로 하는 특정의 근본적인 경험을 고려한다. 이 모든 핵심 경험은 아동이 따뜻하고, 사랑스럽고, 의사소통이 원활하고, 지능적이며, 창조적인 개인이 될 수 있게 한다. 이들은 자신의 새로 개발된 능력을 자신의 근본적인 의미에 연결함으로써 자신의 영향, 소원 및 요구를 연결한다. 그러므로 이 모델에서는 이런 기술들을 성장하는 아동의 자아감의 일부로 포함시키는 상호작용에 대해 확실한 중재가 포함되거나 만들어져야 한다.

2. 개인 차이, 관계 기반 모델을 행동주의 및 다른 중재법과 통합하기

가족 및 관계 기반 모델은 중재자를 위한 기초를 제공하지만 많은 아동은 언어, 관계, 운동 계획 또는 감각 처리에 대한 어려움을 숙달하기 위해 특별한 도움을 필요로 한다. 이 도움에는 집중적인 언어치료, 작업치료, 물리치료, 특수교육, 행동치료, 관계 기반 접근법, 심리치료, 생물학적 치료법 그리고 청각 처리를 이용하는 새로운 전략 등이 있다. 이러한 집중적인 기술 접근은 관계 기반 중재 피라미드의 일부가 되어야 한다.

많은 초기 중재 프로그램은 공통된 문제를 가졌다고 여기는 아동들을 집단으로 작업하도록 고안되었다(예: 자폐증 진단을 받은 아동들). 프로그램의 철학은 동일한 진단을 가진 아동들에게 유용할 것으로 추정되는 전반적인 중재 접근법을 지시한다. 이 유형의 중재 프로그램은 각 아동의 개인차 및 독특한 발달 양상을 충분히 설명하지 않는다. 예를 들어, 자폐증 진단을 받은 한 아동은 소리와 접촉에 반응이 약하고 철회하는 경향이 있으며, 이제 막 몸짓을 다른 사람들을 끌어들이기 시작했을 수도 있으며, 동일한 진단을 받은 다른 아동은 과잉 반응을 보이며, 감각을 추구하고, 부모에게 매달리고, 많은 말과 몸짓을 사용한다는 것을 고려하지 못하는 것이다. 앞의 아동들은 모두 끈질기고, 자기 자극적이며, 자기 세계에만 빠져 있기 때문에 공통적인 진단을 받은 것이다. 우리는 이런 진단을 받은 아동들이 보살핌을 받는 사람들에게 따뜻하고, 즐겁고, 관련 있는 능력이 크게 다르다는 것을 발견했으며, 따뜻한 관계 또는 뛰어난 잠재력을 지닌 아동이 자폐증보다는 여러 체계의 발달장애가 있는 것으로 설명될 수 있다고 제안했다. 중재 피라미드에서는 각 아동의 프로필은 아동의 진단이 아닌 서로 다른 치료가 어떻게 함께

작용하는지를 설명한다. 즉, 이 모델에서는 아동의 특성에 맞는 치료 프로그램을 결정한다. 아동을 이미 존재하는 프로그램이나 교육과정에 맞추는 것이 아니다.

비록 우리는 심각한 발달 문제를 안고 있는 어린 아동들을 돕기 위한 모든 접근법을 논의할 수는 없을지라도, 정반대로 간주되는 두 중재법의 통합을 살펴볼 예정이다. 이 책에서 설명하고 있는 집중적이며 관계에 기반한 상호주의적 모델과 행동주의적 기법 말이다.

발달 기반의 상호주의적 접근법은 관계 및 가족 구조의 힘을 기반으로 하며 처리 및 발달 문제 아동의 개인적인 차이를 체계적으로 처리하여 관계를 사용한다(제2부 참조). 플로어타임 시 부모는 바닥에 앉아 아동의 장난기 넘치는 안내를 따라갈 수 있다. 부모는 정서적 신호 주기를 포함해서 점점 더 복잡해지는 비언어적 소통 패턴을 사용하여 아동을 따뜻하게 타인과 연관 짓도록 한다(아동의 감정 표현을 기반으로 부모 자신의 표현과 제스처를 구축해 가며 그를 통해 아동이 다른 감정 표현을 개시하게 한다). 소통의 순환을 열고 닫음으로써 그리고 비언어적인 상호작용의 복잡성을 증가시킴으로써 그들은 상징적인 요소의 출현을 촉진한다. 부모는 아동과의 상호작용에서 보이는 시각적인 단서를 사용하여 청력 처리 문제를 해결해 간다. 부모들은 자신의 아동이 그것을 숙달할 때까지 청각 신호를 단순화하고 참여와 상호작용을 유지하기 위해 아동의 개인차를 존중한다. 부모들은 청각, 촉각 또는 시공간적 감도(sensitivities)에 관한 아이의 독특한 패턴에 자극 입력을 맞춘다. 자신의 아동과 관련된 접근법을 조정하는 것은 복잡한 대응 능력 및 상호작용 능력을 향상시키며, 다른 기술을 발전시킬 수 있는 상징적 추론으로 나아갈 수 있다.

플로어타임은 타인과 연관을 짓고 소통함에 있어 심각한 어려움을 가진 아동들을 대변해 주는 작업치료사, 언어치료사, 교육자 및 특수 교육자, 부모의 협업의 노력 중 일부이다. 부모 또는 양육자는 하루에 20~30분간 방해받지 않는 특별한 플로어타임 회기를 여덟 번 이상 진행해야 한다. 아동을 돌보거나, 가르치거나, 치료하는 모든 사람은 아동과의 상호적 관계에 참여하고 있다. 플로어타임 원칙은 이 모든 상호작용에 적용될 수 있다. 일상의 활동인 식사 시간, 목욕 시간, 옷 갈아입는 시간과 같은 활동에 말이다. 집단으로 노는 자유 놀이 시간에 양육자들은 바닥에 앉아 아동이 다양한 것을 탐색하고 관심을 보일 때 아동의 안내를 따르고, 동시에 다른 아동들과의 상호작용을 조절할 수 있다.

아동과 상호작용하는 모든 사람은 아동이 배울 수 있는 새로운 관계를 선사해 준다. 언어치료사는 놀이 기반 접근법을 사용할 수 있고, 작업치료사는 아동의 자연스런 운동을 상징적인 프레임에 사용하게 할 수 있다(예: 운동 또는 감각 활동이 '바다 위로 휘몰아치기' 또는 '달로 날아가기'가 될 수 있다). 플로어타임은 아동들에게 옷을 입히고, 먹고, 쇼핑하고, 욕조에서 놀면서 몸짓 대화(눈빛, 미소, 얼굴 찡그림 및 장난감 주고받기)에 참여하게 하고 선택권을 더 주는 것으로 일상생활에 통합된다.

플로어타임을 사용하는 경우에도 사람에게 연관 짓기 및 의사소통에 어려움을 겪는 일부 아동은 매우 분열된 행동을 계속해서 보인다. 행동을 순서대로 이행하는 능력이 심각하게 손상되었기 때문에 이 아동들은 문제 해결과 목적을 갖는 것 그리고 단순하고 복잡한 패턴을 모방하는 것이 어렵다. 이 아동들은 개선된 관계를 통해 성취된 친밀감에서 더 복잡한 비언어적인 의사소통과 더 복잡한 행동, 놀이와 언어의 순서화가 필요한 상징적인 의사소통에 이르기까지 자발적으로 나아갈 수 없다. 많은 아동과의 임상 연구에서 우리는 폭넓은 관계 및 가족 지원 접근의 맥락에서 행동 및 플로어타임 방법을 결합하는 것이 유용하다는 것을 발견했다(부록 3 참조).

이 모델은 기술을 가르치는 데서 추상화된 모델이다. 테니스로 예를 들어 보자. 구조와 연습의 특정한 양(백핸드로 특정 횟수만큼 공을 치는 것)은 경기 그리고 시합(움직이는 공을 치는 것)과 결합된다. 더 구조화된 행동 접근법은 서 있는 동안에 백핸드를 연습하는 것과 유사할 수 있고, 관계 기반의 동적 상호작용 접근법은 더 즉흥적인 행동 패턴을 가진 경기 조건에서 연습하는 것과 비슷하다. 어떤 아동들은 두 가지 접근법을 모두 사용해야 진전을 보이기도 한다.

행동주의 기법은 아동들이 행동을 순서대로 하는 것과 어떤 단어를 모방하고 사용하는 법을 배우는 데 도움이 된다. 그러나 이러한 기법이 보다 광범위한 플로어타임, 즉 관계 및 가족을 지지하는 모델과 통합되지 않는 경우에 이러한 행동은 외부 입력에 의존하는 경향이 있다. 예를 들어, 특정한 방식으로 물어본 질문에만 응답을 하는 것이다. "저녁 뭐 먹을래?"에는 대답을 할 수 있지만 "배고프니?"에는 대답을 하지 못할 수도 있다. 처음에 행동주의적 방식으로 배운 기술은 가상놀이와 즉흥적 상호작용과 같은 플로어타임 활동을 통해 역동적인 관계 맥락에 끌고 들어올 수 있다. 예를 들어, 아동은 컵이라는 단어를 모방하는 법을 배우고 그것을 활용하여 그림에 알맞은 이름을 붙일 수 있다. 나중에 컵이 가상놀이에서 사용될 때, 아빠의 인형이 아동에게 컵을 달라고 부탁할 수도 있고, 아동은 "안 돼, 내 컵이야!"라고 반응할 수도 있다. 이 단어와 개념은 아동의 것이 되어 자발적으로 사용할 수 있는 준비를 하게 된다. 행동이 외적인 입력보다는 내부의 감정적 단서에 의해 조직됨에 따라 아동의 자발성과 유연성이 증가한다. 우리는 30~45분간의 구조적인 작업을 한 후, 뒤이어 30~45분 정도의 플로어타임에서 방금 배운 모든 것을 포함하도록 권장한다. 이 패턴은 하루에 여러 번 반복되어야 한다. 또한 통합 조정의 목표는 규정된 행동 또는 격려된 학업적 기술보다는 건강한 발달을 위해 필요한 핵심 발달의 토대를 기반으로 하는 것을 권장한다. 여기서 우리의 목표는 즐거운 참여와 관심, 지속적인 제스처(많은 의사소통 순환을 연속적으로 닫는 것), 자발적이고 창조적인 제스처, 복잡하고 목적이 있는 제스처, 모방, 상징(단어와 상상 놀이) 및 비언어적인 문제 해결이다.

우리는 또한 임상 연구에서 추상적 사고의 능력은 아동이 다른 감정과 행동에 서로 다른 감정을 연계시킬 수 있을 때 발생한다는 것을 관찰했다. 행동과 생각은 한 가지 상황에서 다음 상황으로 이어지는 욕망과 소망에 묶여 있다. 더 높은 단계의 추상화는 생각을 여러 문맥에 연결하는 것과 더 중요하게는 하나의 감정(예: 공포 또는 사랑의 수많은 변형)에 대한 여러 측면적인 생각의 연결로 인해 가능하다. 아동들은 보통 여러 행동을 내면의 정서적 입력에 연결하여 언제 손을 흔들지, 언제 포옹할지, 논쟁 또는 다른 행동을 할지, 언제 생각이나 개념적 도구를 사용할지 배운다.

외부의 자극에 의해 제어되는 행동이 일반화될 것이라는 희망은 내면의 감정적인 통제 하에 있게 될 것이라는 희망이다. 아동들은 어디에나 자기의 감정을 갖고 있어서 잘 벗어나지 못하며, 이런 감정을 이용해서 상황에 맞게 무엇을 할지, 어떤 말을 할지 결정하기 때문이다. 우리의 경험으로 보자면 실제의 조건 하에서의 연습을 통해서만 아동들의 행동이 제어될 수 있다. 결과적으로 타인과 연관 짓고 소통하는 것을 무척 어려워하는 아동들이 행동주의적 프로그램만 받을 때 잠재력에 비해 유동성과 추상화가 부족할 확률이 높다. 우리는 집중적 행동주의 프로그램을 받아 온 많은 아동이 암기 위주의 학업 기술을 숙달하고 IQ 시험을 잘 보더라도 어른이나 또래와의 즉흥적·창의적인 교류 능력이 부족하고, 추상적 사고를 일반화하거나 아예 참여를 할 수 없다는 것을 발견했다(이 아동들은 단어와 그림을 맞출 수는 있어도 왜 밖에 나가고 싶었는지, 혹은 더 늦게까지 깨어 있을 때의 이점에 대해 논의하지 못한다). 우리가 역동적인 문제 해결 접근법을 시작했을 때, 이런 아동들은 추상적인 사고 능력을 습득하기 시작했다.

사람과 관계를 맺고 소통할 수 없는 중증의 장애를 앓는 아동들에게도 이런 넓은 범위의 결과가 가능하기 때문에 특히 각 아동의 독특한 개성과 발달 역량을 고려해서 중재를 계획하는 것이 중요하다. 또한 어떤 종류의 프로그램이 어떤 아동과 가족에게 가장 실질적인 이익을 주는 기회가 될지 고려해야 한다. 처리 문제에 심각한 어려움이 없는 아동은 암기 학습 경험을 일반화하여 추상화를 구성할 수 있다. 자폐 스펙트럼을 가지고 있는 아동들(그뿐만 아니라 다른 유형의 특별한 요구를 가진 많은 다른 아동)의 핵심적인 문제는 일반화할 수 없고, 추상적 사고의 패턴을 구성할 수 없다는 것이다. 아동들에게 역동적이고 정서적이며 문제 해결을 위한 상호작용에 참여시키는 것이 중요하다. 이러한 상호작용은 추상적인 사고와 일반화를 조장하는 경향이 있다. 통합 개발 모델은 가장 적절한 개입을 결정하는 데 도움이 된다.

3. 부모의 역할

치료가 최대의 효과를 보기 위해서는 치료사들이 한 팀으로 협업해야 한다. 이는 정기적으로 서로 논의하여 아동의 진행 상황에 대한 메모를 교환하고, 동시에 같은 목표를 성립함으로써 가능한 한 많이 서로의 작업을 강화하는 것을 의미한다. 이러한 종류의 팀워크는 대개 자연스럽게 발생하지 않는다. 그것은 부모가 팀의 리더 역할을 적극적으로 취함으로써 추진되기 때문이다.

많은 부모에게는 팀의 리더가 되는 것이 처음에는 어색하게 느껴질 수 있다. 그러나 하루 24시간 아동과 함께 사는 부모보다 이 역할에 더 적합한 사람은 없다. 부모는 치료에 대한 것만이 아니라 다른 여러 경험에 대한 아동의 반응을 보고 산다. 그들은 치료사의 업무에 필수적인 아동의 진전과 복지에 대한 피드백을 제공할 수 있다. 부모와 치료사는 아동을 돕는 동반자이다. 치료사는 전문 분야의 전문가이며, 부모는 아동에 대한 전문가이다.

치료사들끼리의 작업을 통합하는 것에 대해 강렬히 주장하는 것에 더해 부모는 치료사들과 함께 작업하는 방법에 대해 논의해야 한다. 부모는 치료사들이 원하는 피드백의 종류에 대해 질문해야 한다. 부모들은 도움이 되는 것과 그렇지 않은 것을 치료사에게 알릴 필요가 있다. 많은 치료사는 진척에 대해 '사실주의'의 어조로 균형에 맞게 보고를 한다. "조니는 아주 잘하고 있어요. 세 단어를 말하고 있어요. 하지만 아직 갈 길이 멀어요." 대부분의 부모는 그 뒤에 덧붙인 말이 굳이 필요하지 않을 것이다. 그들이 치료사로부터 필요한 것은 과제를 숙달하기 위한 전략이다. 긍정적인 팀워크의 감각은 치료의 진전을 보다 쉽게 만들어 준다.

4. 팀의 공동 리더를 찾는 것

일부 지역사회에서 부모는 각 조각을 조합해 주고, 진행 상황을 살펴주고, 치료사의 프로그램의 변화를 제안할 수 있는 전문가를 구할 수 있다. 대개 초반에 아동을 위한 프로그램을 짜는 치료사나 전문가가 이 중요한 역할을 해 준다.

알맞은 치료사를 찾고, 이런 종류의 프로그램을 만드는 것은 노력이 필요하다. 치료사가 사용하는 일반적인 접근법과 다른 방식으로 아동과 함께 일하도록 설득하거나 일반적으로 제공되는 것보다 더 집중적이고 포괄적인 프로그램을 구성하도록 치료사를 설득하는 것이 필요하다. 일부 필요한 서비스는 지역사회가 법적으로 제공할 수 있는 범위를 벗어날 수도 있고, 어떤 경우에는 보험 적용의 범위를 벗어날 수도 있다. 그러한 문제는 일부 가정에서 아동을 위한 포괄적인 치료를 제공하는 것을 제한한다. 우리는 새로운 진단 코드가 채택되어 심각한 장애에 대한 정의가 넓어지고, 규제가 바뀌며, 이런 서비스가 더 쉽게 제공되기를 바란다. 그러는 동안에 중재의 핵심은 각 가정에서 매일 아동과 플로어타임을 하는 것이다.

5. 조기 치료의 중요성

무엇인가 잘못되었다는 첫 번째 신호를 받았다면 치료 프로그램을 가능한 한 일찍 시작해야 한다. 왜냐하면 아동이 더 일찍 참여하고, 상호적일수록 더 빨리 배우기 시작할 것이고, 어려움에 대처하기 위한 부적응의 행동을 덜 하도록 발달할 것이기 때문이다.

부모의 최선의 노력에도 불구하고, 아동을 치료 받도록 하는 것이 어려울 때가 많다. 종종 부모는 무언가 잘못되었음을 느끼고 친척들이나 심지어 전문가에게 도움을 구하지만 코웃음을 사기만 할 수도 있다. "모든 아기는 다릅니다. 무슨 일이 일어날지 기다려 보십시오." 하지만 장애를 가진 아동들은 기다릴 여유가 없다. 왜냐하면 기다리며 보내 버린 그 몇 달이나 그 몇 해는 회복하기 어렵기 때문이다.

일반적으로 부모가 도움을 구하는 시간부터 집중치료가 시작될 때까지 8개월이 걸린다. 이 시간은 너무 길다. 아동에 관련된 것이나 의사소통에 어려움을 겪는 경우에는 가능한 한 빨리 상황을 평가해야 한다. 평가는 며칠 내에 시작되어야 하며, 집중치료는 평가가 진행되는 동안에 시작되어야 한다. 그런 식으로 쇠퇴의 과정이 멈추고, 아동은 잃어버렸던 발달 단계를 겪을 수 있다.

문제를 조기에 발견하는 가장 좋은 방법은 소아과 의사, 교육자, 부모를 조기 경고 시스템으로 삼는 것이다. 소아과 의사는 특히 전략적 위치에 있다. 그들은 가족과 가깝고, 부모가 놓칠 수 있는 문제를 파악할 수 있다. 건강검진마다 소아과 의사가 미묘한 정서, 인지, 언어, 감각, 운동 패턴을 비롯한 연령에게 적합한 발달 기술을 정기적으로 검사함으로써 잠재적으로 심한 장애가 발생하기 전에 잡을 수 있다. 예를 들어, 18개월 된 아동은 주도권을 갖고 관계에 참여하고 양방향 의사소통이 가능해야 한다. 아동은 또한 엄마의 손을 잡거나, 문이나 장난감 상자로 데려가기 위해 복잡한 몸짓을 사용할 수 있어야 한다. 부모와 대화를 하고, 부모가 자신에게 말한 것을 분명하게 이해하고, 부모에게 원하는 것을 비언어적으로 전달하고 싶어 한다. 만약 18개월 된 아동이 이러한 것들을 할 수 있다면 제스처 의사소통은 순차적으로 발달하고, 상징적인 표현과 언어의 구성 요소가 존재한다. 그러나 만약 아동이 연령별로 적절한 방식으로 제스처 의사소통을 하는 것이 아니라 평가가 필요한 것이라면 중재는 즉시 시작되어야 한다. 언어가 늦어지고 있는지 확인하기 위해 아동이 24개월이 될 때까지 기다리는 것은 의미가 없다. 자신을 돌볼 수 있는 제한된 언어 문제를 가진 아동은 이러한 이전의 몸짓 패턴을 숙달하게 될 것이다. 욕구와 소망을 전달하고 문제를 해결하기 위해 제스처와 행동을 사용하지 않는 아동은 종종 심각한 징후를 보인다(부록 3 참조).

6. 프로그램에 대한 헌신

플로어타임 모델을 기반으로 한 통합 치료 프로그램은 온전한 헌신으로 수행되어야 한다. 건성으로 접근하거나 최선을 다하지 않는 경우에는 효과가 없을 것이다. 아동이 원하는 종류의 이익을 얻지 못할 것이며, 그 이득은 지속되지 않을 것이다.

닐이 처음 치료에 갔을 때 그는 4세였지만 18개월처럼 행동했다. 닐은 주로 그의 부모님을 무시하고 놀고자 다가오는 사람들의 접근에 저항했다. 닐의 언어는 불명확한 소리가 대다수였고 근긴장도는 낮았다. 하지만 6개월간의 집중치료를 받은 후에 많은 개선이 이루어졌다(언어치료는 일주일에 세 번씩, 작업치료는 일주일에 한 번씩, 놀이치료를 일주일에 두 번씩 하고 매일 부모와 함께 플로어타임을 했다). 치료를 받은 후에 닐은 상당한 개선을 이루었다. 닐은 부모님과 훨씬 더 친밀해졌고, 전에 보여 줬던 공허한 눈빛 대신 반짝이게 빛났으며, 부모님과 '대화'할 수 있었다. 4개 내지 5개의 제스처 순환을 연달아 닫을 수 있었다.

그렇기에 6개월이 지난 후의 닐의 변화가 잠잠해지자 모두는 깜짝 놀랐다. 보다 유연해지며 가상놀이와 언어가 시작되는 것이 아니라 기계적으로 행동하고 익숙한 일들과 친숙한 행동을 선호했다. 닐의 부모는 아마도 닐의 초기 평가가 옳았다고, 닐이 정신지체를 가졌다고 생각했다.

그러나 치료사는 가족과 이야기하면서 문제의 원인의 가능성을 발견했다. 닐의 아버지는 일자리를 바꾸었고, 아들과 함께 플로어타임을 하기에는 너무 늦은 9시에 퇴근한다는 것이었다. 닐의 어머니는 혼자 닐과 그의 여동생과 매일 플로어타임하는 것을 너무 피곤해 했다. 그 엄격한 일상적인 상호작용 없이는 닐은 나아가기를 멈췄다.

닐의 부모는 닐의 성공 원인을 전문 치료사에게 돌렸고, 아버지가 새로운 직업에 적응하는 동안에 약간 시간을 내는 것은 별 차이가 없을 것이라고 생각했다. 부모의 사회적·지능적 능력도 닐에게 도움이 된다는 것을 인지하지 못했다. 닐이 언어치료와 작업치료에서 만들어 가는 기술들을 플로어타임에서 연습한다는 것을 깨닫지 못했다. 그들의 가정 프로그램이 제거되었을 때, 전체 프로그램은 고통을 겪었다.

비록 아버지의 새 직장으로 인해 쉽지 않았지만 닐의 부모는 정기적인 플로어타임을 할애하기 시작했다. 닐은 그것에 상당히 빨리 응답했다. 닐의 따뜻함과 친밀감 그리고 몸짓 의사소통은 몇 주 만에 돌아왔고, 가족이 엄격한 일과를 계속 지키면서 닐은 앞으로 크게 뛰었다. 부모가 플로어타임을 재개한 지 6개월 만에 닐은 부모의 발성을 모방하고, 상호작용을 하며, 왁자지껄 대화를 나누면서 흉내를 내기 시작했다.

플로어타임 모델을 기반으로 한 통합 치료 접근은 요구하는 것이 많다. 부모로부터 많은 시간과 에너지를 필요로 하고, 다른 스트레스와 삶의 요구를 배려하지 않는다. 그러나 진전을 보는 것은 부모가 그 노력을 유지하도록 해 준다. 목적이 없고 비의사소통적인 아동들은 치료를 시작하고 6개월 이내에 부모와 의사소통의 순환을 열고 닫기 시작한다. 1년 이내에 그들은 흉내 내기나 간단한 말로 자신의 생각과 감정을 표현하기 시작하고, 또래를 편하게 느낀다. 많은 이는 논리적 기술을 연마하고, 현실 기반의 대화를 늘리고, 스트레스를 받았을 때 그들의 환상 세계로 후퇴하고자 하는 욕구가 줄어든다. 비록 아동들이 서로 다른 정도로 발전하고, 다른 수준으로 발전하지만 대부분의 아동이 따뜻하고, 자연스럽고, 사랑스러워지는 경향이 있다(개입 프로그램에서 관찰된 패턴의 논의 내용은 부록 3을 참조하라).

7. 전반적인 중재 접근법에 대한 지침

우리는 플로어타임 철학의 맥락 속에서 어떻게 서로 다른 개입이 협력할 수 있을지 논의해 왔다. 이제는 최적의 중재 프로그램의 세부 사항을 논의할 때이다.

자폐증, 자폐 스펙트럼 장애 또는 다체계 발달장애로 진단된 아동의 경우, 포괄적이고 집중적인 중재 프로그램이 필요하다. 매우 심한 언어장애나 운동장애가 있는 아동의 경우에도 유사한 프로그램이 제시된다(제15장 참조).

포괄적인 접근법은 많은 요소로 구성되어 있지만, 토대는 이 책의 제2부에서 묘사한 가정 플로어타임 프로그램이다. 더욱 심각하고 까다로운 문제인 경우에는 매일 8~10회, 20~30분의 플로어타임 회기가 적합하다. 이 프로그램을 수행한다는 것은 각 부모가 얼마나 많은 도움을 줄 수 있고, 얼마만큼의 도움이 필요한지를 결정하는 것을 의미한다. 형제자매, 다른 가족, 언어 병리학을 전공하는 대학원생, 작업치료사나 교육자, 고등학생, 이웃, 자원봉사자들이 도움이 될 수 있다. 아동과 함께 플로어타임을 하는 사람은 아동과 관련이 있고, 앞서 설명한 지침을 숙달하고 상호작용을 할 수 있는 능력을 가져야 한다. 부모나 치료사들은 전형적으로 다른 도우미들을 훈련시킬 필요가 있다.

하루에는 많은 시간이 있다. 만약 아동이 자기 세계에만 빠진 활동, 자기 자극, 혹은 TV 시청과 같은 일방적인 소통에 자신의 시간을 너무 할애한다면 그 아동은 필수적인 기술을 배우는 데 필요한 연습을 하지 않을 것이다. 아동의 발달은 일반적으로 다른 사람과 플로어타임 상호작용을 하기 위해 놀며 소비한 에너지의 양에 비례할 수 있다.

아동들이 점점 더 말을 할 수 있고, 아이디어 사이에 다리를 연결할 수 있게 됨에 따라 현실에 근거한 문제 해결 논의를 일상적인 틀에 맞추는 것이 중요하다. 이런 종류의 대화는 학교, 친구, 가장 좋아하는 음식, 장난감에 관한 것일 수 있다. 그 아동은 또한 그날 오후 혹은 다음날에 나타날 수 있는 도전들을 예상하는 데 도움이 필요하다. 논리적 사고와 문제 해결을 촉진하기 위한 기술은 제12장에 논의되어 있다. 아동이 더 논리적이게 됨에 따라 문제 해결 시간, 추가 제한에 대한 아동의 도전에 공감대를 형성해야 한다(제14장 참조).

친구들로부터 장난감을 빼앗거나, 항상 자신이 원하는 대로만 하기를 바라거나, 매달리고 거칠게 요구하는 등의 문제가 되는 행동들을 해결하기 위해 그 상황 속에서 더 많은 연습을 하는 것이 중요하다. 부모는 아동이 적절한 행동을 하는 데 어려움을 겪기 때문에 특정한 상황을 피하고 싶어 할지도 모른다. 아동은 학교나 놀이방이라는 배경이 그에게는 감당할 수 없는 상황이기 때문에 계속해서 잘못된 태도를 보인다. 부모의 지도하에 가정에서 그와 유사하지만 통제된 상황을 만들어 냄으로써 부모는 다른 사람들과 나누거나 그들에게 접근하는 법을 배우는 것과 같은 추가적인 연습을 제공한다. 부모가 아동을 도울 때 그들은 대화를 나누고, 연습, 격려를 제공하는 것과 같은 문제 해결 전략을 사용할 수 있다. 중요한 것은 상황을 회피하거나 아동이 기적적으로 어느 날 스스로 그 기술을 숙달하기 바라는 것이 아니라 가정의 편안함과 안정감 내에서 필요한 기술을 점차 연습하는 것이다.

특별한 요구를 가진 아동들은 앞 장에서 설명한 바와 같이, 무언가에 대해 이야기하거나 의사소통하고 생각하는 것을 배우기 위해 많은 연습이 필요하다. 그들이 공격성, 경쟁심, 질투심 또는 다른 사람들을 존중하는 것과 같은 미묘한 문제를 다루는 것에는 동일한 원칙이 적용된다. 때로 이런 새로운 도전을 관계 맺고, 소통하고, 사고하는 더 큰 과제에 비해서 작은 문제라고 생각하면서 부모나 교육자는 이제 말도 하고 관계도 만들어 갈 수 있는 아동이 완벽하고 예의 바른 모습을 보이지 않는다고 낙심한다. 아동들이 이런 새로운 사고와 의사소통 기술을 사용하여 보다 진보된 도전 과제를 습득하게 해 주면 평생 동안 대처하고 배울 수 있는 역량을 갖게 된다.

아동들이 긴 상호주의적인 순서화(복잡한 의사소통 행동)를 하기 시작하고 가상놀이 혹은 단어를 의도적으로 사용하는 시작 단계에 들어서게 된다면 어른이나 또래 아동들과 함께 연습할 수 있는 기회를 많이 갖는 것이 중요하다. 특별한 요구를 가진 아동들은 같은 연령대, 혹은 위아래로 한두 살 차이 나는 친구들과 일주일에 3~4회의 놀이 시간을 가져야 한다(함께 놀이하는 친구가 아동의 수준 이상으로 의사소통할 수 있어야 한다). 초기에 부모나 다른 어른들은 그들이 새로운 놀이를 시작할 때, 다양한 상황에서 새로운 기술을 연습하고 친구들에게 익숙해지도록 돕는다. 또래 관계에 참여하고, 즐기는 것은 아동들이 그들의 상호주의적 기술과 지적 능력을 세밀하게 가다듬고 발전시키는 데 도움이 된다.

형제자매도 가정을 기반으로 한 프로그램의 일부가 될 수 있다(제17장 참조). 부모도 도움이 필요할지도 모른다. 예를 들어, 아직 말을 못하는 특별한 요구를 가진 3세의 아동과 복잡한 가상놀이를 하고 수다를 폭풍처럼 떨 수 있는 5세의 형이 있는 경우, 부모는 3세의 비언어적인 아동을 끌어와야 할 수도 있다. 트럭이나 인형을 움직이는 것을 돕거나 숨바꼭질할 때 같이 숨는 방향으로 말이다. 비언어적인 3세 아동이 리더가 될 경우, 부모는 형이 경계망 또는 다른 위험 요소를 설치하여 아동과 협상할 수 있도록 도울 수 있다.

플로어타임과 또래 놀이 이외에도 포괄적인 프로그램의 또 다른 토대는 아동의 다양한 구성 요소에 대해 작업하는 치료사 팀이 어려움에 기여하는 마음이다. 이 팀에는 수용적이고 표현하기 쉬운 언어를 돕기 위해 언어치료사가 포함될 수 있다. 최적의 프로그램은 일주일에 세 번 이상, 1시간에서 1시간 반씩 개별 회기에서 언어치료를 하는 것이다. 감각 통합 치료 훈련을 받은 작업치료사는 일주일에 두 번 이상 1시간 동안 감각 조절, 감각 처리 및 운동 계획을 수행해야 한다. 중증의 운동장애가 있는 아동은 한 주에 여러 번을 물리치료사와 함께해야 한다. 그동안에 부모는 언어, 감각 조절, 감각 처리 및 운동 계획 활동을 플로어타임에 자연스럽게 통합해야 한다(제2부 참조).

마지막으로, 많은 아동은 교육 프로그램에 참여함으로써 혜택을 얻는다(제19장 참조). 아동을 위한 최적의 교육 프로그램은 특별한 요구를 가진 아동들에게 도움이 될 뿐 아니라 매우 상호주의적이고 자발적인 의사소통 능력을 가진 다른 아동들에게 사용될 수 있다. 따라서 특별한 요구를 가진 아동이 소통하기 시작하면서 상호작용하고, 소통할 수 있는 또래들이 생기게 된다. 같은 문제를 가진 아동들이 한 프로그램에 모이면 상호작용을 할 수 없기 때문에 문제가 혼합될 수도 있다. 통합된 프로그램은 특별한 요구를 가진 아동들이 특별한 요구를 가진 다른 아동들 혹은 다른 문제를 가지고 있거나 학습에 문제가 있는 아동들과 상호작용하는 것을 가능하게 하며, 소통과 상호작용에 제한을 두지 않는 것은 중요하다.

이즈음에서 주의 사항을 고려해 보자. 2명의 교사와 20명의 아동을 배치하여 비용을 절감하는 방법으로 통합의 개념을 사용하며, 도움을 줄 인원이 충분하지 않은 프로그램은 일반적으로 효과가 없으며, 진정으로 통합된 프로그램이 아니다. 성공적으로 통합된 프로그램은 특별한 요구를 가진 적은 수의 아동을 데리고 있어야 한다. 예를 들어, 한 교실에서 3명의 아동이 특별한 요구를 가지고 있고 같은 반 친구들은 특별한 요구를 가지고 있지 않은 정도여야 한다. 특수 교육자는 교실에 있어야 하며, 언어 및 작업 치료사는 수업이나 컨설팅을 통해 프로그램을 이용할 수 있어야 한다. 일부 상황에서는 아동 교육자나 컨설턴트 또는 시간제 역할을 담당하는 특수 교육자와 함께할 수 있다.

가족 패턴과 가족 스트레스 그리고 플로어타임 접근법을 구현할 때, 부모의 편안함과 숙련도에 따라 치료사는 가정과 관련된 프로그램에서 상호작용을 촉진하기 위해 가족과 상담하는 것이 도움이 될 수 있다. 가족과 부부의 관계를 돕는데 지식과 경험을 가진 또 다른 치료사는 가족이나 부부가 어려움을 극복하도록 도울 수 있다. 발달 기반의 플로어타임 전문 치료사가 일주일에 1~4회 정도 아동을 직접 치료하는 것과 더불어 플로어타임 상호작용에 종사하는 다른 가족을 상담하고 관찰하는 것 또한 유익할 수 있다. 일부 가정의 경우, 이 부분이 통합되어 있다. 플로어타임 치료사는 부모가 함께하는 동안에 아동과 시간을 보내고, 부모는 치료사가 제공한 상담과 안내를 이용하여 아동과 시간을 보낸다.

많은 아동이 학습 신호, 그림 또는 그림 교환 시스템, 다양한 유형의 화자와 같은 의사소통을 향상시키는 것의 이점을 누린다. 이러한 도구는 예를 들어, 아동이 자신의 생각을 이야기하거나 자신의 필요를 협상하는 데 도움이 되도록 자발적 의사소통 및 플로어타임 활동의 일부로 사용해야 한다.

설명된 포괄적인 프로그램은 많은 시간과 노력을 필요로 하며, 보험이 적용되지 않거나 학교 시스템을 통해 이용할 수 없기 때문에 이러한 서비스의 경우에는 재정 지출이 필요하다. 학부모는 학교 시스템이 지원하는 건강보험 및 교육 프로그램을 통해 이러한 서비스를 제공받기 위해 공동으로 작업해야 한다. 건강보험과 관리 의료는 특별한 요구를 가진 아동에게 편견 있는 체계적 경향을 가지고 있다. 예를 들어, 저혈압이나 심한 생물학적 청각 처리 문제를 교정하기 위한 특정 요법은 건강보험에서 다루지 않는 경우가 많으며, 선천성 심장병과 같은 다른 의료 질병은 대부분의 건강보험에서 보상된다.

많은 지역사회의 교육 시스템은 아동들의 문제 해결을 적절히 교정하기 위한 충분한 개별적인 언어치료 또는 작업치료를 제공하지 않는다. 장기적으로 변화를 시작하려면 부모의 공동 노력이 필요하다. 그동안 부모는 팀을 만들고, 구조화할 수 있으며, 적절한 지식을 가진 사람들이 뒷받침해 줄 수 있다. 프로그램의 핵심은 가정용 플로어타임 구성 요소이다. 많은 시간과 노력이 필요하지만, 예를 들어 학생을 고용하여 도움을 받거나 더 나은 자원봉사자, 친척, 또는 가족 구성원이 아동와 함께 일하는 경우에는 비교적 적은 재정적 지출로 구현할 수 있다.

집중적인 언어 또는 작업 치료를 제공하기는 재정적으로 어렵기 때문에 서비스가 불가능한 가정은 가정 기반 프로그램의 컨설턴트로 학교 시스템 내에서 배우는 언어 및 작업 치료를 고려하여 컨설턴트로 고려할 수 있다. 이런 식으로 플로어타임 연습에 더해 부모는 매일 또는 수일에 한 번 일정량의 언어치료 활동과 작업치료 활동을 수행할 수 있다.

지역사회를 통해 최적의 집중치료 서비스를 이용할 수 있는 경우에도 아동이 여러 시간 동안 새로운 기술을 연습하고 더 발전하기 위한 강력한 기반을 구축할 수 있는 집중적이고 포괄적인 프로그램을 개발하는 것은 여전히 부모에게 필수적이다.

8. 추가 치료 방안

많은 아동이 청각 처리, 주의력, 사고 능력을 강화하거나 행동 및 기분을 조절할 수 있는 치료로부터 혜택을 받을 수 있다. 여기에는 새로운 훈련 기술과 약물치료가 포함된다. 이 장에서는 이러한 추가적인 전략과 기술에 대해 자세히 설명하지는 않겠지만, 재활, 특수교육, 언어, 작업 및 물리 치료 분야에서 유의해야 한다. 언어, 인지, 감각 및 운동 능력을 향상시킬 수 있는 증강 장치의 전통이 있다.

이러한 신기술은 의도적인 양방향 의사소통의 일부로 사용될 때 가장 유용하다. 예를 들어, 아동은 그림을 이용하여 이야기를 하거나 필요한 것에 대해 협상할 수 있다. 손으로 주스를 가리키며 주스에 대한 욕구를 나타낼 수 있고, '얼마나 많은' 주스, 어떤 종류의 주스 그리고 누가 그것을 가져올 것인지에 대해 지속적으로 주고받는 대화의 한 부분에서도 손으로 신호를 나타낼 수 있다. 마찬가지로 아동이 사진을 누르면 그에 맞는 단어를 만들 수 있는 휴대용 컴퓨터 상자는 기호에 맞는 물건에 상표를 붙이거나 더 유용하게 주고받는 대화의 일부로 요구 사항을 협상하는 데 사용할 수 있다.

상대적으로 새로운 기술은 여전히 진화하는 청각적 처리, 언어 및 의사소통을 향상시킬 수 있다. 이들 중에는 청력 통합 훈련의 두 가지 유형이 있다. 하나는 토마티스(Alfred A. Tomatis)의 연구에 기반을 둔다. 다른 하나는 토마티스의 학생인 배럴드(Guy Berard)의 연구를 토대로 한 접근법의 형태이다. 아동을 도울 수 있는 비율과 정도를 결정하기 위한 이 훈련의 체계적인 연구가 아직 충분하지 않지만 많은 부모가 상당한 진전을 보였다. 부모의 보고 및 임상 관찰에 따르면, 청각 통합 훈련은 청각 및 청각장애에 대한 과잉 반응과 같은 명확한 어려움을 가진 아동에게 가장 효과적이라고 한다. 일부 부모는 일시적인 과잉 반응을 보고하며, 드물기는 하지만 이 방법으로 계속 어려움을 겪고 있다. 전문직 종사자는 이 치료에서 사용된 소리 주파수 때문에 작용하는 청력 문제에 대해 걱정스러워 했다.

청각 처리를 향상시키는 또 다른 기술은 예전에는 하일로 접근법(Hailo Approach)이라고 불렸으나, 현재는 '세상을 위한 빠르기'(Fast ForWord)라고 불리며, 최근 럿거스대학교의 한 집단에 의해 개발되었다. 지연된 말은 컴퓨터에서 다양한 활동을 하는 단서를 제공하며, 말은 점차 기대되는 수준까지 가속화된다. 이 방법을 연구한 일부 연구자들은 소리와 단어를 처리하여 컴퓨터 게임을 숙달하는 것이 높이에서 시간을 보냈던 것보다 덜 관련이 있다고 말하면서 말하기 속도가 느려지는 대신에 연습이 수술적 요소일 수 있다고 제안했다. 이 접근법은 제한된 언어장애가 있는 아동을 중심으로 연구되었지만, 특별한 요구를 가진 아동에게 널리 사용된다. 보다 체계적인 연구가 필요하겠지만 많은 부모에게 이 방법이 도움이 되는 것으로 보고되고 있다.

다음 이야기는 플로어타임의 행동 접근법 및 식이 요법 변화를 결합한 통합된 프로그램의 예시이다.

제니는 거의 말을 하지도, 심지어 거의 발성하지 못했고, 울지도 않았지만 2세 때까지 부모는 걱정하지 않았다. 제니의 가족에 속한 다른 아동들도 발달이 늦었기 때문이다. 제니의 놀이는 다른 방식으로 장난감을 배열하는 것으로 확대되었다. 제니는 2세가 되자 거울 속에서 자신을 발견하기 시작했고, 자신의 이미지에 큰 관심을 보였다. 장난스러운 모자를 쓴 제니는 모자를 쓴 바니 인형을 보았다. 그들의 관심사가 커지면서 제니 부모인 샌디와 마이클은 제니를 더 면밀하고 자세히 관찰했고, 제니는 부모가 자신에게 말을 걸 때 거의 늘 피한다는 것을 깨달았다. 그럼에도 거리를 둔 채 부모를 관찰하곤 했다. 제니는 자신의 이름 혹은 주변에서 들리는 소리에 반응하지 않았다. 제니의 부모는 자신들이 본 영상에서 나오는 음악을 들었는지 여부를 확인하지 못했지만 시각적 이미지 없이 오디오만 사용해 보았을 때 제니는 그것에 집중하지 않았다. 제니는 2세가 되던 해에 여러 번의 귓병을 겪었지만 청각 손실은 나타나지 않았다.

샌디와 마이클은 상담을 시도했고, 제니를 즉시 상호주의적 중재 프로그램에 참여시킬 것을 권유 받았다. 샌디와 마이클은 그들이 원하는 서비스를 포함하는 개인 프로그램을 선호했다. 제니는 주 2회 언어 치료와 작업 치료를 시작했으며 일주일에 한 번 상호주의적 놀이 치료를 시작했다. 일주일에 며칠 동안 현지 유치원에 다른 아동들과 함께 있을 수 있도록 했다. 부모는 제니가 장애물과 다른 감각 운동 게임을 통해 좀 더 상호작용할 수 있는 방법을 배우기 위한 치료법을 배우려고 함께 치료를 받았다.

제니는 샌디가 자신이 들고 있던 장난감을 가져가서 그것과 함께 놀아도 되냐고 물어보는 것이나 마이클이 자신과 제니의 손에 있던 물건을 숨기고 까꿍 놀이를 시작하는 것을 빠르게 눈치챘다. 제니는 화를 내지 않고 단순히 자신의 시선을 다른 곳으로 돌릴 뿐이었다. 제니의 관심은 점차 사라지기 시작했다. 그러나 자신의 부모는 지속적으로 놀이를 실행하였고, 제니는 마침내 더 많은 상호작용이 발생하는 것을 허락하기 시작했다. 샌디와 마이클이 제니의 안내를 따를 때, 즉 은행에 동전을 넣기 위해 동전을 손에 쥐어 주거나 피겨를 말 위에 올린 후 농장의 동물들을 '언덕' 밑으로 한 마리씩 굴리는 데 그들의 도움을 받아들이기 시작했다. 그러나 제니가 얼마나 오랫동안 참여할지에 대한 통제권이 있었다는 것은 분명했다.

제니는 움직임을 많이 즐기고, 스윙과 높이 오르는 것을 좋아했다. 이 욕망은 상호작용을 위한 더 많은 기회를 창출했다.

청각 처리는 가장 차단된 부분이었다. 일련의 청각 훈련 회기를 거친 제니는 음악에 더 많이 반응하면서 보다 적극적이고, 보다 애정을 나타내며, 소리를 더 잘 인지하게 되었다. 비타민은 경계 능력과 활동을 증가시킴으로써 제니의 조직 수준을 향상시키는 것처럼 보였다. 글루텐과 카세인이 없는 식이요법의 이점에 대한 새로운 정보가 나오고 제니의 부모는 식단의 변화가 제니의 발달에 박차를 가할 것인지를 지켜보기로 결정했다. 각각의 추가적 노력은 제니의 전반적인 조직, 관련성 및 애정에 기여한 것 같았지만 제니는 여전히 말하거나 공유하지 않았다.

언어치료에서 제니는 협동적이었지만, 가장 단순한 소리 이상을 낼 수는 없었다. 신호를 사용하여 주제를 확대시키는 것은 결실을 나타내지 않았으며, 그 이상의 단계로 나아가지 못했다. 제니는 제스처를 모방할 수 없었지만, 자신이 원하는 것을 다른 사람들에게 알리기 위해 복잡한 제스처를 사용했다. 제니는 약간의 수용력을 보여 주었지만 언어적인 소리를 모방할 수는 없었다. 이 시점에서 제니가 보다 쉽게 모방을 배우고, 더 많은 언어를 이끌어 낼 수 있도록 플로어타임 놀이, 상호작용 프로그램과 협력하여 행동 프로그램을 시도하는 것이 좋다. 행동 전략은 짧은 시간 동안에 소리와 몸짓을 더 잘 모방하는 법을 배우는 데 사용된다. 처음에 제니는 제스처를 모방하도록 지시 받았을 때 혼란스러웠다. 제니는 머리 대신에 코를 만지거나 손을 대지 않고 발을 밟는 등 지시와 다른 행동을 보였다. 그러나 제니는 신속하게 명령을 이해하기 시작했고, 많은 과제를 즐겼으며, 원하는 훈련 활동을 선택할 수 있는 기회를 얻었다.

플로어타임 회기에서 제니는 하고 싶은 일을 시작할 자유를 부여받았고, 회기 중에 사용하는 교구도 마음껏 사용할 수 있었다. 제니의 지능은 시각적 교구를 얼마나 빨리 사용하는가에서 명백히 드러났다. 제니는 형태 범주를 맞히고, 개념 그룹화를 보여 주고, 자신에게 제시된 건 그 어떤 것이든 만들어 냈다. 언어적 모방은 더 느리게 왔지만 이내 시작하게 되었다. 제니는 소리 모방에서 단어 모방으로 나아갔다. 비록 다른 시각적, 혹은 시각-운동 활동의 지속적인 개시와는 달리 언어는 늘 먼저 입력이 필요했다. 제니의 상징적인 표현 또한 더욱 복잡해졌다. 누군가가 제니와 함께 놀이를 할 때, 제니는 훨씬 더 흥분되고 여러 개의 의사소통 순환을 닫을 수 있었지만 자신의 아이디어만을 고집했다. 제니의 연극은 인물 배치에 의해 특징지었다. 이것들은 꽤 복잡했다. 마치 제니가 본 영상이나 책에 대한 장면을 복제한 것처럼 말이다. 제니는 디즈니 영화 캐릭터들을 사용하고 있었고, 그것들 중 어느 것도 혼동하지 않았다. 그러나 이러한 장면들은 정적인 채로 남아 있었다.

제니의 언어가 개발됨에 따라 제니는 사물의 이름이 아닌 기능을 나열했다. 제니는 '계단'보다는 '오르기' 또는 '차'보다는 '타다'라고 말할 수 있었다. 세상이 어떻게 작동하는지에 대한 제니의 인식은 자신의 그림에 반영되었다. 제니는 자발적으로 그림을 그리기 시작했다. 이 그림에서는 바퀴가 달린 자동차의 운전대 뒤에 어쩌면 제니 자신일지도 모르는 작은 사람이 앉아 있었다. 그런 다음 제니는 인생의 다른 장면을 그리기 시작했다. 제니는 많은 비슷한 유형의 그림 단계를 거쳐 새로운 장면으로 넘어갔다. 나중에 제니는 한 장의 종이에 좀 더 복잡한 장면을 그리기 시작하였는데, 놀이터에서 한 모든 일과 같은 다양한 측면의 경험을 표현했다. 다음으로 제니는 이야기를 하기 위해 일련의 도면을 순서대로 나열하기 시작했다. 제니의 그림은 항상 제니의 실제 경험과 주위의 세계에 관찰을 반영했다.

제니의 언어는 계속해서 자신의 생각과 경험에 대한 인식 그리고 복잡한 인식을 보여준다. 유치원에서 제니의 친구들은 제니의 놀라운 능력에 끌렸다. 제니가 집에서 하던 훈련과 놀이를 가져왔을 때, 친구들과 더 많은 구조화된 놀이를 놀 수 있었다.

제니가 5세가 되었을 때, 학교 배치를 위한 IQ 평가가 실시되었다. 제니의 성적은 놀라웠고, 높은 평균 점수인 115점을 얻었다. 제니는 추상적 사고, 어휘 및 정보에 대한 시작 항목과 같이 시각적 지원을 제공하는 모든 언어적 항목을 처리할 수 있었다. 제니는 자신의 생산성을 즐겼고, 자신이 원하는 흔들기, 점프 혹은 돌아다니기 위한 쉬는 시간이 주어지면 길이가 긴 과제를 해낼 수 있었다.

비록 단서가 주어진 사진에서 특정 상황이나 환경에서 예상되는 행동을 암기하는 것에 능숙해졌지만, 제니의 부모는 자발적인 언어의 느린 진보에 대해 걱정하였고, 제니의 말을 듣고 대화의 양을 늘리기 위해 추가 상담을 요청했다. 부모는 자발적이고 즐거운 상호작용의 양을 늘리고, 구조화된 상호작용을 줄이려고 했다. 그에 더해 약물치료는 유연하고, 차분하며, 집중할 수 있는 능력을 길러 주기 위해 사용되었다. 평가를 마친 후, 제니는 자신의 정서와 침착성에 대해 꽤 빠른 진전을 보였다. 제니의 상징적인 놀이는 크게 발달하여 이제 놀이 장면이 어떻기를 바라는지 묘사했고, 자신이 원하는 변화를 위해 즉흥적으로 언어적 절충을 했다.

모두가 타인과 관계를 맺고 상호작용하는 제니의 흥분에 기뻐했다. 제니는 머리에 왕관을 씌워 주고 생일 파티를 시작하기도 하고, 혹은 다른 아동의 손을 잡고 자신의 장난감이 있는 방향으로 친구를 데려가곤 했다. 제니는 치료사를 데려와서 자신의 집을 구경시켜 줬다. 비록 제니가 얼마나 행복한지 말할 수는 없지만, 기쁨으로 미소 짓고 있었고, 이것이 제니가 대답하고 싶어 하는 특별한 관계임을 알게 되었다.

9. 약물복용

수년간 약물은 특별한 요구를 가진 아동들에게 중요한 역할을 했다. 약을 고려하기 전에 우리는 완벽한 평가와 치료 그리고 이전에 언급한 아동 개개인의 차이와 발달을 포함한 프로필을 생성하는 것을 추천한다. 중재 프로그램은 가정교육 요소, 기술적인 치료의 요소 그리고 교육적인 요소를 계획해야 한다. 그다음 상당 기간이나 적어도 6~8개월 동안 아동의 학습 활동에 특별히 간섭하는 요소가 어떤 것이 있는지 살펴보면서 학습 곡선을 관찰해야 한다. 이 맥락이라면 약물을 고려해도 좋다. 예를 들어, 청각 처리와 활동 계획 문제를 중심으로 작업하고 있으나 그럼에도 상당히 산만한 아동이 있다면 약물이 아동의 집중과 참여를 도울 것인가? 아니면 친밀한 관계를 연관 지을 수 있고, 속상할 때와 과부하될 때 달랠 수 있으나 더 효과적인 대처 능력과 스스로를 진정시킬 수 있는 다양한 방법을 시도해 본 부모의 노력에도 불구하고 극단적인 감정 변화를 겪으며, 자기 행동을 조절하고 통제할 수 없다면? 앞에 언급한 경우라도 되도록 약물 중재를 시작하기 전에 아동의 영양 상태를 탐색할 수 있다(부록 2 참조).

약물을 다루려면 아동의 상태 그리고 연령대에 대한 경험이 있는 의사(소아정신과 의사, 발달 성장 소아과 의사, 아니면 신경소아과 의사)와 협의하는 것이 중요하다. 그리고 약물과 연관된 문제를 부모가 인지하는 것 또한 매우 중요하다. 몇몇의 약물에는 아동에게 집중과 주의를 끌기 위해 각성 역할을 하는 리탈린(Ritalin)과 덱세드린(Dexedrine)이 사용되고 있다. 특히 세로토닌 수위에 영향을 주는 프로작(Prozac), 파록세틴(Paxil), 그리고 졸로프트(Zoloft)와 같은 우울증 치료제 약물은 반복적인 것, 강박 행동, 근심을 감소시키고, 논문에 따르면 청각 처리와 언어 발달을 촉진했다. 콜로니딘(Clonidine)과 같은 약물은 과잉 반응, 반응도 그리고 불안을 감소시키는 데 사용되었다. 경련 진정제와 스테로이드는 특정 뇌파 유형의 아동들에게 사용되었다. 강한 정신안정제는 예를 들어, 타이오리다진(Thioridazine)과 리스페리돈(Risperdone)은 몇몇의 행동장애나 생각 방해와 같은 질환에 사용된다.

이 모든 약은 심각한 부작용이 있으며, 인지, 감정과 사회 작용을 개선할 수 있으나 기능을 약화시킬 수도 있다. 그러므로 이것은 학교나 집 그리고 다른 환경에서 관찰 기간을 갖고 아동의 능력에 대한 프로필을 만들어서 다양한 문맥에서 아동의 기능에 어떻게 영향을 미치는지 평가되어야 한다. 예를 들어, 어떤 아동들은 오직 리탈린과 덱세드린으로만 효과를 보는가 하면, 어떤 아동들은 학교에서 집중력 향상을 경험하지만 (교사들의 열렬한 후기가 말한다) 감정의 범위, 비언어적 신호, 즉흥성, 유동성과 상호주의적 역량이 감소하여 결국 더 높은 단계의 인지 기술과 추상적 사고 패턴이 감소하기도 한다. 또 어떤 아동들은 약으로 인해 짜증과 수면 문제를 경험하기도 한다.

마찬가지로 점점 대중화되고 있는 프로작을 복용한 몇몇의 아동은 짜증을 쉽게 내고, 충동적이거나, 억제가 되지 않았다. 하지만 동시에 몇몇은 언어 역량과 주의, 집중의 역량이 향상되었다. 그런 패턴은 딜레마를 낳는다. 득도 있으나 문제도 갖고 있기 때문이다. 그러나 우리는 일부 아동들이 프로작 같은 약물을 아주 적게 복용한다면 이로운 효과를 경험할 수 있다는 사실을 발견했다. 보통 아동에게 1~3mg이면 용인될 수 있는데, 5~7mg은 성인에게는 소수의 복용량일지라도 아동이 복용할 경우에는 불안한 상태를 유발한다. 프로작은 1mg이나 그 이하 단위부터 복용해야 한다(4분의1의 세제곱 센티미터 액체 형태로). 그리고 조심스러운 관찰이 이루어지고 있는 상태에서 아주 서서히 증가시켜야 한다. 종종 최적의 효과를 보기보다는 치료 상의 효과를 본 순간에는 그것을 멈추는 것이 최선이다. 치료의 기회는 아동들에게 굉장히 편협하고, 최상의 치료 효과를 목적으로 하는 것은 아동들을 더 불안한 상태로 만든다.

특히 아동의 EEG 결과가 비정상적일 때, 몇몇의 임상치료사는 데파코트(Depakote)와 테그레톨(Tegretol)과 같은 항경련성(anticonvulsive) 약물의 향상된 효과를 알린다. 나아가 최근에는 프레드니손(Prednisone) 같은 스테로이드는 랜도-크레프너 증후군(Landau-Kleffner)라고 알려진 특정한 증후군을 가지고 있는 아동들에게 사용되었다. 이 패턴은 몇몇의 언어 역량을 만들어 내고, 18개월 이후로 없어진다. 미묘한 뇌파 패턴을 추적하려면 아마도 24시간의 EGG가 있어야 할 것이다. 스테로이드에 호의적인 반응은 이 패턴에 맞는 집단에만 제한되는 것은 아니다. 비정상적인 EEG를 가지고 있지 않은 아동들의 집단 또한 호의적인 반응을 나타낸다. 임상치료사들은 다른 패턴의 스테로이드를 확인하고 있다. 몇 달 간 매일 복용하는 것에서 더 많은 복용량을 일주일에 한 번 복용하는 것까지 살피며 가장 효과적인 사용을 시도하고 있다.

주된 신경안정제인 리스페리돈을 아동들에게 사용하는 것 또한 증가하고 있다. 몇몇의 아동은 이 약을 복용하면 자아에 대한 감각을 잃고, 감정 표현과 창의성의 범주가 좁아지고, 단순화된 사고를 하게 되었다.

특별한 요구를 가진 아동을 위한 약을 사용할 때 종종 걱정스러운 양상이 일어난다. 때때로 첫 약물의 효과는 도움이 되는 것 같지만 원치 않는 효과를 만들어 낼 때도 있다. 예를 들어, 불안이나 과잉 흥분과 같이 말이다. 다른 사례는 대신에 복용량을 줄이거나, 다른 약으로 바꾸거나, 근심이나 불안을 줄이기 위한 약물을 추가하기도 한다. 그리고 아동들이 너무 우울해하면 세 번째 약이 추가된다. 우리는 3개나 3개 이상의 약물을 복용하는 아동들을 봐 왔다. 몇몇의 사례에서 약물을 점진적으로 주지 않은 것은 기능을 상당히 좋게 만들었다는 결과를 나타낸다. 각각의 약물은 서로의 부정적인 효과를 화합하는 듯했다. 첫 번째 약은 불안을 생성하고, 두 번째 약은 불안을 줄이기 위해 복용했으나 인지적 역량을 감소시켰고, 세 번째 약은 생각의 단편화로 이어졌다.

여러 약물을 복용하는 것은 상황을 혼란스럽게 하고 아동의 역량을 저해하는 등 많은 부작용을 일으키기 때문에 조심스럽게 선택하는 것이 중요하다. 가능하다면 한 번에 한 가지의 약만 고려하는 것이 좋다. 만약 두 번째 약이 추가된다면 그것은 보수적으로 추가되어야 하며, 반드시 아동의 모든 영역의 기능을 관찰하여 큰 손실 없이 상당한 이득이 있다는 사실을 확인해야 한다. 약물의 효과를 평가하기 위해서 충분히 관찰되지 못하는 기능의 영역은 훨씬 더 미세하다. 예를 들어, 아동의 친밀감, 감정적 표현의 미세함, 감정적 신호를 처리할 수 있는 속도와 가상놀이에서 볼 수 있는 아동의 상징적 역량이나 창의성, 유머 감각 그리고 단어의 영역과 선택이다. 이러한 미세한 능력들은 약물의 주 타깃인 아동들의 주의집중력, 공격성에 대한 통제력, 우울증이나 불안과 함께 관찰되어야 한다.

약물에 대한 결정을 내릴 때는 아동의 가족, 학교에서의 친구 그리고 넓은 환경에서의 관계의 민감성을 신경 쓰는 것이 중요하다. 무서워하거나 화난 감정, 잡음에 대한 과부하, 예측 불가함, 불안정, 외로움, 구조의 결여 혹은 지나침 통제는 극단적인 감정 반응을 유발할 수 있는데, 이는 문제를 일으키는 양상을 중심으로 작업하는 것이 가장 좋은 대처법이다. 아동이 가족 또는 교육의 양상 환경에 적응하도록 돕기 위해 약물을 사용하는 것은 유혹 때문이며, 이것이 아동에게 최상의 선택이 아닐지도 모른다. 하지만 약물은 우리가 원하는 만큼 선택적이지 않다. 약물은 단지 표적이 된 증상, 그 이상에 영향을 미친다. 성장을 위해 아동의 관계와 환경을 최적화하는 것이 최선의 방법이다.

의약품에 대한 이러한 언급은 주제에 대한 완전한 논의를 하고자 함이 아니라 복용에 대한 일부 지침을 강조하기 위함이었다. 부모는 고려 중인 모든 약물과 친숙해져야 하며, 의사와 논의할 뿐 아니라 부작용과 위험, 잠재적 이득에 대해 알아보아야 한다. 부모는 이익과 위험을 평가하는 데 앞장설 필요가 있다.

제19장 학교와 다른 아동들

아동의 학교는 참여 프로그램에서 하나의 역할을 할 것이므로 잘 맞는 학교를 찾는 것은 중요하다. 아동이 어린이집이나 유치원에 다닐 만큼의 나이가 되면 당신의 아동이 다른 아동들과 어울릴 기회를 원할 것이다. 만약 아동이 이미 당신과 상호작용하고, 의사소통할 수 있고, 순환을 열고 닫을 수 있다면 아동은 준비가 된 것이다. 아동의 상호주의적 능력은 또래 집단으로 확장할 준비가 되었는지의 여부를 결정하는 데 있어서 아동의 언어 능력보다 더 중요하다. 아동은 학교라는 익숙한 환경에서 친구들과 있을 수 있다는 장점이 있을 것이고, 아동을 잘 알게 될 선생님들과 함께 있을 것이다. 집단 환경에서 다른 친구들과 상호작용하고 관계를 맺는 법을 배우는 것은 모든 아동의 목표이기에 아동이 당신이나 다른 사람과 일대일 상황에서 상호작용을 하게 되면 바로 이 목표를 위한 기회를 제공해 주어야 한다. 시간이 흐르면서 아동은 다른 아동들이 어떻게 생각하고, 느끼고, 어떻게 협상하고, 어떻게 아이디어를 나누고, 어떻게 사회적 상호작용을 시작하고 그리고 어떻게 친구를 만드는지를 배울 것이다. 장기적인 목표로는 아동이 따뜻하게, 자발적으로, 자신감 있게 다른 아동들과 상호작용하는 것이 되며, 그러기 위해서는 연습이 필요하다. 학교나 유치원은 연습에 최적화된 공간이다. 지지적이며 발달 중심적인 장소이기에 말이다.

1. 알맞은 학교 선택하기

학교를 선택할 때 고려해야 할 몇 가지 중요한 사항이 있다.

- 학교 환경은 얼마나 엄격한가? 활동에 있어서 아동들이 자신의 개시에 따라 탐색하는 것이 아니라면 아동들에게 어느 정도 선까지 지시가 되는가? 자유 놀이가 허용되는 시간의 비율은 어느 정도인가?
- 학교에서 사용하는 접근법은 얼마나 개인에 맞춰졌는가? 선생님들은 각 아동이 배우는 고유한 방법을 고려하는가? 그들은 다양한 형태(시각-제스처, 청각-언어, 촉각과 운동 감각)에서 배울 수 있도록 아동들의 능력을 조정하는가? 모든 아동이 성공적으로 배울 수 있는 방법을 제시하는가?
- 아동의 조절 능력이 고려되는가? 앞서 언급한 바와 같이, 관심과 행동을 조절하는 능력은 아이마다 무척 다르다. 아동들은 자신의 환경에 민감하고 주변의 소리, 밝기, 활동성, 얼마나 사람이 많은지, 혹은 시각적으로 얼마나 자극적인지의 정도에 민감할 수 있다. 같은 환경도 한 아동에게는 지지가 되어 줄 수 있으나 다른 아동에게는 감각적으로 압도적일 수 있다. 중재가 제공되는지 그리고 시설은 모든 아동이 적응할 수 있도록 마련되었는가?
- 섞여 있는 아동들에게 필요한 정도의 관심, 참여와 상호작용을 보장하는가? 직원은 충분히 있는가?
- 학교 교육과정의 본질은 어떠한가? 아동 발달 단계에 맞춘 발달 중심의 놀이 기반 프로그램인가? 암기된 기술이나 암기된 사고 능력에 초점을 맞추는가? 선생님들은 정서적 사고를 장려하는가? 그들은 감정, 인지 그리고 의사소통의 상관관계를 이해하는가?
- 선생님들은 아동들과 함께 놀기 위해 바닥에 앉아 아이 사이의 상호작용을 중재하는가?

비록 대부분의 학교가 지지적·발달적인 환경을 만들려고 노력하지만, 모든 곳이 성공하는 것은 아니다. 몇 가지 흔한 문제가 있다. 많은 학교 프로그램은 충분히 개인화되지 않았다. 그들은 프로그램이 아동에게 적응하기를 기대하는 것보다 아동이 프로그램에 적응하는 것을 기대한다. 특별한 요구를 가진 아동은 아직 그렇게 할 수 있는 기술이 발달되지 않았기 때문에 적응할 유연성이 없다. 학교가 아이의 개인적인 차이를 고려하고 아동의 발달 단계에서 아동을 만나는 데 실패한다면 그것은 학교가 바꾸고자 하는 그 행동문제를 오히려 강화할 위험이 있다. 아동들이 적응을 하지 못할 때 그들은 경직되고, 불안해하고, 공격적으로 되거나, 그들이 충족할 수 없는 요구와 자신을 과부하하는 환경에 압도당한다.

학교마다 아동의 행동에 대한 기대가 무척 다르다. 한 학교의 철학은 아동들이 새로운 상황에서 편안함을 느낄 수 있도록 아동이 필요로 하는 시간만큼 여유를 준다. 아동에게는 수많은 변화가 온 것이고, 선생님들은 아동에 대해 알아가면서 아동의 노력을 관찰하고 지지하고 성공할 수 있도록 돕는다. 다른 학교의 철학은 아동이 최대한 빨리 규칙을 배우도록 촉구하는 것일 수 있다.

일부 학교들은 상당히 구조적이다. 그 학교는 모든 아동이 똑같은 행동을 하는 것을 요구할 수도 있고, 독특한 발달 양상을 가진 아동들에게 개인에 맞는 경험을 제공하지 않을 수도 있다. 전통적인 예로, 일대일로 한 사람과 아직 친해지지 못한 아동에게 집단과 함께 둘러앉으라고 하고, 조용히 앉아 집중을 하기를 바랄 수도 있다. 그럼 이 아동은 팔을 퍼덕거리거나, 시끄러운 소리를 내거나, 귀를 가리거나, 다른 아동을 밀거나, 도망침으로써 이 스트레스에 대처하려고 할 수 있다. 혹은 아동은 이 압도되는 경험을 차단하기 위해 더더욱 자기 세계에만 빠지거나 집단에 암기되고 고정된 방식으로 참여할 수도 있다.

이야기 나누는 시간에 찬성하는 사람들은 모든 아동이 집단으로 앉아 집중하는 법을 배워야 한다고 주장한다. 이 기술은 학교에서 필요하기 때문이다. 하지만 모든 과제는 발달적 순서가 있다. 6명으로 이뤄진 집단에 자신을 연관 지을 수 없는 아동은 일대일로 연관을 짓는 법, 그다음에는 3명과 연관 짓는 법을 먼저 배워야 한다. 아동이 집단에서 연관 짓도록 요청하는 것은 글자를 가르치지도 않고 글을 읽으라고 하는 것과 같다.

발달적으로 세심한 학교에서는 순환 타임은 아주 짧으며, 집단으로 집중하고 배우고 참여 역량을 기르기 위한 확장으로 이용된다. 이런 프로그램의 일부는 일대일로 상호주의적 관계에서 더 효과를 보는 아동들에게 무척 유동적이다. 그러나 일부 특수 교육 환경은 아직 준비가 되지 않은 아동과도 긴 이야기 나누기 시간을 요구한다. 어쩔 때는 안전벨트를 사용하여 의자에 앉게 하거나 아동이 앉아 있을 수 있도록 선생님이 아동의 뒤에 앉는다. 여기서의 희망은 아동을 참여하게 만든다면 수업의 일부라도 받아들일 것이라는 것이다. 안타깝게도 수업 내용은 아동과 연관이 없고, 아동의 학습 과정을 고려하지 못한 것이다.

어떤 학급은 자기 조절 능력이 부족하여 매우 불안한 모습과 공격적인 모습을 보이는 아동들을 포함할지도 모른다. 이 아동들은 쉽게 겁을 먹거나 철회하는 아동들과 함께 집단을 이루면 더 수동적인 아동들이 쉽게 압도당한다. 꽃을 피우며 의사소통을 하는 법을 배우는 것이 아니라 자기 방어를 위해 철수하고 회피할 것이다. 게다가 교사들은 손이 많이 가는 학생들을 어떻게든 데리고 있기 때문에 철회한 아동들은 상호작용에 끌어들이는 것이 아니라 혼자 남겨질 수도 있다.

어쩌면 학급 구성의 가장 큰 문제점은 학생들이 종종 비슷한 특별한 요구를 가진 아동들과 집단화된다는 것이다. 예를 들어, 한 반에서 8명이 의사소통을 안 하고, 내성적이며, 간헐적으로 목적 없는 아동들로 이루어진 경우가 일반적이다. 이들은 자연스럽게 상호작용이 거의 없을 것이다. 따라서 몸짓 대화에서 분발하게 되면 다른 아동들로부터 피드백을 거의 받지 못한다. 피드백이 없으면 학생의 불안정한 새로운 능력이 위험에 처할 수 있다. 의사소통하는 세계에 몰입하고, 상호작용하고, 가상놀이에 참여하고, 이야기하면서 아동은 자신의 중요한 초기 학습을 배울 수 있는 충분한 기회를 가지지 못할 것이고, 관련된 의사소통 및 사고를 할 수 있는 적절한 기회를 갖지 못할 것이다.

오늘날 특수교육을 필요로 하는 아동을 일반 수업에 포함한 기회가 많아지고 있다. 학급은 특수와 일반 교사는 아동이 개인적인 교육적 요구를 충족할 수 있도록 그리고 다른 아동들과 섞일 수 있도록 협동한다. 적절한 교육 프로그램에는 다음과 같은 특징이 있어야 한다.

- 상호 관심, 참여 및 상호주의적인 주고받기에서 시작하여 각 아동의 발달적 진전을 격려하는 발달적 그리고 개인 차의 접근이나 철학 몸짓, 의사소통, 상징적 놀이를 위한 토대를 마련하기 위해 교사가 이러한 기본 역량을 확립하는 것이 중요하다. 교사가 각 아동의 청각, 시각, 촉각 및 이동 및 계획 작업을 다루는 방식으로 작업할 수 있도록 각각의 아동의 처리 능력을 분석하는 것이 또한 중요하다.
- 이 책에서 설명한 바와 같이 플로어타임의 일반적인 원칙을 통합하는 접근법, 그것이 무엇이든지 간에 그 프로그램은 아동의 안내를 따라야 하며, 아동의 감정과 관심을 이용하고, 소통 순환을 열고 닫아야 한다. 이 접근법은 아동의 학습을 의미 있게 만든다. 또한 이동의 개시와 목적의식을 고취시키고 일상적인 경험을 통해 배울 수 있는 능력을 강화시킨다 .
- 발달 지연을 가지고 있는 아동에게 관계를 촉진시키는 법을 아는 선생님은 각각의 아동이 상호작용에 참여하도록 관심을 사로잡아야 한다.
- 아동 개개인의 차이점에 민감하고 아동 스스로가 자신을 진정시키기 위해 전략을 쓰는 선생님은 수업 전에 아동에게 필요하다면 그네를 타게 하거나 곰 인형이나 외투를 갖고 있게 해 주거나 몸을 흔들거나 점프를 하도록 허용해 주는 선생님을 말한다.
- 어른이 인내하는 작은 그룹 발달상 어려움을 겪고 있는 아동들은 무엇보다도 교사와 또래들과의 상호작용이 필요하다. 큰 집단에서 그들은 내성적일 수도 있다. 한

번에 2~3명의 아동과 자주 일하는 교사는 안전을 보장하고 아동들과의 상호작용을 촉진시킨다. 교사는 또한 아동들과 놀 필요가 있다.

- 보조교사들과 아동들이 일대일로 일할 수 있는 환경을 제공하거나 허용하는 환경을 만들어야 한다. 그들은 두 가지 역할을 수행한다. 아동들에게 맞는 수업 내용이나 학업을 이해할 수 있도록 도와주는 동시에 아동의 발달 단계와 이정표에서 작업한다. 그들은 모든 활동을 상호작용의 기회로 사용하고 목표를 만든다.

또한 보조교사들은 아동들이 조직화하여 다음 활동을 준비할 수 있도록 도와주고, 아동이 필요한 것들을 찾을 수 있도록 도와준다. 그들은 아동들과 함께 수업을 배우게 된다. 보조교사는 단순히 아동 뒤에 앉아서 학업을 유도하는 것이 아니라 학업을 상호작용의 기회로 전환시켜서 아동이 한 번에 두 가지 기술을 배우도록 한다.

보조교사는 (교사들과 함께) 더 어린 아동들과 다른 학생들과의 상호작용을 중재해야 한다. 아동들은 감각 운동을 통해 다른 아동들과 함께하고, 다른 아동들과 어울려서 그네를 타거나, 공 놀이를 하거나, 비눗방울을 불거나, 블록을 쌓고 부수거나, 추격하거나 숨고 탐색한다. 나이가 조금 더 있는 아동이라면 보조교사는 길을 만들고, 소방관이나 의사 역할을 하는 것처럼, 아동에 따라 상징적인 놀이를 중재해야 한다. 점차적으로 아동이 발달 사다리를 오를 때 보조교사는 그가 더 복잡하고 정교한 아이디어를 공유하는 것을 도울 것이다. 교실이 학습 센터를 조직한다면 중재자는 다른 학생들과 협력하여 가능한 한 일을 끝내야 한다. 보조교사의 도움으로 아동은 다른 아동의 움직임에 동참하고 문제를 해결할 뿐만 아니라 친구와 함께 과제를 완성하는 즐거움을 나눌 것이다.

마지막으로, 나이가 조금 더 많은 아동은 보조교사가 아동 발달 능력에 맞게 작업을 조정하는 데 도움을 준다. 예를 들어, 아동이 덧셈을 하는 경우에 보조교사는 점이 찍힌 카드를 보여 줌으로써 양을 시각화하는 데 도움이 될 수 있다. 보조교사는 또한 아동이 다른 학생들과 협동하여 과제를 수행함으로써 상호작용 기술을 습득하도록 도울 수 있다.

- 학교는 부모의 참여를 장려하는 정책을 시행해야 한다. 학교는 아동들이 준비가 되기 전에 아동의 독립을 도모하기 위해 노력한다. 학교는 명시된 학교 방침이 아니더라도 학부모가 교실에 참여하도록 허용해야 한다. 아동의 어려움이 부모의 개입을 필요로 한다면 부모가 학급에서 함께하는 것은 아동과 학부모 간의 관계를 강화하고, 아동이 학교와의 제안을 개방하도록 돕는다.
- 부모의 제안에 열려 있는 모습을 보여야 한다. 학교와 치료사도 그렇지만 부모는 상

황을 앞서서 주도해야 할 필요가 있다. 부모는 선생님에게 아동이 필요로 하는 것을 알려야 한다. 교사가 이정표에 익숙하지 않을 수도 있지만, 아동이 혼자 작업하거나 노는 것보다는 상호작용하는 것이 더 중요하다는 것을 알고 있을 것이다. 아동과 집에서 함께 작업하는 방식을 교사가 똑같이 하도록 권장해야 한다. 아동이 학년이 오를수록 부모는 학교가 모든 주제를 토론식으로 만들도록 권장해야 한다. 예를 들어, 아동이 읽는 것을 배운 지 얼마 안 되었을 때 학교는 청력 처리가 필요한 경우에 그를 어떻게 도울 것인지, 아동이 글을 읽는 것을 처리하는 데 충분한 시간을 투자해야 한다고 강조할 수 있다. "주인공은 어디를 갔니? 왜 갔니? 다음에 어떤 일이 일어났니?"라고 묻는 것은 아동이 상호작용에 참여하게 할 뿐 아니라 읽은 것을 해석하고, 정보를 정리하고, 추론하고, 그에 관련된 것을 상기할 수 있다. 이는 발달장애가 있는 많은 아동이 어려워하는 것이다. 이 아동들은 처음에 단순히 시각적 독해, 글자의 조합을 외우기 때문이다. 아동이 수학을 배울 때 부모는 학교가 말로써 문제 해결하게 하거나 양의 시각적 표현을 사용하는 것을 독려해야 하며, 아동은 창의적 사고가 필요한 언어적 문제 해결에 집중해야 한다. 부모와 학교 모두는 감정적으로 끌리는 상황을 만들어서 아동이 배우고 싶게 해야 한다. 예를 들어, 피자 반 판이나 1/4판을 협상하는 이야기에 등장하는 주인공이 왜 아빠에게 화가 났는지를 물어볼 수 있다. "너라면 어떤 것 때문에 아빠에게 화가 날 수 있을까?" 아동이 이런 기술을 연습하면 아동은 추상적이고 유연한 사고가 발달할 가능성이 더 높다. 아동이 상호 주의적이 아닌 다른 방식으로 학교에 다니도록 허락된다면 아동은 창조적 사고를 할 수 없을 것이다.

- 특별한 요구를 가진 아동과 그렇지 않은 아동들을 혼합하는 포용적인 환경을 설정해야 한다. 많은 학교에서는 현재 정규 수업 교사 및 특수 교과 포함 전문가를 포함한 프로그램을 제공하여 동일한 교실에서 수업을 진행한다. 더 작은 학교는 컨설턴트나 보조교사가 제공된다면 특별한 요구를 가진 아동들을 더 포함하려고 노력할지도 모른다. 컨설턴트는 부모에게 특정 학교가 아동을 위해 좋은 환경이 될 것인지 아닌지를 평가하는 것을 도울 수 있고, 연중 내내 지속적인 지원과 회의 및 아동의 요구사항을 제공할 수 있다. 통합 옵션을 사용할 수 없는 경우 프로그램은 특별한 요구를 가진 아동이 다양한 수준에서 주류와 구성 요소를 포함한 환경을 제공해야 한다. 아동이 상호작용할 수 있는 보조교사가 있는 비특수 요구 프로그램은 또 다른 옵션이다. 아동은 또래의 반응으로 혜택을 볼 수 있는 상황에 처해야 한다. 부모는 아동에게 가장 유익한 프로그램의 유형을 학교 시스템과 상의해야 한다. 예를 들어,

체육, 음악 및 미술 수업이 항상 상호작용을 위한 최상의 기회를 제공하는 것은 아니다. 배정은 아동의 개인적인 강점과 아동이 참여할 수 있는 가장 좋은 기회에 대한 부모의 감각을 바탕으로 이루어져야 한다. 일부 지역사회에서는 돈을 절약하기 위해 통합교실이 설치되고 20명의 아이는 소수의 어른과 함께할 수 있다. 다른 경우, 학급 포함이나 특수 교육 프로그램은 제대로 구성되지 않았을 수 있다. 그러한 프로그램은 피해야 한다.

2. 교실에서의 플로어타임

집에서 사용하는 모든 플로어타임 원칙은 조기 수업에서 사용할 수 있어야 하고, 사용되어야 한다. 당신의 아동은 학교에서 많은 시간을 보낼 것이다. 그 시간은 상호작용을 촉진하고 아동이 기계적 행동을 강화하는 것이 아니라 발달 단계를 향상하는 데 도움이 되어야 한다. 또한 더 많은 학문적 기술이 발달 단계와 조율될수록 아동의 학습은 더욱 건실해질 것이다. 아동의 유치원 및 유치원 교사와의 협력을 통해 당신 아동의 교사가 플로어타임 원칙을 아동과 함께할 수 있도록 할 수 있다. 고학년에도 아동이 수학 및 독서를 배울 때 상호주의적 학습의 기초 철학이 필수적이다.

강조해야 할 가장 중요한 점은 암기식 학습이 아닌 자발성이다. 각 단계에서 교사는 아동과 상호작용을 하고, 의사소통의 순환을 열고 닫을 수 있게 하여 암기에 의해서만 배우지 않도록 해야 한다. 아동의 학습은 실제의 상호주의적 경험과 연결되어야 한다. 즉, 그림이나 플래시 카드가 아닌 실제 물체, 실제 활동, 가상놀이 등 말이다. 예를 들어, 선생님은 실제 고양이를 관찰하게 한 후 다른 동물과 비교하는 질문을 통해 그 특성을 확인함으로써 고양이에 대해 알게 되는 과정을 중재할 수 있다. 그런 다음 아동이 여러 개의 글자를 숙달해 가며 고양이의 글자가 C-A-T라는 것을 알게 될 것이다. 아동은 즉시 고양이 그림을 보고, 고양이와 놀거나, 선생님이나 보조교사와 함께 고양이가 된 놀이를 할 수 있다. 아동은 수학을 배우면서 손가락이나 다른 물건을 사용하여 시각적으로 더하고 빼는 방식으로 배워야 한다. 아동은 숫자로 20을 세는 것보다는 5 이하의 숫자의 개념에 집중해야 한다. 먼저 1부터 5까지의 수량을 세지 않고 인식할 수 있어야 한다. 그리고 나서 더하거나 빼면서 그 결과로 나오는 양을 알아내고 그 숫자를 말할 수 있어야 한다. 모든 배움은 아동의 삶에 있어 구체적인 의미가 있는 정보로 학습을 해야 한다. 교사가 숫자, 문자 및 단어 숙달을 위해 노력하는 동안 논리적인 상호주의적 사고방식을 개발하도록 도울 수 있다면 미래의 학업 수행을 위한 견고한 개념 기반을 구축하는 데 도움이 될 것이다.

다음은 아동의 교사가 학교 프로그램을 강화할 수 있는 몇 가지 제안이다.

- 아동과의 상호작용에서 교사가 먼저 아동이 참여하고 있는 활동에 들어가서 아동을 관계에 참여시키고 가장 높은 발달 단계까지 이끌도록 한다. 예를 들어, 아동이 장난감 청진기를 만지며 주위의 다른 사람들을 무시하는 경우, 교사는 아동의 활동에 참여해야 한다. "나도 만져도 돼? 아, 냄새가 좋네." 이와 같은 의도는 청진기에 대한 아동의 관심사와 상호작용을 하는 것이다. 그가 쉽게 상호작용하지 않으면 교사는 장난스럽게 그를 방해할 수 있다. 즉, 한쪽 귀를 머리 옆에 갖다 대고 상호작용을 유도할 수 있다. 교사는 신체의 다른 감각이나 다른 부분을 들여와서 시도할 수 있다. "이걸 흔들면 소리가 날까?" "피부에 닿을 때 기분이 어때?" "이걸 다리에 감을 수 있을까?" 교사는 간단한 제스처로 상호주의적 대화를 만들 수 있는 새로운 아이디어를 소개해야 한다. 아동이 참여하면 교사는 가상의 요소를 추가해야 한다. "어니(〈세서미 스트릿〉 등장인물: 역자)도 듣고 싶어 해!" 아동이 어니의 심장 소리를 들을 수 있는지 봐야 할 것이다. 어쩌면 어니가 반창고나 다른 것을 필요로 할 수도 있다. 조금씩 교사가 놀이를 더 복잡하게 만든 다음에 점진적으로 언어를 들여 올 수 있다. 이런 식으로 교사는 아동을 천천히 자신의 가장 높은 발달 단계로까지 이끌 수 있다.
- 아동 개인의 차이점을 고려하라. 교사가 아동 개개인의 어려움과 강점이 무엇인지 알 때까지 시간이 걸릴지도 모른다. 아동이 과소 반응을 한다면 교사에게 많은 생동감과 에너지가 아동을 끌어들인다는 것을 알려 주자. 하루를 점프하기, 공 튀기기 또는 운동으로 시작하는 것을 제안할 수 있다. 아동이 과잉 반응을 보인다면 아동을 진정시키는 말과 리듬감 있는 움직임, 노래가 아동을 진정시킨다는 것을 보여 줄 수 있다. 집에서 아동에게 무엇이 효과가 있는지를 설명해 주어 교사가 학교에서도 똑같이 할 수 있게 하자. 바쁜 교사는 하루 중 부분적으로 이런 상호작용에 참여할 수 있다. 보조교사나 자원봉사자 또는 부모가 도움을 줄 수 있다.
- 아동을 무시하거나, 혼자 너무 오래 놀게 하거나, 다른 아동들과 병행하게 놀게 두지 않도록 노력하자. 아동은 거의 모든 시간 동안에 상호작용을 해야 할 필요가 있다.
- 과잉 지시하지 말라. 지침에 따라 아동은 순종하는 법을 배울 수는 있지만 지침을 따르는 것은 아동의 성장을 도울 수는 없다. 아동은 자신의 주도권을 주장하고 다음에 해야 할 일을 파악해야 한다. 교사는 활동을 만들고, 이것이 아동의 관심사를 포

착하는지를 확인할 수 있다. 목표는 아동이 뭔가를 하도록 강요하기보다는 자연스럽게 모방하도록 권장하는 것이다. 교사는 아동이 자신에게 유용한 활동에 참여하기를 원하는 강력한 상황을 만들어야 한다. 물론 한 반에서 다른 반으로 이동하거나 점심 식사를 준비하는 것과 같은 많은 상황에서 할 일을 알려 주는 것이 중요할 수는 있지만 가능한 한 많은 도전을 받고 영감을 얻어야 한다.

- 암기식의 질문은 피하라("이건 무슨 색이니?"). 질문은 상호주의적 놀이의 일부가 될 수 있다. 아동이 숫자를 말하도록 하기 위해 교사는 원하는 블록이 몇 개인지 1~3개 중 하나를 선택하게 하여 숫자가 의미를 갖도록 할 수 있다. 그런 다음 교사와 아동은 함께 블록을 셀 수 있다. 교사가 1개를 가져가며 "나는 1개를 가지고 있는데 너는 몇 개를 가지고 있니?"라고 물을 수 있다. 만약 단어 인지 공부를 하고 있다면 아동이 플래시 카드를 읽도록 요청하는 대신에 아동이 선택해야 하는 상황에서 사진과 단어만 주어 무엇을 원하는지 가리키게 할 수 있다(예: 우유냐 주스냐, 공이냐 블록이냐). 이런 식으로 아동의 학습은 암기적인 것이 아니라 동기 부여에서 생성된다.

- 아동이 스스로 하게 하자. 아동이 무언가를 하기를 원한다면 교사는 아동의 몸을 움직여 주기보다는 아동에게 그렇게 하고 싶도록 만들어야 한다. 교사가 어떻게 하는지 보여 주기 위해 몸을 한두 번 대신 움직여 줄 수는 있다. 혹은 중증의 행동 계획 어려움이 있다면 아동의 손을 잡고 행동할 수 있다. 이렇게 해 줌으로써 아동은 새로운 활동이나 순서화를 배울 수 있다. 그러나 그 후에는 아동이 행동이나 활동을 스스로 하도록 격려하고 회유해야 한다.

- 아동이 이해한다고 가정하지 말라. 아동이 의사소통 순환을 닫도록 하고, 교사가 물었던 것이나 말한 것을 그가 이해했다는 것을 알릴 수 있도록 단어나 행동으로 반응하도록 도와라. 아동이 등을 돌리거나 교사에게 다른 것을 보여 준다면 교사는 질문을 반복해야 한다. 아동이 교사가 한 말을 이해하는 것이나 단어를 이해하는 것보다 자신이 하고 싶은 말을 더 잘한다면 아동은 대답하는 데 오랜 시간이 걸릴 수 있으며, 실제로 본인이 의미하는 단어 대신에 잘못된 단어를 제공할 수 있다. 교사는 아동의 부적절한 반응에 집중하기보다는 아동의 반응 지연에 인내심을 가져야 한다.

- 암기에 의한 상호작용을 피하라. 구조화된 놀이에서도 교사는 경로에 장애물을 놓거나 놀이를 새로운 방향으로 가져가는 질문을 함으로써 새로운 방법으로 놀이를 하도록 권장할 수 있다. 교사는 아동의 자발성과 유연성을 장려하기 위해 항상 반박에 대한 혁신을 선택해야 한다.

3. 이상적인 교실

참여하기, 의사소통 및 사고의 기본 기술 습득을 위해 교실은 다양한 기능을 제공해야 한다. 이상적인 교실은 정말 적지만 아동들은 이러한 기능을 많이 제공하는 교실에서 가장 큰 이점을 얻는다.

소규모 학습 환경은 본질적으로 실제 자발적인 학습을 촉진한다. 각 환경에는 아동 및 교사가 발달, 인지, 사회, 언어 및 운동 기술을 연습하기 위해 다양한 수준에서 함께 탐구할 수 있는 다양한 장난감 및 학습 자료가 포함되어야 한다. 특별한 필요를 가진 많은 아동이 자신의 세계를 위축시켰기 때문에 새로운 경험에 많이 노출될 필요가 있다. 교실은 호기심과 탐험을 작은 단계로 안내하는 조그만 세상이어야 한다. 선반은 탐험과 결단력을 촉진할 수 있는 개방적이고 충분한 교구로 가득해야 한다.

한 영역은 인형, 인형 옷, 모자 등의 소품이 가득하여 가상놀이를 할 수 있는 공간일 수 있다. 아동들이 상상력을 발휘하고, 아이디어를 개발하고 표현하도록 격려하는 것 외에도 집에서 하는 것처럼 아동들과 놀이에 대한 대화에 참여하게 할 수 있다.

수학 영역은 크고 작은 물체를 포함할 수 있으며, 천천히 혹은 빨리 움직이는 물체와 무겁고 가벼운 물체를 놓아 서로 비교할 수 있다. 내용물이 많은 용기와 적은 용기, 크기, 수량과 순서와 관련된 다른 교구를 놓을 수 있다. 아동들은 숫자를 세는 것과 숫자 인식 그리고 수량, 크기, 순서화 및 기타 간단한 수학적 개념을 배우기 위해 이 교구들을 사용할 수 있다. 이 모든 것은 아동들이 느낄 수 있는 실제 물건과 관련이 있다.

세 번째 영역은 공간적 개념이다. 이 영역에는 넘어가기 위해 오르고 내려가고, 밑으로 기어갈 수 있는 물체와 안에 숨을 수 있는 공간, 길고 짧은 구조물, 다양한 크기의 평균대, 자른 공간이 있는 상자와 신체적으로 공간을 탐색할 수 있는 다른 교구들로 채울 수 있다. 아동들이 교사와 서로 상호작용을 하면서 운동 기술을 발달하고 장난스런 의사소통에 참여하며 공간 개념을 숙달할 수 있다.

듣기 및 읽기 코너는 아동들이 소리를 듣고 대상과 일치시키고, 소리가 나는 블록과 알파벳 블록을 가지고 놀고, 먼저 문자를 인식한 다음에 단어를 만들기 위해 문자를 함께 끈으로 묶어 볼 수 있는 장소를 제공한다. 이 영역에는 쉬운 이름을 가진 작은 장난감이 있어야 한다. 예를 들어, 아동이 C-A-R을 배울 때, 인지 지식을 감정적인 기반에 묶는 장난감 자동차로 놀 수 있다. "차는 무엇을 할까?라고 교사가 질문하면 아동들은 "가!"라 말할 수 있다. 교사가 아동에게 '가'의 글자를 블록으로 보여 주면 아동은 자신의 첫 단어를 인식하면서 독해력을 장려할 수 있다. 다른 영역과 마찬가지로 상호작용, 가상 사고와 인지 기술은 직접적인 배움에서 함께 작용된다.

다른 영역은 감각의 환경 및 음악 및 예술 교구 공간으로 사용될 수 있다. 이 영역에는 냄새, 촉감, 듣기 및 볼 수 있는 교구로 가득해야 한다. 얼음, 모래 탁자와 같이 매끄럽고, 뜨겁지 않고, 차가워지고, 단단하고, 시끄럽고 조용한 물건을 모두 사용할 수 있어야 한다. 아동들은 숨겨 둔 물건을 찾기 위해 콩과 옥수수로 채워진 상자 안을 살펴볼 수 있다. 미술과 공예품 센터는 소근육 운동 능력의 중심으로서 아동이 풀을 바르고, 색칠하고, 자신의 공예를 바느질하면서 아동의 손재주를 장려할 수 있다. 아동이 리듬과 소리를 실험할 수 있도록 이 장소에는 드럼, 건반, 아동이 불어서 소리를 만드는 악기들이 제공되어야 한다.

개수대 옆에 있는 공간은 구강 운동 활동에 적합하다. 악기, 파티를 할 때 쓰이는 불 수 있는 장난감, 비눗방울, 진동하는 장난감 및 다양한 질감의 음식은 아동들이 구강 근육의 톤을 개선할 수 있으며, 이러한 물질로 노는 것이 식사를 위한 기술을 강화하고, 소리와 말을 형성하는 데 도움이 된다. 이 영역에서는 운동 계획 및 대근육 및 전정 (균형) 기능에 중점을 둘 수 있다.

이 공간에서는 아동이 커다란 물체 밑을 지나서 어딘가를 뛰어넘어 그가 원하는 장난감을 얻기 위하여 가는 미니 장애물 놀이를 할 수 있다. 보물찾기는 아동이 숨겨 둔 장난감을 찾는 동안에 순서화 능력을 촉진할 수 있다. 그네와 매트리스에서 놀고, 모형의 트램펄린은 균형 및 운동 계획을 육성시킨다.

교사는 이런 영역에서 아동들과 활동할 때 부모가 가정에서 사용하는 모든 플로어타임의 원칙을 적용한다. 아동의 안내에 따라 그의 활동에 참여하는 것으로 상호작용을 촉진시키고, 서서히 가장 높은 발달 단계로 끌어올리는 것이다. 몇몇의 아동은 일대일 집중을 요구한다. 하지만 더 상호작용을 하게 되면서 아동과 교사의 비율이 증가할 수 있게 된다.

각 소규모 환경은 아동들이 자신의 기능 발달 및 인지 수준에서 행동할 수 있게 한다. 운동 계획 문제가 있어 14개월의 수준에 머물러 한 아동은 5~6개의 제스처 순환을 연속적으로 닫을 수 있다고 했을 때, 공간 운동 영역에서 교사와 놀며 쿠션을 넘어가고 터널 안으로 기어 들어가고 7~10개의 순환을 연속적으로 닫으면서 운동 계획 기술을 강화할 수 있다. 공간 운동 영역에 있는 만 3세의 아동은 교사와 함께 블록을 패턴에 맞춰 나열하는 놀이를 하면서 30개 또는 40개의 제스처 의사소통의 순환을 연속으로 닫을 수 있다. 놀이를 하면서 아이디어에 대한 작업을 할 수 있다. 파란색 블록이 여기로, 혹은 저기로 가야 하는지, 작은 블록이 큰 블록 위로 가야 하는지에 대해 의논을 할 수 있다. 걸음마를 뗄 때는 아기처럼, 이 아동은 공간적 운동 순서화 만들기와 쌍방향 의사소통을 하고 있겠지만 더 높은 발달 단계에서 이루어질 것이다.

감각 영역에서는 감각 인식을 개발하는 아동이 다른 질감의 공간 내에서 놀 수 있다. 감각 영역에서 아동은 다른 질감의 상자와 놀아야 감각을 발달시킬 수 있다. 교사는 따뜻한 목소리로 눈을 마주치면서 피부를 통해 다양한 질감을 느끼도록 도왔다(아동이 고른 천으로 아동을 감싸거나 장난감을 각자 다른 천에 감아 보면서). 한 번에 2명 정도의 아동과 감각 구별을 하며 놀 수 있다. 다양한 악기를 갖고 놀 때, 교사가 물어볼 수 있다. "작은 뿔 소리와 큰 뿔 소리 중 어느 소리가 더 좋아? 높은 음조 또는 낮은 음조? 빠른 소리 또는 느린 소리?" 아동의 단계에 따라 교사는 말 또는 얼굴 얼굴과 몸짓으로 질문을 할 수 있으며, 복잡한 양방향 의사소통 기술을 아동이 익히는 데 도움을 줄 수 있다.

수학 영역에서 만 3세 아동은 반짝이는 동전 두 더미를 돼지 저금통에 넣음으로써 양의 개념을 배울 수 있다. 하나의 더미는 크고, 다른 하나는 작은 것으로 준비한 후 교사는 아동에게 어느 쪽을 원하는지 가리키라고 말하는 것이다. 교사는 "큰 더미를 원해?" 또는 "더 많이 갖고 싶어?"라고 말하고, 아동은 그 말을 모방할 필요는 없다. 이 시점에서 아동은 작고 큰 것에 대한 감각적 경험이 필요할 뿐이다. 나중에 아동이 50개의 제스처 순환을 연속으로 닫고, 그 개념에 대한 많은 실제 경험을 가졌을 때 아동은 자신의 경험에 대해 이름을 부여하도록 장려될 것이다.

교실에서의 상호작용이 반드시 일대일일 필요는 없다. 선생님은 교사는 같은 발달 단계에 있다면 한 번에 3~4명의 아동과 활동할 수 있다. 그룹에는 특별한 요구를 가진 아동이 포함될 수 있다. 따라서 전통적인 특수교실에서처럼 교사 대비 학생의 비율이 더 높을 필요는 없다. 그러나 교사들은 다르게 고용된다. 1명의 교사는 청소를 하고, 두 번째 교사는 안전에 주의를 기울이고, 세 번째는 12~15명의 아동과 함께 활동하는 대신에 3명의 선생님 모두가 항상 아동들과 상호작용을 할 수 있다. 모든 아동은 개인 또는 소규모의 집단으로 관심을 받는 것이다. 철회한 아동은 관심을 끌어당겨 오고, 순환을 닫는 것에 도움이 필요한 아동은 반응하도록 격려받으며, 아이디어의 세계로 넘어가는 아동은 상상력에 불을 붙이게 된다. 환상 세계로 탈출한 아동은 상징적인 의사소통의 순환을 열고 닫는 것에 중점을 두고 현실과 대화를 많이 하게 된다. 가능한 한 집안일을 아동들과 함께하라.

이런 방식으로 설정된 교실은 특별한 요구를 가진 아동과 그렇지 않은 아동 모두의 요구를 충족시킬 수 있다. 그것은 아동들의 다양한 발달 요구에 부합하는 방식으로 학업 및 학업 능력을 모두 포함하는 전통적인 교육과정을 제공할 수 있다.

아동의 학교는 이미 이 모델과 유사한 방식으로 운영 중일 수 있다. 어린 아동들을 위한 많은 학교가 이와 같은 영역들을 가지고 있다. 더 발달적으로 적합하게 만들기 위해서는 약간의 수정만이 필요할 수도 있다. 학교가 소규모 환경을 구성하지 않은 경우에 교사와 관리자에게 점차적으로 이러한 요소 중 일부를 소개해 보자. 학교가 별로 내키지 않아 한다면 당신은 아동의 현재 그리고 성장하는 발달 단계를 더 유연하게 다루는 학교를 찾아볼 수 있다.

4. 이상적인 학교

어려움을 겪고 있는 아동들은 특별한 요구를 가진 아동과 그렇지 않은 아동이 섞인 통합된 환경에 있어야 한다. 이런 환경은 지체가 있는 아동들에게 동료로부터 자연스러운 상호작용을 배우는 것을 허용하고, 특별한 요구가 없는 또래에게 공감하고, 도움과 배려하는 법을 배울 수 있는 기회를 제공한다. 모든 아이는 더 작은 학급과 더 낮은 학생 및 교사비율의 혜택을 받으며, 새로운 증거는 특별한 요구가 없는 아동들이 이러한 환경에서 잘한다는 것을 보여 준다. 오늘날 아동을 일반 환경에 넣는다는 것은 특수학급에서 받는 치료의 도움이나 작은 집단의 학업적 지시를 포기해야 한다는 것이 되어 버렸다. 참으로 안타까운 일이다. 우리는 특별한 요구를 기준 아동이나 그렇지 않은 아동들이 진정으로 통합된 환경에서 언제나 이용할 수 있는 다양한 지원 서비스를 통해 협력할 수 있도록 학교가 재구성되기를 바란다. 모든 학교가 그런 식으로 기능할 필요는 없지만 선택한 학교를 통합된 환경으로 지정함으로써 우리는 양쪽 모두에게 가치 있는 서비스를 제공할 것이다.

이러한 통합 환경은 전통적인 교육과정의 목표를 충족시킬 수는 있지만 신체적·사회적 환경은 특별한 요구 가진 아동의 욕구를 충족시켜야 한다. 각 교실에는 특별한 도움이 필요 없는 몇 명의 아동과 정상 발달하는 아동이 있다. 언어치료사, 작업치료사 및 특수 교육자가 현장에 배치되어 모든 사람, 심지어 특별한 요구가 없는 아동에게도 그들의 전문 지식을 활용할 수 있다.

이 제안은 얼마나 현실적인가? 우리는 그것이 실현 가능하다고 생각한다. 확실히 그러한 통합 학교를 만드는 것은 비용이 많이 들지만 우리가 지금 가지고 있는 특수학교보다 비싸지 않다. 기존의 학교를 재구성함으로써 부모와 자원 봉사자를 더 많이 활용하는 등 기존 자원을 다시 효율적으로 사용할 수 있었다. 아동 발달 요구를 충족시키기 위해서는 재정적 대가는 다양할 수 있다. 특정 개발 과제를 위해 숙련된 교사를 고용하고 정교한 컴퓨터를 들이는 것은 비쌀 테지만 아동들이 관계에 참여하고 몸짓과 간단한 말로 의사소통하는 법을 배우도록 해 주는 것은 비싸지 않을 것이다. 부모와 전문가는 이러한 통합 설정을 만들기 위해 함께 작업해야 한다. 일부 학교시스템은 이미 이를 시작했다.

5. 특수교육 개선하기

가족은 그들이 받는 특별한 교육 서비스에 대해 항상 만족스럽지는 않다. 특히 적절한 진전을 보지 못하는 경우에 그렇다. 프로그램들은 종종 너무 균일하여 아동 개인의 요구를 충족시키지 못한다. 많은 프로그램은 아동의 가족을 중재 프로그램의 중요한 부분으로 포함시키지 않는다. 많은 경우에 아동의 잠재력을 충족시킬 수 있는 교육에 대한 가족의 열망을 채우지 못한 채 적당하기만 한 서비스를 제공하는데 이는 최적은 아니다. 많은 경우에 추가적인 요구사항이나 대체 서비스 및 접근법을 식별하지 못하기 때문에 서비스를 제공하지 않는 것이다. 결과적으로 부모와 학교 시스템 간에 갈등과 의혹이 생기며, 이러한 갈등은 모든 아동 발달을 향상시키는 데 필요한 협력을 방해한다.

이러한 어려움을 극복하기 위한 구체적 조치가 취해질 수 있는데, 부모는 학교 행정 담당자와 협력하여 이러한 변화가 일어나도록 도울 수 있다.

(1) 학부모는 앞에서 설명한 것과 같이 보다 유연한 교실과 덜 제한적인 프로그램을 제안할 수 있다

이 프로그램은 진단명이 아닌 아동의 개별 요구에 맞출 수 있다. 법적으로 개별 가족 서비스 계획(Individual Family Service Plan: IFSP)과 개별 교육 프로그램(Individual 에드ucation Program: IEP)을 요구함으로써 그러한 프로그램을 만들 수 있는 기회를 제공한다.

(2) 부모는 학교 행정 담당자에게 아동을 교육 및 치료 프로그램의 필수 요소로 포함시켜야 한다고 권할 수 있다

이것은 단순히 정보를 공유하는 것 이상을 의미한다. 그것은 부모가 하는 중요한 역할을 인지하도록 학교에 아동의 교육 환경을 보는 관점을 바꿔 달라고 요청하는 것을 의미한다. 그리고 이것은 학교가 가정에서 가족을 부양하고 학교의 일을 지원하는 부모와 진정한 동반자 관계를 형성하는 것을 의미한다. 이 파트너십을 기능적으로 만들기 위해서는 학교가 변화해야 한다. 그들은 교육자들이 가족의 관심사에 친숙해질 수 있도록 부모와 함께 일하는 교육자들을 훈련시키고 기원해야 한다. 교육자는 가족의 기능장애뿐만 아니라 교육목표를 지지하거나 훼손하는 양식을 가족이 인식하도록 도와야 한다. 또한 가정에서 학교의 교육 노력을 지원할 부모를 양성해야 한다. 가족과 학교 간의 정기적인 모임(IEP 및 IFSP에 필요한 모임을 초월한 모임)은 파트너십의 중요한 요소이기 때문에 일하는 부모에게 편리한 시간에 계획해야 한다.

⑶ 부모는 치료사와 교육자가 아동들을 평가하는 방식을 바꾸도록 권장할 수 있다

현재의 많은 평가는 표준화된 검사에 지나치게 의존하며, 이것은 종종 아동의 능력을 정확하게 표현하지 못하게 한다. 특별한 요구를 가진 많은 아동은 공식 시험에 협조할 수 없으며, 결과적으로 부정확하고 협소한 평가를 받게 된다. 이러한 잘못된 평가는 자격 기준을 설정하거나 비교 목적으로 사용된다. 당연히 이것은 부모와 아동을 이해하지 못하고 시스템을 신뢰할 수 없다는 사실에 대한 첫 징후인 경우가 많다. 일부 교육자는 부모가 아동의 문제를 부인한다고 주장하면서 부모의 불만에 방어적으로 대응한다. 그런 경우, 그들은 별다른 설명 없이 부모에게 읽어 보라며 책자를 넘겨 주는데, 즉시 적대 관계만 형성된다.

표준화된 검사에 의존하는 대신에 아동은 교육자와 부모가 함께 실시하는 다중 견해 관찰을 통해 평가되어야 한다. 관측은 아동이 편안함을 느낄 때 시작해야 한다. 아동은 교사와의 자유로운 상호작용 과정에서 관찰되어야 하고, 다양한 교육 과제를 수행해야 한다. 이러한 관찰을 통해 교육자와 부모는 아동의 장점과 어려움을 설명하고, 다른 영역에서 발달 수준을 정확히 찾아야 한다. 교육자와 부모가 동의하지 않을 경우, 혼란을 분명히 말하기 위해 더 많은 관찰이 이루어져야 한다. 이런 식으로 모든 관찰자는 자연스러운 상황에서 아동을 만날 기회를 얻는다. 필요한 경우에 표준화된 검사를 두 번째 평가 단계로 사용할 수 있다.

⑷ 부모는 학교 행정 담당자에게 특별한 요구를 가진 2~3명의 아동과 그렇지 않은 7~8명의 아동이 함께하는 진정한 통합 교실을 만들 것을 권할 수 있다

도움은 아동의 상호작용과 학습을 원활하게 할 수 있도록 특별한 요구를 가진 1~2명의 아동에게 제공되어야 한다.

⑸ 부모는 학교 관리자에게 적절한 품질보다는 최적의 프로그램을 만들도록 격려할 수 있다

그러한 프로그램에는 이전에 설명한 변화를 주고, 아동에 대한 직원 비율과 교사를 위한 지속적인 연수 교육이 포함되어야 한다. 학부모와 전문가로 구성된 외부 자문 집단은 학교 프로그램을 모니터링하고 개선 방안을 제안할 수 있다.

당연한 말이지만 부모는 이러한 변화를 혼자 만들 수 없다. 학교는 특별한 요구를 가진 아동들에 대한 전통적인 접근법을 다시 생각해 봐야 한다. 돈은 문제가 될 수 있지만 여기에 제시된 많은 변화는 큰 추가 비용 없이 구현될 수 있다고 생각한다. 이러한 변경 사항 중 많은 부분은 새로운 자원을 가져오는 대신에 기존의 자원을 다시 배포하여 실행할 수 있다. 다가오는 해에는 학교와 부모 간의 더 많은 협력이 이루어져 모든 아동의 지적·정서적 성장을 극대화할 수 있는 교육 프로그램을 만들 수 있기를 바란다.

6. 교육철학: 기능적 정서적 상호작용을 중심으로 특수 프로그램 구축하기

아동들이 잘 해낸 후에도 특별한 요구를 가진 많은 아동은 수학을 배우거나 읽은 것을 해석하는 데 어려움을 보인다. 특별한 요구를 가진 아동들은 순서화된 정보에 문제가 있기 때문에 숫자나 새로운 단어 속에서 길을 잃어 다소 헤맬 수 있다. 그리고 그들은 추상화하는 능력을 사용하여 자신이 작업하고 있는 중요한 개념을 이해하려고 시도할 수 없다.

아동들에게 특정 개념이나 단어를 가르치려고 할 때, 우리는 제자리에 있어야 하는 기초의 여러 부분을 대충 넘길 수 있다. 적용된 행동 분석(Applied Behavioral Analysis: ABA)을 비롯한 많은 행동주의 프로그램과 상당수의 교육 프로그램은 다음과 같은 아동의 능력에 충분한 주의를 기울이지 않는다.

- 제10장에서 기술한 바와 같이, 빠르게 주고받는 정서와 몸짓의 상호작용
- 복잡한 다중 의사소통의 순환, 사회적 문제 해결하기, 처음에는 단순한 운동이나 몸짓 순서로 시작하나 이후에는 2단계 및 3단계 운동 및 제스처 문제 해결(상자 안에 숨어 있는 인형 집에서 인형 찾기).

- 자발적이며 자체적인 상호작용을 기반으로 한 가상놀이와 상상력, 시작은 인형에 뽀뽀하거나 인형을 차에 태우는 것에서부터 더 복잡한 가상놀이, 즉 나쁜 사람들과 싸우는 착한 사람으로 나아가는 것
- 아이디어를 반복하는 것이 아니라 욕망이나 감정으로부터 아이디어 생성(목이 마르면 주스를 요청하는 것과 같은 단순한 아이디어부터 처음으로 농담을 하면서 상대방을 웃게 만드는 복잡한 아이디어까지)

앞에서 설명한 발달 단계의 일부인 이 네 가지 역량은 수단과 상관 없이 목표의 우선순위에 들어가야 한다. 이러한 목표와 경쟁하는 모든 목표는 잠재적인 긍정적 및 부정적인 영향에 대해 면밀히 검토되어야 한다. 예를 들어, 단어의 의미 있는 상호주의적 학습이 아닌 단어의 암기 학습은 적절하게 의미 있는 단어 및 아이디어의 사용을 훼손할수 있다. 따라서 가능하다면 자연스러운 동기 부여의 상황에서 새로운 단어와 개념을가르쳐야 한다(예를 들어, 아동이 밖으로 나가기 위해 문을 열고 싶어 한다면 문을 열기 위해 "열어"를 반복하도록 도울 수 있다). 비언어적인 한 단계의 문제를 해결하는 것과 같이, 아동이 필요로 하는 단어나 개념 또는 이전 기술을 사용하고자 하는 학습의 기회를 창출함으로써 우리는 아동이 실생활에서 기술을 배우도록 돕고 있다. 아동은 무언가를 배우고 나중에 일반화하려는 노력하는 대신에 동시에 학습하고 일반화하고 있다. 아동들은보통이 1단계 방식으로 가장 중요한 개념을 배운다. 특별한 요구를 가진 아동도 같은 방식으로 배울 필요가 있다. 이 아동들은 종종 더 많은 연습과 더 높은 동기 부여를 필요로 하며, 우리의 임무는 이러한 최적의 학습을 위한 중요한 조건을 만들도록 돕는 것이다.

1) 수학 가르치기

'수학을 배울 수 없는' 아동을 생각해 보자. 이런 아동들은 학습을 잘 못하는 아이일 것이지만 피자를 몇 개나 먹을 것인지, 당신은 몇 조각 먹을 것인지 협상을 시작하자마자 그들이 숫자를 손쉽게 사용하는 것을 보게 될 것이다.

대부분의 아동은 피자를 보고 두 조각이 아닌 세 조각을 먹어야 한다고 말한다. 아동에게 네가 세 조각을 먹고 다른 사람이 두 조각을 먹으면 총 몇 조각이 되는지 물으면 아동은 손가락이나 피자를 이용하여 1에서 5까지 빠르게 셀 것이다. 그가 네 조각을 먹은 후에 몇 조각이 남았는지 물으면 아동은 재빨리 "하나!"라고 대답한다. 문제가 더욱 복잡해져서 여섯 조각의 피자를 3명이 나누어 먹어야 할 때에도 그는 각자가 두 조각을

얻을 것이라고 말한다. 또는 3명에게 각각 두 조각을 줄 필요가 있을 때 곱하거나 더하여 6을 얻는다. 심지어 파이의 절반에 얼마나 많은 조각이 있는지 말할 수 있으며, 절반이 50%라고 하면 이 개념을 빨리 이해할 수 있다.

'수학을 배울 수 없고' 심지어 10세가 되도록 간단한 덧셈과 뺄셈을 빠르게 하지 못했던 아동들조차도 피자 조각과 관련된 수학적 계산에는 능숙해진다. 핵심은 감정적으로 끌리는 상황에서 상대적으로 적은 수의 덧셈 또는 뺄셈 개념과 작업하면 되는 것이다. 우리가 아동들과 함께 작은 숫자를 가지고 일할 때, 순서화하는 것의 어려움은 아동들이 더 많은 숫자로 계산하고 덧셈 또는 곱셈의 사실을 외우려고 할 때와 같은 개념을 배우는 것만큼 나타나지는 않는다.

관련된 다양한 개념인 덧셈, 뺄셈, 곱셈, 나눗셈, 분수와 소수까지 배울 때 작은 숫자로 작업하는 것이 좋다. 이러한 각각의 작업은 다른 개념을 명확히 하고 이해를 하는 데 도움이 된다. 당신이 가져가는 것에서 더할 수 있고, 당신이 나누는 것에서 새로 곱할 수 있다. 만약 당신이 좀 더 긴 방법으로 수학 학습을 하기를 원한다면, 덧셈을 빼고 곱셈을 하는 등 다양한 방법이 있다.

아동에게 의미 있는 물건으로 정서적으로 생동감 있는 방식으로 0에서 6까지 작업함으로써 아동은 양의 기본 개념을 습득하는 데 도움을 얻는다. 아동이 눈을 감고 피자나 사과 또는 그의 손가락을 마음에 그리며 실제 물건을 사용하지 않고 작업을 수행할 때까지는 개념을 이해할 수 없다. 그 시점에서 최대 10개까지 이동한 다음 더 큰 숫자로 계속 나아가 아동이 상호 연관된 수학 개념을 완전히 이해하게 된다.

이러한 접근법을 통해 아동의 순서화 및 시각화의 어려움은 핵심 개념을 배우는 능력을 저해하지 않는다. 숫자를 작게, 감정적으로 의미 있게 유지함으로써 우리는 다루기 쉽고 정서적으로 활발한 방식으로 아동이 피자나 사과처럼 문맥과 관련이 있는 상황을 만든다. 이런 물체들은 아동이 흥미로운 수학을 본인이 원하고, 의미 있고, 다루기 쉬운 물체로 배울 수 있다는 것을 알아가면서 아동의 새로운 개념의 일부분이 된다.

2) 단어와 개념 가르치기

특별한 요구를 가진 아동들은 때로는 말과 개념에 정서나 의미를 연결시키지 못하기 때문에 기계적이거나 고정적인 방식으로 말과 개념을 배우는 경향이 있다. 이러한 어려움은 추상화가 단어와 개념에 여러 의미를 부여하는 것, 예를 들어 '정의' 또는 '사랑'의 여러 의미를 이해하는 것과 같은 추상화를 배우는 능력을 손상시킨다.

일반적으로 감정적인 경험들은 아동들이 추상화를 형성하는 데 사용하는 의미를 제공한다. 예를 들어, 공정하게 또는 부당하게 대우 받는 경험은 정의의 개념의 일부를 형성한다. 특별한 요구를 가진 아동들은 종종 다른 사람들이 가지고 있는 풍부한 경험이 부족하기 때문에 (부분적으로는 그들의 처리 어려움이 경험의 완전한 소화를 방해할 수 있기 때문에) 그들은 더 암기적인 학습 방법에 의지하게 될 수 있다. 그들의 처리 어려움은 또한 다른 감각을 통해 또는 다른 맥락에서 오는 경험과 같은 여러 유형의 경험을 통합하는 것을 어렵게 만든다.

아동들이 새로운 단어와 개념을 익히는 데 도움을 주기 위해서는 역동적인 정서적 배경을 만드는 것이 중요하다. 효과가 있는 연습으로 부모, 교육자 및 치료사가 며칠에 한 번씩 자신의 세계를 이해하는 것에 있어 아동이 사용할 듯한 단어와 개념을 식별하게 하는 것이다. 이 단어들은 문화와 가족에 달려 있다. 열대 지방의 아동은 일찍부터 '뱀'과 '조심해'를 배우는 반면, 교외 지역사회의 아동은 일찍부터 '주스'와 '열어'를 배울 수 있다. 대부분의 아동이 일찍 숙달되는 단어와 개념은 '열어' '위' '밖' '더' '주스' '쿠키' '지금' '전에' '가다' '멈춰' '주다' '예' '아니요' '행복하다' '화난다' '원한다'이다. 아동의 삶에서의 유동성과 단어와 개념의 감정적 출현을 기반으로 어떤 단어와 개념을 배우기 쉬운지 찾아볼 것을 권한다. 즉, '더 많은 것' '가자' '밖으로' '문'은 특정 아동에게 얼마나 중요하고 의미 있는 단어인지를 생각해 보자. 더 유용하고 감정적으로 의미가 깊을수록 아동은 하루에도 그 단어와 개념을 정서적으로 의미 있는 방식으로 여러 번 사용할 것이다. 아동이 정서적 의미와 유용성을 토대로 단어와 개념을 습득하도록 도와줌으로써 우리는 독단의 또는 암기의 방식보다는 개념적 및 언어적 어휘를 매우 의미 있는 방식으로 구축할 수 있다. 아동은 이러한 단어와 개념을 원하고 사용해야 한다. 그래야 아동은 더 많이 기억할 뿐만 아니라 더 잘 이해한다.

아동들은 일반적으로 일상생활과 관련이 거의 없는 단어와 개념을 목록처럼 배우며, 그들이 단어와 개념을 사용하는 경향 또한 관련이 없다. 어휘력 향상은 특히 본인과 전혀 상관이 없을 수 있다. 아동의 삶에 단어가 적용되지 않는다면 그 단어는 잘 배우거나, 유지하거나, 정교하게 이해하지 못할 것이다. 아동의 일상생활과 문화적으로 관련이 있는 기능적이고 감정적인 것이 아니라면 그 개념을 배우지 못할 것이다.

한 부모는 만 3세의 아동에게 '옆에'라는 개념을 가르치고 있었다(하나의 사물 옆에 다른 사물). 그 아동은 좋은 진전을 보이고 있었지만 어느 정도의 언어의 어려움을 겪었다. 예를 들어, 장난감 옆에 있는 다른 장난감을 식별하는 것과 같이 아동의 삶에 도움이 될 만한 개념을 작업하고 있다는 것을 기쁘게 생각했지만 치료사는 왜 아동이 일상생활에서 보다 쉽게 사용할 수 있는 '더/덜' 혹은 '많이/적은'의 개념이 아니라 '옆에'를 선택했는지 의아했다. 부모는 발달 차트에서 3~4세 아동이 습득해야 하는 어휘로 '옆'이 있어서 '옆'의 개념을 가르친다고 설명했다. 부모는 본인이 사용하고 있는 발달 시간표가 발달적으로 의미 있는 방식으로 개념과 어휘를 나열하지 않았다는 사실을 모르고 있었다. 이 발달 시간표는 서로 다른 연령대의 아동들에 의해 선정된 구체적인 묘사 능력을 나열한 것이다. 결과적으로 '옆'의 개념에 대한 그 부모의 선택은 '옆'이라는 개념이 '더 많다/적다' 이후에 오는 발달 모델에 근거하지 않은 것이다. 그러나 부모는 구체적인 단어와 개념을 취하여 그것을 기초 토대로 취급하고 있었다.

치료사는 아동이 새로운 단어와 개념을 배우도록 돕는 대안적인 방법을 제시했다. 아동의 부모, 교육자 및 치료사는 아동의 평범한 일상 활동에 얼마나 자주 사용될 가능성이 있는지, 아동의 평범한 일상 활동에 사용될 가능성이 얼마나 많은지 그리고 그들이 일상생활에서 사용하는 감정적 관련성에 따라 며칠 동안 매일 두세 단어 또는 개념을 제시하기로 했다. 즉, 아동이 그 단어를 사용하는 데 얼마나 투자를 했는지 말이다. 예를 들어, 아동이 자주 공을 찾으면 "공은 현관 옆에 있어." "공은 의자 옆에 있어."라고 말할 수 있다.

논의가 끝난 후 그 부모는 "이런 정보를 부모에게 주는 건 정당하지 않다고 생각해요. 우리 같은 부모는 이런 정보를 보면 우리가 아동에게 꼭 가르쳐야 하는 것이라고 생각하게 되잖아요."라고 말했다.

교사와 부모가 새로운 개념을 가르치기 위해 이 접근법을 사용한다면 특별한 요구가 없는 아동과 특별한 요구를 가진 아동 모두에게 유용할 수 있다.

특별한 요구를 가진 아동은 종종 새로운 단어와 개념을 익히기 위해 많은 연습을 필요로 하기 때문에 우리는 그런 단어들을 몇 번이나 사용할 필요가 있는 상황을 만들어 주는 것이 좋다. 예를 들어, 좋아하는 공을 문 밖에 두고 공을 얻기 위해 문을 열어야 하는 경우, 특히 문을 여는 데 도움이 필요한 경우에 '열어'의 개념과 단어를 아동이 사용하고자 할 것이다.

치료사, 교육자 및 부모가 이러한 핵심 단어와 개념에 대해 협력함에 따라 빠른 학습을 초래할 수 있는 시너지가 발생한다. 예를 들어, 언어치료사는 모방 학습을 통해 아동이 선택한 단어와 개념 중 일부를 소리 내도록 도울 수 있다. 교사와 부모는 이러한 단어와 개념을 사용할 수 있는 기회를 창출하고 있다. 작업치료사는 아동이 개념과 관련된 행동을 실제로 구현할 수 있게 하는 운동 계획 및 감각 조절 기술(예: 특정 장난감을 잡기 위해 '높이 뻗기')을 연구하고 있다.

부모와 교육자는 새로 배운 개념을 완전히 자발적으로 사용하기 위한 기회를 플로어 타임에서 찾을 수 있다. 예를 들어, 곰은 사과를 상자 '뒤'에 숨기거나 상자 '위'에 숨길 수 있다.

특별한 요구를 가진 아동들이 습득해야 하는 기술의 체계가 있다. 관심과 참여로 시작해서 의도적이 되는 법을 배워야 하고, 많은 의도적인 상호작용을 엮어서 전체 문제를 해결하고, 모방하고, 상상력을 사용하고, 의미 있는 단어와 개념의 어휘를 만들고, 상호작용하는 법을 배워야 한다. 이러한 각각의 작업은 반구조적 및 비구조적인 자발적 활동으로 접근할 수 있다. 반구조적 접근법을 사용하여 우리는 우리가 가르치려는 기술을 아동이 사용하도록 동기를 부여받는 상황을 만든다. 예를 들어, 아동의 차를 그의 차선에서 멀리 떨어뜨리면 아동이 항의를 일으켜 고의적이고 목적의식을 가진 채 차를 원래 위치로 되돌려 놓을 수 있다. 아동의 코를 만지는 것처럼, 덜 관심이 있는 행동을 하는 것보다 아동이 좋아하는 간지럼을 태우는 놀이를 시작하는 것이 아동이 모방하고 간질이게 만드는 데 성공할 확률이 높다. 마찬가지로, 밥 먹이기, 껴안거나 뽀뽀하는 주제는 친숙하고 아동이 즐기는 것이기에 상상력을 불러일으킬 수 있다. 이 반구조적 접근법을 통해 아동이 발달 단계를 따라가면서 단어와 개념을 익힐 준비가 되면 가장 감정적으로 관련이 있고, 유용한 단어와 개념을 추상적이고 의미 있는 방식으로 습득하게 된다.

이해할 수 있는 단어를 위한 소리를 낼 수 없는 아동의 경우, 상징적인 장치의 사용은 이 개념적 및 구두 운동에 대한 훌륭한 출발점이다. 예를 들어, 아동들은 그림을 사용하고 그림에서 단어를 인식하는 데 도움을 받아서 말을 하기 훨씬 전에 자신이 원하는 것을 전달한다. 핵심은 감정적으로 의미 있고 유용한 방식으로 아동이 활용할 수 있는 상징적인 능력을 사용하는 것이다. 이 모든 접근법은 아동 자신의 의도와 관련된 정서가 개념적이고, 말로써 언어적인 세계를 구성하고 의미를 제공한다는 개념에 기반한다.

기능적 개념과 단어의 목록을 작성하면 부모, 치료사 및 교육자가 한 팀으로 더욱 긴밀하게 협력할 수 있으며, 응집력 있고 유의미하며, 감정적으로 연료를 공급하는 경험을 제공하여 상당한 어려움에 직면했을 때에도 학습이 가능하게 할 수 있다.

특별한 요구를 가진 아동들은 순서화에 있어 더 많은 도움을 필요로 한다. 논리적인 과정으로 무언가를 진행하는 것만이 아니라 체계적이 되고 집중하는 것에 있어서 말이다. 그들은 지시를 따르고 복잡한 사회 단서를 읽는 데 어려움을 겪을 수 있다. 아동들을 돕는 것은 수학과 언어의 개념을 가르칠 때와 같은 원칙을 따르는 교육적인 환경에서 이런 어려움들을 완전히 익히게 하는 것이다. 우리는 유용하고 감정적으로 의미 있는 실습의 기회를 만들어야 한다. 예를 들어, 아동은 자신이 좋아하는 쿠키 또는 놀이를 찾는 방법에 대하여 간단한 지침에서 점차적으로 복잡한 지침을 받을 수 있다. 나중에 이 활동은 숙제까지 확장할 수 있다. 문제를 해결하기 위해 원하는 물건을 찾는 것과 같이, 소품을 만들어야 하는 탐정 놀이나 장애물이 있을 수 있다. 놀이에는 많은 사회적 상호작용이 포함되어야 한다. 아동은 다른 사람의 얼굴 표정이나 몸짓을 읽고 승리하거나, 다음 단계로 나아가거나 숨겨 둔 쿠키나 놀이를 찾아야 한다. 핵심은 아동이 자연스러운 동기 부여 상태에 있을 때 독창적인 연습 기회를 만들고, 미소 짓고, 찡그리고, "저리 가" 하는 눈빛과 "이리 와" 하는 눈빛이 단서이다.

7. 아동이 학교 경험을 최대한 발휘할 수 있도록 보조교사가 돕는 방법

다음의 지침은 아동의 개별적인 생물학적 어려움에 맞게 조정할 수 있다.

1) 근긴장도

만약에 아동이 근긴장도가 낮다면 아침에 가장 먼저 할 것은 그리고 언제든 필요할 때마다 보조교사는 아동에게 공 위에 앉아 튀기기, 점프하기, 담요를 그네 삼아 타기, 줄다리기 등의 작업에 참여시킬 수 있다. 이 활동은 가능하면 교실 또는 작업치료실에서 행해야 한다. 가능한 경우, 다른 아동도 포함시키는 것이 좋다. 이 시간은 높고 낮음, 느리고 빠름, 아래로 및 너머, 위와 아래의 개념을 작업하는 데 사용할 수 있다.

2) 반응적 상호작용

아동이 여전히 고개나 등을 돌리거나, 책에 얼굴을 숨기는 등의 회피적 양식을 사용하는 경우, 보조교사는 부드럽지만 즉각적으로 "벤, 준비해." "너에게 말할 것이 있어." "중요한 거야." "내가 뭘 갖고 있나 봐."라고 말하는 것을 통해 눈 맞춤이나 듣기를 향상시킬 수 있다. 이러한 촉구는 다양할 수 있고 보조교사는 농담을 하며 장난칠 수 있다. 가능한 한 빨리 보조교사는 언어 자극에서 음성-제스처 신호로 전환해야 한다. 예를 들어, 목을 가다듬고 "우아!" 또는 "아이고!"라고 하거나 또는 아동의 어깨를 두드리는 것으로 말이다.

보조교사는 다양한 방법으로 아동의 반응을 격려할 수 있다. 간지럼 태우기, 머리를 헝클어뜨리는 것과 같은 몸짓, 구슬이나 야구 카드 같은 놀라운 보상 그리고 가장 중요한 것은 반짝이는 눈빛이다. 격려의 수단은 아동이 좋은 반응을 했을 경우에 놀랄 만한 보상을 예상할 수 있도록 다양해야 하지만 아동이 그것이 무엇인지 알 수 없어야 한다.

보조교사는 아동이 일반적인 기술을 연습하기 전에 새로운, 혹은 어려운 상황을 연습시켜 줄 수 있다. 예를 들어, 복도에 가서 선생님의 목소리를 듣는 것, 소풍갔을 때 가까이에 있는 것 등 말이다.

3) 마무리와 전환

아동들은 단순히 등을 돌리고 가 버리는 것이 아니라 본인이 언제 다 했는지를 알려주는 법을 배울 필요가 있다. 보조교사는 아동이 활동이나 장소를 바꾸고 싶어 할 때 말할 수 있도록 지지하는 것을 도울 수 있다. 다음 활동을 선택할 수 있게 함으로써 보조교사는 아동이 통제권을 가진 기분을 느끼게 할 수 있다. 가능한 경우, 보조교사는 다른 아동들이 함께하도록 격려할 수 있다. "좋아, 제시카, 다음은 무엇이니? 마리아, 이리 와봐. 제시카가 지금 무엇을 선택할지 보자." 아동이 더 높은 수준의 활동을 선택하면 더 좋다. 만약 아동이 목적 없이 움직이는 것 같아 보인다면 보조교사는 아동이 목적을 가지고 행동하도록 도울 수 있다. 만약 아동이 동물 상자 근처에서 정처 없이 배회한다면 "정글을 탐험하자!"라고 말할 수 있다. 보조교사는 다른 아동들이 아동의 책상에 있거나 아동이 노는 곳에 있을 때 친구들에게 "안녕!"이라고 말하는 것과 같이, 또래와 함께하는 사회적인 단서를 학습하도록 도울 수 있고, 다른 아동들에게도 똑같이 하도록 격려할 수 있다.

보조교사는 아동이 자유 놀이에서 순환 다음으로의 전환을 준비하게 할 수 있다. 이야기를 나누기 전에 보조교사가 그 이야기를 낭독해 주고, 교사가 물어볼 것과 똑같은 질문을 할 수 있다. 그 이야기와 관련된 소품들은 아동이 들을 것에 관심을 갖고, 그에게 수업을 들을 수 있도록 준비시켜 줄 것이다. 익숙한 이야기를 끝내는 것은 종종 어려운 일이기 때문에 보조교사는 아동이 다음에 무엇을 할지 계획하는 것을 도울 수 있다.

4) 사회적 게임

'대장 따라 하기 놀이'는 순서를 학습하는 놀이이다. 보조교사는 아동이 단계를 따라

갈 수 있게 알려 주는 파트너가 되어 줄 수 있다. 보조교사는 다른 아동들을 초대하여 참여시키고, 즐겁게 만들고, 아동과 손을 잡고 많은 제스처를 추가하면서 지원을 제공할 수 있다. 또 다른 놀이로 '가라사대', 음악에 맞춰 폭탄 돌리기, 돌아가면서 동작을 만들어 따라하기 그리고 '해도 되나요'가 있다. 이러한 놀이는 아동이 다른 아동들이 하는 일에 참여하도록 모방을 장려한다. 교사는 이러한 놀이들을 이야기 나누기 시간에 포함시킬 수 있다.

밖에서 노는 동안, 보조교사는 아동이 차례대로 그네를 타는 것을 도울 수 있고, 달을 향해 날고, 산에서 스키를 타고, 정글족 동물을 찾는 등의 상상적인 모험에 빠져들도록 도울 수 있다. '무궁화 꽃이 피었습니다.' 얼음땡, 피구, 한발로 뛰기, '해도 되나요', 술래잡기와 풍선 쫓기와 같은 보다 구조적인 놀이는 다른 아동들과 더 가까워지게 할 것이다.

5) 나누는 시간

나누는 시간에 보조교사는 다른 아동들에게 그들의 물건을 건네주도록 요청하여 아동이 만질 수 있게 하고, 그들과 함께할 수 있게 한다. 대부분의 시간에 집단의 한가운데에 아동이 앉아 있다면 다른 아동들을 보고 연습하고 (때때로 먼저 할 필요는 있지만) 차례를 기다릴 수 있다. 보조교사는 아동이 친구 가까이 앉는 것뿐 아니라 다른 친구들 옆에도 앉을 수 있도록 아동의 자리를 다양하게 둘 수 있다.

6) 작업시간

일과 중 교사가 정한 책상에서 해야 하는 다양한 활동은 아동에게 적합하거나 또는 적합하지 않을 수도 있다. 보조교사는 아동의 수행 과정을 모니터링할 수 있기 때문에 어떻게 아동이 각각의 것을 사용하는지 기록할 수 있다. 보조교사는 상호작용을 장려할 수 있다. 활동들이 어떻게 진행되는지 이해한다면 다른 아동들은 아동과 그것을 함께할 수 있다(그룹을 작게 유지하는 것은 아동이 더 많은 반응을 보일 수 있는 기회를 갖고, 너무 오래 자신의 차례를 기다리지 않는 것을 의미한다).

보조교사는 활동을 장려할 수 있다. 만약 당신의 아동이 감각 자극을 위해 나무구슬 꿰기를 하는 것을 좋아한다면 이 동기 부여는 아동이 개념, 언어 그리고 구슬의 추가적인 사용법을 배우는 데 도움을 줄 수 있다. 보조교사는 다음과 같은 몇 가지 활동을 제안할 수 있다.

- 비즈를 다른 아동들과 교환하고, 그들이 달라는 비즈를 주고, 그들에게 비즈를 달라고 부탁한다.
- 색이나 크기에 맞춰 비즈를 정렬한다.
- 구슬을 사용하여 상징 놀이를 하고, 가상 시나리오 속에서 내리는 비나 자갈, 또는 다른 물건으로서 구슬을 사용한다.
- 빨대를 사용하여 다른 크기의 용기에 비즈를 붓고, 모래나 점토에 그것들을 넣고 뱀처럼 줄 세운다.

보조교사는 아동이 성공적으로 다룰 수 있는 물건들, 즉 집게, 퍼즐, 털북숭이 블록, 조립식 장난감과 같은 재료를 사용하여 놀이할 수 있도록 지지한다. 테이블 위에 흩어져 있는 과제들, 크레용 자국들을 닦는 것 그리고 쏟아진 것을 깨끗이 닦는 것은 이후에 그가 더 복잡한 과제들을 수행할 수 있는 능력을 강화시킨다.

학급이 인지 활동을 할 때 (매칭하기, 다른 점 인식하기, 숫자, 색상, 글자 등) 수행에 어려움이 있는 아동은 실제 물체를 사용하거나 물체의 그림을 사용하는 것과 같은 다른 형태의 다양한 개념을 이용하여 작업하는 것을 통해 이득을 얻을 수 있다.

7) 조직 기술

보조교사는 아동이 다른 활동들을 통해 여러 가지 시도를 하도록 장려하고, 조직적인 측면을 포함하여 아동이 습득해야 하는 특정 목표를 확인하게 할 수 있다. 보조교사는 아동이 한 일에 대한 사진을 보여 줄 수 있고, 그 사진들은 다음에 아동이 활동을 선택하는 데 도움을 줄 수 있다. 아동에게는 조직적인 능력을 발휘할 수 있는 많은 기회가 있을 것이다. 예를 들어, 그는 무엇이 필요하고, 그것을 어디에 놓아야 하는지 확인하고, 모두가 같은 것을 가졌다는 것을 확인하고, 무엇을 먹고 무엇을 마셔야 하는지 같은 범주화하는 것을 통해 간식 시간을 도울 수 있다. 그는 누구와 어디에 앉을지 선택할 수 있다. 만약 아동이 쉽고 자동적으로 이러한 과정들이 진행되는데 운동 계획의 어려움을 가진다면 그 아동에게는 많은 연습이 필요하다. 이때 직접적인 지침보다는 사진과 그림으로 그 아동이 다음에 무엇을 해야 할지 안내하는 것이 필요할지도 모른다.

8) 역할놀이

자유 놀이 동안에 보조교사는 아동을 변장 코너로 데려가서 다른 캐릭터와 동물로 가장하도록 장려할 수 있다. 아동은 동물과 같은 간단한 아이디어를 사용하여 다른 아동들과 어울릴 수 있다. 아동은 동물 같은 단순한 아이디어를 사용해서 친구들과 제스처 놀이를 한다. 아동은 자신의 역할을 연기하는 것뿐만 아니라 다른 아동들이 무엇을 하고 있는지 추측하는 것도 좋을 것이다. 아동들이 모자에서 뽑은 그림 속의 상황을 연기한 다음, 나중에는 그들이 무슨 연기를 할지 스스로 결정하는 역할놀이를 할 수 있다. 몇몇 아동은 이 놀이의 언어 버전을 좋아한다. "나는 4개의 발을 가지고 짖는 것을 지금 떠올리고 있어".

8. 다른 아동들과 함께 놀도록 돕는 것

아동들이 상호작용의 순환을 열고 닫을 때, 그와 타인 간의 상호작용을 촉진시키는 것이 중요하다. 다른 아동과 하께 있는 또 다른 아동에게서 시작하는 것이다. 아동은 이어 집단에 들어갈 준비가 되었을 것이다(이 장의 후반부 참조). 집에서 당신은 데이트 놀이를 조정할 수 있다. 유치원에서는 비록 많은 아동이 있을지라도, 아동은 여전히 다른 아동과 상호작용을 시작할 필요가 있다.

(1) 아동의 주도를 따라가기 위해 플로어타임 원칙을 사용하여 두 사람 사이의 상호작용을 향상시킬 수 있는 기회를 찾으라

아동이 놀고 있을 때 그가 하고 있는 것을 이야기해 주고, 당신이 가능할 때 언제든지 합류하라. 기회가 있다면 당신은 한 아동을 다른 아동의 게임에 끌어들이려고 노력하라. 예를 들어, 만약 아동이 자동차를 가지고 놀고 있는 중이라면 다른 아동도 자동차 놀이를 하게 유도하라. 만약 상호작용이 이루어지지 않는다면 아동을 다른 아동의 활동에 끌어들이도록 노력하라. 결국 그들은 단지 2개 혹은 3개의 의사소통 순환만 나눌지라도 함께할 수 있는 방법을 찾아낼 것이다. 여기서부터 점차 더 많은 것을 만들어 낼 수 있다.

(2) 당신의 목소리로 각각의 아동이 다른 아동이 하는 일에 집중할 수 있도록 하라

"봐! 봤니? 우와!"라고 말해 보라. 당신의 목소리에 더 많은 드라마를 담을수록 아동들이 주의를 기울이는 게 더 쉬워질 것이다. 그리고 당신 스스로를 긍정적인 감정에 제한하지 말라. 분노, 좌절, 질투와 같은 부정적인 감정도 포함하다.

(3) 두 아동을 모두 문제 해결에 참여시키라

애원하기, 모르는 척 엉뚱하게 행동하기, 과장하기 등 할 수 있는 모든 것을 하여 아동들을 문제 해결 활동에 끌어들일 수 있도록 하라. "안 돼! 차의 바퀴가 없어졌어! 어떻게 해야 하지?" "도와주세요! 도와주세요! 집에 들어가야 하는데 문이 안 열려요. 안에 군인이 갇혔어요! 어떻게 우리가 그를 도울 수 있을까요?"

(4) 두 아동이 서로의 감정을 인식하도록 도우라

드라마이 목소리와 몸짓을 많이 넣자. 가짜 눈물을 흘리거나 화가 나고 질투하는 표정을 짓는 것을 무서워하지 말고, 감정을 표현하는 아동들의 이름을 불러 준다. "불쌍한 세스! 슬퍼 보여!" 혹은 화난 얼굴과 제스처로 "와, 제이슨은 정말 화가 난 얼굴이야!" 아동은 다른 친구의 기분을 알아채지 못했기 때문에 처음에는 놀랄지도 모른다. 하지만 만약 당신이 규칙적으로 이렇게 한다면 아동을 더 편안하게 친구들의 감정에 적응하게 될 것이다.

(5) 아동들이 서로 협력하도록 돕자

아동들이 서로 옆에서 놀지만 상호작용은 하지 않는 평행 놀이를 하는 경향이 있을 것이다. 상대방이 무엇을 하고 있는지에 대한 관심을 불러일으켜서 상호작용을 하게 하라. 많은 시간이 걸릴 수 있지만 반복적으로 작업을 수행하면 상호작용이 일어나기 시작한다.

(6) 아동의 관심이 떠나는 것을 지연시키기 위해 가능한 한 길게 각 아동의 주의를 끌도록 시도하라

만약 아동들 중 1명이 자리를 떠날 준비를 하고 있다는 걸 느낀다면 아동이 더 머무르도록 유혹하기 위해 약간의 긴장감이나 흥분을 느끼게 하라. 당신의 목소리와 몸짓에 더 많은 감정을 더해 보라. 드라마를 전환하거나, 물러선 아동이 특별히 좋아하는 무언가를 꺼내라. 만약 이러한 시도가 실패한다면 "왜 떠나니? 무엇이 그리 급할까?" 혹은

"마리아가 너무 크게 소리 질렀니? 너의 귀를 아프게 했니?" 또는 "너무 무서운 생각이 들었어?"라고 물으라. 아동을 더 오래 머물게 하지 못할 수도 있지만, 어느 정도는 더 많은 시간을 상호작용하는 연습을 하게 할 수 있다.

(7) 간단한 단어로 행동들을 해석함으로써 두 아동이 다른 사람들의 행동을 이해하게 도와라

두 아동은 때때로 다른 행동에 의해 혼란스러워질지도 모른다. 당신은 다른 아동이 무엇을 하고 있는지 설명함으로써 그들을 도울 수 있다. "사라는 누군가가 우는 소리를 들을 때 소리를 질러. 그 소리는 사라의 귀를 아프게 하기 때문이야." "데이비드가 화가 난 것 같아. 누구도 차를 못 마시게 컵을 던지네." "마리가 곤란해하고 있어. 마리는 다음에 무엇을 해야 할지 모르겠대."

(8) 공동 관심사를 이용하여 아동들이 상호작용하게 도우라

한 아동이 다른 아동들이 하고 싶어 하는 일을 하기 시작할 때, 다른 아동들의 관심을 불러일으키라. 차, 소방차, 혹은 인형을 가지고 그에게 함께하도록 지지하라. 아니면 당신의 모든 장난감을 가져와서 아동들에게 똑같이 분배하라. 이것은 학교, 레이싱 카 놀이와 같은 공유된 활동으로 이어질 수 있다. 점심 식사를 위해 문을 여는 공유된 활동으로 이어질 수 있다.

(9) 아동들이 관련 없는 생각은 무시하도록 도움으로써 놀이를 지속할 수 있게 도우라

아동들이 인형 가족이 공원에 가는 주제를 가지고 놀이한다면 그들이 그것을 계속하도록 돕기 위해 당신의 역할을 맡으라. 또 다른 테마가 나타난다면(동물원에서 도망친 악어가 다가온다) 그것을 무시하거나 혹은 원래의 주제로 되돌아가라("악어를 데리고 공원에 가자!").

(10) 각 아동이 말한 것과 행동한 것을 반복하여 말해 줌으로써 다른 아동의 감정과 행동을 알아채도록 도와라

아동들의 행동은 조용하고 감지하기 힘들기 때문에 아동들은 다른 아동의 행동이나 반응을 놓친다. 그들이 알아채는 것을 돕기 위해 각 아동이 한 일이나 말한 것을 지적한다. 아동에게 방금 말한 것과 반복했던 것을 요청할 수 있다("에반, 너 정말 그렇게 말했어?").

(11) 아동들이 상징적인 생각을 나눌 수 있도록 도와라

두 아동에게 상징적으로 다룰 수 있는 주제를 중심으로 놀도록 권장한다(아마도 당신은 해적이나 의사 놀이를 각 아동과 해 본 적이 있을 것이다). 이 경험들을 상기시키면 그들은 함께 이것들에 대해 상세히 말할 수 있을 것이다. 아마도 아동들은 같은 편이 되어 당신을 적으로 세우고 싶어 할 것이다. 특히 착한 사람—나쁜 사람이 주제라면 말이다. 그것도 괜찮다. 이는 서로 간의 동맹을 강화할 것이다. 한 아동이 더 낮은 상징적 단계에 있다면 그 아동이 합류할 수 있는 방법을 찾으라. 승리의 축제를 제안하거나 요새를 세울 수도 있다. 이러한 활동이 더 구체적임에도 불구하고, 그들은 상징적인 주제를 중심으로 아동들을 모으게 될 것이다.

(12) (분리, 두려움, 신체 손상 및 공격성과 같은) 매우 정서적인 문제를 이해하고, 아동들이 상징적인 주제로 놀이하도록 도와라

정서적인 주제는 발달 과정의 일부이기 때문에 모든 아동이 공유한다. 아동은 친구들과 문제를 해결하면서 자기 자신과 현실에 대한 감각을 정의한다. 이 문제를 다루는 상징적인 놀이는 아동들에게 큰 관심사가 될 것이다. 아동들은 적극적으로 또는 걱정스럽게 반응할 것이다(지나치게 반응하거나, 수동적이거나, 피하는 것).

(13) 각 아동의 대처 전략 및 해결책을 파악하고, 어려운 상황에 대한 상징적인 해결책을 제시하라

해적들이 금을 찾아 올 때마다 한 아동이 잠든 척하는 것을 당신이 발견했다고 하자. 당신은 말한다. "제시는 해적이 올 때마다 잠을 자려고 하네. 지금 자면 무섭지 않을 거야. 하지만 마법의 칼을 사용하는 건 어때?" 제시에게 그의 공포에 대한 상징적인 해결책을 제시함으로써 당신은 그것을 격투 끝에 붙잡는 방법을 찾도록 도울 수 있다.

(14) 아동들이 갈등을 함께 해결할 수 있도록 도와라

만약 한 아동이 놀이를 방해한다면 두 아동 모두에게 문제 해결에 도움을 요청하라. 예를 들어, 한 아동이 이야기를 듣는 동안에 두려워서 소리 지르기를 시작하거나, 한 아동이 놀이에서 지고 도망가기로 결정했을 수 있다. 이런 경우에는 각 아동이 다른 아동의 기분을 이해하는 것이 중요함을 설명하고, 그들이 문제에 대한 해결 방법을 찾도록 도와라.

(15) 아동들이 함께 작업할 수 있는 기회를 만들라

예를 들어, 당신이 자신의 집을 엉망으로 만들고자 하는 나쁜 강아지인 경우, 당신을 들여보내지 않기 위해 장벽을 만들어야 할 수도 있다. 혹은 아동들이 당신을 웃게 만들기 위해 아동들이 당신을 간지럼 태울 수도 있다.

9. 아동이 그룹에 들어갈 수 있게 돕기

의사소통에 어려움을 겪는 아동들은 사회에 합류하는 기술을 학습하기 위해 필요한 다양한 사회적 교류 능력이 없다. 유치원에 다니는 동안에 아동들은 다른 아동들에게 합류하는 데 필요한 기술을 연습한다. "나도 같이 놀아도 돼?" "내 트럭이 공사장에 벽돌을 가져다주면 어떨까?" "내 아기의 새 옷을 봐!"는 아동들이 배우는 사회적 진입 질문 및 진술의 종류이다. 그 아들들이 기술을 습득하고 다른 아동들과 노는 데 관심을 갖게 됨에 따라 당신의 중재(및 다른 성인의 말)는 매우 도움이 될 수 있다.

(1) 당신의 아동이 합류하도록 도와라

아동이 그룹에 다가갔을 때, 아동이 참여할 수 있는지를 물어보도록 권하라. 아동이 하고 싶은 말을 하거나 아동이 하는 일에 대한 아이디어를 제공하라. 필요할 경우, 더 큰 목소리를 사용하도록 하라.

아동들이 알도록 돕기 위해 당신 스스로 집단에 합류하라. "얘들아, 방금 누가 왔게?"라 말하고, 다음 아동들이 아동과 함께 놀기를 요청하도록 지지하라("조니, 다니엘이 그 퍼즐을 도와줄 수 있는지 봐"). 아동들이 함께할 수 있는 것에 대한 토론을 장려하라("얘들아, 공항이나 동물원으로 가는 길을 건설하고 있니?" "피터는 통제 탑을 만들고 싶어 하고, 조니는 더 빠른 길을 만들고 싶어 하고, 다니엘은 다리를 만들고 싶어 해. 어떻게 대처해야 할까?").

(2) 상호작용 기술을 만들라

아동과 함께 노는 것을 처음 시작할 때 그의 주도를 따르라. 아동이 선택한 활동을 하고 있다면 그는 자신이 원하는 것을 알게 되고, 다른 사람들에게 자신의 아이디어를 더 잘 표현할 수 있게 된다. 잠시 후 다른 아동 1~2명에게 요청하여 놀이에 참여시킨다. 그들과 아동들이 서로에게 주의를 기울이도록 시도하라. 만약 필요한 경우, 리더를 따르도록 활동을 전환하고(여전히 선택한 주제를 고수하고 있는 상태에서) 오랜 시간 아동을 리더로서 삼는다. 그런 다음 그가 다른 사람들을 따르도록 도와라. 목소리와 제스처에 표현을 많이 사용하여 다른 사람들에게 참여하도록 도움을 준다.

⑶ 놀이 친구 중재자가 되라

만약 당신이 아동에게 다른 사람들과 놀이하는 걸 배우도록 지원한다면 아동의 관계는 더 빨리 발전할 것이다. 당신이 아동과 놀기 위해 바닥에 내려앉았을 때, 당신이 하고 있는 것에 다른 아동들이 끌릴 것이다. 그들에게 말하라. "이 비행기는 디즈니 월드에 갈 거야. 더 이상 승객은 없습니까? 안전벨트를 착용하십시오." 다른 아동도 곧 역할을 수행하고 놀이를 시작할 것이다. 아동들이 당신 쪽으로 몰려가면서 자연스럽게 당신의 관심을 독점하기를 원할 것이다. 당신이 아동과 놀기 위해 거기에 있지만, 그들도 당신과 함께할 수 있다는 것을 그들에게 전하십시오.

아동이 다른 아동에게 응답하지 않으면 질문이나 의견을 반복하도록 아동에게 반응을 요청하라. 만약 아동이 아직 대답하지 않는다면 다른 아동이 말한 것을 들었는지 물어보라. 그가 여전히 대답하지 않는다면 다른 아동이 함께하도록 격려하기 위해 질문에 직접 대답하라. 들어오는 정보를 빨리 처리하지 못하기 때문에 아동의 반응성이 매우 느릴 수도 있지만, 충분한 시간이 주어지면 응답하게 된다. 아동의 거부를(또는 응답 부족을) 거절로 간주하지 말라. 아동의 항의 표시를 멈춤으로 간주하지 말라. 가장 중요한 것은 "아니, 나는 싫어!"라고 말하더라도, 대답하지 않고 빠져나가도록 허락하지 말라. 단어나 제스처로 응답을 요구하라.

⑷ 신체 활동을 지지하라

아동이 열악한 운동 계획 능력을 가지고 있다면 아동은 조작하기 쉬운 장난감을 사용하는 경향이 있다. 휠체어를 옮기거나 물을 붓는 것은 복잡한 구조의 건물을 만드는 것보다 쉬울 것이다. 아동이 집단에서 활동하기 전에 손을 잡고 연습하거나 기술을 연습함으로써 더 어려운 섬세한 근육 활동에 도전할 수 있도록 연습하게 도와라. 이 준비는 율동이 있는 노래에 특히 유용한다. 집에서 영상을 보면서 형제들과 손동작을 연습할 수 있다.

⑸ 다른 아동들과 파트너십을 권장하라

가능하다면 우정을 쌓고 더 많은 기회를 가질 수 있도록 아동이 다른 아동과 함께하도록 하자. 종이를 세로로 붙이면 이 아동과 다른 아동이 함께 작업하고 그림을 말할 수 있다. 그 아동과 다른 아동에게 찰흙을 주고 그것을 나누라고 부탁하자. 그들에게 점토로 저녁 식사를 만들어서 각각 무엇을 할 것인지 토론하자. 다른 아동에게 퍼즐로 아동과 함께 작업하게 하라. 각각의 아동에게 임의의 조각들을 나눠 주고 그들의 두 집단을 함께 묶는 방법을 알아내도록 하라. 처음에는 그들을 도와야 할 수도 있다. 이러한 파트너십을 장려하기 시작하면서 아동에게 가장 관심을 보이는 아동과 점진적으로 다른 아동들을 데려오는 것을 시작하라. 그들의 공동 노력에 대해 반드시 보상하자.

(6) 항상 상호작용을 장려하라

아동이 무엇을 하든지 그것이 당신 또는 다른 아동과 상호작용하는지 확인하라. 아동이 스스로 일을 마친 것에 대해 보상하는 것은 유혹적이다. 무엇보다도 상호작용에서의 아동의 노력에 대해 보상하는 것이 더욱 중요하다. 그것은 아동이 양방향 의사소통을 익힐 수 있는 유일한 방법이다.

(7) 아동들이 함께할 수 있는 기회를 만들라

예를 들어, 아동들이 당신을 패배시키려고 하거나 누가 더 높은 탑을 건설하는지 보기 위한 놀이 같이 아동들이 함께 협동해야 하는 놀이를 설정하라. 그들은 당신의 양말과 신발을 숨기기 위해 함께할 수도 있다.

제20장 우리가 기대할 수 있는 것은 무엇일까

아동에게 합리적으로 기대할 수 있는 것은 무엇일까? 아동은 독립적으로 살 수 있을까? 읽고 쓰려면 어떻게 해야 할까? 직업을 가지려면 어떻게 해야 할까? 결혼하려면 어떻게 해야 할까? 아동의 학습 곡선이 얼마나 높아질 지 예측할 수 있는 방법은 없다. 아동의 진단 집단은 진단 내에서조차도 매우 다양하기 때문에 이런 지표를 나타내지 않는다. 아동의 검사 점수와 평가는 검사가 수행된 시점에서 테스트가 측정한 항목에 대해서만 알려 주므로 오해의 소지가 있다. 따라서 아동의 동료 성과를 비교하는 것은 도움이 되지 않는다. 왜냐하면 그것이 현재 어디 있는지 알려 주지만, 어디로 갈지는 알려 주지 않기 때문이다. 아동의 학습 곡선이 평생 동안 동일하게 유지될 것이라고 가정하기 때문에 한순간에 아동의 행동을 측정하는 모든 정적 측정치는 잠재력의 지표로서 도움이 되지 않는다. 그리고 그 가정은 증명되지 않았다.

아동의 잠재력을 가장 잘 나타내는 지표는 아동이 최적의 치료 프로그램에 참여했을 때의 학습 곡선의 모양이다. 아동이 치료사 팀과 함께 일하면서 플로어타임을 보내고 있다면 아동의 학습 곡선은 자신의 능력을 나타낼 것이다. 커브가 올라가는 한 아동은 계속해서 자랄 것이다. 학습은 얼마나 오래 지속될 것인가? 우리는 예측할 수 없다. 그러나 우리는 곡선이 가파르고, 학습이 빠르면 빠를수록 낙관적인 태도를 취할 수 있음을 안다.

아동이 12개월에서 24개월 동안 치료를 받고 진정한 쌍방향 학습이 시작된 후에 학습 곡선을 바라보는 것이 가장 의미가 있다. 어떤 아동도 고립되어 배울 수 없기 때문에 아동의 진도를 판단하기 전에 그가 참여하고 상호작용할 때까지 기다리는 것이 가장 좋다. 아동을 관계로 끌어들이고 의사소통의 순환을 진행하려면 시간이 걸릴 수 있다. 첫 의사소통 순환이 닫히는 데 몇 달이 걸릴 수 있지만 이후 순환은 더 빨라질 수 있기 때문에 기다려야 한다. 아동의 학습 곡선이 높아진다.

특히 아동의 진도에 대해 걱정해야 할 시기는 학습 곡선이 수평을 유지할 때이다. 일반적으로 아동은 앞으로 나아가고 나서 정체기 현상을 겪고 다시 올라간다. 정체기가 2개월 지속된다면 특히 치료 프로그램에 대해 걱정하기 시작한다. 아동이 수시로 정체기 상태일 때, 그것은 아동의 필요(need)가 몇몇 중요한 방법으로 충족되는 것을 멈추기 때문이다.

무엇이 잘못될 수 있을까? 그 어떤 일이든 학습의 회귀나 지연을 초래할 수 있다.

- 가족의 긴장: 부모가 서로 잘 지내지 못하는 경우나, 다른 아동이 모든 부모의 관심을 필요로 하는 경우, 가족이 이사해서 짐을 푸느라 정신이 없다면 이 모든 것은 아동을 위한 플로어타임의 시간을 감소하고 아동이 받는 관심도 줄 것이다. 또한 인내와 이해에 대한 메시지를 알아채고 필요한 문제 해결 연습을 하는 대신에 아동은 가족의 스트레스를 감지하고 그것에 반응할 것이다. 이러한 요인들의 조합은 학습에 큰 타격을 줄 수 있다.

  가족이 스트레스를 받고 있는 경우에 아동의 안정성과 안전성을 향상시킬 수 있는 방법을 모색하자. 매일 업무 수를 줄이고, 일하는 시간을 줄이고 플로어타임을 늘려야 한다. 양육과 상호작용을 보충하라.
- 과부화: 어떤 것이든 너무 많은 것은 학습 곡선을 벗어날 수 있다. 집 안에 사람이 너무 많거나, 소음이 너무 많거나, 생일이나 휴일에 너무 많은 흥분을 느끼는 경우, 긍정적인 경우에도 아동의 균형을 뒤엎고 배우기가 흔들릴 수 있다.
- 사회 세계의 변화: 아동의 가장 친한 친구가 이사를 가고, 좋아하는 선생님이나 치료사가 떠나거나, 학교에서 괴롭힘을 당하는 게 아동을 위협하고 있을 수 있다. 이러한 종류의 사건은 외부 경험에 매우 취약한 아동에게 무서워서 쉽게 학습을 방해할 수 있다.
- 물리적 세계의 변화: 식이요법의 변화는 아동의 학습에 영향을 줄 수 있다. 또한 민감할 수 있는 살충제, 향수, 페인트 향 또는 다른 화학 물질과 같은 환경 독소도 아동의 학습에 영향을 줄 수 있다. 알레르기와 질병은 또한 학습을 저해할 수 있다. 신체질환을 위한 의약품에는 학습을 저해할 수 있는 부작용이 있을 수 있다. 때로는 약에 들어 있는 성분(예: 액체 항생제는 염료 및 식용 색소가 함유된 시럽 같은 설탕 액체이다)이다. 특별한 약국은 이러한 의약품의 순수한 형태를 제공할 수 있다.

- **치료 프로그램**: 어쩌면 아동의 치료사가 바뀌었을 수도 있다. 또는 한 치료사가 아동이 특정 시점에 도달하도록 돕는 데 능숙했지만 다음 단계에 대한 경험이 거의 없을 수도 있다. 치료사와 이야기하고 그가 어떻게 하고 있는지 지켜보라. 변화가 아동의 학습을 향상시킬 수 있는지 고려하자.
- **발달 성장의 급등**: 때로 발달 사다리 위로 오르는 것은 학습을 일시적으로 느려지게 하는 것을 유발한다. 아동이 마음을 터놓고 세상을 더 잘 알게 되면서 아동의 관점은 압도적일 수 있다. 자신을 보호하기 위해 아동은 철회할 수 있다. 그러나 시간이 흐르면서 보안이 강화되고 새로운 정보가 자신의 인격의 일부로 포함되면 새로운 정보가 아동의 개성에 반영될 수 있으며 학습이 재개된다.

아동이 치료를 받기 시작하면 당신은 감속을 예상해야 하며, 일시적인 회귀를 기대해야 한다. 회귀는 아동이 특별한 요구를 가지고 있을 때 매우 두렵게 느껴지는 것인데, 부분적으로는 그 근거가 결코 회복될 수 없을 것이라는 걱정 때문이며, 한편으로는 특별한 요구를 가진 아동은 광범위한 퇴행성 범위를 가지고 있기 때문이다. 특별한 요구가 없는 아동은 스트레스를 받으면 변덕스럽거나 도전적이 될 수 있지만, 특별한 요구가 가진 아동은 이야기하는 것에서 벗어나거나 협력하는 것에서 발로 차며 물고 비명을 지를 수 있다. 그러나 아동이 빨리 퇴행할 수 있는 것처럼, 아동은 자신의 최고 수준의 발달로 되돌아갈 수 있다. 처음에 아동이 그 수준에 도달하는 데 도움이 되었던 안정감, 진정 및 상호작용을 제공해야 한다.

아동의 세상을 살펴보고 개선이 필요한 부분을 찾을 수 없다면 작업을 계속해 나가자. 한 번의 틈이 생긴 후에 아동의 학습 곡선은 올라갈 가능성이 있다. 평평한 곡선이 계속되는 최적의 치료 프로그램이 상당한 시간 동안 계속된다면 그것은 현재의 이정표를 숙달하는 것에 대한 포괄적인 재평가에 대한 시간이다.

현재의 목표를 숙달하기 위해 집중하라. 아동이 현재의 이정표를 숙달한다면 아마도 다음을 숙달하게 될 것이다. 그리고 만약 아동이 그것을 숙달한다면 그다음의 단계도 습득하게 될 것이다. 오늘 숙달을 향한 당신의 노력이 내일의 열쇠를 쥐고 있다. 아동을 다른 아동들과 비교하지 말라. 그가 이전에 있었던 곳과 현재의 아동을 비교하자. 이전에 그가 한 의사소통의 순환을 닫았으나 이제는 5개를 닫으면 500% 향상된 것이다. 당신이 에너지를 소진하거나 희망을 잃을 때, 아동이 지금 어디 있는지 보라. 아동이 닫고 있는 의사소통의 순환을 세어 보라. 아동이 눈을 마주치는 것을 유지할 수 초를 계산하라. 아동이 화를 내고 나서 진정되기까지 걸리는 시간을 측정하라. 작은 이득을 모두 사용하여 계속 동기를 부여하자. 특별한 요구를 가진 아동을 키우고 돕는 것은 인치의 노력이다. 50야드 터치다운은 아니지만 모든 개선 사항은 향후 성장의 토대가 된다.

일부 사람들, 임상 치료사와 부모는 아동이 기본적인 기술을 습득하는 나이에 대해 우려하고 있다. 어떤 사람들은 한 살 반 혹은 두 살의 아동이 나이 평균 수준의 50%에서만 기능한다면 그 아동은 항상 그 수준에서 기능할 것이라고 믿는다. 다른 사람들은 아동이 일정보다 4~5년 더 늦게 기술을 배우면 영원히 지연될 것이라고 믿는다. 이것은 일부 아동에게는 사실일 수 있지만 모든 사람에게 사실일 수는 없다. 우리가 함께 일한 아동의 기록은 최적의 치료 프로그램이 주어지면 많은 아동이 빠르게 발전할 수 있음을 시사한다. 아동이 기본적인 기술을 배우는 것보다 훨씬 더 중요한 것은 학습의 질이다.

아동의 학습을 초고층 건물로 생각하면 감정적 이정표를 건물의 기초로 그릴 수 있다. 그들은 약 80개의 층을 지지해야 한다. 즉, 세상을 살아갈 80년 동안의 삶인 것이다. 이러한 기본 기술이 불안정할 경우에 건물 전체가 위험에 노출될 수 있으므로 아동은 매우 강해야 한다. 일정에 따라 개발된 불안정한 재단보다 늦게 개발된 탄탄한 기반을 갖는 것이 훨씬 낫다. 이상적으로 모든 아동은 모든 영역에서 연령대로 기능할 것이며, 우리가 함께 일한 특별한 요구를 가진 일부 아동은 이 수준의 기능을 달성했다. 그러나 학습의 질은 앞으로 나아갈 욕구에 희생되어서는 안 된다. 견고한 기초를 세우고 이정표를 강화하는 것이 일시적으로 더 많은 시간을 들여야 한다는 것을 의미한다면 그 토대가 없으면 아동이 결코 더 복잡한 분야로 유능한 능력을 발휘할 수 없기 때문이다.

이 철학을 유지하는 것은 특정 시간에 특정 기술을 배우는 것에 우선순위를 두는 세계에서는 어렵다. 대부분의 아동은 6세나 7세에 글을 읽고 쓰는 법을 배운다. 그들은 8세 때 대본을 쓰는 법을 배운다. 그들은 9세나 10세에 분수를 배운다. 물론 이 기술은 중요하지만 더 긴 시간의 관점에서 생각해야 한다. 사람이 지금 35세인 경우, 글쓰기를 7세에 배웠든 또는 9세에 배웠든 무슨 차이가 있겠는가? 두 경우 모두 친구에게 편지를 쓸 수 있고, 학교에서 메모를 할 수 있다. 어떤 사람이 왜라는 질문에 답하는 것을 3세에 할 수 있었다는 것과 4세 6개월일 때 가능했다는 것에는 어떤 차이가 있겠는가? 7세에 좋은 질의 대답을 했고, 3~4개의 답을 줄 수 있고, 모두 논리적이라면 아동은 남은 인생에서 활용할 추상적 사고의 단단한 토대가 있는 것이다. 앞으로 30년 또는 40년 동안 그 기술을 미세하게나마 조정할 시간은 충분한다. 언제 아동이 기술을 습득하는 것을 강조하는 것은 잘못되었다. 훨씬 더 중요한 것은 아동이 얼마나 잘 배울 수 있느냐이다.

불행히도 우리의 치료 및 교육 시스템은 항상 이런 사고방식을 받아들이지 않는다. 때로는 아동의 기회가 제한적이다. 때로는 아동의 학습 기회는 어려움을 가진 다른 아동들과 함께 집단화되었기 때문에 초등학교 수준에서 제한적이다. 아동이 십대가 되어 몇 년 뒤 동급생보다 뒤처진 경우에 대부분은 (기본 기술을 구축할 수도 있는) 상호주의적 치료법 제공을 중지하고 사물 만들기 및 돈 다루기와 같은 실용적인 단편 및 지역사회 기반의 기술을 강조했기 때문이다. 결과적으로 아동의 인지 교육은 중단되고, 더 추상적인 수준의 사고와 행동으로 나아가지 않는다. 그러나 아동이 15세까지 추상적으로 생각하는 것을 배우지 못했기 때문에 앞으로도 그렇게 생각하지 못한다고 가정하는 이유는 무엇일까? 우리의 두뇌는 50대 중반까지 계속 발전한다. 우리가 최적의 프로그램에서 아동들과 계속해서 작업한다면 아동이 20대, 30대, 40대에 발달 사다리를 오르고 유동적·논리적·추상적 사상가가 될 거라고 추정하면 어떨까?

이 접근법의 한 예는 싱글 룸으로 이동한 후 만성적으로 일에 늦게 된 19년 된 부부에 대한 집단 가정의 대응이다(제12장 참조). 문제에 대한 해결책을 추론할 수 있도록 돕기보다는 가정 카운슬러는 그들을 각자 다른 방으로 보냈다. 그들은 무의식적으로 십대들이 추상적 사고 능력을 습득할 수 있는 기회를 부인했다.

우리가 4세처럼 행동하는 12세 소년과 일하기 시작한다면 학습 곡선이 올라가는 한 그가 16세가 될 때 즈음에는 6세의 나이처럼 기능할 수 있다. 상당한 진전을 보인 것이다! 22세가 될 때는 10세처럼 행동하며, 기관에서가 아니라 반 독립적으로 생활할 수 있다. 30세가 되면 15세처럼 기능할 수 있고, 2년제 대학에 다니고, 애인을 사귀고, 직업을 갖고 좋은 삶을 살 수 있다. 이것이 가능한가? 우리는 모른다. 실험은 아직 끝나지 않았다. 그러나 우리는 뇌와 신경계가 이전에 생각했던 것보다 훨씬 더 탄력적이라는 것을 알고 있다. 우리는 이제 가능하다고 생각했던 것보다 더 늦은 나이에 기술을 개발하는 많은 수의 아동들을 보고 있다. 그래서 이 아동들에게도 공평하게 학습 곡선이 오랫동안 지속되도록 배울 수 있는 기회를 계속 제공하는 것이 어떨까? 그렇지 않다면 우리는 자기 충족적 예언을 만드는 위험에 빠지게 된다. 즉, 우리가 제공하는 경험을 제한함으로써 무의식적으로 아동의 잠재력을 제한할 위험에 빠지게 된다.

일부 임상 치료사는 잠재력이 알려지지 않았을 때, 아동의 잠재력에 대해 희망을 갖는 것은 부모에게 거짓된 희망을 심어 주는 것이라고 논쟁했다. "부모는 현실적이어야 한다."고 주장했다. "그들은 자신들이 달성할 가능성이 있는 것을 토대로 아동의 미래를 준비해야 한다."

우리는 아직 아동이 성취할 수 있는 최선의 개입에 대한 충분한 경험이 없다. 또한 각

아동은 고유하다. 그러므로 우리가 아동의 미래 성취를 예측할 수 있는 유일한 방법은
아동의 학습 곡선을 보는 것이다. 커브가 상승하는 한 아동은 계속 자랄 것이다. 다른
예측을 하는 것은 거짓 격려보다 훨씬 큰 위험을 감수하는 것이다. 그것은 잘못된 낙담
을 제공함으로써 충분히 성장할 수 있는 아동의 능력을 제한하는 것이다. 아동의 생물
학, 환경(가족, 치료사 및 교육자 포함) 및 상호주의적 경험은 모두 아동의 발달 여정의 일
부이지만 여행 자체만으로 대상을 결정할 수 있다.

◇◇◇◇◇◇◇◇

부록

| 부록1 | 플로어타임 전략: 빠른 참조 |

우리는 이 책에서 많은 내용을 다루었다. 대부분의 부모가 기억할 수 있는 것 이상이다. 아동과 함께 일할 때 도움을 주기 위해 커닝 페이퍼를 추가했다. 바로 요점 목록이다. 복사하여 냉장고에 붙여 놓거나 친구나 아동의 교사와 치료사에게 줄 수 있다.

1. 아동이 당신과 세상에 관심을 갖고 양방향 의사소통을 구축하게 하는 플로어타임 전략

- 아동의 안내에 따라 참여하라. 아동이 개시를 하는 한 무엇을 함께하는지는 중요하지 않다.
- 꾸준히 아동과 함께하려고 하라.
- 아동이 하는 모든 행동을 의도적이고 목적의식이 있는 것으로 대하라. 아동이 겉으로 보이기에 무작위의 행동을 하고 있다면 그것이 의도적인 것처럼 새로운 의미의 반응을 보이라.
- 아동이 원하는 것을 할 수 있게 도와라.
- 아동의 앞에 당신을 놓으라.
- 아동이 시작하거나 모방한 것에 시간과 감정을 투자하라.
- 아동이 집요하게 반복하는 놀이에 참여하라.
- 회피 또는 "싫어!"를 거부로 취급하지 말라.
- 확장, 확장, 확장: 이해 못한 척 엉뚱하게 반응하기, 틀린 동작으로 답하기, 아동이

할 일이 무엇인지 말하고, 아동이 하고 있는 일을 방해하라. 상호작용을 유지하는 데 필요한 모든 것을 하라.

- 아동이 상호작용하는 동안에 주제를 자르거나 변경하지 말라.
- 반응을 요구하라.
- 감각 운동 놀이를 통하여 통통 튀어 오르고, 간지럼을 태우고, 그네를 타는 등의 즐거움을 이끌어 내라.
- 감각적인 장난감을 인과 관계의 방식으로 사용하라. 장난감을 숨겼다가 다시 '마법처럼' 나타나게 하라. 아동이 딸랑딸랑 소리를 들을 수 있도록 종 달린 장난감을 떨어뜨리고 '보드라운 깃털'을 조금씩, 조금씩 가까이 가져가 마침내 아동을 간질이라.
- 까꿍 놀이, 잡기 놀이, 쎄쎄쎄와 같은 어린 아동이 하는 놀이를 하라.
- 다른 행동보다 즐거움을 추구하고, 즐거운 경험을 방해하지 말라.
- 제스처, 목소리 톤, 몸짓 언어의 사용, 당신이 하는 말에서 감정을 강조하라.
- 아동의 분노와 항의를 아동이 긍정적인 감정을 표현할 때처럼 수용해 주자.
- 몸짓과 문제 해결을 사용하여 아동이 불안감(분리, 상처, 공격성, 상실, 두려움 등)을 다룰 수 있도록 도와라.

2. 상징적인 세계를 만들기 위한 플로어타임 전략

- 아동이 알고 즐기는 실제 경험을 파악하고, 그 경험을 놀이로 풀어 낼 수 있는 장난감과 소품을 준비하라.
- 연기를 통해 아동의 진정한 욕망에 반응하자.
  - 무엇이 장난감인지 알아볼 수 있게 하자. 예를 들어, 장난감 슬라이드를 내려다보려고 하면 아동에게 계속해서 격려하라. 아동이 인형의 옷을 입으려고 시도하는 경우, 그것이 적합하지 않다고 말하지 말라. 아동이 발을 상상의 수영장에 넣으면 차가운 지 물어보라.
  - 아동이 목이 마르면 비어 있는 컵을 제공하거나 다과회에 초대하라.
  - 배가 고프다고 하면 골판지로 만든 냉장고를 열어 음식을 제공하거나, 요리를 하거나, 물건을 사러 상상의 시장에 갈 것인지 여부를 묻는다.
  - 아동이 떠나고 싶어 한다면 아동의 소품 열쇠 또는 장난감 자동차를 준다.
  - 아동이 바닥이나 소파에 누워 있으면 담요 또는 베개를 가져온 후 불을 끄고 자

장가를 부른다.

- 옷 입기 소품으로 인형 놀이를 장려하라. 손이 들어가는 인형을 사용하자. 아동은 상징적인 인물을 사용하기 전에 자신이 배우가 되기를 바랄 수도 있다.
- 특정 인물/인형 세트를 사용하여 가족 구성원을 표현하고, 친숙한 이름으로 다른 인물을 식별하자.
- 놀이하는 동안에 물건에 상징적인 의미를 부여하라.
  - 아동이 소파 위쪽으로 기어올라가면 높은 산을 오르는 척하라.
  - 아동이 놀이터에서 미끄럼틀을 따라 내려갈 때, 바다로 미끄러져 들어가 물고기를 조심하게 하자.
- 소품이 필요할 때 하나의 물건을 다른 물건으로 대체하라. 공을 케이크인 척하고, 숟가락을 생일 초인 척한다.
- 소품용 몸짓 시용으로 돌아가라.
- 놀이를 하면서 아동이 자신의 의도를 자세히 설명하도록 도와라. 자동차 운전사에게 차가 어디 있는지, 돈이 충분한지, 열쇠를 둔 곳이 기억났는지, 왜 그곳으로 가는지, 왜 다른 곳으로 가는지 등을 물어보자. 최대한 오래 확장하라.
- 문제가 생기면 그것을 이용하라. 놀이 중에 문제가 발생하면 상징적 해결책을 만든다. 인형이 떨어지면 의사 키트를 가지고 아동이 상처를 입은 인형을 도울 수 있고, 부러진 자동차에는 공구 키트를 가져올 수 있다. 아동의 실망을 인정하고 공감을 북돋아주라.
- 드라마에 참여하라. 스스로 참여자가 되어 자신의 모습으로 역할을 수행하라. 아동에게 일어나는 일이나 서술에 대해 질문하는 것보다는 인형에게 직접 이야기하자.
- 아동를 돕고 당신 자신이 참여자가 되라. 조력자(곁에서 속삭이는 사람)가 되어 이야기하고, 또한 당신의 인물이 아동의 아이디어에 반대하거나 도전을 주도록 하라.
- 놀이에 장애물을 삽입하자. 예를 들어, 버스가 도로를 가로막게 하라. 그런 다음 캐릭터가 되어 말하고 아동이 반응하도록 하자. 필요하다면 점점 더 긴급하게 말해도 좋다(문제를 해결하도록 격려하기 위해 아동에게 속삭이는 것, 동맹이 되어 도움을 제공함).
- 디즈니 또는 〈세서미 스트리트〉의 캐릭터와 같이 아동이 이미 알고 인물을 사용하여 상징적인 연극을 생성하라. 친숙한 장면이나 노래를 재현하고, 새로운 아이디어를 창출하며, 아동이 두려워할 수도 있는 아이디어와 주제에 대해 언질을 주라.
- 이해하고 습득할 수 있도록 아동이 피하거나 두려워할 수 있는 인물과 주제를 주의하라. 환상과 현실을 작업하라.

- 아동이 감독이 되게 하라. 아동의 놀이는 현실적일 필요는 없다(아동은 여전히 마법의 사상가일지도 모른다). 그러나 논리적 사고를 장려하라.

- 놀이를 할 때 과정에 초점을 맞추라. 어떤 캐릭터가 될 것인지, 어떤 소품이 필요한지, 아이디어가 바뀌었을 때 문제가 무엇인지, 아이디어를 언제 끝낼지 등이 그것이다. 시작, 중간 및 결말을 정하라.

- 당신이 놀이를 할 때, 상황과 당신의 목소리 톤을 일치시키라. 캐릭터가 상처를 받았을 때 울거나, 캐릭터가 행복할 때 큰소리로 환호하고, 나쁜 사람 역할을 할 때 거칠거나 무시무시한 음색으로 말하라. 이동하라: 자녀에게 정서적 신호를 주기 위해 드라마, 드라마, 드라마를 많이 사용하라.

- 당신의 삶과 다른 실제 경험을 놀이로 푸는 동안이나 놀이 후에 이야기의 아이디어와 느낌을 성찰하라. 다른 실제 경험에서 그러듯이 말이다.

- 아동에게 좋은 사람/나쁜 사람, 분리/손실, 그리고 친밀감, 두려움, 질투, 분노, 권위적인 태도, 경쟁 등 다양한 정서 같은 추상적인 주제에 대해 논하라. 상징적인 놀이와 대화가 감정적인 아이디어와 경험의 전체적인 범위를 숙달, 연습, 재현, 이해하기 위한 안전한 방법이라는 것을 기억하라.

3. 처리의 어려움을 다루기 위한 플로어타임 전략

아동의 행동	부모의 해결책
회피, 등을 돌림	• 지속적으로 참여하기 • 의도적으로 대하기 • 시각적 신호 주기 • 장난스럽게 방해하기 • '마법'으로 관심 끌기 • 반응 요구하기
상황에 빠져서 다음에 무엇을 해야 하는지 모름	• 목적지 제공하기 • 관심의 대상 주기 • 물체를 어떤 방식으로든 사용하기 • 확장, 확장 • 의식화된 신호로 시작하기 ("준비, 시, 작!")
대본 사용	• 참여하기 • 대안적인 대본 제안하기 • 변화
꾸준한 고집	• 나도 한번 해 보자며 돌아가면서 순서를 갖자고 하기 • 참여하고, 모방하고, 돕기 • 상호작용을 만들어 내기 • '몇 번' 더할지 물어보기 • '특별' 시간을 설정하기
항의	• 미안해하고, 엉뚱하게 반응하고, 캐릭터 탓하기
거절	• "싫어!"라고 반응할 것들을 더 가져다주기 • 확장 • 다른 선택이나 시간을 주기
관련 없는 말을 함	• 반응을 요구하기 • 변화를 인지하기 • 방금 한 활동이나 이야기를 마무리 짓기
불안하거나 두려워함	• 안심시키기 • 문제 해결을 하기 • 상징적 대안을 사용하기
감정대로 행동하고, 밀고, 때림	• 자기 조절을 격려하기 위한 정서적 신호 제공하기 ("안 돼." "아니야.") • 제한 설정하기 • 부정적 태도의 부재를 보상하기

부록2	식품 민감도 및 화학물질 노출

특별한 요구를 가진 아동을 평가할 때, 가족 스트레스 및 촉각 · 청각 민감도와 같은 개인적인 생물학적 차이와 함께 특정 음식에 대한 민감성, 포름알데하이드 또는 페인트 가스와 같은 석유 화학물질에 대한 노출을 고려하는 것이 가치가 있다.

민감도와 노출에 대한 연구는 결정적이지 않다. 유제품, 설탕, 첨가물, 방부제, 글루텐 (gluten), 밀 또는 기타 제품에 관계없이 식품의 민감도는 잘 알려진 페인골드 접근법의 주장과는 상당히 논쟁의 여지가 있다. 민감성을 믿는 사람들과 민감성은 기본적으로 사람의 상상력의 기능일 뿐이라고 믿는 사람 모두 자신의 발견을 상당한 감정을 담아 보고한다. 놀랍게도 그 연구 문헌들은 그 누가 예상할 수 있는 것보다도 더 균형 잡혀 있다.

일부 연구에서는 식품이 행동에 영향을 미치고, 특정 식품군을 제거하면 편두통과 과잉 행동 같은 증상을 줄일 수 있다는 개념을 뒷받침한다. 다른 연구들에서는 식품이 행동에 주는 영향이 거의 없다고 하거나 임상적으로 거의 눈에 띄지 않는 영향을 준다고 하고, 혹은 굉장히 민감한 사람들에게만 선택적인 영향을 보인다고 말한다.

예를 들어, 극소수의 연구에서는 도전 단계 전에 2주 동안 설탕이나 화학 물질을 제거한다(만성 노출은 반응이 모호해질 수 있다). 또한 연구에서는 어떤 아동에게 노출된 식품이나 물질의 양이 각자 다르고, 무엇이 임상적으로 눈에 띄는 반응을 구성하는지에 대해 다르게 논의한다.

이 연구 설계는 특정 편향을 반영할 수 있는데, 그 이유는 그 영역이 너무 논쟁적이고 감정적이기 때문이다(예를 들어, 노출 이전에 제거된 기간이 없고, 적은 양의 식품 또는 물질, 민감하지 못한 측정 도구, 또는 임상적으로 유의미하거나 무의미하게 만들기 위한 높은 수준의 방해 요인이 있다).

페인트 가스, 포름알데하이드, 화학물질 기반 용제, 세척 용액 등 환경의 요소에 대한 연구가 거의 이루어지지 않고 있다. 예를 들어, 많은 사람이 오랜 기간 동안 페인트 향이 존재하는 곳에 있을 때 두통, 두개골의 통증 문제, 과민성, 혼란 및 흐릿한 사고를 발생한다고 보고했다. 실내 오염은 미디어에서 많은 관심을 받았지만 보다 체계적인 연구가 필요한 분야이다.

연구 결과가 결정적이지 않으며, 가장 의심 많은 조사 연구자조차도 드물게 민감한 개인의 극단적인 반응과 다른 대상에서는 임상적 의미에 맞지 않는 추세를 보고했기 때문에 부모와 전문가는 아동이 그 희귀한 개인이 될 가능성이나 준 임상적인 수준의 의미 있는 영향을 받을 정도로 다양한 장애를 앓고 있는 것인지(예: 감각 민감성과 조절의 어려움) 살펴보아야 한다. 또한 연구가 결정적이지 않고, 식품 및 화학물질에 대한 민감성이 현재 알려진 것보다 더 클 수 있으며, 심각한 장애를 가진 아동과 같은 일부 임상 인원이 적절하게 연구되지 않았기 때문에 답은 쉽게 나오지 않을 듯하다.

영아나 아동에게 식품이나 화학적 민감성이 있는지를 판단하는 한 가지 방법은 발진이 있는 경우 등 일부 물질을 제거하는 식이요법을 시행하도록 설정하는 것이다. 또 의심되는 식품군은 10일에서 2주 동안 완전히 피하도록 한다. 식품군은 1~3일 동안 또는 음성 증후가 나타날 때까지 재도입된다. 음성 증후는 주의력, 활동 수준, 과민성, 충동 조절, 좌절감, 수면 습관, 식생활 양상, 제거 방식 또는 기분의 변화나 행동, 감정 또는 생각이 아동의 평소 생활 방식에서 벗어나는 것을 포함한다. 의심되는 식품군을 벗어났을 때 개선을 찾는 것을 이어 갈 필요는 없다. 대신, 아동이 식품의 상당수에 문제가 있다면 악화되는 이유를 찾아야 한다. 어떤 식품이나 화학물질을 도입하면 낮은 수준에서조차 부정적인 행동을 일으키고, 다른 것들은 몸에 하루 이틀 정도 머무른 뒤에 효과가 나타난다.

이 식이요법의 요점은 민감도가 존재하는지 여부를 결정한 후에 민감도의 정도에 따라 얼마나 많이 그리고 얼마나 자주 음식을 먹을 수 있는지를 결정하는 것이다. 예를 들어, 3~4일에 한 번씩 특정 음식을 잘 먹을 수는 있지만 다른 음식은 완전히 피해야 한다.

많은 요인이 부정적인 행동에 영향을 미칠 수 있으므로 제거 단계에서는 즉각적인 개선 방법을 찾지 않는다. 다른 식품, 화학물질, 대인관계 및 가족 역학은 모두 개선을 방해할 수 있다. 그러나 식이 조절 이후로 악화가 된다면 재도입된 식품을 가리키는 것은 확실하다. 이것은 맹검법의 연구가 아니기에 거짓 양성의 결과가 발생할 수 있다. 그러므로 도전 단계에서 눈에 띄는 변화를 찾아 의심이 가는 경우에 절차를 반복해야 한다.

특정 식품을 제외한 식이요법을 설정하기 위해 식품을 집단으로 나누는 방법은 여러 가지가 있다. 또한 확인해야 할 식품과 화학물질은 여러 가지가 있다. 한 가지 방법은 다음에 기술된다.

첫째, 순수 설탕, 초콜릿, 카페인을 함유한 다른 식품 및 화학물질(첨가제, 방부제, 식품 착색 염료, 염색체)을 단일 집단으로 시험할 수 있다. 아동이 민감성을 나타내면 화학물질과 당분을 분리하여 어느 집단이 더 큰 영향을 미치는지 볼 수 있다. 모유 수유 중인 소생아에게 실험하려면 어머니도 그 식이요법을 따라야 한다. 모유를 통해 신생아에게 음식물이 도달하기 때문이다.

검사할 두 번째 집단에는 천연 살리실산(salicylic acid)을 함유한 식품이 포함된다. 토마토를 비롯한 대부분의 과일이 이 집단에 속한다. 살리실산을 함유하지 않은 과일은 바나나, 멜론, 파파야, 망고, 자몽, 통조림 파인애플과 같은 이국적인 과일들이다. 일부 아동은 천연 살리실산에 민감하다. 또한 일부 소아과 의사는 만성 중이염을 앓고 있는 아동의 경우에 살리실산을 먹지 않을 때 더 도움이 된다고 보고했다.

다음으로 유제품(치즈와 우유)에 대한 감도를 검사할 수 있다. 유제품에 민감한 일부 사람들은 요구르트를 먹을 수 있다. 하지만 부모와 전문가들은 일부 아동들이 밀에 들어 있는 글루텐이 없는 음식을 먹는 것이 더 낫다고 보고한다. 견과류, 특히 캐슈(cashew)와 땅콩버터를 검사하고 효모가 의심된다면 이에 대한 검사를 하는 것도 도움이 된다. 다른 식품군은 아동의 가족력 및 다른 식품에 대한 아동의 자연스런 반응에 대한 관찰에 따라 검사할 수 있다.

좋은 출발점은 가족이 식품과 환경 탐정의 역할을 맡아서 좋은 날과 나쁜 날을 기록하고, 아동이 무엇을 먹었고, 어떤 독기가 그의 환경에 있었는지를 추적하는 것이다. 부모가 "생일 파티 후에 아동이 각성을 했어요." 아니면 "내가 집을 청소하는 날에는 아동이 상태가 좋지 않은 것 같아요."와 같은 말을 할 때 보다 체계적인 연구가 되어야 한다.

페인트 가스, 세척 용액, 살충제, 천연가스(새는 곳 찾기), 휘발성 유기화합물(신축 카펫과 같은), 폴리우레탄 및 기타 석유화학제품 기반의 환경 화학물질로 인해 연구를 하기가 쉽지 않다. 부모는 집안 일의 패턴을 알아야 하고, 나쁜 날들은 이유 없이 나쁜 날이라고 가정하지 않아야 한다. 예를 들어, 아동이 매주 월요일에 태도가 좋지 않으며 월요일에 정기적으로 암모니아 용액으로 집안 청소를 하는 경우에 몇 가지 다른 청소 재료 또는 물을 사용하여 청소하면 아동이 나아지는 것을 볼 수도 있다. 집에 페인트칠을 할 때 갑자기 특정한 행동을 보일 경우, 부모는 아동의 패턴을 찾고 아동의 방이 통풍이 되는 것을 확인해야 한다. 부모는 아동의 발달에 장기간 부정적인 영향을 줄 수 있는 납 같은 다양한 물질에 주의해야 한다. 가정에서 쓰는 화학물질의 전체 개요를 찾아볼 수 있을 것이다.

활동, 사고, 기분 또는 행동을 조절하는 데 어려움을 겪는 아동뿐만 아니라 수면장애나 과잉 반응을 보이는 아동은 식이 및 환경적 요인의 탐구로부터 도움을 받을 수 있다. 특히 언어장애 및 운동장애가 있는 아동에 대한 더 많은 연구가 절실히 필요하다. 행동 문제가 있는 아동 및 접촉 감각이나 발달이 고르지 않은 아동은 환경 또는 식품 민감도에 대해 조사해야 한다.

식품, 화학물질 및 환경에 대한 다른 측면의 민감성이 확인되고 알레르기가 있더라도 그저 알레르기로 간주해서는 안 된다. 행동에 영향을 미칠 수 있는 요인은 성인이 커피나 새로 칠한 집에 다르게 반응하는 것과 같은 방식으로 '민감성'일 수 있다. 따라서 관찰(즉, 좋고 나쁜 날을 찾는 것)과 식이조절을 수행하는 '형사적 접근'은 민감성이 존재할 경우에 그 민감성을 확인하는 유용한 방법이다.

부록3 | 관계와 의사소통장애가 있는 영아와 유아의 발달 패턴과 결과: 자폐 스펙트럼 장애 200명의 사례 검토

의사소통과 관계를 맺는 데 어려움이 있는 아동들을 위한 초기 진단과 중재는 성취하기 어려웠다. 발달장애가 단순히 정상적인 발달의 변수인지, 자가 수정적인 장애인지 혹은 자폐 스펙트럼 장애와 같이 심각한 문제가 있는지 등 발달의 기능장애에는 많은 불확실성이 있다. 또한 심각한 장애가 있는 경우에 치료가 도움이 될 수 있는지 아니면 부모가 만성적인 제한사항에 맞춰야 하는가에 대한 의문도 있다.

조기 징후 및 중재 효과에 관한 불확실성의 결과이자 부모를 놀라지 않게 하기 위해 그것은 당연히 인내심을 가지고 기다리라는 태도로 대응이 되어 왔다. 그러나 때로 참고 기다리라는 관점의 기초인 비관적인 가정도 존재한다.

- 심각한 의사소통과 관계에 대한 중증 장애에 대한 믿을 만한 초기 증상이 없다. 그러므로 오직 시간과 장애 자체가 의사소통과 관계 장애의 본성을 드러낼 것이다.
- 중재는 언어와 같은 일부 기능 영역에 부분적으로 도움이 되지만 장애의 경과를 크게 바꾸지는 못한다. 따라서 평가 및 중재 프로그램을 신속하게 처리해야 할 이유가 없다. 그에 반해 부모의 불안을 완화하고 아동이 장애를 가지지 않기를 희망하면서 기다리는 것이 더 중요하다.
- 관계 맺기와 의사소통의 심각한 장애 안의 주요 손상은 다른 아이들과 관계를 맺고 의사소통하는 능력을 수반한다. 중재는 일부 아동에게 다른 아동보다 더 개선을 보이게 할 수 있지만 이런 장애가 있는 모든 아동은 다른 사람과 관계를 맺고, 생각하고, 의사소통하는 방식에 지속적인 심각한 장애가 있다. 그러므로 부모는 아동의 제한을 받아들이는 법을 배워야 한다.

- 이런 장애가 있는 아동끼리는 다르기보다는 비슷하다. 따라서 치료 및 교육프로그램을 개별화하는 것은 어렵거나 불필요하다.

이러한 가정을 탐구하기 위해 우리는 8년 동안 상담 혹은 치료를 통해 200명의 아동 차트를 검토했다. 차트 검토에는 한계가 있지만 패턴을 식별하고 잠재적인 유용한 가설을 생성하여 추가 질의를 위한 지침을 제공할 수 있다. 차트 검토는 매우 복잡하고 이해되지 못한 장애에 대해 깊이 있는 정보와 상당수의 사례를 가진 집중적인 중재 프로그램을 경험하고 여러 번 평가를 받았을 때 특히 도움이 될 수 있다.

사례의 모든 아동은 22개월에서 4세 사이였으며, 자폐 스펙트럼 장애(즉, 달리 명시되지 않은 자폐증이나 만연한 발달장애의 DSM-IV 진단 상 PDD-NOS)로 관계와 의사소통에 심각한 문제를 가진 경우였다. 우리는 이 아동의 가족 대다수가 평가 이전 3개월 또는 그보다 더 오래전부터 발달 문제에 대해 1차 보건의료 제공자에게 질문했으며, 일반적으로 중재가 시작되기까지 3개월 이상이 더 걸렸다는 것을 알아냈다. 또한 발달 양상을 분석한 결과, 부모가 우려를 표하기 몇 달 전 대부분의 경우에 의사소통과 관계 기능장애가 조기에 발견된다는 사실을 발견했다. 자폐 스펙트럼의 교과서적인 설명과는 달리, 대다수의 아동이 조기 발병이 있다고 기술하고 있으며, 2/3 이상의 아동이 삶의 첫해에 상대적으로 더 나은 발달을 보였고, 2년차에는 분명히 퇴보했다. 200건의 사건 모두 청각 처리, 운동 계획 및 감각 조절장애를 입증했다. 그러나 이 아동들이 정보를 처리하고 운동 패턴을 계획하고 실행하는 방식에는 상당한 차이가 있었다.

포괄적인 관계 및 발달 기반의 개입 프로그램을 최소 2년간 수행한 결과, 58%가 아주 좋은 성과를 거두었다. 이 아동들은 부모를 신뢰하고, 친밀한 관계를 맺고, 즐거운 영향을 주었으며 가장 인상적인 것은 추상적 사고와 대화 방식, 자발적 의사소통이 비언어 및 언어 단계에서 생겼다는 것이다.

이러한 관찰은 의사소통의 심각한 장애를 개념화하는 새로운 방법을 제시한다. 자폐 스펙트럼 증상은 원래 생각했던 것만큼 만성적이지 않다. 주요 기능장애를 구성하기보다는 자폐 스펙트럼 장애를 특정 짓는 증상은 여러 가지 중추 신경계 기능장애의 최종적이고 공통적인 경로로 볼 수 있는데, 정서(혹은 의도)와 운동 패턴과 언어적 상징의 연결점에 대한 치명적인 신경정신 기능장애일 수도 있다.

1. 배경

관계와 의사소통의 심각한 장애는 증가하는 것으로 보인다. 추정치는 4/10,000에서 11~21/10,000으로 증가했다(Gillberg, 1990; Wing & Gould, 1979). 미국의 다른 지역에서 온 많은 의사는 달리 명시되지 않은 전반적 발달장애(DSM-III-R, APA, 1980; DSM-IV, APA, 1994), 다체계 발달장애(DC-1 0-3, APA, 1994), 의사소통과 관련된 비정형 패턴의 다양성의 기준에 맞는 아동들이 점점 많아지고 있다고 보고했다.

Kanner(1943)가 기술한 자폐증의 기준은 미국 정신의학협회(American Psychiatric Association)에서 발표한 정신 장애 진단 및 통계 매뉴얼의 변화하는 정의에서 점차 확대되었다. 이 질환에 대한 Kanner의 원래 기준은 유아가 초기부터 외부 세계, 특히 대인관계를 완전히 차단하는 것이었다. 그러나 가장 최근의 APA 설명(예를 들어, DSM-III-R과 DSM-IV)은 상호작용, 관련성, 상징적인 의사소통에 있어서 상대적인 정도의 장애를 수반하며, 이것은 처음 3년 동안 여러 번 나타날 수 있다.

자폐 스펙트럼 장애의 근본적인 생물학적 기제에 대한 연구는 여전히 특이성이 부족한 것처럼 보인다(Cafiero, 1995; Courchesne et al., 1994; Gillberg. 1990; Rimland, 1964; Schopler & Mesibov, 1987; Courchesne, Yeung-Courchesne, Press, Hesserinck, & Jennigan, 1983). 유망한 결과를 갖는 다양한 중재 접근법이 있다. 여기에는 행동주의 (Lovaas, 1987), 약물학적인 접근(Campbell et al., 1989; Gelle, Ritvo, Freeman, & Yuwiler, 1982; Gillberg, 1989, Handen, 1993; 마크owitz, 1990; Panskepp, Lensing, Leboyer, & Bouvard, 1991; Ratey, Sorrer, Mikkelsen, & Chmielinski, 1989; Schopler & Mesibov, 1987), 교육적 접근(Harris, 1975; Koegel et al., 1989; Olley, Robbins, & Morelli-Robbins, 1993; Stokes & Osnes, 1988), 언어 기반(Prizant & Wetherby, 1990), 그리고 대인관계 기반이 있다 (Carew, 1980; Carr & Darcy, 1990; Feuerstein et al., 1979; Feuerstein et al., 1981; Harris, Handleman, Kristoff, Bass, & Cordon, 1990; Odom & Strain, 1986). 그에 더해 아주 중요한 결과에 도달한 연구들도 있다(Bondy & 피터son, 1990; Lovaas, 1987; Miller & Miller, 1992; Rogers, Herbison, Lewis, Pantone, & Reis, 1988; Rogers & Lewis, 1989; Schopler, 1987; Strain & Hoyson, 1988; Strain, Hoyson, & Jamison, 1983). 그러나 논란의 여지가 있는 중재 효과에 관한 질문은 결론을 도출하는 것이 어렵다. 게다가 아동들의 개별적인 차이점과 발달 패턴을 바탕으로 프로그램을 짜는 것보다는 특정한 개입 모델을 사용한다 (Campbell, Schopler, & Hallin, 1996). 이것은 다른 종류의 아동들이 어떻게 다른 중재 노력에 반응하는지에 대해서는 명확하지 않다.

따라서 이러한 장애에 대한 수많은 비판적인 의문들이 있다. 정의에 포함되어야 하는 특징적인 증상의 범위는 무엇인가? 자폐 스펙트럼 장애의 근본적인 생물학적 및 심리적 메커니즘뿐만 아니라 초기 발달 패턴은 무엇인가? 어떤 형태의 중재가 누구에게 도움이 될 가능성이 큰가? 대다수의 아동이 심각한 정서적, 사회적 및 인지적장애가 있는 것으로 예상되는 이 질환들은 항상 끔직한 예후와 연관되어 있는가? 지속적인 치료가 필요한가? 또한 이러한 장애가 있는 많은 아동이 건강한 정서적 관계, 창조적이고 자발적인 의사소통 및 사고방식을 개발할 수 있게 해 주며, 발달적으로 적절한 능력 범위인가?

2. 절차와 방법

우리는 DSM-III-R 및 DSM-IV에 기술된 대로 자폐증이나 다른 발달장애(PDD-NOS)의 기준에 부합하고, 어린 시절dp 자폐아 평가 척도에서 자폐증 범위에서 득점한 (Western Psychology Services, 1988) 점수가 30에서 52까지이며, 2년 이상 평가와 개입에 참여하여 평가된 200명의 소아의 임상 기록을 검토했다. 참여 시 각 아동은 포괄적인 진단 작업을 수행하였으며, 아동의 개인차 및 발달 역량을 토대로 중재 프로그램에 대한 권장 사항을 받았다. 정기적인 재평가는 2개월에서 6개월마다 시행되었다. 각 아동은 마지막 결과를 고려하여 최소 2년에서 일부는 8년까지 시행했다. 이 아동들은 22개월에서 4세 사이의 연령대인데, 초기 평가에서 대부분 2년 6개월과 3년 6개월을 보냈다.

임상 연구는 대학 교육을 받은 가정과 함께 사설 연습 환경에서 진행되었다. 인원의 절반이 다른 주 출신이었고, 절반은 본토 지역 출신이었다.

차트는 다음 정보에 대해 검토되었다. 아동에게서 보이는 증상과 문제, 이전의 발달 이력, 아동의 성숙 및 구성 패턴(개인 차이), 유아/아동-부모 상호작용 패턴(이들의 영상 및 가능하다면 초기 발달 패턴의 가족 영상 포함), 가족력 그리고 가족의 기능이 검토되었다. 추가적으로 자폐증 증상의 중증 정도를 평가하는 소아 자폐증 평가 척도(Childhood Autism Rating Scale: CARS;Western Psychology Services, 1988)가 초기에 나타난 증상과 발달 패턴에 평가되었고, 최종의 후속 회기에서도 평가되었다.

후속 평가에서 나온 정보에는 증상이나 어려움, 적응 및 발달 패턴, 부모-자녀 상호작용 관찰(영상 포함), 작업치료사, 언어치료사 및 교육자 아니면 특수 교육자의 보고서를 포함한 마지막 평가 이후의 변화에 대한 부모의 보고서였다. 정신적, 사회적, 인지적, 언어 기능의 기능 발달 수준을 나타내는 기능적 감정적 평가 척도(Functional Emofional

Assessment Scale: FEAS; Greenspan, 1992a; Greenspan &DeGangi, 1997)는 초기 평가와 각각의 후속 평가에서 임상적으로 사용되었다. 매우 잘 수행된 아동들의 표본을 위해 우리는 가장 최근의 후속 조치에 대해 바인랜드(Vineland) 적응 행동 척도 동작을 수행하였고, 그들의 부모와의 상호작용을 통해 비디오테이프를 제작했다. 진단된 질병이 없는 아동들과 지속적인 자폐증을 앓고 있는 아동들의 영상이 포함되어 있고, 아동들은 자신의 상태를 알지 못했다.

중재 프로그램은 플로어타임 모델을 기반으로 한다. 이것은 아동 및 가족의 개인차 및 아동 발달 수준에 맞는 포괄적인 관계 기반 접근 방식이다. 여기에는 작업치료사나 물리치료사, 언어치료사, 상호주의적이고 집중적인 플로어타임 작업 그리고 조기교육 및 특수교육 서비스와 같은 구성 요소가 포함된다(Greenspan, 1992a). 가족이 참여하고 프로그램에서 요소를 구현할 수 있는 정도로 평가되었다.

이것은 임상 작업의 패턴을 설명하는 차트 연구이다. 임상적인 연구 데이터에 근접성을 유지하기 위해 우리는 패턴을 요약하고, 관찰된 경향을 설명하기 위해 백분율을 사용했다. 우리는 통계적 결론을 도출하는 데 적합한 데이터의 일부에 대해서도 임상적 설명 중심을 유지하고 의료 기록으로 인한 정보의 한계를 존중하기 위해 일부러 통계 분석을 피했다. 차후의 분석에서는 분석 기법을 사용하여 선행 개발 패턴과 진행 과정이 특정한 결과를 예측할 수 있는 정도의 분석 기법을 사용할 것이다. 현재의 연구는 자폐증 패턴과 관련된 개선 사항과 문제, 조기 신호인 복잡한 몸짓의 부재와 같은 초기 발달 패턴 그리고 개선의 과정과 자폐증과 연관된 메커니즘을 포함한 중재 프로그램과 그 효과에 연관된 발달 패턴을 보고할 예정이다. 또한 평가 절차의 한계와 평가 및 치료 실시의 지연에 대해서도 논의할 것이다.

3. 나타난 증상과 문제

모든 아동은 자폐증(75%)과 전반적 발달장애(25%)를 포함한 DSM-IV 발달장애에 대한 기준을 충족했다. 말을 구사하지 못하는 수준과 말을 구사하는 수준 둘 다 다음과 같은 심각한 장애를 갖고 있었다. 서로 일관성 있게 즐거움을 유지하고 상호작용을 하고, 정서적인 접촉(다양한 정도의 회피성 또는 자기 세상에 빠짐), 긴 대화형 순서를 가진 관심 대상에 초점을 맞추는 공유된 관심 상태에 들어가는 것 사회적 파트너와 함께 영향을 주는 것과 제스처와 같은 상호작용적이고 미묘한 비언어적 단서의 범위(미소 주고받기,

웃음소리, 고개 끄덕임 등)가 그것이다.

또한 모든 아동은 상징적인 의사소통을 형성하고 사용하는 데 심각한 어려움을 겪었다. 일부 아동은 서술적으로 또는 기능적으로 몇 단어를 사용하는 것과 같은 상징적인 의사소통을 가졌지만 어느 누구도 연령에 적합한 주고받기를 할 수 없었다. 아동들은 또한 눈으로 물건을 보고, 흔들고, 장난감을 일렬로 세우는 것을 포함하여(대개 간간히 일어나는) 자기 자극 및 반복적인 행동을 어느 정도 입증했다.

제시된 증상들에도 차이점이 있었다. 어떤 아동들은 자신에게만 몰두하거나 회피성을 나타내며, 다른 사람들이나 사물만을 순간적으로 인식하고 상징적인 의사소통이 없었다. 다른 아동들은 자신에게만 몰두하고 회피성이 있지만 간헐적으로 참여하고 때로는 상호작용과 상호 소통의 순서를 보여 주었다(예를 들어, 그들은 저항의 언어와 기능적으로 결합된 단어 몇 개를 사용했다). 각 아동의 예상되는 기능은 체계적으로 문서화된 증상에 대해 탐구 되었다(표1 참조).

1) 정서적인 참여

(1) 자기몰입

아동의 5%는 극도로 자신에게만 몰두하거나, 참여 또는 즐거움에 대해 전혀 반응이 없었으며, 효과적인 상호 교류나 상징적인 정교화가 입증되지 않았다. 대조적으로 95%는 정서적인 능력을 보여 줬다. 이것은 애착과 정서적 표현의 연구와 일치한다(Ricks & Wing, 1976; Sigman & Ungerer, 1984). 자폐 패턴을 가진 아동들은 애착과 정서적 경험을 가지고 있지만 그들만의 특유한 방식을 보여 준다. 그러나 이 집단 내에서 관련성 정도와 다른 역량에서 큰 차이가 있다. 부분적인 능력을 지닌 아동의 95%가 다음 집단으로 나뉘어져 있다.

(2) 간헐적 참여

31%는 성취할 필요성에 따라 배고플 때 부모를 찾거나 잠깐 부모를 바라보는 것과 같은 매우 기본적인 사회적 제스처를 사용하거나 의도적인 회피를 보였다(부모가 다가올 때 다른 곳으로 가거나 등을 돌림). 이 아동들은 길게 순서화된 호혜적인 상호작용 또는 의미 있는 상징 활동, 종종 목적 없이 하는 자기자극 또는 반복적인 행동에 대한 근거가 없었다.

(3) 간헐적 상호성

인원의 40%는 간단하고 상호적인 제스처를 사용하여 부모를 바라보고, 고개를 돌리거나 부모의 손을 잡고 가거나 나가기 위해 문 쪽으로 가거나 혹은 음식을 찾기 위해 냉장고로 가는 등의 복잡한 제스처들을 조직하는 주의, 참여, 관여 등의 간헐적인 모습을 증명했다. 이 아동들은 간헐적으로 아주 기본적인 모방 패턴을 보였다. 예를 들어, 단순한 소리나 운동 제스처(예: 장난감 치기)와 같이 말이다. 그러나 이 아동들은 부모의 지지와 정도에 따라 스스로 자신에게만 몰두하거나 회피성이 나타나게 되었다. 이 그룹의 아동들은 시간의 30~40% 또는 10% 정도의 복잡한 제스처를 보였다.

〈표 1〉 기능적인 발달적 단계

성숙한 주의력(모든 나이)	모든 감각에 관심을 갖고 자신의 관심과 행동을 조절할 수 있는 아동의 능력(소리, 배경, 냄새, 움직임)
성숙한 참여(3~6개월 사이에서 관찰 가능)	관계에 참여할 수 있는 능력, 즐거움과 온기의 깊이의 넓은 범주 포함. 단호함, 슬픔, 분노 등 연관된 감정을 참여의 질과 안정성에 통합할 수 있다(스트레스를 받을 때 포함).
상호적인 의도와 상호성(6~8개월 사이에서 관찰 가능)	양방향의 의도적인 의사소통을 개시하고 반응한다. 이것은 의사소통의 순환을 여는 것과 닫는 것으로 생각할 수 있다. 예를 들어, 아동은 장난감을 보거나 가리키고, 양육자는 따라가서 그에게 주고, 아동은 도달하고 미소 짓는 것으로 순환을 닫는다. 아동이 함께할 때 제스처는 더욱 복잡해지고, 무언가를 얻기 위해 무엇을 해야 하는지에 대한 이해를 보여 주는 많은 의사표시를 한다(예: 외투에서 열쇠를 꺼내 문 앞에서 아버지 손을 잡고 차를 가리킨다).
상징적인/정서적인 표상 의사소통(18개월)	가상놀이에서 관찰된 정신적 상징을 창조하거나 감정적인 의도를 전하기 위해 단어나 문장을 사용한다(예: "원해." "화나." "기뻐." "더").
표상의 정교화(30개월)	둘 이상의 정서적 아이디어 사이에 가상과 언어적 연결을 하며 정교화할 수 있다(예: "내 장난감을 가져가서 화가 났어."). 아이디어들은 서로 관련성이 없으며 논리적이지 않아도 되지만 복잡한 의도나 감정을 표현한다(친밀감, 분리, 탐구, 분노, 공격성, 자부심, 과시 등).
표상적 구별(36개월)	논리와 현실 확인, 충동과 기분 조절, 집중하고 계획하는 방법을 배우는 등 가상놀이와 상징적인 의사소통에서 복잡한 의도, 소망 및 기분을 다룰 수 있는 역량.

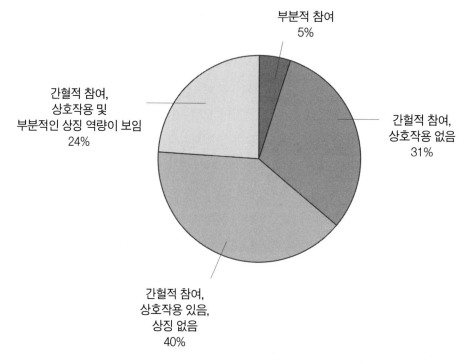

[그림 1] 나타난 패턴: 참여

(4) 부분적 상징적 활동

아동의 24%는 간헐적으로 설명된 모든 역량, 즉 참여, 주의, 간단하고 복잡한 상호작용, 상징적인 수용력을 보였다. 이 집단 예제의 구성원은 복잡한 모방과 간단한 가상 순서를 착용한다(예: 인형이 먹는 행동을 따라 하더니 인형 입에 손가락을 넣고는 엄마에게 "인형 배고파"라고 한다). 주스 또는 외출과 같은 단일 단어를 사용하여 필요를 표현할 수 있다. 그러나 이 집단의 아동들은 비의도적인 방법으로 단어를 반복하는 경우가 많아서 자신에게만 몰두하고 회피성 패턴으로 들어가 자기 자극적이고 끈기 있는 행동을 한다. 일부 기술에도 불구하고, 이 집단의 어느 누구도 나이가 적절한 상호 또는 상징적인 능력을 입증하지 못했다. 자기 자극 및 반항 언어의 정도는 일반적으로 아동의 발달 수준과 관련이 없다(즉, 아동이 상징적 또는 상호적 능력을 가지고 있다).

(5) 언어 능력

수용 언어 능력은 표현 언어보다 거의 진보되어 있었고, 일반적으로 비슷한 패턴을 따르고 있다. 단순한 구두 의사소통에 대해서도 명백한 이해는 아동의 55%가 단일 언어를 이하라고 간단한 지시를 따르는 간헐적인 능력을 가졌으며, 4%는 2단계 명령을 이해할 수 있었지만 모든 영역에서 일관성이 없었으며, 일부는 이해가 어려웠다. 예를 들어, 그들은 접시를 꺼내 테이블에 가져오는 명령을 이해할 수 있다(특히 그 단어들과 그 패턴들이 익숙하면).

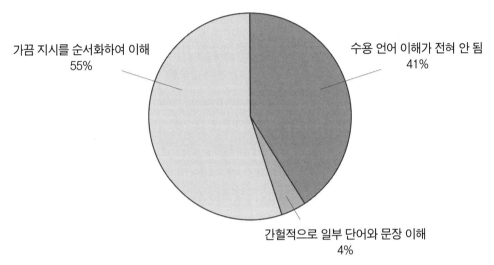

가끔 지시를 순서화하여 이해
55%

수용 언어 이해가 전혀 안 됨
41%

간헐적으로 일부 단어와 문장 이해
4%

[그림 2] 나타난 패턴: 수용 언어

(6) 시공간 능력

대다수의 아동은 청각 처리 능력보다 시공간적 능력이 더 강했다. 소규모 집단의 아동들은 시공간적 능력에 있어서 성숙했고, 연령 수준보다 훨씬 앞섰다. 예를 들어, 시각적 패턴을 인식하고 차별화하거나 장난감의 작동 방식을 파악할 수 있다. 대부분의 아동은 시공간적 장애를 가지고 있었지만 청각적 기능장애 정도는 아니었다.

(7) 아동기 자폐증 평정척도

CARS는 자폐증 증상의 정도를 15~60의 척도로 평가한다. 30점 미만은 비 자폐증으로 간주된다. 반면 30점에서 60점은 가벼움에서 심함으로 자폐증 점수를 반영한다. 전체 인원 중 36%가 40점에서 60점 사이의 점수를 받았다. 가장 높은 점수는 52점이었고 (상당한 정도의 기능장애), 39%가 35~40점, 중간 정도의 기능장애는 25%, 30~35점은 25%의 점수로 자폐증이 발생했다.

〈표 2〉 나타난 패턴: CARS

정도	점수	인원(%)
중증	40~60	36
중간	35~40	39
가벼움	30~35	25

⑻ 근긴장도와 계획, 감각 처리와 감각 반응성의 개인적 차이

아동의 발달적 패턴은 감각 반응, 감각 처리, 행동 계획, 근긴장도를 포함한 조절 능력의 개인적 차이를 중심으로 재검토되었다(Greenspan, 1992a).

감각에 대한 민감성의 차이는 상당히 가변적이었다. 39%는 감각에 미온적인 반응을 보였다(예: 촉감, 움직임, 소리 같은 감각에 과소 반응). 28%는 자기 세계에만 몰두하였고(이 중 일부는 낮은 근긴장도를 가졌고, 이는 과소 반응하는 아동이 감각을 추구하거나 자기에게 몰두할 때 부분적으로 운동 패턴에 의거한다는 것을 제안함), 그리고 11%는 적극적이고 갈망하고 여분의 감각을 추구했다.

촉각 및 소리와 같은 감각에 대한 과잉 반응은 19%로 나타났으며, 36%는 혼합 패턴을 나타냈다(촉각에 민감하고 소리에 민감하지 않거나 심지어 소리의 영역 내에서도 특정 주파수에 지나치게 민감하고 다른 주파수에는 무감함. 6%는 감각 양상의 어려움을 증명하지 못했다).

모든 아동은 청각 처리(수용 언어)에서 기능장애를 보였다. 모든 아동은 운동 계획을 수립하는 데 어려움을 보였다(예: 주어진 모양을 똑같이 만들거나 계획적으로 물체를 조작하는 것을 가리킨다. 즉, 차를 앞뒤로 굴리거나 철도 위의 장난감 기차를 밀기만 하는 것이 아니라 장난감 차를 잡고 인형의 집에 넣었다가 다시 잡아 다른 차와 부딪힘).

행동 계획의 48%가 심각한 어려움을 가지고 있었다(2단계 패턴을 구현할 수 없다). 어떤 아동들은 물건을 떨어뜨리고 버리는 것과 같이 가장 간단한 행동만 했고, 일부는 차를 앞뒤로 움직이거나 팝업 장난감을 갖고 놀거나 블록을 두드리는 간단한 행동을 반복하는 아동들도 있었다. 기어가기, 걷기, 구강 운동, 체력, 자세 조절에 어려움이 있는 17%가 낮은 근긴장도가 있다고 입증되었다.

〈표 3〉 나타나는 패턴: 감각 처리와 운동 계획

과소 반응	39%
자기 몰두(28%)	
감각 추구(11%)	
과잉 반응	19%
섞인 반응	36%
청각 처리 기능장애	100%
운동 계획 기능장애	100%
중증의 운동 계획 기능장애(48%)	
낮은 근긴장도(17%)	

4. 초기 발달 패턴

일찍 발달된 패턴의 관찰은 많은 아동이 2~3세에서의 퇴행 증거를 제안한다. 이 아동 중 대다수는 일관된 신경생리학 형질과 랜도-크레프너 증후군(Landau-Kleffner SYNDROME)을 가지고 있지 않다(Mouridsen,1995). 이 증상들은 전형적인 자폐성의 스펙트럼 장애이다. 게다가 일찍 발달된 패턴의 탐험은 연관 짓거나 참여보다는 상호 간의 몸짓을 포함한 주된 장애가 나타난다고 제안한다. 그 복잡한 행동들의 부재는 초기 신호일 수 있다.

1) 빠른 시작 대 늦은 퇴행

칸너는 전형적인 자폐증의 일부는 아동이 처음부터 완전히 외부의 세계를 차단하는 것에 대한 심각한 어려움을 가지고 있다고 생각했다.

자폐 스펙트럼 장애와 연관 있는 특징적인 패턴을 명백히 하기 위해서 우리는 아동들의 평가 중 발달적인 패턴에 주목했다. 어떤 경우에는 가정의 영상을 볼 수 있었고(이에 대한 결과는 다른 절에서 보고될 예정이다), 일반적으로 부모의 기술과 일치했다.

우리는 많은 패턴을 발견했는데, 나중에 보다 더 자세하게 제시될 것이다. 몇몇의 아동은 사실 처음부터 참여하고 관련하는 능력이 눈에 띌 정도로 저해되어 있었다. 그들은 웃음을 주고받는 것, 몸짓 또는 다른 사람에게 신호를 제공하는 것과 친밀감과 즐거움 안에서 참여하는 것이 어려웠다. 이 아동 중 많은 경우는 낮은 근긴장도와 수동적이며, 자기 세계에 몰두하는 경향이 있었다. 이 중 일부는 18개월, 2세~2세 반 사이에 점차 더 관계에 참여하게 되었다. 자폐 스펙트럼 장애의 기준을 만족했음에도 말이다.

삶의 첫해에 많은 아동이 참여하고, 관련시키고, 상호 간의 작용하는 능력에서 부분적으로 저해되어 있었다. 그리고 2세 후반이나 3세 초반에 이 능력들을 더 잃어 갔다.

삶의 첫해에 있는 다른 아동들은 부모가 보았을 때 상대적으로 전형적인 모습을 보였다. 형제자매와는 너무 다르지 않고, 부모를 껴안고 따뜻하고 신체적인 접촉을 즐겼으며, 즐거운 웃음을 나타내는 것으로 묘사되었다. 많은 아동이 약 11~15개월 사이에 단어를 사용했다. 그러더니 약 18~30개월 사이에 말을 하는 능력을 잃고, 상호작용에 참여하고 참여할 수 있는 능력도 상당수 잃어버렸다. 늦게 발병하는 자폐증의 유형(DSM-IV)에 대한 설명과는 달리 이 아동 중 상당수는 나중에 설명하겠지만 중재에 상당히 반응했다. 또한 대부분의 경우 랜드-크레프너 증후군(Mouridsen, 1995)과 관련이 있는 뇌파와 후기에 발견되는 자폐증 증상의 종류에도 이상이 없었다.

〈표 4〉 징후: 빠른 시작 대 늦은 퇴행

2~3세일 때 퇴보	69%
첫해에 점차적으로 문제 증상을 보임	31%

〈표 5〉 초기 발달 패턴: 연관 짓는 능력

참여를 못함	5%
주고받는 상호작용을 길게 이어 가지 못함	100%

그러나 1세에 따뜻하고 심지어 자주 안아 줬던 아동들은 부모의 말에 의하면 2세 경에 장애의 첫 징후를 보였다고 한다. 그러나 더 자세히 이력을 살펴보았을 때, 2세 초중반에 문제 해결, 몸짓을 주고받는 복잡한 패턴이 이미 저해되어 있었음을 발견했다. 예를 들어, 이러한 어려움은 음식을 얻으려고 어머니나 아버지를 냉장고에 데려가거나 좋아하는 장난감을 얻기 위해 장난감 선반에 데려가거나 복잡한 다중 순환의 비언어적 의사소통이나 문제 해결을 사용하는 과제를 수행하지 못하는 것과 관련이 있다. 뒤에서 더 자세히 설명될 이 패턴은 이런 장애에 대한 신뢰 가능한 초기 신호가 될 수 있다.

200명의 아동 차트를 보면, 69%가 생후 2년, 3년 즈음에 퇴보를 나타냈다(즉, 18개월에서 3년 사이에 회피, 자기 몰두 및 자기 자극의 증상이 늦게 발병함). 삶의 첫해부터 시작된 점진적인 발병은 31%가 입증되었다. 칸너에 의해 기술된 첫해에 관련된 심각한 문제의 조기 발병 양상은 이 표본에서 비교적 낮은 빈도로 발생했다. 일부 아동의 늦은 발병은 많은 임상 치료사에 의해 기술되었지만, 비교적 늦게 발병한 아동의 수는 생각보다 많을 수 있다. 후기 자폐증 패턴과 관련된 다양한 초기 발달 양상이 있는 것으로 보인다.

2) 참여 또는 의사소통에서의 초기 장애

우리는 또한 아동의 발달 역량(Greenspan, 1992a)인 관심, 참여, 단순한 몸짓, 복잡한 몸짓, 상징적인 문제 해결을 숙달할 수 있을지 조사했다(〈표 1〉 참조). 복잡한 문제 해결, 몸짓 상호작용의 장애는 자폐 스펙트럼에서 특이했다. 관계에 대한 따뜻함과 즐거움에 관여하고 경험하는 능력은 이 장애에서 덜 볼 수 있다.

많은 부모는 아동이 자신을 보거나 비언어적으로 또는 언어적으로 신호를 보내지 않을 수도 있지만 따뜻하고 귀엽고 편안함을 누릴 수 있다고 보고했다. 그들은 고민을 했을 때뿐만 아니라 다른 때에도 친밀감을 즐겼다. 2세 또는 3세에 '퇴보' 후 많은 부모는 회피나 자기 몰두가 증가한다고 말했으나 일부는 여전히 친밀감을 유지했다. 이 연구의 표본 중 10명의 아동(5%)만이 따뜻하고 즐거운 참여를 할 수 없었다. 대조적으로 200명의 아동은 상호 교환의 긴 상호작용을 생성하는 데 어려움을 겪었다. 이 발견은 1세 때 관계를 형성할 수 있는 능력에 주요 장애를 두는 칸너의 자폐증에 대한 설명과는 다르다.

3) 초기 징후로의 목적이 있고 복잡한 제스처의 부재

복잡한 제스처의 부재가 초기 징후 역할을 할 수 있는지를 결정하기 위해 우리는 2세까지의 복잡한 비언어적인 의사소통 패턴(자신의 목표, 즉 밖에 나가기 위해 양육자를 문에 데리고 간 후 밖을 가리키는 것과 같은 긴 상호작용을 포함한 복합한 몸짓)의 존재를 조사했다. 이 패턴이 전형적으로 12~16개월 사이에 나타나는데도 불구하고 눈에 띄는 지연을 표시하기 위해 2세의 나이를 기준으로 살폈다. 200명 중 136명(68%)이 2세 이전에 일반적으로 예상할 수 있는 이 패턴을 보여 주지 않았다. 우리가 16개월로 범위를 줄였다면 우리의 임상 치료사의 인상과 마찬가지로 다른 사람들도 기대하던 복잡한 제스처를 증명하지 못했을 것이다.

복잡하고 비언어적이며 순차적인 상호작용이 자폐 스펙트럼 문제의 특징일 뿐만 아니라 언어 지연 및 운동장애가 있는 아동의 특성인지 여부를 알아보기 위해 자폐증을 가지지 않은 110명의 아동을 보았으나 청각 처리 문제가 있는 아동은 접촉이나 소리에 과잉 반응을 보였고, 운동 계획의 어려움을 입증했다. 이 아동들은 특정 언어 및 운동장애, 조절장애 또는 감각 통합 장애가 있는 것으로 보였다. 어려움은 자폐증과 마찬가지로 전반적인 발달을 저해하지 않았다. 이 아동들의 96%는 2세 이전에 복잡한 대화, 몸짓, 의사소통 및 사회 문제 해결 전략을 수립할 수 있었다. 단지 4%만이 복잡하고 의도적인 몸짓을 배우는 데 어려움을 겪었다. 따라서 2세에 이 능력의 부재는 자폐 스펙트럼이나 전반적인 발달 유형 장애가 있는 아동에게 유용한 초기 징후일 수 있다. 이 발견은 자폐증 패턴을 가진 아동들에게 복잡한 제스처 상호작용과 문제 해결을 다루는 능력이 부족하다는 다른 연구와 일치한다(Attwood Frith & Hermelin, 1988; Baron-Cohen, 1994; Baron-Cohen et al., 1996).

복잡한 몸짓을 할 수 있는 능력은 쉬운 질문으로 아동을 돌볼 때 일상적으로 사용할 수 있다. "조니나 수지는 원하는 게 있으면 그걸 어떻게 알려 주니?" 손으로 부모를 데리고 가서 걷거나 가리키거나 보여 주기에 대한 답이 나오면 아동은 복잡한 사회적 문제 해결을 할 수 있다. 반대로, 그저 한 방향을 보거나 심하게 짜증을 부리거나 또는 단순히 반복적인 행동을 하는 경우, 즉 부모에게 무엇을 원하는지 보여 주지는 않고 잡아당기기만 하는 것과 같은 행동은 복잡한 제스처의 패턴을 포함하지 않는다.

자폐 스펙트럼 장애를 증명하는 아동의 패턴은 2세에 문제 해결 상호 연계의 복잡한 사슬을 발전시키지 않는 아동들로, 많은 사람에게 간단한 제스처나 몇 가지 단어로는 사용할 수 있지만, 2세, 3세에는 자기 몰두, 회피, 자기 자극, 고집으로 회귀한다. 일부는 상징적인 부분을 잃고 일부는 유지한다.

〈표 6〉 초기 징후로의 목적이 있고 복잡한 제스처의 부재

자폐 스펙트럼	68%가 2세 전에 복잡한 몸짓을 보이지 않았음.
비 자폐적 언어(운동과 감각 장애)	4%가 2세 전에 복잡한 몸짓을 보이지 않았음.

5. 관계에 기반을 둔 개인의 차이, 상호주의적 중재 모델과 관련된 발달적인 과정

모든 아동은 하루 내내(항상 플로어타임 모델을 이용하며 시간을 보냄) 접촉(상호작용)을, 첫째, 정서와 관계, 둘째, 아동의 발달 단계, 셋째, 운동, 감각, 정서, 인지 및 언어 기능의 개인차에 중점을 두는 중재를 받았다. 모든 아동은 포괄적인 서비스 범위(예: 언어치료, 작업치료, 일반교육 또는 특수교육, 플로어타임 컨설트)와 하루 2~5시간 집중 플로어타임 상호작용 중재를 받았다(Greenspan, 1992a, 1992b). 치료 및 교육 서비스는 관계적, 개인차의 그리고 상호작용의 방식을 활용했다. 또한 가족 패턴, 감정 및 대처의 노력은 지속적으로 다루었다(Greenspan, 1992b). 플로어타임이라는 단어의 사용은 앞서 설명한 포괄적인 중재 모델을 포함하며, 발달에 기반을 둔 상호작용 방식 및 다른 시기에 사용된 관계 기반, 영향 기반 개입과 동일하다.

이 접근법은 아동의 현재 발달 단계, 도전 및 개인차의 맥락에서 아동의 정서와 관계로 중재를 구성한다. 예를 들어, 다른 사람과 관계를 맺지 않고 자기 몰두를 하는 아동의 경우에 언어나 상징적 능력에 초점을 맞추기보다는 타인과 함께하는 더 큰 즐거움으로 끌어들이는 데 우선적으로 초점을 두었다. 다양한 비언어적 신호가 아니라 반복적으로 당기거나 바닥을 치는 신호만 주는 아동의 첫 번째 목표는 이 간단한 제스처를 보다 복잡한 상호주의적이면서 정서적인 제스처의 패턴으로 확장하는 것이다. 예를 들어, 한 물체에 대한 아동의 끈기 있는 관심(물체를 두드리기만 함)을 확장하기 위해 물체를 머리 위에 두고 아동이 그것을 잡도록 도전을 줄 수 있다. 바닥의 한 부분을 비비는 아동이라면 임상 치료사 또는 부모는 아동이 만지는 영역을 손으로 가려서 아동이 손을 치우려고 하는 것에서부터 고양이와 쥐 게임을 시작할 수 있다. 대안적으로 자리 또는 방 주위를 아무렇게나 방황하는 아동은 그의 엄마 또는 아빠가 자신과 마찬가지로 돌아다니지만 자신이 가장 좋아하는 곳을 자신보다 먼저 차지한다는 것을 알아챌 수 있다. 이 문제를 해결하기 위해 아동은 끊임없이 서두르거나 엄마나 아빠를 돌아서 가기 위해 끊임없이 노력해야 할 것이다(무작위적인 또는 겉으로 보기에 목적이 없는 활동 대신에 상호작용을 일으키기). 이미 몸짓을 할 수 있고 단어를 사용하기 시작한 아동의 경우, 상상력이 풍부한 아이디어를 보다 쉽게 만들기 위해 아동이 인형을 집어 들면 배고픈 척하거나 뽀뽀가 필요한 인형에 대해 이야기할 수 있다. 이 모든 예에서 원칙은 아동이 감정적 성장의 예상 단계와 관련 인지기능과 언어 능력을 습득할 수 있는 발달 궤도로 '유도'되는 상황을 만드는 것이다. 이 모델에서는 아동을 현재의 기능 단계에서 발달 순서로 끌어내야 하고 개별의 기술을 가르치기 위해 단계를 건너뛰어서는 안 된다.

아동의 운동, 감각, 인지 및 언어 프로필 또한 고려된다. 예를 들어, 미온적인 반응을 보이는 아동은 더 많은 에너지와 구애로 접근되며, 더 쾌활한 방해 활동을 한다. 과잉 반응을 보이는 아동에 대한 접근법은 더 부드럽고 점진적이다. 부모는 아동의 개인차 및 발달 단계를 출발점으로 하여 정서적 상호작용을 위한 아동의 능력에 대해 하루 6~10회, 20~30분간의 회기를 보낸다. 상이한 치료법은 이 개인차 발달 단계 모델(즉, 플로어타임 모델)을 사용한다.

행동적 접근법(Lovaas, 1987)이나 TEACCH 프로그램(Schopler, Mesibov, & Hearsey, 1995)과 같은 다른 모델로부터 이 중재 모델을 분리하는 독특한 특징은 관계와 영향, 발달 수준, 개인차, 포괄성에 중점을 둔다. 이 중재에 대한 이론적 근거(Greenspan, 1992a)는 청각, 운동 계획, 감각 조절 및 처리 장애를 포함하여 생물학적으로 근본적인 처리 장애가 있는 아동의 증상이 종종 부차적이다는 것이다. 관계와 정서적 상호작용은 2차적으로 탈선한다. 그러나 이러한 2차적인 교란은 광범위한 범위의 구성을 가질 수 있으며, 종종 기본 처리 기능장애보다 중재에 보다 신속하게 반응한다. 따라서 중재의 첫 번째 목표는 아동이 주된 양육자와의 정서적 접촉을 재개하고, 어려움을 해결하기 위해 노력하고, 언어와 다른 높은 수준의 상징적 능력을 위한 기초로서 봉사의 예비 단계를 습득하는 과정을 시작하는 것이다. 특수치료의 어려움은 언어치료, 작업치료, 특별 및 유아 교육, 기타 요법을 통해 계속해서 치료된다.

아동의 발달 수준, 개인적 차이(감각 및 운동 처리), 가족 패턴에 사용되는 관계 기반, 영향 기반 간섭은 대다수의 아동에게 특히 도움이 되지 않는 놀이치료 또는 정신요법과 혼돈되어서는 안 된다. 전통적 심리치료는 아동을 평행 운동의 형태로 참여시키는 경향이 있는데, 임상 치료사의 온정과 지지를 느끼지만 개발의 중요한 영역에서 성장을 이끌어 낼 수 있는 상호작용 유형으로 동원되지 않는다(Greenspan, 1992a). 대조적으로 플로어타임 모델은 아동의 부상하는 발달 능력을 동원하며, 정서적 상호작용이 인지적 및 정서적 성장을 가능하게 한다는 것에 기반한다(Carew, 1980; Feuerstein et al., 1979, 1981; Greenspan, 1979, 1981, 1996a; Klein, Wieder, & Greenspan, 1987).

6. 결과의 패턴

아동의 패턴과 임상 과정은 기능적 감정 평가 척도(Greenspan, 1992a; Greenspan &

DeGangi, 1997)의 범주에 따라 숙련된 임상의 관찰과 체계적이며 상세한 메모에 기반을 둔다. 결과를 설명하기 위해 우리는 아동들의 기능을 세 가지 폭넓은 집단으로 나누었다. '우수' 결과 집단에는 2년 이상의 중재 후 다양한 정서 신호(적절하고 상호적인 미소, 찡그린 얼굴, 놀람, 성가심, 기쁨, 행복의 눈빛을 포함한 말로 표현되지 않는 행동 등)를 가지고 있는 아동들을 포함했다. 그들은 의도적으로 조직되고, 긴 문제 해결의 상호적인 순서(예: 50+ 자발적인 구두 의사소통), 다양한 사회, 또는 행동 기반에서 사회 관심 상태를 공유할 수 있다. 그들은 상징적이고 창의적이고 상상력 있는 행동(예: 가상놀이를 만들고 참여), 상징 사이에 다리를 놓을 수 있는 능력이 있었다(즉, 논리적인 양방향 대화와 현실과 환상을 분리하고 결과를 예상). 이 집단에서 가장 중요한 것은 아동들의 상징적인 활동이 기억되거나 암기된 순서가 아닌 근본적인 의도와 영향과 관련되어 있다는 것이다. 이 아동들은 현실 확인, 충동 조절, 생각과 영향의 조직, 자아 의식의 차별화 그리고 정서, 생각 및 우려의 범위를 경험하는 능력을 포함한 기본적인 자아 기능을 습득했다. 그들은 더 이상 자기 몰두, 회피, 자기 자극, 또는 고집을 보이지 않았다. CARS 자폐아 척도에서 이 집단의 아동들은 비 자폐적인 범위로 이동했다.

'우수' 집단의 일부 아동들은 2~3세 수준 이상으로 읽고 수학 문제를 푸는 학문적인 능력이 조숙했다(청각 처리가 뒤처졌을 때 조기에 시공간 능력을 개발했을 수도 있음). 일부 아동들은 비록 기본적인 자아 기능이 그대로 유지되었지만 청각적 또는 시공간적 어려움이나 어느 정도의 운동 계획 문제가 개선되고 있다는 것을 증명했다. '우수' 집단의 대부분의 아동은 읽고 수학 문제를 푸는 것에 조숙했던 아동들도 어느 정도의 운동 계획 어려움을 갖고 있었다(예: 글씨 또는 그림 그리기와 관련된 소근육 제어 혹은 복잡한 대근육 운동이 어려움).

두 번째 집단은 제스처와 관련 있고 의사소통하는 능력이 크게 향상되었다. 그들은 부모와 관련이 되어 종종 즐겁고 열렬한 방식으로 부모를 찾았다. 부모는 "나는 내 아이 안에서 새로운 사람을 발견했다."고 말했다. 그들은 의도적으로 상호작용하는 정서적 상호작용(예: 30개 이상의 의사소통 순환)의 긴 순서로 들어갈 수 있다. 그들은 또한 사회적, 인지적, 운동 문제 해결에 대한 관심이 있는 것에 진입할 수 있다. 그러나 이 집단에서 아동들은 상징적인 능력을 발달시키는 데 여전히 큰 어려움을 겪고 있었다. 일부 아동들은 기호를 놀이와 언어로 사용할 수 있는 약간의 능력을 가지고 있었지만 연령 수준보다 훨씬 낮았다. 예를 들어, 이 집단에서 많은 아동은 차를 운전하거나 인형을 먹이는 것과 같은 구체적인 상상 놀이의 연속적인 사건에 참여할 수 있고, 자신의 욕구에 대한 간단한 교섭을 위해 단어를 사용할 수 있다("나는 밖에 나가고 싶어." 또는 "나는 주스를 원해."). 그러나 아직 길고, 창의적이, 상호작용하고, 상징적인 순서를 구축할 수는 없었다. 이 집단은 초기 발달 수준에 대해 비교적 잘 알고 있었지만 상징적인 역량을 시작한 경우였다. 이 집단은 첫 집단처럼 더 이상 자기 몰두, 관련된 회피, 자기 자극 또는 상동 행동을 보이지 않았다.

세 번째 집단은 비상징적 영역과 상징적 영역 모두에서 계속해서 어려움을 겪었다. 그들은 주의를 기울이는 것과 간단하고 복잡한 동작 순서로 들어가는 능력에 심각한 장애를 가지고 있었고, 상상 놀이에서 소품이 준비되어 있고, 그들이 무엇인가를 원하여 언어를 사용할 때, 만약 그들이 구체적인 상징을 사용한다면 이것은 자기 몰두, 회피, 자기 자극 그리고 상동 행동을 보였다. 이 집단에 상징적인 역량(예: 노래 부르거나 퍼즐을 맞추는 것)을 가지고 있는 아동들은 이러한 능력을 상호주의적 의사소통 방식으로 모방하거나 사용할 수 없었다. 이 집단의 많은 아동은 다른 사람에게 따뜻하게 대하는 기본적인 능력이 느리게 진행되고 있었다. 그러나 어떤 것은 능력을 얻는 것과 잃는 것 사이의 동요를 증명했다.

1) 결과 자료

아동들을 위한 결과는 첫째, 전체적이고, 둘째, 진입 시 제시된 장애의 심각성에 비례하는 방식으로 다루어졌다. 각각에 대한 설명은 다음에 제시되어 있다.

200명의 아동 중 116명(58%)은 '우수' 집단에 속했고, 50명(25%)은 '중간' 결과 집단, 34명(17%)은 계속 심각한 어려움을 겪었다. 심각한 어려움을 겪고 있는 집단 중 일부는 매우 느린 진전을 보였으나 중대한 어려움을 겪고 있는 집단의 하위 집단인 8명(4%)은 동요하거나 역량을 잃어버렸다.

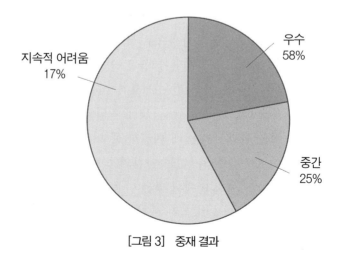

[그림 3] 중재 결과

2) 중재 결과 : 현재 증상의 심각도

결과와 관련되었을 수 있는 프로그램 이외의 요소를 탐색하기 위해 우리는 CARS에 대한 결과 및 초기 평가의 분포를 조사했다. '우수' 집단에서 20%는 CARS 점수가 40점 이상이었으며, 상당한 정도의 자폐증 장애를 나타냈다. 43%는 CARS 점수가 35~40점으로 중간 정도의 장애가 있음을 나타냈다. 37%는 30~35점으로 가벼운 정도의 자폐아 장애가 있음을 나타냈다. 대조적으로 어려움을 겪었던 집단에서 괄목할 만한 점수를 얻은 아동은 70%였고, 중증은 20%, 경도는 10%였다. 중간 결과 집단은 45%가 40점 이상, 38%가 35~40점으로 중간 범위이고, 경도 범위가 17%인 두 가지 사이의 분포를 보여 주었다.

CARS 점수의 분포는 결과가 좋지 않은 아동들이 뛰어난 결과를 보이는 집단보다 자폐증 증상 및 장애의 극단적인 정도를 나타냈다. 중간 결과를 얻은 집단은 CARS의 두 집단 사이에 있었다. 제시되는 증상의 심각성은 중재와 관련된 발달 양상의 요소인 것으로 보인다. 그러나 모든 결과 집단에서 자폐증 평가 점수에 대해 점수 분포가 있었다. 훌륭하고 뛰어난 결과를 보인 우수 집단 또한 다른 두 집단처럼 심하지 않은, 중간 정도의, 심각한 역기능을 가진 아동도 있었다. 패턴을 보여 주는 하나의 가장 큰 집단은 CARS 35~40점의 중간 범위이다. 게다가 모든 다른 정도의 심각성을 지닌 아동들은 진행하는 과정에서 놀라운 성과, 중간의 성과를 보이고 계속해서 어려움을 겪는 경우도 있었다. 그러므로 장애 정도는 중요한 요소일지라도 그 자체로 장애 정도는 최우선의 요소가 아니다.

3) 중재 결과: 플로어타임, 포괄적, 발달 기반, 상호작용 방식 및 전통적 접근법의 아동 비교

우리는 다른 중재를 받고 아직 우리의 권고 사항을 이행하지 않은 아동 집단의 도표를 검토할 기회를 가졌다. 포괄적이고, 발달에 기반하고, 개인차를 존중하며, 정서에 기반한 모델과 전통적인 접근법의 모델에서 아동의 발달 양상을 비교하기 위해 우리는 본인의 중재 프로그램이나 진단에 대해 추가적인 아이디어나 제2의 의견이 있는 부모를 둔 53명의 아동을 추가적으로 만났다. 이 아동들은 전반적 발달장애 또는 자폐증으로 진단받았고, 2년 이상 언어치료, 작업치료, 특수교육 접근법 또는 행동치료를 받고 있었다. 이 아동들은 4~10세 사이의 연령대로, 우리가 플로어타임 중재로 평가한 결과의 대상과 같은 연령대였다. 그들의 부모 또한 대학 교육을 받았으며, 자발적으로 더 많은 평가와 권고를 찾는 이들이었다. 비록 이 아동들이 비슷한 진단과 비슷한 가족 특성을 지녔지만 집중적인 플로어타임 중재 집단과 비교하여 볼 수 있는 패턴은 매우 탐색적인 것으로 여겨야 한다. 그러나 자폐 스펙트럼 장애에 대한 비교 중재 연구의 부족은 그러한 탐색을 잠재적으로 유용하게 만든다.

53명의 아동 중 31명(58%)은 자기 몰두, 회피를 나타내고, 주고받는 상호작용의 순환을 형성할 수 있는 능력이 없는 것으로 나타났다. 이 하위 집단은 간헐적으로 그들의 관계에서 어느 정도의 즐거움을 나타냈지만 즐거운 상호작용을 유지할 수도 없었다. 일부는 간헐적으로 분열된 아이디어를 사용했다.

53명의 아동 중 21명(40%)은 상징적인 역량이 있지만 심각한 제한이 있었다. 그들은 일반적으로 지속적으로 창조적이고 논리적인 방식으로 상징적인 개념을 사용할 수 없었다. 예를 들어, 주스를 먹거나 문을 열어 주는 것과 같은 단어를 사용할 수 있는 구체적인 능력은 있었다(주스 또는 밖, 문, 열림과 같은 문구). 인형에게 먹을 것을 주는 놀이나 차에 인형을 넣는 것과 같은 놀이의 시작 요소도 있었다. 하지만 이러한 행동들에 대해서는 아무런 진전이 없었다. 때때로 객관식 질문에 대답할 수 있었다. 그러나 그들은 종종 자신의 놀이에 몰두하거나, 자신을 흔들거나, 분열된 방식의 생각을 사용했다. 그들은 계속 자기 몰두적이고, 자기 자극적이고, 상동 행동을 하듯이 행동했다. 따라서 이 하위 집단은 정교하고 창조적이며 논리적인 개념보다는 구체적이고 비조직화된 수준의 생각으로 작동하는 경향이 있었으며, 아직 일관되게 참여하지는 못했다.

〈표 7〉 플로어타임 및 전통적 중재법 비교

	플로어타임(%)	전통적 중재법(%)
우수	58	2
중간	24	40
지속적인 문제	17	58

53명의 아동 중 1명(2%)은 현저한 자아 또는 성격 기능을 탁월하게 플로어타임의 개인 집단에 대한 설명과 일치하는 것으로 입증됐다.

CARS에서 전통적인 치료 집단의 43%가 심각한 범위에 있었고, 중등도 범위에서 15%, 가벼운 범위에서 40% 그리고 자폐증 진단에 더 이상 들어맞지 않는 2%였다.

수년간의 중재를 경험한 많은 아동은 단편적이고 구체적인 아이디어의 사용 수준을 넘어서는 기능을 수행할 수 없었으며, 상징 전 단계에서 관계 맺기와 몸짓으로 상호작용하는 데 심각한 어려움을 겪고 있었다(예: Gillberg & Steffenburg, 1987; Kanner, 1971; Mesibov, Schopler, & Schaffer, 1989; Piven, Harper, Palmer, & Arndt, 1996; Rumsey et al., 1985; Rutter et al., 1967; Szatmari, Barolucci, Bremmer, Bond, & Rich, 1989). 비교 집단은 자폐증 스펙트럼을 가진 일부 아동이 전형적인 프로그램에서 어떻게 진단되는지를 보여 준다. 앞서 언급했듯이, 비교 집단은 의미 있는 진전을 보이지 않는 자발적으로 참여한 집단의 아동들일 수 있다. 그러나 우리가 보기에는 그들이 많은 프로그램에서 봤던 아동들과 비슷하다. 전통적인 서비스를 받는 아동에 대한 앞의 설명보다 훨씬 더 잘 수행할 수 있는 프로그램은 아동들의 성장 잠재력과 어떤 유형의 개입이 가장 도움이 될 수 있는지 자세히 알아보기 위해 신중하게 연구해야 한다.

많은 비교 대상 아동은 집중적인(주당 30시간 이상) 행동적 기반 프로그램을 받아 왔다. 이러한 아동 중 대부분은 약간의 개념화(ideation)를 사용하고 약간의 학문적인 기술을 가진 것처럼 보이는 경향이 있는 반면에 그들은 일반적으로 비조직화되고 구체적인 개념화의 사용 그리고 구조화된 과제에 참여하지 않는 경우에 자기 몰입적인 면이 남아 있었다.

4) 20명의 아동에 대한 심층 연구: 발달 문제가 없는 아동들과의 비교

뛰어난 집단의 아동들 중에서 가장 진보한 아동 20명을 조사했다. 이 아동들은 집중적인 관계 기반 중재 프로그램에서 자폐 스펙트럼 진단을 받은 일부 아동의 변화 유형 및 잠재력을 이해하기 위해 더 깊이 연구되었다. 바인랜드 적응 행동 척도(Sparrow, Dalla, & Cicchetti, 1984)와 FEAS(Greenspan, 1992a; Greenspan & DeGangi, 1997)는 5~10세 사이의 아동을 대표하는 우수한 결과 집단(5-5에서 10-7)에서 탁월한 진전을 이룬 이백 가지 사례에 적용되었다. 이 20명의 아동은 또한 발육장애의 병력이 없는 비슷한 나이의 아동의 집단과 비교되었다. 5세는 5명, 6세는 6명, 7세는 4명, 8세는 3명, 10세는 소년 2명 등 다양한 연령층을 포함하도록 개입 집단이 선정되었다. 이 아동들은 모두 2~4세 사이의 중재를 시작했고, 2~8년의 중재 및/또는 후속 상담을 받았다. 결과가 나올 즈음에 모두 정규 학교에 다니고 있었고, 친구와의 관계를 즐기고, 지역사회 활동에 참여했다. 많은 사람이 표준화된 시험을 사용하여 인지 능력을 평가 받았고, 우수한 범위에서 기능을 발휘했다.

바이랜드는 세 가지 영역에서 적응 행동을 요약했다. 의사소통(수용적, 표현적, 글로 표현된), 일상생활(개인 가정 및 지역사회), 사회화(대인관계, 놀이 및 여가, 대처 방법)가 그것이다. 모든 아동은 의사소통 영역에서 연령 수준보다 높았으며, 60%는 실제 연령 수준보다 1~2년 이상 높은 연령의 점수를 보여 주었다. 사회화 영역에서 가장 높은 점수를 얻었는데, 95%가 사회화 영역에서 실제 연령보다 1년 이상이 25%, 2년 이상이 40%, 3년 이상이 25%가 높았다. 앞에서 언급한 모든 영역을 평균화한 적응 행동 종합 점수(composite scores)는 심각한 운동장애를 가지고 있는 아동을 제외하고는 모두 연령보다 높았다. 다시 말해 60%의 아동이 2세 이상, 30%가 1세 이상 2세 이하의 연령대를 기록했다. 어떤 아동에서도 부적응 행동 패턴을 보지 못했다. 바이랜드 적응 행동 척도가 일상생활의 실용적이고 기능적인 측면에 국한되더라도, 이러한 발견은 임상적으로 좋은 결과를 뒷받침한다.

결과에 제시된 연령, 치료 시작 연령, 초기 중증도(FEAS 및 CARS)에 대한 데이터의 추가 분석이 진행 중이다. 한편 몇 가지 추가 관찰이 주목할 만하다. 전반적으로 치료 기간이 길어지고 나이가 많을수록 나이에 비해 점수가 높아지며, 나이가 들어감에 따라 점차적으로 더 잘 기능하는 것으로 나타났다. 이것은 사회화를 위해 특히 중요한데, 90%의 아동들이 동일 연령대보다 2~3년 앞선 점수를 받았다. 게다가 세 영역 중 사회화는 의사소통과 일상생활보다 매번 90%의 경우가 더 높았다. 일반적으로 자폐 스펙트럼 진단을 받은 아동은 언어와 인지가 어느 정도 진전을 보이더라도 심각한 사회적 손상을 계속 나타낸다. 아동의 사회적 기술은 사회-정서적 목표가 강조되고, 바이랜드가 측정한 대인관계의 발전, 놀이, 대처하는 능력이 지원하는 상호적인 정서에 기민한 중재 모델의 영향을 반영할지도 모른다. 또한 표현 언어 능력이 모든 경우에서 수용 능력보다 낮다. 일상생활은 의사소통보다 60%가 낮았고, 운동 계획의 어려움은 일상생활에 영향을 미쳤다. 따라서 이러한 아동들에게는 자기 돌봄 기술이 더 도전이 되고 의사소통 및 사회화 영역에 의해 상대적으로 덜 향상되었다.

우리는 또한 관계의 여러 면과 정서적 차원에서 동일한 20명의 아동을 양육자와의 상호작용하는 모습이 녹화된 영상을 사용하여 정도를 나누어 보았다. 우리는 중재 집단의 아동들을 언어적 문제나 감정적 문제가 없고 감정적으로나 지적으로 연령 수준보다 높은 집단과 비교했다. 그에 더해 우리는 중재 집단과 정상 비교 집단을 계속해서 만성적인 관계와 의사소통 문제를 가지고 있는 집단과 비교했다.

이러한 비교를 위해 우리는 FEAS(Greenspan, 1992a; Greenspan & DeGangi, 1997)를 사용했다. FEAS는 유아 또는 아동과 양육자 간의 상호작용이 녹화된 영상에 적용할 수 있는 임상 평가 척도이다. 아동은 집중과 조절, 참여, 정서적 상호성, 복잡한 목적 있는 상호작용의 행동 관계, 기능적, 창의적, 상상력 사용, 정서적 및 주제별 범위, 논리적 사고 및 문제 해결이라는 차원에서 평가된다. 평가하는 사람은 목록의 각 차원에서 높은 수준의 안정성을 교육 받았다. 보호자 신뢰도는 89~91까지, 자녀 신뢰도는 90~97까지이다(Greenspan & DeGangi, 1997).

중재 집단에 20명, 정상 비교 집단에 14명, 동일 연령대에서 계속되는 어려움이 있는 집단에 12명의 아동이 있었다. 각 집단의 각 아동은 15분 이상 양육자와 상호작용하는 모습이 영상으로 녹화되었다. 아동들의 신원을 알 수 없는 믿을 만한 평가자가 모든 영상의 점수를 매기기 위해 FEAS를 사용했다.

그 결과는 다음과 같다. 플로어타임 중재 집단은 정상 대조군과 구별할 수 없었다. 두 집단은 지속적인 어려움을 겪는 집단과 크게 달랐다. 구체적으로 말하자면 플로어타임 중재 집단에서 20명의 아동 중 13명이 척도의 최상위인 76점을 받았다. 76점을 얻지 못한 7명은 모두 70~75점 사이였다(즉, 73, 73, 74, 75, 70, 71, 72). 그 집단의 평균은 74.8이었다. 정상 비교 집단에서 14명 중 12명이 규모의 최상위인 76점을 기록했다. 나머지 두 명은 73점과 65점이었다. 그 집단의 평균은 74.9점이었다. 대조적으로 계속되는 어려움을 겪는 집단에 속한 13명의 아동 중 7명은 20점 미만이고, 나머지 6명은 40점 미만이고, 평균 점수는 23.7점이다.

그에 더해 평가자는 아동의 정서, 목소리의 질, 발화 패턴 및 운동 기능에 대한 미묘한 관찰을 통해 추가적인 임상적 판단을 내리고, 아동이 어떤 집단에서 왔는지 파악하려고 했다. 평가자는 플로어타임 중재 집단의 6명을 정상 비교 집단 아동으로 분류했고, 정확하게 계속되는 어려움을 겪는 아동을 모두 분류했다.

〈표 8〉 FEAS 결과

	아동의 수	평균 FEAS (최적 % = 76)	범위
플로어타임 중재군	20	74.8	70~76
정상 대조군	14	74.9	65~76
지속적인 어려움군	12	23.7	20~40 이하

FEAS의 결과는 바이랜드 평가와 일관되었다. FEAS의 임상 평가는 특히 중요하다. 왜냐하면 그들은 친밀감의 질, 표현력과 호혜성, 창의력과 상상력 그리고 추상적이고 유연

한 사고뿐 만 아니라 문제 해결과 현실 확인에 영향을 미치는 성격의 미묘한 특징을 신뢰할 수 있게 평가한다. 이러한 높은 수준의 개인적인 기능은 발달장애가 있는 아동들조차도 언어와 인지 능력에서 상당히 진전을 보일 것으로 예상된다. 그러므로 플로어 타임 중재 프로그램을 매우 잘 수행한 하위 집단의 아동들은 대인 관계, 의사소통, 대처 및 다른 아동과 비슷한 논리적 수용력을 얻을 수 있었다.

우리는 객관적인 측정이 이 아동들이 습득한 것으로 보이는 수용력을 검증할 것인지를 보기 위해 하위 표본으로 잘 수행한 아동들을 정상적인 비교 집단과 비교하기로 했다. 아주 잘 해낸 아동이 발달장애가 없는 아동과 비교될 수 있다면 그건 적어도 자폐 스펙트럼 진단(만성적인 심각한 손상)이 있는 아동 일부는 건강한 감정적 · 사회적 · 적응적 행동의 패턴으로 성장할 수 있으며, 그 행동은 유지될 수 있다는 것을 제안하는 것이나 마찬가지이다.

7. 자폐 스펙트럼 패턴과 관련된 기본 메커니즘

다양한 메커니즘이 제안되었지만 자폐 스펙트럼 장애와 관련된 근본적인 심리적 · 생물학적 패턴에 대해서는 합의가 이루어지지 않았다. 근본적인 '처리'의 어려움을 더 깊이 이해하기 위해 우리는 잘 수행한 아동들과 계속해서 어려움을 겪고 있는 아동들의 문제를 살펴봤다.

자폐 스펙트럼 문제로 진단된 모든 아동은 청각 처리, 운동 계획 및 감각 조절장애를 보였다. 많은 아동이 시각적 공간 처리에 어려움을 겪었지만 일부 아동들은 이 분야에서 상대적으로 강점을 보였다. 이들 및 다른 심리적 및 인지적 메커니즘에 기반하고 있는 것들은 자폐 증상을 일으키는 것으로 가정되었다(Baron-Cohen, 1994; Cook, 조지, Gurman & Weigel, 1993; Durand, 1990; Frith, 1993; Guess & Carr, 1991; Koegel, Dyer, & Bell, 1987; Kohen-Raz, Volkmar, & Cohen, 1992; Prizant, 1983; Prizant & Wetherby, 1990; Rutter, 1983).

우리는 우수한 집단과 계속해서 심각한 어려움을 가진 집단 사이에 근긴장도, 운동 계획 및 감각에 대한 반응에 대해 차이점을 조사했다.

결과가 좋지 않고 어려움이 있는 집단에서 낮은 근긴장도와 운동장애가 있는 아동이 더 많았다. 또한 이 집단은 일반적으로 감각에 상당한 과소 반응을 보여서 더 큰 감각 추구와 더 많은 자기 몰두도 포함되었다. 그들은 또한 감각에 대한 반응이 적었는데, 일반적으로 혼합 반응 감각에 대한 반응이 적었다.

상당히 좋은 결과가 나온 집단은 과잉 반응성과 혼합 반응 및 덜 심각한 운동 계획 문제와 덜 낮은 근긴장도를 갖는 경향이 매우 컸다. 그러나 이전에 지적한 바와 같이 여전히 상당한 개인차가 있었다. 낮은 근긴장도와 심한 운동 계획 문제를 가진 일부 아동들은 현저한 진전을 보였고, 덜 심각한 운동 계획 문제로 과잉 반응을 보이는 아동들은 계속해서 큰 어려움을 겪었다.

이러한 패턴에는 자폐 스펙트럼 장애에 기여하는 처리 어려움의 다른 정도와 종류가 있다.

〈표 9〉 근긴장도, 운동 계획, 감각-반응성 문제

	우수 결과 집단(%)	빈약 결과 집단(%)
낮은 근긴장도	12. 5	23. 5
눈에 띄는 운동 계획 문제	18	78
감각에 과소 반응	30	48
추구/자극 추구	7	15
자기 몰두	23	33
감각에 과잉 반응	25	15
감각에 대한 혼합 반응(소리와 같은 일부 영역에서 과잉 반응, 통증, 촉감과 같은 영역에서는 과소 반응)	45	37

이러한 어려움의 본질은 일부 역할을 보여 주고, 증상의 심각성뿐만 아니라 결과의 심각성을 보여 준다. 운동 계획 및 감각 조절 문제는 특히 장애에 중요하게 공여하고, 더하여 전체 아동 집단에 존재하는 청각 처리 및 언어 문제에 공여한다.

8. 자폐 스펙트럼 장애를 진단하기 위해 사용된 평가 절차에 대한 한계점

미국과 캐나다 등에서 평가된 부모의 경험을 검토하면서 우리는 서비스 제도에서 두 가지 중요한 문제가 있는 것을 확인했다. 그 평가는 종종 유아 또는 아동과 부모가 상호작용하는 모습을 관찰에 포함시키지 않았다. 게다가 평가에서 증상의 시작으로부터 세

달 넘게 또는 중재가 시작되기 전 세 달간의 지연이 있는 경우가 있다.

많은 아동이 우리에게 오기 전에 평가를 위해 다른 곳을 다녀 보았기 때문에 우리는 전체적인 진행이 어떻게 되는지 물어보았다. 자폐 스펙트럼 장애를 진단하기 위해 시행되는 평가 방법에는 막대한 범위가 있다. 예를 들어, 어떠한 환경에서 아동은 부모로부터 분리되어 일련의 테스트를 받는다. 다른 환경에서는 부모와 아동이 함께 있었지만, 부모가 임상 치료사에게 과거를 이야기하는 동안에 아동은 오로지 양육자와만 관찰되었다. 그러고 나서 부모가 있거나 있지 않을 때 환경에서 검사를 받을 수 있었다. 표준화 시험은 시험을 치를 때 처리의 어려움이 아동의 능력을 지연시켰음에도 불가하고 점수화되었다. 부모와의 관계 및 상호작용은 부모를 인터뷰하는 동안 또는 부모가 아동을 시험 과정 중에 자신의 무릎에 앉히는 동안에 우연히 관찰된다. 어떤 시간 동안에 부모와 아동이 상호작용하는 것을 직접적으로 관찰한 것은 매우 드물다. 평가의 2.3%만이 자유 놀이 시간 동안에 부모와 아동의 상호작용 관찰에 15분 또는 그 이상의 시간이 걸렸다.

많은 부모는 아동과의 관계 능력이 관찰되지 않고 검사 받고 있다는 것에 상당한 걱정을 품었다. 많은 사람은 자신의 아동이 평가를 받는 높은 스트레스 상황이나 새로운 환경에서 인터뷰하면서 집중이 안 될 때보다 가정에서 또는 비공식적인 놀이 상황에서 더 따뜻하게 관계에 참여한다며 애통해 했다. 아동과 상호작용하는 능력이 보이지 않았기 때문에 많은 사람은 결국 결과에 대해 불신을 느꼈다. 일부 평가에서 시험관은 종종 체계가 있는 발달 학습과 때때로 놀이 유형 활동 주변에서 아동과 자발적으로 상호작용을 하려고 시도했다.

평가 환경은 다양했다. 평가 환경에는 개인 사업, 클리닉 또는 센터 그리고 병원이 포함되었다. 또한 또 다른 전문 정신 소아과, 아동 정신과, 임상 및 발달 심리학, 소아 신경학 및 특수교육, 언어치료 등 다양한 전문적 영역을 포함했다. 일반적으로 언어치료사나 작업치료사는 아동 및 특수 교육자뿐만 아니라 아동과의 긴밀한 상호작용에 대한 의견을 더 많이 제시하는 경향이 있었다. 그러나 여기에도, 부모가 아동과 상호작용하는 것을 관찰하지 않는 경향이 있었다.

막연한 발달장애, 자폐 스펙트럼 장애 또는 언어 또는 운동 제한으로부터 자폐증을 구별하는 능력은 따뜻함, 즐거움 및 자발적인 영향의 정도에 대한 임상 치료사의 평가에 달려 있다. 균등하게 발달을 못하고 감각 조절에 어려움을 겪고 있는 아동들은 쉽게 과잉 반응을 일으키거나 불안정하고, 스스로 흡수되기 때문에 다양한 정도의 통증 그리고/혹은 자기 자극을 나타낼 수 있다. 우리는 또한 따뜻한 감성과 범위와 관련된 아동들의 능력과 그들의 끈기와 회피 행동의 정도는 그들이 편안하고 안전하다고 느끼는 정도에 달려 있으나 그들의 스트레스 정도에도 달려 있음을 발견했다. 새로운 상황, 새로운 사람들 그리고 까다로운 과제들은 보통 스트레스를 준다. 따라서 아동들은 자신의 최고의 몸짓, 의사소통 및 복잡한 상호작용 능력을 공유할 수 있는 사람이므로 믿을 수 있고 잘 알고 있는 야육자와의 심층적인 상호작용에 대한 관찰이 필요하다. 이러한 관찰이 없으면 적절한 진단을 할 수 없고 아동들의 장점과 단점을 알 수 없기 때문에 치료에 문제가 될 수 있다. 이런 관찰은 97% 이상의 예시에 빠져 있어서 이 분야에 중요한 도전이 되고 있다.

9. 실행 평가 및 치료 지연

우리는 또한 가족이 처음으로 걱정을 했을 때부터 공식적인 평가까지 얼마나 오래 기다렸는지 살펴봤다. 가족 중 96%는 가족 의료인에게 처음으로 우려를 표명한 후 3개월 이상을 기다렸다. 많은 경우에 있어서 그들은 기다리고 지켜보라는 의견을 들었다. 단순히 언어 지연일 수 있다는 것이었다. 특히 '남자아이'의 경우라면 말이다.

또한 97%가 개입 프로그램을 시작하기까지 3개월 넘게 기다렸다. 이것은 추가적인 평가와 프로그램 일정 수립을 위한 전형적인 행정적이고 관료적인 시간을 포함했다.

따라서 일반적으로 가족이 평가를 받을 때까지 그리고 중재 프로그램을 시작할 때까지 불필요한 지체가 있었다.

10. 논의

관계 및 의사소통 문제가 있는 아동의 발달 양상과 결과를 확인하기 위한 차트 검토 접근에는 한계가 있다. 차트 검토는 패턴을 식별하고, 검증 가능한 가설을 생성하며, 향후 연구를 위해 제공할 수 있다. 전향적인 임상 시험은 측정 결과의 명확한 연구에 필요하다. 또한 나중에 논의될 바와 같이, 대부분의 개입 연구는 자폐 스펙트럼 진단을 받은 아동의 대표 표본과는 관련이 없다. 이 차트 검토는 자폐 스펙트럼 진단을 받은 아동의 선택 표본이기도 하다. 따라서 보고된 백분율은 다른 아동에게 적용될 수 없다. 이 평가는 많은 아동이 엄청난 발전을 보일 수 있음을 나타내며, 발달 양상과 아동 발달에 기여할 수 있는 프로그램을 설명하고 있지만 추가적인 자료는 이 관찰된 패턴들을 더 연구하기 위해서 필요할 것이다. 그러나 이 차트 검토가 자폐 스펙트럼 진단을 받은 일부 아동은 중요한 진보가 있을 뿐만 아니라 공감, 창조적이고 자발적인 사고, 친밀감, 정서적 호혜성 같은 발달 영역에서도 발달할 수 있음을 제안한다는 것에 대한 강조는 중요하다.

〈표 10〉 서비스 시스템의 한계

양육자와 아동의 상호작용에 대한 관찰이 없음	97.7%
증상 발현에서 평가까지 3개월 이상이 걸림	96.0%
평가에서 중재까지 3개월 이상이 걸림	97.0%

　차트의 정보는 임상 평가를 수행함에 있어서 신뢰성을 얻은 임상 집단의 판단보다는 경험이 있는 임상의 메모와 관찰을 기반으로 한 것이다. 그러나 차트의 많은 관찰 결과, 예를 들어 아동들이 어떤 나이에 증상을 보였는지와 같은 낮은 수준의 추론이 필요하다. 또한 보고된 임상 현상은 쉽게 관찰되는 자기 흡수 또는 고집 같은 행동을 포함한다. 다수의 사례에 대한 차트 검토는 이해하기 어려운 문제에서 복잡한 질문을 볼 때 향후 연구에 중요한 방향을 제공한다.

　발달 양상과 결과를 보는 것에 대한 중요한 이유 중 하나는 다른 종류의 발달을 이룰 가능성이 있는 아동들의 발달 양상을 보다 명확하게 설명한다는 것이다. 우리는 자발적이고 창조적인 방식으로 상호작용하는 것과 관계를 배우기 위한 가장 가능성 있는 아동들이 특정한 초기 프로필을 갖는 경향이 있음을 관찰했다. 그들은 따뜻하고 즐거운 감정과 함께 복잡한 몸짓 상호작용을 위한 최소한의 능력을 가지고 있다. 그들은 대개 단편화된 상징적 기능을 조금 보인다(가상놀이나 언어의 기능적 사용). 앞에서 이미 말했듯이, 이 아동 중 많은 아동 또한 집요하고, 언어를 반복하고, 자기 자극적이었다. 따라서 아동의 이전 발달 양상과 중재 프로그램에 대한 아동의 초기 반응을 모두 연구하는 것이 중요하다는 것이 나타났다.

　그러나 이 패턴에 대한 예외로 근긴장도가 낮고 감각에 다소 반응하며, 자기 몰두를 하는 아동들이 있다. 이 아동 중 일부는 제스처와 상징적인 능력을 거의 나타내지 않았지만, 일단 중재 프로그램이 시작되면 이 분야에서 빠른 발달을 보이기 시작했다. 따라서 아동의 이전 발달 양상과 중재 프로그램에 대한 아동의 초기 반응을 모두 연구하는 것이 중요하게 보인다.

여러 집중적인 개입 프로그램은 '좋은' 결과와 유사한 패턴을 보고했다(Bondy & 피터 son, 1990; Lovaas, 1987; Miller & Miller, 1992; Rogers et al., 1988; Rogers & Lewis, 1989; Strain et al., & Hoyson, 1988). 예를 들어, 로바스(Lovaas)는 집중적인 행동 프로그램에서 47%의 좋은 결과를 보고했다. 다른 프로그램에서 스트레인(Strain)과 로저스(Rogers)는 유사한 경향을 보고했다. 이러한 개입의 결과는 매우 고무적이지만, 이 연구를 포함하여 개입 연구 중 진정한 대표 집단과 함께 연구한 사례는 없었다. 이 연구에서 추가 도움을 얻기 위해 동기 부여를 받을 부모에 대한 인구는 한정되었고, 앞서 얘기한 대로 대부분의 가정은 꽤 잘 교육되어 있었다. 그러나 자폐 스펙트럼 증상을 지닌 범위의 아동들은 반드시 존재했다. 로바스(Lovaas)의 잘 알려지고, 잘 문서화된 연구의 배제 기준은 11~18개월 범위에 있는(자폐 스펙트럼 진단을 받은 많은 아동이 6~8개월 범위의 기능적 능력이 있음) 기능적 능력을 보이는 아동들과 함께 남겼다. 로바스의 실험 대상은 또한 상대적으로 동기 부여되고 조직된 부모에 의해 특징지어졌다. 비록 결과 유망한 집중적 중재가 진정으로 대변될 사례를 사용하지는 못했으나 전반적 발달장애 자폐증의 기준을 충족하는 아동들에게서 보고된 굉장한 진전은 무척이나 격려가 된다. 보고된 비율은 조사된 아동의 맥락에서 해석되어야 하지만 상당수의 아동이 매우 집중적인 중재 프로그램을 잘 수행할 수 있다고 제안했다.

또한 우리 프로그램과 로바스 프로그램 모두에서 아동들은 복잡한 모방을 빨리 배우는 경향이 가장 컸다. 복잡한 모방을 빨리 배우는 아동들은 운동 계획과 시공간 능력이 강하고, 상징적인 영역으로 빠르게 진보할 수 있다.

많은 조사관은 IQ(예: 50 이하)와 언어 부족이 중재 프로그램으로부터 중요한 효과를 볼 것 같은 아동들과 중재에 크게 반응하지 않을 아동을 구별할 것이라고 믿었다(Rutter, 1996). 그러나 대개 아동들이 의도적으로 참여하고 상호작용하기 전에(즉, 많은 의사소통의 문제 해결 순환을 여닫음) 비언어적 IQ를 포함한 IQ 수준을 결정하기가 어려웠다. 또한 그러한 아동이 언어를 구사하지 않고 하는 의사소통에 대한 강한 기초를 가지지 않고 언어 능력을 개발하는 것도 어렵다. 우리의 차트 검토에 참여한 많은 아동은 테스트를 할 수 없거나 IQ 점수가 대단히 낮았다. 이 아동들은 구두의 언어가 거의 없거나 전혀 없었다. 우리는 중재에 대한 그들의 반응 가능성을 가장 잘 나타내는 지표가 어떤 단면의 테스트 또는 관찰보다는 중재 프로그램의 시행이라는 것을 발견했다. 앞서 언급했듯이, 운동 계획은 초기 진행 속도에 영향을 미치는 가장 중요한 단일 요인이었다.

앞서 논의한 바와 같이, 많은 집중적인 중재 프로그램은 도움이 되는 것으로 보인다. 따라서 아동의 유형과 문제에 대해 가장 도움이 될 것 같은 중재를 결정하는 것은 매우 중요하다. 자폐증 특유의 기능장애가 근본적인 어려움을 특정 짓는 모델은 더더욱 이러한 결정이 성공적으로 이루어지기를 바랄지도 모른다.

1) 기능 이상에 기반을 둔 아동을 위한 모델

앞에서 설명한 여러 관측은 심각한 관계 및 소통장애 아동의 근본적인 기능장애를 이해하는 모델을 제시한다. 대다수의 아동은 자신의 삶에서 상대적으로 더 나은 관계를 유지하는 기간을 가졌지만 퇴보의 패턴을 보였다. 덧붙여 말하자면 대다수의 경우 2세가 되기 전의 복합적인 행동 또는 제스처 패턴을 입증하지 않았다. 앞서 말했듯이, 대부분의 경우에 발전은 아동이 관계의 일부로 영향력을 행사하고 사용 능력을 향상시킨 다음에 상호작용을 위한 영향을 사용함에 따라 처음으로 나타났다. 게다가 새로운 언어와 인지 능력은 외부의 자극이나 대본보다 내부의 정서적 신호에 의해 지시될 때 진전이 더 크다. 예를 들어, 그 순간의 욕구나 정서와 관련이 없이 아동이 TV에서 본 말을 반복하거나 책에서 본 대사를 똑같이 따라 하는 것 대신에 "배고파" "밥 먹을래" 혹은 "내버려 둬"라고 말하는 것이다.

종합하면 이러한 관찰은 핵심적인 어려움이 행동이나 상징의 순서화에 영향을 주거나 의도를 연결시킬 수 없다는 것을 의미한다. 아동들은 단순한 참여와 몸짓(자폐 스펙트럼 진단을 받은 많은 아동)으로부터 복잡하고, 상호작용하고, 목적이 있는(즉, 의도나 정서를 사용하는) 비언어적인 의사소통의 고리까지 가는 것의 초기의 무능력을 증명한다. 예를 들어, 처음에 대부분의 아동은 간단한 블록 주고받기를 할 수 있지만, 부모의 손을 잡고 냉장고로 걸어가서 아동이 원하는 것을 보여 줄 수는 없었다. 장난감 블록이나 냉장고로 손을 잡고 부모를 데려가는 것은 복잡한 운동 패턴의 연속에 정서 또는 의도를 연결하는 것과 관련이 있는 것처럼 보인다. 나중에 동일한 의미 또는 정서를 상징에 연결한 후 상징에 의미와 목적을 부여하기 위해 상징의 순서를 연결해야 한다. 상징에 효과를 연결하면 언어가 의미 있고, 체계적이며, 논리적으로 될 수 있다.

정서 신호 시스템(즉, 의도 또는 욕망)은 부분적으로 운동 시스템에 필요한 조치를 알려 준다. 만약 아동이 정서나 의도에 의해 개입된 방향이나 목적을 갖지 못하면 단순한 운동 패턴을 넘어서기가 어렵다. 만약 삶의 두 번째 해에 복잡한 운동 패턴에 대한 영향과 의도를 연결하는 능력이 형성되지 않거나 중단되면 복잡한 사회 및 운동 패턴의 능력이 훼손될 수 있다. 되풀이되는 단순한 패턴은 복잡한 목표 지향 패턴을 대신하여 발생한다. 아동이 정서적으로 다른 사람들과 신호를 주고 연결하는 것을 배우도록 강한 동기 부여 상태로 만들었을 때, 우리는 그들의 운동 계획이 향상되는 것을 보았다. 동기 부여가 강한 상태에서는 반복만 할 수 있는 아동도 2단계의 순서가 있는 실험을 시작할 수 있다. 예를 들어, 한 아동이 명백히 문 밖으로 나가기를 원했고, 문을 계속 만지는 것과 목적 없이 문 주위를 계속 맴도는 것 사이에서 마음이 흔들리고 있었다. 양육자가 아무 말도 없이 나타나서 문을 열거나 닫으려고 움직이는 문의 손잡이를 가리키거나 다른 출구를 가리키면(즉, 의도를 나타낼 방향을 제공함) 아동은 손잡이 쪽으로 몸짓을 빨리 시작할 수 있다. 마치 "문 좀 열어 줘"라고 말하는 듯이 말이다. 그 아동의 정서가 충분히 강해졌을 때, 아동은 반복하여 문을 만지는 패턴에서 2단계의 순서인 문을 만지고 제스처를 이용하여 손잡이를 가리키는 것까지 나아갈 것이다. 그러나 만약 그 정서가 너무 강해지면 성질을 부리는 결과가 뒤따를 수 있다.

순서화하는 것에 정서를 연결하는 문제뿐만 아니라, 순서화하는 능력 자체는 청각 처리 및 감각 조절장애와 함께 자폐 스펙트럼 장애를 가진 모든 아동에게 이 능력에서 기능장애가 나타났다. 심한 영향을 받은 집단에서는 근긴장도와 순서화하는 능력이 더 잘 기능하지 못했고, 다른 집단보다 진행 속도가 느렸다. 그들은 일련의 운동 패턴이나 행동 패턴을 만들 수 없는 대신에 패턴을 반복했다. 그러므로 그들이 복잡한 사회적 상호작용에 들어가기가 두 배로 어려웠고(즉, 그들은 4단계 또는 5단계의 사회 제스처를 함께하기 위한 행동 또는 운동을 순서화하는 능력이 없다. 따라서 많은 의사소통 순환을 여닫을 수 없다), 목적이나 영향을 제공하기 위해 의도나 방향을 그들의 행동에 연결할 수 없었다.

자폐 스펙트럼 장애에서 명백히 보이는 운동 계획에 대한 큰 어려움과 운동 계획뿐 아니라 다른 역량의 개선에 대한 어려움은 부분적으로 의도나 정서를 순서화 역량에 연결하는 어려움에 의한 것이다. 행동을 지시하는 의도나 정서가 없다면 일련의 행동을 행하거나 연습하는 것은 쉽지 않다.

다양한 학습, 언어, 감각 통합, 인지장애가 있는 많은 아동에게는 또한 운동 계획, 청각 처리 및 감각 조절장애가 존재하지만, 정서(의도)를 순서화하는 능력에 연결시키는 것에 대한 무능력은 자폐 스펙트럼 장애에 유일하고, 이것은 왜 이 장애가 더 만연한 문제로 특정 지었는지 그리고 왜 더 큰 치료 문제인지를 설명한다.

정서가 운동을 (제스처) 순서화에 연결시키는 이 제안된 메커니즘은 자폐증 패턴이 초기 발달 중에 나타나는 방식에 대한 설명을 제시했다. 이전에 우리가 설명했듯이, 우리는 18~30개월쯤에 많은 아동에게서 발생하는 퇴행성을 설명했다. 보통 이 나이의 아동들은 복잡한 놀이, 흉내, 상상력, 언어의 기능적 사용 등 상징적인 역량을 발달시킨다. 그러나 중추신경계의 다른 면이 발달하는 중이어도 만약 복잡한 운동 순서에 의한 영향으로 연결되는 신경계의 구성 요소가 형성되지 않았다면 어떤 일이 일어나겠는가? 아마도 좀 더 복잡해지고 있지만 안내 체계 없이 수행하려고 노력하는 기계와 비슷할 것이다. 정서나 의도 없이는 순차적이고 의도적이며 목표 지향적인 것과는 달리 운동 능력과 상징 역량의 외딴 섬들은 특이하고 반복적이 될 수 있다(예: 자신의 목적의식을 상실했지만 근육 운동을 계속하는 운동선수와 같이). 관계가 어려워질 수도 있고, 행동이나 의사소통의 근본적인 필요, 욕망, 영향과 연결시킬 수도 없을 것이다. 역설적이게도 신경계가 복잡해짐에 따라 영향과 욕구를 사용하는 안내 시스템 없이는 신경계가 작동하기가 점점 더 어려워지고 있다.

특히 자기 자극 패턴의 종류는 마치 곁눈질과 같은 행동으로(즉, 중심 시야보다 주변 시야로 시각적 자극을 받기) 드러난다. 시각 시스템의 해부학은 주변 시야(예: 하나 또는 다른 반구에서 표현되는 가장 왼쪽 또는 오른쪽) 눈 바로 앞에 있는 이미지는 양쪽 반구에 보여지므로 주변을 바라보았을 때 한쪽 또는 다른 반구 중 한쪽에서의 정상적인 작용만 필요하다. 자신의 앞에 직접 초점을 맞추는 것으로부터 나오는 이미지를 조정하기 위해서는 양쪽 반구가 연결되어 있어야 한다. 반구가 연결되어 있으면 영향력을 순서화하는 능력과 완전히 통합해야 할 수도 있다(즉, 순서화하는 것은 왼쪽 반구의 기능이 좀 더 많이 있고, 영향은 오른쪽 면의 기능에 더 관련되어 있다). 운동 순서에 영향을 미치는 연결의 어려움이 대뇌 반구 연결의 한계 또는 결손과 관련이 있다면 이 같은 어려움은 시각 앞의 초점에 직접 집중할 수 있는 능력에도 영향을 줄 수 있다.

생후 1년 동안에 우리는 자폐증을 증언한 많은 아동이 사물에 집중하고, 애정과 따스함을 경험하고, 심지어 단순한 상호주의적 상호작용도 할 수 있음을 보았다. 아마도 이러한 기본 패턴은 뇌의 어느 한 쪽에서만 수행할 수 있기 때문에 이런 작업을 수행할 것이다(벤슨 & zaidel, 1985; Courchesne et al., 1994; Dawson, Warren-burg & Fuller, 1982; Wetherby, Koegel, & Mendel, 1981). 그러나 두 번째 해에 복잡하고 목표 지향적인 상호적 패턴에 관여하기 위해서는 영향이나 의도가 운동 및 행동 순서, 언어의 출현 및 공간 상징과의 직접적인 연결이 필요하다.

정서와 의도를 순서화하는 능력에 연결하도록 허용하는 중추신경계 장애는 어쩌면 자폐증 패턴을 가진 많은 아동이 운동, 감각, 시공간, 언어 능력을 향상하는 신경계의 구성이 영향 혹은 의도의 방향을 접목시키는 것과 상관없이 계속 성장함을 설명하는 것일 수도 있겠다. 아동의 각 구성 요소의 능력에 차이가 있지만(즉, 어떤 아동들은 보거나 들은 것을 기억한다. 어떤 사람들은 퍼즐을 빨리하는 반면, 다른 사람들은 분명히 다른 구성 요소에 심각한 제한을 가지고 있다) 이러한 구성 요소에 의도 또는 영향을 연결하는 데 공통된 어려움이 있는 것으로 보인다. 다양한 구성 요소에서 이러한 구성 요소가 영향 또는 의도의 방향 없이 기능하기 때문에 이러한 아동의 증상, 주목할 만한 능력 및 비정상적인 동작 중 상당 부분이 부분적으로 설명될 수 있다. 흥미롭게도 이 모델은 어떤 아동들이 왜 급격한 진전을 보이는지, 심지어 그 영향이 다른 능력에 연결되면 조숙한 능력을 증명하는 증거 자료로 설명할 수 있다. 아마도 그들의 구성 요소는 매우 잘 발달하고 있지만 정서나 의도의 방향과 조정이 부족한 것 같다. 다른 아동들은 그들의 구성 요소에 더 큰 장애가 있을 수 있다. 그들에게 정서를 구성 요소에 연결하는 것은 더 느린 진보의 패턴을 시작하는 첫 단계일 뿐이다. 모든 가능성에서 정서 혹은 의도를 순서화시키는 능력, 즉 운동 행동, 언어적 기호, 시공간적 능력을 연결시키는 중추신경계의 이동 경로는 중추신경계의 다른 부분으로 연결되는 많은 다양한 경로를 포함한다. 이것은 자폐증 패턴(예: 순서화하는 것 또는 계획 영역, 운동 조화 영역, 감각 영역)에 연루되어 있는 다른 영역과 일관성이 있을 것이다.

이 제안된 메커니즘은 자폐증의 주요 장애가 다른 사람의 마음 상태를 이해하거나 상상할 수 없다는 가설과 비교되어야 한다(즉, 타인의 감정에 공감함; Baron-Cohen, Frith & Leslie, 1988, Baron-Cohen, Tager-Flusberg & Cohen, 1993; Frith1999). 공감 능력의 부족은 복잡한 행동, 운동 패턴과 상징에 대한 정서를 연결하는 데 큰 어려움을 초래할 수 있다. 우리의 연구 사례 내에서 아주 좋은 진전을 이룬 아동들은 다른 사람들의 감정과 관점을 공감하고 이해할 수 있는 능력이 발달했다. 그들은 다른 사람들의 삶에 보다 적극적으로 개입하면서 점차적으로 공감을 얻는 법을 배웠다. 다른 사람들과 정서적으로 관여하지 못하고 복잡하고 정서적인 의사소통 패턴을 개발하는 대신에 대본이나 고정된 질문에 의존한 아동은 다른 사람들의 감정을 이해하는 능력을 개발하지 못했다.

이러한 관찰은 이 증후군과 관련된 생물학적 메커니즘에 대한 추가 연구 방향을 제시한다. 순서화하는 역량에 영향을 미치는 연결 문제가 특정 중추신경계 경로에 의해 설명될 수 있을까? 오른쪽 반구 우세의 역할이 제안되었는데, 감각 경험의 조절뿐만 아니라 서열화 능력에 영향을 미치거나 영향을 미치는 것과 관련하여 생후 2년 내에 어떤 생물학적 시스템과 경로가 형성되고 있는가?

2) 중재의 의미

다양한 집중 프로그램을 잘 활용할 수 있는 아동 집단이 있을 수 있지만 초기의 돌봄 참여, 정서적 상호 교환 및 자발적 참여 방법뿐만 아니라 창의적이고 추상적인 프로그램에서 비교적 잘할 수 있는 아동들이 있을 것이다. 자폐 스펙트럼 문제가 있는 아동의 핵심 난제는 일반화하고 추상적 사고의 패턴을 구성할 수 없다는 것이다. 그러므로 추상적 사고력을 키우고 자신을 일반화하는 능력, 역동적이고 정서적으로 문제를 해결할 수 있는 상호작용에 아동을 참여시키는 것이 중요할 수 있다.

집중적인 행동주의 프로그램에 참여한 일부 아동은 학업 기술을 배우고 IQ 테스트에서도 잘 수행할 수 있다. 그러나 그들은 성인이나 친구들과의 자연스럽고 독창적인 정서적 교환을 위한 능력이 부족했으며, 추상적 사고를 일반화하거나 거기에 관여할 수 없었다(예를 들어, 그림이나 카테고리와 단어를 매치하거나 읽지만 암기하지 않은 즉흥적인 방식으로 왜 밖에 나가고 싶은지, 늦게까지 자거나 늦게 잠들고 싶은지에 대해서는 토로할 수 없다). 아동이 더 고의적으로 생각하고, 감정을 정교화하고, 역동적인 문제 해결 방식을 시작했을 때 추상적인 사고 능력을 습득하기 시작했다.

역설적이게도 우리는 매우 느린 발전을 보이고, 모방하고, 상징하는 것을 배우는 데 어려움을 겪는 아동들(행동 프로그램에서 덜 잘한 아동들)이 우리가 발견한 행동적 · 역동적인 플로어타임의 혼합된 접근법이 필요한 아동들이라는 것을 발견했다. 행동적 접근법은 운동 및 행동 순서화(예: 모방)를 습득하는 데 도움이 되며, 역동적 접근법은 이러한 기능을 순서화하는 능력(외부 자극의 제어와 반대로 됨)을 아동이 자신의 것으로 만드는 데 도움을 준다. 예를 들어, 컵이라는 단어를 반복하여 배우면 두 인형이 다과회에서 컵을 사용하고 서로에게 "컵에 조금 더 따라 줘"라고 요청할 수 있다. 역설적인 점은 행동적 접근법이 필요한 아동들이 목적 유형의 행동을 모방하고, 운동 및 음성 패턴을 모방하는 것을 배운 아동과 같은 유형이었다는 것이다. 집중적인 행동 프로그램에서 가장 잘하는 경향이 있는 아동들은 모방을 배우고, 구두로 빨리 배우는 아동들이다. 이들은 영향력 및 관계 기반의 개인차 중심 접근법(플로어타임)에서 가장 효과적으로 진행될 수 있는 아동들이다.

그러나 이 리뷰에서 상대적으로 더 겸손한 결과를 가진 많은 아동이 여전히 상당한 이익을 얻을 수 있음을 강조하는 것도 중요하다. 예를 들어, 이 아동 중 일부는 따뜻함과 즐거움에 참여하고, 참여할 수 있는 능력을 향상시켰다. 그러나 그들에게는 여행할 수 있는 훨씬 더 긴 길이 있다. 창조적인 양방향 구두 대화라는 관점에서 보았을 때 그 이득은 적지 않았다. 소규모 집단의 아동들만 변동이 있었거나 진전이 없었다. 따라서 심각한 어려움을 겪고 있는 아동조차도 집중적인 중재 프로그램의 혜택을 입는다. 이러한 유형의 개입 프로그램은 시간과 노력이 필요하지만 엄청난 비용이 드는 것은 아니다. 가족, 도우미, 아동은 중재 팀의 중요한 구성원이 될 수 있다.

특정 중재 철학과 프로그램의 장점에 상관없이 이 차트 검토 결과는 자폐 스펙트럼 문제와 관련된 기본 패턴이 많다는 것을 보여 준다. 따라서 중재 프로그램을 특정 프로그램 철학에 적응시키기보다는 아동의 독특한 프로그램에 맞추는 것이 중요하다.

이 차트 리뷰 및 기타 집중 치료 프로그램에서 설명된 개선 패턴은 자폐 스펙트럼 장애의 전통적인 설명과는 다르다. 자폐증은 성인기에 증상이 나타나는 만성 장애로 간주되어 왔다(Gillberg & Steffenburg, 1987; Kanner, 1971; Szatmari et al., 1989). 어떤 연구들은 언어와 사회적 행동과 같은 자폐 행동의 선택된 영역이 의식적-반복적 행동보다 더 많은 개선을 나타내는 경향이 있다고 제안했다(Mesibov et al., 1989; Rumsey, Rapoport, & Sceery, 1985; Rutter, Greenfield, & Lockyer, 1967). 최근 연구에 따르면 청소년과 성인 집단의 모습이 5세 때의 프로필에 대조했을 때 변화가 있다고 한다(Piven et al., 1996). 그들은 반복된 의식적·반복적 행동보다는 사회 및 언어 영역에서 상대적으로 큰 발전을 보였다. 그러나 이 연구들에서 대다수의 사람은 상당한 자폐 장애를 계속 가지고 있었다. 심지어 자폐 진단을 계속 받을 자격이 없을 정도로 증상이 심하지 않은 소수의 개인 조차도 많은 자폐증 특징을 유지했다. 이 연구들은 자폐증이 만성 특징을 가진 장애이며, 제한된 개선이 특정 영역에서는 가능하고(즉, 의사소통과 사회 행동), 다른 영역에서는 가능하지 않다고 제안했다(즉, 의식주-반복적인 행동).

대조적으로 자폐 스펙트럼 장애로 진단받은 200명의 아동에 대한 현재의 연구는 많은 아동이 전체적으로 의미 있는 발달이 가능함을 보여 준다. 사실 우수 집단의 아동들은 반복적 행동을 보이는 것을 멈추었고, 그들의 관계 패턴에서 자발적이고 독창적인 존재가 되었다. 그러나 운동 계획(즉, 행동을 순서화하는 능력)을 세우는 능력은 언어와 관계 역량보다 더 느리게 향상되었다. 반복적인 행동은 운동 계획 및 순서화하는 능력에 대한 장애와 관련이 있으며, 생리학 및 정서적 상태뿐만 아니라 사회적 관계를 조절하고, 상호적인 정서적 상호작용을 완벽하게 할 수 없기 때문에 아동이 스트레스를 받고 있을 때 발달된다. 의식주의적 행동은 그 자체가 통제의 시도일 수 있다.

참고문헌

American Psychiatric Association. (1980). *Diagnostic and statistical manual of mental disorders* (3rd ed.). Washington, DC: Author.

American Psychiatric Association. (1994). *Diagnostic and statistical manual of mental disorders* (4th ed., rev.). Washington, DC: Author.

Attwood, A. H., Frith, U., & Hermelin, B. (1988). The understanding and use of interpersonal gestures by autistic and Down's syndrome children. *Journal of Autism and Developmental Disorders, 18*, 241-257.

Baron-Cohen, S. (1994). *Mindblindness: An essay on autism and theories of mind.* Cambridge, MA: MIT Press.

Baron-Cohen, S., Cox, A., Baird, G., Swettenham, I., Nightingale, N., Morgan, K., Drew, A., & Charman, T. (1996). Psychological markers in the detection of autism in infancy in a large population. *British Journal of Psychiatry, 168*, 158-163.

Baron-Cohen, S., Frith, U., & Leslie., A. M. (1988). Autistic children's understanding of seeing, knowing, and believing. *British Journal of Developmental Psychology, 4*, 315-324.

Baron-Cohen, S., Tager-Flusberg, H., & Cohen, D. (1993). *Understanding other minds: Perspectives from autism.* London: Oxford University Press.

벤son, F., & Zaidel, E. (1985). *The dual brain.* New York: Guilford.

Bondy, A. S., & 피터son, S. (1990). *The point is not to point: Picture exchange communication system with young students with autism.* Paper presented at the Association for Behavior Analysis Convention, Nashville, TN.

Cafiero, J. (1995). *Teaching parents of children with autism picture communication symbols as a natural language to decrease levels of family stress.* Unpublished doctoral dissertation, University of Toledo, OH.

Campbell, M., Overall, J. E., Small, M., Sokol, M., Spinon, E., Adams, P., Foltz, R. L., Monti,

K. P., Perry, R., Nobler, M., & Roberts, E. (1989). Naltrexone in autistic children: An acute open dose range tolerance trial. *Journal of the American Academy of Child and Adolescent Psychiatry, 28*, 200–206.

Campbell, M., Schopler, E., & Hallin, A. (1996). The treatment of autistic disorder. *Journal of the American Academy of Child and Adolescent Psychiatry, 35*, 134–141.

Carew, J. V. (1980). Experience and the development of intelligence in young children at home and in day care. Monographs of the *Society for Research in Child Development, 45*, 1–115.

Carr, E., & Darcy, M. (1990). Setting generality of peer modeling in children with autism. *Journal of Applied Behavior Analysis, 20*, 45–59.

Cook, E., 조지, K., Gurman, H., & Weigel, J. (1993). *Pervasive developmental disorders (not otherwise specified) and the autistic spectrum disorders*. Short course presented at the American Speech and Language and Hearing Association National Convention, Anaheim, CA.

Courchesne, E., Akshoomoff, N., Egaas, B., Lincoln, A. J., Saitoh, O., Schreibman, L., Townsend, J., & Yeung-Courchesne, R. (1994). *Role of cerebellar and parietal dysfunction in the social and cognitive deficits in patients with infantile autism*. Paper presented at the Autism Society of America 앤ual Conference, Las Vegas, NV.

Courchesne, E., Yeung-Courchesne, R., Press, G. A., Hesserinck, J. R., & Jennigan, T. L. (1988). Hypoplasia of cerebellar vermal lobules VI and VII in autism. *New England Journal of Medicine, 318*, 1344–1354.

Dawson, G., Warrenburg, S., & Fuller, P. (1982). Cerebral lateralization in individuals diagnosed as autistic in early childhood. *Brain and Language, 15*, 353–368.

DC-0-3, Diagnostic Classification Task Force, Stanley Greenspan, M.D., Chair. (1994). *Diagnostic Classification: 0-3: Diagnostic Classification of Mental Health and Developmental Disorders of Infancy and Early Childhood*. Arlington, VA: ZERO TO THREE/ National Center for Clinical Infant Programs.

Durand, V. M. (1990). *Severe behavior problems: A functional communication training approach*. New York: Guilford.

Feuerstein, R., Miller, R., Hoffman, M., Rand, Y., Mintsker, Y., Morgens, R., & Jensen, M. R. (1981). Cognitive modifiability in adolescence: Cognitive structure and the effects of intervention. *Journal of Special Education, 150,* 269–287.

Feuerstein, R., Rand, Y., Hoffman, M., & Miller, R. (1979). Cognitive modifiability in retarded adolescents: Effects of instrumental enrichment. *American Journal of Mental Deficiency, 83,* 539–550.

Gelle, E., Ritvo, E. R., Freeman, B. J., & Yuwiler, A. (1982). Preliminary observations on the effects of fenfluramine in blood serotonin and symptoms in three autistic boys. *New England Journal of Medicine, 307,* 165–169.

Gillberg, C. (1989). The role of endogenous opioids in autism and possible relationships to clinical features. In L. Wing (Ed.), *Aspects of autism: Biological research* (pp. 31–37). Washington, DC: American Psychiatric Press.

Gillberg, C. (1990). Autism and pervasive developmental disorder. *Journal of Child Psychiatry, 31,* 99–119.

Gillberg, C., & Steffenburg, S. (1987). Outcome and prognostic factors in infantile autism and similar conditions: A population–based study of 46 cases followed through puberty. *Journal of Autism and Developmental Disorders, 17,* 273–287.

Greenspan, S. I. (1979). Intelligence and adaptation: An integration of psychoanalytic and Piagetian developmental psychology. *Psychological Issues,* Monograph 47/48. New York: International Universities Press.

Greenspan, S. I. (1981). Psychopathology and adaptation in infancy and early childhood: Principles of clinical diagnosis and preventive intervention. *Clinical Infant Reports,* No. 1. New York: International Universities Press.

Greenspan, S. I. (1992a). *Infancy and early childhood: The practice of clinical assessment and intervention with emotional and developmental challenges.* Madison, CT: International Universities Press.

Greenspan, S. I. (1992b). Reconsidering the diagnosis and treatment of very young children with autistic spectrum or pervasive developmental disorder. *ZERO TO THREE, 13*(2), 1–9.

Greenspan, S. I. (1996a). *Developmentally based psychotherapy.* Madison, CT: International Universities Press.

Greenspan, S. I. (1996b). *The growth of the mind and the endangered origins of intelligence.* Reading, MA: Addison–Wesley.

Greenspan, S. I., & DeGangi, G. (1997). *The Functional Emotional Assessment Scale: Revised version and reliability studies.* Unpublished study.

Guess, D., & Carr, E. (1991). Emergence and maintenance of stereotypy and self-injury. *American Journal of Mental Retardation, 96,* 299-319.

Handen, B. (1993). Pharmacotherapy in mental retardation and autism. *School Psychology Review, 22,* 162-183.

Harris, S. L. (1975), Teaching language to non-verbal children with an emphasis on problems of generalization. *Psychological Bulletin, 82,* 565-580.

Harris, S. L., Handleman, J. S., Kristoff, B., Bass, L., & Cordon, R. (1990). Changes in language development among autistic and peer children in segregated and integrated preschool settings. *Journal of Autism and Developmental Disorders, 20,* 23-31.

Kanner, L. (1943). Autistic disturbances of affective contact. *Nervous Child, 2,* 217-250.

Kanner, L. (1971). Follow-up of eleven autistic children originally reported in 1943. *Journal of Autism and Child Schizophrenia, 1,* 119-145.

Klein, P.S., Wieder, S., & Greenspan, S. I. (1987). A theoretical overview and empirical study of mediated learning experience: Prediction of preschool performance from mother-infant interaction patterns. *Infant Mental Health Journal, 8,* 110-129.

Koegel, R. L., Dyer, K., & Bell, L. K. (1987). The influence of child-preferred activities on autistic children's social behavior. *Journal of Applied Behavior Analysis, 20,* 243-252.

Koegel, R. L., Koegel, L. K., & O'닐, R. (1989). Generalization in the treatment of autism. In L. V. McReynolds & J. E. Spradlin (Eds.), *Generalization strategies in the treatment of communication disorders* (pp. 116-131). Toronto: B.C. Decker.

Kohen-Raz, R., Volkmar, F., & Cohen, D. J. (1992). Postural control in children with autism. *Brain Dysfunction, 4,* 419-429

Lovaas, O. I. (1987). Behavioral treatment and normal educational and intellectual functioning in young autistic children. *Journal of Consulting and Clinical Psychology, 55,* 3-9.

마크owitz, P. I. (1990). Fluoxetine treatment of self-injurious behavior in mentally retarded patients. *Journal of Clinical Psychopharmacology, 12,* 21-31.

Mesibov, G. B., Schopler, E., & Schaffer, B. (1989). Use of the Childhood Autism Rating Scale with autistic adolescents and adults. *Journal of the American Academy of Child and Adolescent Psychiatry, 28,* 538-541.

Miller, A., & Miller, E. (1992). *A new way with autistic and other children with pervasive developmental disorder.* Monograph. Boston: Language and Cognitive Center, Inc.

Mouridsen, S. E. (1995). The Landau-Kleffner syndrome: A review. *European Child and Adolescent Psychiatry, 4*, 223-228.

Odom, S. L., & Strain, P. (1986). A comparison of peer-interactions and teacher-antecedent intervention for promoting reciprocal social interactions of autistic preschoolers, *Journal of Applied Behavior Analysis, 19*, 59-71.

Olley, J., Robbins, F., & Morelli-Robbins, M. (1993). Current practices in early intervention for children with autism. In E. Schopler, M. Bourgondien, & M. Bristol (Eds.), *Preschool issues in autism* (pp. 223-245). New York and London: Plenum.

Panskepp, J., Lensing, P., Leboyer, M., & Bouvard, M. (1991). Naltrexone and other potential pharmacological treatments for autism. *Brain Dysfunction, 4*, 281-300.

Piven, I., Harper, J., Palmer, P., & Arndt, S. (1996). Course of behavioral change in autism: A retrospective study of high-IQ adolescents and adults. *Journal of the American Academy of Child and Adolescent Psychiatry, 35*, 523-529.

Prizant, B. (1983). Language acquisition and communicative behavior in autism: Towards an understanding of the "whole" of it. *Journal of Speech and Hearing Disorders, 48*, 296-307.

Prizant, B., & Wetherby, A. (1990). Toward an integrated view of early language and communication development and socio-emotional development. *Topics in Language Disorders, 10*, 1-16.

Ratey, J. J., Sorrer, R., Mikkelsen, E., & Chmielinski, H. E. (1989). Buspirone therapy for maladaptive behavior and anxiety in developmentally disabled persons. *Journal of Clinical Psychiatry, 50*, 382-384.

Ricks, D. M., & Wing, L. (1976). Language, communication, and the use of symbols in normal and autistic children. In J. K. Wing (Ed.), *Early childhood autism: Clinical, social and educational aspects.* Oxford: Pergamon.

Rimland, B. (1964). *Infantile autism.* New York: Appleton-Century-Crofts.

Rogers, S. J., Herbison, J. M., Lewis, H., Pantone, J., & Reis, K. (1988). An approach for enhancing symbolic, communicative, and interpersonal functioning of young children with autism and severe emotional handicaps. *Journal of the Division of Early Childhood, 10*, 135-145.

Rogers, S. J., & Lewis, H. (1989). An effective day treatment model for young children with pervasive developmental disorders. *Journal of the American Academy of Child and Adolescent Psychiatry, 28,* 207-214.

Rumsey, J. M., Rapoport, J. L., & Sceery, W. R. (1985). Autistic children as adults: Psychiatric, social and behavioral outcomes. *Journal of the American Academy of Child Psychiatry, 24,* 465-473.

Rutter, M. (1983). Cognitive deficits in the pathogenesis of autism. *Journal of Child Psychology and Psychiatry, 24,* 513-531.

Rutter, M. (1996). Autism research: Prospects and priorities. *Journal of Autism and Developmental Disorders, 26*(2), 257-275.

Rutter, M., Greenfield, D., & Lockyer, L. (1967). A five to fifteen year follow-up study of infantile psychosis: II. Social and beavioural outcome. *British Journal of Psychiatry, 112,* 1183-1199.

Schopler, E. (1987). Specific and non-specific factors in the effectiveness of a treatment system. *American Psychologist, 42,* 262-267.

Schopler, E., & Mesibov, G. (Eds.). (1987). *Neurobiological issues in autism.* New York: Plenum.

Schopler, E., Mesibov, G., & Hearsey, K. (1995). Structured teaching in the TEACCH system. In E. Schopler & G. Mesibov (Eds.), *Learning and cognition in autism.* New York: Plenum.

Sigman, M., & Ungerer, J. A. (1984). Attachment behaviors in autistic children. *Journal of Autism and Developmental Disorders, 14,* 231-244.

Sparrow, S. S., Balla, D. A., & Cicchetti, D. V. (1984). The Vineland Adaptive Behavior Scales. American Guidance Service, Cirde Pines.

Sperry, R. W. (1985). Consciousness, personal identity, and the divided brain. In F. 벤son & E. Zaidel (Eds.), *The dual brain* (pp. 11-27). New York: Guilford.

Stokes, T. F., & Osnes, P. G. (1988). The developing applied technology of generalization and maintenance. In R. Horner, G. Dunlap, & R. L. Koegel (Eds.), *Generalization and maintenance* (pp. 5-19). Baltimore: 폴 H. Brookes.

Strain, P. S., & Hoyson, M. (1988). *Follow-up of children in LEAP.* Paper presented at the meeting of the Autism Society of America, New Orleans, LA.

Strain, P. S., Hoyson, M., & Jamison, B. (1983). Normally developing preschoolers as intervention agents for autistic-like children: Effects on class, department, and social interaction. *Journal of the Division of Early Childhood, 9,* 105-119.

Szatmari, P., Barolucci G., Bremmer, R., Bond, S., & Rich, S. (1989). A follow-up study of high-functioning autistic children. *Journal of Autism and Developmental Disorders, 19,* 213-225.

Western Psychology Services. (1988). Childhood Autism Rating Scale (CARS). Los Angeles.

Wetherby, A., Koegel, R. L., & Mendel, M. (1981). Central auditory nervous system dysfunction in echolalic autistic individuals. *Journal of Speech and Hearing Research, 24,* 420-429.

Wing, L., & Gould, J. (1979). Severe impairments of social interaction and associated abnormalities in children: Epidemiology and classification. *Journal of Autism and Developmental Disorders, 9,* 129-137.

찾아보기

Stanley I. Greenspan, M.D.는 조지워싱턴대학교 의과대학의 정신의학, 행동과학, 소아과 임상 교수이자 아동 정신과 의사이다. 또한 워싱턴 D.C.에 있는 워싱턴 정신분석학 연구소의 아동정신분석학자이다. 그는 이전에 정신건강연구센터장과 국립정신건강연구소의 임상 유아 개발 프로그램의 책임자였다. 유아, 아동, 가족을 위한 ZERO TO THREE의 설립자이자 전 회장으로서 여러 연구를 통해 미국 정신의학협회의 아이틀슨 상, 정신분석학의 하인츠 하르트만 상 그리고 미국 정신의학에 대한 뛰어난 공헌으로 에드워드 A 스트레커 상을 포함하여 수많은 권위 있는 상을 수상했다. 100개 이상의 학술 논문을 저술했으며, 27권의 책을 저술 또는 편집했다. 대표적인 책으로 『The Growth of the Mind』, 『Infancy and Early Childhood』, 『Developmentally Based Psychotherapy』, 『Intelligence and Adaptation: An Integration of Psychoanalytic and Piagetian Developmental Psychology』, 『First Feelings: Milestones in the Emotional Development of Your Baby and Child』, 『Playground Politics and The Challenging Child』가 있다.

Serena Wieder, Ph.D.는 메릴랜드주 실버스프링에서 영유아의 진단 및 치료를 전문으로 하는 임상심리학자이다. 그녀는 워싱턴 D.C. 정신과 대학의 유아 정신 건강 프로그램 교수이며 ZERO TO THREE의 컨설턴트, 프로그램 디렉터 및 이사회의 회원이다. 그녀는 저널에 대하여 전문적으로 전문 서적에 많은 장을 기고했으며 널리 출판되었다. 복잡한 발달 문제의 진단 및 치료에 대해 자국 내에서 그리고 국제적으로 30개 이상의 주요 교육 워크숍을 수행했다.

Robin Simons는 『After the Tears: Parents Talk about Raising a Child with a Disability』, 『The Couples Who Became Each Others: Tales of Healing and Transformation』을 포함한 7권의 저자이다. 그녀는 보스턴과 덴버 어린이 박물관에서 일했고 국립 예술 기금의 고문으로 일했다.

역자 소개

정희승(Jung Hee Seung)
연세대학교 작업치료학과 박사
전 광주여자대학교 작업치료학과 교수
현 백석대학교 작업치료학과 교수
　한국 최초 플로어타임 국제공인 트레이너 및 전문가
　(주)한국기능저정서발달연구소 대표
　플로어타임클래시스 대표
　어펙트쎄라피 대표
　한국디아이알플로어타임치료 학회장
　한국플로어타임치료협회 협회장

〈주요 역서〉
플로어타임: Floortime Strategies(공역, 학지사, 2018)
놀이활동분석: 임상 현장에 딱 들어맞는 놀이 만들기(공역, 정문각, 2017)

〈주요 논문〉
DIRFloortime® 치료가 고기능 자폐스펙트럼 장애 아동의 자기조절기능, 기능적정서발달수준, 회
　복 탄력성에 미치는 효과(한국신경인지재활치료학회지, 2019)
DIR/Floortime® therapy가 자폐스펙트럼 장애 아동의 놀이성과 자기조절에 미치는 효과(영유아
　아동정신건강연구, 2019)
국내 자폐스펙트럼장애 영유아의 조기선별 및 지원 체계 고찰(공동, 자폐성장애연구, 2015)

플로어타임 임상교육과정으로

특별한 요구를 가진 아동의 지능과 정서적 성장 지원하기

The Child with Special Needs

2023년 3월 1일 1판 1쇄 발행
2023년 9월 20일 1판 2쇄 발행

지은이 • Stanley I. Greenspan · Serena Wieder · Robin Simons
옮긴이 • 정희승
펴낸이 • 김진환
펴낸곳 • ㈜ 학지사

          04031 서울특별시 마포구 양화로 15길 20 마인드월드빌딩
대표전화 • 02)330-5114   팩스 • 02)324-2345
등록번호 • 제313-2006-000265호

홈페이지 • http://www.hakjisa.co.kr
인스타그램 • https://www.instagram.com/hakjisabook/

ISBN 978-89-997-2585-2   93180

정가 26,000원

역자와의 협약으로 인지는 생략합니다.
파본은 구입처에서 교환해 드립니다.

이 책을 무단으로 전재하거나 복제할 경우 저작권법에 따라 처벌을 받게 됩니다.

출판미디어기업 **학지사**

간호보건의학출판 **학지사메디컬** www.hakjisamd.co.kr
심리검사연구소 **인싸이트** www.inpsyt.co.kr
학술논문서비스 **뉴논문** www.newnonmun.com
교육연수원 **카운피아** www.counpia.com